L'AMANT DU ROI

Louis XIII   Luynes

JEAN CLAUDE PASCAL

L'Amant du Roi

Louis XIII Luynes

ÉDITIONS DU ROCHER

Jean-Paul Bertrand
Éditeur

DU MÊME AUTEUR

HISTOIRE

La Reine maudite, le dossier Marie-Stuart
Éditions du Rocher, mars 1988.

AUTOBIOGRAPHIE

Le Beau Masque (mémoires partiels)
Éditions Robert Laffont, mars 1986.

ROMANS

Le Panier de crabes
Éditions les Presses de la Cité, novembre 1986.

Le Fauve (suite du précédent)
Éditions les Presses de la Cité, février 1987.

La Garce (suite des deux précédents)
Éditions les Presses de la Cité, avril 1987.

L'Arc-en-ciel de novembre
Éditions du Rocher, mars 1989.

L'Enfant et les Giboulées
Éditions du Rocher, janvier 1990.

ISBN 2-268-0-11-240

L'amant du roi

L'âme d'un amant
Vit au corps d'autrui, non pas au sien.

Charles d'Orléans.

Pour l'essentiel, l'homme est ce qu'il cache.

André Malraux.

Remerciements

Certaines parties de cet ouvrage ont été rédigées grâce aux renseignements aimablement fournis par le comte Thomas de LUYNES descendant direct du personnage central de ce récit.

M. Christophe PINCEMAILLE, historien, chargé de cours à Paris III, a bien voulu exécuter un travail d'archiviste en réunissant une partie de la documentation nécessaire à notre rédaction.

Certains épisodes doivent beaucoup aux remarquables ouvrages de MM. Pierre CHEVALLIER, Michel CARMONA, George DELAMARE, Carl J. BURCKHARDT, Gabriel HANOTEAUX, Louis VAUNOIS, ainsi qu'à ceux de Mmes Madeleine FOISIL et Eve de CASTRO.

D'autres références appartiennent à MM. de LA VARENDE, Paul MORAND, Philippe ERLANGER, et MICHELET.

Leurs enquêtes ayant précédé celle-ci, il serait malvenu de nous faire passer pour de complets novateurs.

Il est juste que ces écrivains et historiens de talent soient remerciés pour leurs importants travaux.

Merci également à M. Jean-Pierre RIBEILL pour ses dessins originaux.

Ils sont du même style que ceux qu'il a bien voulu exécuter pour l'ouvrage consacré à « Marie Stuart ».

C'est avec plaisir que nous rendons hommage à l'amabilité de Mlle Annie LAFFORGUE, directeur des Archives du département du Tarn et Garonne, qui a bien voulu nous fournir renseignements et documents concernant la ville de Montauban en 1621.

Il serait discourtois de ne pas rendre hommage au professionnalisme de ceux et celles qui ont participé à la présentation finale de cette étude, sans oublier Mme Michèle Schaetzel et Mlle Arlette Ostertag, mes habituelles collaboratrices.

Merci (enfin !) au lecteur... s'il a apprécié ce livre.

Cette étude historique est dédiée à la mémoire de M. Philippe ERLANGER qui, étant au courant de ce projet, m'avait incité à le réaliser. Cet ami de longue date m'avait déjà vivement encouragé à écrire auparavant la vie de la dernière reine d'Ecosse : Marie Stuart [1].

La Reine maudite ayant connu un chaleureux accueil auprès du public, M. Jean-Paul BERTRAND qui préside au destin des éditions du Rocher, a pris la décision de publier ce deuxième ouvrage historique.

Stimulé par l'appui moral du grand historien disparu, j'ai travaillé à ma façon, comme il m'avait conseillé de le faire.

Ce livre a été commencé à l'heure où il s'éteignait, le 28 novembre 1987, alors que j'ignorais son décès.

Il a été terminé le 2 novembre 1990.

Doit-on croire aux coïncidences ?

Premières pages manuscrites, le jour de sa disparition.

Le mot fin tracé le jour où certains se souviennent...

L'esprit de ceux que l'on aime ou que l'on admire demeure toujours présent au cœur des vivants.

1. *La Reine maudite — Le Dossier Marie Stuart,* Le Rocher, 1988.

Arguments explicatifs

L'Amant du roi. Ce titre peut surprendre et mérite quelques éclaircissements.

M. de La Varende écrit : « Au XVIIe siècle, "Amant" signifie : amoureux, sigisbé. » Or le sigisbé est un cavalier servant, un compagnon empressé et galant (Larousse).

Amant : « celui qui aime et qui est aimé » (Grand Robert).

D'après Littré, l'amant est « celui qui, ayant de l'amour, a fait connaître ses sentiments, et est aimé, ou tâche de se faire aimer. »

Amant (ou amante) : celui — ou celle — qui est attaché à un homme par des sentiments tendres et passionnés.

« Un homme se fait amant d'une personne qui lui plaît », écrira Guizot, qui dira encore : « Il suffit d'aimer pour être amoureux. Il faut témoigner qu'on aime pour être amant. On est souvent très amoureux sans oser paraître amant. Quelquefois on se déclare amant sans être amoureux. »

« Je sais jusqu'où s'emporte un amant irrité. » Racine, *Iphigénie.*

Lebrun[1] écrira :

La gloire et le plaisir,
La honte et les tourments,
Tout doit être commun
Entre de vrais amants.

Les citations précitées correspondent à la qualité des relations ayant existé entre LOUIS XIII et M. de LUYNES.

1. Ponce Denis Ecouchard Lebrun (1729-1807).

Avant-Propos

En consacrant un ouvrage à Charles d'Albert de Luynes, nous nous sommes proposé de libérer de sa légende un personnage auquel cette légende s'est attachée avec un acharnement singulier lorsqu'elle ne s'est pas contentée, sous la plume de certains historiens, de ne citer l'existence de cet homme que pour information.

Depuis les contemporains hostiles à la politique de Richelieu jusqu'à ses panégyristes, depuis Richelieu en personne, si habile à préparer sa propre gloire, depuis les adulateurs du Roi-Soleil jusqu'aux ennemis de l'Ancien Régime, des générations d'écrivains se sont accordées à rabaisser le rôle de ce fauconnier de noblesse provençale, puis à répandre sur sa mémoire la calomnie et le ridicule.

Sans prétendre à une réhabilitation qui pourrait passer pour partisane, nous souhaitons simplement contribuer à redonner au premier duc de Luynes la place qu'il mérite dans l'Histoire au début du XVIIe siècle français.

Lorsque les historiens se penchent sur cette époque, ils semblent s'intéresser à la mort d'Henri IV, à la régence de Marie de Médicis et surtout à l'arrivée au pouvoir de Richelieu. On a beaucoup écrit sur le grand cardinal, moins sur Concino Concini et pas du tout, ou presque, sur Luynes. Or, si le Florentin a gouverné la France — c'est indéniable — de 1610 à 1617, M. de Luynes lui a succédé dans l'exercice du pouvoir de 1617 à 1621.

Ces quatre années occupent le centre de ce récit et permettent de comprendre le succès du beau Provençal.

Sa réussite météorique est assez fabuleuse pour qu'en l'étudiant, on demeure étonné. Toutefois, on ne peut la comprendre et l'admettre que si l'on connaît l'ascension mirobolante de son prédécesseur au pouvoir : Concini, l'aventurier florentin.

Il nous a paru indispensable, pour équilibrer cette étude, de nous pencher également sur l'enfance, la jeunesse et l'évolution du caractère de Richelieu, successeur de Luynes au timon de l'Etat. Car — et c'est l'un des sujets de cet ouvrage — il ne faudrait pas oublier que si Luynes a fait abattre Concini, c'est Richelieu qui, s'il n'a pas provoqué la mort du Connétable, demeure le principal artisan, voire le responsable de la chute du grand premier favori de Louis XIII.

Le destin de ces trois hommes est intimement lié. On ne peut traiter avec sérieux la relation de l'existence de Luynes si l'on ne présente pas parallèlement les deux autres personnages.

Lorsque l'on apprend — par exemple — que Concini était mal armé pour la joute amoureuse alors qu'il cherchait à passer pour l'amant de Marie de Médicis, et que le père du Cardinal était un assassin avant que d'être un ami intime du roi Henri III, les profils des hommes en question prennent un tout autre relief. Cet éclairage est important pour mieux saisir la qualité des rapports de ces trois hommes qui vécurent, un temps, côte à côte, dans les antichambres du pouvoir avant de s'en saisir, l'un après l'autre.

Il ne faut pas oublier que le XVIIe siècle, tel qu'il se présente à notre synthèse imaginative, avec son autorité, sa mesure et son calme, ne commença vraiment qu'en 1661, pour finir en 1715. Jusque-là, nous sommes encore au XVIe siècle, dans une époque Renaissance qui continue son effervescence et sa cruauté.

La conception de Louis XIII à laquelle nous sommes parvenus pourra surprendre certains traditionnalistes de l'Histoire. Elle n'est due, cependant, à aucune découverte. Seule l'étude attentive de multiples documents consacrés à l'époque nous a conduit à ce que nous estimons être un ensemble de conclusions sinon logiques, du moins très proches de la vérité.

Notre souci de ne point paraître suggérer, voire affirmer sans fondement, nous a poussé à user largement de citations empruntées, d'une part, aux pièces officielles du temps, de l'autre à des ouvrages anciens et modernes. Nous engageons vivement le lecteur à prendre connaissance des notes de bas de page.

Mais le travail du chercheur ne consiste-t-il pas à présenter, aussi, des hypothèses qu'il livre à l'appréciation du lecteur ? Nous avons cru bien faire en en proposant quelques-unes au cours de cette « enquête » historique.

Nous avons pensé qu'avant d'aborder un ouvrage qui, dans notre intention, est surtout de psychologie historique, certains lecteurs ne seraient pas mécontents de trouver un résumé des principaux événements qui servent, en quelque sorte, de cadre à notre travail de recherche et d'analyse.

Telle est la raison pour laquelle nous commençons ce récit par les portraits de Leonora Galigaï, de Marie de Médicis et de Concino Concini, avant de découvrir notre personnage principal : Charles d'Albert de Luynes, « l'amant du roi ».

Louis XIII — Luynes, couple baroque ! Mais leur époque ne l'est-elle pas ?

Avertissement

Il est évident que le chercheur s'est souvent référé aux écrits des chroniqueurs du XVIIe siècle : Pontchartrain, Fontrailles, Fontenay-Mareuil, Pierre de l'Estoile, Saint-Simon, Tallemant des Réaux, pour ne citer que les principaux.

La parution du *Journal* d'HEROARD (Fayard, octobre 1989) nous a permis de découvrir dans le détail la vie de Louis, dauphin puis roi, au quotidien. On en trouvera de larges extraits dans cet ouvrage, où le remarquable travail de Mme Madeleine FOISIL est cité parfois *in extenso*. Le lecteur devrait s'y référer attentivement pour mieux saisir la complexité des caractères des personnages.

Le *Journal* de Robert ARNAULD D'ANDILLY (1614-1620) — publié par M. Achille Alphen, Paris 1857 — est un document écrit au jour le jour. Il est fondamental à utiliser par rapport au *Journal* d'HEROARD. Il permet de connaître de manière suivie la trame des événements politiques sur lesquels le médecin fait un silence total.

L'ouvrage de M. Berthold ZELLER sur *Le Connétable de Luynes*, édité à Paris en 1879 d'après l'étude de M. COUSIN (1863), doit être consulté si l'on veut tenter de rester objectif concernant le premier favori de Louis XIII, les *Mémoires* de Richelieu ayant livré ce personnage au mépris de la postérité comme le souligne M. de LA VARENDE, ajoutant que ces *Mémoires* sont apocryphes [1].

Les documents tirés des Archives de Paris, et surtout de Florence (lettres et dépêches des ambassadeurs et résidents toscans) sont également du plus haut intérêt.

Les relations du nonce (Archives vaticanes) renseignent également le chercheur.

Grâce à l'obligeance de M. Thomas de LUYNES, nous pouvons éclairer le lecteur sur les origines de sa famille et corriger ainsi une légende trop répandue selon laquelle Charles D'ALBERT DE LUYNES était un « *gentilâtre* », pauvre petit page au service du comte de LUDE.

1. La Varende, *Anne d'Autriche*, p. 26.

Équivalences monaitaires [1]

Les unités

L'unité monétaire de base dans la France du début du XVIIe siècle est la livre, qu'on appelle aussi parfois le franc.

1 livre vaut 20 sous (ou 20 sols).

1 sou (ou 1 sol) vaut 12 deniers.

L'écu est généralement une monnaie de compte qui vaut 3 livres.

Il existe aussi une pièce d'or appelée l'« écu d'or au soleil » : elle vaut effectivement 3 livres, ou 60 sous jusqu'à édit monétaire de 1602, qui porte sa valeur à 65 sous.

Valeurs actuelles

Une estimation en francs actuels des monnaies du XVIIe siècle exprimée en pouvoir d'achat (la plus intéressante) serait bien hasardeuse. Afin de donner une idée de signification des sommes qui apparaissent dans cet ouvrage, nous proposons de partir de la quantité d'or à laquelle elles correspondent pour calculer leur valeur en francs actuels, d'après le prix atteint aujourd'hui par l'or sur le marché (présentement — 1990 — les fluctuations sont telles qu'il est nécessaire d'arrêter un chiffre « de principe ».

1 écu d'or, qui vaut 60 ou 65 sous, a un poids d'or généralement compris entre 3,12 et 3,20 grammes.

Retenons donc pour 1 livre un poids d'or de 1 gramme.

Considérant que l'or vaut actuellement environ 100 000 francs le kilo, soit 100 francs le gramme, 1 livre correspondrait à une valeur actuelle de 100 francs selon ce calcul. Donc :

— si 1 livre vaut 100 francs (1990)

— 1 000 livres valent 100 000 francs (1990)

— et 1 million de livres valent 100 millions (1990) soit 1 milliard de centimes.

1. D'après Michel Carmona, *Marie de Médicis,* Fayard, 1983.

QUELQUES ILLUSTRATIONS

Le salaire d'un ouvrier qualifié est de 5 à 6 livres par semaine, soit 500 à 600 francs, soit 2 000 à 2 400 francs par mois environ.

Une charge de conseiller au Parlement de Paris vaut 70 000 livres sous Louis XIII, soit 7 millions de francs actuels.

Le budget annuel de la maison de Marie de Médicis sous le règne d'Henri IV est de 400 000 livres, soit 40 millions de francs actuels.

On trouve sur Concini, au moment de sa mort, pour 1 million 400 000 livres d'effets, soit 140 millions de francs actuels.

En 1611, les pensions versées à la noblesse représentent plus de 4 millions de livres, soit plus de 400 millions de francs (1990).

Le budget du royaume de France atteint 20 millions de livres sous Henri IV, soit 2 milliards de francs (1990).

PREMIÈRE PARTIE

LEONORA

MARIE DE MÉDICIS

CONCINI

LEONORA

Jusque dans sa famille, l'Italien est un être de manège et de manœuvre.
C'est l'Oriental de l'Occident.

Paul Morand.

Leonora (Dori) Galigai

Florence 1568 — 1617 Paris

On ne peut comprendre Marie de Médicis si l'on ne rapporte pas l'influence de Leonora, dès l'enfance.
L'une gouvernera l'autre pendant trente ans.

Leonora

Leonora Dori voit le jour au mois de mai 1568 [1] dans un bas quartier de Florence. Son père, charpentier menuisier, se fait appeler Jacques de Bastein, nom peu florentin probablement d'origine étrangère ou encore nom d'emprunt comme le font souvent les juifs s'installant en terre d'accueil [2]. (Il restait vague sur ses origines françaises [3] ou hollandaises, laissant entendre que sa famille avait dû s'exiler pour échapper à la faillite, aux dettes, aux mauvais procès...)

Il travaille le bois avec talent, les commandes ne manquent pas, mais les règlements tardent à venir. Son épouse et lui élèvent tant bien que mal leur nichée dans une petite maison atelier sur les bords de l'Arno. Nourrir trois enfants n'est pas facile. La naissance de Leonora n'arrange rien.

Elle passe ses premières années à la façon des enfants pauvres, pieds nus elle court dans la campagne, regarde, écoute, se réjouit d'un rien, vole un fruit et s'enfuit en riant à la poursuite d'un papillon.

Très tôt, elle manifeste de la curiosité pour toute chose. Observatrice attentive, elle se souvient de spectacles qui l'enchantent ou la rebutent, au hasard de ses vagabondages. Leonora aide sa mère et sa sœur aux travaux domestiques. Son père l'impressionne, elle le respecte et lui voue une tendre affection. Elle lui obéit avec joie lorsqu'il lui apprend les rudiments de la menuiserie. La petite fille est gaie, serviable, instinctive et très éveillée. Elle est espiègle aussi et, comme tous les enfants, rêve d'aventure, de choses cachées ou défendues.

Dans son atelier, Jacques de Bastein fabrique aussi des cercueils, à la demande. A Florence, une très ancienne coutume veut que les riches

1. Leonora Dori Galigaï (1568-1617) et Marie de Médicis (1573-1642) sont nées toutes deux à Florence ; l'aînée mourra à Paris, l'autre à Cologne.

2. Eve de Castro, *La Galigaï*.

3. Probablement françaises. Sinon comment Leonora aurait-elle appris cette langue qu'elle parle presque sans faute à l'âge de seize ans.

bourgeois ensevelissent leurs morts avec quelques-uns de leurs plus beaux bijoux.

Cet usage donne des idées à Andréa[1], le frère de Leonora, et tous deux complices décident de s'adonner à de fructueuses profanations de sépultures. Selon la qualité du bois employé, Leonora (huit ans) et son frère (douze ans) devinent s'il est destiné à une riche dépouille. Dans ce cas ils s'arrangent pour repérer, au cimetière, l'endroit où l'inhumation a eu lieu.

La nuit suivante (si possible), alors que la terre est encore meuble, ils creusent jusqu'au couvercle, le soulèvent, s'emparent des bijoux, rebouchent le trou et s'enfuient. Ces pillages de tombes sont menés plusieurs fois à bonne fin sans que nul s'en aperçoive. Inconscients de la gravité de leurs actes, les deux voleurs se réjouissent du résultat de leurs rapines sacrilèges. Leonora cache ses trésors sous sa paillasse et se relève la nuit pour faire miroiter perles et pierreries au clair de lune.

Andrea commet l'erreur de négocier son lot de parures en échange de quelques florins. Par hasard, leur père découvre l'infâme secret. A la riche inhumation suivante, il surprend les deux coupables en pleine action. Sur place il punit son fils en lui assenant des coups de pelle qui lui cassent deux côtes, le nez et la cheville droite.

Andrea parvient à échapper vivant au bras justicier. Il quitte Florence dans les jours qui suivent[2].

Leonora reçoit une correction corporelle moins violente, mais Jacques de Bastein ne pardonne pas l'acte criminel. Sa fille cadette est menée chez les religieuses du carmel qui reçoivent l'ordre de la mettre au cachot.

Leonora y restera plusieurs mois à méditer, non sur les inconvénients des vols, mais sur la nécessité qu'il y a à ne pas se faire prendre. Dans sa logique enfantine, elle trouvait stupide d'abandonner des parures de prix sur des cadavres qui n'en profitaient aucunement[3]...

Au carmel se trouve aussi sa sœur aînée, Cassandra. Celle-ci a été reléguée dans ce couvent sévère depuis que l'épouse du bourgeois chez qui elle servait s'était plainte des rapports trop intimes qu'elle entretenait avec son mari. Jacques de Bastein, là-dessus, ne plaisante pas non plus !

Les deux sœurs, isolées, n'ont pas le droit de se parler. Très vite, Leonora s'ennuie dans son cachot. Elle enrage du temps qui passe inutilement dans le noir et cherche comment sortir de cette situation déplorable. Elle ne voit ni ne parle à personne, sauf à la novice qui lui apporte chaque jour le pain et l'eau. Petit à petit elle « apprivoise » la religieuse. Elle s'y prend si bien qu'aux attendrissements succèdent les

1. Il s'appelait Sébastiano, mais on l'appelait Andrea : c'était plus court !

2. Il sera à Paris en 1606. En juin 1610, après la mort d'Henri IV, Leonora lui fera attribuer l'abbaye de Marmoutier.

3. Cette passion pour les bijoux, contractée à l'âge de huit ans, ne lui passera pas. A Paris, entre 1610 et 1617, elle collectionnera perles et pierres précieuses. Le jour de son arrestation (24 avril 1617), alors qu'elle est sur son lit, en chemise, elle serre contre sa poitrine diamants, saphirs et rubis. L'ensemble de ses parures sera estimée à plus de 1 million de livres, soit 100 millions de francs actuels.

câlineries[1]. Leonora obtient aussi que la « novice » la familiarise avec le luth. Douée, elle apprend vite.

Après douze mois d'incarcération douce-amère, forte de toutes ces leçons reçues, Leonora s'en retourne chez son père (mai 1577). Jacques de Bastein a besoin d'elle à son logis où l'ouvrage ne manque pas. Sa femme vient de mourir d'une mauvaise fièvre, dit-on[2], sa fille Cassandra prononce ses vœux définitifs, son fils cadet Andrea a disparu après l'incident du cimetière et son aîné, Balthazar est parti vers Livourne ou Gênes pour devenir marin.

Leonora ne pleure pas sa mère qu'elle a peu connue. Elles n'ont partagé, un temps, que les travaux domestiques, les lessives, quelques repas, et encore, lorsque la signora Dori restait au logis. Elle s'absentait souvent pour de mystérieuses occupations... Elle ne regrette pas son frère Balthazar, un feignant qui refuse d'aider leur père à l'assemblage des planches ou à l'équarrissage et qui passe ses journées à pêcher dans le fleuve pour vendre ses poissons et aller boire ses sous, un brutal, qui lui répétait qu'elle était laide à faire peur. De sa sœur Cassandra, elle ne garde pas un souvenir ému, leurs rapports ont été si fugitifs. En revanche, Andrea lui manque. Il lui racontait d'une voix tendre des choses folles et mystérieuses qui la faisaient rêver.

Mais une petite fille du peuple, une gueuse de neuf ans n'a pas le temps de rêver alors qu'elle est seule à s'occuper de son père. Leonora se met à jouer le rôle de maîtresse de foyer. Elle s'y prend bien, avec courage, compétence instinctive et surtout une inaltérable bonne humeur. Elle nettoie, va au lavoir, porte les seaux, nourrit les deux chiens, cueille les olives, plume les volailles, manie les pots, fait la cuisine, brode, joue du flûtiau et chantonne. Elle semble heureuse de son sort. De plus, Jacques de Bastein qui la regarde faire se déclare satisfait et lui apprend à lire, un peu, et surtout à compter. Il lui montre le maniement du rabot et la fabrication des chevilles de bois.

Leonora s'intéresse à tout, s'applique, s'acharne et sourit. On dirait qu'elle s'amuse d'un rien. Elle parle aussi. Elle raconte, elle invente, elle déride son père, le distrait, le repose, le dorlote. Ils s'expriment tantôt en onomatopées florentines, tantôt dans un français qui hésite et gazouille. Ce couple père fille semble tout à fait heureux. Des années passent ainsi.

A quinze ans, Leonora sait qu'elle est laide et que ses larmes n'y pourront rien changer. Elle est vilaine : une taille courte, un corps sec, des côtes saillantes, une chair épaisse, un teint sombre, une gorge plate, un visage maigre, de petits yeux noirs de furet, pas de joues, pas de menton, un crâne plat à la toison noire et crépue, un nez pointu qui fait songer à un museau de fouine, une bouche d'une largeur hideuse, aux

1. Est-ce à ce moment que Leonora se découvrit des penchants homosexuels ? Si elle n'y prit pas goût, elle devint experte en caresses ce dont Marie de Médicis dut profiter. Sa sœur Cassandra lui en a appris quelques-unes au temps où elles partageaient une paillasse dans la petite maison au bord de l'Arno...

2. Ou maladie vénérienne. La signora Dori avait eu, comme sa fille Cassandra, des faiblesses pour quelques hommes...

lèvres minces, pincées, qui s'ouvre sur des dents grises, gâtées avant l'âge...

Une âme moins forte aurait sombré dans une inguérissable tristesse : pas Leonora. Sa nature combative la pousse à agir. Il faut qu'elle supplée à son apparence rebutante par d'autres avantages, des qualités qu'elle va s'inventer. Elle connaît ses dons. Il faut les développer. Ce qu'elle ignore, elle va tenter de l'apprendre.

Sous prétexte de visiter sa sœur, Leonora se rend au carmel où Cassandra se morfond depuis plusieurs années. La mère abbesse autorise de grand cœur ces rencontres familiales quotidiennes.

L'aînée va instruire la cadette sur l'art de faire des révérences et autres courbettes réservées aux salons et aux chambres privées. Cassandra n'était pas sans expérience en la matière. Elle avait dix-huit ans et ses souvenirs des « bonnes manières » observées n'étaient pas si lointains.Toutefois Leonora s'intéresse plus à la gestuelle de bon ton qu'aux gymnastiques intimistes. Elle veut pouvoir montrer qu'elle connaît les usages, faire croire qu'elle a reçu une certaine éducation. Marcher, reculer pour exécuter une révérence parfaite, plonger avec grâce pour manifester son respect, savoir bouger sans gaucherie, voilà ce qu'elle cherche. Élève docile et opiniâtre, Leonora parvient à singer les manières de Cassandra en peu de temps.

Jacques de Bastein, dont les talents de menuisier d'art sont à présent reconnus par le grand-duc de Toscane, a su se faire des amis partout et particulièrement dans l'entourage de François de Médicis. Un certain ingénieur accompagne parfois l'habile artisan lorsque celui-ci rentre au logis pour souper. Leonora prépare le repas pour les deux hommes, les sert et intervient dans leur conversation si on l'en prie. L'ingénieur remarque la gaieté, la gentillesse, la drôlerie et l'esprit vif de la fille du menuisier. Ses reparties inattendues le font rire. Il trouve ce petit personnage hors du commun. « Elle est trop vilaine pour qu'il songe à l'épouser ou en faire sa maîtresse, mais il se promet, si l'occasion se présente, de l'aider à quitter la condition modeste dans laquelle sa naissance et sa mine la cantonnent [1]. »

Il se trouve que le grand-duc est tracassé par l'humeur morose de sa fille de onze ans, Marie. Elle grignote, dort peu et mal, et promène dans le palais une langueur affligeante. Rien ne semble l'intéresser, l'amuser, la distraire.

L'ingénieur recevant la confidence se permet de suggérer que l'isolement est la principale cause du mal. Il faudrait à l'enfant, dit-il, une servante, une amie qui, bien que de caste inférieure, saurait égayer ses journées.

L'idée plaît au grand-duc. L'ingénieur dit connaître une petite de seize ans aux manières enjouées et affables. Il suffit de la faire venir. Le grand-duc jugera.

1. E. de Castro, *La Galigaï.*

MARIE

« Tout ce qui brille plus que nous, nous blesse ; tout ce qui nous efface nous trouve inexorable.

Massillon.

Marie de Médicis
Florence 1573 — 1642 Cologne

Sotte et vaniteuse, cette blonde Florentine, à demi Habsbourg, aura l'occasion de montrer ses défauts qui influenceront le caractère de son fils aîné Louis.
La lutte quotidienne et l'intrigue victorieuse tiennent lieu de bonheur aux princesses couronnées.

Marie

Au mois de juin 1584, Leonora pénètre au palais Pitti pour y être présentée au grand-duc et... à sa fille. L'atmosphère est solennelle. Leonora sait pourquoi elle est là. Elle tremble de ne pas plaire... Elle exécute ses révérences dans un silence intimidant. Par hasard, elle se prend les pieds dans sa jupe en reculant, vacille, retrouve son équilibre en poussant un petit cri aigu.

A côté de son père, une petite fille lance un éclat de rire. Marie n'a pas pu se dominer tant les mimiques de cette inconnue sont comiques. Le grand-duc sourit.

Cette Leonora Dori restera au palais Pitti pour s'occuper de Marie de Médicis. Elles ne se quitteront plus pendant trente-trois ans.

Dès les premiers mois, leurs relations prennent un tour excellent. La fillette mélancolique s'anime au contact de cette compagne attentive à lui plaire. Et puis, devant tant de dévouement, Marie exagère.

C'est une enfant difficile, exigeante, capricieuse. Elle supporte mal les conseils et n'admet pas qu'on lui manque de respect. Elle tape du pied si on ne lui obéit pas à l'instant même. Elle marque toute la distance qui la sépare de cette nouvelle venue, et dans les premiers temps, pour mettre Leonora à l'épreuve, l'oblige à plier les genoux devant elle et à manger les restes de ses assiettes. Elle trouve un certain plaisir pervers à lui faire de petits cadeaux, rubans et chiffons, pour jouir du spectacle de cette fille du peuple, pliée à ses pieds, qui lui embrasse le bout des doigts pour manifester une reconnaissance exagérée.

La fille du menuisier s'abaisse, sourit et supporte tout. Leonora devine très tôt quelle influence elle peut avoir sur ce caractère autoritaire et faible. Elle se comporte selon l'humeur de la princesse, la sert, la flatte, la complimente et accepte de sa part les plus cruelles observations.

Leonora est patiente, intelligente et arriviste. Réalisant sa chance d'occuper cette place privilégiée, elle se laisse bafouer et maltraiter, sachant que si elle s'y prend bien, elle finira par séduire la petite fille esseulée et à en faire son jouet. Ses seules armes : servir et faire bon

Florence : le palais Pitti (vue extérieure).

visage. Leonora sait qu'elle est observée, jugée par d'autres yeux que ceux de Marie.

La signora Orsini — gouvernante, surveillante, rapporteuse — renseigne le grand-duc sur son comportement. On dit qu'elle est rusée, têtue mais serviable et drôle, amusante même, qu'elle est habile à vêtir, parer, coiffer et qu'elle plaît à la princesse malgré sa laideur.

Plus le temps s'écoule, plus Leonora prend une place importante auprès de Marie.

A la fin d'octobre 1587, le grand-duc meurt[1]. Son frère cadet, le cardinal Ferdinand, lui succède sur le trône de Florence.

Cet avènement n'apporte pas grand changement dans la vie quotidienne des deux compagnes, à présent inséparables. Elles étudient, brodent, lisent, prient, vivotent dans une atmosphère où les vraies récréations sont rares : une promenade, un musicien de passage...

Elles restent dans les trois pièces réservées à la princesse : salle d'audience, antichambre, chambre à coucher contiguë à un petit cabinet de garde-robe. C'est dans la chambre et le cabinet qu'elles se tiennent le plus volontiers. Marie se fait habiller, coiffer en écoutant les babillages de Leonora. Celle-ci s'affaire, rit et danse, laissant fuser son esprit pétillant. Elles essayent des fanfreluches, goûtent des friandises, s'amusent et batifolent.

Au soir, leurs rapports prennent une autre saveur, plus tendre, plus intime. Leonora déshabille la princesse, la taquine, lui chatouille les bras, les oreilles, la taille, la bouscule — pour rire — la pousse sur son lit. Parmi les coussins de plume elles jouent à se battre, à s'ébattre. Elles gloussent et gémissent entre deux rires aigrelets. La blonde laiteuse et molle se laissant bousculer avec joie par la nerveuse noiraude... qui n'ose pas encore poser la main n'importe où...

A n'en pas douter, sous les gestes faussement agressifs de Leonora se dissimulent des idées initiatrices. Marie, troublée, repousse sa compagne, la chasse de la chambre, jusqu'au soir où elle lui ordonnera de rester auprès d'elle toute la nuit. Affectueuse tendresse ? Calins de jeunes filles ? Peut-être au début de leurs relations... non toujours.

En 1589, le grand-duc de Toscane, Ferdinand (trente-huit ans) épouse Christine de Lorraine[2] (seize ans) : l'âge de Marie de Médicis. Leonora a vingt et un ans. Avec la nouvelle venue, le charme et la magie de la cour des Valois pénètrent au palais Pitti que l'époux amoureux fait entièrement rénover au goût de France.

Leonora et Marie respirent avec joie cet air neuf qui chasse toute morosité des salles et des cœurs.

1. François de Médicis, fils de Cosme et d'Eléonore de Tolède, morte en 1562.

2. Petite-fille de Catherine de Médicis (dernière de la branche aînée), elle donnera un fils à Ferdinand en 1590 (dernier Médicis de la branche cadette) et mourra en 1621. Elle avait été plus ou moins fiancée au duc d'Epernon.

Dans un décor élégant et fastueux, au milieu de personnages aimables et souriants, les esprits jeunes ont tendance à s'épanouir. Les deux compagnes ne se cachent plus pour rire aux éclats. On joue du luth, on chante davantage. Marie ne pleurniche plus, ne boude plus, et se contemple dans les miroirs avec une certaine langueur complaisante. Leonora la complimente sur la joliesse de sa cambrure, la finesse de sa taille, son grain de peau opalin et cette blondeur incomparable. Marie, toujours orgueilleuse et coquette, accepte l'avalanche de flatteries sans y déceler d'outrance, sans deviner que les louanges s'adressent à la femme qu'elle va devenir plutôt qu'à l'enfant qu'elle est encore.

Leonora la dévore des yeux : mélange de dévotion, d'envie et de calcul.

Cette princesse est assez belle et bien née pour porter une couronne royale. Leonora sent que son empire sur Marie se renforce chaque jour et sait que sa fortune dépend de l'avenir de cette petite fille. N'ont-elles pas entendu, l'an passé, la nonne Passitéa prédire à la belle enfant qu'elle serait reine ? Or Leonora croit aux prédictions. Elle y croira toute sa vie. On lui a dit qu'elle aurait un destin fabuleux et une fin tragique. La fille de « Maître Jacques » va s'acharner à ne pas faire mentir ce qui lui est promis.

D'ailleurs, la montée vers la réussite sociale a déjà commencé. Leonora est sur le bon chemin et n'en doute pas. Il ne faut pas s'en écarter ni s'en laisser écarter. Tout a changé pour elle depuis cinq ans.

Elle est loin la petite gueuse des faubourgs qui courait mal fagotée, les pieds nus dans la poussière à la recherche de quelque fruit à chaparder. Le pas de Leonora s'est affermi. Bien chaussée, elle glisse discrètement sur les dalles de marbre parmi les colonnes sculptées et les fresques aux tons vifs qui recréent les délices de l'Olympe. Il lui suffit de tendre la main pour cueillir une friandise dans les coupes d'agathe ou de porphyre. La plume a remplacé la paille sur sa couche et sa tête repose sur des carreaux en duvet d'oison. Elle est entourée d'odeurs exquises, de raffinements, de politesses.

Tout lui sourit. Elle se sourirait à elle-même si le miroir ne lui renvoyait pas l'image de sa laideur. Laideur que Marie semble ne plus remarquer tant elle est accoutumée à la voir. La blonde adolescente prend l'habitude de s'endormir dans le creux de son bras. Sinon, elle se couche dans le cabinet adjacent, à portée de voix.

Elles ne se quittent plus.

Marie continue à faire l'enfant gâtée, à exiger, à geindre dès qu'elle se sent contrariée, à trépigner au moindre caprice insatisfait. Leonora cache avec soin son agacement et console. La patience n'est-elle pas la meilleure arme de sa panoplie, avec la tendresse affichée (vraie ou feinte), la flatterie, les promesses et les serments d'amitié indéfectible ?

L'une et l'autre se prennent au jeu. Elles s'y accoutument si bien qu'elles n'abandonneront plus les rôles qu'elles se sont attribués.

De consolatrice, Leonora deviendra conseillère écoutée. L'humble servante dirigera bientôt les pensées de la maîtresse avec intelligence et discernement, mais surtout dans le souci de son propre intérêt. Préserver la princesse des embûches pour mieux se protéger, la pousser à agir (ou réagir) pour en tirer profit.

A partir de 1594, Marie est tout acquise à Leonora.

Depuis dix années la vilaine noiraude s'occupe sans cesse de la jolie blonde qui a fêté ses vingt printemps. A cette époque, le grand-duc Ferdinand songe sérieusement à marier sa nièce au mieux des intérêts de Florence. Son épouse, qui lui a donné un fils quatre ans plus tôt et dont il est toujours très épris, pousse la candidature de son frère, le comte de Vaudemont.

Entrer dans la puissante famille des Guise est une possibilité honorable, certes, mais tout à fait insuffisante aux yeux de Leonora qui veille. Marie dûment chapitrée par elle sur le maigre intérêt de ce parti, repousse la proposition de son oncle. Elle est princesse de Médicis, famille régnante, et n'entend pas, dit-elle, porter une simple couronne de comtesse lorraine.

Le grand-duc devine d'où vient la réaction négative mais ne s'en montre pas excessivement fâché. Il convoque Leonora, ne reproche rien, ne menace pas, mais exige qu'elle use de son influence pour faire plier Marie à ses vues. Si sa nièce fait preuve d'obéissance à l'avenir, Leonora verra sa fortune faite. Celle-ci promet, bien résolue pourtant à ne pas tenir compte de son engagement si le prochain prétendant ne lui convient pas.

Elle trahira sa promesse, qu'importe.

Elle agira dans l'intérêt de Marie et du sien.

Festina lente !
(Hâte-toi lentement.)

L'ambitieuse et la princesse (La finaude et la balourde)

L'ambitieuse et la princesse

Le grand-duc Ferdinand intrigue ferme à l'établissement de sa nièce. Certains de ses projets avortent sans que Leonora ait à s'en mêler.

Alexandre Farnèse, duc de Parme, allait être agréé lorsque le roi d'Espagne y met son veto et, dans l'espoir de récupérer la dot de Marie, propose le descendant des rois du Portugal : le duc de Bragance.

Or Philippe II d'Espagne vient d'annexer le Portugal...

Florence décline l'offre.

L'empereur d'Autriche-Hongrie, Rodolphe II de Habsbourg, règne à Prague. Ses territoires sont immenses mais il se débat dans de grandes difficultés financières. Il doit entretenir une armée permanente pour défendre Vienne au cas où les armées turques réapparaîtraient. La dot de Marie et l'alliance avec les banquiers Médicis l'intéresse. Il se porte candidat au mariage. Le grand-duc Ferdinand, flatté, n'hésite pas à engager de sérieux pourparlers. Il conseille fermement à Leonora de ne pas faire obstacle au projet. Mais cette dernière estime ces régions bien lointaines.

Dans ses appartements, Marie se réjouit à l'idée de devenir impératrice ! Leonora ne trouve pas d'arguments pour la détourner du projet. Elle invente cent exemples sur la prétendue sauvagerie des habitants de la Bohême, sur la brutalité des mœurs... C'est maigre. Marie, en plein rêve, se voit déjà au centre des fastes de l'Empire. La précipitation de Rodolphe à vouloir conclure ces épousailles étonne quelque peu au palais Pitti. Les conseillers du grand-duc, soudain méfiants, l'engagent à se montrer circonspect.

Comme les choses traînent, Rodolphe revient à la charge et fait savoir que si le million d'écus (ou presque) qu'il réclame en dot semble une somme trop élevée, il se contentera de la moitié si c'est son frère Mathias que Marie épouse à sa place. Il ajoute que, trop heureux de cette nouvelle union Médicis-Habsbourg [1], il lui paraîtrait bon de procéder au plus tôt au mariage par procuration... et au versement de la dot.

Ces exigences très exagérées ne semblent pas rebuter le grand-duc qui se dispose à céder, à condition d'être assuré que sa nièce sera impératrice. On lui répond que Mathias étant l'héritier de son frère Rodolphe, elle le sera de toute façon : reste à savoir quand. On reste évasif sur ce point : après que la paix sera signée avec les Turcs [2] !

Encouragé par le pape, Ferdinand accepte les conditions imposées.

Leonora, tenue au courant grâce à l'indiscrétion de certains secrétaires, s'attaque sans tarder à la principale intéressée qui l'écoute d'abord d'une oreille distraite. Marie s'applique à se composer une démarche impériale et admire son reflet dans les miroirs...

Leonora la met en garde. Mariée par procuration à l'un des deux frères, elle perdra sa liberté, lui dit-elle, et avant que la paix soit signée avec le Turc, il peut s'écouler des années durant lesquelles elle restera fille... Marie lui répond qu'elle s'en moque bien. Ne resteront-elles pas ensemble, en attendant ?

Leonora tente de lui faire peur, lui dépeint la cour austro-hongroise sous un éclairage effrayant, parle de grossièreté de manières, de saleté corporelle, de palais misérables, de climat glacial, de mœurs sadiques, de pauvreté...

Les arguments savamment détaillés — surtout le dernier — finissent par inquiéter Marie, impressionnable comme une enfant qu'elle est encore. Elle s'imagine privée du luxe qui l'entoure : vision insoutenable pour cette mignonne personne gâtée à l'excès.

Leonora s'avise que Marie est ébranlée par ses dires. Elle en profite, éclate en sanglots et déclare qu'elle sait de source sûre (c'est faux) que les Habsbourg ont imposé — entre autres conditions — qu'aucune personne de Florence n'aura le droit de demeurer auprès de la future impératrice... Cette dernière précision (inventée) fait vaciller Marie. On veut la séparer de sa chère Leonora ? Jamais !

Encore sous le choc émotionnel, elle se précipite chez son oncle et demande à être reçue sans attendre. Le grand-duc accueille une jeune fille en larmes qui lui annonce que s'il s'obstine à vouloir lui faire épouser l'empereur, elle ira sans hésiter s'enfermer dans un cloître pour le reste de ses jours. Ferdinand croit à un mouvement d'humeur. Il essaye de convaincre : peine perdue. Sa nièce reste inébranlable. Il hausse le ton. Elle se raidit.Il déclare alors qu'il va chasser sur l'heure celle qui a une si mauvaise influence. Marie lui rétorque que si on crée des ennuis à « sa » Leonora, si on l'éloigne d'elle un seul jour, elle courra se mettre à l'abri d'un couvent d'où on ne la sortira plus.

1. La mère de Marie, l'archiduchesse Jeanne d'Autriche (Habsbourg), 1547-1578, fille de l'empereur Ferdinand, arriva à Florence le 16 décembre 1564. Elle donnera sept filles et un fils à François de Médicis. Seules Marie (septième fille) et sa sœur Eléonore (princesse de Gonzague, duchesse de Mantoue) survivront.

2. Soliman (le Magnifique) a mis le siège devant Vienne en 1529 (sans succès). La menace turque ne disparaîtra qu'en 1683.

Ulcéré, le grand-duc cède devant une telle détermination. Il préfère sa nièce disponible au palais Pitti qu'irrécupérable sous la protection définitive des religieuses. Il a d'ailleurs pour Marie d'autres projets matrimoniaux et non des moindres. En attendant, qu'elle garde sa noiraude auprès d'elle ! Cette Leonora est parvenue à s'incruster dans la place. Il serait vain, à présent, de tenter de l'en déloger.

Marie de Médicis retourne victorieuse dans son appartement et, non sans orgueil, sèche les larmes d'inquiétude de son irremplaçable compagne.

A dater de ce jour, le grand-duc et la suivante échangeront des regards lourds mais des sourires de courtoisie. Leonora prendra bien soin de lui marquer son respect sans excès pour qu'il ne croie pas qu'elle le nargue. Et pourtant...

Si Leonora s'est démenée pour faire échouer le mariage, c'est par superstition ! Superstition ancrée dans son esprit jusqu'à l'obsession. On lui a prédit qu'elle mourrait en France. Elle y croit ferme. Elle est persuadée qu'elle s'y rendra dans le sillage de Marie de Médicis.

A ce moment précis, rien ne le fait présager.

Mais Leonora n'est pas dans le secret des alliances politiques ou financières. Elle ne sait pas que depuis 1592 le grand-duc est en rapport avec les envoyés du roi de France. Henri IV a un pressant besoin de liquidités pour payer les troupes qui lui permettront enfin de pénétrer dans Paris qu'il assiège.

En accord avec le pape Clément VIII, Ferdinand monte une opération diplomatique de grande envergure. Clément VIII se dit prêt à lever la sentence d'excommunication prononcée contre Henri de Navarre en 1583 à condition que celui-ci abjure et rentre dans le sein de l'Eglise de Rome. De son côté, Ferdinand se déclare disposé à fournir de l'or et des soldats si le roi de France demande l'annulation de son mariage [1] avec Marguerite de Valois [2]. Il envoie le portrait de sa nièce. Le message est clair...

En avril 1593, Henri s'engage à abjurer dès que Paris sera tombé. Il réclame des subsides et des hommes d'armes. Ferdinand accorde un prêt de 200 000 écus et expédie à ses frais quatre mille Suisses. Là-dessus, vingt mille Espagnols envahissent les terres pontificales. Clément prend peur. Ferdinand fait savoir à Henri que l'abjuration est urgente. En juillet 1593, Paris se rend et Henri abjure. Il lui faut encore de l'or pour réduire les derniers ligueurs soutenus par Madrid. Ferdinand s'exécute. En janvier 1595, Henri déclare la guerre à l'Espagne. Les Turcs envahissent la Hongrie. Le pape s'agite. Ferdinand, à sa demande, envoie des troupes que les Turcs massacrent. Clément se tourne vers Philippe II d'Espagne, qui refuse de secourir l'empereur Rodolphe. Le pape rompt avec Madrid. Le 8 septembre 1595, Sa Sainteté reconnaît Henri IV comme roi de France et de Navarre, et bon catholique.

A Florence, on se réjouit. Henri IV qui doit tout au grand-duc va

1. La sentence de divorce fut rendue par Clément VIII le 17 décembre 1599.
2. Tante de sa femme Christine de Lorraine.

bientôt manifester, comme il se doit, sa reconnaissance. Mais rien ne vient. Au printemps 1596, Ferdinand s'inquiète. Ses lettres restent sans réponse. A l'automne il est furieux d'une telle ingratitude, lui qui a fourni tant d'or et de soldats à cet oublieux Béarnais. Le grand-duc suspend ses prêts à la France et adresse de somptueux présents à Philippe II.

La fiancée de l'héritier du trône d'Espagne, l'archiduchesse Maximilienne, vient de mourir subitement. Marie de Médicis reine d'Espagne ? Pourquoi pas ?

En 1597 des pourparlers s'engagent. De Florence à Madrid on échange toute sorte de cadeaux magnifiques. Paris ne réagit pas. Le grand-duc s'en étonne. La France et l'Espagne sont en guerre ; qui paye les armées d'Henri IV ? En mai 1598 les deux puissances signent la paix de Vervins. Au mois de septembre, Philippe II s'éteint. Son fils et successeur, Philippe III, renonce à épouser Marie de Médicis. Sur les conseils de son favori Gomez de Sandoval[1], il choisit sa propre nièce, l'archiduchesse Marguerite.

A Florence, le grand-duc en éprouve de la contrariété. Marie a vingt-cinq ans, âge avancé à l'époque pour une jeune fille à marier... mais il y a la dot qui peut aplanir bien des obstacles... L'obstacle majeur n'est pas à Florence, mais à Paris, en la personne de Gabrielle d'Estrées dont Henri IV a eu deux fils, César et Alexandre (de Vendôme) et une fille : Catherine-Henriette[2]. La belle compte bien devenir reine de France. Son royal amant le lui a promis. Mais les voies du ciel...

Le 10 avril 1599, la favorite meurt âgée de vingt-cinq ans. Le Béarnais pleure cinq jours, sèche ses larmes et souhaite se faire consoler par Henriette d'Entragues, à laquelle il signe la promesse de mariage qu'elle exige... avant de céder.

Ce nouvel engagement n'arrête pas pour autant d'autres projets matrimoniaux jugés plus sérieux. L'entourage d'Henri IV pense à l'infante d'Espagne (sœur de Philippe III), à des princesses de Saxe, de Bavière... Et puis, en fonction de la maigreur de la dot, on en revient au plus beau parti : Marie de Médicis. Là, les Français pourraient se sentir gênés. Le Béarnais doit déjà tant d'or au grand-duc... (2 millions d'écus !) Mais à Paris on semble ne pas vouloir s'en souvenir. L'ambassadeur de Toscane revient à Florence avec une demande ahurissante.Le grand-duc devrait verser 1 500 000 écus pour que sa nièce épouse le roi de France.

Ferdinand se cabre. Plus de 3 millions d'écus pour une couronne ? ! Jamais un Médicis ne s'abaissera à payer ce prix. Les négociations sont sur le point d'être rompues.

La ville de Florence supplie le grand-duc de céder aux exigences. La noblesse toscane est disposée à offrir ses florins pour la gloire de voir sa

1. En Europe, à la fin du XVIe siècle et jusqu'au milieu du XVIIe siècle, la plupart des princes régnants seront dirigés par leurs favoris. En Ecosse, en Angleterre, en Espagne et en France.

2. Qui épousera Charles de Lorraine, duc d'Elbeuf, en 1619 (nous y reviendrons).

princesse devenir reine de France. La bourgeoisie est prête à participer, le peuple à donner son obole.

A Paris, le roi écoute le sermon de Sully, son complice de toujours. Henri doit une fortune au grand-duc et les caisses sont vides. De plus il faut un héritier au trône de France, un héritier légitime issu d'un ventre princier et non des bâtards sortis des entrailles de dames de petite noblesse. Le Béarnais baisse le nez, se rend aux arguments. On transigera.

On transige. Le grand-duc versera 350 000 écus au comptant et effacera l'équivalent dans le livre des dettes. En décembre 1599, les accords sont conclus. On les signera au printemps.

Florence est en liesse, Paris se félicite.

Leonora a vécu dans l'ombre toutes ces péripéties, tremblant à chaque projet de le voir aboutir. L'angoisse ne l'a pas quittée, alors que Marie ne montrait aucune inquiétude sur le sort que son oncle lui réservait.

Le 1er janvier 1600, les deux femmes se réjouissent, l'une à l'idée de coiffer la couronne de France, l'autre d'avoir cru jusqu'au bout à une prophétie. Tandis que Marie rêve d'apparat, de fêtes, d'acclamations, de toilettes et de parures fabuleuses, Leonora, réaliste, se demande si son extraction basse ne risque pas de l'empêcher de suivre sa maîtresse. Celle-ci pourra-t-elle imposer auprès d'elle la présence d'une Dori, fille d'un supposé juif... ? Il est temps de se renseigner.

Le 26 avril les premiers seigneurs de France font une brillante entrée dans Florence à la tête de trois cents cavaliers. La foule trépigne et crie sa joie. Leonora parle assez bien français pour engager la conversation avec un gentilhomme de la suite de M. de Sillery qui lui apprend que seules les personnes issues des plus illustres familles de Toscane seront autorisées à accompagner en France la princesse de Médicis.

Leonora alerte aussitôt sa compagne. Marie s'empresse de faire rechercher quelques patronymes éteints que la fille mal née pourra s'approprier. L'intéressée, prévoyante, déclare qu'elle ne veut pas passer pour une usurpatrice. On devrait trouver un rejeton sans postérité qui vendrait son nom... Marie, agacée par ce qu'elle tient pour un caprice, promet de faire pousser les recherches dans ce sens. Pour l'instant, fébrile, enivrée, elle ne songe qu'aux préparatifs des fêtes données autour de la publication solennelle de son mariage.

Le 30 avril, au palais Pitti, les princes, le Sénat, l'aristocratie, ministres et grands personnages français et florentins se côtoient dans la salle du trône. Sur une estrade tendue de pourpre et d'or le grand-duc Ferdinand et son épouse encadrent une Marie de Médicis rayonnante sous un dais brodé d'argent. Ils écoutent la lecture du contrat. Leonora se dissimule derrière les pans de tissu. On lui a interdit l'entrée de la salle. Il n'y a pas de place pour une servante parmi cette noble assistance. Tandis que le cortège se forme pour se rendre à l'église au milieu des acclamations, les salves d'artillerie éclatent. L'émotion est générale. Leonora pleure,

Florence : le palais Pitti (côté jardins).

elle aussi, mais de rage. Auprès d'elle, ceux qui la bousculent pour mieux voir sont des palefreniers et des gâte-sauce...

Au cours de l'été, Leonora obtient ce qu'elle cherche. Le vieux comte Galigaï, dernier du nom — l'un des plus illustres et des plus anciens de Florence [1] — accepte de vendre son titre. Marie lui fait parvenir un sac de florins.

Les secrétaires du grand-duc et ceux des envoyés français se préparent à établir la liste définitive de ceux et celles qui accompagneront la princesse dans son voyage. Il n'est pas un instant question de Leonora Dori. La liste est soumise à l'appréciation de Marie. S'avisant que le nom de sa compagne n'y figure pas, elle s'en étonne auprès de son oncle. « Une fille de rien ne peut faire partie de la suite d'une reine de France », lui dit-il. Marie répond qu'on l'a mal renseigné et s'explique. Le nom de Galigaï est agréable à l'oreille du grand-duc qui cherche néanmoins à écarter cette candidature. Pour couper court aux discussions, Marie déclare qu'elle partira avec Leonora Galigaï ou qu'elle ne partira point. Elle a gain de cause.

Ce n'est pas par affection ou amitié pure qu'elle agit ainsi, mais par égoïsme ! En réalité, Marie de Médicis (elle aura vingt-sept ans en août) est si habituée aux soins de Leonora — depuis seize ans — qu'elle s'affole à l'idée d'en être privée. De plus elle ne parle pas le français [2], Leonora, si. Que ferait-elle sans la présence quotidienne de la fidèle, de la soumise, sans les conseils de l'éducatrice ?

Marie de Médicis a vécu en vase clos, ou presque. Elle est orgueilleuse, vaniteuse certes mais aussi timide et mal assurée, craintive devant ce qui lui est inhabituel. Partir à la découverte de la France, des inconnus qui y vivent — même si elle doit régner sur eux — représente pour elle un tel changement d'univers que la peur l'étreint à la pensée de devoir affronter tant de personnages inconnus et de nouveautés : une alliée sûre lui est nécessaire. La seule, l'unique, c'est Leonora.

On ne remplace pas facilement seize ans d'accoutumance...

Aux premiers jours de l'automne, Jacques de Bastein s'éteint dans la petite maison sur les bords de l'Arno. Leonora prévenue veut aller se recueillir sur la dépouille de son père. Marie lui interdit de s'éloigner. Il faut essayer robes et coiffures. Ne doit-elle pas épouser le roi de France — par procuration — le surlendemain ?

Le 4 octobre on enterre le charpentier dans l'indifférence générale. Aucun membre de sa famille n'est présent. Cassandra est cloîtrée, Balthazar et Andrea disparus, Leonora retenue au palais Pitti. Marie, très énervée, exige sa présence pour le choix définitif de ses parures du

1. Galigaï est l'un des douze noms cités par Dante.

2. Marie de Médicis ne se départira jamais de son accent florentin et ne parlera qu'un français approximatif, truffé d'expressions ultramontaines, ce qui agacera bien des Français...

lendemain. S'avisant de la triste mine de sa fidèle suivante et surtout du peu d'intérêt qu'elle porte à ce qu'on fait, la princesse — qui se veut magnanime — expédie deux valets[1] pour remplacer l'orpheline et accompagner le cercueil.

Comme les essayages traînent, elle décrète qu'on se passera de souper, et puis, peu après, lasse, elle ordonne qu'on la laisse à l'exception de Leonora qui devra la préparer pour la nuit. La princesse, sans doute tracassée par l'événement du jour à venir, demande à sa compagne de rester auprès d'elle pour la calmer. Leonora, docile et compréhensive, passera la nuit dans le lit de la blonde despote[2]. Alors que la future souveraine dort, tranquille, l'ancienne gueuse la contemple comme une mère adoptive qui aurait séduit une enfant difficile pour mieux l'asservir. Les paupières closes de l'ensommeillée lui font songer à celles de son père. Elle aurait souhaité revoir une dernière fois le visage de cet homme à la tendresse rude.

Mais déjà il appartient au passé. Et le passé est mort, comme lui ! Leonora n'a jamais eu le temps d'être sentimentale. Depuis vingt ans, Leonora n'a qu'une idée — obsessionnelle — devenir riche ! A présent, elle pressent qu'elle approche du but.

Dans le regard qui couve la dormeuse, le mépris se mêle à la détermination : triomphe de la volonté sur l'indolence, de la patience sur l'irréflexion. C'est l'oiseau de proie qui se réjouit de sa prise, le chercheur d'or devant la mine qu'il va pouvoir, enfin, exploiter. Leonora veut croire que le fantôme de la pauvreté — sa hantise — s'est éloigné d'elle, à jamais... à condition de garder sa place ! Pour cent raisons, elle sait qu'elle est devenue indispensable à Marie, elle le sent. Il faut maintenir cette dépendance et veiller, sans cesse, à ce que cet attachement ne tiédisse pas. Résolue — son avenir en dépend —, elle va s'y employer.

Tandis qu'un jour pâle se glisse entre les lourdes tentures de la chambre, un demi-sourire se dessine sur le visage aigu de Leonora. Elle jette un dernier coup d'œil sur l'inconsciente qui sommeille encore et s'apprête à redevenir son humble servante.

Il est l'heure d'éveiller la balourde pour la déguiser en reine .

Sous le dôme de la cathédrale de Florence, au milieu des fumées d'encens, des cierges et d'une assistance vêtue avec un luxe inouï, le cardinal Aldobrandini, neveu du pape, bénit l'union de Marie de Médicis et de Henri, roi de France et de Navarre, représenté par le duc de Bellegarde[3].

Aussitôt après l'échange des formules sacramentelles, l'office religieux se termine dans une pompe majestueuse. Tandis que le somptueux cortège

1. Eve de Castro, *La Galigaï.*

2. Il faut se souvenir que Marie a perdu sa mère (Jeanne d'Autriche) alors qu'elle avait cinq ans. Jusqu'à l'âge de onze ans — l'arrivée de Leonora — elle a été privée de l'affection maternelle dont tous les enfants ont besoin.

3. Roger de Saint-Lary, amant de Gabrielle d'Estrées, avant Henri IV, et père présumé de son fils aîné : César de Vendôme.

se forme près du chœur et défile à pas lents dans la nef, tous les bronzes de la ville se mettent à tonner. Ceux des cloches, des canons, des bombardes se mêlent et couvrent les hurlements du peuple en joie qui se bouscule près du parvis, sur les places et dans les rues adjacentes.

Le vacarme est assourdissant. Perdue dans la foule anonyme, tassée près du porche de l'église, Leonora a participé de loin à la fastueuse cérémonie. Elle n'a pas été autorisée à figurer dans la suite de la mariée. Elle s'en doutait. Une fille de peu ne pouvait être admise parmi les nobles invités. Marie, nerveuse depuis des jours, toute préoccupée d'elle-même et de ses atours n'a pas même songé à intervenir en sa faveur. La connaissant, Leonora n'a pas été surprise par la désinvolture de l'égoïste princesse. Son étonnement est venu d'ailleurs, du côté où elle s'y attendait le moins. Le grand-duc, heureux et fier des épousailles royales de sa nièce, lui avait fait savoir au cours de l'après-midi qu'elle était conviée au fabuleux souper.

Au soir de ce 5 octobre, Leonora Galigaï occupe pour la première fois une place honorable à la table de la nouvelle reine de France au cours du banquet offert par le grand-duc à l'aristocratie toscane et aux envoyés français. Marie lui a prêté une robe d'apparat dans laquelle elle essaye de se trouver à son aise. Elle y parviendrait si elle ne se sentait pas si laide de corps et de visage. Trop brune, trop maigre, trop anguleuse, comment pourrait-elle plaire ? Intimidée, elle grignote, boit un peu pour se donner de l'assurance. Ses voisins, en revanche, goûtent avec un plaisir évident les vins qu'on leur sert sans arrêt. Bientôt ils se penchent vers elle, sourient, lui parlent entre deux clins d'œil. Elle minaude, ricane aux plaisanteries lestes de ces gentilshommes français, et se détend. On l'a placée là parce qu'elle comprend leur langue, peut répondre et traduire.

Plus le souper s'avance moins elle a l'impression de se forcer à jouer la dame de qualité. Instinctive, elle a dominé sa peur de paraître gauche et déplacée. Au moment où l'on apporte les fruits confits, les compotes et les dragées, il lui semble être devenue quelqu'un d'autre tant elle se laisser aller à s'amuser sans retenue avec les seigneurs attablés.

Quel contraste avec le début de cette journée !

Quelques jours plus tard, le 13 octobre 1600, Leonora Galigaï, *gentildonna,* attachée au service de la reine de France, assise auprès d'elle, est étourdie par les clameurs joyeuses qui fusent au passage du superbe carrosse qui les mène vers Pise, Livourne, Gênes et leur destin. Des centaines de cavaliers les escortent, des chariots les précèdent et les suivent chargés de meubles précieux, de tapisseries, de coffres remplis d'objets rares, de vêtements brodés, de bijoux féeriques...

Leonora quitte Florence sans une robe de rechange.

Dans une quinzaine d'années elle aura amassé près de 16 millions de livres. [1]

1. Soit 16 milliards de centimes (1990) !

LE FLORENTIN

Il y a chez les hommes une tentation à se détruire, qui peut primer le besoin de se conserver.

Paul Morand.

Concino Concini

Florence 1575 — 1617 Paris

On ne peut comprendre la fulgurante réussite de Luynes si l'on ne connaît pas celle de Concini. « Tellement l'ascension des favoris vers les plus hautes charges de l'Etat suivait alors un chemin étroitement tracé et identique[1]. »
Les deux hommes ont presque le même âge. En 1610, par exemple, Concini a trente-cinq ans et Luynes trente-trois. Ils commencent leur « carrière » au même âge. Chacun régnera sept ans.
L'un sur l'esprit de la régente (de 1610 à 1617).
L'autre sur celui du roi Louis XIII (de 1614 à 1621).
Concini mourra à l'âge de quarante-deux ans.
Luynes dans sa quarante-quatrième année.
Richelieu régnera à son tour (de 1624 à 1642).
Le destin de ces trois personnages est étrangement mêlé.

1. Pierre Chevallier, *Louis XIII.*

Le Florentin

Le 13 octobre 1600, Marie de Médicis tourne le dos à son enfance, abandonne les nobles voûtes du palais Pitti et sa Florence natale. Leonora Galigaï est à ses côtés. Parmi l'escorte (deux mille personnes) qui accompagne celle qui va devenir reine de France, se tient un cavalier tout à fait inconnu des deux femmes, des seigneurs, des ambassadeurs et de leur suite. Il a vingt-cinq ans, Marie vingt-sept, Leonora trente-deux.

Alors que la foule agite des branchages d'arrière-saison au passage de l'imposant cortège, les trois précités ne savent pas encore que l'avenir va les lier pour le meilleur,d'abord, pour le pire, ensuite. L'un se servant de l'autre, ils parviendront au pinacle de la fortune, de la puissance et des privilèges. Pourtant, l'une finira suppliciée, l'autre dans la misère et le troisième assassiné.

Mais nous n'en sommes pas là.

Dans la lumière dorée du bel automne toscan, un peu perdu au milieu de la poussière soulevée au passage des carrosses, chariots, mulets, piétaille et chevaucheurs de tout poil, Concino Concini suit le train et caracole sur une monture étique. Il sourit, salue, essaye de se faire remarquer et, visant les personnes les plus richement équipées, cherche à nouer des relations. L'approche est difficile. Les seigneurs le toisent et détournent la tête ne le reconnaissant pas comme quelqu'un des leurs.

Qu'à cela ne tienne ! Concini a la patience des graines... Fils d'un notable d'Arezzo, ce cavalier n'a rien à lui — ou plutôt plus rien — que sa belle mine et son joli costume. Pourtant il lève le menton avec arrogance. Confiant en son avenir qu'il veut éblouissant, il évite de songer à son passé déjà chargé d'expériences peu reluisantes. S'il avait été sage, moins prétentieux et moins pressé, il aurait pu hériter de la charge paternelle, mais cette vie bourgeoise qu'il estimait sans sel ne l'attirait d'aucune façon. Que diable, ne descend-il pas des comtes de la Penna !

Descendre n'est pas un verbe dont Concini se contente ; il lui préfère

« monter ». Monter ? Jusqu'où ? Mais le plus haut possible ! L'ambition de ce jeune homme est sans limites. Le doute ne le hante pas. Pour lui il importe surtout de trouver par quel chemin il parviendra au faîte des honneurs.

Pour ce faire, il lui faut découvrir un protecteur... ou une protectrice. Concini n'a pas de préférence. Il est prêt à servir — de quelque façon que ce soit — celui ou celle qui lui permettra d'établir sa fortune ! Rien ne le rebutera. Son esprit ne s'embarrasse pas de bagages qu'il estime inutiles.

Sait-il ce que sont la probité, la dignité ? Non, sans doute ! Il l'a déjà prouvé. Etudiant à l'université de Pise, il doit quitter la ville poursuivi par les créanciers. N'a-t-il pas été chassé de Rome où il s'agitait au secrétariat du cardinal de Lorraine, alors ambassadeur de France ? On l'avait bel et bien jeté à la rue pour... indélicatesse ! Le mot est bien accommodant. Avait-il volé une bourse, subtilisé des papiers pour les négocier ? Il était capable de l'un et de l'autre, car toute situation lui semblait bonne pourvu qu'il en tire profit.

Il écoutait aux portes et vendait des renseignements. Confondu par l'entourage du prince lorrain il évita la prison infamante de justesse. Il exagéra ses remords — inexistants — pleura, se roula sur le sol... Sa jeunesse et sa bonne mine plaidèrent en sa faveur. Dépité, mais sans honte, il regagna sa ville natale. Florence l'accueillit avec l'indifférence qu'on accorde aux gens ruinés. Sans ressources, sans protecteur mais non sans espoirs, Concini survécut en ayant recours aux plus bas expédients. Résolu à goûter aux délices de l'existence — et à ne goûter qu'à cela — il était disposé à tout sacrifier. Mais comme il n'avait rien...

Si ! Sa belle mine, un aplomb diabolique, une faculté d'adaptation prodigieuse, une confiance en soi à toute épreuve, une souplesse d'échine remarquable et un indéniable don d'improvisation face aux situations les plus invraisemblables, mais le rufian n'avait pas un sol.

En revanche il maniait fort bien l'épée. Sa langue déliée savait donner la réplique au plus fin comme au plus vulgaire. Caméléon du verbe, il choisissait le ton et les mots qu'il fallait. Ses performances ne s'arrêtaient pas à la variété de son vocabulaire. Il possédait aussi la maîtrise parfaite de ses gestes, des attitudes et des muscles de son visage au teint pâle. Pour séduire, tromper ou convaincre, il avait à sa disposition toute une série d'expressions dont il usait à bon escient. Le nez droit aux narines palpitantes, les sourcils bien dessinés qu'il remuait à sa guise, les paupières, papillotant à volonté, pouvant voiler à demi des prunelles de jais aux reflets scintillants, lui étaient autant d'alliés dont il abusait sans vergogne.

Selon le lieu, l'heure, les circonstances, il savait changer d'apparence à son gré. L'allure martiale faisait place à la souplesse courtisane, le ferrailleur à l'homme d'esprit. Le hâbleur provocant devenait souriant, charmeur, insidieux. La voix parfois sèche, autoritaire, exhalait soudain des sons graves : murmures enjôleurs. Des mouvements de nuque savamment contrôlés créaient des miroitements dans la chevelure. Pour plaire, tenter de subjuguer quelqu'un, que n'aurait-il pas fait [1] ?

De plus, il était expert dans l'art de dissimuler sa pensée. A l'aide de mimiques appropriées, de soupirs, de silences, il parvenait souvent à faire croire n'importe quoi à n'importe qui, et non aux plus naïfs.

Dangereux personnage que celui-là !

Paresseux, il aimait la vie facile. Fort de son exceptionnel bagou, il traînait d'auberges en tripots, acceptant de se nourrir et de boire aux frais de ceux auxquels il racontait des aventures fabuleuses, fruits de son imagination jamais en peine d'inventions pittoresques.

Il prenait un grand soin à se nipper. Partant du principe que « l'habit fait le moine » (le seul principe qu'il appliquera toute sa vie), il préférait rester le ventre creux plutôt que de savoir qu'il manquait un ruban à ses chausses. Le « paraître » lui semblait d'une importance primordiale. Le fait est que ses élégances vestimentaires attiraient et retenaient les regards des femmes... et des hommes. Dame... il n'avait pas vingt-cinq ans, le port altier, la taille mince et la moustache aguicheuse... La débauche était dans les mœurs et ne rebutait point notre galant [2]. Il échangeait des politesses — et bien d'autres choses — avec des hommes et des femmes, indifféremment.

Nous sommes à la fin du XVIe siècle, en Toscane. D'ailleurs, de tout temps et sous toutes les latitudes, bien des carrières ont commencé dans l'atmosphère hasardeuse de l'ivresse et des débordements sensuels.

Concini connaissant ses atouts et l'état de ses finances, tirait, sans hésiter, profit de sa jeunesse. Un historien rigoureux [3] lui reproche « d'avoir dissipé son avoir dès l'adolescence au jeu, en garces et autres voluptés et friponneries [4]. » Voilà qui en dit long...

Cependant le joli garçon ne pouvait passer tout son temps à donner du plaisir aux autres. Il se fit croupier dans des quartiers de plus en plus crasseux, entremetteur, peut-être souteneur. Il devint aussi comédien de tréteaux, interprétant l'un ou l'autre des personnages de la commedia dell'arte. Là, ses dons d'improvisateur firent merveille. Il dut même, à un certain moment, raser sa moustache pour se travestir et jouer des rôles de femmes. Dans Florence on le surnommait « Isabelle [5] ». Rien ne rebutait Concini. Il se voulait, il se voyait déjà très au-dessus de sa condition misérable, qu'il estimait momentanée, sans que la moindre perspective heureuse ne s'esquissât à l'horizon de son existence d'alors. Jaloux des nantis, convoitant tout, croyant ferme en sa bonne étoile, le

1. A la suite d'un pari, il avait jeté une statue de bronze dans l'Arno. L'incident lui avait valu de croupir quelques mois en prison.

2. On le traitait de *scapillate* ou *scapestrato* : en dehors des règles sexuelles et autres...

3. Pierre Matthieu, *La Conjuration de Conchine.*

4. Un autre transalpin, natif des Abruzzes, débutera sa fabuleuse carrière de façon similaire : joueur, chapardeur, amant présumé du duc de Mantoue... tel fut le « cardinal » Mazarin, dans sa jeunesse.

5. Du nom d'une célèbre comédienne : Isabelle Andreini.

fils du notaire d'Arezzo promenait partout sa superbe et refusait de constater sa déchéance. Sa fierté le poussait à faire fi de l'opinion publique. Sa vanité foncière lui tenait lieu de tuteur.

Si Marie de Médicis n'avait pas épousé le roi de France, on peut se demander si la vie du jeune aventurier n'aurait pas trouvé une fin sordide dans quelque ruelle des bas-fonds de Florence.

Mais le destin veillait.

L'opportunisme de Concini aussi.

En 1600, le chevalier Belisario Vinta était à la fois l'oncle attentionné du jeune aventurier (d'origine noble), et le secrétaire d'Etat du grand-duc de Toscane : donc tout-puissant. Il avait négocié le mariage français et était par conséquent bien placé pour imposer son neveu dans la suite de Marie de Médicis. Le grand-duc était hostile au projet connaissant la détestable réputation de Concini, mais l'astucieux Vinta avait déjà fait partir la note de recommandation à l'acceptation du roi de France. « ... Concino Concini, des comtes de la Penna [*de la plume !*], est un jeune homme rempli de bonnes qualités [*!*], issu d'une maison qui a bien mérité du grand-duc et de la reine ; son père est auditeur suprême [1] [*magistrat florentin*], et Monsieur Côsimo, son frère, est ambassadeur résident du grand-duc auprès de Sa Majesté Impériale. En somme il appartient à une famille très bien vue de Leurs Altesses et il voudrait se fixer en France et y servir avec fidélité et diligence, pour gagner les bonnes grâces de Sa Majesté et avoir sa place parmi les gentilshommes qu'elle entretient pour la suivre et la servir en tous lieux et même à la guerre ; et Son Altesse serait vraiment tout à fait reconnaissante qu'il soit bien et favorablement accueilli... »

Présenté ainsi, le personnage ne pouvait qu'être accepté. La note était revenue avec avis favorable. Vinta « oublia » d'en reparler au grand-duc, lequel n'y pensait déjà plus, occupé à régler les préparatifs du départ de sa nièce. Un certain Baccio Giovannini devait accompagner la princesse dans sa nouvelle patrie. Il connaissait bien Vinta et sa famille.

Aussi accepta-t-il de présenter Concini à Marie de Médicis, bien qu'il se méfiât de ce coureur d'écus impécunieux et joueur impénitent. Noyé au milieu de nombreux gentilshommes, la future reine de France ne lui accorda pas même un regard.

Toujours est-il qu'il réussit à embarquer à Livourne, le 17 octobre 1600 sur l'une des dix-huit galères de la flotte armée. Ainsi, sous ses déguisements multiples, derrière ses rodomontades, vantardises et autres fanfaronnades, et malgré ses faiblesses, Concino Concini ne manquait pas de courage, on doit le reconnaître.

Alors qu'il s'apprêtait à quitter la Toscane, l'un de ses compagnons de dévergondage lui demanda :

— Mais que diable vas-tu chercher là-bas ?

1. Son grand-père Batolomeo avait tenu un emploi important auprès du grand-duc Cosme, aïeul de Marie de Médicis.

Il répondit sans forfanterie :

— La fortune ou la mort !

Il faut dire qu'il n'avait rien à perdre et tout à gagner en changeant de cadre[1]. Concini ne croyait pas si bien dire en s'exprimant ainsi.

En France il trouvera l'une et l'autre.

L'AVENTURIER

On ne sait si c'est à Pise, à l'étape de Gênes au cours de la première escale, à Toulon le 29 octobre, le lendemain ou en arrivant à Marseille, le 3 novembre, que Concini croisa le regard de Leonora Galigaï. Toujours est-il qu'elle en pâlit d'émoi. S'en avisant, il lui sourit davantage, tandis que Marie de Médicis, probablement témoin de la rencontre, dut froncer les sourcils. Le trio qui, dans dix ans, allait régner sur le royaume de France, se trouvait alors réuni pour la première fois : un jeune débauché à l'allure ondoyante, moustache fine et œil dominateur, une laideron anguleuse à la peau olivâtre, et une Médicis blonde au teint clair mais à l'esprit borné ; un trousseur de chance, une arriviste passionnée, une princesse molle : bel assemblage en vérité...

La Florentine et son escorte remontent la vallée du Rhône passant par Aix pour gagner Lyon. En Avignon où l'on s'arrête, Concini tombe malade et Leonora... amoureuse ! Elle le soigne avec un dévouement tel que Marie de Médicis en prend ombrage. Jalousie ? Saphisme[2] ?

La noiraude songe très vite au mariage. Le rusé renifle l'aubaine : épouser la compagne inséparable de la reine de France ! Marie, qui a le sens de la propriété, s'oppose au projet. Leonora menace de partir.

Concini — qui pense à lui — la calme.

La reine — qui pense à elle-même — se calme. Concini se réjouit. Leonora (déjà comblée ?) se prend à rêver aux bonheurs intimes et domestiques[3]. Elle voit l'avenir en bleu.

1. Dix-sept ans plus tard (dans la semaine du 2 au 9 janvier 1617, quelques mois avant sa mort) il avouera à Bassompierre (voir repère biographique), son ami de longue date puisqu'il l'a rencontré à Florence en 1596-1597 (Concini est âgé de 22 ans, l'autre a 18 ans) : « Si vous ne m'aviez connu en ma bassesse, je tâcherais de vous la déguiser ; mais vous m'avez vu à Florence débauché et dissolu [!], quelquefois en prison, quelquefois banni, le plus souvent sans argent, et incessamment dans le désordre et la mauvaise vie. Je suis né gentilhomme et de bons parents ; mais quand je suis venu en France, je n'avais pas un sou vaillant et devait plus de 8 000 écus. » (Soit 24 000 livres.) Bassompierre, Mémoires, d'après Michel Carmona.

2. Tout porte à croire que les deux femmes eurent des rapports lesbiens. Marie, dès l'enfance, a été bercée, caressée par Leonora, son aînée de cinq ans. Les habitudes contractées au palais Pitti se sont poursuivies dans les chambres du Louvre. Ni l'une ni l'autre n'ont eu d'amant. Dès 1605, on disait de Leonora qu'« elle n'aimait pas les messieurs. »

3. Richelieu écrira plus tard : « Se reconnaissant mal partagée en beauté, elle eut crainte de n'être pas si bien traitée par un Français. »

En arrivant à Lyon (sans s'annoncer), le 9 décembre, Henri IV ne lui a-t-il pas souri ? Il l'a même embrassée ! Elle oublie que le Béarnais, pressé de connaître (bibliquement) sa femme, aurait alors fait bonne figure à un tas de pierres... Jovial, éclatant de bonne humeur gasconne, vêtu de son habituel habit de « satin noir égratigné », courtois mais puant l'oignon, il a été jusqu'à lui dire : « Rendez la reine contente et nous serons content de vous. »

Tandis que le roi est au lit avec son épouse qu'il bouscule et dévirginise avec ardeur, Leonora reste l'oreille collée à la serrure dans un réduit où l'on range les robes.

Lorsque au matin le roi de France quitte la chambre, satisfait de sa visite nocturne et de ses découvertes, Leonora s'emploie à consoler Marie tout étonnée de ce qui vient de lui arriver et de la brusquerie avec laquelle « ces choses-là » se font.

Marie de Médicis, devenue femme, constate que le père de ses futurs enfants sent mauvais. De sa personne se dégagent des senteurs inconnues de la blonde princesse : fumet de gousset [1], odeurs d'orteils confinés dans le cuir, chaleur de torse velu jamais lavé de débauches récentes, relents de chicots mal curés, tabac, vin, ail, échalote...

Leonora rassure, flatte et cajole. « Sa » chère Marie est à présent l'épouse éprouvée du roi de France. N'est-ce pas merveilleux ? Marie gémit encore un peu (par habitude) et se rassérène en écoutant les belles perspectives d'avenir que lui fait miroiter Leonora qui se croit dans les bonnes grâce d'Henri IV. Celui-ci en partant de Lyon pour se précipiter faire un enfant à sa maîtresse [2], ne lui a-t-il pas dit : « Apprenez donc le français à la reine ! » Charmante mission que Leonora ne pourra mener à bien car Marie, la paresseuse, répugne aux efforts et s'imagine (peut-être) que ce sont les Français qui, pour lui plaire, apprendront l'italien...

Le 15 décembre, Marie de Médicis est déclarée enceinte [3]. Elle le constate, satisfaite. Leonora s'en réjouit. Alléluia !

L'arrivée en France se présente sous les meilleurs auspices.

En cette première année du XVIIe siècle, Paris est encore noir de la crasse Médiévale, protégé de hautes et épaisses murailles, de tours crénelées dont les pierres grises montrent les traces des anciens combats. Paris est sillonné de ruelles sombres aux dessins tortueux. Des ponts fragiles et surchargés enjambent la Seine. La ville est pleine de couvents, d'églises, d'hôtels, de palais, de masures, de coupe-gorge dont le sol est souvent envahi par une boue nauséabonde.

Sur les rares rues pavées ou celles de terre battue circule une population disparate. Les pourpoints sévères de la bourgeoisie côtoient les soutanes, les robes de satin, les hommes empanachés. Des uniformes et des livrées croisent des loques ou des brocards. Des cavaliers en armes effraient les

1. Les aisselles.
2. Henriette d'Entragues.
3. Louis, dauphin de France, naîtra le 27 septembre 1601.

gens à pied. Cette foule bariolée, mouvante, déambule dans un tumulte permanent. Chiens et chats se poursuivent, en liberté. De nombreuses charrettes tirées par des chevaux du Perche cèdent à regret la place aux rares carrosses et créent de fréquents embarras de circulation. Des colporteurs hurlent leur marchandise !

Partout, à toute heure du jour et de la nuit grouille une faune redoutable : bretteurs habiles, mendiants, éclopés, coupe-jarret, assassins à gages, prostituées accrochant les passants, malandrins de tout poil guettant l'occasion d'un mauvais coup. Dans les encoignures les regards des laquais et des mauvais garçons rivalisent de malveillance. La fameuse cour des Miracles sert de refuge à cinq ou six mille brigands qui entrent en campagne sitôt le crépuscule tombé.

Mais en cette première année du XVIIe siècle, un grand souffle d'espoir passe sur cette capitale enfin libérée d'une angoisse qui avait duré plus de trente ans. Une même impatience de vivre fait vibrer le pauvre et le gentilhomme. Les beuveries recommencent ainsi que les mascarades et les fêtes. Paris redevient la gloire de la France, un des plus beaux ornements du monde [1].

Le 5 février 1601, Marie et Leonora pénètrent dans l'enceinte de Paris par la porte Saint-Victor, en fin de matinée. Il fait un froid glacial. Elles sont désagréablement impressionnées lors de leur entrée au Louvre du côté de Saint-Germain-l'Auxerrois. Les sinistres tours jumelles autour du pont-levis datent du Moyen Age. (Où sont les splendides colonnades du palais Pitti, éclairées par la lumière toscane ?) Le Louvre des Valois, non aménagé, leur semble sinistre, habité de lueurs inquiétantes. L'humidité les fait frissonner. Marie se met à pleurer en contemplant ce décor misérable qui s'apparente davantage à une maison dévastée qu'à un palais royal.

On l'installe le jour même dans l'hôtel de la Cerisaie obligeamment mis à sa disposition par le financier Zamet [2]. A la mi-février : emménagement au Louvre. L'appartement de la reine comporte cinq pièces en enfilade au premier étage, donnant à la fois sur la cour, la Seine et les jardins. Les lieux sont richement meublés... à l'italienne ! De la chambre, une petite porte s'ouvre sur un cabinet de dimensions modestes encombré de souvenirs de Florence. Dans cette « retraite » Marie et Leonora dialoguent en secret.

La fidèle servante amie apparaît dès le matin, coiffe la reine, démêle et remonte les cheveux pendant que Marie suce des sucreries et en offre aux personnes présentes tandis que Leonora répand une poudre légère sur la coiffure et parfume la reine à la fleur d'oranger venue d'Espagne. Et puis on choisit la robe du jour. Au début le choix est rapide : il y a peu de vêtements (ce manque sera bientôt comblé de façon ahurissante). Ensuite, il faut parer la reine : bagues, bracelets, collier de cou, pendants

1. Montaigne.
2. Zamet : voir liste des personnages en fin d'ouvrage.

d'oreilles, broche, perles dans les cheveux, collerette en point de Venise... Enfin c'est le maquillage : fard aux joues, blanc sous l'œil, parfums...

L'antichambre est encombrée de solliciteurs. Alors que Leonora discrètement s'efface, Marie, qui s'essaye à son nouveau rôle de souveraine, s'avance dans la pièce adjacente afin de se faire admirer par les courtisans assemblés. Ils s'adressent à elle en français, elle écoute, sourit, n'entend pas ce qu'on lui dit et répond, au hasard, en italien, langue incompréhensible à la plupart des personnages qui l'environnent, à l'exception des Florentins qui au fil des jours envahissent le palais...

A mesure que le temps s'écoule, les choses se gâtent un peu. Le roi montre moins de sympathie à Leonora. Il a remarqué son influence sur la reine et, cherchant à l'écarter, refuse de la nommer dame d'atour. (Lamentations de Marie !) De plus, il ne cache pas son hostilité pour Concini. Le rusé Toscan — dont l'œil et l'oreille traînent partout — entreprend une manœuvre adroite.

Henriette d'Entragues [1] — maîtresse du roi, en titre — vit au Louvre. La reine estime cette présence insupportable. Henriette qui tient à sa place tremble de la perdre. Une guerre de dames se prépare. Henriette, lucide, craint d'avoir le dessous. Marie, princesse orgueilleuse, se bute. C'est l'impasse.

Concini est habile. Pour se concilier les bonnes grâces du souverain, il va chercher à devenir l'artisan de la paix dans cette délicate affaire. Comme il n'y a aucun effort à attendre du côté de la reine, pourquoi ne pas se rapprocher de la favorite et lui offrir les services de Leonora, chapitrée pour jouer les conciliatrices ?

La stratégie est bonne. L'entreprise réussit. Bientôt, entre Henriette et Marie s'établit un climat de neutralité féminine. Chacune dissimule sa pensée profonde mais les colifichets, les confiseries et autres menus cadeaux s'échangent. Leonora transmet oralement les compliments mutuels. L'atmosphère se détend. Un calme relatif s'installe. Concini et Leonora se félicitent. Le bénéficiaire de l'intrigue est le roi qui se réjouit de la paix revenue soudain dans ses rapports conjugaux et extra-conjugaux. Marie souligne l'adresse des Florentins et Henriette chante leurs louanges. Ceux-ci ayant astucieusement travaillé, attendent l'heureux résultat de la manigance.

Henri IV — travaillé par ses deux femmes — accorde à Leonora le titre de dame d'atour. Seulement, pour assurer cette fonction, il faut qu'elle soit mariée. Qu'à cela ne tienne ! Le roi, de guerre lasse, consent au mariage de Leonora... et de Concini.

La Cour étant à Fontainebleau, l'union des Florentins est bénie à Avon, le 12 juin 1601 [2]. Toutefois le souverain a mis une condition

1. Fille bâtarde du roi Charles IX de Valois et de Marie Touchet. Forte de ce « demi-sang » royal coulant dans ses veines, elle avait fait signer à Henri IV une promesse de mariage, escomptant devenir reine de France et que ses enfants, de ce fait, soient légitimés.

2. Le roi gratifie le couple d'un don de 1 000 écus (3 000 livres ; 300 000 francs actuels 1990).

restrictive (et non des moindres) aux épousailles. Le couple — dont il se défie — devra regagner la Toscane.

C'était s'en débarrasser de belle façon. C'était surtout sans compter sur l'entêtement de Marie de Médicis qui ne veut à aucun prix voir s'éloigner sa chère, son indispensable Leonora.

Le roi cède. Ils resteront.

Tandis que l'amie d'enfance s'occupe, conseille et influence « sa » reine, Concini essaye de se faire mieux regarder par le souverain. Expert dans l'art de plaire et sachant à ravir déguiser sa véritable nature, il réussit assez bien à s'attirer la sympathie de l'entourage d'Henri IV puis celle du prince lui-même. « Il gagna crédit sur l'esprit du roi tant parce qu'il était adroit aux exercices, était d'humeur agréable, railleur et divertissant, que, principalement parce qu'il le servait à déguiser et à cacher ses amours à la reine, à divertir et à apaiser les orages de la jalousie que le roi ne pouvait supporter [1]. »

Et puis soudain, à l'automne, ces guérillas sentimentales vont brusquement cesser. Il se produit un événement que le royaume de France attend depuis près de soixante ans et Henri IV depuis l'an passé.

1. Richelieu, *Mémoires*.

AGES DES PRINCIPAUX PERSONNAGES
EN 1600

Harlay (Achille de) 1536-1619	64 ans
Jeannin (Pierre) 1540-1622	60 ans
Neufville (Nicolas de, seigneur de Villeroy) 1542-1617	58 ans
Sillery (Nicolas Brûlart de, chancelier de France) 1544-1624	56 ans
Thémines (Pons de Lauzières, marquis de) 1552-1627	48 ans
Henri IV, 1553-1610	47 ans
Epernon (Jean-Louis de Nogaret de la Valette, duc d') 1554-1642	46 ans
Bouillon (Henri de la Tour d'Auvergne, duc de) 1555-1623	45 ans
Vair (Guillaume du) 1556-1621	44 ans
La Force (Jacques Nompar de Caumont, duc de) 1558-1652	42 ans
Sully (Maximilien de Béthune, duc de) 1560-1641	40 ans
Bellegarde (Roger de Saint-Lary) 1565-1621	35 ans
Leonora Galigaï (née Dori) 1568-1617	32 ans
Montbazon (Hercule de Rohan, duc de) 1568-1654	32 ans
Guise (Charles de Lorraine, 4e duc de) 1571-1640	29 ans
Marie de Médicis, 1573-1642	27 ans
Schomberg (Henri, comte de Nanteuil) 1574-1632	26 ans
Concino Concini, 1575-1617	25 ans
Luynes (Charles d'Albert de) 1577-1621	23 ans
Mayenne (Henri de Lorraine, duc de) 1578-1621	22 ans
Entragues (Henriette d', marquise de Verneuil) 1579-1633	21 ans
Bassompierre (François de, maréchal de France) 1579-1646	21 ans
Vitrey (Nicolas de l'Hospital, marquis puis duc de) 1581-1644	19 ans
Richelieu (Armand du Plessis, futur évêque de Luçon) 1585-1632	15 ans
Condé (Henri de Bourbon, 3e prince de) 1588-1646	12 ans
Zamet (Sébastien) 1588-1655	12 ans
César (duc de Vendôme) 1594-166	56 ans
Catherine Henriette de Vendôme (duchesse d'Elbeuf) 1596-166	34 ans
Alexandre de Vendôme (grand prieur de Malte) 1598-162	92 ans
Marie de Rohan-Montbazon (épouse de Luynes) 1600-1679	son année de naissance
Schomberg (Charles, duc d'Halluin) 1601-165	11 ans
Anne d'Autriche, 1601-1666	pas née
Louis XIII, 1601-1643	pas né
Louis de Bourbon (comte de Soissons) 1604-1640	pas né

NOUS AVONS TENU A METTRE EN ÉVIDENCE LES ÂGES RÉCIPROQUES CAR ON IMAGINE TOUJOURS LES CÉLÉBRITÉS AU MOMENT DE L'APOGÉE DE LEUR RÉUSSITE.

LOUIS, DAUPHIN

A Fontainebleau, le 27 septembre 1601, naît un « fils de France ». A son premier cri on le nomme déjà Louis le Juste, parce que né sous le signe de la Balance. (?)

Un dauphin ! Depuis cinquante-huit ans, pareil événement ne s'est pas produit. Dans tout le royaume un peuple entier laisse éclater sa joie au passage des courriers qui bondissent le long des routes pour claironner la grande nouvelle. De villes en villages, les cloches reprennent leurs chants d'allégresse. Le religieux tombe en prière, le nobliau lève son gobelet d'étain et les pauvres gens sur le pas de leur porte forment des farandoles.

A Fontainebleau, Henri IV verse des larmes heureuses.Marie de Médicis, rayonnante et fière, se prend déjà pour une véritable cariatide du trône [1].

Le 25 octobre, M. le Dauphin gagne la capitale.

Bien avant les portes, des milliers de personnes de tous âges et de toutes conditions déferlent à sa rencontre. La foule est là, dense, exaltée. Dans son élan elle manque de submerger les équipages. Les Parisiens se pressent, se bousculent, crient leur bonheur, acclament, adorent. Il n'y a rien de servile dans l'exubérante explosion de ce peuple en liesse qui sait se montrer colérique et moqueur, qui s'amuse aussi bien à lancer un pamphlet qu'à fomenter une sédition. Parmi cette foule qui s'extasie au passage d'un nourrisson se trouvent mêlées, en ce beau jour, les graines qui enfanteront Racine, Beaumarchais, Gavroche et les tricoteuses. Le dauphin, à cet instant, fond en une seule famille toutes les classes sociales disparates. Il incarne l'espérance de tous. Tandis qu'il sommeille dans son berceau d'apparat à l'hôtel du financier Zamet où il passera sa première nuit parisienne, le peuple, sous ses fenêtres, continue à manifester son enthousiasme. Ecarté des joyeux bruits populaires, bien au chaud dans ses édredons de satin, inconscient de tout, Louis, dauphin de France, dort profondément.

A son chevet, invisibles, ses ancêtres le contemplent : des Bourbons, des Valois, des Albret, des Habsbourg, des Médicis ! Bonnes fées et mauvais génies se pressent en une ronde fantomatique. Dans l'ombre, des Capétiens venus du fond des âges donnent à leur descendant la passion des chevauchées, des chasses et des combats. Sa grand-mère d'Albret lui transmet son cœur inflexible, sa rigueur et ses scrupules. Jeanne d'Autriche, l'autre grand-mère, sa mélancolie, ses doutes et sa timidité. Marguerite de Navarre, sa bisaïeule, répand un peu de grâce, de la malice, une certaine forme d'ironie triste aussi. Les Bourbons lui refusent leur paillardise et les Florentins leur goût du magnifique. Des Vendôme, il aura la rudesse mais aussi les faiblesses du grand-père,

1. L'expression est de Philippe Erlanger qui tient pour telles, et à juste titre, Blanche de Castille, Yolande d'Aragon, Anne de Beaujeu, Louise de Savoie, Catherine de Médicis et même, plus tard, Anne d'Autriche. Marie de Médicis, l'orgueilleuse brouillonne ne pourra jamais prétendre à cette appellation.

Antoine de Navarre. Les Habsbourg lui lèguent leur autoritarisme et quelques-unes de leurs étrangetés. Des Médicis il héritera le goût de la musique et, sans doute, une déviation des instincts de l'amour. De sa propre mère, Marie, il aura les entêtements ombrageux et les violentes colères. De son père, hélas, il n'aura rien : ni l'intelligence prompte, ni la bonhomie. Il lui manquera la vivacité du Béarnais, son brillant, son éloquence, sa séduction, sa galanterie, et, surtout, son tempérament.

Mais Louis, dauphin de France, ne se doute de rien. Il dort encore tandis que dans la lumière de l'aube naissante s'estompent une à une les silhouettes invisibles de ses ancêtres.

Plus haut, dans l'infini céleste, les Moires en savent davantage sur l'avenir de cet enfant qui dort. Atropos est absente mais Clotho tient ferme sa quenouille et file ce que Lachésis tourne et enroule sur son fuseau. Elles seules connaissent l'avenir du futur roi de France.

Ascension

En 1602, la « carrière » de Concini commence. Il devient premier maître d'hôtel de la reine. A partir de 1603, Marie de Médicis lui fait verser une pension annuelle de 25 000 livres[1]. Le 8 juin, la reine est la marraine du fils nouveau-né du couple Concini, Henri (futur comte de la Penna) : le comte de Soissons — prince du sang[2] — le parrain. (Le prénom est choisi pour flatter le roi.)

En 1604 la famille d'Entragues est compromise dans une conspiration. Henri IV doit se séparer d'Henriette en raison de la gravité des charges qui pèsent sur elle. Le ménage royal s'en trouve, quelque temps, ressoudé. Le roi fait meilleur visage au couple florentin. En 1605, Concini devient majordome de la reine. En 1606, Marie de Médicis lui confie une mission auprès du grand-duc de Toscane. Elle le présente comme « son premier majordome et meilleur conseiller. » Le roi donne une lettre de recommandation pour le maître de Florence, à charge pour Concini d'informer ce dernier « de ce qui se passe dans ce royaume, de quoi je vous prie de le croire comme moi-même[3]. » En cinq années... quelle « montée » !

« L'envoyé spécial » — il n'est tout de même pas ambassadeur officiel — reste outremonts de mars à septembre 1606. A son retour les relations de Marie et du roi sont des plus mauvaises. Ce dernier a de nouveau succombé aux charmes d'Henriette.

Concini va profiter de la situation. Henri IV lui demande d'apaiser les colères de son irascible épouse. Pour l'encourager, il autorise le vaniteux à acheter la charge de premier écuyer de la reine. Leonora paye et s'emploie à calmer Marie. Elle y parvient. Concini a désormais le privilège d'être logé au Louvre et d'entrer dans la cour du palais avec ses attelages.

1. 2 500 000 francs de 1990 !
2. Voir généalogie Bourbon.
3. Michel Carmona.

Les princes prennent ombrage de cette faveur insigne. Ce parvenu sur un pied d'égalité avec eux ? Mais c'est une décision royale ! Alors...

Henri IV est lassé par ses constantes allées et venues (géographiques) entre Henriette et Marie. Il est heureux de passer d'un lit à l'autre mais s'exaspère d'avoir à supporter les criailleries perpétuelles de ces deux femmes jalouses et toujours mécontentes. Henriette veut revenir au Louvre et chamaille. Marie s'y oppose et menace. Henri a soif de calme mais n'entend renoncer à rien. Concini, encore une fois, est chargé d'apaiser les esprits. Le roi le flatte. Il lui fait l'honneur de monter dans son carrosse. Le couple royal se rend à dîner dans l'hôtel de Picquigny, rue de Tournon (que Leonora a acheté [1], meublé et décoré avec un luxe inouï).

En 1607, si l'on sait depuis longtemps que Leonora est l'ultra favorite de la reine, on tient à présent Concini pour un familier du roi ! (En réalité, le Béarnais méprise trop l'aventurier pour lui accorder la moindre affection. Il s'en sert, voilà tout !) Quoi qu'il en soit cette incroyable faveur étonne. Son éclat est si vif qu'il passe les Alpes.

Le grand-duc de Toscane écrit (1607) : « L'excès de tendresse de Marie pour Concini et sa femme est odieux pour ne pas dire scandaleux. » Par là, il exprime son irritation et sa contrariété. La fulgurante élévation de Concini contrecarre ses plans. L'oncle avait caressé l'idée de se mêler des affaires de la France en influençant son indolente nièce par l'intermédiaire de Concini et Leonora. Réalisant que ces derniers ne travaillent qu'à leur propre fortune, il voit son projet anéanti et enrage. Il exprime aussi la pensée des Parisiens, bientôt celle de la France entière.

En attendant, l'ascension des deux Florentins poursuit sa course. Le 20 mars 1608, Leonora donne le jour à une petite fille. Elle sera prénommée... Marie. (On s'en serait douté !) La princesse de Condé [2] (épouse du premier prince du sang) est sa marraine, et Henri IV son parrain, tout simplement. Le roi de France en personne, pas moins !

Décidément, la réussite des Concini est bien étayée.

Au début de l'année 1610, Henri IV et Sully activent les préparatifs de la guerre contre l'Espagne. En mars, la santé du roi semble s'altérer. Il affiche un air chagrin inhabituel et sa jovialité coutumière disparaît. Leonora veut que Marie de Médicis soit sacrée [3] avant le départ du roi qui, au cours d'une bataille à venir peut être tué... Et puis il a cinquante-sept ans ! Marie couronnée reine de France, s'octroyait ainsi le droit légitime d'exercer la régence durant la minorité de Louis, dauphin. En avril, Marie en parle au roi qui hésite et se fait tirer l'oreille. (Il n'a aucun doute sur le manque de capacités de sa femme.) Finalement, lassé par l'insistance de Marie, il cède. La cérémonie est fixée au 13 mai. Le

1. 14 000 écus, à Charles de Plessis, seigneur de Liancourt. (3 300 000 francs 1990.)

2. Charlotte de la Trémoille, mère du « Condé » qui joue un rôle important dans ce récit.

3. A Saint-Denis (non à Reims).

mardi 16, la nouvelle reine de France, intronisée, fera son entrée solennelle dans Paris : le 19, le roi partira pour Châlons se mettre à la tête de ses armées.

Le couronnement de Marie de Médicis a lieu, en grande pompe, à la date fixée. Au soir de cette journée fastueuse, Concini et Leonora se réjouissent discrètement [1].

Le roi est triste.

Au cours de la nuit une chouette hulule pendant des heures sous la fenêtre de la reine. Leonora qui croit aux présages et interroge souvent les astres, les devins et les cartes [2] s'en inquiète dès qu'on lui rapporte l'anecdote.

Le dimanche 14 mai, après avoir beaucoup hésité, Henri IV se décide à aller rendre visite à Sully, à l'Arsenal. Il écarte Vitry [3], capitaine des gardes, qui veut l'accompagner. Il sort dans la cour du Louvre par un escalier à vis qui débouche à l'angle des ailes ouest et sud. Il enlève son manteau et grimpe dans le lourd carrosse carré qu'on a fait atteler. Il s'assied *à gauche* sur la banquette du fond. Ceux qu'il a invités en chemin montent avec lui. *Le duc d'Epernon* s'assied au fond, *à sa droite.* Les portières rabattues offrent chacune deux places de dos à la rue. *Lavardin* et *Roquelaure* sont à la portière, du coté d'*Epernon*. *Le duc Hercule de Montbazon* et *le duc de La Force* sont placés du côté de la portière du roi. Sur la banquette de devant, face à Henri IV sont assis *Liancourt*, le premier écuyer, et *Mirebeau*. Il est seize heures.

La chaleur est anormale pour la saison : on étouffe.

Epernon fait relever les mantelets de cuir qui obstruent les ouvertures non vitrées du carrosse... afin de mieux voir ! « Mettez-moi hors de céans », ordonne le roi. La lourde voiture s'ébranle. Henri IV passe *son bras droit* autour du cou d'*Epernon* et lui montre une lettre.

Le carrosse se fraye difficilement un chemin parmi les ruelles étroites. Rue de la Ferronnerie, l'escorte, les valets, ne peuvent avancer à droite et à gauche des portières et s'en écartent. C'est le moment que choisit Ravaillac pour frapper. Son couteau atteint le roi une première fois entre la deuxième et troisième côte, près de l'aisselle. Sous la douleur, le roi, instinctivement, relève le *bras gauche* qu'il avait posé sur l'épaule de *Montbazon*. Ravaillac frappe à nouveau, plus bas et plus profond. La lame pénètre tout entière entre la cinquième et sixième côte, traverse le

1. Il est plus que probable que Concini était au courant du projet d'assassinat d'Henri IV, averti sans doute par le duc d'Epernon avec lequel il était très lié, et dont il était peut-être même le complice (?) Henri IV avait confié à Sully, au cours de l'été de 1609 que « Concini négociait avec l'Espagne, que la Passitea [voyante consultée jadis à Florence par Leonora] mise par Concini auprès de la reine, la poussait à se faire sacrer, qu'il voyait très bien [Henri IV] que leurs projets ne pourraient réussir que par sa mort, qu'enfin il avait un avis précis qu'on devait l'assassiner. »

2. On le lui reprochera assez au cours de son procès en 1617.

3. Dont le fils (héritier de la charge) procédera à l'assassinat de Concini en avril 1617. (Comme on le verra plus loin.)

poumon gauche, tranche la veine cave, crève l'aorte. Un troisième coup perce seulement la manche de *Montbazon* [1].

Le sieur de Saint-Michel, gentilhomme de la chambre, se jette sur Ravaillac, lui arrache son arme et veut le transpercer de son épée. *Epernon* s'interpose : « Ne frappez pas, il y va de votre tête [2] »

On rentre au Louvre en hâte [3]. Henri IV expire sur un petit lit placé dans le cabinet de la reine.

La première réaction de celle-ci est de crier : « Mon fils ! » Songe-t-elle à la régence, à l'instant même ?

Epernon donne des ordres afin de faire croire dans Paris que le roi n'est que blessé. Dame ! Il lui faut du temps pour préparer les esprits au gouvernement d'une reine étrangère... Il va s'y employer avec succès.

Concini n'est pas au Louvre. Epernon monte au deuxième étage et, dans les chambres qu'elle occupe, raconte à Leonora l'assassinat d'Henri IV, en détail. Concini apparaît alors, essoufflé, et déclare : *E'ammazzato.* (« Il est massacré ! ») Epernon et le Florentin se regardent en silence.

Leonora descend chez la reine qui, au milieu des coussins, se frotte les paupières avec un mouchoir de dentelle afin de les faire rougir. Il lui faut montrer un chagrin qu'elle est loin de ressentir. Par la porte de la chambre ouverte à deux battants, Leonora aperçoit le corps du roi. Il est mort. Le dauphin Louis a huit ans. Marie de Médicis va gouverner !

La Galigaï se tourne vers la reine de France. Sur le visage de Marie elle lit la peur et s'en réjouit. Leonora a tant espéré ce moment ! En elle, elle sent la force de diriger « la balourde » qui sans ses « conseils » ne saurait pas régner, incapable de se débrouiller de cet inextricable écheveau que sont les affaires publiques. En secret, elle lui apprendra son rôle, Concini l'aidera. A eux trois, les Florentins sauront diriger le royaume des Lys. Il faudra surveiller de près la Médicis, prévenir ses mouvements d'humeur, ses décisions et se méfier des nouveaux flatteurs qui pourraient combattre leur influence.

Le lundi 15 mai, Marie de Médicis est proclamée régente. Le règne des Concini commence. Il va durer sept ans.

Le 25 mai 1610, Ammirato, secrétaire à l'ambassade de Toscane, écrit : « Le seigneur Concini est plus grand et plus puissant que jamais, et il ira continuellement en grandissant. » Juste prescience ! L'ambassadeur de Florence écrit de son côté : « D'après ce que j'ai entendu de la reine elle-même, Sa Majesté aime Leonora d'une façon extraordinaire ; elle est comme amoureuse d'elle. » !

Le 27 mai, Leonora assiste à l'atroce exécution de Ravaillac à côté de Marie de Médicis, près du futur Louis XIII. L'une est plus ou moins complice de l'assassinat du royal époux, l'autre couvrira le meurtre de

1. Si nous citons Epernon, Montbazon et la Force, présents dans le carrosse fatal, c'est parce que chacun d'eux jouera un rôle important au cours de ce récit.

2. Epernon tenait par-dessus tout à garder « son » coupable bien vivant en vue du procès du régicide arrêté sur le fait : ce qui éviterait des enquêtes... gênantes !

3. D'après Jean-Pierre Babelon, *Henri IV.*

Concini et laissera exécuter Leonora sur cette même place de grève, dans sept ans !Leonora, en ce beau printemps de 1610 se souvient-elle qu'on lui a prédit qu'elle mourrait en France ? Elle ne songe sans doute qu'à la première partie de la prédiction : « En France vous ferez fortune ! »

La Galigaï ne fera pas mentir ce qui lui a été promis.

Le maréchal d'Ancre

Leonora est la seule personne qui connaisse à fond la nature, le caractère, les défauts de Marie de Médicis. Elle sait que celle-ci « adore » le pouvoir, non en reine véritable, mais en femme capricieuse qui, enivrée de sa puissance, aime en user selon sa fantaisie. Il lui plaît de voir les nuques se plier devant elle, accorder et reprendre à son gré, s'attacher les gens, leur imposer sa volonté, pousser ou ruiner les espoirs de carrière, se faire craindre et, voyant les courtisans à ses pieds, se convaincre qu'elle leur en impose par sa majesté. Marie selon son humeur joue à être généreuse ou dure. Elle veut à la fois qu'on l'aime, qu'on la révère et qu'on la craigne. De plus, Marie éprouve un mépris définitif pour les valets, les femmes de charge, le peuple en général et celui des rues en particulier. Se croyant d'une essence presque divine, elle accepte d'être acclamée par la racaille et accorde avec condescendance quelques gestes de la main, persuadée qu'elle comble ainsi chacun de bonheur.

Leonora sait la sotte vanité qui se cache derrière ces masques et ces attitudes. La rusée en profite et manipule sa balourde avec finesse. Au moment opportun, elle câline, flatte, amuse, rapporte (ou invente) des propos louangeurs, fait rire son amie d'enfance en médisant sur quelqu'un ou bien elle joue de la corde sensible, pleurniche, parle de sa laideur, de ses maladies, de ses angoisses, sanglote et attendrit. Leonora change de comportement selon l'heure, l'humeur de Marie et l'importance de ce qu'elle veut obtenir. Il est rare qu'elle essuie un refus. Lorsque la souveraine hésite, louvoie, Leonora montre de l'impatience. Si Marie s'entête, Leonora menace de se retirer à Florence. Marie, affolée à l'idée de la perdre, capitule : comment « faire la reine » sans ses précieux conseils ?

En juin 1610[1], Leonora fait attribuer à son frère Andrea l'abbaye de Marmoutier. Le nouvel abbé est menuisier de son état (elle l'a fait venir en France pour faire sa fortune). « C'était un grand personnage, lequel apprenant à lire depuis quatre ans, n'y pouvait encore mordre », nous confie Pierre de l'Estoile.

Le 10 juillet, Andrea Cioli, diplomate toscan, prédisait déjà : « Le seigneur Concini a des prétentions bien démesurées ; il se montre trop à découvert au risque de se faire massacrer. » Vision prémonitoire ?

1. En 1610, Marie de Médicis a trente-sept ans, Concini trente-cinq, Leonora quarante-deux et Louis XIII neuf. (Voir tableau des âges en 1610, p. 55.)

Concino Concini s'enivre à l'idée des perspectives qui s'ouvrent à lui. Il ne doute de rien et certes pas de lui-même.

Le pouvoir... quelle drogue !

Le peuple... quel jouet !

Marie de Médicis... quelle source !

A la fin août, Leonora achète pour 110 000 écus au vicomte de Brigneul le marquisat d'Ancre, en Picardie, avec de l'argent fourni par des intermédiaires de la reine. Début septembre, elle se porte acquéreur des gouvernements de Péronne, Roye et Montdidier, cédés pour 40 000 écus par le baron de Créqui. La reine finance l'opération [1]. (470 000 livres ! soit approximativement 47 millions de nos francs actuels.)

Le 13 septembre, Concini, nouveau marquis d'Ancre, prête serment de fidélité à Louis XIII pour les gouvernements précités.

Le 27 septembre (anniversaire du roi : neuf ans), il prête encore serment devant lui. Cette fois pour la charge de « premier gentilhomme de la chambre du roi. » Coût : 192 000 livres données par la reine... La nomination est d'importance, le titre des plus en vue. Il arrive en second après celui de grand écuyer [2] et donne droit à certains privilèges qui ravissent la vanité du Florentin. A présent il pourra entrer à cheval dans les palais où le roi réside, la plupart des gentilshommes seront tenus de lui laisser le passage, il aura droit à une escorte et on devra le raccompagner jusqu'à la rue. De plus, on l'appellera « illustrissime [3] ». Il s'empresse de le faire savoir dans les chancelleries, exigeant qu'on lui écrive en l'appelant ainsi [4] !

La charge de « premier écuyer de la reine » (achetée fin 1606) ne lui étant plus d'aucune utilité, il la revend au frère du chancelier de Sillery [5] en lui faisant bien remarquer que cette « préférence » qu'il lui accorde engage le bénéficiaire et sa famille à lui rendre de futurs services.

Dans une lettre à Peiresc, Malherbe rapporte : « Hier il bouffonnait avec Monsieur de Guise de son marquisat d'Ancre et disait que cela s'était rencontré fort à propos à cause qu'il descend des comtes de la plume (della Penna). Monsieur de Guise lui répondit que, avec un comté de plume et un marquisat d'Ancre, il ne lui fallait plus qu'un duché de papier pour assortir tout l'équipage. » Concini, trop heureux de son sort pour se froisser, se contenta de sourire à la réplique, l'esprit tout occupé à ses ambitieuses préoccupations.

Il est à la fois pressé et gourmand. Comblé de titres et d'honneurs, ses coffres regorgeant d'or et de pierreries, le Florentin songe à devenir puissant. Il est déjà gouverneur de Péronne, Roye et Montdidier. Pourquoi ne pas obtenir la fonction de gouverneur de toute cette importante province frontière ? Hélas, ce poste capital appartient à

1. On trouvera les détails dans le chapitre consacré au procès de Leonora.
2. Détenu par le duc de Bellegarde.
3. Le mot sonne un peu trop transalpin pour qu'on ne le croie pas inventé par lui.
4. Michel Carmona.
5. Qu'il a rencontré en 1600 lors du voyage Florence-Paris.

Henri, duc de Longueville [1] qui n'entend pas s'en défaire. Là, les écus de la régente sont sans effet. Qu'à cela ne tienne ! On va contourner la difficulté.

Bien que n'ayant aucune formation ni talent militaires, Concini est nommé, le 9 février 1611, lieutenant général de Picardie et du coup chef des armées royales sur ce territoire clef qui ouvre les routes de l'Est aux confins de la Flandre et du Hainaut. La haute noblesse murmure et ne cache ni sa contrariété ni son inquiétude : donner un tel pouvoir à un étranger capable de trahir demain... On connaît la vénalité du Toscan et sa vanité ! Celui-ci n'a cure de fâcher les grands dont il se croit devenu l'égal. Au contraire, il les nargue. En juin 1611, il obtient le gouvernorat d'Amiens [2]. La capitale picarde manquait à ses domaines. Il y fait une entrée triomphale le 12 août.

Henri IV est mort il y a seulement quinze mois. Concino Concini n'a pas perdu son temps... Conscient que sa fortune dépend de Marie de Médicis — avec laquelle il dialogue à présent sans avoir recours aux bons offices de Leonora, — le marquis d'Ancre décide de se rapprocher du pouvoir décisionnaire.

Près de l'entrée principale du Louvre (du côté de Saint-Germain-l'Auxerrois) se trouve la rue de l'Autruche (ou d'Autriche ?). Concini acquiert la première maison sur la gauche qui jouxte le palais [3]. Ainsi il est à pied d'œuvre.

Il fait aménager le logis à son goût mais sans faste. Ses trésors sont empilés dans l'hôtel de la rue de Tournon, sous la garde de Leonora qui y réside, seule le plus souvent, tout en conservant l'usage de ses trois chambres au-dessus de celles de la régente.

En janvier 1612, pour se déplacer plus discrètement, dit-il, Concini fait ériger une passerelle de bois qui relie directement sa demeure aux appartements privés de Marie de Médicis. Cette construction fait sourire la Cour, qui cancane. Louis XIII — âgé de dix ans et demi — s'en trouve blessé. Il estime scandaleux les sous-entendus qu'il devine dans les propos que l'on tient au sujet du comportement de sa mère dont l'honneur lui semble bafoué. Bien que le petit roi ait été couronné à Reims (octobre 1610), il n'a alors aucune autorité pour réagir. Mais il n'oubliera pas la passerelle...

Dans son insatiable course aux honneurs, titres et privilèges de tous ordres, le Florentin ne perd pas de vue le principal : l'or, source de bienfaits. En juillet 1610, il s'est fait nommer membre du Conseil d'Etat et des Finances... La danse des pots-de-vin commence. Il en tire des profits considérables. Il vend sans vergogne l'établissement des baux, leur renouvellement, les fermages, les charges... De son côté, Leonora

1. Il est mineur. Son oncle, le comte de Saint-Pol, tuteur, défend mal ses intérêts.

2. Il avait proposé de l'acheter au gouverneur M. de Traigny (300 000 livres), la somme étant fournie par la reine. Traigny mourut subitement. La reine reprit la place en son nom et en fit don à Concini sans qu'il y eût rien à débourser.

3. Certains historiens parlent de « l'hôtel de Bourbon » : actuel emplacement de la colonnade du Louvre. Voir plan, page suivante.

négocie passe-droits et nominations. A eux deux ils amassent des millions de livres. Le Florentin a la haute main sur les tractations financières et touche au passage des sommes ahurissantes. Soucieux de se réserver l'accès aux coffres royaux, il est nommé, en 1612, surintendant de la maison de la reine qui le fait à cette occasion chevalier du Saint-Esprit. Le voilà tranquille du côté financier et fier d'arborer son ruban bleu.

Parallèlement il a su imposer sa présence au sein du pouvoir politique. Il fait partie du petit nombre des conseillers qui entourent la régente. Le Grand Conseil du roi comprenant trop de monde, Concini suggère à la reine de former un conseil restreint (Conseil de la petite écritoire). Là on arrêtera les décisions fermes dont on fera part, ensuite, pour la forme, aux membres du Conseil du roi qui n'auront pas l'occasion de discuter. Leur rôle se bornera à entériner [1].

Autour d'elle, Marie de Médicis exige que Leonora et Concini soient nommés comme premiers conseillers (cela va de soi !). Ils s'adjoignent Duret, leur médecin, disgracié presque aussitôt que nommé (juin 1610). Il a déplu à Leonora ! Concini requiert la présence de trois ministres : Villeroy, le président Jeannin et le chancelier Brulart de Sillery (on se retrouve !). Et puis, jugeant que ce conseil restreint est par trop restreint justement (les princes du sang écartés pourraient crier à l'imposture), on fait appel aux services de deux employés de la maison de la reine, Louis Dolé, avocat, et M. Arnauld d'Andilly.

Marie de Médicis — montrant ainsi où vont ses préférences — réclame la présence du père Cotton (jésuite), ancien confesseur d'Henri IV devenu le sien, du nonce du pape et de l'ambassadeur d'Espagne. L'Eglise catholique, l'Espagne et les Concini. On voit sous quelles influences la régente souhaitait diriger le gouvernement de la France. Toutefois, de 1611 à 1614, Concini songeant davantage à accroître sa fortune qu'à s'occuper de la politique générale, laisse à Villeroy la voix prépondérante à ce conseil restreint, si particulier.

Au début de l'année 1613, résolu à poursuivre son ascension mirobolante, Concini, toujours avide de nouveaux honneurs, rappelle à Marie de Médicis qu'il commande en titre les armées du roi en Picardie. Pour renforcer sa position, ne serait-il pas souhaitable de le voir accéder au maréchalat ? La mort du maréchal de Fervacques rend la dignité disponible [2]... La reine, pourtant disposée à contenter sans cesse ses chers compatriotes, répond qu'elle a déjà promis le bâton à Gilles de Souvré, gouverneur du petit roi. Concini insiste. La régente cède. Elle dédommage Souvré : 60 000 écus ! Reste à obtenir l'accord du Parlement.

Bien qu'adroitement chapitrés, ces « Messieurs » se font tirer l'oreille. La proposition leur semble étonnante. Le marquis d'Ancre ignore tout du métier des armes. Ils cherchent en vain (et pour cause) la noble ascendance et les actions héroïques de ce surprenant titulaire, étranger de

1. Sully, écarté, écœuré, en démissionnera.
2. Il y a alors six maréchaux de France : Brissac, La Châtre et Montmorency (qui mourront en 1614). Resteront Bouillon, Boisdauphin, Lesdiguières et... Concini !

Le Louvre et les Tuileries sous Henri IV

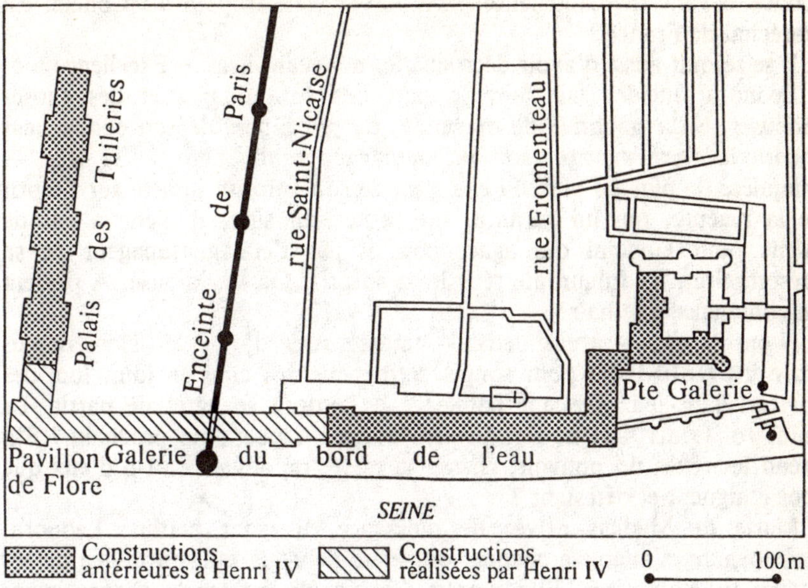

Le Vieux Louvre

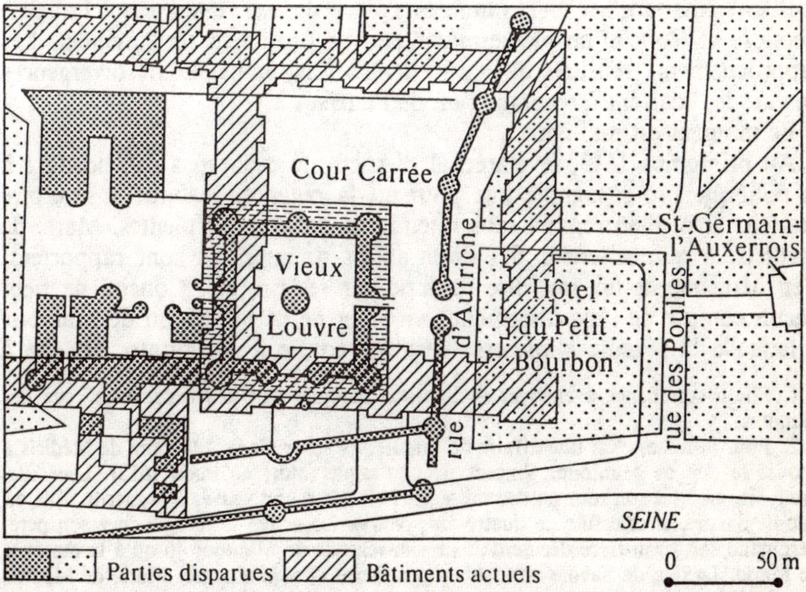

surcroît. Marie de Médicis intervient... à sa façon. Et les magistrats acceptent, finalement, de fermer les yeux sur cette nomination abusive autant qu'injustifiée. Les lettres patentes sont enregistrées. La noblesse gronde devant sa scandaleuse promotion. Mais trop tard : Concini est maréchal de France !

Il se réjouit aussi d'avoir décroché un nouveau titre : « Excellence » !

Leonora, lucide, sait faire la part des enfantillages et des choses sérieuses. Si la boulimie de brevets et de préséances de son époux peut encore la faire sourire, son impopularité grandissante — la leur — l'inquiète de plus en plus. Si elle a gardé son emprise intacte sur l'esprit de la régente, qui lui garantit une protection sûre, il n'en va pas de même pour Concini qui agace chacun par l'étalage tapageur de sa présomption. Sa fulgurante réussite a surpris. On l'a jalousé. A présent on commence à le haïr.

N'ont-ils pas — à eux deux — amassé assez d'or et de biens depuis trois ans (1610-1613) pour songer sérieusement à aller en jouir loin des envieux dans leur Toscane natale [1] ? Il faudrait se hâter de partir. Le jeune roi Louis XIII ne sera-t-il pas déclaré majeur l'an prochain ? S'il prend les rênes du pouvoir, chasse sa mère, qu'adviendra-t-il d'eux que tous craignent et détestent ?

Marie de Médicis privée de puissance, ils sont perdus. Leonora, clairvoyante, s'angoisse chaque jour et se débat la nuit au milieu de ses songes prémonitoires. Elle supplie Concini de quitter la France avant qu'il soit trop tard.

Trop tard ? Le maréchal d'Ancre se contente de rire ! Partir ? Alors que titres et faveurs pleuvent sur sa tête, que l'or s'entasse dans leurs coffres ? Abandonner un royaume aux merveilleuses ressources ? Jamais ! Leonora et Concini en pleine mésentente se brouillent sérieusement. Les rapprochements sensuels ont cessé depuis longtemps. Leurs divergences de vues les écartent davantage l'un de l'autre.

Le moment est mal choisi.

Au printemps 1613, le maréchal d'Ancre ne cache pas son hostilité à la politique pro-espagnole que poursuit la régente. Habitué à se croire inatteignable, il se répand sans retenue en critiques virulentes. Marie de Médicis, à qui la teneur des déclarations du marquis sont rapportées, s'en offusque et lui fait dire de modérer ses propos. Concini ne tient aucun compte de l'avertissement. Au sujet de la succession de Mantoue à laquelle la régente s'intéresse fort [2], il confie à Ammirato, attaché à

1. Elle a commencé à envoyer de l'or aux banquiers de Florence, lui à ceux des Flandres.

2. Pour la reine, c'est une affaire de famille. Sa sœur aînée, Eléonore de Médicis a épousé le duc de Mantoue, Vincent de Gonzague (mort en mars 1612). Leur fils, François, meurt à son tour en décembre 1612. Il laisse une veuve, Marguerite, fille du duc de Savoie, et une fille de quatre ans, Marie. La veuve se réfugie chez son père. Ferdinand son beau-frère décide d'assurer la régence de Mantoue jusqu'à la majorité de Marie. Le duc de Savoie attaque le Montferrat et s'en empare. Marie de Médicis prend fait et cause pour son neveu, Ferdinand. Le roi d'Espagne, sous couvert de médiation, fait restituer le Montferrat... au gouverneur de Milan, à sa solde, en attendant que l'affaire soit réglée.

l'ambassade de Toscane : « ... Les ministres sont tous espagnols et veulent laisser faire l'Espagne dont ils cherchent plus le bien et la grandeur qu'ils ne le font pour la France. [...] La pauvre reine qui ne sait ce qui est son bien et son honneur [...] se laisse tenir en bride par l'Espagne[1]. »

La phrase est fidèlement citée à Marie de Médicis qui laisse éclater sa colère (juin 1613). De quoi se mêle cet aventurier qui lui doit tout ! Comment ose-t-il critiquer une reine de France ? Auprès d'elle, Leonora se tait.

Le duc d'Epernon — qui à ce moment influence la régente et déteste Concini — met de l'huile sur le feu. (Le maréchal d'Ancre est à ce moment lié d'amitié [?] avec le prince de Condé[2], ennemi d'Epernon.)

Lorsque Condé (vingt-cinq ans) et l'ambassadeur de Mantoue tentent d'expliquer à la régente qu'elle s'est fait jouer et que c'est l'Espagne qui est la bénéficiaire de l'affaire de Mantoue, la fureur de la reine éclate. L'autoritaire Junon ne supporte pas la critique. Ses foudres doivent tomber sur quelqu'un. Elle ne peut toucher à Condé. Epernon, sournois, lui rappelle les dires de Concini ! La régente n'hésite pas. C'est celui-là qui paiera pour ses phrases outrageantes. A ses côtés, Leonora ne dit pas un mot pour sauver son époux d'une disgrâce probable que tous les courtisans, jaloux, attendent et souhaitent.

A la fin juin 1613, l'injonction est signifiée. Le maréchal d'Ancre reçoit l'ordre de se rendre sans délai dans son gouvernement d'Amiens et d'y rester !

Concini est atterré. C'est son premier « revers de fortune » ! En d'autres temps, il eût fait intervenir sa femme, comme à l'accoutumée, mais ses relations avec Leonora sont maintenant trop mauvaises. Et puis, vaniteux, il refuse de s'abaisser à une démarche auprès d'elle. Il ne veut pas risquer d'essuyer un refus de sa part. Elle lui a assez dit que, sans elle, il n'aurait rien obtenu ! En la circonstance, elle pourrait aisément lui marquer son mépris et la dépendance en laquelle elle le tient. Concini ne peut supporter cette idée. Il prétend se montrer assez fort pour agir sans son épouse.

Il se précipite chez Villeroy (alors tout puissant au Conseil) et lui demande d'intervenir pour que la reine revienne sur sa décision. L'autre n'a aucune envie d'aider le Florentin. De plus, il sait que la régente ne peut se rétracter sans perdre la face auprès de ses ministres. Aussi se contente-t-il de donner son avis à celui qui, il n'y a pas si longtemps, négociait les siens : « Il me semble que vous devez obéir, simplement. » La phrase est courte, la pensée nette. Le maréchal d'Ancre en pâlit.

A la Cour (où tout s'apprend très vite) il sait que ses amis d'hier sont devenus soudain neutres et que les neutres se déclarent ennemis. Il ne

1. D'après Pierre Chevallier.

2. Premier prince du sang. Héritier du trône de France après Louis XIII et le duc d'Orléans, son cadet. Né en 1588, il a vingt-cinq ans. (Voir généalogie des Bourbons.)

reste qu'à partir. Dure nécessité pour celui qui a pris l'habitude — comme si c'était un dû — de voir plier les autres à ses caprices...

Déconfit, dépité, Concini gagne Amiens. En juillet 1613, il se reprend et cherche à contre-attaquer. Et s'il essayait de faire peur à la régente ? Il peut « tenter le coup » ! Toujours maître des armées royales en Picardie, province frontière, il va s'employer à fortifier les remparts d'Amiens dont il est gouverneur[1]. Si on lui cherche noise, il pourra s'enfermer dans la place, tenir un siège, et se trouver des alliés à l'extérieur...

Parallèlement, en août, il se réconcilie avec Epernon et se rapproche du clan des princes lorrains alors très en faveur au Louvre.

Le Florentin a senti d'où soufflait le vent. Il se fait un ami (?) du puissant duc de Guise et s'engage à ne plus s'intéresser à la chose publique. Se faisant modeste, il se déclare incapable (!) de s'occuper des « Affaires ». Guise joue à celui qui le croie et, auprès de la régente, plaide la clémence.

En novembre, le maréchal d'Ancre est de retour. Afin que nul n'en ignore, il s'empresse de clamer à tous les échos que son intention n'est pas de se mêler de politique. De politique, peut-être. D'intrigues, si ! Pour donner plus de poids à ses déclarations, le rusé se cantonne dans le rôle de l'homme riche qui se plaît à jouir de l'existence et de sa fortune. Il se montre soudain passionné de jeu, perd des sommes énormes et s'en vante. Il passe ainsi pour un grand imprévoyant.

C'est ce qu'il cherche.

En janvier 1614, Marie de Médicis commet une erreur. Elle laisse entendre qu'elle serait disposée à faire proroger sa régence... C'est une levée de boucliers générale de la part des princes qui escomptent abuser de la faiblesse (supposée) de Louis XIII pour arracher à sa trop jeune autorité : or, titres et nouveaux privilèges. Les mécontents exigent (sous peine de rébellion) un remaniement ministériel et la convocation des états généraux.

La reine est dans une impasse. Elle va perdre du temps pour en gagner. Le roi ne sera déclaré majeur que dans huit mois. A ce moment-là, elle devra rendre compte de son gouvernement. Bien des questions seront alors soulevées qu'il serait dangereux de vouloir régler avant cette date cruciale.

Afin de ne pas échauffer les esprits, elle évite de rappeler Concini sur le devant de la scène politique. Lui n'a pas perdu son sens de l'opportunité. En regard des événements — et de ceux qui se préparent — le maréchal d'Ancre, méfiant, prend ses précautions en avril. En secret il s'entend avec les princes : « Quelque soit l'évolution de la situation, on ne touchera

1. L'envoyé de Venise écrit à cette époque : « En prévision de la prochaine majorité du roi (septembre 1614), il prépare par avance un refuge pour toute éventualité, car il lui paraît qu'il n'a pas grande part dans les grâces du roi. »

ni à sa fortune ni à ses biens personnels [1] ! » Fort de ces accords, il reste dans l'ombre et s'arrange pour faire croire à la régente qu'il est le plus grand ennemi des princes...

Au cours de l'année, le *maestro* en duplicité ne prend aucune part officielle aux événements. Sous le manteau, il tire ses ficelles, amadoue les uns, abuse les autres, promet, se récuse, et embrouille les esprits. Il prêche le faux pour savoir le vrai, affirme ce qui n'est pas et infirme ce qui est. Il se joue des membres du Conseil, des princes, de tous ! Ses mensonges sont considérés comme autant de finesses diplomatiques, ses silences comme des acquiescements et ses soupirs comme des informations. Grâce à cette tactique, on lui prête des pouvoirs officieux qu'il est loin de détenir.

Chacun s'y trompe et lui se plaît à tromper chacun.

« Louis XIII atteint sa majorité le 27 septembre 1614, à treize ans révolus, selon les lois du royaume. Aucune déclaration officielle n'est nécessaire mais Marie de Médicis souhaite donner un grand retentissement à cet événement. Au surplus, un problème juridique se pose : arrivant à sa majorité, Louis XIII n'est plus soumis à la tutelle de sa mère, et la régence prend fin à ce jour. Si Marie de Médicis doit conserver le pouvoir — et elle y est bien décidée — il faut un acte solennel à cet effet [2]. »

Concini n'a aucun intérêt à se montrer dans de telles circonstances. Aussi ne participe-t-il pas à la déclaration (reconnaissance solennelle) de la majorité du nouveau souverain. Ce 2 octobre, qu'irait-il faire au milieu du Parlement assemblé ?

Haï, il risque de devoir quitter la salle sous les huées. Sans qu'on en arrive à une telle extrémité, sa seule présence peut indisposer l'assistance et faire échouer la comédie qui va se jouer. Comédie qui peut tourner au drame si elle n'est pas interprétée par chacun des participants telle qu'elle a été réglée ! Si le roi manifeste sa volonté d'exercer le pouvoir réel, s'il en écarte sa mère, l'exile, Concini se verra banni, ses biens confisqués. Il devra rendre compte de la provenance de sa fortune colossale. Alors... la prison ? Pis encore, peut-être...

Tapi dans sa maison de la rue de l'Autruche, vert de peur, le maréchal d'Ancre tremble dans ses chausses. Blottie rue de Tournon, et pour les mêmes raisons, Leonora est en proie à une angoisse folle. Leur sort commun dépend de l'issue de cette journée. Pour eux, les heures s'écoulent dans une attente mortelle.

Soudain tous les canons de l'Arsenal tirent en même temps. Les Concini tressaillent. La cérémonie est finie. Certes, il l'entendent, mais comment s'est-elle terminée ? Quel est le vainqueur du jour ? Le roi et ses amis ou la reine mère et ses complices ?

Bientôt ceux qu'ils ont postés aux abords du Palais de Justice

1. Pierre Chevallier.
2. Michel Carmona, *Marie de Médicis*.

s'empressent de leur faire part de la publication de la proclamation royale.

La régente gouverne encore !

A cette nouvelle Concini retrouve des couleurs. Leonora qui n'en peut plus éclate en sanglots convulsifs. On leur fournit des détails sur les moments forts de la cérémonie. Selon la coutume, la reine, à genoux devant le roi, a déclaré qu'elle lui remettait sa charge de régente. Louis XIII a aidé sa mère à se relever avant de prendre la parole. Il a dit clairement qu'il la remerciait pour la sagesse de son administration jusqu'à ce jour, qu'il prenait désormais le gouvernement de son royaume et qu'il la nommait chef de son Conseil afin qu'elle puisse l'assister dans sa tâche.Après quoi, la déclaration a été relue, soumise à l'approbation de tous et nul n'ayant trouvé à y redire, elle a été enregistrée sous forme d'arrêt. La chose étant faite, la reine mère a remercié le roi de l'avoir nommée chef de son Conseil. Après quoi on a ouvert les portes et publié la déclaration royale.

Le bon peuple de Paris laisse éclater sa joie.

Dans la ville en liesse on dansera toute la nuit.

Moins exubérants, les Concini réalisent qu'ils ont frôlé l'abîme de bien près... De soulagement, Leonora laisse couler ses larmes. Néanmoins, elle ne peut s'empêcher de penser que c'est par chance que le destin les a épargnés. Or la chance ne se tient pas au « garde-à-vous »...

De son côté, le maréchal d'Ancre remis de ses émotions, analyse l'événement avec un certain cynisme. Il se dit que décidément chacun a bien récité son rôle dans cette mascarade. Cependant, le désastre était possible... Il frémit à l'idée de ce qui aurait pu advenir et qui, grâce à sa bonne étoile, n'est pas advenu. Mais la leçon a été rude.

Ayant récupéré son calme, il raisonne. A présent, Louis XIII, de droit, détient le pouvoir absolu, même si, en fait, la régente va continuer à l'exercer. Combien de temps Marie de Médicis pourra-t-elle se substituer à son fils et régner à sa place ? Combien d'années, de mois, de jours, supportera-t-il encore ce joug, alors qu'il n'y est plus tenu ? Si la régente préconise une politique ou des réformes qui vont à l'encontre des désirs du roi (ou de son entourage) aucune discussion n'est possible, aucun affrontement admissible.

Il suffit à Louis XIII de dire non !

Pis encore : si, un instant, elle oublie sa condition nouvelle et s'entête — c'est assez dans son caractère — le roi peut lui montrer la porte et, avec tout le respect qu'il lui doit, lui faire entendre qu'il veut gouverner sans elle. Alors ? Alors ce sera la catastrophe ! Marie de Médicis éloignée du pouvoir entraînera immanquablement dans sa chute celle de ses amis, leur disgrâce et ce qui peut en résulter...

Le cauchemar recommence. L'instinct du maréchal d'Ancre le pousse à croire qu'il voit juste (ou presque). Aussi se résout-il à prendre une sage résolution : rester à l'écart du pouvoir, des décisions gouvernementales, de leur application et par voie de conséquence, de leurs effets.

Pendant quelque temps, il suit effectivement cette heureuse ligne de

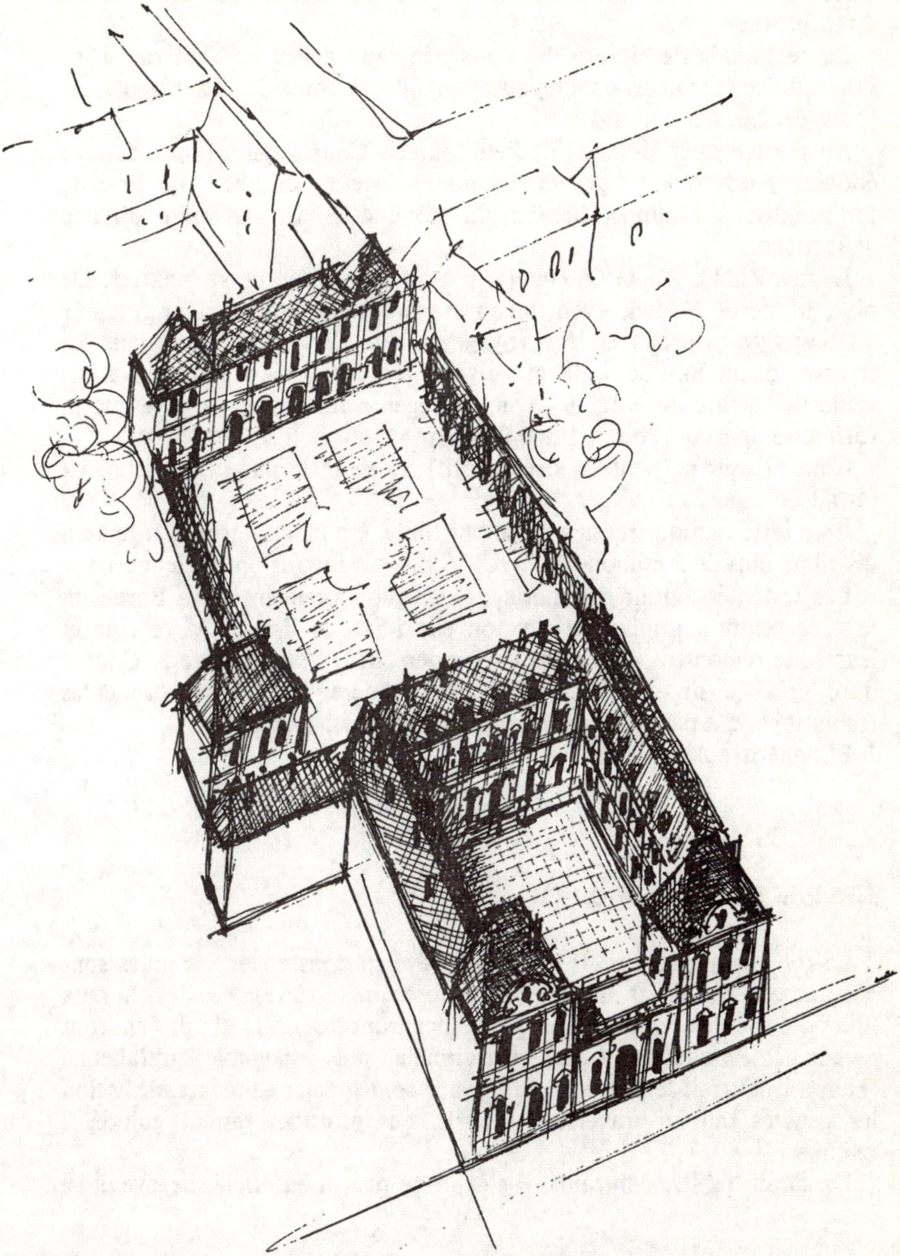

L'hôtel de Sully à Paris en 1610

conduite. Pour commencer, il se tient éloigné de la réunion des états généraux [1]. Marie de Médicis s'en félicite. Si à cette occasion on lui demandait des comptes sur sa gestion financière très personnelle, l'enquête remonterait vite à Concini, à Leonora et aux fabuleux abus dont elle les a fait profiter.

La cérémonie de clôture des états généraux a lieu le 23 février 1615 sans que cette embarrassante question ait été soulevée. La régente est soulagée. Les Concini aussi !

Au printemps et au cours de l'été toute la Cour s'agite. Louis XIII va épouser Anne d'Autriche, tandis que sa sœur, Elisabeth de France, est promise à Philippe, héritier du trône d'Espagne et frère d'Anne d'Autriche.

Le maréchal d'Ancre, là encore, n'a aucune raison de se montrer. De plus, Marie de Médicis ayant un pressant besoin d'argent pour financer les mariages princiers et leur voyage vers les Pyrénées, puise dans les réserves de la Bastille 1 200 000 livres, le 15 juillet 1615. Le 16 août, veille du départ du cortège royal, la régente fait vider les caves de la forteresse de ce qui reste : 1 300 000 livres !

Concini (qui ne peut en tirer profit) ne se mêle pas de ce fabuleux retrait de fonds.

Il ne reste rien du trésor amassé par Sully. En cinq années la régente a distribué plus de 5 millions de livres [2], dont ses favoris ont eu leur part.

Les festivités autour des mariages espagnols prennent fin à Bordeaux le 15 décembre. Louis XIII, la nouvelle reine de France, la régente et leur suite remontent vers Paris en janvier 1616. L'absence de la Cour a duré près de six mois. Le maréchal d'Ancre, malgré ses prudentes résolutions, n'a pas su se tenir tranquille un aussi long temps.

L'inguérissable goût de l'intrigue...

LES PIÈCES DE L'ÉCHIQUIER

Le roi a quatorze ans. Il n'a pas achevé sa croissance. Ses joues sont encore poupines. Il est maigre et brun, presque olivâtre, avec des cheveux noirs qui tombent en bandeaux plats encadrant des traits qui deviendront osseux. Il évoque une figure méridionale, plus espagnole qu'italienne (Herrera pourrait le peindre). Ses gestes sont gracieux ou saccadés selon les pensées qui lui traversent l'esprit. Ses attitudes restent guindées, retenues.

On dirait qu'il se contraint. Il s'exprime peu, il bafouille, bégaye et ce

1. A cette occasion Armand Jean du Plessis (Richelieu) se fait entendre pour la première fois dans une réunion officielle (1614). Dans dix ans il sera au pouvoir. (Voir le chapitre « Richelieu ».)

2. Soit 5 milliards de francs 1990.

défaut lui ôte toute assurance. Il a eu une enfance difficile, « toute la puissance béarnaise n'a pu dominer le pouacre sang des Médicis [1]. »

Il n'a aucune influence.

Sa jeune épouse le constate avec dépit mais non sans espoir ni courage. Ils ont exactement le même âge, nés à quelques jours d'intervalle [2]. Elle est encore vierge... Anne d'Autriche est charmante : infante cendrée aux yeux clairs, elle serait délicieuse si son éducation rigide ne l'enfermait dans l'intransigeance des principes inculqués à l'Escorial. Elle n'éprouve aucune sympathie pour sa belle-mère qu'elle devine redoutable.

Le vrai roi, c'est elle, Marie. La reine matrone ! Les quarante-deux ans qu'elle porte majestueusement, mais transporte avec difficulté, n'arrangent pas son caractère acariâtre. Elle a épaissi. Des beautés plantureuses de la blonde Cérès flatteusement reproduites par Rubens, il ne reste rien que fadeur cireuse, poivre et sel. Ses traits se sont durcis, accusant leurs expressions coutumières : la colère et la cupidité. On la salue très bas pour lui plaire mais on la dédaigne. A mi-voix on l'appelle « la grosse marchande ». On surnommait bien Catherine (autre reine de France) sa lointaine parente, « la banquière ». Ces Médicis sont, décidément, de petite « maison ». La reine mère n'aime rien tant que le pouvoir qui flatte sa vanité et masque sa paresse. Veuve depuis cinq ans d'un époux qu'elle n'a jamais aimé mais subi, l'indolente Florentine n'éprouve aucune attirance pour le sexe masculin. (Henri IV demeure la seule virilité active qu'elle ait connue [3].) Les caresses de Leonora semblent la satisfaire (habitude ?).

D'ailleurs, c'est Leonora (quarante-sept ans) qui gouverne dans l'ombre le petit esprit de la reine mère.

Concini (trente-trois ans) n'est plus aussi vif que naguère. A force de remplir ses coffres (et sa panse) il est devenu grassouillet et jaunâtre. Cauteleux ou brutal, insolent et peureux, il tient fébrilement le rôle bizarre de mari de la favorite de la reine. Tantôt il se prend pour le roi de France, tantôt pour ce qu'il est en fait : un rufian, bénéficiaire d'une fortune aussi fabuleuse qu'imméritée. Il traite Anne d'Autriche avec la condescendance d'un grand aîné (ce que supporte mal la fière Castillane). Avec le roi, il se comporte de façon si outrageusement cavalière que Louis XIII, orgueilleux, ne le lui pardonnera pas.

Dans le sillage de l'aventurier gravite un ecclésiastique fluet quoique de belle taille : l'évêque de Luçon (trente ans). Il vient d'être nommé aumônier de la jeune reine. Concini se l'attache comme secrétaire... bientôt d'Etat ! Orateur brillant, Luçon ne jouit encore que d'un faible crédit. Il est pauvre... avec de l'amour-propre [4]. La reine mère l'estime.

Il deviendra le cardinal de Richelieu.

1. La Varende, *Anne d'Autriche.*
2. Anne d'Autriche le 22 septembre, Louis le 27, de l'année 1601.
3. Elle a pu lui donner six enfants sans éprouver d'orgasme (! ?). Oui, c'est fréquent et très documenté.
4. La Varende.

Très près du roi (tout près) se tient un Provençal, maintenant favori en titre du prince longtemps solitaire. Charles d'Albert de Luynes (trente huit ans) a connu Louis XIII encore mineur, en 1611. Il était alors fauconnier. A présent il est gouverneur d'Amboise et a sa chambre au Louvre, au-dessus de celle du roi. Bel homme blond à l'allure douce, chasseur expert, excellent cavalier, il est patient et tenace. Il prononce des paroles de soie...

Les Concini l'acceptent, la Médicis le supporte, la jeune reine le juge un allié nécessaire... puisque le roi l'aime...

Voilà les personnages de premier plan ; derrière, s'agite la Cour composée d'amis, parents et alliés de gens puissants, représentants de quelques familles, peu nombreuses.

Le premier prince du sang : Henri II de Bourbon (vingt-sept ans), troisième prince de Condé. Homosexuel notoire[1], ladre, jaloux, sans grande prestance, et comploteur d'occasion. Henri IV le choisit pour mari complaisant de la belle Charlotte de Montmorency. Il s'enfuit avec la jeune fille et ne revient de l'étranger qu'après la mort du Béarnais. Il est le chef des mécontents avec son oncle, Charles de Bourbon, comte de Soissons, qui meurt en 1612. Son fils Louis, nouveau comte de Soissons (onze ans) épousera la cause de son père.

Les Soissons sont un rameau puîné des Condé. Le jeune comte de Soissons a une sœur. Comme il mourra sans enfant, celle-ci apportera son nom au fils qu'elle aura d'un prince de Savoie-Carignan. Les deux cousins, Condé et Soissons, pour de sottes questions de préséances, se trouveront chaque fois dans des camps opposés.

Ensuite viennent les Vendôme, enfants naturels légitimés d'Henri IV et de Gabrielle d'Estrées : César duc de Vendôme et... homosexuel, Catherine-Henriette qui, ayant refusé d'épouser Luynes en 1617, épousera le duc d'Elbeuf en 1619, Alexandre (dix-sept ans) chevalier de Vendôme, grand prieur de Malte et... homosexuel.

Voilà pour le sang légitime (ou légitimé) de France[2].

Il faut compter avec l'encore très puissante famille de Lorraine : alias Guise, Aumale, Mercœur, Mayenne, Elbeuf, Chevreuse...

Le chef du clan, Charles, duc de Guise, a quarante-quatre ans.

Les Rohan portent mieux leur ancienne gloire. Leur famille comprend les Guéméné, les Soubise, les Montbazon, les Gié. Marie de Rohan-Montbazon, épousera Luynes en septembre 1617. Elle deviendra l'amie intime et inséparable de la jeune reine. Elles auront presque le même âge : Anne seize ans, Marie dix-huit ans. N'est-ce pas logique ? Leurs

1. Condé, (que sa femme alla retrouver au château de Vincennes où il était prisonnier entre 1617 et 1619, lui donnera trois enfants : le Grand Condé (Rocroi), le prince de Conti (titre récupéré : son oncle Conti étant mort sans descendance), et la fameuse Mme de Longueville. (Voir tableau généalogique du Condé.)

2. Pour les cinq autres bâtards (légitimés) d'Henri IV, voir tableau généalogique.

époux respectifs ne se quittent pas... Henri, duc de Rohan (Trente-six ans), homme de grande valeur morale et militaire, chef des protestants de France, se heurtera plus tard à Luynes, devenu duc et pair de France. Son frère Soubise se heurtera, lui aussi, au favori.

Les Montmorency viennent de perdre le connétable (beau-père de Condé). Ils sont superbement représentés par Henri II (quatrième et dernier) duc de Montmorency (vingt ans) qui se battra dans les armées du roi au siège de Montauban (1621) et mourra décapité en 1632, à Toulouse.

Nous avons tenu à mettre en évidence les âges réciproques — « On imagine toujours les célébrités au moment de leur succès et sur un seul plan[1] *» — et nous avons insisté sur ces parentés qui s'oublient au fil du récit. Il est bon de rappeler combien les liens consanguins favorisent les intrigues.*

RICHELIEU

Nous avons déjà signalé qu'il était souhaitable de connaître la réussite de Concini pour admettre celle de Luynes sans étonnement excessif. Il est nécessaire de se pencher sur la jeunesse de Richelieu, lequel tient une place importante dans ce récit.

Luynes et le futur cardinal n'ont pas reçu la même éducation. Leur formation se trouve aux antipodes. Leur rencontre sera constructive dans un premier temps. Ensuite, les événements les placeront dans des positions antagonistes. Ce duel n'est intéressant que si l'on connaît le caractère des deux hommes, d'où ils viennent et jusqu'où ils veulent aller.

Il faut aussi se souvenir qu'ils doivent l'un et l'autre leur acceptation à la Cour grâce à l'intervention de Leonora et de Concini, bien qu'ils n'aient pas été recommandés à ceux-ci par les mêmes personnages.

Leur différence d'âge est à noter. En 1610, par exemple, à la mort d'Henri IV : Concini, trente-cinq ans ; Luynes, trente-trois ans ; Richelieu, vingt-cinq ans. A ce moment-là il est encore un long jeune homme maigre et nerveux et non l'imposant prélat, majestueux dans ses robes écarlates dont l'image nous vient à l'esprit à l'énoncé de son nom. En y ajoutant l'ambition dévorante, on trouvera chez les ascendants du futur cardinal la plupart des éléments dont sa personnalité présentera l'amalgame.

Il manque pourtant l'essentiel. Citons ici M. Philippe Erlanger : « ... Il manque quelque chose d'étrange et d'inquiétant que nous ne décelons pas aux générations antérieures à la sienne. Nous voulons dire cette démesure, cette bizarrerie de l'esprit qui devait dégénérer en folie chez le

1. La Varende, *Anne d'Autriche*.

frère, la sœur et la nièce du cardinal et qui, non sans être accompagnée de certaines "extravagances", lui apporta le génie. »

De quels ascendants est issu ce fameux cardinal ?

Par une conjoncture exceptionnelle, ses proches représentaient trois catégories sociales différentes : la vieille féodalité, la petite noblesse et la bourgeoisie.

Armand du Plessis héritera des qualités et défauts des uns et des autres, à des degrés divers.

De son aïeule il aura la superbe, la cruauté, l'esprit batailleur des anciens dynastes régionaux, de son père les impatiences bouillonnantes des hobereaux cupides et aventureux, de sa mère l'application et la science financière.

La famille de Rochechouart est l'une des plus anciennes du nobilaire féodal[1]. On est donc étonné, en Poitou, d'apprendre le mariage de Françoise, fille de messire Antoine, sénéchal de Toulouse et gentilhomme de la chambre de François 1er, avec Louis du Plessis « écuyer, seigneur de Richelieu et autres » ainsi que le mentionne le contrat.

Le mariage est célébré en 1542, au château de Verteuil où Anne de Polignac, comtesse de La Rochefoucauld[2], riche cousine de Françoise, mène grand train. Les nobliaux de province parlent de mésalliance, encore que les du Plessis (dont le nom est mentionné pour la première fois sous Philippe-Auguste) eussent parmi leurs ancêtres des Clérembault et des Le Roy, pourvus à la Cour de charges importantes.

L'union dure neuf années au cours desquelles naissent trois garçons et deux filles. Louis meurt jeune, en 1551. Le veuvage aggrave le caractère dur et acariâtre de l'impérieuse Françoise. Le fils aîné, prénommé Louis (comme son père) est lieutenant de la compagnie d'ordonnance du duc de Montpensier. Il revient auprès de sa mère, en congé. Non loin du château familial se dressent les tours de Mausson, dont les seigneurs (voisins et parents) sont les rivaux des Richelieu. Pour une question de préséance dans l'église de Braye, Louis se dispute avec le sire de Mausson. Ce dernier lui tend une embuscade et le tue. Le frère cadet du défunt, François, est alors page à la cour du roi Charles IX. Sa mère, muée en Némésis, le rappelle près d'elle et l'incite à la vengeance.

François grandit. Son voisin commence à le craindre. Il ne sort plus de chez lui que par un souterrain débouchant sur un gué qui mène à la route de Champigny. C'est là que l'attend le vengeur. A peine Mausson a-t-il poussé son cheval dans l'eau peu profonde, que son adversaire lance une roue de charrette dans les pieds de la monture qui se cabre et

1. Mme de Montespan le rappellera, un jour, à Louis XIV.

2. Dont le fils deviendra l'amant (présumé) de la duchesse de Chevreuse, veuve, remariée, de Charles duc de Luynes. Il s'agit du fameux La Rochefoucald des « *MAXIMES* ».

s'abat sur son cavalier. Le jeune Richelieu fonce sur lui et selon la loi du talion, le fait passer de vie à trépas... *Par pari refertur*[1] !

François a fait son devoir. Le frère a vengé le frère. L'honneur est sauf !

Pourtant cette affaire ressemble un peu trop à un assassinat. François, condamné à être rompu vif, le sera seulement en effigie car il s'empresse de prendre congé de cette mère vindicative, et se hâte de quitter la France. A travers les Allemagnes, sa fuite l'amène jusqu'en Pologne où le futur Henri III[2] (vingt-deux ans) entraîne de nombreux compatriotes.

François de Richelieu[3] (vingt-six ans) se distingue dans la suite de ce prince raffiné dont il devient l'intime. A la mort de Charles IX, il accompagne le nouveau roi de France dans sa fuite aventureuse et, après s'être attardé à Venise, rentre à Paris à ses côtés. Il jouit de la faveur royale et d'une appréciable protection, celle du président du Parlement, Barnabé Brisson[4], grâce à qui il obtient « l'abolition » de son crime.

François s'était marié tôt, peu avant sa vingtième année, vers 1566. Quel contraste entre cette alliance et celle de ses parents ! La fière Rochechouart avait à présent pour bru la fille d'un bourgeois, François de La Porte, avocat au Parlement, propriétaire depuis peu de la terre de la Meilleraye. La Porte était riche, les Richelieu à moitié ruinés, c'est ce qui décida la douairière à une dérogation. Suzanne de La Porte avait seize ans au moment de son mariage. Elle montra la modestie d'une bourgeoise entrée presque par erreur dans une famille pleine de morgue et d'ambition.

François et Suzanne de Richelieu n'ont d'enfants que longtemps après leur union, peut-être à cause des pérégrinations du père. Leurs trois fils et leurs deux filles naissent entre 1578 et 1585.

Mais dès 1576, la fortune de François est en plein essor. Il est solidement établi dans les bonnes grâces du roi. Ce héros de vendetta évolue très à son aise au milieu des mignons d'Henri III parmi lesquels il se fait des amis : le baron d'Arques entre autres qui va devenir le duc de Joyeuse, et un nouveau venu à la Cour : Jean-Louis de Nogaret de la Valette, futur duc d'Epernon[5].

François de Richelieu est dépeint comme un catholique convaincu, ami de ceux qu'il côtoie, d'intelligence vive et claire, possédant l'art du courtisan[6]. Ces qualités lui valent d'être nommé prévôt de l'Hôtel, puis

1. On rend la pareille.
2. Henri de Valois (1551-1589), roi de Pologne en 1573, roi de France en 1574.
3. Père du cardinal (1547-1590).
4. Détail curieux : le président Brisson acheta le château de Mausson et le vendit à Richelieu en échange d'une terre en Picardie. Les du Plessis ajoutèrent dès lors à leurs titres celui de leur ennemi. La vendetta s'achevait par une victoire complète.
5. Epernon, en 1619, à Angoulême, pourra dire au futur cardinal de Richelieu et à son frère : « J'ai bien connu votre père à la cour du dernier des Valois... »
6. Un art qu'il transmettra à deux de ses fils : Henri, l'aîné, et Armand, futur cardinal.

Grand Prévôt de France. Coûteux honneur ! Les charges étant vénales, celle-ci vaut alors la somme considérable de 36 000 livres. François n'en possède que le quart. Arques et le président Brisson lui prêtent le complément. Est-ce pour lui apporter une aide financière qu'Henri III le récompense en lui donnant en 1584 les bénéfices (! ?) *de l'évêché de Luçon* ? (nous en reparlerons).

Cependant l'homicide que sa mère lui a fait commettre dans sa jeunesse pèse sur sa conscience et lui gâche quelque peu l'existence. Les années passent et son humeur s'attriste. Il recherche la solitude au point qu'on le surnomme « Tristan l'Hermite ».

Cela ne l'empêche pas de rester à la disposition du roi, qui lui confie nombre de missions difficiles.

Il existe divers reçus de sommes remises à « Tristan l'Hermite », pour des affaires « dont le roi veut qu'il ne soit fait mention. » L'une d'elle dut être particulièrement importante, car Henri III récompense alors son Grand Prévôt avec magnificence. Le 1er janvier 1585, il le fait chevalier de l'ordre du Saint-Esprit « par sa volonté absolue », à la suite d'un « service » qui ne fut pas révélé [1].

Que François de Richelieu ait été un agent secret ne manque pas de piquant, si l'on pense à la formidable organisation policière mise en place pendant le ministère de son fils, et grâce à laquelle celui-ci déjoua tant de complots.

En cette période singulièrement critique pour le royaume, au milieu des trahisons de la Cour et des défaillances de toute sorte, l'honneur du Grand Prévôt est à remarquer : il demeure fidèle et dévoué à Henri III. C'est lui qui favorise l'évasion du roi, cerné dans Paris par les ligueurs au cours de la fameuse Journée des Barricades (13 mai 1588). En décembre, il est auprès d'Henri III, isolé à Blois. Assiste-t-il de près ou de loin à l'assassinat du duc et du cardinal de Guise ? Il se trouve « dans les murs [2]. Au printemps de 1589, il est aux côtés du roi qui tente vainement d'empêcher Poitiers de passer à la rébellion. Il assiste à la réconciliation mémorable d'Henri III et d'Henri de Navarre. Il est à Saint-Cloud quand le couteau de Jacques Clément frappe le dernier roi Valois.

L'événement place les amis catholiques du souverain défunt devant un cas de conscience : doit-on servir ce Béarnais, cet hérétique [3] ?

Tandis que le duc d'Epernon et tant d'autres font défection au nouveau roi de France (auquel ils ont pourtant juré fidélité en présence d'Henri III), François de Richelieu joue la bonne carte en se ralliant franchement à Henri IV. On le voit combattre auprès de lui à Ivry, Vendôme, Falaise,

1. Philippe Erlanger.
2. En même temps qu'Héroard. (Voir chapitre « Les Silences d'Héroard ».)
3. Les prédicateurs de la Ligue avaient surnommé le Bourbon « Le chien roux de l'Apocalypse ».

devant Paris assiégé par l'Espagnol [1], ami des ligueurs. Vainqueur, le roi lui conserve sa charge de Grand Prévôt et le nomme capitaine des gardes.

François s'épanouit. Son autorité croît. Henri IV l'apprécie. Son épouse, Suzanne, lui a donné cinq enfants. L'avenir promet d'être beau. Une fièvre pernicieuse emporte brusquement ce précieux officier, le 10 juin 1590. Il a quarante-trois ans ! Il meurt alors que la fortune de son roi est au plus bas. Bien que sincèrement affligé, Henri IV, désargenté et couvert de dettes ne peut venir en aide à la veuve de François de Richelieu. Suzanne doit engager le collier du Saint-Esprit pour payer les obsèques !

Le troisième fils de François et Suzanne du Plessis de Richelieu voit le jour le 9 septembre 1585 : au château familial dans le Poitou ou bien rue du Bouloy, à Paris ? (La controverse n'est pas épuisée). Dans une lettre datée de 1633, l'intéressé se qualifie de « Parisien ».)

Le baptême a lieu — c'est certain — le 5 mai suivant [2] en l'église Saint-Eustache. Françoise de La Rochefoucauld, sa grand-mère, est marraine, les maréchaux d'Aumont et de Gontaut-Biron, les parrains. « On ne fit aucune fête. Le péril qu'avaient couru l'enfant et la mère portant plutôt au deuil qu'à la joie [3]. » (L'accouchement avait été laborieux et l'enfant — assez chétif à la naissance — devait demeurer fragile.)

Des années de bas âge d'Armand Jean du Plessis on ne sait pas grand-chose. Il a moins de cinq ans et une santé fort délicate au moment de la mort de son père. Sa mère, privée de ressources, doit quitter Paris avec sa progéniture [4]. Suzanne gagne le Poitou et s'installe tant bien que mal au château de Richelieu où règne son orgueilleuse belle-mère, Françoise de Rochechouart.

Le patrimoine familial comprend d'assez nombreux domaines, dont les châteaux de Richelieu, de la Vervolière, de Mausson (on sait comment) et de Châteauneuf, les terres de Chillou, de Beçay et du petit Puy, la maison et le prieuré de Coussay-les-Bois. Et puis (nous en reparlerons), l'évêché de Luçon... aux maigres rentes. Les revenus sont minces, les charges écrasantes, la guerre civile alors au paroxysme de sa fureur détruit périodiquement les villages et ravage les récoltes. Des hypothèques grèvent le tout, y compris le douaire de la terrible aïeule Rochechouart à qui appartient l'essentiel du produit de ces biens précaires.

Françoise et sa bru discutent et se chamaillent pour de sordides questions d'intérêts. Heureusement, Suzanne a hérité du sens pratique de son père, l'avocat La Porte. Aidée par les conseils du premier clerc de l'étude paternelle, elle este, sollicite, paye, transige, récupère et, à force de sagesse et d'acharnement, restaure l'édifice délabré du patrimoine

1. Philippe II avait voulu mettre sa fille, l'infante Isabelle-Claire-Eugénie, sur le trône de France, celle-ci étant la fille d'Elisabeth de Valois, sœur d'Henri III.

2. On ondoyait les enfants à leur naissance : le baptême avait lieu bien plus tard.

3. Abbé Michel de Pure. (Vita, Eminentissimi. Cardinales.).

4. Henri est né en 1580, Nicole en 1582, son autre sœur en 1583, Alphonse en 1584 et Armand Jean en 1585.

familial. Cette veuve admirable réussit cette performance alors que tout le clan vit dans la terreur à l'abri des murs moyenâgeux du château de Richelieu.

Tout le Poitou est sillonné de bandes hétéroclites en quête de rapines ; reîtres allemands, estafiers transalpins, aventuriers espagnols ou helvètes, et les plus sanguinaires d'entre eux, les Albanais et les Stratiotes, ces redoutables soldats grecs de Venise [1]. A la moindre alerte, on sonne la cloche, on relève le pont-levis, on implore le ciel.

De sa sixième à sa dixième année Armand du Plessis vit dans cette atmosphère dramatique, à demi reclus à l'abri des tours féodales. Il se promène dans le grand parc lorsqu'on s'est assuré que des brigands ne rôdent pas alentour. Mais le petit garçon sort peu. Sa santé précaire l'oblige souvent à s'aliter. Sa mère le soigne avec un incessant dévouement. Le futur cardinal restera très marqué par sa prime enfance. L'insécurité constante de ces temps dangereux va galvaniser son esprit.

On méprisait volontiers l'instruction chez les gentilshommes et celle de François de Richelieu avait été rudimentaire. Imbue d'une autre tradition, sa veuve n'entend pas donner à ses fils un enseignement réduit à la religion et aux exercices physiques. De bonne heure, elle confie Armand à un maître, probablement Charles Cerveau qui sera, plus tard, prieur de Saint-Florent de Saumur [2]. On ne sait trop quel profit le garçon tire de ces leçons, probablement insuffisantes aux yeux de Suzanne, mère attentive.

Nous sommes en 1594. Henri IV s'est converti l'an passé. Il a fait racheter par Sully la plupart des grandes villes aux seigneurs rebelles [3]. Le roi est dans Paris. Les combats durent encore dans les provinces mais leur vigueur s'atténue et les hordes de brigands s'éloignent. La vie normale reprend ses droits.

Suzanne de Richelieu a un frère, Amador de La Porte, commandeur de l'ordre de Malte. (La solidarité familiale n'est pas encore un vain mot.) Cet homme de mérite offre de se charger du jeune Armand, vient le chercher, le mène jusqu'à Paris et le fait entrer au Collège de Navarre où avait été élevé le roi en personne. Il n'est pas impossible que le Béarnais soit intervenu pour recommander lui-même le fils de son ancien compagnon d'armes au recteur du collège, M. Lyon.

Il est amusant de noter que Charles (de Luynes) et Armand (de Richelieu) arrivent à Paris presque en même temps : le premier en 1591, l'autre en 1594. Luynes a alors dix-sept ans. Richelieu, neuf. Dans leurs rapports futurs, ces huit années d'écart auront leur importance ainsi que la différence de leur éducation.

1. Michelet.
2. Hardy Guillot exerça la même charge, nous apprend Philippe Erlanger.
3. Avec l'or fourni par Ferdinand de Médicis. (Voir chapitre « Leonora ».)

L'oncle Amador connaît son monde et les usages. Armand du Plessis fait son entrée à l'illustre université escorté de son précepteur (l'abbé Mulot), de son valet de chambre (Desbournais) et de son laquais (Le Masle). Comme il sied à un garçon de son âge et de son rang, il porte pourpoint et chausses de velours, petites bottes molles, dentelles au cou et plume au chapeau [1].

Voilà pour le côté plaisant. Quant à la vie quotidienne au Collège de Navarre, ce n'est pas une sinécure : l'étudiant se lève à quatre heures du matin, travaille jusqu'à huit heures du soir sans répit, ou presque : deux récréations et une messe ! Dimanches et jours de fête se passent en dévotions. Les salles d'études sont sillonnées de courants d'air. Peu de chauffage, peu de nourriture et encore, mauvaise. Souvent il faut se contenter d'un demi-hareng, d'un œuf, d'un plat de légumes sans viande, d'une noix de beurre et d'un morceau de fromage [2]. Maigre pitance pour des enfants et des adolescents auxquels on inflige de surcroît les horreurs d'une discipline barbare dont parle Montaigne : « Vous n'y oyez que des cris d'enfants suppliciés et de maîtres enivrés en leur colère, les guidant d'une trogne effroyable, les mains armées de fouets [3]. » Le froid, la faim, la trique et « l'étude », sans arrêt !

Car Armand du Plessis est passionné par ses études et ce régime cruel ne l'en détache pas un instant. Cette rigueur qu'il supporte avec énergie laissera sa marque sur le futur Eminentissime. Sa santé fragile pourrait avoir raison de sa volonté. Il n'en est rien. Au contraire : on dirait que ces dures méthodes le stimulent. Il a une telle soif d'apprendre : apprendre, apprendre encore, et retenir... afin de briller dans le monde. Son intelligence est d'une vivacité extrême. Il assimile tout sans effort apparent, avec une rapidité fébrile. Sa mémoire est prodigieuse. Ses condisciples le jalousent. Il en éprouve du contentement. Le jeune Armand fait montre d'originalité, d'un courage étonnant, d'un esprit rebelle et aussi d'un surprenant appétit... de louanges. Les châtiments et les menaces ne le font pas céder. En revanche, on le manœuvre sans peine si l'on use adroitement de promesses et de compliments... Un brin de vanité se supporte assez bien chez les jeunes gens de la noblesse. (Adulte, Armand du Plessis ne s'en débarrassera jamais tout à fait : faiblesse des grands hommes ?)

Avide de « savoir », consciencieux et acharné, le garçon « avale comme d'un trait toute la grammaire [4] », étudie pendant deux années la philosophie, dévore Aristote, se penche sur la physique et la métaphysique, apprend le latin et quelques notions de grec. Il se passionne pour la science d'Euclide et l'art de disputer en public « contre tout-venant ».

1. Les enfants de la noblesse étaient vêtus comme les adultes. Les petites filles en âge de marcher portaient les mêmes vertugadins que leurs mère et grand-mères. (Voir les portraits de l'époque.)
2. Philippe Erlanger.
3. Michel Eyquem de Montaigne (1553-1592), Essais, publiés en 1580.
4. Philippe Erlanger.

Ce qui le prépare à devenir un dialecticien redoutable. Ses capacités hors pair lui permettent d'en finir assez vite avec ses études.

Malgré de fréquentes indispositions organiques, de pénibles migraines, des troubles nerveux de nature épileptique qui, chez lui, succèdent à des périodes d'exaltation, son tempérament combatif, audacieux, voire emporté, dispose le garçon à la carrière des armes à laquelle il est voué depuis sa naissance.

Dans les familles nobles d'alors, l'avenir des enfants est plus ou moins établi dès leur naissance. Pour les filles, on cherchera de beaux partis : ce sont les parents qui décident. L'aîné des mâles héritera du patrimoine, assurant ainsi la pérennité de la race et du nom, charge à lui de gérer ses domaines et de faire fructifier sa fortune en contractant un riche mariage. S'il y a un second fils il est souhaitable de le voir entrer dans les ordres. S'il existe un puîné, il aura le destin des cadets pauvres : il s'attachera au service de quelque prince... Ce sont là des lois de civilité en usage depuis si longtemps que nul ne songerait à les transgresser. Les inclinations sentimentales ne comptent pas plus que les préférences ou les capacités des intéressés. Ils doivent obéir aux conventions, aux décisions du père, ou, à défaut, de la mère, des oncles, de la famille...

Les trois fils de François et Suzanne de Richelieu auront donc, chacun, leur avenir tracé.

Henri, le premier né, brille déjà à la Cour. Henri IV, en mémoire de son père, lui a accordé une pension. Elégant, raffiné, c'est l'un des arbitres de la mode. Il aime assez, à l'occasion, se mêler à de subtiles intrigues. Vif, affable et rusé, il fréquente avec bonheur les salons du Louvre et, courtisan, montre beaucoup de dévouement à la reine : Marie de Médicis. Celle-ci admet sa présence dans la relative intimité de ses cabinets, une sorte de petite Florence, où les favoris italiens tissent leurs toiles... Leonora et Concini sourient à cet avenant jeune homme. Dans le fond du Poitou, Suzanne de Richelieu ne s'inquiète pas de l'avenir de son aîné. Celui-là marchera sur les traces de l'époux défunt et, en attendant son héritage, vivra selon son rang, dans le sillage de Leurs Majestés.

Au second fils, Alphonse — que depuis l'âge de douze ans on appelle « l'évêque » — reviendra, cela va de soi, l'évêché de Luçon auquel Henri IV s'est gardé jusqu'à présent de donner un titulaire. (Le Béarnais se montre vraiment paternel envers les fils du Grand Prévôt défunt.)

Quant à Armand, le troisième fils, il deviendra, comme le veut la coutume, un gentilhomme de guerre...

Tout est bien ainsi. Henri sera courtisan, Alphonse ecclésiastique et Armand, militaire.

C'est ainsi que dès sa sortie du Collège de Navarre, on remet à ce dernier une très belle épée tout en lui conférant la qualité de marquis de Chillou [1] afin qu'il entre le front haut, porteur d'un joli titre de noblesse, à l'Académie royale pour y recevoir la formation nécessaire aux jeunes

1. Titre correspondant à l'une des terres familiales.

chefs qui seront ensuite mis au service du roi. Dans cette école princière [1] on apprend, entre autres, le sens de l'honneur, la vaillance, l'art de vivre, l'élégance... L'équitation et l'escrime représentent les deux piliers de cette éducation. La façon de se conduire à la Cour en fait aussi partie...

M. de Pluvinel, premier écuyer du roi, dirige de sa haute compétence cette institution renommée. En dehors des chevaux (qu'il tire d'ailleurs des écuries royales), ce remarquable éducateur procure à ses élèves des maîtres d'armes, de table, de tenue, de musique, de mathématiques. De plus, il exerce son autorité sur la gestuelle, le langage, la promptitude de l'esprit et celle du corps. M. de Pluvinel sait exactement ce que doit dire et faire l'homme de qualité (et inversement). Il connaît aussi le « bon ton » vestimentaire, les dimensions du chapeau, des plumes, du manteau, de la collerette empesée, des manchettes de dentelles...

C'est là, à n'en pas douter, que... le marquis de Chillou acquiert cet air martial, ce caractère hardi, ces gestes nobles qui le feront remarquer, bientôt, sous un autre nom. Il gardera sa vie entière l'empreinte de son passage à l'Académie. A dix-sept ans, bouillant, passionné, très soucieux de ses élégances, il promène fièrement son long corps trop mince, son profil aigu et ses regards enflammés. Il affiche une grande sûreté de soi et ne doute pas un instant de sa réussite sociale. Il lui reste à se trouver un « protecteur » puissant qui lui permettra de commencer la brillante carrière belliqueuse et rapide qu'il se promet.

Mais les Parques en avaient décidé tout autrement.

On se souvient qu'en récompense de ses services, François de Richelieu avait reçu d'Henri III, en 1584, la disposition de l'évêché de Luçon. Pauvre évêché d'ailleurs, le plus pauvre de France disait-on ; cependant, un siège épiscopal valait toujours quelque chose... Le père du futur cardinal en perçut le maigre revenu, dont Suzanne, sa veuve, hérita. Des préposés tenaient lieu d'évêques et portaient la mitre au nom des Richelieu qui, pendant près de cinquante ans, disposèrent dudit évêché comme d'un bien foncier. Le chapitre de Luçon s'en indignait ; il eût préféré n'avoir point d'évêque, car il se voyait astreint à l'impôt sans percevoir de revenus dont il avait, pourtant, grand besoin [2]. Aussi essaya-t-il d'en appeler à la justice. Suzanne de Richelieu prit peur. Elle s'activa pour défendre son droit, sa propriété. Ayant admis des accommodements, elle finit par promettre que son fils Alphonse terminerait ses études au plus vite afin de devenir évêque.

Dès 1596, alors qu'il n'avait pas douze ans, on confia ce haut poste à Alphonse. Mais on avait compté sans les étrangetés de sa nature... Morose, tourmenté instable, il sombrait parfois dans de graves dépressions

1. Sise rue Saint-Honoré, près de la rue du Dauphin (au XVIIe siècle).
2. Ces précisions sont fournies par M.C. Burckhardt dans son ouvrage sur Richelieu.

nerveuses dont on avait peine à le tirer. Parfois il se croyait... Dieu le père[1] !

Le jour de l'investiture il refusa de se laisser imposer la mitre avant de s'enfuir vers des lieux de silence « d'où plus jamais parole ne pourrait lui être arrachée[2]. » Il se fit chartreux !

Tous les plans de Suzanne de Richelieu se trouvent ainsi renversés. Elle se désespère. Ce « coup de tête » bouleverse l'équilibre financier rétabli par ses soins au prix de tant de peines... Va-t-elle perdre l'évêché... familial ? Oui, sans doute... A moins que... son troisième fils qui se destine au métier des armes ne se détourne de cette voie où l'engage pourtant son esprit fougueux en dépit de sa constitution fragile. Faut-il le détourner de cette vie active ?

On délibère en conseil de famille. On hésite. Entre les divergences, c'est l'intéressé lui-même qui tranche et décide : il accepte.

Armand aime sa mère. De plus, il a l'esprit de clan. Renoncer à une vie d'aventure lui coûte, certes, mais il se résigne et résolument se jette dans l'étude de la théologie. Il y plonge et s'acharne avec une sorte de fureur impatiente. Il veut briller parmi les hommes d'Eglise comme il aurait brillé — il en est certain — parmi les hommes d'épée. (Cette envie de dominer qui l'habite ne le quittera jamais.) Et puis le temps presse. Bien des échelons doivent être franchis avant qu'il soit pourvu de cet évêché dont la vacance exaspère les chanoines. Ceux-ci intentent un procès. Suzanne de Richelieu ne peut payer la restauration de la cathédrale... Elle se ronge pendant que son fils s'enlise dans les subtilités théologiques.

Très vite, Armand rejette les méthodes d'instruction traditionnelles. Elles lui semblent inutilement compliquées. Le christianisme que préconise l'Eglise lui paraît... archaïque. Epaulé par un docteur de Louvain, Cospeau, et un Anglais, Richard Smith, expert en controverse (...), il détermine son plan de travail et l'applique, huit heures chaque jour, avec une ardeur telle que sa santé en pâtit sérieusement. Ce jeune homme de dix-sept ans surmonte ses défaillances physiques avec un stoïcisme dont il est tout imprégné[3]. Le *Manuel* d'Epictète n'est-il pas un de ses livres de chevet ? Il apprécie les récents ouvrages de Guillaume du Vair[4] : *De la philosophie morale des stoïques* (1585) l'incite à beaucoup réfléchir. L'esprit du futur cardinal en restera marqué. « Tout le stoïcisme pèche par orgueil. Il lui manque l'humilité[5]. »

Richelieu se montrera souvent sous les traits de ce stoïcien trop imbu de soi-même. Pour le moment, il étudie encore, apprend, retient ce qui

1. C. Burckhardt.

2. Richelieu, *Mémoires*.

3. Montaigne et Pascal font allusion à cette forme de néo-stoïcisme ; les héros de Corneille en seront pénétrés.

4. Guillaume du Vair, humaniste, publie en 1593 son *Discours pour le maintien de la loi salique*, qui pouvait plaire à Henri IV à cause des prétentions de Philippe II d'Espagne. Il remplacera en 1616 le garde des Sceaux, le chancelier de Sillery.

5. Jacques Chevalier.

lui semble bon, écarte ce qui lui paraît superflu et s'exerce de plus en plus à la controverse avec Smith et Cospeau. Il se veut habile à ce jeu subtil qui, de plus, a l'avantage de stimuler la mémoire et l'intelligence. Ses professeurs de dialectique et d'apologétique (également partisans d'une philosophie « moderne ») poussent leur brillant élève à rechercher l'occasion d'argumenter en Sorbonne. La demande déposée est rejetée... parce que « cela ne s'est jamais fait [1] » ! Or, c'est précisément cette innovation qui attirait l'apprenti prélat. Froissé mais non abattu, le jeune homme s'obstine, résolu à montrer ses nouveaux talents. Les recteurs du Collège de Navarre lui ouvrent leurs portes. Mais... la joute oratoire ne sera soumise qu'à l'arbitrage d'un seul auditeur : un certain Itain, pas même bachelier !

En 1606, les chanoines de Luçon gagnent leur procès. L'évêque — toujours pas désigné — est condamné à payer les réparations de la cathédrale et du palais épiscopal. Depuis deux ans les actes diocésains sont signés N... (?) de Richelieu, comme si l'on hésitait encore entre Alphonse et Armand. On frise le scandale. Une décision s'impose. En Poitou, Suzanne de Richelieu s'angoisse. Armand se résout à aller trouver son frère aîné, au Louvre. Henri, sans hésiter, s'arrange pour introduire son cadet si doué auprès du roi.

Muni d'une lettre implorante de sa mère, Armand expose le cas, plaide avec conviction au nom de sa famille et finalement obtient gain de cause. Henri IV qui a jaugé ce jeune homme, devine sa valeur et accepte de conférer la dignité épiscopale à un garçon auquel il manque un lustre pour atteindre l'âge canonique [2]. Reste à obtenir la dispense du souverain pontife [3]. Henri IV lui adresse une lettre pressante et charge son ambassadeur à Rome, Halincourt, de mener à bien, et au plus vite, cette affaire. Pour agir de la sorte il est certain que le Béarnais gardait le meilleur souvenir de son Grand Prévôt défunt, François de Richelieu.

Il est intéressant de noter que dans vingt ans le cardinal de Richelieu gouvernera la France, succédant ainsi en quelque sorte, à celui qui, en 1606, fait son éloge auprès du pape. Il est aussi amusant de constater qu'Henri IV parraine Luynes (1592), supporte Concini (1601), et soutient Richelieu (1606).

A la cité papale on n'a aucune raison de donner un degré d'urgence à cette demande. Armand du Plessis, lui, est pressé. Avec une promptitude sidérante, il acquiert son premier brevet d'études et obtient les dispenses nécessaires à son nouvel état d'abbé. De la chancellerie pontificale on ne reçoit pas de nouvelles. Ce que voyant, le jeune prêtre n'hésite pas. Il

1. Plus tard Richelieu fera détruire les bâtiments de la Sorbonne qui dataient de Saint-Louis : urbanisme ou rancune ?
2. Il a bien nommé l'un de ses bâtards évêque de Metz... à six ans !
3. Camillo Borghèse (1552-1621), pape Sous le nom de Paul V en 1605.

monte à cheval, part pour Rome, résolu à défendre sa cause en personne... et à vaincre.

Per fas et nefas[1] *!*

Dans la vie d'un jeune homme, la découverte de Rome est toujours un événement (à quelque époque que ce soit).

Armand du Plessis est un observateur au regard aigu. Il est frappé par le luxe qui s'étale de façon presque provocante, purifié grâce aux saintes occupations de ceux qui en jouissent... Puisé dans les cassettes des rois, l'or coule à profusion dans la Ville éternelle où l'édification des lieux de prière se multiplie. les pèlerins affluent. Les gens d'Eglise envahissent la cité, cherchent à s'y installer au service d'un cardinal ou à l'abri d'une congrégation.

Rome est alors un immense chantier où l'on construit aussi de fabuleux palais dans lesquels règnent des courtisanes qui collectionnent les amants et les joyaux sans prix. Sur la rive droite du Tibre, en haut de la colline vaticane, la fastueuse basilique Saint-Pierre est en voie d'achèvement[2].

Cependant, dans les splendides crépuscules aux reflets de safran, la misère côtoie l'opulence, le dénuement sordide, la pléthore mirifique. Les mendiants, les infirmes et les larrons prolifèrent et font injure, dans leurs haillons, aux cortèges des princes de l'Eglise dont les gardes aux costumes chamarrés et en armes les escortent avec un mépris brutal, parfois sanglant. Rome est alors la capitale du faste agressif et de la pauvreté lamentable, de l'ascétisme et de la débauche. Tandis que les plus démunis se meurent de faim, la noblesse y festoie, y intrigue, y viole, y emprisonne et y tue sans vergogne. Sept ans à peine se sont écoulés depuis la tragédie des Cenci[3] qui n'a pas inspiré à une tumultueuse aristocratie le désir de modérer ses passions[4].

Armand du Plessis est dans la place. Pendant les six mois de son séjour, il va tirer profit de ce qu'il voit, entend et devine : précieuses leçons.

Il s'est rangé sous la protection du cardinal de Joyeuse[5], du cardinal de Givry et du « cardinal-neveu » (du pape), lequel tient la fonction de premier ministre de Paul V (Borghèse). Ces importants personnages apprécient les qualités indéniables du nouveau venu et l'introduisent petit à petit dans les cénacles où s'élaborent les intrigues politique à l'échelle européenne. Simultanément il découvre les tortueux méandres de la diplomatie pontificale, s'en instruit et s'en souviendra. Il y a plus encore, et qui marquera à jamais son comportement : « La tenue de la Cour romaine où les longues ambitions se couvrent si longtemps du manteau

1. « Par le juste et l'injuste, par toutes les voies, tous les moyens possibles. »
2. Carlo Maderna ne terminera en fait la façade et la nef qu'en 1617.
3. Béatrice Cenci (1577-1599) ayant fait assassiner son père, fut exécutée.
4. Philippe Erlanger.
5. Frère de l'archimignon d'Henri III, très lié avec son père : François de Richelieu.

de l'humilité et du désintéressement le frappa. Il s'appliqua dès lors à contenir ce que sa nature avait de naturellement impétueux et soumit son attitude extérieure à la discipline de ses ambitions [1]. » On ne peut mieux dire.

En d'autres termes, il apprend, à Rome, l'art de s'astreindre à une dissimulation profonde. Mais le temps file et la dispense pontificale n'est toujours pas signée.

Aussi l'abbé de Richelieu, impatient, cherche-t-il avidement l'occasion de se signaler. Son sens de l'opportunité et sa formidable mémoire vont l'y aider. Un prédicateur ayant prononcé en public un fort beau sermon, Armand le reprend mot pour mot à la sortie de l'église devant l'assistance médusée. Le pape, instruit de l'exploit, fait demander à son auteur de le renouveler devant lui. Richelieu s'exécute de façon impeccable et, profitant de l'occasion qu'il a de briller devant Paul V, improvise sur le même sujet un sermon de son cru qu'il compose à l'instant, « avec une telle abondance d'idées et de citations, avec une telle splendeur de l'âme, un tel choix des sentiments et des paroles que l'on criait au miracle [2]. » On criait d'autant plus fort que, manifestement, le Saint-Père avait cédé au charme, au magnétisme du jeune prodige de vingt-deux ans !

Celui-ci, profitant du succès de sa performance, obtient d'autres audiences du souverain pontife. Paul V (cinquante-quatre ans), austère jurisconsulte, est un homme fort méfiant (aussi méfiant que le sera Louis XIII). Richelieu s'exprimant devant lui se donne ainsi la possibilité d'éprouver sa méthode pour conquérir les princes les moins disposés à ouvrir leur cœur et à livrer leur pensée. Un observateur d'origine espagnole notera à son sujet : « ... Il était conscient de tout ce qu'il disait et faisait. Si on l'interrogeait, il savait, par des questions embarrassantes, prévenir les questions suivantes... [3]. » Il est évident que le pape est séduit par ce jeune phénomène qui s'explique, expose et disserte avec une facilité déconcertante et une grande originalité d'expression. En outre, la précoce sûreté de jugement dont fait preuve Richelieu incite Paul V à s'entretenir avec lui de plusieurs sujets délicats, principalement de Henri IV.

Le souverain pontife se renseigne. Le roi de France, d'origine huguenote, ne compte-t-il pas se placer à la tête d'une croisade protestante ? Les désordres « sentimentaux » dont le Béarnais a fait montre ne risquent-ils pas de se reproduire ? Le Vert Galant est-il vraiment devenu le fils aîné de l'Eglise ?

En réalité, Paul V cherche à savoir s'il peut, sans se fourvoyer, « jouer » le Roi Très Chrétien contre le Roi Catholique. (Le pape cherche

1. Gabriel Hanotaux, *Histoire du cardinal de Richelieu.*

2. Abbé Michel de Pure (panégyriste) !

3. Michel de Pure. Traduit de l'espagnol : *Vita. Eminentissimi. Cardinales. Arm. Joan. Plessei. Richellii.* L'espagnol était alors la langue universelle depuis l'avènement de Charles Quint. Au XVIIIe siècle et jusqu'au milieu du XXe siècle, la langue française la remplacera dans les ambassades et les chancelleries. Présentement (1990), la langue anglo-saxonne est devenue la langue diplomatique internationale.

le moyen de modérer la tyrannie espagnole.) Richelieu défend son souverain de façon à répondre aux vœux du Saint-Père. Celui-ci marque sa satisfaction par un bon mot : *Henricus Magnus Armandus Armando* (« Henri le Grand armé par Armand[1]. ») Tout cela est bel et bien, mais nous sommes au début de l'année 1607... et... *quid* de la dispense[2] ?

Au consistoire du 17 septembre 1606, le cardinal de Givry propose la nomination. Le 9 décembre, le pape accorde la dispense, « non pas [*dit-il dans son bref*] à cause de la recommandation du roi de France, mais en raison de tes mérites personnels, quoique, ainsi qu'il nous a été affirmé, tu sois encore *dans ta vingt-troisième année.* » Paul V aurait (?) ajouté en commentaire : « Il est juste que l'homme qui montre une sagesse au-dessus de son âge soit ordonné avant l'âge. »

Cela serait hautement édifiant si Armand n'avait entamé sa *vingt-deuxième* et non sa vingt-troisième année...

Il avait — tout simplement — en arrivant à Rome, présenté un acte de baptême falsifié[3] !

Après avoir été dûment sacré des mains du cardinal de Givry, le 17 avril 1607 (jour de Pâques), le jeune Armand s'empresse de demander audience au pape. Ne voulant pas s'exposer à souffrir un jour de sa... supercherie, il vient l'avouer, lui-même, au Saint-Père ! Habileté suprême ! Paul V, qui en a vu d'autres, apprécie... en fin connaisseur. Il accorde son pardon et l'assortit d'une prédiction qui, compte tenu des mœurs du temps, vaut un hommage : ... Questo ragazzo sarà un grande furbo !

Décidément Armand du Plessis de Richelieu ne recule devant rien pour satisfaire son ambition[4]. A l'âge de vingt-deux ans, chercher à duper un pape et le mettre *ensuite* devant un fait accompli... c'est... *énorme* ! Obtenir sur-le-champ l'absolution du Saint-Père pour cette extraordinaire tromperie... c'est... *époustouflant* ! Ce fut, sans doute possible, l'une des plus magistrales tricheries de Richelieu.

Armand quitte Rome. C'est l'évêque de Luçon qui revient à Paris.

Aussitôt il reprend ses études. Certains assistent alors à un spectacle insolite : un évêque, dans sa robe violette, assis sur les bancs de l'école... Pourquoi retourner à l'école ? Par humilité ? Du tout ! Armand veut obtenir ses différents doctorats. Sitôt ses examens passés, l'élève prétend figurer parmi les maîtres et une dispense (encore une) non moins

1. C. Burckhardt.

2. Sur la manière dont Richelieu l'obtient, détracteurs et panégyristes (l'abbé de Pure, Mathieu de Morgues, dom Meurisse, l'abbé Lacroix) s'affrontent. Philippe Erlanger conseille d'emprunter aux uns et aux autres pour établir la vérité.

3. C. Burckhardt est contre cette version, Erlanger pour !

4. Il est un fait historique troublant : Paul V excommunie le Doge et le Sénat de Venise en 1606. L'arbitrage d'Henri IV mit fin au conflit en 1607. Richelieu intervint-il d'une façon ou d'une autre en servant d'intermédiaire entre le pape et le roi de France ? Est-ce pour cela, aussi, qu'il obtint sa mitre épiscopale ?

exorbitante que les autres, lui est accordée. On lui permet de recevoir « l'hospitalité » de MM. de la Sorbonne. On connaît alors l'étendue de son savoir. Ceux qui l'écoutent ou qui l'interrogent s'émerveillent de ses connaissances, de la force, de la précision de ses argumentations. Ils découvrent en même temps sa puissance de travail et son ambition. Le nouvel évêque de Luçon s'était d'ailleurs chargé de renseigner là-dessus les moins clairvoyants. En épigraphe à ses trois thèses de doctorat figurait — sous prétexte d'honorer l'Eglise — une sentence des Ecritures : *Quis erit similis mihi ?*, qui se traduit par : « Qui sera pareil à moi ? [1] »

Le choix délibéré de cette sentence se passe de commentaire.

Le nouveau prélat, désormais, demeure à Paris. Il vit dans un état fébrile permanent. La fureur qu'il apporte à son travail, son activité dévorante, l'inquiétude finissent par exténuer ses forces. Les maux de sa prime jeunesse l'assaillent à nouveau. Il se refuse absolument à considérer cet obstacle. Avant de se montrer implacable envers tant d'autres il l'est envers son propre corps. Jamais il ne permettra à la maladie, à la souffrance de ralentir son élan [2].

L'homme qui dompte chaque jour la douleur physique ne comprendra guère la pitié et pourra facilement devenir inhumain [3].

C'est peut-être à cause de la prodigieuse rigueur dont il usera contre lui-même qu'on ne verra jamais ce personnage, hors normes, céder une seule fois à des faiblesses qui l'auraient rendu moins odieux à ses contemporains.

Pour l'heure, il s'agit de plaire avant de songer à dominer. Il oublie ses atroces migraines, prêche en public et remplit les églises. Le très influent cardinal du Perron le remarque et l'engage à se présenter à la Cour. Il s'y rend, y prêche et recueille des louanges méritées.

Dès 1608, sa réputation de prédicateur est établie. On applaudit surtout en lui l'orateur qui sait évoquer dans le même discours Jupiter et saint Augustin, l'Apocalypse et Hippocrate.

Du Perron [4], décidément séduit, décide de présenter au roi cet étonnant évêque, si jeune et si brillant. Henri IV reconnaît son « protégé », le congratule et parle de lui en disant : « Mon évêque »... Mot de Cour ! Le roi sourit, Armand s'incline et salue. Détail piquant : pendant ce premier séjour au Louvre, auprès des souverain, M. de Luçon ne semble pas se soucier de Marie de Médicis... Il est vrai que son frère Henri de Richelieu défend les intérêts de la famille auprès de la Florentine.

A la Cour, l'évêque a la désagréable impression de perdre son temps. Il préfère laisser à son aîné le soin de faire des révérences. Il estime soudain que, pour son avenir, mieux vaut gouverner un diocèse misérable

1. C. Burckhardt et Philippe Erlanger.

2. Il est évident que si on le compare à Luynes qui s'alite pour un mal de gorge... (à Poitiers, en 1620).

3. Philippe Erlanger.

4. Évêque d'Évreux, cardinal, archevêque de Sens et directeur de conscience d'Henri IV (dont il partageait — secrètement — le scepticisme intime).

que de briller dans les antichambres du Louvre. (Il y croise sans doute le regard d'un bel homme blond de trente ans : Charles d'Albert de Luynes.) L'évêque de Luçon a vingt-trois ans révolus.

Au début du mois de décembre 1608 il emprunte un carrosse à un ami, M. de Moussy et, bien que souffrant d'une violente attaque de fièvre, quitte Paris par un froid glacial afin de gagner au plus vite sa ville épiscopale.

Au cours de son calme séjour à Luçon, il rencontrera quelques grands théologiens. L'abbé de Saint-Cyran et Duvergier de Hauranne. Il lira Jansénius mais n'appréciera pas cette doctrine. En revanche, il se liera d'amitié avec Bérulle (le fondateur de l'Oratoire). Celui-ci possédait déjà la confiance de Marie de Médicis. Est-ce pour cela que l'évêque l'invitera à séjourner dans son diocèse ? C'est Bérulle qui, après la mort d'Henri IV, introduira l'évêque dans le cercle intime des amis de la reine. C'est à cette époque que le père Joseph, alors « provincial des capucins » connaîtra celui dont il deviendra « l'éminence grise ».

Ceux-là, entre autres, aideront l'évêque de Luçon à devenir le cardinal de Richelieu.

LE VERTIGE

Revenons à Concini qui manœuvre à présent plus pour se protéger que pour acquérir des biens. S'il met un frein (momentané) à ses appétits, il entend conserver, défendre tout ce qu'il a obtenu. S'il s'est rapproché du clan des Guise en 1613, il s'est moins préoccupé du prince de Condé. Or, Condé, en juillet 1615, est dans les meilleurs termes avec le Parlement. La régente, qui a tout intérêt à calmer les esprits, cherche à se réconcilier avec Condé, alors en rébellion armée. Concini qui a tout à y perdre s'arrange pour faire échouer le projet (par M. de Pontchartrain interposé). Le Parlement, Condé unis à la régente ? Celle-ci ne serait plus libre de défendre ses amis florentins. Elle n'essaierait même pas. Songeant à sa propre sauvegarde, à son intérêt, Marie de Médicis les abandonnerait à leur sort. Concini en est persuadé.

Malgré lui, la régente conseillée par Villeroy, réussit à obtenir une trêve et provoque une rencontre avec les rebelles. Cette conférence s'ouvre à Loudun [1], le 10 février 1616.

Condé sait que le maréchal d'Ancre a manigancé dans l'ombre contre lui. Il se venge. Parmi les revendications majeures qu'il expose, il glisse une très ancienne loi du royaume par laquelle : « Il est interdit de conférer quelque charge que ce soit à des étrangers, même naturalisés. » Il est clair que le Florentin est visé ! Marie de Médicis tente d'éluder et

1. « Les intermédiaires, les officieux, les donneurs d'avis, les inutiles, les agités, étaient là. On y rencontrait des soldats de fortune, des diplomates, des espions, beaucoup de moines. » Gabriel Hanoteaux, *Histoire du cardinal de Richelieu.*

fait répondre qu'il s'agit là d'une vieille coutume *qui a toujours souffert quelques exceptions*... Louis XIII (poussé par son entourage), fait savoir « qu'il entend se conformer à ces lois dans les mêmes termes et conditions que ses prédécesseurs [1]. »

Le maréchal d'Ancre prend connaissance des procès-verbaux de Loudun. Il note que Condé se déclare ouvertement son adversaire et que le jeune roi commence à manifester son autorité. Contre lui ? C'est plus que probable (mars 1616). Avant de choisir sa riposte, il lui faut connaître les conclusions de la conférence dont l'évolution lui est communiquée chaque jour.

Il demeure stupéfait en apprenant les exigences des princes. Condé veut le gouvernement du Berry et 2 400 000 livres, le duc du Maine, le gouvernement de Guyenne (que Condé lui cédera) et 1 million de livres. Les ducs de Vendôme, de Luxembourg, de Rohan, de Sully réclament des sommes légèrement inférieures, des postes, des places fortes... C'est exorbitant !

Il y a plus : pour le jeune duc de Longueville, on réclame la citadelle d'Amiens !

La situation générale est grave. Elle est cruciale pour le maréchal d'Ancre qui attend la réaction de la régente. Auprès d'elle, Villeroy pousse à tout accepter. Il préconise même l'entrée de Condé au Conseil du roi. Villeroy cherche, d'une part, à atteindre Concini — qu'il hait — (l'autre ne l'a-t-il pas trahi en agissant en sous-main contre lui ?), d'autre part à s'allier les bonnes grâces de Condé et des princes. Ceux-ci — il n'en doute pas — après avoir démontré l'inaptitude de la régente à gouverner, s'empareront du pouvoir réel, Condé en tête. A l'occasion d'un inévitable remaniement ministériel, Villeroy pourrait alors se débarrasser de son adversaire politique : le chancelier de Sillery (garde des Sceaux) ami de Concini, et suggérer le nom de nouveaux ministres à sa solde. Si l'intrigant réussit dans son action, il passera pour le seul responsable de la paix et de l'établissement bien organisé d'un nouveau gouvernement royal. Le projet est « joli » mais pour l'appliquer, il faut sortir de l'impasse de Loudun.

Le 26 mars, Marie de Médicis, poussée par Villeroy, cède aux exigences des princes... à l'exception de la citadelle d'Amiens ! N'est-elle pas détenue de droit par le maréchal d'Ancre ? Condé, furieux, fournit cent arguments. Ses amis et alliés le soutiennent. La régente reste inébranlable malgré les pressions de Villeroy. En avril, les discussions se poursuivent et buttent sur ce point et quelques autres.

A Paris, Concini, bien renseigné, est soulagé que la reine mère se soit opposée à la restitution d'Amiens. Il se doute que ce n'est pas par amitié, mais par précaution ! L'intuition est juste. En effet, Marie de Médicis sait que le mari de Leonora tient à ses titres et à ses biens plus qu'à la vie. Lui faire un affront ou toucher à une parcelle de sa fortune pourrait inciter le Florentin à se venger. La reine mère veut éviter à tout prix que

1. Michel Carmona.

surgissent des documents anciens qui éclaireraient certaines malversations financières... dont elle a plus ou moins bénéficié... Or, céder sur Amiens, ce serait amorcer la chute du maréchal. Et Concini à terre n'hésiterait pas à compromettre sa bienfaitrice d'hier [1].

Raisonnement sans faille.

Tandis qu'à Loudun on négocie, à Paris, le maréchal d'Ancre réfléchit. A ce moment précis, Villeroy tombe malade. Condé et les princes perdent — le temps de quelque deux semaines — leur meilleur allié. Concini apprenant la nouvelle voit la brèche. Sans hésiter, il profite de l'occasion. Avec une hardiesse proprement géniale, il fait savoir à Marie de Médicis qu'il se propose « soit de faire raser à ses frais la citadelle d'Amiens, soit de la remettre à qui la reine voudra bien désigner à cet effet, et cela, sans demander la moindre compensation. » Par un comportement si dévoué aux intérêts de la couronne, Concini évite d'apparaître comme l'un des seuls obstacles sur le chemin de la paix, en même temps qu'il se crée des droits en vue de contreparties futures, sans avoir le mauvais goût de les solliciter [2]. Il faut admirer l'habileté de la démarche !

A Loudun, Condé et ses alliés n'ont plus de raisons pour tergiverser davantage. Ils se déclarent disposés à signer des accords. La régente montre son soulagement. Elle le montre trop. La voyant si pressée d'en finir — la conférence dure depuis plus de deux mois — Villeroy (qui a perdu toute confiance en elle) estime le moment propice pour se débarrasser d'un gêneur et pousser les avantages de Condé. Ce dernier, sur son conseil, exige le renvoi immédiat du chancelier de Sillery (30 avril 1616). Celui-ci se cabre. On le chasse pour avoir loyalement défendu les intérêts du roi (ce qui est exact). On doit y revenir par trois fois pour qu'il accepte de partir. Finalement la régente lui fait savoir qu'il doit remettre les Sceaux entre les mains du jeune souverain.

Alors seulement le chancelier s'incline et s'exécute. Ulcéré, il quitte la Cour le 2 mai. (La régente récupère les Sceaux !) Ce même jour, Villeroy, pour renforcer encore la puissance de Condé (avec lequel il escompte gouverner à l'avenir [3]), présente à la signature de la régente un acte qui accordera au prince le *droit de signer des arrêts* ! C'est énorme et sans précédent. Condé deviendrait quasiment corégent ! Marie de Médicis hésite. (On la comprend !) Villeroy insiste, la flatte, la supplie de ne pas « faire de difficulté de donner la plume à un homme dont elle tiendrait la main quand il lui plairait [4]. »

La reine mère (à qui l'autre laisse entendre qu'elle n'a pas le choix), signe. (Alors que Condé n'a jamais prétendu obtenir un tel pouvoir !). L'hypocrisie de la manœuvre est assez étonnante... Le soir même, Villeroy

1. Concini, Leonora, Epernon, Henriette d'Entragues et quelques autres connaissent bien des secrets concernant la mort d'Henri IV (comme on le verra plus loin).

2. Michel Carmona, *Marie de Médicis*.

3. Condé est l'héritier du trône de France, après Louis XIII et son cadet, Gaston. (Voir généalogie Bourbon.)

4. Fontenay-Mareuil, Mémoires, p. 204.

s'empresse de mettre le document sous les yeux de Condé... qui n'en espérait pas tant !

Le lendemain (3 mai 1616), le prince et ses alliés signent le traité de Loudun que Louis XIII et la régente paraphent à leur tour le 8 mai. Le 16 mai le jeune roi fait une entrée triomphale dans Paris. La population acclame son retour et celui de la paix.

Au Louvre, Marie de Médicis se laisse aller à la joie de retrouver sa chère Leonora qui, en quelques jours reprend tout son ascendant sur la reine qu'elle n'a pas vu depuis neuf mois (août 1615). Le maréchal d'Ancre, qui a eu le temps de se réconcilier avec son épouse, se trouve en Picardie. Il surveille — ainsi qu'il s'y est engagé — le démantèlement de la citadelle d'Amiens. Leonora constate vite que le gouvernement est tombé aux mains de Condé et de Villeroy. Ceux-là étant les ennemis jurés de Concini (donc les siens), il faut songer à se défendre sans attendre.

Villeroy, lui, n'attend pas pour placer ses amis. Pour remplacer Sillery, il fait nommer du Vair garde des Sceaux. Leonora contre-attaque. Le 30 mai, la régente ordonne au contrôleur des Finances, Jeannin, d'abandonner sa charge au profit du surintendant de sa maison, un certain Barbin, tout dévoué à Leonora. Entre la favorite et Villeroy la lutte est engagée. Villeroy réagit. Il pousse du Vair à refuser de sceller l'acte de nomination de Barbin. Leonora fait intervenir la régente : du Vair s'exécute.

Leonora qui manipule la reine à sa guise l'encourage à manifester davantage son autorité. Le prince de Condé n'est pas à Paris. Une reine de France, ex-régente et présentement chef du Conseil du roi, n'a pas à composer avec un... Villeroy ! On ne flatte pas en vain l'orgueil de la Médicis ! Leonora le sait et en abuse. Elle profite de l'absence de Condé (qui pourrait dire non) pour remanier le ministère où il faut des « obéisseurs » pour être tranquille. Le secrétaire d'Etat (aux Affaires étrangères), Puisieux, se voit obligé de démissionner. La reine nomme à son poste un maître des requêtes, Mangot, premier président à Bordeaux, tout acquis aux Concini.

Fureur de Villeroy ! Il menace d'avertir Condé que ces changements mettent en place des créatures à la solde des « maréchaux d'Ancre [1] ». Il prétend aussi que cette charge lui appartient. Pour le calmer, Leonora qui le sait vénal, suggère qu'on le dédommage. La reine se refuse à payer. Qu'à cela ne tienne ! Leonora explique à Mangot — trop heureux d'entrer au Conseil pour hésiter — que s'il versait à Villeroy une indemnité de 400 000 livres... [2] L'affaire est conclue. Leonora est parvenue à ses fins. On a remplacé et placé à son gré. Pour museler ce Villeroy qui se croit le gouverneur de la France, il serait bon, lui semble-t-il, de voir Condé revenir à Paris.

Il est trop tard à présent pour que le prince impose un nouveau

1. C'est ainsi que l'on nommait le couple Concini, à Paris.
2. 40 millions de francs actuels (1990).

remaniement de ministère. Ceux qui en font partie ont été maintenus ou nommés par les soins de la reine mère, qui règne encore en fait, sinon de droit. Or, aucune clause du traité de Loudun ne permet à Condé de rapporter une décision venue de la plus haute autorité considérée comme légale puisque Louis XIII, déclaré majeur depuis le 2 octobre 1614, laisse... encore sa mère gouverner à sa place.

Avant d'encourager Marie de Médicis à inviter le prince à venir auprès d'elle, Leonora songe à la fortune de son couple. Mieux vaut agir et obtenir avant l'arrivée de Condé et le mettre devant le fait accompli. Aussi s'empresse-t-elle de chanter à l'oreille de la reine les mérites du maréchal d'Ancre. Concini n'a-t-il pas sacrifié ses intérêts à ceux de la régente en proposant d'abandonner Amiens dont il s'emploie, en ce moment même, à faire abattre les murailles ? Il a perdu la ville, son gouvernorat, pour venir en aide à sa bien-aimée souveraine... Une telle générosité ne mérite-t-elle pas une éclatante manifestation de reconnaissance ?

Marie de Médicis se laisse convaincre de cette... nécessité.

Leonora qui la sait tantôt parcimonieuse, tantôt prodigue, lui fait comprendre que le geste devrait être, au moins, à la hauteur du sacrifice... En sus de la partie lucrative ou honorifique de l'opération, Leonora cherche à atteindre le fâcheux Villeroy et, plus haut, le prince de Condé.

Concini, gratifié de façon éclatante, montrerait ainsi son retour en faveur et prouverait, de ce fait, qu'il faut compter avec lui.

Le 6 juin (1616), le maréchal d'Ancre quitte Amiens. Le 13 juin, à Paris, il se voit accorder par la régente la lieutenance générale du gouvernement de Normandie (la province la plus riche de France), avec les places fortes de Quillebeuf, Pont-de-l'Arche et Caen !

C'est beaucoup. C'est trop ! Villeroy serre les poings. Condé attend. Il observe de loin la réaction des Parisiens. Le « bon peuple » commence à gronder. Décidément, ces Concini[1] sont d'abominables profiteurs ! Contre eux, pamphlets et libelles injurieux circulent.

Sur ces entrefaites, le 19 juin, on reparle brusquement de l'« Affaire Picard ». (Elle « ressort » bien à propos pour ne pas supposer que Condé ou Villeroy y sont pour quelque chose.).

De quoi s'agit-il ?

Alors que la Cour se trouvait à la conférence de Loudun, les Parisiens montaient la garde aux portes de leur ville. Le maréchal d'Ancre ayant voulu en sortir le samedi de Pâques, *aurait* rencontré l'opposition d'un cordonnier (un certain Picard) qui *se serait* permis de faire semblant de tirer sur lui en le mettant en joue. Le maréchal *aurait* passé les portes en exprimant vertement sa façon de penser et ses valets *auraient* proféré des menaces à l'adresse du cordonnier.

Or, ce 19 juin — quelques semaines après cet incident —, le cordonnier Picard est retrouvé à demi mort après avoir été bastonné. On ouvre une

1. Le peuple prononçait « à la française » ; on disait Conchine, Conchin. De là à dire Cochon...

enquête qui établit (à l'aide de témoins vrais ou faux) que les auteurs du meurtre sont à la solde de Concini et ont agi sur son ordre (! ?). (On voit mal pourquoi Concini *aurait* fait tuer un homme lui ayant seulement manqué de respect plusieurs mois auparavant !). Responsable ou non, le maréchal d'Ancre tente de sauver les incriminés. Il sait qu'il s'agit d'une machination ourdie contre lui pour ternir son image, montrer au peuple qu'il n'est plus à même d'imposer sa volonté, donc vulnérable impunément.

Malgré ses efforts, les deux malheureux (coupables ou innocents) sont condamnés à mort et pendus le 2 juillet (1616) devant une multitude de curieux qui manifestent bruyamment leur joie. Au-delà de l'exécution c'est la défaite du maréchal d'Ancre qu'ils applaudissent [1]. Dans la guerre sourde Condé-Concini, la sympathie populaire est tout acquise au prince et sa haine au favori.

A Paris, l'été est brûlant. La ville s'agite. Tout est prétexte au peuple pour manifester son hostilité à Concini. On fait comprendre à Condé que le moment est venu, pour lui, de se montrer dans la capitale.Le 29 juillet 1616, il entre dans la ville sous les acclamations de la foule et se rend au Louvre pour présenter ses respects au roi et à la reine mère, lesquels lui montrent bons visages. (Que faire d'autre à ce moment précis ?) Le lendemain, à l'hôtel de Condé, il tient des propos inquiétants : « Je suis venu appelé par le peuple, désiré par la noblesse, prié par de nombreux princes ; je suis la troisième personne du royaume [2] ; et puisque d'autres n'ont aucun soin de son bien, puisque le roi est encore, on peut le dire, en minorité, c'est à moi qu'il appartient de penser à y pourvoir [3]. »

Au Louvre, cette déclaration déplaît avant d'inquiéter.

Dans les jours qui suivent Condé assiste aux conseils et semble vouloir diriger les débats, imposer ses vues. Cette attitude produit un certain effet. En peu de temps, son antichambre fourmille de courtisans, flatteurs et solliciteurs, tandis que celle de la reine mère se vide. Il tient table ouverte. Dans les banquets offerts aux premiers venus, il laisse discuter librement des divers moyens d'assassiner le maréchal d'Ancre, ce qui ne peut que réjouir le peuple de Paris. Il permet aussi que l'on parle ouvertement devant lui de déposer Louis XIII pour le jucher sur le trône à sa place [4]. Ce qui est une lourde erreur.

La France est profondément attachée à la personne royale, ointe du Seigneur. Les bruits qui courent dans la ville à ce sujet font baisser d'un coup son immense popularité. La population montre clairement qu'elle est prête à se soulever contre celui qui oserait la moindre action contre Louis XIII.

Concini est absent. Il inspecte ses nouvelles possessions normandes. Il

1. Richelieu note : « Ces punitions, au lieu d'apaiser la haine du peuple, ne faisaient que l'animer davantage contre lui qu'il eut voulu voir pendu avec les siens. »

2. Alors que son oncle, le comte de Soissons, pourrait revendiquer cette place successorale. (Voir généalogie Bourbon.)

3. Matteo Bartolini : dépêche du 30 juillet 1616.

4. Michel Le Vassor, *Histoire du règne de Louis XIII.*

a prudemment quitté la ville avant l'arrivée de Condé. Il manque donc l'occasion de provoquer un retournement politique spectaculaire. Se déclarant le défenseur du roi contre ceux qui en veulent à sa couronne, voire à sa personne, il aurait eu toutes les chances de renverser l'opinion en sa faveur. Il se serait acquis, au moins, le respect de la masse, la reconnaissance (forcée) de Louis XIII, celle de la reine mère et des ministres en place. Mais il n'est pas à Paris. A Paris où, durant cette première quinzaine d'août (1616) les princes discutent sur la meilleure façon de l'éliminer. Au Louvre, Leonora, qui a des espions partout, confie ses craintes à Marie de Médicis qui refuse d'en tenir compte.

Chez le duc de Bouillon [1], les princes dressent leurs plans. Dès le retour de Concini (qui est à Caen) on attendra la nuit pour surprendre le couple. Condé ayant signé le décret d'arrestation (il le peut), les Florentins seront conduits devant le Parlement et jugés. Dans un premier temps, Condé, les ducs de Bouillon, du Maine, de Vendôme et même le duc de Guise, semblent d'accord. Dans un second temps, le duc de Bouillon revient sur la question. Le Parlement, de par les lois en vigueur, ne pourra les condamner qu'à l'exil. On laisserait les Concini, ces infâmes étrangers, repartir pour leur Toscane natale et y jouir en toute tranquillité de la fortune qu'ils ont scandaleusement amassée ? Ce n'est pas acceptable ! Mieux vaut procéder à leur exécution sommaire !

Les princes, unanimes, acceptent l'idée de ce double assassinat.

Dans la seconde quinzaine d'août, les réunions se succèdent chez le duc de Bouillon. On y parle de la meilleure façon de procéder pour tuer les Concini, de l'exercice du pouvoir après leur disparition, et puis le duc de Bouillon (à qui Condé a bien répété sa leçon) évoque des doutes sur la validité du mariage d'Henri IV et de Marie de Médicis. (Allégation folle qui ne se base sur rien de plausible.) La manœuvre est claire. Louis XIII déclaré illégitime serait alors déchu de sa couronne, laquelle reviendrait de droit au prince de Condé [2], puisque le frère cadet du roi, Gaston, se trouverai écarté du trône...

Le duc de Guise (quarante-six ans) réagit violemment. Il est prêt à s'en prendre à Concini, homme de néant, à l'ambition damnable, mais jamais il n'entreprendra rien contre la personne sacrée du roi. Ayant dit, il quitte la réunion, les membres de sa famille à sa suite.

Condé tremble que Guise aille tout dévoiler à la reine mère. Il sollicite un entretien avec cette dernière au cours duquel il se déclare le plus fidèle des serviteurs du roi. Il lui confie que les princes se méfient de lui, trop dévoué aux intérêts de la couronne. Il doit, dit-il, participer à leurs

1. Henri de la Tour d'Auvergne, ancien compagnon d'Henri IV. Né en 1555 (il a 62 ans). Maréchal de France, prince souverain de Sedan (par les La Marck). Son fils aîné, en seconde noces, épousera Antoinette (veuve du seigneur de Vernet), sœur du connétable de Luynes, le 15 avril 1628. Son autre fils deviendra l'illustre Turenne.

2. A condition que le comte de Soissons n'argue pas de son droit de primogéniture car la naissance de Condé est entachée d'un soupçon de bâtardise. (Voir généalogie Bourbon.)

conciliabules sous peine de passer trop vite pour leur ennemi. Il s'engage (sur l'honneur !) à avertir la reine mère de tout ce qui se trame.

Le 28 août, Maximilien de Béthune (Sully) est reçu par Marie de Médicis. Il lui rapporte tout ce qu'il sait du complot dont Condé (si ! il insiste !) est le chef incontesté !

Le 30 août au matin, Condé avoue tout à la régente et jure qu'il n'a jamais eu l'intention de suivre les suggestions du duc de Bouillon !

La reine accorde à Condé le pardon qu'il souhaite. Elle y est d'autant mieux disposée qu'elle sait que Condé — en l'absence de Concini — a prévenu Leonora de la menace qui pesait sur leur couple. A midi, Condé a neutralisé Leonora, gagné la confiance de la reine et rendu les princes suspects à ses yeux. Le soir, Condé se rend comme convenu chez le duc de Bouillon. Il y retrouve les princes qui ne soupçonnent pas sa duplicité. On parle de l'assassinat des Concini, des dispositions à prendre concernant la Médicis et de l'attitude à adopter vis-à-vis du roi.

Condé surprend fort ses amis en prêchant soudain l'atermoiement. Il lui semble plus sage, leur dit-il, d'amener la Reine mère à céder à leurs exigences de bonne grâce plutôt que tenter une épreuve de force pleine de risques... Peu après Condé se retire, laissant les princes perplexes... Ce personnage a vingt-huit ans en 1616. « C'est un garçon de faible génie, de faible courage, de faible loyauté, mais de folle présomption, crasseux, débauché, cruel, rapace et avare jusqu'au prodige[1]. » De surcroît, il est bossu !

Le lendemain au matin (31 août), Condé mis en présence de l'ex-régente ne lui dit rien de la rencontre de la veille au soir chez Bouillon.

Dans l'après-midi, Leonora apprend qu'une réunion des princes s'est tenue en présence de Condé, qu'on y a parlé de la suppression des « maréchaux d'Ancre » et de l'exil de la reine mère à Moulins. Elle se précipite chez Marie de Médicis qui suffoque en recevant l'information. Ignorant que Condé a cherché à calmer l'ardeur des princes, elle est persuadée qu'il l'a dupée, qu'il trahit et s'apprête à un coup d'Etat.

Au Louvre, dans les heures qui suivent, on s'affole. La reine fait enfermer l'or et les bijoux de la couronne dans des coffres. Elle veut fuir avec le roi. Des relais sont préparés en direction de Nantes. Bassompierre, colonel des Suisses, reçoit l'ordre de tenir son régiment en alerte pour assurer la protection des souverains jusqu'en Bretagne. Leonora, blême, serre ses pierreries contre elle. Elle préférerait fuir vers Caen, retrouver Concini. Trop tard : les dispositions sont prises. En début de soirée, l'agitation est à son comble, la régente au bord de la crise de nerfs, Leonora de l'évanouissement.

C'est alors que Mangot, Barbin et... Richelieu, font leur apparition. Les deux premiers sont secrétaires d'Etat, membres du Conseil, le troisième, évêque de Luçon, n'est pas encore aux « affaires » mais, depuis 1615, il est grand aumônier de la jeune reine (Anne d'Autriche), charge éloignée de la politique mais excellent poste de vigie. Il est aussi

1. Philippe Erlanger.

secrétaire des commandements de la reine mère. Tous les trois doivent leur élévation à la régente mais en fait, c'est Leonora qui les a imposés.

Ils le savent : elle aussi !

Leur présence la ragaillardit, alors que Marie de Médicis bafouille de peur (en italien !). Leonora pressent que la fuite est une solution désastreuse... pour eux tous. La famille royale abandonnant la place laisserait les conjurés s'emparer du pouvoir. Condé, les princes et leurs alliés pourraient s'enfermer dans Paris et se jouer à leur gré des revendications du roi et de sa mère. En outre, les princes possèdent d'immenses territoires et seraient à même de lever des armées. Au moment où des négociations s'engageraient, Leonora connaît la première exigence des princes : sa tête et celle de Concini !

Décidément, il faut lutter... et vaincre.

Tandis que Marie de Médicis se tord les mains et pousse de petits cris hystériques, Leonora refuse de céder à la panique. Elle s'entretient avec Barbin, Mangot et Richelieu. Le jour décline. Le temps presse. L'évêque de Luçon, fidèle à la doctrine qu'il imposera plus tard [1] (1624),influence le jugement des deux autres en s'exprimant avec calme et fermeté. La « régente » ne doit pas montrer sa faiblesse mais plutôt faire preuve d'autorité, et de façon éclatante. Au lieu de fuir, il faut attaquer, et attaquer à la racine du mal. Le prince de Condé est l'instigateur du complot. C'est donc à lui qu'il faut s'en prendre. Les conjurés sans chef de file s'égayeront comme des moineaux, à moins qu'on réussisse à mettre la main sur eux auparavant. Si l'on veut sauver le roi, la reine mère, la couronne, il est nécessaire de s'assurer de la personne de Condé. Emprisonné sur l'ordre du roi il ne peut plus nuire et la menace qu'il représente disparaît d'un seul coup.

Leonora — cela va de soi — soutient les arguments de Richelieu [2]. Barbin et Mangot, bien qu'ébranlés, trouvent l'opération scabreuse. Arrêter le cousin du roi ? Richelieu fait remarquer qu'il ne s'agit pas de le condamner à mort, comme son aïeul [3]... Ses interlocuteurs hésitent encore. Conduire ce prince à la Bastille n'est pas très difficile, mais... après ? Condé possède cent places fortes, contrôle des provinces entières, compte partout des amis, alliés et partisans... Ne risque-t-on pas de susciter des troubles profonds dans le royaume ?

Richelieu les rassure. Il est formel : à son avis rien de grave ne se produira ! Afin de balayer leurs dernières réticences il ajoute qu'il faut se décider. Ou bien la famille royale s'enfuit et alors la guerre civile est inévitable (le roi voudra récupérer son trône), ou bien on arrête le prince de Condé et... il ne se passera rien ! Si ! Par ce coup d'Etat, Louis XIII

1. Gouvernement ferme, abaissement des nobles, autorité du monarque.

2. Que nous appellerons souvent « Luçon » au cours de ce récit.

3. Après la conjuration d'Amboise, le prince Louis Ier de Condé (grand-père de celui-ci et oncle du futur Henri IV) fut condamné à mort. La mort de François II, 1560, le sauva. (Voir *La Reine maudite*, le dossier Marie Stuart, éd. du Rocher 1988.)

manifestera une autorité qu'on n'attend pas de lui et la régente retrouvera tous ses pouvoirs... raffermis !

Leonora — on s'en doute — soutient ce plan avec force. Marie de Médicis, affalée sur des coussins, sanglote. Barbin s'approche d'elle pour lui demander son accord. Elle le donne, prête à couvrir toute action qui la sortira de cette situation angoissante.

Il fait nuit depuis longtemps. A présent que la décision est prise, il faut s'organiser pour l'appliquer. Chacune des personnes présente regrette l'absence du maréchal d'Ancre... Concini, ennemi juré de Condé aurait été tout indiqué pour procéder à l'arrestation ! Il est à Caen !

Richelieu, estimant qu'il n'y a plus un instant à perdre, propose le nom du marquis de Thémines [1], Gascon, ancien compagnon d'Henri IV et fidèle serviteur de Louis XIII. C'est un militaire, il ne discutera pas les ordres. Convoqué en pleine nuit, Thémines accepte la mission... et fait son prix [2]. On n'a plus le temps. La régente accepte tout. Pour plus de sécurité on introduira des armes au Louvre en grande quantité, jusqu'à l'aube. Le 1er septembre (1616) dès le petit matin, le palais grouille de gens d'armes et de chevau-légers. Ils ont reçu l'ordre de fermer et de garder les portes dès que Condé aura pénétré dans la chambre du Conseil, comme chaque jour. D'autres se posteront aux fenêtres.

Vers dix heures Condé entre au Louvre flanqué de quelques pages et gentilshommes. Dès qu'il se trouve où on l'attend, Thémines s'avance et procède à l'arrestation du prince qui s'accomplit sans difficulté. On l'entraîne à l'instant même vers une petite pièce dans les combles du château. On l'y enferme.

Mangot, Barbin et Leonora sont soulagés. Richelieu goûte en silence le plaisir d'avoir eu raison et Marie de Médicis se félicite bruyamment d'avoir fait acte d'énergie... Les flatteurs se précipitent et papillonnent autour d'elle.

Un peu plus tard, tandis que Condé, sous la garde de Thémines, s'achemine vers la Bastille [3], un émissaire court porter la fatale nouvelle à l'hôtel de Condé.

D'abord, la mère du prince n'en croit pas ses oreilles. « Le premier des "grands" arrêté comme un larron ? Mais cette Médicis est folle ! Ne sait-elle pas que Paris va se soulever d'un seul élan pour délivrer son héros ? » Elle fait appeler à la rescousse les ducs de Bouillon, du Maine et de Vendôme, lesquels échappant aux soldats du roi, s'enfuient se réfugier loin de Paris chez le duc de Mayenne, à Soissons.

1. Pons de Lauzières, marquis de Thémines. Il a soixante-quatre ans. Son fils tuera en duel, à Angoulême, en 1619, le marquis Henri de Richelieu, frère aîné du futur cardinal.

2. Pour lui 100 000 écus et le bâton de maréchal, pour son fils aîné le brevet de capitaine des gardes, et pour le cadet la fonction de premier écuyer de Monsieur, frère du roi.

3. Il y restera jusqu'à son transfert au château de Vincennes, d'où il ne sortira qu'en 1619.

La princesse mère est une maîtresse femme [1]. Elle fait atteler un carrosse et va jusqu'au pont Notre-Dame pour ameuter les passants. Elle crie à qui veut l'entendre que le maréchal d'Ancre a fait arrêter le prince de Condé pour le faire étrangler... Aux armes, Parisiens ! Vengeance ! Il faut punir ce forfait ! Sus au Concini et à sa clique de malheur...

Si ses hurlements incitateurs trouvent peu d'écho parmi les bourgeois ennemis du tumulte, certains partisans de Condé ayant rejoint la princesse donnent de la voix à leur tour et éveillent l'attention de la canaille. Il faut marcher sur l'hôtel d'Ancre [2], égorger la Galigaï, s'emparer de ses trésors...

Dès qu'il est question de pillage...

Quelques heures plus tard, le faubourg Saint-Germain est en effervescence. Dix mille personnes [3] (?) s'agitent dans la rue de Tournon. Il s'agit de vide-goussets, tire-laine et autres gibiers de pavé qui fleurissent dans ces parages. Les mutins commencent par lancer des pierres dans les vitres. Ils s'emparent de pièces de bois soustraites aux échafaudages du Luxembourg [4]. Balancées en manière de bélier, elles ont tôt fait de rompre les portes. La foule envahit la cour. Les deux gardiens sont tués au passage. Quelques valets, épouvantés, parviennent à se sauver par les jardins de la rue de Garance [5]. Les malandrins se ruent à travers l'hôtel, pressés de détruire et surtout de voler. C'est alors un saccage en règle : meubles précipités par les fenêtres, boiseries arrachées, tentures et garnitures lacérées, tapisseries taillées en morceaux, statues mutilées. Les peintures subissent le même sort. C'est à coups de couteaux et d'arquebuses qu'on s'acharne sur les portraits de Concini et de Leonora. Celui de la reine mère est jeté dans la rue. Saisie d'une véritable rage de destruction, la populace déchaînée s'attaque aux toitures et cherche à ruiner les murailles tandis que des gueux emportent des objets précieux que d'autres leur disputent en courant.

Informée de cette folie dévastatrice, la reine mère dépêche des gens d'armes sur les lieux. L'attitude des émeutiers est si menaçante que les soldats doivent se retirer.

A la fin de la journée, il ne reste rien à l'intérieur de la demeure des Concini que d'informes débris. Tout a été anéanti ou dérobé. Les pillards ont eu le temps de faire subir le même sort à l'hôtel de Raphaël Corbinelli — homme de confiance de Concini — situé tout près de la rue de Tournon. Si le maréchal d'Ancre, Leonora ou son frère Andrea (abbé de Marmoutier) s'étaient trouvés sur place, ils auraient été étripés.

1. Il s'agit de Charlotte de La Trémoille. (Voir généalogie Bourbon, seconde femme d'Henri de Bourbon, deuxième prince de Condé. Mais son fils, qui nous intéresse ici, aurait été conçu par un écuyer.)

2. En fait, Condé et ses amis avaient prévu le sac de l'hôtel d'Ancre, excellent prélude à la révolte.

3. P. Chevalier.

4. Alors en construction. Commandé par Marie de Médicis, un souterrain devait relier le palais de la reine mère à la demeure de Leonora, très voisine.

5. Aujourd'hui rue Garancière.

Un crépuscule rouge embrase la ville en cette soirée du 1er septembre 1616, riche en événements.

Un coup de majesté : l'arrestation de Condé.

Un coup de force : le pillage de l'hôtel de Tournon.

LA CHUTE

Dans les jours qui suivent, Leonora, masquée, va constater les dégâts ou plutôt regarder les vestiges de son palais dévasté. Elle revient au Louvre, éplorée. Marie de Médicis lui promet réparation. Le gouverneur de la capitale, M. de Liancourt, ordonne aux Parisiens de restituer tout ce qui peut provenir de l'hôtel d'Ancre. Chimérique ordonnance... Des chariots sillonnent les rues, en vain... Paris se moque. On emplie les charrettes de charognes : dépouilles de chiens et chats crevés. La régente, inquiète, fait entrer dans la ville un grand nombre d'hommes d'armes et par précaution fait expulser les parents, alliés, amis et serviteurs de Condé, des ducs du Maine, de Mayenne, et Vendôme et de Bouillon. La mère de Condé — agitatrice — est comprise dans le lot.

A la fin du mois de septembre (1616) les princes (à l'exception du duc de Guise) campent dans leurs retranchements (Soissons, Rethel, Sedan ou La Fère) et recrutent des soldats. La reine confie l'armée royale (vingt mille hommes environ) au comte d'Auvergne qui prend position à Villers-Cotterêts. Les princes veulent l'application du traité de Loudun (mai 1616). La régente ne veut rien céder.

Encore une fois c'est l'impasse.

Le duc de Guise accepte de jouer les médiateurs (24 septembre). Le 29, la régente ayant accédé à quelques demandes subsidiaires, c'est l'accalmie... momentanée.

Le 2 octobre le maréchal d'Ancre est de retour à Paris. Il a réarmé les places normandes, renforcé leur défense et recruté des mercenaires par milliers. N'est-il pas lieutenant général du gouvernement de Normandie, que diable ! Il est dans son rôle en réunissant des forces armées, creusant des fossés, élevant des remparts... Dans l'hypothèse où les troupes royales essuieraient des revers dans les affrontements — inévitables — avec les princes, le roi, la reine mère (et lui donc !) trouveraient un refuge tout prêt dans la Normandie fortifiée... La famille royale ne pourrait que lui manifester (une fois de plus) sa reconnaissance...

La présence de Concini réconforte Marie de Médicis et Leonora. La première voit en lui le politique éclairé, la seconde l'allié financier. Il va tenter de satisfaire l'une et l'autre en commençant par s'occuper de lui.

Il sait la mise à sac de l'hôtel d'Ancre et la perte des trésors qu'il contenait. Aussi, pour faire bonne mesure, réclame-t-il à la reine mère la somme de 400 000 livres en guise de dédommagement... partiel. Celle-ci lui accorde gracieusement ce qu'il demande. Leonora s'apprête à profiter du pactole. Il la détrompe aussitôt. Elle en revendique la moitié. Il refuse, arguant que l'époque est troublée et l'avenir incertain. Il est plus sage de placer cet or à l'étranger, dans les Flandres [1]. Leonora, dépitée mais sensée, n'insiste pas. L'heure serait mal choisie pour créer entre eux le moindre dissentiment.

Le 6 octobre, les princes s'apprêtent à traiter. L'entretien de leurs troupes armées leur coûte très cher. Parmi eux, le duc de Nevers n'entend pas céder. Il le démontre en cherchant à s'emparer de la ville de Reims. L'ex-régente envoie le marquis de La Vieuville pour tenir la place. Le 14 novembre, Nevers, furieux, s'empare du château du marquis à Sy, près de Rethel. Ce dernier demande la justice du roi. L'affaire est évoquée au Conseil. « Les ministres se divisent. Mangot et Barbin sont pour la manière forte, le garde des Sceaux, du Vair, estime qu'il faut renvoyer l'affaire devant le Parlement. »

La reine mère, hésitante, remet la décision au lendemain. En fait, elle veut consulter le maréchal d'Ancre avant d'arrêter sa décision. Concini a beau jeu de l'influencer dans le sens qu'il estime le meilleur pour les intérêts du roi... et les siens. Pour lui, l'occasion est propice à la réalisation de ses plans délirants d'ambition. Il veut à la fois diriger le gouvernement — dans l'ombre — et avoir la mainmise sur les armées du roi ! Pour atteindre ses buts, il doit procéder par étapes.

Bien chapitrée par le Florentin, la reine mère déclare donc aux ministres que ce sera l'épreuve de force. « Du Vair manifeste sa réprobation dans des formes telles que, le soir même, la reine lui fait redemander les Sceaux qu'elle donne à Mangot [2]. »

Appliquant les « idées » du maréchal d'Ancre, la régente poursuit son remaniement ministériel. Le 25 novembre Barbin est aux Finances, Mangot garde des Sceaux et Richelieu prend le portefeuille de ce dernier : les Affaires étrangères et la Guerre.

Marie de Médicis avait « tiqué » pour la nomination de l'évêque de Luçon, l'estimant un peu jeune pour ce poste que Villeroy avait occupé naguère. (Mais Villeroy était parti. Concini s'était empressé de faire envoyer à la retraite ce trop bon ami du prince de Condé.)

A la fin du mois de novembre, le maréchal d'Ancre, s'il n'est pas premier ministre en titre, est en fait le chef du gouvernement. Barbin, Mangot et Richelieu lui doivent leur élévation. Dans l'exercice de leurs fonctions, ils obéiront à l'ex-régente qui agit selon ses directives ou les suggestions de Leonora, ce qui revient au même. Barbin et Mangot expriment leur profonde gratitude.

Richelieu, lui, écrit.

Le 25 novembre il s'adresse à... Leonora : « ... c'est savoir obliger vos serviteurs que de les traiter selon leur appétit. [...] ...et vous êtes en cela acquis tant d'avantage sur moy que je puis bien vous en remercier, mais non pas reconnaître jamais assez dignement une telle faveur, que je

1. « C'est là un refuge assuré pour sa sinistre fortune. » Contarini, *Lettre à Venise,* octobre 1616.

2. Michel Carmona.

tiens d'autant plus grande qu'elle m'est despartie par une belle dame... »
Belle dame ! Volutes d'encens... profane.

L'évêque sait se faire galant et respectueux à l'excès... Peu après, il s'adresse à Concini[1] : « [...] je ne prétends pas pouvoir jamais me décharger de la moindre de ces obligations que vous avez acquises sur moy, mais bien de vous faire paraître par la suite de toutes mes actions, que j'auray perpétuellement devant les yeux les diverses faveurs que j'ay reçues de vous et de Madame la Mareschale, comme autant de divers titres à raison de chacun desquels je me sens obligé plus que personne au monde à demeurer éternellement, Monsieur, vostre très humble et très obéissant serviteur. Paris, ce 29 novembre 1616. Armand, Eves. de Luçon. »

Ces lignes ampoulées, sucrées, mielleuses, d'une politesse excessive et d'une humilité de commande traduisent assez qu'elle est, alors, la puissance du maréchal d'Ancre. Si le génial futur cardinal s'abaisse à ce point on peut imaginer jusqu'où les flatteurs intéressés, de moins bonne race, peuvent descendre...

Il est certain que dans les derniers mois de l'année 1616, Concini est parvenu à rétablir sa situation. Il le doit en partie aux conseils de son épouse. Leonora a vécu les heures difficiles de l'été-automne précédent dans un Paris surchauffé par le retour des princes, l'affaire Picard, les pendaisons, les injures, les menaces proférées contre eux, « les maréchaux » et aussi les complots, la tension montante, l'arrestation de Condé, et ce qui a suivi : le pillage de l'hôtel d'Ancre. Elle se souvient surtout de la haine du peuple prêt à tuer ! Concini n'était pas là ! Dès son retour, début octobre, elle l'a supplié de ne pas braver l'opinion publique par une attitude provocante. Elle a eu peur. Elle continue d'être tenaillée par l'angoisse. Elle le lui dit.

Il l'écoute et, en octobre, tient compte de ses craintes justifiées. Sous l'autorité de façade de la reine mère, il remanie le Conseil et y place des gens à leur solde sans s'octroyer aucun poste officiel. N'a-t-il pas agi selon les désirs de Leonora ? Bien !

A présent — fin novembre — il estime qu'il est temps de revenir sur le devant de la scène. Etre patient dans une obscurité relative n'est pas dans son tempérament de bravache.

Leonora, qui le soupçonne de quelque nouvel éclat, tremble à l'idée de le voir faire un pas de trop, commettre l'irrémédiable. Pour elle, tout à coup, il ressemble à un mauvais garçon de Florence préparant un sale coup.

Sachant ce qu'elle pense, il lui cache ses projets. Il la fuit. S'il la rencontre c'est pour la maltraiter. D'ailleurs, il se rend odieux durant cette période. Il se plaint d'avoir trop d'ennemis et promène partout une morgue insupportable. Il moleste les gens et se dit incompris. Il

1. De nombreuses lettres furent trouvées dans les cassettes de Concini, rue de l'Autruche, après son assassinat (24 avril 1617). Le grand cardinal, par la suite, s'est bien gardé de s'en vanter...

inflige des affronts à ses partisans, promet, se récuse, provoque de cruelles déceptions et s'étonne de perdre la confiance de ses victimes. « Quand on a acheté tous les hommes et payé toutes les femmes, comment s'en faire aimer [1] ? » Il souffre de ne pas être entouré de fidèles, lui qui a passé son temps à trahir dans son propre intérêt. Lui qui a sacrifié chacun à son ambition folle, se servant des uns pour abattre les autres au cours de son ascension fulgurante, lui, Concino-Concini s'afflige soudain de n'avoir rencontré ni l'amour, ni l'amitié, ni l'estime.

Il a quarante et un ans !

En cette fin d'année 1616, le maréchal d'Ancre est en pleine crise de sentimentalité... tardive. Il veut rattraper le temps perdu. Il veut qu'on le croit sincère, dévoué, généreux. Il veut qu'on l'aime, qu'on le respecte. Il veut l'impossible. Il est trop tard.

La volte trop soudaine (et combien inattendue) même si elle est motivée par de nobles sentiments, ne sera pas crédible et prendra toutes les apparences d'un méchant calcul. Concini a trop menti pour être cru. Sa duplicité est trop connue pour qu'on puisse avoir Foi en son innocence désintéressée, en sa loyauté. Inconscient de l'image de lui qu'il projette, il va tenter son « coup de maître », coup d'essai en vérité, coup de néophyte aussi, mais surtout coup manqué qui va lui causer un préjudice irréparable.

L'évêque de Luçon s'emploie à reconstituer l'armée. Il est dans son rôle de ministre de la Guerre en levant des troupes. En France et dans les pays voisins, des agents recrutent. Pendant ce temps, « un certain sieur de Custajoux reçoit, directement de la part du maréchal d'Ancre, l'ordre d'enrôler un corps de quatre mille Liégeois pour le compte du roi. (Richelieu n'est pas tenu au courant). Profitant des services du même Custajoux, et en même temps, Concini charge le recruteur de lever, pour son propre compte et à ses frais, quelques milliers de reîtres ou lansquenets et trois ou quatre mille Français, hommes à pied et à cheval [2]. »

Custajoux — auquel Concini a fait remettre une somme importante — s'empresse de servir en priorité celui qui l'a déjà payé. Lorsque les soldats sont rassemblés, formés en régiments, habillés, armés, prêts à combattre, Custajoux prévient le maréchal d'Ancre. (Richelieu qui a — déjà ! — des espions partout est renseigné, mais, ne connaissant pas les intentions du Florentin, il se tient coi et attend).

« Concini, persuadé d'accomplir un geste magnifique, écrit une lettre

1. Paul Morand.

2. La noblesse qui servait volontairement dans les armées royales ne fournissait pas l'infanterie. Cette arme indispensable pour gagner sur le terrain était parfaitement méprisée. On engageait des mercenaires. L'infanterie était donc généralement fournie par des compagnies de Suisses, d'Ecossais ou d'Allemands qu'il fallait payer. Ces derniers étaient surnommés lansquenets, mot dérivé de *landsknecht*, qui veut dire « serviteur du pays ». Les Allemands fournissaient aussi d'autres mercenaires appelés reîtres, mot dérivé de *reiter*, « cavalier ». (Jean Castarède.)

à Louis XIII par laquelle il offre à Sa Majesté l'ensemble de ses soldats qu'il s'engage à payer et entretenir pendant trois mois [1]... »

Pontchartrain rapporte dans un style enchevêtré : « Il voulait que l'on crût que c'était à ses propres dépens et que, pour l'affection qu'il portait au service du Roy et vu la nécessité de ses affaires, il les voulait soldoyer et entretenir trois mois. [...] il écrivit que, si tous ses autres serviteurs en faisaient de mesme, il [le roi] serait bien fort ; et fit imprimer cette lettre, afin qu'elle fut vue partout. Le Roy en fut gravement irrité... [...] ne pouvant supporter cette insolence... [2]. »

Effectivement cette libéralité démesurée produit sur Louis XIII (son entourage aidant) l'effet d'un outrage. En commettant cette énorme bévue, Concini atteint un but diamétralement opposé à celui qu'il a visé.

Le jeune souverain — il vient d'avoir quinze ans — ne pardonnera pas cette atteinte à son autorité royale dont les privilèges sont sacrés. Enfant, il a subi, craint, ce Florentin. Jeune adolescent il l'a jalousé à cause de l'intérêt que lui portait sa mère. Et puis il l'a détesté. A présent, il le hait. Comment ce parvenu ose-t-il, du haut de sa richesse ostensiblement puisée dans les coffres de l'Etat, lever des troupes sans son consentement (ni celui du Conseil), les payer avec l'or qui appartient au roi, se glorifier de lui en octroyer le don et, comble de prétention stupide, faire imprimer et répandre cette lettre offensante ! ? « Je supplie très humblement Votre Majesté de n'avoir égard, ni à la dignité dont Elle m'a honoré, ni de la dépense que j'ai faite... [...] Quoique la qualité de maréchal de France me donne le droit de commander dans l'armée où je serai et sur toutes les troupes levées et entretenues à mes dépens, je suis prêt d'obéir à ce qu'il vous plaira... » Quand on réalise de qui vient l'écrit et à qui il s'adresse... quelle distance sidérale sépare ce présomptueux aventurier d'un roi de France, oint du Seigneur, on se demande si cet arriviste forcené a bien mesuré toute l'outrecuidance de sa démarche. « On la criait dans Paris ; des badauds qui savaient lire [3] en débitaient, pour les ignares, les passages marquants. » Le ton employé, à la fois servile et légèrement protecteur, a de quoi exaspérer l'adolescent couronné, qui tombe à nouveau dans un état dépressif alarmant [4].

« Si tous vos serviteurs agissaient ainsi, vous seriez bien fort ! » Cette phrase seule dépasse les bornes de l'admissible. Non seulement il l'écrit, la publie, mais encore la répète en d'autres termes à qui veut l'entendre. Les maladresses des hommes très habiles ont parfois quelque chose de fascinant !

Dans les galeries du Louvre, les courtisans rasent les murs. Après un affront pareil ils s'attendent à une réaction terrible de la part du roi. Le Florentin pourrait se voir accusé de crime de lèse-majesté... suivi d'un châtiment exemplaire...

1. George Delamare, *Concino Concini.*
2. Pontchartrain, *Mémoires de la régence de Marie de Médicis.*
3. D'après George Delamare, *Concino Concini.*
4. Voir chapitre sur Héroard : « Un état dépressif ».

Pourtant, bien que l'occasion soit propice, Louis XIII ne donne pas l'ordre d'en finir. Enfermé dans un mutisme douloureux, il ressasse sa rancune, remâche ses griefs et torture sa mémoire au souvenir des avanies anciennes infligées par le favori de sa mère. Sa nature hésitante l'incite à se défier de lui-même. Au lieu d'agir en souverain, il réagit comme un enfant qui a peur « de faire une bêtise »... et d'en être puni. Jamais il n'aurait pris la décision de faire arrêter son cousin Condé. Sa mère lui a dit qu'il le fallait : il a obéi en donnant son acquiescement de principe. D'autres avaient tout organisé, il ne se considérait pas comme directement responsable de l'acte et des conséquences éventuelles.

Il en va tout autrement en ce qui concerne Concini ! Le sort immédiat de l'impudent personnage dépend de lui seul ! Il en éprouve une sorte de panique. Ah ! si le Conseil prenait position et lui demandait la tête du maréchal d'Ancre, il souscrirait de grand cœur à la proposition. Mais Barbin, Mangot et Richelieu sont tout acquis au Florentin, alors...

Malgré les encouragements qu'on lui prodigue, malgré ceux qui le pousse à se déterminer, malgré sa rancœur et sa haine jalouse pour ce protégé de sa mère, malgré l'affront, malgré tout, il n'ose pas franchir le pas décisif.

Dans quelques mois (en avril 1617), il « laissera » assassiner Concini parce que plusieurs personnes de connivence auront raison de son esprit timoré. Il ne donnera pas l'ordre formel, ni d'acquiescement clair. Il se contentera de soupirer, laissant ainsi aux organisateurs du meurtre, aux exécuteurs, la responsabilité de l'acte fatal, comme nous le verrons plus loin.

Tandis que Louis XIII hésite, le maréchal d'Ancre, tout à fait inconscient de la situation, affiche une arrogance accrue. Il attend de grands bienfaits de sa lettre au roi qui, bientôt — il n'en doute pas — va lui manifester sa reconnaissance pour son offre généreuse.

Les jours passent et... rien ne vient. La reine mère s'étonne, Leonora s'inquiète, Barbin et Mangot ne savent rien, Richelieu se tait, le roi, de « déplaisir », vient de tomber malade[1]. Concini, perplexe, mais se refusant à perdre la face, laisse entendre que l'indisposition du roi est la seule cause du retard. Il cherche à s'en persuader car — de bonne foi — il ne comprend pas le mutisme royal.

Barbin et Mangot, discrètement renseignés par l'évêque de Luçon (qui sait tout), dévoilent à la reine mère l'état d'esprit de Louis XIII et la rassurent en même temps : on n'entreprendra rien contre le maréchal d'Ancre. (Ce dernier ignore qu'il a frôlé la catastrophe.) La régente qui veut atténuer la déception de Concini — toujours dans l'expectative — s'arrange pour glisser son nom dans la liste de ceux qui vont recevoir le brevet de duc et pair de France.

1. Violente crise intestinale, *Journal* d'Héroard. (Voir plus loin sous-chapitre : « Un état dépressif ».)

Louis XIII signe sans lire. C'est l'habitude[1] !

Marie de Médicis apprend la bonne nouvelle, encore officieuse, à l'intéressé. Sans attendre, le présomptueux Toscan clame à tous, de tout côté, que le roi lui accorde, enfin, une récompense bien méritée. On imagine l'exaspération de Louis XIII !

Mais il est trop tard pour revenir en arrière. Il a signé le document[2]. L'ayant eu un instant sous les yeux, Concini pavoise. Il se croit plus que jamais *tutus ab alto*[3] (« protégé d'en haut »). « Son » marquisat deviendra duché, il va être élevé à la pairie en même temps que le prince de Joinville, les maréchaux de Brissac et de Lesdiguières et le baron de Créquy !

Concino Concini exulte !

Dans ses rêves les plus extravagants, l'aventurier toscan n'aurait jamais osé penser qu'il monterait si haut aussi vite. Il a tout juste dépassé la quarantaine !

Le réveil est douloureux. « Leonora s'est mariée sous le régime de la séparation de biens. Le marquisat d'Ancre lui appartient. Or il n'était pas possible de faire ériger en duché pairie une terre dont Concini portait le titre sans en être propriétaire[4]. » Le dépit du Florentin est dramatique.Mais il n'y a pas de remède : « Même pour lui » on ne peut enfreindre une loi bien établie.

Voilà Louis XIII vengé... bien malgré lui ! Le double quiproquo trouve donc une fin logique. L'amertume de Concini se transforme en colère lorsqu'il apprend — tout finit par se savoir — que le « petit roi » a hésité à le faire arrêter. Cette information tardive le met en rage. Comment ? Celui à qui il offrait ses soldats et son or lui réservait la prison pour tout remerciement ? Au désappointement succède la rancœur. Quoi ? On aurait osé toucher à sa personne ? Dans son esprit en plein délire, Concini inverse les rôles. Riche et puissant, il se prend pour le souverain et Louis XIII pour un capricieux adolescent.

Adolescent sans doute, mais qui peut devenir dangereux.

Il est temps de prendre ses précautions. L'arrestation qui aurait pu être la sienne lui donne une idée. Protégé par la reine mère, les ministres étant ses créatures, le maréchal d'Ancre agit sans attendre. Il fait relever de ses fonctions le maréchal de Thémines (auteur de l'arrestation de Condé) gouverneur de la Bastille et remplace les soldats du roi par des mercenaires suisses et wallons à sa solde. Ainsi, à la moindre menace, Concini pourra s'enfermer dans cette forteresse imprenable. Sa sauvegarde est assurée. Rancunier, il veut aussi montrer à cette occasion que les soldats offerts et dont le roi a fait fi pourront être employés selon les désirs du maréchal d'Ancre qui les paye. La manœuvre aggrave l'irritation de Louis XIII qui se sent provoqué. Son animosité s'accroît chaque jour.

1. Michel Carmona, confirmé par George Delamare.
2. Fort de cette expérience, Louis XIII, à l'avenir, lira avant de signer.
3. Pierre Chevallier.
4. Pierre Chevallier.

S'il ne la manifeste pas encore ouvertement c'est que le moment ne s'y prête guère. En janvier 1617, le duc de Nevers s'agite. Sous prétexte que les princes, ses alliés et lui-même n'ont pas reçu les sommes promises par le traité de Loudun, il consolide les places fortes de Rethel et Mézières et recrute en Champagne. Il avertit les gouvernants que ce n'est là qu'un début. Les ducs de Bouillon, Longueville, Mayenne, Vendôme et quelques autres n'attendent qu'un signal pour entrer en campagne.

La reine mère tremble. Les coffres du Trésor sont vides. Richelieu cherche à la rassurer. En tant que ministre de la Guerre, il a reconstitué l'armée royale. Elle est prête à combattre les révoltés sous les ordres de généraux capables : les ducs de Guise et de Rohan, le maréchal de Montigny et le comte d'Auvergne. La régente veut bien croire l'évêque de Luçon, mais elle répugne à donner le signal d'une guerre civile. N'y aurait-il pas un autre moyen... des accommodements ? Au Conseil, Louis XIII reste coi, Richelieu n'a rien à ajouter, Marie de Médicis s'inquiète, Barbin (les Finances) sait qu'il n'a pas de réserves et Mangot (garde des Sceaux) se rangera à l'opinion de la majorité.

C'est alors que le maréchal d'Ancre intervient. Il ne pardonne pas aux princes d'avoir prémédité son assassinat l'été précédent (le coup aurait pu réussir). Voici l'occasion de se venger d'une façon indirecte mais qui a peu de chances de manquer son but. Il expose son projet sous un jour qui a l'avantage de respecter la légalité et de fournir des subsides.

Après l'avoir écouté, le Conseil arrête sa décision à l'unanimité. Marie de Médicis convoque une réunion du Parlement. On y expose aux yeux de « ces messieurs » la liste des gratifications accordées aux princes rebelles par le gouvernement depuis la mort du roi Henri IV. Les magistrats apprennent ainsi que le prince de Condé, entre autres, a reçu en six ans près de 4 millions de livres, le duc de Longueville 1 200 000 livres, le duc de Mayenne 2 millions de livres, le duc de Vendôme 600 000 livres, le duc de Bouillon près de 1 million de livres... etc. La liste est longue ! Et les princes en réclament encore... N'est-il pas grand temps de mettre fin à leurs exactions ? Les parlementaires, atterrés par les chiffres, accèdent à la demande des ministres : ils auront de l'or pour amener à la raison ces pilleurs du Trésor royal !

La déclaration est enregistrée au Parlement le 17 janvier 1617[1].

Concini est prudemment resté à l'écart des manifestations officielles, mais nul n'est dupe. On sait que c'est lui qui manigance dans l'ombre. (Mais on ne sait pas — pas encore — qu'en dix-sept ans, *Leonora et lui ont raflé près de 8 millions de livres à eux seuls.*)

Les membres du Parlement félicitent d'abord le roi pour sa clairvoyance (c'est la coutume). Ils se joignent ensuite aux membres du Conseil pour congratuler Marie de Médicis qui, une fois de plus, semble sortie de l'impasse. La reine mère veut marquer sa reconnaissance à l'auteur de cette « riche » idée. Le Florentin y compte bien. D'ailleurs, il n'attend

1. Michel Carmona, *Marie de Médicis*.

pas pour formuler son souhait : la charge de connétable[1] ! L'ex-régente paraît disposée à la lui conférer. Décidément Concino Concini ne doute de rien. La reine mère non plus : ce titre est le plus haut du royaume ! Celui à qui on l'accorde devient premier grand officier de la Couronne et chef suprême des Armées royales.

N'importe quel souverain français sensé écarterait sur-le-champ une telle candidature soumise par un étranger, aventurier de surcroît. Marie de Médicis et Concini sont toscans. Ni l'un ni l'autre ne réalisent l'énormité de la chose. Ils sont les seuls, ou presque. Giacomo Contarini, observateur vénitien, adresse une dépêche à la Sérénissime République : « ... une telle promotion provoquerait l'exaspération de la noblesse qui se déciderait sans doute à se soulever et serait alors soutenue par les passions populaires[2]. »

Mise en garde assez tôt, la reine mère abandonne le projet. Elle a de plus urgentes préoccupations. Les princes — on aurait pu s'en douter — n'apprécient pas la publication[3] dans les villes de province de la déclaration au Parlement du 17 janvier. Les chiffres donnent le vertige au bon peuple.

« A l'issue d'une réunion à Soissons avec les autres princes, le duc de Nevers adresse au roi une lettre ouverte, datée du 31 janvier, par laquelle il récuse les chiffres placardés et autres accusations mensongères, reproche à son tour au gouvernement royal d'être livré au maréchal d'Ancre, en qui le duc voit le seul responsable de la mise au pillage des finances royales[4]. »

Pour appuyer cette proclamation, les princes intensifient le recrutement des hommes d'armes et fortifient leurs places fortes. A la mi-février (1617), ils sont prêts aux affrontements militaires. Concini, lui, y est résolu. Il sait que les armées du roi auront raison de celles des rebelles, mal organisées. Il entend jouer un rôle officieux dans cette aventure afin de s'attribuer ensuite la gloire de la victoire.

Au Conseil, la régente et les ministres décident de réagir avec fermeté. D'après l'évêque de Luçon (secrétaire d'Etat à la Guerre) la rébellion devrait être matée en quelques semaines. Il expose un plan d'opérations sur plusieurs fronts, aussitôt adopté. Le duc de Guise attaque les troupes du duc de Nevers. Le 1er mars il se rend maître de plusieurs forteresses champenoises. Le 29 mars il investit Rethel. En même temps, dans le Berry, les régiments rebelles se débandent. Dans le Perche, les villes ouvrent leurs portes aux armées royales, la province du Maine se soumet, le Nivernais capitule. La ville de Pierrefonds se rend le 2 avril, Soissons le 12 avril. Le 11 avril, le nonce Bentivoglio écrit : « Ancre veut à tout prix la guerre et voudrait ruiner les princes, ensuite Guise et les autres

1. Elle est vacante depuis la mort du maréchal duc de Montmorency.
2. Pierre Chevallier.
3. Imposée par Concini.
4. Michel Carmona.

pour régner seul. C'est pourquoi il se produira bientôt de toute nécessité quelque grand événement. J'en suis fort bien et très sûrement renseigné. »

Pendant plusieurs semaines Concini, qui veut jouer au connétable (sans le titre) s'est plu à faire la navette d'une armée royale à l'autre. Le 16 avril il est de retour à Paris. Il compte organiser l'entrée triomphale des soldats du roi victorieux... en se plaçant à leur tête.

Le 24 avril, le maréchal d'Ancre est assassiné.

Le nonce se révéla bon prophète...

Les derniers mois de la vie de Concino Concini méritent une courte parenthèse chronologique, axée sur le plan privé. Ses relations intimes ont, elles aussi, leur importance pour mieux comprendre le personnage.

Le 2 janvier 1617, il est foudroyé : sa petite fille, Marie, s'éteint à l'âge de dix ans ! En un jour, pour lui tout s'écroule. S'il n'avait pas été un père bien attentif pour son fils aîné, le petit comte Henri de la Penna, en revanche il adorait sa fille, enfant de son orgueil. Il avait fait acheter à son intention la baronnie de Lesigny et projetait de la marier à l'héritier d'un grand nom de France. Depuis quelques années déjà, la dot phénoménale qu'il lui réservait avait attiré la convoitise des plus nobles familles. Pour Marie, l'avenir s'annonçait brillant.

Et puis... le destin frappe !

Le coup est rude pour le maréchal d'Ancre. Après la douleur cruelle des premières heures de deuil, son désespoir le rend quelque temps vulnérable. Lui, toujours aux aguets, se laisse envahir par des idées mélancoliques. On dirait qu'il réalise soudain la vanité de ses ambitieux appétits. Sa résistance s'en trouve diminuée. Dans les premiers jours de janvier il aurait dit à Bassompierre[1] : « ... Je vois très bien la ruine de ma maison. J'ai appris à connaître le monde et je n'ignore pas que l'homme arrivé jusqu'à un certain degré de bonheur, en descend aussi vite et aussi rudement qu'il s'est élevé plus haut. »

Philosophie bien tardive...

Quoi qu'il en soit, la mort de leur enfant le pousse à se rapprocher de sa femme : brève réaction de faiblesse humaine. Il lui confie ses doutes, ses craintes : il sait que le roi médite contre lui. A nouveau elle manifeste son désir de quitter la France : qu'il la suive ! Concini écarte cette idée avec véhémence. Naguère elle lui a proposé de partir. Il ne l'a pas voulu. Maintenant c'est encore trop tôt... ou trop tard. Il ne veut pas avoir l'air de fuir. Elle le met en garde : le temps travaille contre eux. Avec cynisme il se moque de ses craintes superstitieuses et passe d'un extrême à l'autre.

Dix jours après la mort de sa fille, sa résignation se transforme en fureur : réaction typique d'un orgueilleux gravement blessé. Il veut braver

1. Il écrivit ses *Mémoires* de longues années après ces événements, donc non complètement fiables.

le sort. Il réveille son opportunisme endormi et se jette à cœur perdu dans de nouvelles intrigues. Décidé à faire front, il s'y emploie avec excès, accentue sa morgue et son intolérance. Il critique sans raison de fidèles commis, les insulte, avant de les congédier. Il cravache ses domestiques. Ses attitudes deviennent insupportables à tous. Il se crée des ennemis mortels. On dirait qu'il le fait exprès. Poursuivre de folles ambitions chimériques et, parallèlement, faire le vide autour de soi en se rendant odieux, n'est-ce pas là un comportement suicidaire ? N'est-il pas au stade du : « A présent je n'ai plus rien à perdre... ! » ?

Cela correspondrait assez au personnage.

N'a-t-il pas déclaré en quittant Florence dix-sept ans plus tôt : « En France je vais chercher la fortune ou la mort ! » ?

Il a trouvé la fortune. Il va trouver la mort.

Bien informé celui qui pourrait affirmer qu'à partir d'un certain moment Concini, désespéré, n'a pas tout fait pour provoquer son propre assassinat. Peut-être souhaitait-il donner une fin marquante à sa tumultueuse existence.

Dans ce domaine, aussi, sa réussite est éclatante !

DISPOSITIONS GALANTES

Dès le lendemain de sa mort, lorsque la populace enivrée de haine le dénuda pour le pendre par les pieds avant de le dépecer à l'entrée du Pont-Neuf, les participants à l'infâme charcuterie purent alors constater que la nature avait peu gâté Concini pour les plaisirs du sexe. On peut douter qu'il se soit jamais intéressé à exercer normalement ses talents dans ce domaine. Privé d'attributs virils consistants, on peut en déduire qu'il hésitait à s'en servir ; il était mal armé pour la joute amoureuse. Une dame séduite cédant à ses roucoulades (par attirance réelle ou par intérêt) pouvait se trouver déçue à la fin de l'exercice et répandre les bruits les plus fâcheux sur la vigueur du maréchal d'Ancre. Dans les rapports sexuels, la mode n'était pas aux câlins délicats. Les femmes s'attendaient à se faire trousser par des mâles puissants. Celui qui faisait montre de faiblesse dans les échanges ternissait sa réputation.

L'homme incapable d'apaiser les sens de sa partenaire se serait privé d'une part de son crédit. Dame ! Henri IV avait donné l'exemple et chacun voulant imiter le roi...

Concini était-il apte au service des dames ? Dans l'affirmative, il dut s'exécuter rarement et sans passion. On l'aurait su.

Dans ses *Mémoires*, Richelieu estime que la seule véritable passion de Concini était le jeu car, précise-t-il, « celle de l'amour n'y paraissait point ; il était rompu par deux hernies, de telle façon que la vertu ne faisait aucune partie de sa chasteté. » Le cardinal veut dire que la continence de Concini lui était imposée par son infirmité. (Il devait porter un bandage herniaire, nous apprend Richelet « pour arrêter la descente des boyaux... »)

En dehors de sa prodigieuse réussite d'aventurier, l'histoire lui reconnaîtra un penchant pour le faste, non pour les frasques. Il aimait à faire croire que ses veines charriaient un sang bouillonnant. Son œil de braise lançait des éclairs prometteurs, mais la concrétisation de ses incitations oculaires ne devait pas descendre souvent au-dessous de la ceinture [1].

Paraître ? Certes, il y excellait, mais de là à passer aux actes... Il se défiait de lui et, prévoyant, des conséquences possibles d'un échec.

Certaines femmes de la Cour lui faisaient les yeux doux, sans doute, mais leurs sourires ambigus s'adressaient au personnage, non à l'homme. Il en était flatté et jouait le jeu à sa façon : il se dérobait adroitement à l'invite, se défilait en soupirant, laissant supposer que ses rapports privilégiés avec la reine le privaient de la moindre incartade. Vantardise ! Marie de Médicis — tous les historiens sont en accord à ce sujet — non seulement n'eut jamais d'amant mais répugnait à s'ébattre avec son époux qui lui fit six enfants à son corps défendant. Mais Concini plastronnait, laissait dire et croire. Il en rajoutait même, pour étayer les rumeurs. L'anecdote du maréchal d'Ancre renouant ses aiguillettes [2] au sortir de la chambre de la reine en arborant la moue de contentement du mâle satisfait, est assez connue [3]. Fanfaronnade !

En outre, pour en faire accroire, il s'arrangea — par l'intermédiaire de Leonora — pour conseiller à la reine de faire édifier une passerelle de bois couverte reliant son logis voisin aux appartements de la régente sous prétexte qu'il pourrait ainsi plus facilement la consulter à toute heure... Astucieuse initiative qui renforça dans l'esprit de chacun une conviction erronée : la reine de France était la maîtresse du Florentin [4] ! Marie, sotte, dédaigneuse et — dans ce cas précis — innocente, refusa de s'abaisser à démentir. Cette attitude consolidait encore la position du faux amant. Amant ? Le fut-il jamais, d'ailleurs, autrement que par souci de son propre devenir ?

Il est permis de penser qu'il fit deux enfants à son épouse plus par calcul que par goût. Et encore : devoir égocentrique ! N'était-ce pas là une façon sûre de s'attacher — un temps — une femme dont le rôle est irremplaçable parce qu'elle a l'oreille (ô combien influençable) de la régente, laquelle peut distribuer, quasiment à sa guise, titres, places et revenus dont Concini est le premier — non le seul — à bénéficier ? Le processus est simple. L'irrassasié d'honneurs dit à sa femme ce qu'il veut obtenir... encore. Cette dernière transmet et suggère à la reine telle gratification ou nomination. Marie tergiverse, se fait prier par Leonora qui ruse, cajole, et arrache la promesse... à condition, toutefois que la

1. Lors de son procès (1617), Leonora répondra : « Que son mari ne dînait, ne soupait et ne couchait avec elle il y a quatre ans. »

2. Braguette de l'époque.

3. Rapportée par Amelot de la Houssaye.

4. Cette passerelle, ironiquement baptisée « le pont d'amour », fut abattue sur l'ordre de Louis XIII le jour même de la mort de Concini (24 avril 1617).

régente sache par avance que l'opération lui rapportera de substantiels profits. Elle a une telle envie de nouveaux diamants...

Les choses se passeront fréquemment ainsi pendant près d'une quinzaine d'années...

Au cours du procès de Leonora (été 1617) il est un témoignage qui jette un autre éclairage sur ses rapports intimes avec Concini. François d'Alvarez, médecin portugais natif de Bragance, déclare en effet [1] que « ... La maréchale d'Ancre disait avoir des raisons de se plaindre de son mari, lequel ne la visitait que pour obtenir, grâce à son entremise, les faveurs de la reine mère. Lorsqu'elle se refusait à intervenir le maréchal élevait la voix, portait la main sur elle, la battait et la traînait sur le sol la tirant par les cheveux. Il dégainait sa dague et menaçait de la tuer si elle ne cédait pas... »

De santé fragile, souvent malade (alitée presque toute l'année 1603), la Galigaï craignait les coups. Lui aimait à en distribuer... aux faibles. Or cette lâche brutalité n'avait pas pour but de les émoustiller l'un ou l'autre. Ce qui aurait pu trouver une apaisante conclusion sur une couche, se terminait le plus souvent par l'évanouissement de la malheureuse.

Celui qui frappe volontiers un être incapable de se défendre physiquement est rarement un individu sensuel. On y verrait plutôt une sorte de revanche primitive et la manifestation instinctive d'une impuissance. Faudrait-il en conclure que certains bravaches compensent leur manque de tempérament par des éclats, menaces, brutalités et autres voies de fait ?

Quant à Leonora, les seuls rapports sensuels qu'elle eut jamais (à notre connaissance) se bornent à ceux qu'elle accordait à Concini et les autres qu'elle avait partagé un temps (indéfinissable) avec Marie de Médicis.

1. Interrogatoire auxquels procèdent Jean Aubery, Robert Aubery et Nicolas Lebailleul.

DEUXIEME PARTIE

L U Y N E S

LE PROVENÇAL

Carpe Diem.
(Mets à profit le jour présent.)

Charles d'Albert de Luynes
Mornas 1577 — 1621 Monheur

Il est surprenant de remarquer que la plupart des historiens contemporains font apparaître Charles d'Albert de Luynes comme un « gentilâtre » *(sic)* issu d'une obscure famille provençale aux origines vaguement transalpines [1], ce qui n'est pas exact.
En revanche on pourrait s'étonner — mais c'est un détail — que seul M. de La Varende ait pensé (à notre connaissance) à souligner le fait que les familles Médicis, Concini, Galigaï (Dori) et Alberti ont une commune origine : Florence !
On sait les qualités et les défauts que l'on prête volontiers à l'esprit florentin. Mais les ressortissants toscans ne jouissent pas tous de la finesse de Machiavel, disparu moins de cent ans auparavant, en 1527.

De commodo et incommodo... [2]

1. Voir en fin d'ouvrage « Les origines de la famille de Luynes ».
2. « De l'avantage et de l'inconvénient. »

Le provençal

A la fin de l'année 1591, le capitaine de Luynes, cinquante-six ans — qu'Henri IV estime pour ses faits d'armes passés — se rend auprès du roi, trente-neuf ans alors, pour lui présenter son fils aîné, Charles d'Albert de Luynes, alors âgé de quatorze ans.

Le Béarnais réserve le meilleur accueil au jeune homme et, après son entrée dans Paris en juillet 1593 (et son abjuration), accepte d'être le parrain du jeune Charles (Saint-Denis, janvier 1594) et le recommande aux bons soins de M. de Lesdiguières [1], quarante-neuf ans alors, gouverneur du Dauphiné, dont il devient page pour un temps très court.

Grâce à l'amitié de feu son père [2] avec les membres des familles de Lude et de Contades, il réussit à entrer au service du comte de Lude, d'abord en tant que page, puis comme « gentilhomme ordinaire ». Son nouveau maître accède à sa demande et le présente à un familier du roi Henri IV, M. de Varennes, lequel, par courtoisie envers Lude, place le jeune Provençal à la volerie royale.

Le duc de Bellegarde [3] l'ayant trouvé charmant — sans arrière-pensée — l'assure de sa protection et l'introduit parmi les pages royaux. Il aura à s'occuper des équipages, des chenils et surtout des oiseaux en tant que « gentilhomme de la chasse », expert en vénerie. (Le roi Henri n'a qu'une passion : les femmes. Louis XIII n'aura qu'une passion : la chasse.)

Plusieurs années s'écoulent. Luynes, fauconnier, se perfectionne en cynégétique. Et puis tout bascule ! Le 14 mai 1610, Henri IV est assassiné.

1. François de Bonne (1543-1626), chef des huguenots du Dauphiné. Ami d'Henri IV, il combattit les catholiques puis le duc de Savoie. Créé maréchal de France en 1609, duc en 1616, il sera nommé maréchal général de camp le 2 avril 1621, le jour même où Luynes devient connétable, puis, à son tour connétable en 1622 après la mort de Luynes. Ils se retrouveront côte à côte au siège de Montauban (automne 1621). Il aura soixante-dix-huit ans, Luynes quarante-quatre !

2. Mort en février 1592, à Melun, en regagnant Mornas. (Voir généalogie des Luynes en fin d'ouvrage.)

3. Qui périra à Clairac-sur-Lot en 1621 alors que Luynes se trouvera sur place.

La reine mère (couronnée la veille) devient régente. Dans son ombre, les Concini s'apprêtent à saisir le pouvoir. A la Cour, les mœurs deviennent ultramontaines... Charles d'Albert de Luynes entend ne pas être le dernier à s'adapter. Il a trente-trois ans.

Ses puissants protecteurs d'hier viennent d'être balayés. Le voilà privé d'appui. Il a très bien compris que pour être admis avant d'être remarqué par les nouveaux maîtres, il convient de se mettre à la mode du moment et se présenter sous un extérieur vestimentaire avantageux.

Qui pourrait prêter attention à un provincial de petite noblesse, ayant dépassé la trentaine, placé avec tant d'autres parmi les servants de la volerie royale et soudain sans amis ? Il faut réagir vite, paraître, se faire connaître... et reconnaître... avant les autres ! Il est urgent de trouver sa place. Luynes sait qu'il sera jaugé sur sa bonne mine. Par conséquent il entend se montrer sous des dehors séduisants.

Il raisonne juste. Comment juger, sinon par son apparence extérieure, quelqu'un qu'on n'a jamais vu ?

La Cour débraillée, grossière et bonne enfant de Nost'Henri n'existe plus. Marie de Médicis veut une Cour raffinée, brillante, élégante et parfumée : retrouver Florence... Il faut donc se mettre au ton et aux couleurs du jour. N'est-on pas à même — on ne sait quand — de croiser le regard d'un envoyé providentiel au hasard des galeries des Tuileries ou du Louvre ? Si cette chance se présente — Luynes n'en doute pas — il saura en profiter.

Ses deux frères cadets l'ont rejoint : Honoré (Cadenet) et Léon (Brantes). Eux aussi ont été admis parmi les gentilshommes qui s'agitent au Louvre. Chez un tailleur « à la mode » Luynes se livre à une magistrale comédie pour obtenir ce qu'il veut... à crédit ! L'artisan cède. Charles profite de ses bonnes dispositions et, bon prince, fait couper deux autres vêtements pour ses frères : ils les échangeront.

L'instruction des trois Provençaux n'avait pas été poussée plus loin que les bases essentielles. Cela importait peu dans un temps où les grands seigneurs — eux-mêmes ignorants pour la plupart — affichaient le plus noble mépris pour la culture et le savoir. Ce qui comptait alors, c'était surtout la parade. Il était préférable de ne pas s'encombrer de scrupules excessifs, d'une conscience trop pure, d'une délicatesse de sentiments que nul, à la Cour, n'aurait apprécié.

Il fallait, en revanche, rester aux aguets, prêt à toutes les souplesses, aux flexibilités d'échine et ne jamais laisser passer une occasion de se faire voir et entendre dans n'importe quelle circonstance. Pour ce jeu subtil, Charles de Luynes était particulièrement doué. En outre, il savait danser, louanger son prochain à l'excès et sourire aux dames. Avec de telles dispositions, tous les espoirs étaient permis.

Ils se concrétiseront bientôt.

Vêtu de neuf, frisé, pomponné, Luynes fait ses débuts dans l'antichambre de la reine régente (Noël 1610). Il salue, s'incline, se courbe, se prosterne dans un mouvement si gracieux que Marie de Médicis le remarque. Il s'arrange pour être présenté, murmure un compliment bien tourné qui semble être apprécié. Mais la régente, accaparée par ses adulateurs, détourne la tête.

Cette rencontre n'aura pas de suite, dans un premier temps. La reine est bien gardée : Leonora Galigaï veille. Elle aussi l'a aperçu. Elle se renseigne. Apprenant qu'il n'est « rien », elle lui montre le dos. Qu'a-t-elle à faire d'un homme incapable d'ouvrir une bourse à son guichet ? L'entrée en faveur ne sera pas pour cette fois. Luynes est fâché de l'échec mais ne désespère pas. Il reviendra à la charge. Pourtant, quelque chose le tracasse : il a dépassé la trentaine. N'est-il pas trop tard pour plaire ?

Il ne peut deviner que c'est précisément parce qu'il est un bel homme mûr, (au nez fort [1]), à l'air affable et doux, qu'il va retenir l'attention de la dernière personne à laquelle il aurait pu penser : la moins atteignable et la plus vulnérable.

Noël 1610, Noël 1611. Entre ces deux dates tout aura changé de face pour celui qui s'inquiète.

Le Provençal a toujours été attiré par la vénerie. Depuis quelques années n'est-il pas dans son rôle en s'occupant des volières royales ? Toutefois, il ne savait pas qu'il s'y intéresserait autant. Résolu à étendre ses connaissance, il étudie — entre autres — le dressage des oiseaux de proie. Il apprend. Bientôt rien ne lui demeure étranger dans l'art de la chasse à vol.

Or Louis XIII est passionné par les oiseaux. Pierre de l'Estoile signale très tôt ce goût du prince. Luynes en a-t-il été informé ? C'est probable. Devient-il expert en émerillons [2] et autres dans l'espoir de plaire à l'enfant roi ? C'est possible. Mais pour cela, encore faudrait-il être à même de lui parler.

Plus il y songe, plus le Provençal se persuade qu'il doit provoquer cette rencontre. Il s'adresse au gouverneur du jeune roi. M. Gilles de Souvré a bien connu son père. Il lui dit son désir d'approcher le prince qui, paraît-il, est féru de chasse, et comme la chasse n'a pas de secrets pour Luynes... Souvré convient que c'est là un sujet de conversation tout trouvé et qui ne manquera pas d'intéresser Sa Majesté. Il accepte donc de l'introduire auprès de Louis XIII en vantant son expérience en fauconnerie.

L'homme et l'enfant de dix ans se trouvent en présence. Autour d'eux des passereaux apprivoisés volettent dans la pièce. Très vite, par son aisance à s'exprimer sur un sujet qu'il connaît à fond — aisance tempérée de respect —, Luynes éveille l'intérêt de l'auguste amateur d'oiseaux et en un instant fait sa conquête.

Le dialogue s'installe. Les interlocuteurs énumèrent tour à tour les catégories de faucons : le faucon sor, le faucon niais, l'antenaire, le

1. Malherbe.
2. Petit faucon employé pour la chasse à vol.

tatarot... Souvré qui assiste à l'entretien s'émerveille : Louis XIII, tout à sa passion, a cessé de bégayer...

Ce premier contact est décisif. Le roi demande à Luynes de revenir bientôt, demain ? Ne faut-il pas aller chasser ensemble ? A cette invite, qui est un ordre, le Provençal s'empressera d'obéir.

Au bout de quelque temps Louis XIII recherchera souvent la compagnie de cet homme calme, prévenant, au sourire clair dans lequel l'enfant roi voit des marques d'affection. Soudain, Louis XIII, à qui cela n'est jamais arrivé, ne se sent plus tout à fait isolé. Aurait-il trouvé un ami véritable ? Quelqu'un à qui l'on peut parler simplement, qui vous répond avec déférence mais sur le même ton. Un être avec lequel on peut causer à sa guise des choses que l'on aime, devant qui on peut bafouiller sans honte, dont on peut, sans crainte d'être trompé, solliciter les avis, un allié sage et clairvoyant vu sa maturité, et capable de donner de bons conseils, en toute franchise.

Le petit roi se sent heureux pour la première fois de sa jeune existence. Ah ! ce Luynes, Luynes ! Il ne faudra pas qu'il le quitte ! Cela, jamais ! Ah non ! Louis a découvert ce qu'il cherchait éperdument sans le savoir et n'entend pas le perdre. Luynes a trouvé par le biais le plus inattendu ce à quoi il n'aurait pas osé prétendre : l'amitié passionnée du futur souverain !

En quittant la chambre, Luynes entrevoit l'enfant roi, le visage penché sur un oisillon qu'il tient délicatement en le caressant d'un geste rassurant...

TENDANCES... ENFANTINES ?

Très tôt, Louis dauphin manifeste sa préférence pour la société masculine et particulièrement celle des militaires. (Attirance pour les hommes, passion prématurée pour les armes ou fétichisme[1] ?)

Le 28 juin 1606 — il n'a pas encore cinq ans, — Louis, ayant remarqué un soldat — Descluseaux — parmi ceux de sa garde, et voyant entrer celui-ci, s'écrie : « Hé ! Véla mon mignon. Venez mon mignon Descluseaux ! » Le 1er juillet, il essaime des pétales de rose sur le banc auprès duquel se trouve Descluseaux « afin que sa place sente bon[2] ! »

Le 28 juillet, Louis se fait mettre en sentinelle par le même Descluseaux, mais refuse de le faire asseoir à sa table invoquant le fait « qu'il n'est pas gentilhomme. » Le 14 septembre 1606 — jour de son baptême — Louis aperçoit le même garde parmi la compagnie. Il l'appelle : « Hé ! Mon mignon, venez mon mignon ! » Jusqu'en 1617, Louis continuera à « s'intéresser » à Descluseaux. Onze années d'attachement... amical (?)

Or, si en 1606 ce même Descluseaux est soldat, c'est qu'il a vingt ans

1. Héroard, *Journal.*
2. Héroard. Aveu probablement mensonger. Le prince n'aime que les odeurs fortes, mais veut plaire à Descluseaux qui, lui, apprécie les parfums suaves.

(au moins), alors que le dauphin n'a que cinq ans. Mais en 1617, Louis a près de seize ans et Descluseaux a largement dépassé la trentaine... comme Luynes.

Le Provençal s'occupe du dauphin depuis 1611 et, comme on le verra plus loin, leurs rapports sont devenus très intimes depuis les premiers mois de 1616, au retour de Bordeaux. Ce qui n'empêchera pas Louis de rester en étroites relations avec « son » soldat préféré.

En octobre 1608 — il a sept ans — le dauphin se fâche contre le comte de Torigny qui va à la promenade avec Mme de Longueville alors qu'à l'accoutumée il l'accompagne aux jardins, seul ou en compagnie de Mlle de Vendôme[1]. Si Louis n'est pas jaloux de sa demi-sœur, il l'est de Mme de Longueville. Afin de punir Torigny, il lui envoie un gentilhomme : « Dites à Torigny que c'est une fille et qu'il ne vienne plus avec moi ! », puis, se reprenant, il ajoute : « Je lui pardonne à la charge qu'il s'habillera en fille[2] ! » Louis ne pardonne pas ce qu'il estime être une infidélité à sa personne.

Que Torigny sorte seul avec la bâtarde de son père... passe encore, mais avec une étrangère... En obligeant (en principe) Torigny à se vêtir en fille, le prince manifeste ainsi sa jalousie et croit blesser en infligeant ce travestissement. Voilà pour la punition puérile. Mais, en même temps, il tient à le revoir. A l'âge où il est (sept ans) il n'est pas concevable pour un garçon d'avouer des penchants autres que féminins. Or, Louis n'est probablement pas encore conscient qu'il éprouve une attirance pour Torigny... au masculin.

En juin 1610 — peu avant « l'arrivée » de Luynes — l'enfant roi se sent de plus en plus attiré par les oiseaux. Il s'entiche d'un petit paysan de Saint-Germain-en-Laye, Pierrot, qui s'emploie à capturer les passereaux. Ensemble, ils s'amusent à des « chasses en chambre[3] ». En août de la même année, Pierrot va retrouver Louis aux Tuileries. Le prince lui saute au cou, l'embrasse *(sic)* et lui ordonne de rester auprès de lui. L'autre refuse, « s'en excuse, qu'il faut qu'il s'en retourne ; autrement qu'il serait battu pour ce que son père et sa mère ne voulaient pas qu'il vint à Paris voir M. le dauphin[4]. »

Le petit paysan n'aurait-il pas eu la langue trop longue en avouant à ses parents quels sortes de jeux le jeune roi entendait lui faire partager ? On comprend mal pourquoi de pauvres gens auraient écarté l'aubaine qui se présentait à eux, par « l'aimable » intermédiaire de leur fils...

Louis manifeste très tôt son attirance pour le spectacle des ébats amoureux. Ainsi, le 31 octobre 1610, Héroard note dans son journal : « Il va chez la reine (sa mère) où il fait la guerre à M. de Courtenvaux,

1. Fille d'Henri IV et de Gabrielle d'Estrées (que Concini rêva d'épouser si Leonora, malade, succombait).
2. Pierre de l'Estoile.
3. George Delamare.
4. Pierre de l'Estoile.

auquel il veut faire baiser sa femme en présence de la reine et lui dit : "Non, je ne croirai pas que vous soyez marié, que je ne vous aie vu baiser votre femme". »

Le garçon vient d'entrer dans sa neuvième année... Cette tendance à jouer les voyeurs ne disparaîtra pas.

En 1619, comme on le lira plus loin, il assistera à la consommation du mariage de sa demi-sœur Vendôme et à celui de sa sœur Chrétienne avec le prince de Piémont, et ce, de bout en bout (si l'on peut dire), en y prenant un plaisir évident. Il n'est pas douteux que la vision offerte d'un homme dans le plein exercice de sa fonction sexuelle l'attirait et lui procurait une grande satisfaction. Sur un tout autre plan il faut signaler que l'adolescent peut se montrer à la fois infidèle et généreux. Ainsi, le valet Haran, d'origine modeste, soignait les chiens de son maître. En octobre 1614, le roi va chez Haran faire cuire des œufs... et les lui offre ! En décembre, Louis se rend à Gagny, achète une maison (3 500 écus) et en fait don à son valet de chiens[1] Plus troublants sont les rapports avec le caporal Descluseaux. Le 2 novembre 1616[2] le jeune roi veut « s'amuser » à monter la garde. Sur son ordre, Descluseaux l'éveille et le place en sentinelle. Louis s'endort. Le caporal Descluseaux le met alors en prison : « Ce fut en son lit », nous confie Héroard. Le 20 juin 1617, un mois après la mort de Concini, Louis est vraiment roi mais, jouant à l'enfant (?), il décide de prendre la garde, se fait mettre en sentinelle et reste en place, immobile, jusqu'à une heure du matin. C'est Descluseaux qui le surveille et le commande...

Louis XIII aurait-il des tendances masochistes ? Celles-ci auraient-elles trouvé un terrain propice pour se manifester avant d'autres tendances, sadiques celles-là[3] ? On serait tenté de conclure que ce caporal a précédé Luynes dans les faveurs royales et que leurs relations se sont poursuivies — occasionnellement — après la « rencontre » entre le petit roi et le Provençal (1611). Ce partage des « préférences » princières pourrait laisser croire que Louis n'était pas avare dans la manifestation de ses affections. Il se permettait donc des infidélités qu'il ne supportait pas chez ses amis intimes ? Louis, ombrageux, jaloux à l'extrême, s'autorisait tout et n'autorisait rien dans ce domaine particulier ? Voilà qui serait révélateur... et plausible !

Il faut discerner deux attirances chez Louis XIII. Tout d'abord, dans son enfance, il se « distrait » avec de jeunes garçons, serviteurs de rang inférieur : des rustres, des paysans, des gens grossiers (Haran, valet de chiens ou César, jeune laquais), et puis il porte ses regards sur des hommes adultes (il reviendra aux jouvenceaux par la suite). Les favoris d'alors — plus ou moins connus — composent une liste assez impression-

1. Pierre de l'Estoile (et Pierre Chevallier).

2. Luynes est, depuis peu, l'ami intime du prince...

3. En actions et en paroles, Louis XIII manifestera parfois un certain sadisme. En ce qui concerne les échanges charnels...

nante et des plus éclectique[1] On y trouve son cocher, Saint-Amour, son demi-frère le chevalier de Vendôme[2] le commandeur Gilles de Souvré[3] homme mûr, et probablement Maupouillan (fils du duc de La Force), entre autres...

Ceux-ci furent successivement écartés par les soins de la reine mère. A ce sujet, Marie de Médicis était prudente. Toutefois, elle ne parvint pas à défaire le dauphin des habitudes qu'il avait contractées avec un certain Nogent-Bautru, favori non déclaré. Ce dernier fut avantageusement remplacé, en son temps, par un personnage d'une autre envergure : Charles d'Albert de Luynes, avec lequel elle ne put que... composer (tout en enrageant), tant la passion de Louis pour le beau Provençal était forte. Nous en reparlerons.

Il est intéressant de noter, dès à présent, qu'après la mort de Luynes, Louis XIII, homosexuellement, se tint « tranquille » durant deux années. Mais en octobre 1624, le marquis de Toiras (qui n'est plus un jouvenceau) fait figure de favori fugitif puisqu'en novembre, c'est Barradat (dix-sept ans) qui jouit soudain de la faveur royale[4].

Force nous est de constater que les goûts de Louis XIII oscillent encore alors (et pour la dernière fois) entre l'adulte et le jeune homme.

Nous y reviendrons.

Il est un détail qui peut retenir l'attention du chercheur. Louis adorait son père, lui vouait un véritable culte. On sait aussi que le Béarnais éprouvait une profonde affection pour sa progéniture et particulièrement envers le dauphin. Henri IV trouvait tout naturel que ses enfants (les deux aînés, Louis et Elisabeth[5]) vinssent partager son lit, non pour y dormir, mais pour converser, s'amuser, rire, le matin. Il se montrait souvent dans le plus simple appareil. Louis, tout jeune, put ainsi contempler un corps d'homme nu. (Il ne découvrira celui d'une femme qu'à Bordeaux, en 1615, et en éprouvera... de la surprise !)

Or le Béarnais sentait fort. Il était sale, se lavant à peine ou pas du tout. Il répandait autour de lui une odeur mêlée de sueurs et de crasse. Sa maîtresse, Henriette d'Entragues, dira un jour en sa présence : « Il pue comme charogne ! » (Le roi ne s'en offusque pas mais ne se lave pas pour autant.) De sa personne — au dire des femmes qu'il honorait — se dégageait aussi un parfum d'écurie et de vieux cuir très incommodant. (Marie de Médicis s'inondait de parfums pour « supporter » les assauts

1. Que Gédéon Tallemand des Réaux nous livre... avec un certain plaisir (obsession ?). Ce mémorialiste français né à La Rochelle (1619-1690) est l'auteur des *Historiettes*, témoignage savoureux de son époque. Il rapporte des anecdotes qui lui ont été racontées par la suite car il était trop jeune pour recueillir « à chaud » ce qui concerne Luynes et ce qui a précédé.

2. Le 4 août 1611 Louis montrera un vrai désespoir lorsque Marie de Médicis l'en séparera. Il s'agit ici d'Alexandre de Vendôme qui a trois ans de plus que Louis, et non de César, son aîné, dont l'homosexualité inquiétait fort son père, Henri IV, en 1610. César avait alors seize ans !

3. Son « gouverneur » depuis 1609.

4. Dépêche du Vénitien Morosini.

5. Louis né en 1601, Elisabeth en 1602.

de son époux.) Le cheval, le cuir, la crasse ne sont-ils pas les odeurs qui appartiennent, à l'époque, aux militaires, aux cavaliers et aux chasseurs en particulier ?

Inconsciemment, Louis XIII ne recherchera-t-il pas son père dans l'allure et les odeurs des hommes qui l'attireront ? Puisque nous restons dans le domaine des hypothèses, qu'il nous soit permis d'oser celle-ci : jaloux de sa propre mère — sans le savoir — son subconscient ne reproche-t-il pas à Marie de Médicis d'avoir profité des caresses d'Henri IV ? N'aurait-il pas — très jeune — rêvé de s'identifier à elle pour jouir d'un rapprochement sensoriel avec son père ? C'est peut-être là que se trouve la source de la répulsion que Louis XIII éprouvera pour le corps féminin. Répulsion qui, en réalité, provient d'une jalousie physique.

Qui, en dehors des experts, peut prétendre connaître avec exactitude la provenance des complexes et des fantasmes, de quelque nature qu'ils soient ? Un petit garçon peut être amoureux de sa mère. Pourquoi, dans ce cas précis, ne serait-il pas amoureux de son père ?

De plus, pour Louis enfant, le Béarnais est l'incarnation de la virilité, du courage, mais aussi de la tendresse et de l'indulgence. Alors que sa mère représente pour lui l'image de la froideur et surtout celle des punitions. C'est Henri IV qui déclare en riant : « Fouettez ! Fouettez ! Je ne me suis jamais mal trouvé d'être fouetté ! [1] » Mais c'est elle qui ordonne qu'on applique le conseil et qu'on manie les verges (presque quotidiennement) à la moindre incartade. D'un côté l'enfant découvre les chaleureux et joyeux échanges paternels et de l'autre la dureté, la sécheresse maternelle. Comment ne serait-il pas impressionné, bouleversé, par cette différence d'attitude ? Entre 1601 et 1610, le petit garçon grandit et se forme, choyé par son père et tenu à distance par une mère qu'il affectionne malgré tout mais qui, pour lui, est plus une gouvernante sévère qu'un tendre refuge.

Marie de Médicis n'aimait pas Louis. Elle lui préférera toujours son cadet, Gaston. (Ses trois filles ne comptaient pas pour elle.) Or Louis aurait aimé « aimer » sa mère. Elle ne le lui permit pas. De sorte qu'à l'élan naturel de l'enfant se substitua un sentiment de réserve qui se transforma en crainte instinctive. Il en souffrit, sans aucun doute, mais par orgueil ne se plaignit pas. S'il avait reçu de sa mère la tendresse qu'il était en droit d'attendre d'elle, leurs relations eussent été tout autres par la suite. A la mort de son père, s'il avait été vers elle au lieu de cacher son chagrin son caractère en eût été plus ouvert, son esprit moins encombré de contradictions.

En se montrant sous l'apparence d'une surveillante stricte et autoritaire, il n'est pas douteux que Marie de Médicis, indifférente et bornée, ait marqué la sensibilité de son fils aîné. Ce manque d'affection, il ne le lui pardonnera pas. Leurs relations ne s'arrangeront jamais, malgré les apparences. A la fois Médée et Clytemnestre, peut-on se permettre de

1. Pierre de l'Estoile.

classer la Florentine dans la catégorie des mères castratrices ? Peut-être... *Felix qui potuit rerum cognocere causas !* [1]

L'OPPORTUNISTE

Dans les dernières semaines de novembre (1611), Louis XIII chasse au faucon autour de Saint-Germain et de Fontainebleau. Luynes l'accompagne. Ils chevauchent botte à botte. Le petit prince, détendu, s'exprime, questionne. Avec calme et compétence, le Provençal le renseigne. Louis XIII est heureux, ému. Le dialogue est si simple. Il n'a pas affaire à l'un de ces courtisans simulateurs qui opine, distrait, affichant un enthousiasme admiratif pour ses connaissances en vénerie. Il n'y a rien d'excessif dans les propos de Luynes : seulement du savoir, de la patience, du respect et de la gaieté. Pour Louis XIII, c'est un enchantement. En peu de temps, l'engouement du jeune roi est si vif que non seulement le nom de Luynes lui revient constamment à la bouche, mais encore, il l'appelle en rêve : « Oh ! qu'il est beau ! Qu'il est beau le leurre [2] ! Le leurre ! Luynes ! Luynes ! » Le 28 décembre 1611, Héroard (médecin du roi qui le veille la nuit) note le propos dans son *Journal* et ajoute : « C'était un gentilhomme qui gardait de ses émerillons [3]. »

Le médecin en parle autour de lui. M. de Vitry [4] (futur meurtrier de Concini), capitaine des gardes du Louvre, ne voit dans l'anecdote que le puissant engouement du jeune roi pour les oiseaux de chasse. Afin de complaire à son maître, Vitry lui propose de faire installer une vraie volerie. Elle comprenait seulement alors quelques petits prédateurs et n'était confiée qu'à un fauconnier de basse-cour [5] » L'enfant applaudit à cette idée et ordonne que ce projet se réalise au plus vite.

Vitry, heureux d'entrer ainsi plus avant dans les bonnes grâces du roi, prend tout de même la précaution (on n'est jamais trop prudent à la Cour) de se renseigner dans l'entourage de Concini — qui, à ce moment, gouverne — avant de choisir un candidat au poste de « gardien de la volerie royale ». On lui fait comprendre que la nomination d'un chevau-léger, La Coudrelle, à ce poste serait la bienvenue...

C'est alors que Fontenay-Mareuil (capitaine au Louvre, et très ennemi des Italiens) a vent du projet. Il s'empresse d'avertir Souvré (gouverneur du roi) des intentions de Vitry [6]. Souvré — ancien compagnon d'Henri IV et très opposé aux Florentins — fait échec au dessein de Vitry et, allant droit au but, parle à Louis XIII. Il le prie (sachant la partie gagnée par

1. Virgile : « Heureux qui a pu pénétrer les causes secrètes des choses. »

2. Morceau de cuir rouge en forme d'oiseau auquel on attachait un appât pour faire revenir le faucon sur le poing.

3. Héroard écrit : « Loïnes ».

4. Nicolas de l'Hospital, marquis puis duc, maréchal de France (1581-1644). Luynes est son aîné de trois ans. Il sera plus tard embastillé sur l'ordre de Richelieu.

5. Pierre Chevallier.

6. Pierre Chevallier.

avance) de donner l'office en cause à l'aîné des frères Luynes : « A quoi le roi, qui avait, comme il s'est vu depuis, une disposition naturelle à l'aimer, ayant aussitôt consenti et montré d'en être bien aise, il le fit venir, et commanda à celui qui gardait ses oiseaux de le reconnaître et de lui obéir. Ces oiseaux furent de là en avant nommés oiseaux du cabinet, tant parce que le roi voulait qu'il y en eut toujours dans ses cabinets, que pour les distinguer de ceux qui dépendent de la grand'fauconnerie et du maître de la garde-robe [1]. »

Cette nomination, cet attachement officiel à sa personne et à ses jeux met Louis XIII au paroxysme de la joie. Il n'aurait, peut-être, pas osé, seul, prendre une telle décision (il a dix ans !).

Concini est contrarié en apprenant la nouvelle. Il gouverne la France, mais ne peut casser une décision royale. Il enrage. Souvré paiera une initiative qui déplaît. Le maréchal (gouverneur précepteur) honnête et naïf, verra son autorité diminuer de jour en jour du fait qu'on lui adjoint des incapables à la solde des Florentins. Ce sera d'abord un certain Vauquelin des Yveteaux, poète vaseux, fils d'un imitateur d'Horace, puis un soi-disant homme de science, David Rivault de Fleurance, et un supposé philosophe, Nicolas Le Fèvre, âgé de soixante-huit ans... Leur capacité importe peu. La consigne qu'on leur a donnée est assez effrayante : faire en sorte que le jeune roi n'ait d'autres occupations que des jeux enfantins [2]... Concini, Leonora — et Marie de Médicis — souhaitent qu'on l'écarte de tout ce qui a trait au métier de roi, que l'on s'applique à atrophier son intelligence. Saint-Simon écrira plus tard dans ses *Mémoires* : « On le laissait croupir dans son oisiveté... On ne lui avait même pas appris à écrire. »

Ces directives cruelles ne sont pas données par méchanceté pure, mais par calcul. Si Louis, à sa majorité, est reconnu déficient d'esprit et inapte à régner, la couronne de France sera promise à son frère cadet, Gaston, duc d'Orléans. Ils ont sept ans de différence ! Pendant ce temps Marie de Médicis et sa clique pourront diriger l'Etat et poursuivre leur fructueux commerce sous couvert d'une nouvelle régence...

Non content de vouloir l'abêtir, on cherchera à ruiner sa santé. On le purge sous le moindre prétexte (malgré les conseils d'Héroard, son médecin). Il est saigné presque chaque jour. On l'humilie souvent. On le punit durement pour des riens. (De sa propre main, sa mère le fouettera très tard !) Il faut à Louis XIII une constitution particulièrement robuste pour résister à de tels traitements !

Il gardera les marques d'une enfance martyrisée et d'une éducation désastreuse. Ce qu'on lui inflige au cours de ses jeunes années laissera des traces ineffaçables. Le petit garçon spontané se réfugiera dans la sournoiserie pour se protéger des autres et deviendra l'homme taciturne, dissimulé, glacé, dont les réactions seront imprévisibles.

On peut prétendre que, d'une certaine façon, la chasse le sauva. On

1. Fontenay-Mareuil, *Mémoires*.
2. George Delamare.

peut donc avancer que la forte influence de Luynes, à différents niveaux, lui fut des plus bénéfiques. Vitale ? Il n'est pas douteux que les longues chevauchées à travers plaines et vallons, les galopades frénétiques à la poursuite du gibier, l'excitation de l'attente à l'affût, les joies et les plaisirs partagés avec Luynes, créaient entre eux des liens solides.

Ils chassaient ensemble presque chaque jour !

La chasse ! Le mot seul fait briller les yeux du jeune roi. Depuis son bas âge, Louis s'est engoué de toute chasse : la chasse au tir ? Les fossés du Louvre et les jardins des Tuileries ont retenti de ses arquebusades. Les chasses à courre ? L'annonce d'un dix cors le faisait trépigner. La chasse à vol ? La chasse à vol surtout [1] ! Celle-là le fascinait : la plus absorbante de toutes, car il y faut perpétuellement redresser les gerfauts. Le faucon ne s'utilise que trois mois. Dans la saison des amours, il n'obéit plus. La chasse à vol ? Elle exalte le roi, par sa poésie, sa rareté, sa qualité traditionnelle, sa fulgurante vitesse, son drame ailé. Dans ce domaine aussi, Luynes connaît d'étonnants secrets. Louis n'en doute pas et n'a qu'un désir : les connaître.

La chasse... Elle avait été la distraction favorite de tous les Capétiens, mais aucun, peut-être, n'y avait mis autant d'assiduité, de fougue, de passion. Quelle saine délivrance pour ce garçon de dix ans : oublier un monde abominable, s'oublier soi-même grâce à l'ivresse que dispensent l'odeur des forêts, le galop, les abois, l'appel des trompes, l'émoi de la poursuite ! Bienheureuse fatigue du corps qui prend sa pleine valeur quand s'y joint une victoire de l'esprit !

Et quelle victoire vaut celle du jeune garçon assez patient, assez habile pour obliger les oiseaux de proie à le servir ? C'est parmi ses faucons, ses éperviers, ses émerillons, ses aphanets et autres laniers que Louis goûte enfin un peu de bonheur. Au plaisir du bel art cynégétique s'ajoute celui de le pratiquer auprès d'un agréable compagnon de trente-quatre ans aux manières affables.

Luynes n'est pas seulement un remarquable dresseur de gerfauts, il est expert en art équestre [2] Il apprend à son royal élève comment on fait danser sa monture de diverses façons : « l'amble », par lequel l'animal trotte en levant les deux jambes d'un même côté, « l'aubin » par lequel le cheval galope devant et trotte derrière, et surtout « le pas relevé » qui est une allure de parade. Cette manière là enchante particulièrement le jeune Louis qui s'applique à bien faire. Quelle joie de pouvoir imposer sa domination, même sur un genet d'Espagne.

Le petit roi n'est plus alors qu'un garçon enthousiaste qui se plaît à voir un être vivant obéir à ses commandements. Il s'amuse et en même temps dirige ! Cela ne lui est encore presque jamais arrivé... Il est doux

1. Chasse à vol : expression exacte, qui est devenue chasse au vol. (Déformation populaire.) On disait aussi : chasse à l'oiseau.

2. Pluvinel, maître d'équitation de Louis, a plus d'expérience, mais moins de charme. Ce Pluvinel (on s'en souvient) a été le professeur équestre (entre autres) de Richelieu ! (Alors marquis de Chillou.)

de parcourir l'Ile-de-France, de guetter le héron aux côtés d'un aîné qui, il le sent bien, n'opposera pas de rebuffade à un élan d'affection.

Lorsqu'une pluie trop drue les empêche de sortir, ils dressent ensemble des pies-grièches ou des émouchets dans les Cabinets du Louvre. Le jeune garçon s'amuse à lâcher les passereaux de ses volières et lance sur eux ses rapaces. Les oisillons affolés s'écrasent contre les murs. Louis semble se réjouir de cette distraction. Ce spectacle cruel lui plaît sans doute... A ses côtés, Luynes, circonspect, sourit au prince...

Une amitié pure se nouait. Louis XIII n'avait pas encore éprouvé le désir de garder le Provençal auprès de lui durant la nuit. Quoi qu'il en soit, alors, Charles d'Albert de Luynes était bel et bien promu « gardien des émerillons royaux » en cette fin d'année 1611. Ce n'était là qu'un tout premier pas.

Le second est moins facile à franchir. L'intimité du jeune roi et de son compagnon de chasse est arrivée à un tel point que M. de Souvré (qui a présenté Luynes) le regrette amèrement. Il aurait souhaité voir son fils, Courtenvaux, jouer le rôle que remplit à présent le fauconnier. En octobre 1614, on apprend au roi que « Monsieur de Souvré voulait empêcher que le sieur de Luynes n'entrât dans sa chambre. » Louis laisse exploser sa colère (l'une des premières, mais explicable si l'on admet son attachement déjà profond à l'affectueux gentilhomme). Le jeune roi s'enhardit jusqu'à prier sa mère « de lui ôter M. de Souvré, qu'il ne pouvait plus durer avec cet homme là [1]. »

Luynes, malgré les récriminations du gouverneur, conserve le droit de parler au roi à toute heure. Fontenay-Mareuil assure que ce fut grâce à l'intervention de M. de Sauveterre [2] que Luynes dut de ne pas succomber aux offensives de Souvré. Sauveterre, ami de Luynes, aurait remontré à la reine mère que l'oiseleur était un homme pondéré, inoffensif, conscient de sa dépendance à l'égard de l'ancienne régente, que celle-ci ne devait avoir aucune crainte. Le même réussit à persuader Leonora et le maréchal d'Ancre que le fauconnier n'était pas dangereux.

Les trois Florentins durent prêter foi à ses dires puisque, de plus, ils accédèrent au désir du roi en accordant à Luynes le gouvernement d'Amboise.

Concini pensait-il déjà à l'écarter ?

Toujours est-il que peu après [3] il parvint à convaincre la reine mère de la nécessité d'éloigner Luynes du roi, soit en le persuadant de partir, soit, en cas de refus du prince, par une décision autoritaire de sa mère. Le maréchal d'Ancre laissait entendre qu'il y avait des moyens plus expéditifs pour se débarrasser d'un gêneur...

Or Sauveterre se trouvait dans la pièce. La Reine mère et Concini crurent qu'il avait entendu leurs propos (alors qu'il n'en était rien). Pour l'obliger à garder le secret, ils le mirent dans la confidence. Sauveterre,

1. D'après Fontenay-Mareuil.
2. Premier valet de garde-robe et huissier du cabinet de la reine-mère.
3. Toujours d'après Fontenay-Mareuil et Pierre Chevallier.

surpris, prit d'abord la défense de Luynes. La reine répliqua : « qu'elle savait tout ce qu'il pouvait dire là-dessus... [...] les choses étant venues à un tel point qu'on voyait bien qu'il fallait que Luynes ou elle s'en allassent. »

Sauveterre, habile, se prononça alors pour le départ de Luynes, mais demanda à la reine si elle avait quelqu'un pour le remplacer, sinon elle courait le risque de se trouver en présence d'un favori qu'elle n'aurait pas choisi, « étant très certain que puisque le roi avait déjà par deux fois témoigné qu'il aurait un favori, qu'il continuerait, et que comme M. de Luynes avait succédé au grand prieur de Vendôme [1], un autre lui succéderait ; avec cette différence que le roi étant plus grand, il le choisirait sans qu'elle y eut part, et que si le sort tombait sur le marquis de Courtenvaux ou sur quelqu'un des petits chasseurs qu'il avait auprès de Luy, il ne vivrait pas avec Elle comme M. de Luynes, qui avait l'esprit modéré, et lui était redevable de tout ce qu'il avait [2]. »

La reine et Concini ne surent que répondre et passèrent en revue devant Sauveterre les favoris possibles « jusques à un garçon de la chambre, nommé Haran, à qui le roi faisait bonne chère et bon visage », puis se résolurent à maintenir le statu quo en attendant mieux, après avoir recommandé à Sauveterre de garder le silence.

Lorsque Luynes s'installera au Louvre (hiver 1615-1616) — comme on le verra plus loin — la reine mère chassera Sauveterre. Fontenay-Mareuil l'atteste. Comme « il n'y eut plus personne pour rabattre les coups, les choses changèrent bientôt et vinrent à une rupture quasi manifeste, la jalousie du maréchal s'augmentant... à mesure que la faveur de M. de Luynes croissait. »

Un passage d'une dépêche de Contarini (Vénitien) éclaire l'affaire Sauveterre. Le 31 octobre 1615, il écrit de Bordeaux : « La reine a chassé de son service un huissier qui depuis de nombreuses années exerçait cette charge dans laquelle il s'était fait plus de cent mille écus [3] parce qu'il faisait naître la défiance entre le roi et Sa Majesté, en rapportant tantôt à l'un, tantôt à l'autre des paroles malveillantes. C'est le roi lui-même [ajoute le diplomate] qui en a averti sa mère. »

Fontenay-Mareuil écrit : « Les raisons de la disgrâce de Sauveterre sont-elles exactes ? Si oui, Louis XIII a cru utile d'endormir la méfiance de sa mère pour mieux préserver Luynes d'une aventure semblable. Il fallait en effet que le roi et son ami se fissent discrets et ne montrassent pas "leur bonne intelligence", car ils ne devaient pas éveiller les soupçons des autres personnes de l'entourage du roi, en particulier M. de Blainville, capitaine de ses gardes, que sa charge mettait en contact permanent avec

1. Demi-frère de Louis XIII que Marie de Médicis avait éloigné le 4 août 1611 malgré les supplications du petit roi.
2. Fontenay-Mareuil (d'après Pierre Chevallier).
3. 300 000 livres, soit 30 millions de nos francs actuels.

le souverain, et qui "servait fort fidèlement et fort bien" le maréchal d'Ancre. »

Si l'on accorde crédit à la dépêche de Contarini : *C'est le roi lui-même qui en a averti sa mère*, on réalise l'obligation où était Louis XIII d'agir avec duplicité. Il s'est trouvé très tôt dans la nécessité de dissimuler, pour se protéger.

Doit-on voir ici l'une des premières manifestations fortes de sa sournoiserie ? Que Luynes l'ait poussé à faire la démarche, c'est possible, mais l'idée doit venir de Louis, à n'en pas douter. L'hypocrisie n'est pas dans le caractère du Provençal (il a d'autres défauts), mais elle est dans la nature du roi (qui a des excuses). Que Louis XIII, encore très timide à l'âge de quatorze ans puisqu'on « l'avait accoutumé à ne se mêler de rien » se soit permis d'agir de cette façon prouverait la force du sentiment qu'il éprouve pour le bel homme de trente-huit ans dont il ne veut se séparer à aucun prix. S'il a eu la hardiesse d'exprimer sa volonté, il l'a fait pour défendre bien plus qu'un caprice.

Au début de sa carrière, il y a quelque chose de transparent chez Luynes. Il apparaît d'autant plus sain que les personnages qui gravitent au Louvre autour de la régente et des Concini sont douteux. Cette Cour est une jungle où d'étranges mascarilles côtoient des ecclésiastiques débauchés, où l'avidité, la bassesse, l'insolence et la traîtrise font bon ménage. Les trublions sont à la mode et celui qui n'a pas de talent pour l'intrigue est vite considéré comme un gêneur ou un sot.

Au contact de cet effarant assemblage, le Provençal pour ne pas être mis à l'écart se trouve dans la nécessité de se composer un personnage acceptable pour la faune au milieu de laquelle il lui faut manœuvrer afin de tenter de se faire une place d'avenir. Attentif et rusé il peut y parvenir.

Il y est résolu.

Et puis... l'imprévisible se produit : Louis XIII encore adolescent se jette dans ses bras.

Ce n'est pas l'événement qui ternit la partie cristalline de l'âme du Provençal puisqu'il donne son affection au jeune prince de grand cœur, mais ensuite, après la suppression de Concini, quand il a le pouvoir en main, une ombre néfaste se glisse alors dans son âme, la trouble et installe insidieusement une certaine opacité.

Luynes a un fond de caractère gai. Il serait tenté de se montrer jovial s'il n'était d'abord courtisan. S'il agit avec grâce, avec bonne grâce, c'est qu'il évolue dans le milieu le plus parfaitement méchant : la Cour ! Le favori est un être solaire, charmant, tout en nuances, qui s'élève sans difficulté parce qu'il a su se montrer sincèrement affectueux envers un petit garçon triste et esseulé qui sera roi. Les embûches, les pièges, Luynes ne les affronte (et ne les affrontera) à aucun moment : il les contourne. Croyant résoudre les problèmes en les écartant, il laisse au temps le soin de faire son ouvrage.

Grâce au *Journal* d'Héroard, on peut suivre la progression de la faveur du Provençal. Dans la nuit du 5 au 6 novembre 1614, Louis a encore rêvé de Luynes : « Il a songé que le sieur de Luynes, un gentilhomme qu'il aimait, était habillé à la suisse... », etc. Le jeune roi (il a treize ans, Luynes) s'amuse alors à faire des vers sur « le gros nez » de son ami (Malherbe *dixit*).

Le 3 janvier 1615, Louis chasse avec Luynes dans la plaine de Grenelle. Il charge celui-ci de dire au capitaine des gardes — M. de Blainville — « qu'on ne laisse approcher personne auprès d'eux. » Ce désir exprimé d'isolement à deux est assez symptomatique.

Peu à peu un lien — d'abord affectif — unit le royal chasseur à son fauconnier. Leur entente va s'affirmer jour après jour. Le désir d'intimité qu'éprouve l'adolescent va s'amplifier jusqu'à devenir irrésistible...

LES MARIAGES ESPAGNOLS

A la fin de 1609, Henri IV fait part à son ami Lesdiguières [1] de ses projets matrimoniaux concernant ses enfants (légitimes ou légitimés). Richelieu les a rapportés dans ses *Mémoires*, M. Jean-Pierre Babelon aussi [2] L'objectif du Béarnais était « d'établir sa propre famille au-dessus des princes du sang de toutes les autres maisons. » Le roi destinait alors au dauphin l'héritière du duché de Lorraine qui pourrait ainsi s'adjoindre au royaume de France [3] Sa fille aînée, Elisabeth, épouserait le prince de Piémont (la Savoie), Chrétienne, un infant puîné d'Espagne *que* — condition sine qua non — *Philippe III devrait nommer duc des Flandres de façon à séparer le gouvernement des Pays-Bas de celui de l'Espagne* [4] son second fils, Gaston, à la plus riche dot de France (Mlle de Montpensier) et Henriette, sa dernière fille, à Charles, futur roi d'Angleterre [5]

Or, Henri IV est assassiné en mai 1610.

La mère du dauphin est nommée régente. En 1614, Louis XIII est déclaré majeur, mais la régence se poursuit. A cette période, la France et l'Espagne se placent, sans conteste, au sommet de l'échelle traditionnelle des valeurs monarchiques. Louis et l'infante Anne sont nés dans la même semaine de septembre 1601. Il serait agréable au pape de voir s'unir ainsi les deux plus hautes puissances de la chrétienté, ce qui pourrait mettre fin à leur vieille hostilité née avec les guerres d'Italie...

C'est ce que souhaite le Saint-Père... et la régente de France.

A aucun moment de sa vie Marie de Médicis ne sera française : ni de cœur, ni d'esprit (ni de langage !). Elle est florentine par son père

1. Au petit-fils duquel il veut marier sa fille Verneuil, laquelle épousera en fin de compte le fils du duc d'Epernon.
2. Dans son remarquable ouvrage sur Henri IV. Fayard, 1987.
3. Et qui ne sera rattaché en fait qu'en 1735 (traité de Vienne).
4. D'après J.P. Babelon.
5. Procédant ainsi, Henri IV et Sully délivraient la France de la toujours menaçante tenaille Habsbourg.

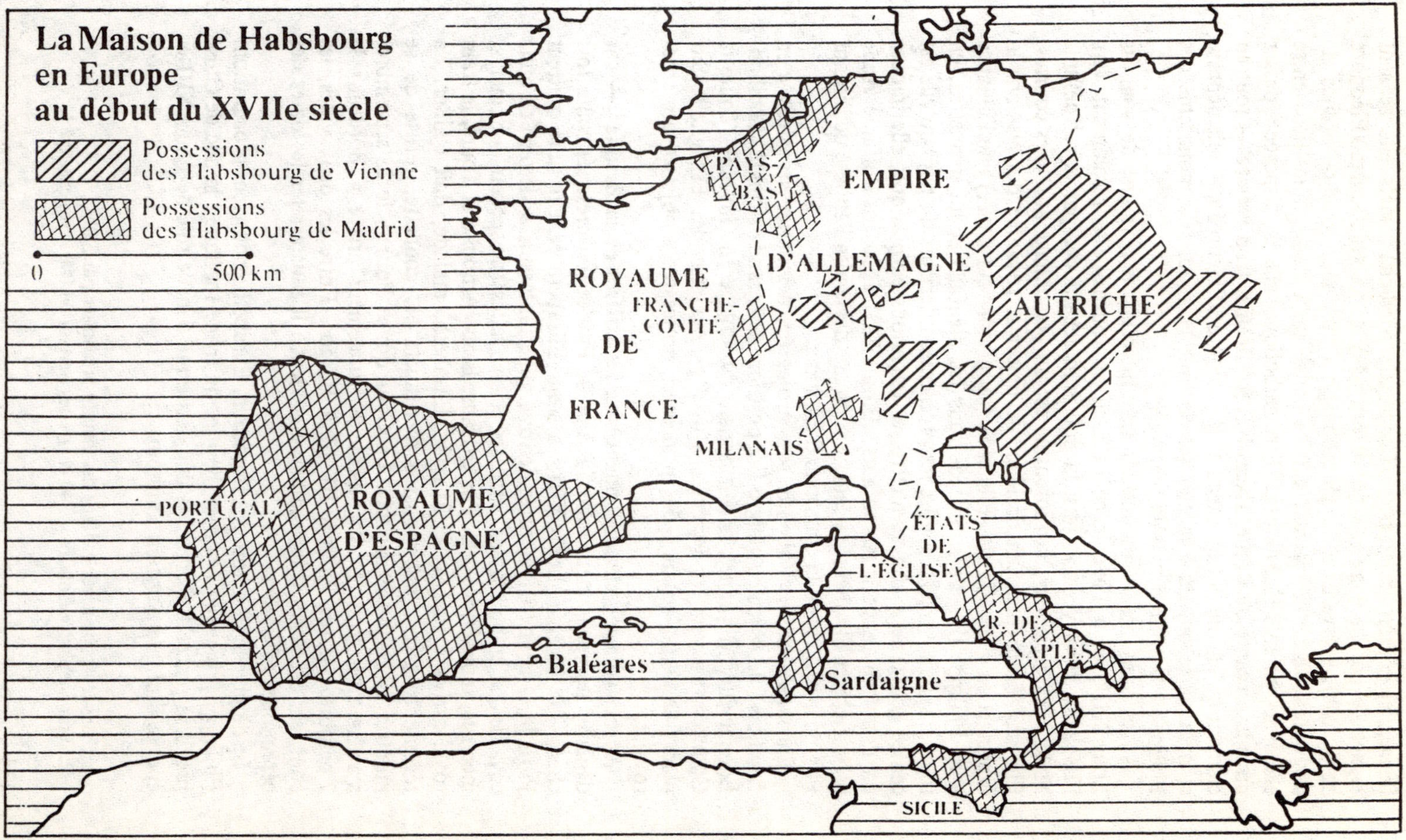
La Maison de Habsbourg
en Europe
au début du XVIIe siècle
Possessions
des Habsbourg de Vienne
Possessions
des Habsbourg de Madrid
0
500 km
PAYS-BAS
EMPIRE
D'ALLEMAGNE
AUTRICHE
ROYAUME
DE
FRANCE
FRANCHE-COMTÉ
MILANAIS
PORTUGAL
ROYAUME
D'ESPAGNE
ÉTATS
DE
L'ÉGLISE
R. DE
NAPLES
Baléares
Sardaigne
SICILE

(François) et son grand-père (Cosme de Médicis) ; mais elle se sent espagnole par sa mère (Jeanne d'Autriche) et sa grand-mère (Eléonore de Tolède), et avant tout : Habsbourg ! Couronnée reine de France et, dès après, veuve et régente, elle ne songe qu'à resserrer les liens entre elle et ses parents Habsbourg. Ultra-catholique, elle est disposée à passer pour la servante de Rome. Excessive, irréfléchie, trop pressée — tout en clamant qu'elle ne fait qu'exécuter les volontés d'Henri IV — elle dépasse et manque le but du Béarnais (et de Sully) : réduire la monarchie des Philippe à la seule péninsule Ibérique.

Aussi, sans penser un instant aux intérêts du royaume de son fils Louis XIII, et à l'avenir ce celui-ci, se tourne-t-elle résolument vers l'Espagne, bouleversant ainsi la politique échafaudée par le roi défunt. Malgré ses gros yeux, la Florentine est un personnage aux vues courtes. Elle agit égoïstement en décidant de placer le royaume des lys sous la « protection » de Madrid. Elle croit (ou plutôt veut croire) que l'alliance avec Philippe III sera source de tous les bienfaits et lui permettra, en toute tranquillité, de résoudre les problèmes intérieurs du pays qu'elle est censée gouverner. Afin de mettre ses intentions en pratique, elle impose un double mariage à ses enfants[1]. Louis XIII épousera l'infante Anne d'Autriche et Elisabeth, sa cadette d'un an, deviendra l'épouse de l'infant Philippe, héritier de la couronne d'Espagne.

Enchantée de voir aboutir son projet (et de marier ses aînés « en famille »), la régente, malgré l'opposition des grands (Condé, Bouillon, Longueville, Mayenne), arrête la date du voyage en Guyenne. Toute la Cour partira vers les Pyrénées afin d'y rencontrer les Espagnols. Sur place, on fera l'échange des princes et princesses « objets » des trocs royaux.

Après avoir consciencieusement vidé les coffres de la Bastille[2] — car déplacer pompeusement toute la cour de France (ou presque) coûte fort cher — la régente, Louis XIII, sa sœur Elisabeth et leur suite quittent Paris le 17 août 1615 escortés de trois mille fantassins et de plus de mille cavaliers, d'innombrables carrosses et charrettes transportant vêtements, meubles, tapisseries... etc. Par Orléans, Blois, Amboise et Tours, le train royal arrive à Poitiers le 31 août. Elisabeth, malade, doit s'aliter. La régente souffre d'une poussée d'érésipèle et, coquette, refuse de se montrer ainsi aux Espagnols. La Cour quitte Poitiers le 28 septembre, s'arrête trois jours à Angoulême et finalement arrive à Bordeaux le 7 octobre. Le roi Philippe III est à Burgos. Entre les deux villes, les courriers exécutent d'incessants va-et-vient : il faut arrêter les dates des cérémonies officielles.

Le dimanche 18 octobre, à Bordeaux, Elisabeth épouse par procuration, Philippe, prince des Asturies, héritier du trône Ibérique : le duc de Guise prend sa place. A Burgos, le duc de Lerme tient le rôle de Louis XIII et épouse l'infante Anne en son nom.

1. Sans tenter de négocier l'une des clauses préconisée par Sully.
2. Voir chapitre « Concini » : 40 charrettes portant 30 000 livres chacune !

Trois jours plus tard, Elisabeth de France (devenue Isabelle d'Espagne) doit quitter sa famille. Avec sa mère, les adieux sont simples. Marie de Médicis est plus réjouie qu'attristée. Avec son frère Louis, la séparation est déchirante (il à quatorze ans, elle treize). Héroard en témoigne : « [...] éveillé à sept heures et demie. N'a point voulu déjeuner [...] Cela [1] ne fut pas sans soupirs et sans larmes jusques aux cris. A onze heures elle entre en carrosse, se met sur le devant auprès du roi accompagné de Mlle de Vendôme [...] traversant ainsi toute la ville... et sortent par la porte Saint-Julien. A demi-lieue de là, il fut mis pied à terre ; ce fut lors que la nature fit jouer ses plus forts ressorts : larmes, sanglots, soupirs et cris mêlés avec les baisers et les embrassades telles qu'ils ne pouvaient se séparer ; chacun faisait de même, ému par les larmes de ces jeunes princes, hormis Don Inigo de Calderon, ambassadeur d'Espagne, qui avait négocié le mariage et les regardait d'un œil sec, tâchant de rompre ces accolades, criant à haute et pressante voix : "Allons, allons, princesse d'Espagne." Le roi s'en revint tout pleurant chez la reine où il fut jusqu'à deux heures après midi ne pouvant apaiser son deuil ni ses larmes. Revient à deux heures et demie. Se plaint à moi de la douleur de tête et me dit que c'est d'avoir pleuré. Dîné... va en son cabinet, ne fait que soupirer et profondément. En fin, il s'amuse à faire avec la plume des hommes sur des cartes [2] et fait ce qu'il peut pour apaiser son deuil. Va à la chasse ; chez la reine. Revient à six heures et demie. Soupé... dit n'avoir pas d'appétit... peu après dévêtu... parle encore de Madame [sa sœur], soupire, dit qu'il est triste. Prie Dieu. A huit heures et demie s'endort... »

Il est certain que dans sa prime jeunesse, Louis XIII éprouve deux puissants chocs sentimentaux. En 1610, il a neuf ans et sanglote à la mort de son père : larmes filiales profondément sincères. En se séparant (à jamais) de sa sœur, il éprouve un chagrin bouleversant : larmes fraternelles tout à fait sincères elles aussi [3]

Louis, pleurant — comme on vient de le voir — se précipite chez sa mère : refuge naturel. Or, Luynes est à Bordeaux. S'il ne se cache pas, il évite de se montrer. Le roi le lui a-t-il conseillé ? Louis craint-il que sa mère prenne ombrage de la présence de son favori ? Elle est pourtant au courant de son existence... Elle sait que le Provençal fait partie de la suite du roi et qu'il est sur place. Craint-elle que cette présence ne « gâche » la consommation du mariage imminent de son fils ? On peut le penser. L'adolescent et le fauconnier, s'ils chassent ensemble le 21 octobre, ne peuvent se permettre de se rencontrer en privé à un autre instant de la journée. Ils sont surveillés et le savent. Marie de Médicis, dans un mouvement d'humeur, pourrait exiger l'éloignement de Luynes.

1. La séparation.
2. N'a-t-il pas été inconsciemment impressionné par la sobre élégance des Espagnols ?
3. Après sa quinzième année, ses larmes se feront plus rares. Celles qu'il montrera seront davantage provoquées par le dépit que par le chagrin ; ou encore par un désir de faire étalage d'une émotion vague, qu'il accentuera pour les témoins.

Louis, timide et complexé n'ose rien proposer, encore moins imposer. Sa soumission à sa mère ne sera jamais aussi évidente qu'à cette période. On peut supposer aussi que les rapports entre l'homme et le garçon ne sont pas encore devenus ultra-intimes. Et puis, le moment serait vraiment mal choisi pour se laisser aller à une concrétisation sensuelle. Y pensent-ils seulement ? Sans doute pas encore...

Le roi a d'autres préoccupations. A celles-là, même si le désir en est absent, il faudra bien faire face. A présent c'est au tour de Louis XIII d'aller au-devant de sa femme. Est-ce pour joindre « l'utile à l'agréable » qu'il prend une initiative surprenante ? Le lundi 9 octobre il envoie son favori auprès de l'infante, porteur d'une lettre charmante (pour elle) et très significative : « J'envoie vers vous Luynes, l'un de mes plus confidents serviteurs... Je vous prie de le recevoir favorablement et de croire ce qu'il vous dira de ma part... » Le Provençal pourra se vanter d'avoir rencontré la future nouvelle reine de France avant le roi.

Louis, dévoré de curiosité veut voir sa femme avant la date prévue pour son arrivée officielle à Bordeaux (22 novembre). La veille, il se rend à Castres, incognito, et contemple l'infante sans que celle-ci puisse l'apercevoir. Il la trouve jolie, blonde et rose aux yeux clairs. Le roi ne s'intéresse qu'au ravissant visage... Le dimanche 22, il lui rend une visite dans ses appartements de l'Evêché. Marie de Médicis l'accompagne. Les deux époux, souriants, échangent des plumes et des rubans écarlates.

Le 25 novembre, la cérémonie du mariage est célébrée en la cathédrale Saint-André de Bordeaux. Anne se présente en manteau royal, couronne en tête, Louis porte un costume de satin blanc brodé d'or et arbore quelques-uns des plus beaux joyaux de France. Marie de Médicis est en noir. Sur son opulente poitrine scintille une belle croix de diamants soutenue par trois rangs de grosses perles fines. Les orgues, l'encens, les cierges enchantent l'assistance nombreuse et chamarrée qui se presse autour du chœur. A côté d'un pilier gothique, Luynes, un peu à l'écart, contemple ces épousailles royales [1]

A la fin de la messe, Marie de Médicis vient elle-même enlever la couronne à la jeune fille (devenue française) et lui ôte des épaules le lourd manteau royal fleurdelisé (charmante attention ! Intention... subtile ?).

Ce geste délibéré peut être interprété de différentes façons... A l'issue de la cérémonie, la reine mère — qui joue l'effacement pour flatter les seigneurs espagnols présents — invite l'infante à prendre place dans une chaise à porteurs qui précédera la sienne pour se rendre au palais épiscopal où elles résident toutes deux. Les Castillans se déclarent touchés, émus, par une telle preuve de délicatesse... Ayant sacrifié au cérémonial comme elle l'avait prévu, Marie de Médicis va s'employer sans attendre à ce à quoi elle tient le plus : la consommation effective du mariage... le

1. Leonora, naguère, a assisté dans des conditions similaires au mariage de Marie de Médicis, à Florence.

soir même ! Qu'en fut-il au juste ? Comme on va le voir, on se trouve ici en présence de deux documents contradictoires.

Le premier s'intitule : « Ce qui s'est passé lors de la consommation du mariage du roi. » Le texte en est conservé à la Bibliothèque nationale et, comme le fait remarquer M. P. Chevalier, il a toutes les allures d'une pièce officielle dans laquelle on peut sentir la main et l'inspiration de la reine mère. Sa conduite et ses interventions y sont rapportées avec minutie. De plus, sur l'ordre de Marie de Médicis, ce document fut communiqué à dessein aux membres du corps diplomatique. A le prendre au pied de la lettre, aucun doute n'apparaît possible : *le mariage fut consommé*. Il est important de remarquer que sans la ferme intervention de sa mère, le jeune marié se serait naturellement abstenu d'aller à la découverte. D'après le même récit, c'est encore la Reine mère qui aurait ordonné aux nourrices des deux adolescents de demeurer dans la chambre, une fois les rideaux du lit fermés [1] Décidément la mère du roi, dans la crainte que le moindre doute puisse subsister, entoure cette action de tous les témoignages possibles : oculaires, auditifs...

Voici maintenant ce que rapporte le médecin de Louis XIII.

A son retour de la messe de mariage : « ... A cinq heures et demie, conduit la reine à sa chambre. Il était las, va en la sienne, dévêtu, mis au lit. A six heures trois quart soupé... M. de Guise, M. de Gramont et quelques autres seigneurs lui faisaient des contes gras pour l'assurer. Il avait de la honte et une haute crainte, en fin ils le rassurent. Demande ses pantoufles et prend sa robe, et va à la chambre de la reine à huit heures, qu'il fut mis au lit auprès de la reine sa femme en présence de la reine sa mère. A dix heures un quart, revient après avoir dormi environ une heure et fait "2" [fois] à ce qu'il nous a dit. Il y paraissait le "guillery " rouge. [Je me suis] enquis comme il avait fait le roi : [il me dit :] "Je lui ai demandé si elle le voulait bien, m'a dit qu'elle le voulait bien..." etc. » (C'est sous l'appellation de « guillery » que tout au long de son *Journal* le médecin dénomme le membre viril).

Ce qui éveille le doute par rapport au récit officiel, c'est qu'Héroard se borne à relater les confidences du jeune roi. Il ajoute : « Il y paraissait » et il précise pourquoi. On peut se demander si l'intromission du « guillery » a été totale et vraiment suivie d'effets, ou s'il a été seulement coloré à la suite d'une intromission partielle et incomplète [2] voire de frottements irritants et infructueux.

On imagine la gêne atroce (paralysante ?) de ces deux adolescents placés quasiment de force dans un même lit afin d'y accomplir un acte charnel dont ils ignorent tout. Déjà dans une chambre isolée, la chose eût été, peut-être, difficile : alors devant témoins, se sachant guettés, épiés... (Ils ont quatorze ans à peine l'un et l'autre : nous le rappelons [3] !) Il est permis de douter qu'un jeune garçon au sang chaud, en pleine

1. Héroard ne peut en faire état : il n'est pas dans la pièce.
2. Pierre Chevallier.
3. En fait ils ont le même âge : nés en 1601, Anne le 22, Louis le 27 septembre.

santé et sans complexe, se soit rendu maître d'une telle situation et ait pleinement réussi à dévirginiser une jeune fille dans des conditions analogues. Mais Louis est loin de s'apparenter à ce garçon-là. Messieurs de Guise et de Gramont ont pu « *lui faire des contes gras* », ils ont perdu leur temps. Louis n'éprouve aucun désir physique pour l'infante [1] Et elle, la petite Espagnole, probablement transie de peur à l'idée de ce qui l'attend, ne doit pas aider beaucoup son tout jeune époux. (Il s'agit d'un double dépucelage !)

Ce premier contact sexuel — comment en aurait-il pu être autrement ? — a été un complet fiasco semble-t-il. S'il en avait été autrement l'attitude de Louis et d'Anne au lendemain de cette « nuit de noce » eût été tout autre. En admettant même qu'ils ne se soient pas sentis détendus, apaisés par une totale satisfaction mutuelle, ils auraient montré par leur mine que « l'opération » avait partiellement réussi. Louis, fier d'avoir franchi une certaine étape aurait recherché la présence de sa compagne. Ils auraient échangé des regards, des sourires, des gestes pudiques de complicité. Non ! Il se lève, se recouche, joue aux échecs, dîne, va au jardin faire voler ses émerillons (avec Luynes), va à la messe (sans Anne), dîne et enfin lui fait une courte visite puis se rend chez sa mère, va jouer à la paume, retourne chez sa mère, revient, soupe et, à sept heures, se couche « et se plaint de douleur à la tête. » Pour ne pas aller retrouver l'infante ?... Il s'endort à huit heures un quart [2]... On peut se demander si au même moment une malheureuse jeune fille blonde, énervée, frustrée, déçue, ne se met pas à pleurer, solitaire, au milieu de ses coussins...

Cet échec officieux n'intéresse pas la reine mère. Elle ne veut pas en entendre parler ni même le supposer. Ce qui lui importe c'est le récit officiel par lequel l'union charnelle est reconnue comme ayant été parfaitement accomplie. C'était là son but : elle l'a atteint. Elle se félicite que son fils ait obéi — une fois de plus — à son ordre : sans son insistance Louis ne se serait pas rendu auprès de l'infante. Prévoyant cette réaction, elle l'avait forcé à s'exécuter, imaginant les fâcheuses conséquences d'une absence physique du roi de France dans le lit de son épouse, au soir des cérémonies nuptiales. Les mauvaises langues se seraient empressées de répandre le bruit que le mariage était resté blanc pour cause de non-consommation. Alors qu'à présent, les apparences sont sauves...

Ayant obtenu ce qu'elle voulait, Marie de Médicis s'empresse d'intervenir. On sépare les deux très jeunes conjoints, ainsi qu'en témoigne le Vénitien Contarini dans sa dépêche du 1er décembre 1615. Ce qui n'empêche pas la reine mère de « conseiller » à son compatriote le résident florentin Bartolini de s'exprimer « comme il se doit » au sujet du mariage. Dans une dépêche datée du 2 décembre, celui-ci écrit : « ...

1. Se sont-ils seulement parlé depuis trois jours ? Ils ne s'expriment pas dans la même langue.
2. Héroard : *Journal*, 26 novembre.

Epoux, le roi et la reine ayant fait vis-à-vis de l'Eglise tout ce qui convenait, consommèrent ensuite, le soir, leur saint mariage. » N'est-il pas maladroit d'insister à l'excès ? En voulant trop prouver... n'éveille-t-on pas les soupçons ? Toujours est-il que les deux adolescents, partenaires fictifs, amants de façade, garderont en mémoire un très désagréable souvenir de ces premières heures d'intimité partagée où leur pudeur a été rudoyée. Leur sensibilité mise à dure épreuve en conservera la marque. Il faudra quatre années pour que leur esprit s'apaise, oublie et conçoive la possibilité d'un nouvel essai de rapprochement. Et encore... Anne ne deviendra femme, dans la nuit du 25 janvier 1619, que sur l'intervention brutale de « l'amant » de son mari... comme nous le verrons plus loin.

On pourrait se demander si cette fameuse nuit de noce manquée n'a pas incité le jeune roi à se précipiter dans les bras de son favori. Avant le 25 novembre, il n'est jamais encore resté étendu, la nuit (dans un but précis), auprès de qui que ce soit. Ce soir-là, il échoue dans ses efforts auprès d'une femme. Par réaction, il peut ressentir l'envie de tenter la même expérience auprès d'un homme. Quatorze ans est un âge critique ! Il ne connaît pas Anne d'Autriche : elle l'intimide. En revanche, il est habitué à la présence de Luynes. Celui-ci n'a-t-il pas su l'apprivoiser depuis quatre ans ?

Sans aller jusqu'à prétendre que l'indifférence (pour ne pas dire plus) de Louis XIII pour le sexe féminin date de cette nuit-là, on peut se permettre de penser que le corps d'Anne d'Autriche, son visage, sa voix, son image, s'identifieront longtemps à l'idée, à l'incarnation de l'échec. Or Louis XIII, très tôt se veut vainqueur... du moins apparemment...

Au retour du voyage de Guyenne (durant lequel Louis XIII est resté plus souvent auprès de son ami que de son épouse), Luynes dit au roi qu'il redoute d'être tué par les sbires de Concini en sortant du Louvre, le soir [1]. Ne pourrait-il loger au palais ? Louis applaudit à l'idée... Mais pour cela il est nécessaire d'être pourvu d'une charge... M. de Fontenay accepte de céder au Provençal sa capitainerie au Louvre. Le roi s'en réjouit et lui fait attribuer une chambre juste au-dessus de son propre appartement. Il est facile d'y accéder par les escaliers intérieurs, à l'insu de tous. Avant de se mettre au lit, Louis va retrouver Luynes. Si le roi tombe malade, le favori descend à son chevet, le veille, et finit sa nuit sur un lit de camp dressé dans le cabinet voisin [2] L'inverse se produit aussi car il arrive à Louis de se lever la nuit et d'aller trouver Luynes dans sa chambre. Or, peut-on souffrir d'insomnies à l'âge de quinze ans alors que l'on a passé tout le jour précédent à chasser jusqu'à l'épuisement ?

Le 5 novembre 1616, Louis est sérieusement malade, en proie à une violente crise intestinale (version officielle, sans doute véridique). Il reste

1. Comme on l'a vu, Concini y a pensé.
2. Fontenay-Mareuil (d'après Pierre Chevallier).

plusieurs jours dans sa chambre sous la garde de Luynes. Ne serait-ce pas les effets de la fameuse lettre de Concini[1] ? C'est probable. Quoi qu'il en soit l'homme et l'adolescent vivent dans la plus étroite intimité : *Trahit sua quemque voluptas*[2] ! Le fauconnier, de gardien des émerillons royaux est devenu capitaine au Louvre et gentilhomme de la chambre du roi. Il est son serviteur, son ami, son amant (de cœur ?), son confident, peut-être déjà son conseiller et bientôt son complice, à tous égards. Luynes a conservé la chambre qu'il occupait précédemment aux Tuileries. Louis s'y rend parfois pour souper et s'y attarde (29 janvier 1617). En date du 13 avril 1617, Héroard note dans son *Journal* que Louis « Va deux fois chez M. de Luynes, en sa chambre. » Il est vrai que nous sommes alors à dix jours de l'assassinat de Concini.

COMPORTEMENT SENSUEL

Il nous faut aborder à présent un sujet crucial en espérant cependant ne choquer personne. Il est essentiel — nous semble-t-il — pour tenter d'aller le plus loin possible dans cette étude, d'essayer de comprendre l'évolution des rapports plus qu'intimes entre un adolescent puceau et un adulte hétérosexuel. La pérennité de leur existence partagée passe par cette analyse particulière. Ce qui aurait pu scandaliser le lecteur hier encore, ne peut plus le surprendre aujourd'hui. Nous sommes à la fin du XXe *siècle et dans le domaine que nous abordons ci-après, tout a été dit et écrit, ou presque. Toutefois l'auteur insiste et précise que son intention est de présenter ici des hypothèses sans chercher à convaincre.*

Jusqu'où Louis XIII accepta-t-il (ou voulut-il) aller au cours de ses ébats amoureux avec ses favoris[3] ? (Question délicate — mais non sans importance — qui ne trouvera probablement jamais de réponses irréfutables). On sait que sa virilité n'était pas en cause puisqu'il parvint à engrosser sa femme à plusieurs reprises. Sans parler des fausses couches de la reine, celle-ci lui donna deux fils : le futur Louis XIV en 1638 et, en 1640, son cadet, Philippe, futur duc d'Orléans. Sa paternité ne peut être mise en doute. Donc le roi étant apte à agir en mâle auprès de son épouse qu'il approchait sans envie, était-il dans les mêmes dispositions physiques à l'égard des garçons ou des hommes qu'il mettait dans son lit, éprouvant pour eux, pour leur corps, une attirance certaine ? Il semble évident que sa virilité, excitée par le désir, ne demandait qu'à assouvir son envie.

Mais qui peut deviner dans quel sens celle-ci trouvait à se satisfaire ?

1. Voir chapitre consacré à Concini.
2. Virgile : « Chacun à son penchant qui l'entraîne ! »
3. Voir en fin d'ouvrage le chapitre « Les vicissitudes de la vie affective de Louis XIII ».

Dans ce domaine extrêmement complexe, toutes les suppositions sont permises puisqu'on ne sait rien de précis à ce propos.

Les toutes premières fois où il se laissa aller à partager son plaisir, les échanges ne dépassèrent pas, sans doute, le stade des attouchements mutuels[1]. Luynes fut, très probablement, celui qui, le premier, bénéficia de la tendresse du malheureux adolescent. Louis XIII a quatorze ans lorsqu'il cherche à s'épancher physiquement dans les bras de Luynes qui en a trente-huit en 1616[2]Il est permis de supposer — sans se tromper beaucoup — que le fauconnier joue *tout d'abord*, en parlant, un rôle de consolateur auprès d'un garçon en manque absolu d'affection. Insensiblement leurs rapports prennent une tournure plus intime. (L'homme et l'enfant sont déjà inséparables depuis le 28 septembre 1611, date de leur rencontre.)

Il paraît évident qu'au retour du voyage en Guyenne leur rapprochement s'accentue. Luynes s'installe au Louvre — comme nous le savons — dans un logement situé juste au-dessus de l'appartement du roi et communiquant avec celui-ci par un escalier secret. C'est presque quotidiennement qu'Héroard note les visites royales chez le fauconnier. Très fréquemment c'est avec Luynes, et chez lui, que Louis se fait servir son repas, aussi bien de jour que de nuit. Après le souper, Louis s'attarde volontiers. Luynes prête attention à ses dires, le rassure, le guide, déjà, avec précaution. Le garçon, charmé, boit ses paroles. Il arrive (note Héroard) que Louis ne regagne sa chambre que vers quatre heures du matin.

Si Louis est malade, Luynes devient garde de nuit et dort sur un matelas, au pied du lit du roi. On peut admettre qu'au début de leur rencontre (1611) il ne se soit rien passé entre eux sur le plan sensoriel. Mais, en 1616, après un temps — indéterminable — quelques mois, quelques semaines (?) —, il est probable que le contact charnel d'abord ébauché se soit établi.

Quelle pouvait être la nature de ce contact ?

Il semble exclu que Luynes — non homosexuel, rappelons-le — se soit laissé aller à abuser du corps d'un jeune garçon vierge, en supposant même que celui-ci le lui ait instamment demandé. En admettant que l'adolescent en pleine puberté ait été tenté de se laisser sodomiser par le blond Provençal, il n'en a pas exprimé le désir *à ce moment-là*, instinctivement persuadé que Luynes, prudent (mais peut-être pas surpris), repousserait une invite de cet ordre. Or ce refus peut abîmer la qualité de leurs rapports affectifs — auxquels Louis tient par-dessus tout — et provoquer un certain refroidissement dans leurs relations amicales. Le

1. Ce genre d'expérience peut arriver (et arrive souvent) à la plupart des jeunes garçons, au collège, en internat, ou au service militaire. Ces pratiques fugitives sont sans suite ni conséquences pour la plupart d'entre eux. Il s'agit simplement d'un irrépressible besoin « d'exploser » qui se produit normalement autour de la treizième année, parfois de façon plus précoce. La satisfaction est meilleure lorsqu'elle est partagée ou provoquée par autrui que lorsqu'elle est obtenue par une manipulation solitaire.

2. Après « le choc » de Bordeaux (25 novembre 1615).

jeune garçon est trop « heureux » pour risquer de tout gâcher en manifestant clairement un désir, malgré tout, assez « extraordinaire. »

Que peut-il se passer, *alors*, physiquement, entre eux ? Il est difficilement imaginable que Luynes ait accepté — *à ce moment-là* — de jouer un rôle passif auprès du jeune garçon. Par conséquent on est amené à conclure — c'est une supputation — que leurs premiers échanges amoureux se sont exprimés en caresses mutuelles amenant à l'explosion des sens ardemment souhaitée par le plus jeune et finalement partagée par l'adulte.

Le Provençal n'est pas en acier. Sensuellement parlant, et dans le contexte que nous connaissons, comment et pourquoi un homme normalement constitué aurait-il résisté alors qu'il est sollicité, provoqué avec insistance ? Et puis Luynes n'a pas un cœur de pierre. Au contraire, c'est un tendre, opportuniste certes, mais d'un caractère plus enclin à la douceur qu'à la dureté. Il ne peut être qu'attendri, voire bouleversé, par ce qu'il découvre chez cet adolescent moralement privé de chaleur humaine, qui le regarde comme l'élu, seul capable de l'arracher à une sorte de désert affectif dans lequel il se débat solitaire, désemparé, ignorant la tendresse. Louis se jette dans les bras du Provençal pour être rassuré, rasséréné, étreint par un homme fait qui lui donne ainsi la sensation d'être protégé.

Avec le temps, ce sentiment va évoluer : leurs rapports sensuels aussi, il faut bien l'admettre. Vient un moment — inévitablement — où leur complicité étant sans restriction, ils ne se contentent plus d'attouchements[1]. Peu importe comment, mais leurs corps s'unissent. Le jeune garçon, étourdi, enivré par cette révélation, éprouve une reconnaissance sans borne pour son initiateur. Leur liaison physique n'aurait pas duré aussi longtemps (1615-1620, 1621 (?) si dans leurs ébats amoureux — indéniables[2] — ils en étaient restés au stade des caresses extérieures. C'est du moins une hypothèse sérieuse que nous nous autorisons à formuler sans pour autant chercher à l'imposer : ce n'est là qu'une probabilité.

Sur un autre plan, la perception olfactive du prince n'est pas à négliger. Elle est encore vivace en 1615. Henri IV a disparu il y a seulement cinq ans. Chez le fauconnier, l'adolescent orphelin retrouve — tout au moins dans les premiers temps — les odeurs qui lui rappellent son père : le cheval, le cuir, la sueur d'homme. Il éprouve probablement du plaisir à les respirer sur le corps de Luynes et s'en exalte[3]

Pour le jeune garçon, le Provençal incarne à la fois *l'amant*[4], certes, mais aussi le parent consolateur et affectueux, le compagnon de chasse

1. L'animalité peut prendre parfois le pas sur la spiritualité : cela est dans la nature humaine. Sinon il faut être un ascète ou un impuissant, ce qui n'est le lot d'aucun des deux personnages.

2. Voir chapitre « Les vicissitudes de la vie affective de Louis XIII ».

3. « Quand les hommes sont trop malheureux, ils deviennent excitables, leur sensibilité s'accroît et acquiert dans l'exaltation une délicatesse féminine. ». (Taine.)

4. Au XVIIe siècle : « Celui qui aime et qui est aimé. »

et de jeux, le « grand frère auquel on peut tout dire » et de qui on attend les meilleurs conseils. Le jeune roi est heureux : il peut avoir enfin confiance en quelqu'un. Il aime. Il est aimé. Quelle découverte enthousiasmante !

Luynes aime les femmes, c'est entendu. Mais, étant gentilhomme, il aime aussi la gloire, les honneurs et la fortune. Alors... il « aime » le roi !

Il n'y a pas chez lui de cynisme absolu. Une occasion inespérée se présente. Il a garde de laisser échapper cette chance providentielle. Le fauconnier constate qu'il est « le premier amour » d'un adolescent frustré qui l'idolâtre et lui prête toutes les qualités : humaines, sensuelles et... politiques. Et cet adolescent est le roi ! Placé — presque miraculeusement, dirons-nous — dans l'étroite intimité de celui qui détient tous les pouvoirs — ou les détiendra demain — le Provençal songe à son avenir et à celui de sa famille. On ne saurait le lui reprocher. Ce n'est pas lui qui a cherché à séduire le jeune garçon, c'est l'enfant roi qui lui a demandé, ordonné de l'aimer et de se laisser aimer.

Nous sommes au XVIIe siècle. Un roi peut tout. Luynes le sait. Le moyen de parvenir au faîte de la fortune importait peu et méritait sans doute que l'on prêtât son corps aux satisfactions royales[1]. Comment et pourquoi le Provençal n'aurait-il pas cédé aux pressants désirs du garçon ? Conserver la faveur du roi afin de garder auprès de lui une place « singulièrement » privilégiée méritait bien quelques sacrifices... Il est probable que Luynes, au début, a été profondément touché par l'élan débridé du jeune roi, séduit aussi, peut-être. Il faudrait être de marbre pour ne pas être ému par un enfant qui soudain supplie qu'on lui apporte un peu de chaleur.

Or Luynes est généreux[2] Il fond. Par conséquent nous pouvons admettre qu'il a aimé Louis XIII, comme un frère aîné très attentionné et quelque peu incestueux... sur demande.

Quoi qu'il en soit (qu'il en ait été), il est permis de croire que le Provençal éprouvait sincèrement — malgré tout — une affection certaine pour cet adolescent qu'il avait plus ou moins déniaisé et qu'il fut seul à avoir su, un temps, consoler. Il est juste de le reconnaître. On peut se demander ce qui serait advenu au royaume de France si Luynes — sur plusieurs plans — n'avait pas eu *l'occasion* d'intervenir en son temps...

1. Les « précédents » abondent, ne serait-ce qu'à la cour d'Angleterre, entre autres, à la même époque. Jacques Ier, fils de Marie Stuart, est un homosexuel notoire et collectionne les favoris depuis son adolescence. Le plus célèbre d'entre eux sera George Villiers, duc de Buckingham, lequel, par une surprenante ironie du sort, éprouvera un tendre sentiment pour Anne d'Autriche, épouse de Louis XIII. Cette « aventure » défrayera la chronique de l'époque. Alexandre Dumas traitera du sujet dans *Les Trois Mousquetaires*.

2. Ses détracteurs (dont Richelieu) le surnommaient « Cœur de cire » (allusion à son manque de courage).

A quarante ans (1617), Luynes est un bel homme resté mince grâce à l'équitation qu'il pratique chaque jour (ou presque) en accompagnant le roi dans ses chasses. Le front haut, des yeux clairs sous des sourcils horizontaux bien dessinés, le nez fort, la moustache fournie relevée en crocs, la bouche gourmande, les mâchoires fortes, bien accrochées, le menton agrémenté d'une barbiche blonde soigneusement taillée en pointe, donnent à l'ensemble du visage un attrait certain. Il est charmant, certes, avec peut-être un peu de perversité dans la caresse du regard... Ses manières sont exquises, sa courtoisie agréable à tous. Ce comportement de courtisan superficiel dissimule l'arriviste soucieux de faire fortune. Il ne serait pas juste de lui reprocher cet attentisme . Pour un gentilhomme du XVIIe siècle, obtenir une charge était le but à atteindre. Ensuite, il fallait savoir en profiter pour tenter de se hisser plus haut.

A l'heure où il devient « l'amant » du roi, il est conscient de sa chance inouïe et de la situation ultra-privilégiée à laquelle il accède ainsi. S'il est assuré du sentiment de Louis — ils s'apprécient depuis six ans — il devine l'effrayante jalousie que sa position acquise va susciter (suscite déjà). Il sait que le jeune roi, influençable, n'ose pas (pas encore) secouer le joug dans lequel le tient sa mère. Aussi se sent-il plus ou moins dépendant de l'humeur de Marie de Médicis. Méfiant, tenant à son statut particulier, il lui faut la ménager et, en même temps, essayer avec finesse mais fermeté, de faire comprendre à Louis XIII que le moment est venu pour lui de « faire le roi ».

La tâche est difficile. On ne peut reprocher au Provençal — en 1617 — d'agir avec trop de prudence. Tel qu'il est placé, et vu ce qu'il projette, l'attitude circonspecte qu'il adopte est une preuve d'adresse. Ce n'est plus un jeune homme. Il sait louvoyer. Il est habile à se conduire au milieu de ce palais où les embûches sont quotidiennes, où le moindre faux pas peut provoquer une catastrophe.

Le 17 janvier 1615, comme on le sait, le roi préside — c'est une formule — une séance au Parlement qui accorde, ainsi que le veut la reine mère, les crédits nécessaires à mater la révolte des princes.

Peu après Marie de Médicis s'entretient avec son fils en présence de Luynes et propose de laisser le gouvernement entre les mains des ministres Barbin et Mangot... L'offre surprend le Provençal. La reine ne peut être sincère. Quel rôle attribue-t-elle au maréchal d'Ancre dans cette perspective ? Elle n'en dit rien ! Les trois Florentins veulent-ils regagner la Toscane comme il en a été question l'an passé[1] ? Luynes en doute,

1. Effectivement, Marie de Médicis, l'année précédente, au cas où le roi l'aurait totalement écartée du pouvoir, avait tenté d'acquérir, en vain, la principauté de la Mirandola. Madrid s'y était opposé. Le pape Paul V se faisait tirer l'oreille pour lui accorder l'usufruit du duché de Ferrare. Concini avait essayé d'acquérir Montbéliard.

bien que Concini pleure sa fille, que Leonora, malade, compte et recompte son or et que la reine semble lasse.

Si Concini doit rester au pouvoir, le Provençal devine le sort qui lui est réservé. Mais il faut répondre — scéance tenante — à la proposition de la reine. Louis XIII se tait. Alors le favori s'empresse. Il la « supplie de renoncer à son projet si contraire au bien de l'Etat... à la sûreté du roi. » La Médicis — qui n'en attendait pas moins — se rassérène. Elle ajoute — magnanime et incrédible — que « si elle doit continuer à gouverner, il faudra que le roi supporte avec elle la moitié du fardeau des affaires... »A qui veut-elle faire croire cela ? Louis XIII, le visage fermé, reste muet. La reine et Luynes échangent des sourires... indéfinissables. Veulent-ils se convaincre mutuellement qu'ils sont de connivence, alors qu'ils savent le contraire ? Toujours est-il que la reine — un peu lourde — s'adresse à son fils et soudain tient les propos les plus élogieux sur Luynes et son admirable fidélité... Elle dit encore que si le roi veut le récompenser par de nouveaux bienfaits, elle y prêtera volontiers la main [1]...

Mais Luynes connaît l'hypocrisie des Cours et n'est pas moins bon comédien que la Médicis. Dans son beau pourpoint de drap bleu et ses chausses de daim clair, il s'incline gracieusement devant cette grosse dame qui minaude engoncée dans ses satins et ses dentelles. Il se confond en remerciements en ajoutant à sa voix chantante un peu d'émotion. Dans les jours qui suivent, il lui rend une visite privée et promet — on y croirait presque — d'obéir à toutes ses volontés...

Dans le même temps, Louis XIII, bien chapitré par son favori, fait bon visage à la reine mère, l'assure de sa dépendance filiale, et ne dit rien contre Concini. Ce jeu de fausses attitudes où la duplicité et la dissimulation sont les atouts majeurs, excite l'esprit particulier du jeune prince. Louis médite, avec un plaisir secret, la disgrâce de ceux qui briguent sa liberté, le traitent inconsidérément, occupent sa place, usurpent son rôle.

Et pourtant, un mois plus tôt (mars 1617), Concini aurait pu renverser la situation à son profit. Le parti des princes se dépensait tant en déplacements inutiles et en parades qu'il ne lui restait plus de force pour l'action. A vrai dire, il ne renfermait aucun talent militaire et peu de courage. (On l'a bien vu au lendemain de l'arrestation de Condé [2] : 1er septembre 1616.) A Paris, la Cour et la ville, lasses de composer avec les émeutiers, faisaient confiance à Richelieu [3] qui avait apporté au ministère des principes d'autorité. Le duc de Guise venait de s'emparer de plusieurs villes en Champagne. Pierrefonds et Rethel allaient tomber.

Richelieu projetait de faire marcher l'armée royale sur Soissons, noyau de la résistance. Concini avait là une occasion unique d'effacer le passé par un coup de maître. Si au lieu de lui faire grise mine il s'était astreint

1. Pierre Chevallier.
2. Voir chapitre consacré à Concini : « Vertige ».
3. Alors secrétaire d'Etat à la Guerre, grâce à Concini !

à demander respectueusement à Louis XIII de se placer à la tête de ses troupes, l'adolescent, s'enflammant à l'idée de faire ses premières armes, lui en aurait su gré. Sa présence ne pouvait qu'enthousiasmer les soldats. Louis XIII, cavalier émérite, devenant roi victorieux grâce à l'initiative heureuse de son pire ennemi... En admettant que sa stupide vanité l'empêche de faire la démarche, en admettant encore qu'il n'y pense même pas, une chance suprême s'offre au Florentin de se réhabiliter : qu'il monte à cheval, qu'il fasse battre les tambours, qu'il s'élance à l'assaut de Soissons, et c'en est fini de ses erreurs passées. Au prix de quelques fatigues et périls, il conquerra tout ensemble le droit de se dire véritable maréchal de France et la gloire d'avoir maté la révolte.

Du même coup, il compromettrait sérieusement l'avenir politique de Luynes.

Mais non ! Privé de raison Concini continue d'aller droit à sa perte. Au lieu d'agir, il flâne. Pourtant, à cet instant, c'est de lui et de lui seul qu'on attend une décision...

Au Conseil, l'inconscient se contente de traiter les affaires courantes. Il ne fait rien pour élever le jeune souverain à la hauteur des événements, pour éliminer Luynes et faire en sorte que l'épaisse atmosphère des cabales de Cour soit balayée par une rafale guerrière. Il laisse les choses s'arranger, en dehors de lui, par une plate soumission des rebelles qu'il ne tenait qu'à lui de vaincre sans grandes difficultés. Bref, il manque l'occasion.

Involontairement, c'est stupide et regrettable... pour lui ! S'il se dérobe en toute conscience il faut croire que c'est par lâcheté car si son esprit charrie encore (ou déjà) des idées suicidaires, il manque une belle opportunité de mourir avec panache en allant se faire tuer à la tête des armées du roi. Il faut croire que les pensées du maréchal d'Ancre sont alors des plus incertaines tant son comportement marque de contradictions.

Cependant son attitude, incompréhensible, est jugée sévèrement. Cette dérobade surprend d'abord de la part de ce fanfaron notoire, puis, après le mépris, elle attire la méfiance de tous. On commence à s'écarter de lui, on s'apprête à abandonner cet homme devant lequel, hier encore, chacun tremblait. Barbin l'évite, Mangot l'épie, la reine se tait, Leonora le fuit. Richelieu ne lui écrit plus ou, s'il est obligé de lui écrire dans l'exercice de sa charge, il s'en tient à de courts messages, fort polis, certes, mais très différents des lettres flagorneuses d'il y a seulement six mois[1]... L'évêque de Luçon se plaint de sa santé, dit qu'il a besoin de repos, ce qui ne l'empêche pas de se rapprocher tout doucement de Luynes en chargeant l'un de ses parents[2] de l'assurer de ses dispositions amicales... Entre Luynes et Luçon un rapprochement s'ébauche : il est souhaité par chacun d'eux pour d'ambitieuses raisons politiques.

Pourtant l'idée qu'ils se font du pouvoir et de son maniement n'est

1. Voir chapitre consacré à Concini : « La chute ».
2. Du Pont de Courlay.

pas la même. L'un souhaiterait tenir les rênes du gouvernement, l'autre profiter des avantages de la puissance. L'un est un stoïcien ascétique, un intellectuel froid, calculateur, intransigeant et courageux ; un malade, grand nerveux, à l'esprit tourmenté. L'autre un épicurien sensuel, un opportuniste à la volonté accommodante ; un placide rusé, souriant, à la santé florissante. Luynes doit sa réussite au hasard (la chance ?), à son charme... ses charmes (!) et à son habile attentisme ; Luçon à son inébranlable volonté, à ses études, à son esprit anormalement doué.

L'HÔTEL DE RAMBOUILLET

Le marquis de Pisani, ancien ambassadeur de France, laissait, en mourant, un très bel hôtel particulier à sa fille unique, la marquise de Rambouillet. La demeure spacieuse située sur Saint-Thomas-du-Louvre, près de la rue Saint-Honoré, prenait vue à la fois sur les jardins de l'hôtel de Chevreuse et le vaste enclos des Quinze-Vingt. L'herbe croissait là, si abondante et si drue qu'à la belle saison, des faucheurs s'activaient dans la verdure avant de l'entasser en meules, comme à la campagne.

Mme de Rambouillet avait, entre autres dons, celui de l'aménagement. Douée du sens des proportions, elle savait équilibrer les volumes, harmoniser les tons et imaginer une pièce alors qu'elle serait complètement installée selon ses directives précises. Elle avait un penchant pour l'originalité de bon goût et dessinait à ravir.

Les corps de métiers, surpris par la méticulosité artistique de cette marquise étaient tenus de se conformer strictement aux croquis qu'ils devaient exécuter sans suggestions ni commentaires. Cette femme audacieuse et sûre d'elle dictait sans hésiter ses propres lois de décoratrice aux charpentiers, maçons et peintres, sans vouloir tenir compte des usages ni des habitudes des habiles artisans.

En prenant possession de l'hôtel Pisani, elle décide de rompre avec la tradition qui plaçait alors le salon à droite, la salle à manger à gauche et, au milieu du vestibule d'entrée, l'escalier qui donnait accès au « bel étage » : celui des chambres de réception.

Cette personnalité anticonventionnelle décrète qu'elle recevra au rez-de-chaussée.

Elle rejette l'escalier sur le côté de manière à dégager l'espace réservé aux pièces d'honneur qui se succèdent en enfilade et dont les fenêtres donneront sur les jardins. Afin que l'on puisse mieux admirer les frondaisons, les parterres fleuris et les statues de marbre, elle imagine des croisées à petits carreaux s'ouvrant entièrement du parquet de chêne ciré au plafond agrémenté de poutres aux dessins polychromes[1]. La coutume voulait que les murs des appartements fussent peints en rouge

1. Sur l'ordre de Marie de Médicis, Salomon de Brosse s'inspirera de ces « fenêtres nouvelles » pour en placer de semblables au palais du Luxembourg alors en construction. (George Delamare.)

pompéien ou de couleur tan. Bousculant cette mode qui lui déplaît, la novatrice personne exige que sa chambre, vaste et bien éclairée, soit entièrement peinte d'un bleu vif [1]

Le marquis de Rambouillet est un gentilhomme charmant, disert et cultivé. Il veut tout ce que veut son épouse à laquelle il voue une sincère admiration. Ensemble ils ont plaisir à recevoir chez eux les personnages spirituels, voire baroques qui, réunis au hasard des rencontres, forment l'élite de ce Paris intellectuel qui brille déjà dans cette deuxième décennie du XVIIe siècle français.

La marquise a souffert — dit-elle — de voir péricliter les « bonnes manières » et — dit-elle encore — une certaine « délicatesse de mœurs ». Elle a fui la Cour du Béarnais parce qu'elle la trouvait grossière, presque triviale, et se refuse à paraître à celle de Marie de Médicis pour raison de florentinisme excessif. Mme de Rambouillet se sent Française et prétend attirer en son hôtel les amoureux du beau langage et les aimables pratiquants du parlé, poétique de préférence. Chez elle, toutes sortes de dialogues ont la liberté de s'engager. Ils peuvent être enjoués, garder même de la verdeur mais non choir dans la vulgarité.

Il en résulte (comment éviter cela ?) une certaine contrainte dans le maniement des mots, le choix des expressions qui plus tard engendreront le pédantisme, le maniérisme. Dans quelque vingt ans, cette « ruelle » de la marquise de Rambouillet sera devenue célèbre sous le nom de *la chambre bleue d'Arthénice*. En ce lieu se côtoieront sans gêne le grand seigneur, le roturier, la duchesse et la bourgeoise. Mme de Rambouillet sait recevoir et recevra longtemps des gens de toutes sortes. Elle les estimera pour leur érudition, leur savoir-vivre et la finesse de leurs reparties. Rue Saint-Honoré-du-Louvre, la valeur ne se mesure qu'à la toise de l'esprit [2]. Voiture y croisera la marquise de La Fayette qui sera fêtée en tant qu'auteur de *La Princesse de Clèves* plus que pour son titre de noblesse. On appréciera M. de La Trémoille pour sa causticité et non parce que son trisaïeul cotoya, un temps, Jeanne d'Arc. Que M. le duc de La Rochefoucauld descende des Lusignan sera jugé de peu d'importance comparativement au mérite qu'on lui reconnaîtra pour avoir écrit ses *Maximes*. Là, se « pâmeront » les gens du bel air : précieux et précieuses rivaliseront dans le style « alambiqué » qui, alors, sera de bon ton chez *ces gens à la mode* [3] dont Alceste se plaindra à l'oreille de Philinte, beaucoup plus tard encore

Présentement, par cette belle fin de journée glaciale de janvier 1617, [4]

1. De nos jours, on a tendance à croire que les murs des demeures du XVIIe et XVIIIe siècles étaient peints de couleurs tendres (pastels). Ce n'est qu'au milieu du XIXe siècle, sous Louis-Philippe, que les tons s'atténuèrent, se « grisaillèrent ». On oublie, par exemple, que l'une des salles à manger de Mme de Pompadour était d'un vert émeraude des plus vifs, rehaussé de boiseries aux ors flamboyants.

2. George Delamare.

3. Molière (Le Misantrope) Acte I, Scène 1.

4. Mme de Rambouillet recevra chaque année de novembre à mars.

Paris au XVIIe siècle

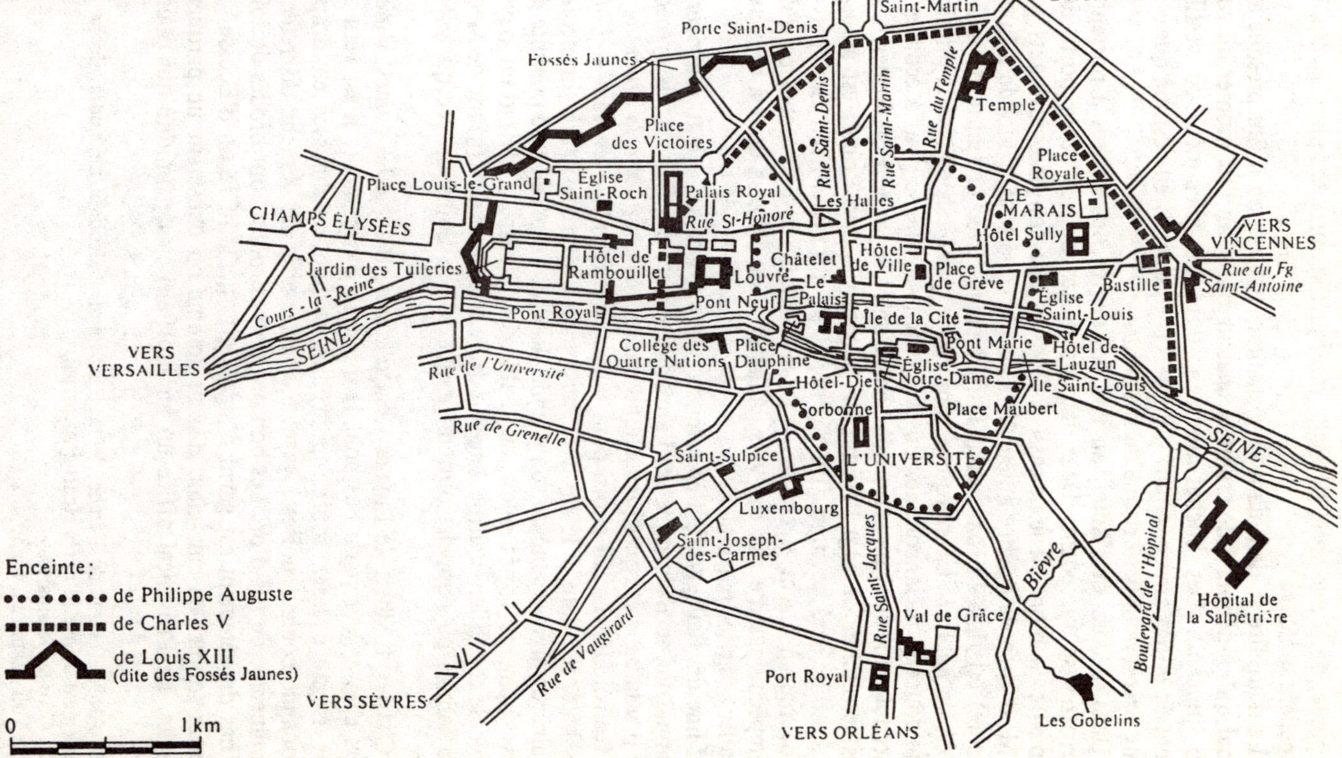

Mme de Rambouillet — qui a fêté ses trente-cinq ans la veille — s'apprête à recevoir ses visiteurs pelotonnée sous une peau d'ours, blottie, étendue et parée, dans une sorte de niche fabriquée d'après ses plans et que l'on appellera « alcôve [1] ».

La marquise se tient dans sa « chambre bleue » où il fait presque aussi froid qu'au-dehors (elle craint la chaleur qui « lui fait monter du rouge aux joues »). Des bûches flambent dans les cheminées du vestibule d'entrée et des antichambres, loin de là. Coquette, elle estime que « son sang prêt à bouillir » risque de l'enlaidir [2]

Dans la cour de l'hôtel, au bas des degrés, les chaises à porteurs et carrosses se succèdent. Deux laquais postés auprès de la porte de la fameuse chambre bleue ne cessent d'ouvrir aux nouveaux arrivants.

M. d'Urfé, le célèbre auteur de *l'Astrée* (que tout le monde a lu et lit encore) est déjà là, bavardant familièrement avec le maître de maison. C'est un habitué. La marquise apprécie ce quinquagénaire à la physionomie douce et mélancolique. En ce moment-ci, elle se plaît à écouter une anecdote que lui rapporte, non sans ironie, le jeune Bois-Robert [3], l'un des secrétaires de Mgr l'évêque de Luçon. Ce Bois-Robert est amusant. Il s'est inventé ce nom. En réalité, il se nomme Métel. Son père est procureur à Caen. Il étudie — dit-il — pour devenir abbé, ce qui ne l'empêche pas d'écrire des vers gaillards ni de faire sa cour à tous avant d'aller se griser par plaisir.

Mme de Bellegarde, l'épouse du Grand Ecuyer, vient d'arriver en compagnie de Bassompierre, l'aimable colonel des Suisses. Ils précèdent de peu la belle et rousse Angélique Paulet, surnommée « *la lionne* », que le feu roi Henri avait choisi pour tenter de ramener — en vain — l'un de ses bâtards [4] dans « le droit chemin » de l'hétérosexualité. François de Malherbe arrive, suité de son pupille, Racan. Le premier se présente dans des vêtements fripés selon son habitude ; l'autre a l'air d'un paysan. Voici le conseiller Bautru, Angevin drôle et bon vivant. (Marie de Médicis n'a jamais pu l'appeler autrement que M. de Bautrou... ce qui prête à rire [5].)

Charles d'Albert de Luynes vient d'entrer. Il salue les dames, s'incline vers elles et leur parle bas pour le moindre compliment. Il est vêtu avec une élégance assez sobre : pourpoint et haut-de-chausses en drap de Hollande couleur noisette garni aux extrémités de dentelle discrètement agrémentée de fils d'or. Les boutons du pourpoint sont brodés de soie et le bas du vêtement est garni d'aiguillettes de satin façon d'Ecosse [6]. Ses bottes souples en cuir clair glissent comme on danse sur un parquet en onglet. Le Provençal affice un air inoffensif, une timidité qui pourrait

1. Alcôve : venu de l'arabe, le mot espagnol « alcoba » deviendra alcobe puis finalement alcôve (d'après Henri d'Almeras).
2. George Delamare.
3. Voir chapitre « Le Sphinx ».
4. César de Vendôme.
5. Henri d'Almeras.
6. Henri d'Almeras.

être naturelle et passe pour de la réserve de bon ton. Cette apparence le rend sympathique. Son zèle auprès du jeune roi commence à lui attirer de la considération mais... on ne va à lui que discrètement. On sait qu'il rêve la ruine de Concini... On sait aussi que Concini est bien fort et le roi Louis XIII bien faible...

Et voici qu'approche, habillé de noir, un homme que l'on cite pour « ses idées cornues[1] ». Il s'est fait recevoir médecin mais s'intéresse à autre chose qu'à soigner son prochain. Il s'est avisé d'ouvrir en plein Paris un « bureau d'adresses » où chacun peut pour quelques écus se renseigner sur le nom de la rue où loge la personne qu'il cherche. Il projette de publier et vendre une gazette relatant les événements du jour afin que n'importe qui puisse apprendre ce qui s'est passé dans la ville. Cet homme se nomme Théophraste Renaudot.

Dès qu'il l'aperçoit, Malherbe[2] abandonne à la fois son air bourru et la belle rousse qu'il accompagne pour se précipiter sur le nouvel arrivant dont il fait aussitôt le siège. Malherbe, bien que son « génie » soit à la mode cherche à placer partout ses poèmes. Avare, cupide, cet atrabilaire n'estime rien tant que ses propres écrits et ne supporte pas qu'en sa présence des vers soient loués autres que les siens. Ce sexagénaire longiligne s'habille sans recherche aucune. Ses habits comme son linge semblent d'une teinte grisâtre. Incapable de maîtriser une nervosité maladive, on dirait qu'il invective le calme Théophraste plutôt qu'il ne lui parle. L'autre l'écoute poliment et le regarde gesticuler sans impatience apparente.

Tandis que Racan murmure à l'oreille d'Angélique Paulet des vers de son cru où il célèbre avec talent les beautés de la nature, M. de Luynes cause à mi-voix avec M. de Bassompierre dans l'embrasure d'une fenêtre. Le beau Lorrain vêtu de vert sombre paraît protester aux propos que le favori du roi lui tient en souriant. Bois-Robert tend l'oreille. Il aimerait entendre au bénéfice de son maître, l'évêque de Luçon, pour lequel il n'est pas de petits renseignements. Mais Luynes, se sentant observé, baisse encore le ton. Bassompierre l'imite. Bois-Robert, dépité, se détourne. Il ne peut saisir aucun mot dans les murmures qu'échangent les deux hommes de Cour.

Claude Barbin est là. Dès qu'il le voit, le conseiller Bautru louvoie dans la direction du contrôleur général des Finances, l'accroche et tente de le tirer à l'écart. Barbin n'a aucune envie d'écouter Bautru mais se doit de lui montrer bon visage. Le conseiller « appartient » à la reine mère et aux Concini...

De loin, Barbin et Luynes échangent un salut. Celui-ci quitte Bassompierre pour se diriger vers le financier, mais il est happé au passage par des dames qui accaparent sa présence... charmante. En bon courtisan enjôleur, aimant à plaire, Luynes joue au séducteur et distribue gracieuse-

1. George Delamare.
2. François de Malherbe (1555-1628), poète officiel de Henri IV et, plus tard, de Louis XIII. Il est natif de Caen et très lié avec le père de Bois-Robert.

ment ses sourires. Cette compagnie féminine le repose de la fourberie harassante qu'on endure au Louvre.

Et puis l'hôtel de Rambouillet est un lieu privilégié car, si l'on y rencontre des mondains, des originaux, de jolies femmes et des poètes, on y croise également des personnages politiques. Or les « politiques » sont gens qui intéressent fort M. de Luynes présentement.

Barbin ayant réussi à se défaire de la présence de Bautru, Luynes quitte ses admiratrices et se dirige vers le financier auquel il est résolu à parler clairement (si tant est que le Provençal ait jamais tenté d'exprimer sa pensée avec netteté). A Barbin, il dit l'impatience du roi (qu'il connaît mieux que personne) et le déplaisir du prince de voir son patrimoine livré au désordre et à la dilapidation... Il poursuit :

— Si le roi est éloigné des affaires, il ne faudrait pas croire qu'il s'en désintéresse. Le gouvernement de l'Etat n'est-il pas confié à des personnes... inaptes ? Et ce mot est bien faible peut-être... Bien sûr, le roi n'élève aucun blâme sur la gestion de sa mère vénérée mais... ne serait-il pas en droit de s'étonner de voir parvenus au sommet des honneurs, au faîte de la puissance, des aventuriers étrangers qui mettent tout en œuvre pour lui barrer l'exercice du pouvoir ?

Barbin hoche la tête, semble partager le souci de son interlocuteur. Prudent, il se contente de soupirer.

Luynes alors s'avance un peu plus :

— Le moment ne serait-il pas venu de presser fermement le maréchal d'Ancre... ou sa femme... de se retirer sans attendre... en ajoutant que, seul, un départ immédiat pourrait les préserver de sanctions... infiniment sérieuses... ?

Barbin se garde d'exprimer une réponse directe et, abaissant les paupières, oppose à la question une autre question :

— S'il advenait que... pour des causes encore indéterminées, la place devînt vacante... seriez-vous en mesure, M. de Luynes, de désigner une personne qui, investie de la confiance du roi, aurait les capacités requises pour... réparer les erreurs du maréchal ?

Echec à Luynes ! Barbin sait parfaitement que le favori de Louis XIII prétend se substituer à Concini. Or le financier n'a aucune confiance dans les talents politiques du Provençal. Que M. de Luynes jouisse de la faveur royale, grand bien lui fasse ! Qu'il soit un habile courtisan, un délicieux causeur, un expert en vénerie ou en cynégétique, c'est fort bien... mais de là à gouverner un royaume...

A son tour, Luynes reprend la parole et contre attaque :

— A supposer que le maréchal d'Ancre fasse le sourd, ne prenne pas avec tout le sérieux qu'il faudrait... les périls auxquels il s'expose et s'obstine à conserver un pouvoir... qu'il n'exerce pas en fait... mais qu'il... inspire... car c'est bien lui, n'est-ce pas, qui a choisi, proposé, désigné en quelque sorte les secrétaires d'Etat... (?)... quel serait le recours de ceux-ci dans le cas où un... « accident » les privant soudain de leur chef, ils hériteraient tout ou partie de ses responsabilités ?

Echec à Barbin ! Le contrôleur général des Finances perçoit la menace sous-jacente bien qu'adroitement informulée. Il a bien compris le message qui, venant de Luynes, n'est pas à négliger. En termes clairs, si Concini disparaissait, Barbin et ses collègues, nommés par lui, seraient vraisemblablement considérés, sinon comme ses complices, du moins comme ses compères, et de ce fait...

L'avertissement est à retenir. Le favori n'est-il pas le mieux placé pour connaître les intentions du roi ? Mais le roi pense-t-il vraiment ainsi ? Qui peut savoir si ce n'est pas Luynes qui, précisément, lui souffle ses propres suggestions ?

On en revient toujours à se demander, pense Barbin : que vaut ce roi ? Le règne de demain sera ce que sera le roi, et les promesses sont médiocres ; Louis XIII passera son temps à la chasse pendant qu'un premier ministre gouvernera à son gré. Alors... pourquoi ce premier ministre ne serait-il pas le maréchal d'Ancre, si déplaisant soit-il, et si impopulaire ? Y a-t-il jamais eu des ministres populaires [1] ?

Le dialogue et les cogitations de Luynes et de Barbin sont interrompus par l'entrée de Mgr l'évêque de Luçon qui apparaît élégant et félin dans sa robe violette, et se dirige galamment vers la marquise de Rambouillet afin de lui présenter ses hommages flatteurs. Tandis qu'il se redresse, son regard croise celui de Barbin. Les deux hommes se saluent avec courtoisie. Ne sont-ils pas ministres l'un et l'autre ? Ils se rencontrent chaque jour au Conseil que préside Marie de Médicis et auquel le roi n'assiste qu'à la demande de sa mère... c'est-à-dire rarement.

L'évêque accorde à Luynes qui le fixe avec intensité une brève inclinaison de tête avant de se prêter avec civilité à la conversation qu'Angélique Paulet s'apprête à engager avec lui... sur l'art poétique, cependant que Théophraste Renaudot vient adresser la parole à Barbin.

Luynes en profite pour s'éclipser et, de groupe en groupe, se dirige vers Luçon. Celui-là aussi le Provençal escomptait le rencontrer céans. Il s'est avisé que cet homme d'Eglise n'est pas un personnage ordinaire et il aimerait connaître ses dispositions d'esprit concernant l'avenir du royaume. Il s'approche du prélat qui, sacrifiant aux politesses de la bienséance, confie à la belle rousse que si ses pieuses attributions et les devoirs de sa charge n'accaparaient pas tous ses instants... oui... en effet... il aurait plaisir à composer... mais pour le théâtre... oui ! le théâtre... Il serait fier — dit-il — d'avoir écrit une tragédie dans le genre de la *Cléopâtre* d'Etienne Jodelle ou encore *La Sophonisbe* de Montchrétien [2].. Un temps viendra — il l'espère — où il pourra traiter à son tour quelque aussi noble sujet...

Luynes est à présent aux côtés de l'évêque. Avant que « la lionne » réponde, et s'excusant auprès d'elle, le Provençal attire Luçon discrètement à l'écart. Il reprend le thème abordé tout à l'heure avec Barbin. L'autre, froid et attentif, le laisse aller. Au fur et à mesure que Luynes s'emberlificote dans ses phrases, les lèvres de M. de Luçon dessinent un

1. George Delamare.
2. George Delamare.

sourire énigmatique. En somme, le favori du roi voudrait le pousser à reconnaître que le temps du favori de la reine mère est passé... L'évêque, sans répondre, croise et décroise ses longs doigts osseux et, tout en prenant congé de Luynes, déçu, lui décoche un coup d'œil sibyllin avant de se diriger d'un pas majestueux vers l'antichambre afin de se réchauffer un peu devant la cheminée en compagnie de Bois-Robert qui vient de le rejoindre. Luynes entend alors Malherbe qui peste contre M. d'Urfé, lequel défend le génie de Ronsard, de Du Bellay et de quelques autres poètes de la pléiade que Malherbe voue aux gémonies avec véhémence.

La marquise de Rambouillet pour mettre fin à cette dispute qui l'agace, fait demander à Racan[1] de déclamer quelques-uns de ses vers, puisque ceux-là seuls trouvent grâce aux oreilles du hargneux Malherbe qui ne supporte pas même la poésie de Mathurin Régnier...

Le disciple du poète normand, sans se faire prier, commence à réciter — sans trop bredouiller selon son habitude — un extrait de ses *Stances sur la retraite*[2] au moment où M. de Luçon pénètre à nouveau dans la chambre.

« ... *Le bien de la fortune est un bien périssable ;*
Quand on bâtit, sur elle, on bâtit sur le sable,
Plus on est élevé, plus on court de dangers.
Les grands pins sont en butte aux coups de la tempête
Et la rage des vents brise plutôt le faîte
Des maisons de nos rois que les toits des bergers. »

Luynes qui trouve à cet énoncé un très heureux corollaire à sa démonstration personnelle, se tourne vers l'évêque qui lui renvoie un insondable regard glacé. « Plus on est élevé, plus on court de dangers. » Les poètes seraient-ils aussi des prophètes ?

Tandis que Racan poursuit son innocente pastorale, le favori du roi réfléchit. Ses manœuvres ont été maladroites. Bassompierre, Barbin, Luçon, se sont dérobés tour à tour. Il en éprouve du dépit. Il faudra donc se résoudre à embaucher des aides ailleurs que chez les gens en place. Pour soutenir ce qu'il projette au profit du roi (et au sien) les hommes qui seront nécessaires à l'action devront être choisis parmi ceux qui n'ont rien et veulent tout avoir.

N'est-ce pas ainsi que ce sont fondés les empires ?

Luynes, qui n'a pas de raisons de s'attarder davantage en ces lieux, prend congé de Mme de Rambouillet. Le roi ne l'attend-il pas au Louvre ?

En quittant la chambre bleue, le favori frôle l'évêque de Luçon qui, sans le regarder, murmure :

— Rassurez-vous, M. de Luynes... nous sommes du même côté.

Le Provençal, sans s'arrêter, répond entre ses dents serrées :

— Je vous imagine mal du même côté que qui que ce soit !

Tandis qu'il sort, l'évêque le suit du regard en se demandant si le

1. Honorat de Buel, marquis de Racan (1589-1670).
2. Publiées en 1618.

moment n'est pas venu de se montrer plus chaleureux avec ce favori qui, sans doute, projette quelque chose...

ÉLABORATION D'UN ATTENTAT

Le coup d'Etat est résolu. Luynes en fait accepter le principe à Louis XIII qui s'exalte à la pensée d'échapper enfin à l'autorité de cette mère qu'il aime trop et qui ne l'a jamais aimé. Rancunier — il le sera toute sa vie — il éprouve une joie confuse à l'idée de se venger d'elle. L'enfant privé de tendresse a souffert. La responsable va souffrir à son tour. Il se réjouit de l'atteindre là où il est assuré de la blesser : la perte du pouvoir !

Mais le but est ailleurs : se débarrasser du maréchal d'Ancre ! Le projet est énorme et des plus périlleux car il s'agit de s'attaquer à celui qui, en fait, règne sur la France depuis sept ans. Luynes connaît l'enjeu et le risque. Si l'entreprise échoue, pour lui, c'est la mort ! Il a peur, sans doute, mais il est acculé à l'action. Son influence sur le roi a agacé, à présent elle inquiète Concini qui n'est pas d'une nature à supporter l'existence d'un homme susceptible de contrarier ses plans. Pour lui, la perte du Provençal devient une nécessité.

Par conséquent, au point où ils sont arrivés, il faut que l'un disparaisse. Entre les deux favoris [1] une course-duel doit s'engager bientôt, inévitablement. Toutefois si l'un est disposé à faire tuer, l'autre y répugne. Concini aime à surprendre. Luynes préfère avancer de façon plus discrète. De plus, le Provençal a une tâche difficile auprès de Louis XIII : magnifier la décision et ce qui en résultera, et en minimiser les dangers.

Le jeune roi porte une haine tenace au Florentin (il a toutes les raisons pour cela). Il souhaite sa mort, il la *veut* avec une ardeur qu'il se garde d'exprimer [2] S'il cédait à son instinct, il dirait son envie de procéder au meurtre. Mais Louis XIII dissimule sa pensée profonde. Il n'avouera pas — ni maintenant, ni jamais — la joie sourde qu'il éprouve à *l'idée* de faire couler du sang. Plus tard, il signera sans hésiter l'ordre d'exécution de ses amis d'enfance (Montmorency) ou de ses amants (Cinq-Mars), invoquant, à juste titre, la raison d'Etat. Alors pourquoi hésiterait-il à faire tuer son pire ennemi du moment ? N'est-ce pas déjà par raison d'Etat ? Et puis, l'idée de *punir* définitivement celui qui l'a bafoué le réjouit. Est-il conscient de céder *aussi* à un sentiment de jalousie féroce en supprimant Concini ? Ne le soupçonne-t-il pas — à tort — d'être l'amant de sa mère ? Ne les croit-ils pas obscurément mêlés à la mort de son père ? (Et cette supposition est-elle vraiment si vague ?)

N'est-on pas amené à songer à Hamlet ? « ... Moi qui ai un père tué,

1. Ils ont le même âge : Concini 42 ans, Luynes 40 ans.

2. Louis XIII ne peut pardonner la scène du 12 novembre 1616. (Voir ci-après Héroard : « Un état dépressif ».)

une mère souillée, les excitations de la raison et du sang, je laisse tout dormir ! » (Acte IV, scène IV.) Et plus loin : « ... Ne serait-ce pas être damné que de laisser cet ulcère... étendre encore son mal ? » (Acte V, scène II [1].)

Louis XIII a quinze ans. N'éprouve-t-il pas soudain le désir de « faire le roi » comme le prince d'Elseneur a « fait le fou », alors que lui-même a « fait l'enfant » trop longtemps ?

C'est justement là où le bât blesse. Par certains côtés, le jeune roi est encore un enfant. Et si le complot échouait ? Louis s'imagine retombant sous la férule de sa mère, sous la coupe de Concini. Il en frémit. Les Florentins oseraient-ils tenter de le faire déposer pour hisser son cadet (que sa mère adore) sur le trône, à sa place [2] ? L'exilerait-on, l'emprisonnerait-on ? Et Luynes, son cher Luynes, qu'adviendrait-il de lui ?

Louis XIII, insomniaque, tremble d'effroi. Le favori et le roi s'angoissent chacun de son côté, tiraillés par leurs propres réflexions.

Lorsqu'ils sont ensemble, l'aîné — bien incertain pourtant — s'efforce de se montrer confiant auprès du plus jeune afin de se tranquilliser lui-même. Ils ont cependant, pour des raisons à la fois similaires et différentes, le devoir d'entreprendre ce à quoi ils sont résolus malgré tout. Malheureusement, ni l'un ni l'autre ne sait comment s'y prendre pour dresser un plan d'action effectif.

Luynes se préoccupe d'aboutir. Il cherche des complices... et n'en trouve pas car il ne sait de quel côté se tourner pour les découvrir. Il ne possède pas ce sens de l'exécution sans lequel tout projet, salutaire ou détestable, n'est qu'une fumée de l'esprit. Le caractère du favori recèle un fond de veulerie : « Je veux bien tenter "un grand coup" à condition d'être aidé par le ciel. » Luynes n'a pas fait de rhétorique et ne connaît pas l'examètre mnémotechnique transmis par Quintilien et qui résume toute l'instruction criminelle : *Quis, quid, ubi, quibus, auxillis, cur, quomodo, quando ?* [3] Son angoisse pourrait le lui faire instinctivement découvrir...

Quelque temps auparavant, Robert Arnauld d'Andilly [4] avait recommandé confidentiellement à la bienveillance du favori un commis du contrôle des Finances, Guichard Deageant [5] Type achevé du bas intrigant bon à tout, sauf aux actions louables, enragé de gratter du papier dans les bureaux alors qu'il se jugeait apte aux plus hauts emplois, ce Deageant était arrivé de son Dauphiné natal avec l'idée fixe de figurer avantageusement dans les événements dont Paris était le théâtre. Muni de lettres d'introduction fournies par de dévots personnages grenoblois,

1. Citations empruntées à la traduction de Hamlet de M. Eugène Morand. Shakespeare a écrit *Hamlet* en 1600. Il vient de mourir : 1616 !

2. L'idée n'est pas nouvelle. Elle deviendra obsessionnelle.

3. « Qui, quoi, où, par quels moyens, pourquoi, comment, quand ? »

4. A qui l'on doit un Journal impartial. Il était le frère aîné d'Antoine, le « Grand Arnaud » de Port-Royal.

5. Qui s'affublait aussi du nom de Saint-Marcellin. (Né en 1574, mort en 1645.)

il avait su se faufiler jusqu'à la place qu'il occupait aux Finances où Barbin appréciait son zèle. Bientôt, il réussit à approcher Marie de Médicis et, rusé, s'en fait bien voir par l'intransigeance de ses sentiments catholiques et ses idées pro-espagnoles. Il ne tarde pas à monter en grade. On le charge de missions délicates. Il s'en tire de manière à passer pour nécessaire, puis pour indispensable. Protégé par la reine mère, il devient une sorte de factotum qui semble solidement attaché à sa bienfaitrice et à ses favoris florentins.

En fait, il n'est « solidement attaché » qu'à ses propres intérêts. Bien qu'il ait acquis une certaine ampleur depuis son arrivée de Grenoble, son élévation lui semble au point mort. Il se sent enlisé dans les postes subalternes où le pactole ne coule qu'en négligeables ruisselets (il est âgé, alors, de quarante-trois ans). Or, Deageant aime l'or par-dessus toutes choses (ce en quoi, d'ailleurs, il ne se distinguait pas de ses contemporains en ces temps de frénétique vénalité). Obligeamment il renseigne Luynes de ce qu'il apprend par son ministre Barbin, des intentions, dispositions et projets de Concini.

C'est pour faire son rapport qu'en rasant les murs il se rend, un soir, auprès du Provençal qu'il trouve en pleine perplexité. Luynes semble désireux d'aborder un certain sujet mais hésite à le faire. Au cours de l'entretien qui se poursuit, le finaud, avec une adresse diabolique, finit par deviner ce que le favori réticent se refuse à dire clairement.

Aussitôt, il prend l'offensive. Son emploi auprès de Barbin — dit-il —, la faveur dont l'honore la reine mère ne l'empêchent nullement de servir la cause du roi... au contraire... sa position est privilégiée... Nonobstant cet encourageant préambule, Luynes, qui se méfie du personnage, lui demande pourquoi il se disposerait à changer de camp, la protection de la reine lui ayant, en somme, réussi... Deageant répond avec un cynisme limpide que le temps de la reine mère est passé et qu'il n'y a plus rien à tirer d'elle... En conséquence de quoi il préfère se tourner vers l'avenir, se ranger sous la bannière du roi, et l'aider dans toute la mesure de ses capacités...

D'aucuns se seraient choqués d'une volte aussi nette : pas Luynes. Pareil changement de cap ne peut le scandaliser. Il connaît le métier de courtisan : on agit le soir contre celui qu'on a embrassé le matin... Le Provençal — qui en a vu d'autres — se dit qu'après tout Deageant n'est jamais qu'une canaille de plus parmi beaucoup d'autres, moins franches ! Et puis, il a besoin de cet individu qui, de lui-même, sentant le vent tourner, propose ses services.

Luynes, conscience caméléonesque, n'a plus le temps de faire le difficile. A l'issue de ce premier entretien les deux hommes conviennent que Deageant est tout indiqué pour dire et redire à Marie de Médicis et à ses amis que le roi est un grand enfant grognon et Luynes un pantin et que, de ce côté-là, on peut dormir tranquille. Par la même occasion, l'espion notera les paroles prononcées autour de la reine pour les rapporter à Luynes.

Le Grenoblois va s'acquitter de sa mission avec une sorte d'honnêteté.

Ayant trahi la reine au profit de Luynes, il ne cherchera pas à trahir Luynes au profit de la reine[1]... (Comportement correct de la part d'un gredin.)

Marie de Médicis bernée, rassurée à tort, son entourage trompé, Luynes renseigné à ce sujet, on va pouvoir chercher des alliés discrets. Plus roué que le favori, moins en vue, mieux informé, Deageant va recruter... ce qu'il trouve : le sieur de Marsillac, gentilhomme équivoque, un ex-capucin, le père Saint-Hilaire qui, après vingt ans de rapines et de débauche sous la robe de bure a été contraint de quitter le froc et de reprendre son nom laïque de « Travail » !

Luynes réprime une grimace en voyant arriver ces gens-là. Mais peut-on compter sur des personnes de qualité quand on s'associe avec un coquin ? Pour demeurer sans tache, la cause eût exigé de grouper des dévouements, non des appétits... A ces douteuses recrues, Luynes adjoint des amis sûrs : ses deux frères, Brantes et Cadenet, un cousin, le baron de Modène, un comtadin, d'Esplan, et un juriste dévoué, Louis Tronson.

Entouré comme il l'est à présent, le favori se sent-il plus fort ? A ses affidés, il parle de « la défense de la dignité royale », il invoque « le salut du peuple opprimé par l'aventurier florentin » ; mais lorsqu'il est seul, il médite sur les vrais motifs de cet acte « justicier » qu'il prépare (acte encore mal défini, d'ailleurs).

Luynes se découvre, certes, d'excellentes raisons, et très méritoires, d'agir contre Concini, mais ce qu'il veut avant tout, c'est l'éliminer pour s'approprier sa position, son rang, ses richesses, ses droits et ses pouvoirs, en se promettant — c'est l'excuse morale — de s'en servir au seul profit du roi.

Le roi ! Ce roi (Luynes s'en félicite-t-il ?) qui confond le titre et la fonction... Faute d'avoir reçu de bonne heure une éducation et une instruction appropriées, Louis n'a aucune notion des responsabilités qui incombent à un prince régnant.

Le Provençal s'est aperçu qu'il ne sait pas en quoi consiste les attributions des ministres et qu'il ignore tout du mécanisme de l'impôt[2] Il ne peut donc s'expliquer les doléances populaires, ne connaissant pas la signification exacte des mots taille, dîme, aides, gabelle et autres redevances. Quand il entend dire — à chaque instant — « le Trésor est à sec », pour lui c'est une image, déplaisante certes, mais seulement une image. Il ne cherche pas comment on peut remédier à la chose[3] Luynes, au constat de tant d'incompétence, se prend à rêver. Le roi portera la couronne : lui gouvernera.

Pour réaliser ce beau rêve, il faut d'abord se montrer réaliste. Eliminer

1. C'est presque l'expérience « Sauveterre » qui se renouvelle, à cette différence près que Deageant ne perdra pas sa place. C'est la reine qui perdra la sienne.

2. Sait-il seulement que l'impôt fut « inventé » au XVe siècle pour subvenir à l'entretien de la première armée royale permanente ?

3. Ce qui expliquerait, en partie, la facilité qu'aura Luynes à se servir des deniers de l'Etat (mais non à son profit personnel). C'est après sa mort (1621) que Louis XIII deviendra plus avare. Richelieu édifiera sa fabuleuse fortune à son insu.

Concini, soit. Mais comment, par quel stratagème ? Au lieu de s'arrêter à une solution radicale, le petit courage de Luynes le pousse à imaginer un dénouement tiède à une affaire brûlante dont la violence ne peut être exclue. Il le sait bien pourtant. Il sait aussi que le temps presse. Cependant il se noie dans l'indécision, il barguigne. Il oscille entre son ambition et sa peur. Tantôt plein d'ardeur, il se voit maître du royaume et du roi, un instant après ses doutes l'assaillent.

S'il cherche un peu de force d'âme auprès de Louis XIII, il le trouve parfois plus angoissé, plus vacillant, plus incertain que lui-même alors qu'il est le premier intéressé au gain de la partie. Il y a plus surprenant encore : Luynes s'est déjà rendu compte que le jeune roi n'a de bravoure que par étincelles et de l'énergie que par bouffées, mais, lorsqu'il va lui parler, il est atterré par le désintérêt apparent que le prince manifeste pour une entreprise aussi lourde. Est-ce une comédie qu'il lui joue ? Cherche-t-il à sonder sa solidité ? Allons donc ! Le Provençal connaît son emprise sur l'adolescent. Elle n'est pas nouvelle. Et pourtant...

Louis semble soudain fuir le dialogue sérieux. Il ne l'entretient que de projets de chasse au cerf ou au sanglier pour le lendemain ou les jours suivants[1] Cette attitude d'inconscience (volontaire ?) dans un moment aussi grave, décontenance le favori. Il éprouve de grandes difficultés à fixer l'attention de Louis sur le sujet capital. Le roi se dérobe, parle de ses pies-grièches et autres oisillons...

Luynes, désorienté, ne comprend plus. Il a vu et entendu Louis XIII exprimer en termes durs sa colère menaçante contre le maréchal d'Ancre... Le Provençal essaye de mettre fin à ces dérobades inquiétantes en prenant appui sur l'orgueil du prince :

— On se moque de vous... on vous traite en enfant débile... Il est temps de « faire le roi » !

Louis XIII s'enferme dans un mutisme distrait et contemple sa collection d'arquebuses...

Luynes désemparé revient à la charge et tente de lui faire peur :

— La reine mère n'a pas de volonté personnelle... elle agit selon les instructions de Leonora et de Concini... qui vous détrôneront...

Louis écoute. Il va et vient dans la pièce, manie ses armes, cravache ses chiens... et se tait.

Le favori s'exaspère :

— Vous êtes le maître ! Donnez des ordres ! Prenez une décision !

Louis XIII ne lâche pas un mot, gronde sourdement et... va s'enfermer dans sa chambre. Enfantillage, fourberie ou plaisir malsain d'inquiéter en agaçant ? Ou encore panique dont on a honte et qu'on dissimule comme on peut... C'est un art que de commander, et qu'il faut apprendre. Ou bien c'est inné !

1. Cette réaction correspond assez au caractère du jeune roi : que d'autres s'emploient à rabattre la bête, il enfoncera l'épieu dans le flanc de l'animal avec joie (plaisir secret et sadique qu'il n'avouera jamais), ce qui lui ne lui ôte pas le goût prononcé de la traque.

UN ÉTAT DÉPRESSIF

Si éloignée qu'elle en puisse paraître, la santé du prince a joué un rôle essentiel dans l'événement politique. Elle fait partie du coup d'Etat du 24 avril 1617. On y insisterait moins si l'une des plus impudentes manifestations de la conduite de Concini, provoquant le jeune roi, n'avait eu lieu au lendemain d'un de ses plus graves accidents de santé. Il l'avait laissé affaibli, vulnérable, dans l'humiliation et l'amertume ; seul Héroard en a dressé le procès-verbal[1].

La mauvaise santé, qui atteint l'apparence physique et l'activité quotidienne — il est au lit et à la chambre pendant près d'un mois et demi en octobre-novembre 1616 — a encouragé le mépris et l'audace de Concini envers l'adolescent. [...] Le 2 octobre, le prince tombe malade en l'absence d'Héroard [...] qui revient à la hâte dans la nuit. Un mieux survient au milieu du mois, avec une nouvelle alerte du 15 au 18, puis le mois s'achève normalement. [...] La maladie se manifeste par des symptômes que l'on retrouvera en permanence. Le *Journal* met bien en évidence son caractère éprouvant. Elle se traduit par des phénomènes diarrhéiques douloureux et mortifiants : « Il se plaint de douleurs de tranchées par intervalles, grandes douleurs ; afin de calmer la douleur on lui met des linges chauds sur le ventre, on luy donne des clystères. » Il a un sommeil agité qui bouleverse complètement son horaire. Il s'éveille à ou deux heures du matin, se lève, va se coucher dans un autre lit — « au pied du lit de ses premiers valets de chambre » — s'endort brièvement, se relève. Pendant la journée, gardant la chambre, il se lève, est remis au lit, se relève, se recouche. Les journées des 17 et 18 octobre sont particulièrement agitées.

[...] Un mieux se produit enfin, et la guérison semble acquise : du 22 au 30 octobre, le jeune roi, épris d'exercice et de chasse, fait des sorties. [...] Le 29 octobre, « il monte à cheval, va à la plaine de Grenelle et vole et court deux lièvres avec plaisir ». Mais l'amélioration n'est qu'apparente. Le 31 octobre, après une journée et une nuit d'agitation et de plaintes — « douleur au-dessus du nombril [...] linges chauds [...] s'éveille, se rendort [...] levé, remis au lit [...] dit qu'il sent les pieds comme s'il les avait gros et enflés » — c'est la crise spectaculaire de la fin de l'après-midi qu'Héroard décrit : « Je l'entends râler, ronfler fort haut. Je y accours ; je le trouve la bouche en bas contre son bras ; je le lève ; le porte en terre et le doigt en la bouche pour lui ouvrir les dents tant que le sieur de la Piolière luy met le manche de son couteau en la bouche ; perd les sens ; vin, eau-de-vie ; promené ; eau-de-vie ; toujours promené. L'accès dura environ un demi quart d'heure. »

Dans le récit d'Arnauld d'Andilly, qui n'a cependant pas été témoin direct de l'événement, la présentation est un peu différente, mais le fond

1. Rappelons que les textes cités ci-après sont empruntés (souvent *in extenso*) à Mme Madeleine Foisil dans son « Introductions générale » au *Journal* d'Héroard (Fayard, 1989), ainsi que ceux du chapitre « Les silences d'Héroard ».

est le même : « Le Roy, extrêmement malade, s'étant couché sur les trois ou quatre heures après midi, et le rideau étant tiré, le jeune Beringhen, premier valet de chambre, entendit un grand râlement et crut que c'était un chien qui dormait, et, ayant regardé deux ou trois fois partout avec un autre valet de chambre que c'était luy. De quoi extrêmement effrayés, ils allèrent chercher M. Héroard qui était dans la cour. Etant arrivé, il jeta le roi hors du lit et commença à le promener, et un valet de chambre luy voulant mettre un doigt en la bouche pour l'empêcher de la fermer, il le luy tronçonna. Après, on lui bâilla un manche de cuiller qu'il serra si fort qu'il se fit saigner les dents. Enfin, on le fit revenir de cette espèce d'apoplexie [1] que M. Héroard dit n'être qu'une mauvaise vapeur des intestins [2]. »

Des réactions de l'entourage royal, Héroard ne dit rien [3] Le soir même, il mentionne cependant la présence de la reine auprès du malade, tandis que Arnauld d'Andilly écrit : « Un valet de chambre s'en alla dire cette maladie avec effroy à la Reine mère qui était a vespres aux Feuillants. » Celle-ci, selon Richelieu, « accourt incontinent au Louvre tout effrayée. » (Batiffol *dixit*.)

Du 1er au 10 novembre, date à laquelle une amélioration a lieu, le *Journal* ne nous montre plus que le roi alité, avec nuits et journées totalement perturbées, avec des alternances de court sommeil et de courtes veilles. En des pages beaucoup plus longues que précédemment, Héroard a minutieusement consigné l'horaire de ces moments difficiles. On prendra pour exemple la nuit-journée du 4 novembre, qui est le modèle des dix jours de grande maladie : il se réveille à minuit et demi, change de lit, s'endort pendant une heure, change à nouveau de lit, se rendort jusqu'à deux heures et demie. « Il cherche tous les moyens de dormir, il se plaint du ventre, il s'endort enfin jusqu'à quatre heures et demie. » A cinq heures, il se plaint de tranchées, à six heures un quart, il « fait ses affaires » ; à huit heures, il se rendort. A deux heures de l'après-midi, il se lève pour une demi-heure ; à deux heures et demie, il est remis au lit ; à deux heures trois quarts, il se rendort pour trois quarts d'heure. C'est un sommeil troublé, car il s'éveille en sursaut ; à cinq heures trois quarts, il est levé, puis remis au lit ; à six heures et demie, de nouveau il est levé

1. Pourquoi pas épileptique ? comme Alexandre le Grand et Jules César ?

2. Si Héroard se montre plus que discret dans son *Journal*, on ne peut en dire autant de M. Arnauld d'Andilly. Le doigt sectionné par les dents du roi... Le scripteur n'est-il pas très imaginatif ? De plus la présence de Beringhen n'arrange rien. Ce même valet fit des confidences — incontrôlables — à Tallemant des Réaux, beaucoup plus tard, sur la vie intime de Louis XIII. (Voir en fin d'ouvrage chapitre « Vicissitudes de la vie affective de Louis XIII ».)

3. Aucune allusion sur la présence (ou les visites) de Luynes ! Il n'est pas pensable que l'amant de cœur, l'ami intime, le favori en titre, ne se soit pas tenu — du moins par moments — au chevet du roi. Nul n'en parle : ni Héroard, ni Arnauld d'Andilly, ni Pontchartrain. Se sont-ils donnés le mot ? Est-ce un ordre du roi ? Alors, s'il n'y a rien à cacher dans leurs relations privées, pourquoi cache-t-on, précisément, ce qui serait normal dans la manifestation d'une amitié pure ? Craint-on de laisser deviner ce qu'il y aurait d'anormal ou d'impur dans leurs rapports ? C'est assez troublant.

et remis au lit ; un quart d'heure après, il se rendort jusqu'à 8 heures et parle en dormant ; à huit heures et demie, il est levé puis remis au lit après une demi-heure. Jusqu'à onze heures, il dort. Il est levé à nouveau pour un quart d'heure, relevé encore à onze heures trois quarts.

Telle est la triste image du roi que nous donne le médecin dans sa vigilante observation. Le 8 novembre, l'horaire est moins perturbé, la journée se passe mieux et, enfin, le 10, il « va aux Tuileries, écrit Héroard, première sortie depuis plus de dix jours. »

C'est au terme de cette période éprouvante qui l'a laissé affaibli, diminué, sans doute peu présentable, dans un état psychique particulièrement exacerbé, *qu'il subit la scène du 12 novembre.* Celle-ci, qui n'est pas isolée, résume à elle seule le comportement de Concini, son mépris pour celui qu'il considère comme un « imbécile », « incapable de commander », « un être puéril, un idiot. » Les témoignages rassemblés sur ce sujet par Louis Batiffol sont nombreux.

Héroard, qui d'ordinaire ne raconte jamais et ne revient pas en arrière, sort ici de sa réserve : « Va en la galerie, en la grande, accompagnée d'un exempt des gardes, du sieur de Mataret, gouverneur de la ville et du château de Foix, et d'un autre. Regardant tout à coup s'il était suivi, se met assez avant en l'une des fenêtre qui regardent sur la rivière, quand le maréchal d'Ancre entra accompagné de plus de cent personnes et s'arrêtà à l'une des fenêtres aussi sans aller vers le roy, se faisant faire la court à touts, teste nue, et ce il savait bien que le roy était là, car on le lui avait dit, l'ayant demandé en la chambre. Va aux Tuileries ayant le cœur plein de déplaisir. »

On imagine l'effet que l'événement a pu produire sur l'esprit, déjà troublé, du jeune roi convalescent ; il a dû être considérable pour qu'Héroard ait jugé bon de relater *pour la première fois* un fait mettant en cause l'attitude irrespectueuse du maréchal d'Ancre. En marge de son récit, le médecin a d'ailleurs inscrit : *N.N.(nota nonantum)* « Ayant le cœur plein de déplaisir », ce sont les mots mêmes qu'emploient les mémorialistes du coup d'Etat : « Chagrin et déplaisir extrêmes », écrit Pontchartrain ; « déplaisir qu'il avait », « indicible déplaisir », remarque de son côté Deageant.

Tel est l'état d'esprit qui conduit au meurtre du 24 avril 1617.

PRÉPARATION D'UN MEURTRE

Réunir une dizaine de personnes sans que tout le Louvre en soit informé, c'était hasardeux.

Dans un premier temps, les conjurés tiennent séance aux Tuileries, à l'extrémité des jardins, dans une resserre à outils mais, comme certains sont toujours en retard, on décide que les conciliabules auront lieu dans la petite galerie parallèle à la Seine. Mais l'endroit n'est pas sûr : on est toujours à la merci d'un indiscret. En définitive, on s'assemble dans la

Le Palais du Louvre sous Henri IV et Louis XIII

chambre de Luynes ou chez l'un ou l'autre de ses frères. Les allées et venues se passent en grand mystère, au prix de précautions infinies.

Si tous sont d'accord sur la destruction de Concini, ils ne le sont pas sur la façon de procéder. A force de prêcher la « douceur » dans l'action, Luynes empêche chacun d'exprimer sa pensée : la même, tuer la bête !

Alors on lance les idées les plus chimériques.

Marsillac penche pour l'enlèvement. On s'emparerait, un soir, de la personne du maréchal d'Ancre. Lié, bâillonné, on le jetterait dans un carrosse qui le conduirait hors des frontières.

— Et ensuite ? demande Deageant.

— On lui rendrait sa liberté à condition qu'il s'engage à ne jamais reparaître à Paris.

La proposition est si sotte qu'elle est accueillie comme elle le mérite : le silence et les haussements d'épaules.

Luynes se déclare partisan d'une arrestation au nom du roi et d'un procès devant le Parlement qui déteste le Florentin. Il s'en suivrait une condamnation sévère. Usurpation de pouvoir, lèse-majesté, dilapidation, malversations... Il y avait là de quoi justifier la sentence.

Deageant démolit le raisonnement. Les chefs d'accusation et la rancune des magistrats ne pèseront pas lourd en face de la crainte qu'ils auront de déplaire à la reine et aux ministres qui détiennent le droit d'accorder ou de refuser les bénéfices... Or, les magistrats, gens payés par l'Etat, escomptent un bénéfice quelconque, une gratification, un avancement... Par conséquent, l'heureuse issue d'un procès n'est pas certaine tant que le roi ne tient pas lui-même le pouvoir !

L'exposé est clair. Chacun se tait.

Le matois Deageant s'appuyant sur la façon *douce* préconisée par le favori, suggère alors que le roi signifie à Marie de Médicis (chef du Conseil) qu'il entend s'occuper lui-même des affaires et veut bannir Concini ! N'a-t-elle pas proposé de se retirer ?

Luynes répond, avec sagesse, qu'il vaudrait mieux ne pas engager le prince dans une action directe. Que se passerait-il s'il essuyait un refus ? Que ferait-on ? Louis XIII ne peut donner l'ordre d'arrêter sa mère... Et quand bien même il le ferait, Concini à la tête de ses soldats viendrait la délivrer. Une guerre civile suffit ! Louis XIII s'impatiente et manifeste soudain « un désir extrême de prendre en main le gouvernement de son Etat [1]. »

Le favori, pressé par ses amis, par le temps (l'absence de Concini peut ne pas durer [2]), s'adresse à un prélat qu'il connaît, M. de L'Estang, évêque de Carcassonne, député du Languedoc, qui se trouve de passage à Paris. Il lui expose ce qu'on attend de lui. L'homme d'Eglise accepte la mission politique auprès de la reine mère qui s'étonne du rappel de sa proposition de retraite, mais Leonora, présente, lui conseille de donner

1. Deageant, *Mémoires.*
2. Il inspecte les places fortes de Normandie dont il est, à présent, gouverneur. (Comme on l'a vu.)

son accord[1]. Craintive, elle veut gagner du temps. Marie de Médicis déclare qu'elle réserve sa réponse. Le maréchal d'Ancre, tenu au courant par son épouse, s'emporte et fait savoir qu'il refuse net. (On s'en serait douté.)

C'est donc un échec !

Néanmoins, Deageant, en accord avec Luynes, prend l'initiative de persévérer. On fera le siège de la reine mère et de ses ministres. Les ministres (créatures de Concini) et Leonora, d'abord irrités puis alarmés par l'insistance de Deageant, jugent nécessaire de prévenir le maréchal d'Ancre.

Le 16 avril au soir, le Florentin est de retour à Paris.

Le maréchal d'Ancre fait du bruit, beaucoup. Exprès. Le bravache joue son rôle, du moins celui qu'il estime devoir tenir pour la galerie. Quelques heures passées au Louvre lui ont suffi pour sentir une sorte de dépaysement. Les courtisans se sont précipités vers lui, certes, les flatteurs ont assiégé son seuil mais, après s'être fait remarquer, ils s'en sont allés plus vite que naguère. Dans les attitudes, moins obséquieuses, il a décelé de la raideur, dans les regards des éclairs d'émancipation.

Autre signe de changement : les appartements du roi et les chambres de Luynes n'ont jamais connu pareille affluence. Concini a ses espions partout. On le renseigne... mais avec moins d'empressement, semble-t-il, et on ne lui dit pas tout.

Le favori du roi se montre peu depuis son retour. Il le remarque. Il peut le faire arrêter sur l'heure par le capitaine de sa garde personnelle sous un obscur prétexte. Le jeune Louis n'aura pas le courage de défendre son intime... et la reine mère signera *a posteriori* la justification de l'acte. Mais Concini renonce au projet — alors réalisable — qui aurait tout changé !

« C'est ici, à ce tournant fatal de son histoire, que l'outrecuidance de Concini apparaît voisine de la démence, démence de joueur qui aurait le diable pour adversaire[2]. » Il sait ! Il est trop entraîné aux pièges du pouvoir pour ne pas deviner qu'on travaille à le perdre. Il en rit avec ostentation et redouble d'insolence. Il entre au Louvre flanqué de deux cents gentilshommes, les fait ranger dans la cour d'honneur et se pavane au milieu d'eux, cependant que le roi est à une fenêtre et le regarde. A la reine mère il n'adresse plus de requêtes, mais presque des sommations, ce qu'elle a peine à tolérer. S'il croise Louis XIII, il reste couvert, le toise, et passe sans s'arrêter, lui accordant un petit salut distrait. S'il parle à Leonora, c'est par-dessus l'épaule, du bout des lèvres, avec dédain. Il cravache ses serviteurs. Il bouscule les ministres, Barbin en particulier. Il veut fortifier Quillebeuf. Richelieu n'est pas de cet avis et l'exprime. Concini lui écrit en termes excessifs : « Par Dieu, monsieur, je me plains de vous, vous me traitez trop mal, vous traitez la paix sans

1. Elle prépare son départ pour Florence. (Pierre Chevallier.)
2. George Delamare.

moi, vous me faites écrire par la reine... Que tous les diables, la reine et vous, pensez-vous que je fasse ? La rage me mange jusqu'aux os[1]... »

L'évêque de Luçon n'aime pas les rebuffades. Un moment viendra où cet imprudent placement portera intérêt ! Concini aurait pu se faire un allié, sinon un ami, de celui qu'il avait placé au premier rang... mais non, c'est lui-même qui, en rudoyant l'évêque de Luçon lui fournit une raison de ne plus être reconnaissant.

Cette erreur, qui aurait pu passer pour une réaction d'humeur en d'autres temps, s'ajoute au chapelet de ses inexplicables excès du moment. On dirait qu'il veut échapper à une situation psychologique intolérable alors que c'est lui qui la crée. Pour bien montrer sa colère, il parle de sévir contre les familiers du roi, fait dresser des listes, ne cache pas son intention de tenir Louis XIII *plus serré* afin de l'empêcher de quitter Paris, si l'idée lui en venait...

Il devra « se contenter d'aller prendre l'air aux Tuileries[2]. »

On ne peut manquer d'être troublé par l'outrance d'un tel comportement. Non seulement Concini claironne ses menaces, mais il emploie la dérision, l'ironie blessante. Il connaît pourtant la susceptibilité de Louis XIII, cet écorché vif, et il le traite en enfant ! Le croit-il incapable de réagir en roi ? Ne s'applique-t-il pas à l'exaspérer ? D'une part, ses déclarations d'intentions sont de véritables crimes de lèse-majesté, d'autre part le Florentin est conscient d'être haï par un grand nombre, lâché par Leonora — son meilleur allié — qui s'apprête à partir. Marie de Médicis — égoïste foncière — l'abandonnera lâchement dès qu'elle le sentira en position de faiblesse. Les ministres qu'il a fait nommer le trahiront demain, il n'en doute pas. Dans cette seconde quinzaine d'avril 1617, le Florentin sait qu'il est exécré par le peuple, par les princes, par l'entourage du roi, par le roi lui-même. Il est seul, entouré d'ennemis et, sans hésiter, il attaque ! Encore une fois, cette attitude volontairement agressive n'est-elle pas suicidaire[3] ?

Cette analyse proposée à l'appréciation du lecteur ne nous paraît pas extravagante[4] . En revanche, ce qui semble tout à fait extravagant, ce sont les propos que Louis XIII *aurait* tenus, plus tard, au président de Verdun. En résumé, d'après le roi, « Concini était bien résolu à lui enlever le pouvoir » (définitivement ?).Pensait-il lui substituer son frère, Gaston, ce qui eût permis quatre années de prolongation de régence[5] ?

1. Richelieu, *Mémoires*.
2. Les intentions de Concini sont connues par le récit qu'en fit Louis XIII au premier président du Parlement de Paris, M. de Verdun, des années plus tard. (Pierre Chevallier.)
3. Se reporter au chapitre consacré à Concini : « La chute ».
4. Même si l'on veut tenir pour fallacieuses les confidences de Bassompierre. *(mémoires.)*
5. Sempiternel projet ! Si Concini caressa jamais ce dessein, il resta virtuel. Aucune preuve tangible ne vient l'étayer.

La reine mère complice ? Faut-il supposer que le maréchal d'Ancre s'apprêtait à attenter à la liberté du roi, à sa vie ? C'est beaucoup !

Ne s'agit-il pas plutôt d'un vieux « cauchemar » de Louis XIII (mythomane) qui se serait plu à « raconter » ce qui *aurait pu advenir*, cherchant ainsi à faire croire au danger imaginaire qu'il *aurait* couru ? Car enfin, Concini n'était pas dénué de raison. Le Florentin régicide ? Ce n'est pas admissible ! Non plus que Louis XIII emprisonné et son cadet hissé sur le trône à sa place. On ne peut déposer un roi de France couronné sans faire appel à de nombreux et solides témoignages d'incapacité à régner. De plus, en cas de meurtre ou d'incarcération, le pape *aurait* exigé des éclaircissements. Madrid aussi. Que serait devenue d'Anne d'Autriche ? On *aurait* renvoyé l'épouse outre-Pyrénées sous prétexte de non-consommation de mariage ?

On se perd en conjectures... Faudrait-il conclure que le fils de la Médicis aimait à mentir *en livrant a posteriori* des informations aussi secrètes qu'incontrôlables ? Ou bien... On peut, en effet, être amené à supposer que Louis XIII *transpose* et cherche à convaincre le président de Verdun que c'est *lui* que Concini voulait abattre, alors qu'en réalité le Florentin a été soupçonné d'avoir trempé dans le complot débouchant sur l'assassinat d'Henri IV.

Louis XIII veut-il, en agissant ainsi, protéger la réputation de sa mère ? Car il n'est pas douteux que de lourdes présomptions ont pesé sur la participation de Marie de Médicis au meurtre de son mari (comme nous le verrons dans un prochain chapitre [1]).

Saint-Simon [2] écrira dans ses *Mémoires* [3] : « ... On a prétendu que Marie de Médicis [...] poussée étrangement par cette lie domestique [ce sont les Concini] qui soupirait après la régence, se laissa aller à une union avec cette cruelle maîtresse [Henriette d'Entragues] l'une et l'autre toutes espagnoles et gouvernées par ce qui était attaché à l'Espagne, et que Henri IV en fut enfin la victime [4]. »

Nous verrons plus loin comment Louis XIII pouvait être au courant [5] De plus, le président de Verdun devait savoir bien des choses puisqu'il eut en main le dossier compromettant sur les révélations de la d'Escoman — dossier qui disparaîtra en 1618 au cours d'un incendie (providentiel ?). Ce dossier très révélateur lui fut remis par le président de que l'on obligea à démissionner à la suite de son enquête probante ! Et pourquoi *Luynes* fera-t-il murer la d'Escoman en 1617 ? On tombe d'une extravagance dans l'autre... *Mais le travail de l'historien ne consiste-t-il pas à émettre des hypothèses qu'il livre à l'appréciation du lecteur ?*

1. Voir chapitre : « Une sombre affaire ».

2. Fils de l'un des derniers favoris de Louis XIII. C'est peut-être par son père que le mémorialiste reçut quelques détails à ce sujet. Louis XIII a pu lâcher une confidence à un certain moment d'intimité avec son favori d'alors. Leur liaison dura dix ans (1626-1636).

3. *Parallèle des trois premiers rois Bourbons*, Hachette 1880, éd. Faugère, Paris.

4. Cité par Michel Carmona dans *Marie de Médicis*, Fayard, 1983.

5. Voir chapitre : « Une sombre affaire ».

Mais, revenons à ces journées cruciales.

Autour de Louis XIII on s'émeut de l'état d'esprit de Concini. La violence de son attitude ouvertement hostile va hâter le dénouement. A force de rejeter (et pour cause) les solutions modérées, l'hétéroclite conseil secret s'accoutume à regarder en face l'éventualité de se débarrasser du Florentin par un simulacre d'arrestation immédiatement suivi de mise à mort. A présent que la chose est résolue, le roi (excité à plus d'un titre) déclare qu'il faut « prendre les devants et frapper l'adversaire pour l'empêcher d'aviser [1]. » (Il est bien temps de faire l'autoritaire à présent que la machine infernale va se mettre en marche...)

Tout porte à croire que le maréchal esquissera un mouvement de surprise (de rébellion ?) lorsqu'on lui demandera son épée... Eh bien !... on n'en exigeait pas davantage ! Au moindre geste esquissé... il serait expédié... Et *s'il ne faisait pas ce moindre geste* ? Eh bien !... *on en serait quitte pour dire qu'il l'avait fait* !

Bon ! Chacun semble se réjouir que la décision soit, enfin, prise ! Reste à désigner celui qui sera l'instrument de la volonté royale. Qui va se charger de cette opération pleine de risques ? Les conjurés se tournent vers Brantes et Cadenet, les frères de Luynes. Ce sont les seuls bretteurs du groupe !

Le favori, qui ne tient pas à mêler de trop près ni sa personne ni sa famille à cette entreprise pleine d'aléas, s'empresse d'intervenir. Il a une idée, dit-il. Pourquoi ne pas confier cette « mission » au lieutenant civil du prévôt de la capitale ? Il serait dans son rôle... On va convoquer M. de Mesmes. En petit comité, on explique à M. de Mesmes de qui et de quoi il est question. L'arrestation et... la suite. Le lieutenant civil assure « qu'il est prêt à arrêter le maréchal et à lui faire son procès mais que, par profession, il n'était pas dans le cas de le tuer si besoin était [2]. » Sortie du visiteur et déception de Luynes.

Quelqu'un prononce le nom de Montpouillan. C'est le fils du maréchal duc de La Force. Le favori fait la grimace. Il le croit peu fiable, dit-il, incapable de mener à bien un aussi hardi... coup de main [3] ! Il faut, dit-il, un homme de métier, habitué aux opérations périlleuses, sachant s'entourer et se faire assister de compagnons aussi déterminés que lui...

Non, pas Montpouillan ! Mais pourquoi pas Vitry ? Idée judicieuse ! Nicolas de Vitry, âgé de trente-six ans, est rudimentaire, brutal, grossier : un soudard. En 1611, son père, marquis de l'Hôpital (ami d'Henri IV) lui avait légué sa charge de capitaine des gardes *du* Louvre [4] Concini qui

1. Deageant, *Mémoires*.

2. Pierre Chevallier.

3. Version officielle ! D'après Tallemant des Réaux, Louis XIII était plus que sensible au charme de Montpouillan. Luynes, craignant de se voir remplacé, le fera « disparaître »... sur ordre du roi.

4. Il est capitaine DU Louvre. Luynes, à ce moment-là, n'est que capitaines AUX Tuileries (mais il était aussi LE favori). Il y a toutes sortes de « capitaines » dans l'enceinte des palais royaux. C'est un grade de militaire-gentilhomme.

connaissait bien le personnage l'appelait « méchant garnement » et il en témoigna beaucoup d'humeur. Il avait déclaré : « Il ne me plaît point qu'un pareil homme soit maître du Louvre ! » Sans doute Vitry n'aurait aucune répugnance à se saisir du Florentin à condition qu'il en reçût la consigne formelle et d'une bouche autorisée. Luynes se demande si Louis XIII consentira à dire : « Je le veux ! » Accordera-t-il à Vitry d'appréciables garanties [1] ?

Car le morceau est gros ! Tout soudard qu'il est, et alors qu'il sera nettement désigné pour arrêter Concini et l'occire, le capitaine Vitry saura fort bien mesurer la valeur du service énorme que le roi attend de lui. Le Provençal estime que le peu scrupuleux « Nicolas » fera payer cher l'estocade prévue. Il est urgent de le sonder. Luynes s'avise qu'un domestique chargé, parmi d'autres, des volières royales — un nommé Dubuisson — a appartenu, jadis, à la maison du père de Vitry [2]. Il le dépêche au capitaine après l'avoir dûment catéchisé.

En présence de Vitry, Dubuisson amène la conversation sur le maréchal d'Ancre, sur l'irritation du roi de voir Concini contrecarrer ses projets... Trinquant avec son interlocuteur, l'autre s'étonne :

— Des projets ! Quoi ? Le roi aurait des projets [3] !....

— Mais... sans doute, et de fort importants, qui feraient maison nette de Concini, de sa Galigaï, pareillement coupables de détournements et fraudes, à telle enseigne, conclut Dubuisson, que Sa Majesté considérerait leur arrestation comme un acte de bravoure et de dévouement à sa personne...

— Etes-vous bien assuré de cela ? interroge Vitry, méfiant.

— Je le tiens de M. de Luynes, pour qui, vous le savez, Sa Majesté n'a pas de secrets.

Oui, Vitry sait que Luynes manœuvre le roi ; il sait aussi que, le roi étant une nullité dans l'Etat, on ne s'explique pas pourquoi le favori déploie tant de zèle [4]. Il demande encore, d'un air innocent :

— La reine mère a-t-elle été consultée ?

— Que non pas ! La reine ignore tout, doit ignorer tout !

— Parce que, si le maréchal et la maréchale étaient arrêtés sur un ordre du roi, un ordre de la reine les remettrait vite en liberté, je vous l'atteste.

— Je crois que vous vous méprenez, fit Dubuisson. D'après ce que j'ai pu comprendre, le roi n'est pas moins las de la tutelle de sa mère que des excès du maréchal.

« Tiens tiens... voilà du nouveau ! », pense Vitry. C'était clair : Luynes lui envoyait dire que le moment était venu de faire un roi coûte que coûte, dût-on renverser les plus hauts obstacles. La présence de Dubuisson

1. Un gentilhomme ne revient pas sur la parole donnée : *a fortiori* un roi.
2. Pierre Chevallier.
3. Cette scène est largement empruntée à George Delamare. On ne peut mieux résumer ce qui a dû se passer dans la réalité.
4. C'est un dialogue entre un soudard et un domestique !

chez lui attestait qu'un mouvement se dessinait, qu'un rôle important pourrait lui être réservé.

— J'aimerais m'entretenir avec M. de Luynes.

Ainsi se conclut l'entrevue.

Le surlendemain les deux hommes sont en présence. Ils ont le même âge, à peu près : la quarantaine. Le blond à l'œil clair dévisage le brun au regard dur. Le chat jauge le dogue. S'il ne le savait pas ennemi de Concini, le Provençal hésiterait à confier ses projets à ce soldat au masque de pierre. Il parle des difficultés du nouveau règne, de la déplorable administration de Marie de Médicis... Vitry ne réagit pas. Il attend la suite. Luynes déclare alors que le roi désire éloigner sa mère et gouverner à son gré. L'autre ne dit toujours rien et l'observe. Il poursuit donc, moins catégorique : quant aux Concini... c'est une tout autre affaire... La phrase reste en suspens. Vitry ne mord pas à l'hameçon. Il exprime pourtant une remarque sensée : puisque le roi veut marquer sa volonté, pourquoi n'exile-t-il pas la reine mère... ? Les Concini, ensuite, s'écrouleraient tout seuls.

Luynes reprend son souffle. La logique du militaire le désarçonne une seconde. Il ne s'attendait pas à tant de ruse. Il reprend en affirmant que le roi entend que l'ordre et la paix ne soient pas troublés... Le Florentin serait très capable — n'est-ce pas ? — de réunir ses mercenaires pour se porter au secours de la reine mère... De là à menacer la sécurité du roi...

Vitry qui sait à quoi s'en tenir depuis longtemps met brusquement fin à cette joute verbale. Pragmatique tout à coup, il veut savoir dans quelle mesure sera récompensé celui qui, au péril de sa vie, se saisira de Concini. Luynes répond qu'il sera fait duc et maréchal de France[1] Pour le capitaine du Louvre, la perspective est mirobolante. Il n'en laisse rien paraître et se retire en disant qu'il doit réfléchir.

Luynes le laisse partir sans inquiétude. L'homme ne résistera pas à la fabuleuse perspective. Pour obtenir son bâton, il exécutera... le marché ! Cependant, il est urgent d'agir.

Presque chaque soir, les colloques continuent dans la chambre du favori. Deageant et les autres conjurés connaissent des périodes d'angoisse ou de confiance. Le jeune roi vient souvent les rejoindre. Il entre furtivement et d'un signe ordonne que les débats se poursuivent. Sans intervenir, il écoute peser les risques et les chances. Il est là le soir où, vers onze heures, on introduit Vitry[2].

Deageant, une fois de plus, développe le thème de l'arrestation. Il s'agit, en quelque sorte, d'une formalité, puisque chacun sait *à peu près* à quoi s'en tenir. Le malin personnage termine sa péroraison à l'adresse

1. Décidément, le maréchalat était à toutes fins. Peut-être l'avait-on déshonoré en le conférant à Concini, mais était-ce le purifier que de l'offrir à Vitry en échange d'un meurtre ?

2. Héroard, par son *Journal*, nous donne la preuve qu'il couchait lui-même le roi chaque soir. Celui-ci se relevait et, par l'escalier secret entre les deux pièces, gagnait la chambre de Luynes.

de Vitry en employant une formule ingénieusement vague. Il est nécessaire, dit-il, de s'assurer de la personne du maréchal d'Ancre et *qu'il soit mis hors d'état de nuire...* Le capitaine a très bien compris, mais en bon soldat il veut un ordre net. Il questionne :

— Sa Majesté me charge donc d'arrêter le maréchal d'Ancre ?

Louis XIII se tait. Aucune des personnes présentes ne fait mine de répondre.

Vitry accroche le regard du roi. Celui-ci, surpris, esquisse un signe de tête qui peut passer pour un acquiescement. Dans son coin, Luynes enrage !

Vitry insiste :

— Le maréchal est pourvu d'une garde particulière, nombreuse et bien armée. Me faudra-t-il l'arrêter chez lui ?

Nul ne réagit. Il reprend :

— Si je dois l'arrêter chez lui, je me heurterai à force gens à ses gages. Il y aura bagarre et scandale.

— Il vous appartient de trouver le lieu et le moment le plus propice !

C'est Deageant qui a précisé.

Vitry paraît méditatif. Le silence se prolonge. Il reprend la parole :

— C'est un puissant seigneur que le maréchal d'Ancre... Son arrestation aura un grand retentissement...

Le capitaine n'éprouve aucune hésitation. Sa décision est prise mais il souhaiterait que le roi prît ses responsabilités, là, devant témoins... Louis XIII, tête basse, fixe le parquet, comme étranger à la discussion.

Vitry entreprend une dernière tentative :

— Il faudrait qu'il me soit permis de me procurer du renfort... quelques hommes fidèles et sûrs pour me prêter main forte...

Deageant fait un geste qui peut se traduire par : « Qui veut la fin veut les moyens ! »

Alors, se tournant résolument vers le roi, Vitry pose la question que nul n'a jamais osé formuler, la question clé : « Et... s'il se défend, que veut Sa Majesté que je fasse [1] ? »

Louis XIII ne bouge que pour se détourner, s'effacer davantage, s'enfoncer dans la pénombre.

— Le roi entend qu'on le tue !

C'est Deageant qui, rudement, a lâché le dernier mot. Vitry estime que le silence royal vaut une approbation tacite. Il déclare :

— Sire, j'exécuterai vos commandements.

Il salue et quitte la pièce. Les assistants échangent des coups d'œil satisfaits. Luynes regarde le jeune roi qui masse l'un de ses poignets... L'idée de fuir en prenant ce prince incertain en otage lui traverse-t-elle un instant l'esprit ?

A l'autre extrémité du palais, dans sa maison de la rue de l'Autriche,

1. Pierre Chevallier.

« l'homme à abattre » ne dort pas lui non plus. Il arpente ses chambres en proie à un malaise indéfinissable. Il est à Paris depuis deux jours à peine et déjà songe à partir. Partir ou fuir ? Et fuir qui, quoi ? Les événements ou soi-même ? Il a toujours éprouvé pour les hommes qu'il a dominés un mépris élémentaire, rigide, sans discernement. Il a traité par les étrivières les pleutres qui grouillaient dans son ombre... et ne le regrette pas. Ses derniers défis ont été pris comme des outrages ? Il s'en moque ! Tout récemment il n'a ménagé personne : offensé la reine, nargué le roi, rembarré les ministres[1]...

Et pourtant... Il sait — et c'est vrai — que *malgré tout* il tient encore le pouvoir ! S'il en a la ferme volonté, il peut vaincre... *encore.* Mais non... Une incompréhensible défaillance lui retire l'audace. Est-ce le dégoût du succès ou de lui-même ? Au moment critique de son époustouflante existence, il lâche tout... Alors qu'il a tout à gagner de rester à Paris et d'affronter ses ennemis — fort peu braves, d'ailleurs — il s'en va. Il laisse à Luynes le champ libre.

A l'aube du 19 avril, le maréchal d'Ancre part pour Quillebeuf[2] dont les fortifications n'avancent pas assez vite à son gré.

Pour les conjurés, Luynes surtout, il n'est plus question de marcher à pas de loup. Ce départ imprévu est une aubaine à ne pas laisser passer. Il faut en finir, le temps presse à cause de la situation politique qui, bientôt, sera favorable au gouvernement du maréchal d'Ancre. La ville de Soissons est tombée le 12 avril mais, de Rethel, où ils tiennent garnison, les princes ont recommencé leurs bravades.

Cette fois, Richelieu (sur l'ordre de Concini ?) s'est montré inflexible. Au jour le jour, il a ignoré leurs provocations, puis leurs propositions et enfin leurs sollicitations. Les princes sont à bout de souffle, ils vont venir à résipiscence... pour la plus grande gloire du gouvernement du maréchal d'Ancre ! Luynes se rend compte de la *nécessité absolue* d'agir avant que le succès ait consolidé, raffermi la situation de l'ennemi mortel ! « Les princes ne pouvaient pas durer encore trois semaines et étaient réduits à mourir sur la brèche ou à se jeter dans les bras du roi et en sa miséricorde[3]. »

Vitry est prêt. Néanmoins il inquiète le favori et lui « donne la fièvre » en lui disant que Concini n'est (peut-être) parti que pour rassembler et

1. L'évêque de Luçon pressent-il l'orage ? Il fait dire à Luynes qu'il offre de mettre secrètement les amis de Sa Majesté au courant des Affaires, d'espionner le maréchal d'Ancre, son patron. La proposition est transmise en termes différents : le 20 avril, il envoie à Luynes son beau-frère (Du Pont de Coudray) porteur d'un message : « S'il plaisait à Sa Majesté de le vouloir considérer comme l'un de ses ministres, il n'y aurait rien, soit en charge, soit aux autres affaires venant à sa connaissance, qu'il ne lui en donnât un fidèle avis. » Cet acte d'allégeance (qui n'est pas moins qu'une offre de trahison) ne sauvera pas M. de Luçon de la disgrâce du 24 avril, mais, influencé par Luynes, Louis XIII se montrera moins sévère qu'il l'avait envisagé.

2. Près de Bernay, Quillebeuf est à moins de quarante lieues de Paris (cent cinquante kilomètres).

3. Arnauld d'Andilly, *Journal.*

ramener ses troupes de Normandie... C'est possible ! Luynes, nerveux, tourmenté, revient à son idée première — qui n'a jamais dû le quitter tout à fait : si les troupes font cause commune avec le maréchal, le parti du roi se repliera sur une place forte. Pourquoi pas Meaux dont Vitry est justement gouverneur [1] ? Des chevaux sellés attendront assez loin du Louvre pour ne pas attirer l'attention [2]. Mais Vitry ne songe pas une minute à la fuite. Il entend gagner son bâton de maréchal et son titre de duc ! De leur côté, Deageant et Tronson s'activent à rédiger des papiers, comme si « la chose » était faite ! Les ministres de Concini, renvoyés, céderont la place aux anciens ministres d'Henri IV, qu'il faut rappeler [3] Luynes a donné son accord. L'idée vient-elle de lui ?

Louis XIII *paraît* ne se soucier de rien. Il suffit de consulter le *Journal* d'Héroard pour s'en convaincre [4] : dans la semaine du 17 au 24 avril aucun changement n'est signalé dans ses habitudes. Est-il inconscient de ce qui se prépare ? Impossible ! S'il compose — et ce doit être le cas — on doit se résoudre à admettre (une fois de plus) qu'il est maître expert dans l'art de la dissimulation [5]. On ne sait s'il faut être admiratif ou écœuré. Car... tout de même : s'éveiller *doucement* (Héroard *dixit*), prier dans le calme, se rendre (deux fois par jour) chez sa mère (alors qu'on est résolu à l'exiler en province), répondre au salut de Leonora (qu'on veut emprisonner et dont on va faire tuer l'époux), parler aux ministres (qu'on va renvoyer), se nourrir de bon appétit, aller à la chasse, souper allégrement, prier Dieu avec ferveur, se coucher et s'endormir du sommeil du juste (si on ne « monte » pas chez Luynes pour un nouveau conciliabule ?)... c'est faire preuve d'un « merveilleux » contrôle de ses nerfs ou alors... c'est un jeu malsain [6] !

Pour les conjurés, les journées (et soirées) des 19 et 20 avril s'écoulent dans l'angoisse [7]...

Il pleut depuis plusieurs jours.

Deageant et Trouson relisent leurs documents.

Luynes essuie la sueur de ses tempes.

Louis XIII chasse « vers les plaines et les bruières de Madrid [8]. »

1. Pierre Chevallier.

2. Luynes pense un instant à l'évêque de Luçon et à ses offres de « services ». En cas de « malheur » ce dernier interviendrait-il en sa faveur ? Il en doute ! Il a raison. Le futur cardinal ne s'occupe que des vainqueurs ou en puissance de l'être, non des vaincus, irrécupérables...

3. Deageant précise (dans ses *Mémoires*) qu'il avait par avance préparé les lettres, déclarations et proclamations en accord avec Luynes et le roi.

4. M. Michel Flammand, à ce sujet, nous éclaire fort bien. (Mémoire de maîtrise, 1983, pp. 2457-2458, d'après le Journal d'Héroard.)

5. Le chercheur finit par s'y habituer, mais un tel empire sur soi-même, à l'âge de quinze ans et demi est assez phénoménal pour qu'on s'en étonne.

6. Voir le chapitre : « Le Sphinx ».

7. Voir l'étude de M. Michel Flammand d'après le *Journal* d'Héroard. (Mémoire de maîtrise, 1983.)

8. Héroard : château de Madrid, aux confins du bois de Boulogne et du Neuilly-sur-Seine actuel, où résida, un temps, Marguerite de Valois, première épouse d'Henri IV à son retour en grâce en 1605.

La reine mère plane dans une quiétude néfaste. Elle choisit des étoffes et gourmande Leonora qui se tord les mains à demi folle d'inquiétude : elle a consulté les oracles, les présages sont menaçants.

Vitry, lui, est fin prêt. Il a réuni ses auxiliaires : son frère, M. du Hallier, son beau-frère, M. de Persan et un certain Fonquerolles (?). M. Jean-Baptiste d'Ornano, capitaine de la garde corse, à qui le guet-apens ne sourit point, s'est contenté de promettre de rester neutre. En revanche, on peut compter sur quelques nobliaux qui en veulent à Concini de ne pas les avoir distingués. Ces... tueurs auront chacun leur rôle suivant le lieu et... les circonstances.

Dans la soirée du 21 avril, Vitry confie à Luynes qu'on ne pourra « s'assurer longtemps du silence de ceux-là [1]. » Pourvu que le maréchal d'Ancre revienne de Quillebeuf ! Pourvu qu'il revienne bientôt. Pourvu qu'il revienne seul !

Il est de retour le samedi 22 avril et rentre dans sa maison de la rue de l'Autriche. Luynes, aussitôt averti par son frère Cadenet [2] convoque Vitry. Le Florentin n'est pas suivi d'une armée comme on le craignait, mais simplement de ses gardes ordinaires : une soixantaine d'hommes, toujours en service, postés à l'extérieur et à l'intérieur de la demeure.

Vitry abandonne l'idée de frapper Concini chez lui. On le tuera demain dimanche, au Louvre, où il ne peut manquer de venir présenter ses respects à la Reine mère.

TROIS JOURS POUR FAIRE UN ROI

La veille (23 avril 1617)

L'aube du 23 avril éclaire d'une lueur maussade les toits de Paris. Il pleut comme les jours précédents. Au début de la matinée, Vitry poste des guetteurs à la grande porte du palais, face à l'église Saint-Germain-l'Auxerrois. Louis XIII a bien dormi, il déjeune à huit heures, puis « va en la galerie jouer au billard [3] » et y retrouve Luynes qui l'attend. Il s'agit de patienter. En général, Concini entrait au Louvre entre neuf

1. « Ceux-là » sont une vingtaine de « sieurs » : de Guichaumont, Canisy, La Motte, Sardigny, Boneuil, Cauvigny, Colombière, Perray, Dubuisson, Sarrogue, Morsains, Taraud, Boyer, La Chesnaye, etc.
2. Philippe Erlanger.
3. Qui croire ? Héroard (qui couche et éveille Louis XIII) atteste dans son *Journal* de neuf heures de sommeil environ par nuit au cours de la semaine du 7 au 24 avril. Arnauld d'Andilly, dans son *Journal*, rapporte à cette période : « Le jeune roi n'avait pu trouver le sommeil depuis quatre jours. » Celui-ci est issu d'une famille dont la foi chrétienne et la pratique de la religion catholique font et feront partie d'une grande renommée (Port-Royal). Par conséquent, le mensonge doit *a priori*, être exclu des affirmations du scripteur. Alors ? Ce serait le médecin qui ment ? Dans quel but ? Si c'est à la demande de Louis XIII, tout le Journal d'Héroard devient suspect. (Voir chapitre sur « Les silences d'Héroard ».) Pourtant l'un des deux mémorialistes induit l'Histoire en erreur. Certes, mais pourquoi ? Et lequel ?

heures et dix heures du matin. On le manderait alors au Cabinet des Armes où Vitry se trouve déjà et le roi ne se rendrait à l'office dominical qu'une fois l'affaire faite...

Mais... les heures passent et Concini ne paraît pas.

Peu après dix heures, le roi décide d'aller à la messe « en Bourbon » (Héroard *dixit)*, c'est-à-dire à la chapelle de l'hôtel du Petit Bourbon, dans la rue de l'Autriche[1]. Il est de retour vers onze heures et se fait servir son repas (Héroard *dixit*). C'est à ce moment-là qu'on apprend que Concini a gagné le Louvre et se trouve chez Marie de Médicis. C'est Dubuisson qui donne l'alerte. Alors qu'on dépêche un page pour dire au Florentin que le roi le prie de venir au Cabinet des Armes (où Vitry se trouve toujours), le maréchal redescend par un autre escalier et quitte le palais. Le rabatteur a raté le gibier !

On avertit le roi, qui ne dit rien ! Il se lève de table, « se rend chez la reine [sa femme], chez la Reine mère, puis, par la galerie, aux Tuileries, vespres aux Feuillants, revient en carrosse à 4 heures, en la galerie [va] chez la reine, chez la Reine mère. A 7 heures, fait ses affaires [intestinales]. A 7 heures un quart, soupe. Va chez la reine, revient à 8 heures trois quart, prie Dieu. A 10 heures s'endort jusqu'à 7 heures et demi après minuit[2]. »

Surprenant emploi du temps, un jour comme celui-là ! L'attentat n'a pas eu lieu, faute de victime. Mais... il est indispensable d'aviser. Or le roi ne semble pas s'en préoccuper. Veut-il jouer les Ponce Pilate ? Cela est difficile à admettre. Il faut croire, plutôt, que Luynes, pour ne pas attirer l'attention, l'a prié de ne rien changer au rythme établi de sa vie quotidienne. Alors ? De sept heures du matin à dix heures du soir, Louis XIII (quinze ans et demi) a assez de force de caractère pour donner le change et ne montrer aucun signe de nervosité ? Héroard qui l'a revu à cinq reprises, en privé, ne remarque rien de particulier (?). Décidément, ce jeune roi est un exceptionnel comédien[3] ! (Ou bien Héroard — qui n'a que cinquante-six ans — est prématurément aveugle !)

Quoi qu'il en soit, il est évident que ce dimanche 23 avril, dès après midi, Luynes et Vitry se concertent sans attendre. Ils sont fiévreux. On le serait à moins. Si dans les heures qui viennent l'un des conjurés a la langue trop longue, ils sont perdus. Tout est perdu.

Deageant les rejoint et pousse à l'action rapide. On ne peut renoncer,

1. On se demande pourquoi Louis XIII choisit précisément la chapelle de la rue de l'Autriche dans laquelle se trouve la maison du maréchal d'Ancre. Il y avait un office quotidien à cette heure en l'église Saint-Germain-l'Auxerrois... Cherchait-il à rencontrer Concini ? Voulait-il s'offrir le plaisir subtil de croiser le regard de celui qu'il allait faire occire ? (Voir chapitre : « Le Sphinx ».)

2. *Journal* d'Héroard : dimanche 23 avril 1617.

3. Le 23 avril, entre cinq et six heures de l'après-midi, alors qu'il se trouve devant Marie de Médicis, « il est frappé d'une véritable paralysie face à sa mère. » (D'après les *Mémoires* du duc de Chaulnes, frère de Luynes, et de Michel Carmona, *Marie de Médicis*.) Or, il est auprès d'Héroard à sept heures. Le médecin ne décèle aucune tension particulière chez le roi. Héroard ne veut-il rien dire ou plutôt en a-t-il reçu l'ordre formel ? (Voir chapitre sur Héroard.)

ni surseoir. Quelqu'un finira par parler. Il faut donc frapper, et vite ! Luynes, très pâle, sent l'affolement le gagner. Les chevaux, la fuite... Mais il sait que son idée folle équivaut à un suicide. Il écoute Vitry remanier son plan pour l'exécution — inévitable — du lendemain. Tout à l'heure, ce dernier donnera ses directives et distribuera les rôles de chacun des conjurés. Le roi aura le sien. Il devra commander ses équipages pour aller à la chasse de bonne heure, et son carrosse puisqu'il pleut toujours... Luynes s'engage à transmettre[1]. Les trois hommes se séparent.

« Ce soir-là, écrit Philippe Erlanger, Richelieu, déjà couché, reçut avis que le maréchal d'Ancre serait assassiné le jour suivant. Il plaça la lettre sous son oreiller et, tranquillement, s'endormit. Ainsi laissa-t-il sombrer la galère qui n'était plus capable de porter sa fortune[2]. » On ne sait pas le nom du donneur d'avis... ni qui l'envoya ! Rien n'autorise à soupçonner Luynes, mais on peut se demander s'il n'était pas le mieux placé pour livrer l'information, ni le plus intéressé à la fournir.

Les « offres de service » de l'évêque de Luçon (comme on l'a vu) remontaient à trois jours (20 avril) ! Exception faite d'un espion — agent double — on ne voit pas qui, parmi les conjurés, aurait osé trahir au profit de Richelieu. Le délateur se serait directement vendu au maréchal d'Ancre, et aurait été — on s'en doute — magnifiquement récompensé. Par la suite, les rapports qu'entretiendront les deux hommes tendraient à prouver qu'il y avait entre eux une certaine connivence, et, sinon alliance, du moins ménagement réciproque. Et puis Luynes, prudent, tenait à préserver, en Richelieu, un antagoniste possible. Et sans vouloir prétendre qu'il y eût des « cadavres » entre eux...

Cette « neutralité constructive » durera tant que l'évêque ne fera pas d'ombre au favori du roi... en conseillant trop bien Marie de Médicis...

Le 24 avril 1617

Ce lundi, il pleut encore. La température est plus fraîche que la veille. Héroard éveille le roi « à sept heures et demie après minuit, doucement.

1. Vu l'emploi du temps de Louis XIII (cité plus haut) on se demande où et quand Luynes a pu parler au roi sans témoins et assez tôt pour qu'il puisse donner ses ordres. On pense inévitablement à l'escalier qui réunit leurs deux chambres.

2. Henri d'Almeras, Concini, *maréchal d'Ancre*, prétend que l'évêque de Luçon se trouvait dans son diocèse au soir du 23 avril, hébergé par le doyen du Chapitre pendant les réparations du palais épiscopal. C'est là qu'un nommé Ferrier lui aurait apporté des lettres l'informant du meurtre prévu pour le lendemain. Or, cette thèse n'est pas soutenable : Luçon est à 125 lieues de Paris (500 kilomètres). Richelieu, étant donné la difficulté des déplacements, n'aurait pu se trouver au Louvre dans la matinée du 25 avril, et, là, il y était.

Pouls plein, égal, posé ; chaleur douce. Levé ; bon visage *guay*[1]... etc. » Sa Majesté se lève, dit qu'elle va chasser ! Que ses équipages se rassemblent au bout de la galerie des Tuileries... et attendent. En réalité, depuis cinq heures du matin, un carrosse à six chevaux s'y trouve déjà, attelé sur les ordres de Luynes, prêt à favoriser la retraite en cas d'échec[2]. Après avoir prié, le roi déjeune à huit heures et demie.

A cette heure, Vitry termine de placer ses hommes : du Hallier et Persan dans la cour intérieure avec une douzaine de gentilshommes, La Chesnaye flanqué de soldats, à la grand-porte de Bourbon, à l'extérieur, Dubuisson et quelques autres reprennent le guet qu'ils ont fait la veille, rue de l'Autriche. Vitry reste dans la salle des gardes, va et vient et regarde par la porte d'entrée les mouvements qui se font par le guichet à côté de la porte basse. Au premier étage, Louis XIII joue au billard avec Luynes, dans la grande galerie.

Dix heures sonnent à Saint-Germain-l'Auxerrois. Le roi invente cent prétextes pour retarder son départ à la chasse. Deageant vient d'arriver près de Luynes. Dans la cour d'honneur, aux portes et au guichet, les conjurés échangent des regards brillants d'excitation. Le moment fatidique ne saurait plus tarder. Le Florentin va apparaître d'un moment à l'autre. Les nerfs sont tendus à faire mal. La pluie a cessé, mais le vent redouble, un vent humide et froid.

Vers dix heures un quart, le maréchal d'Ancre sort de chez lui. Escorté d'une soixantaine de gardes et de gentilshommes, il parcourt à pied la rue de l'Autriche et se dirige vers le pont dormant qu'il franchit. C'est un trajet très court. Dès qu'il est passé, la grande porte de Bourbon est refermée, l'isolant ainsi d'une partie de sa suite dont les membres sont obligés de se glisser un à un par le guichet.

C'est alors que M. de Cauvigny[3] s'avance (c'est un cousin de Vitry), salue très bas le maréchal et dit la nécessité de lui soumettre une lettre importante qu'il a reçue de M. de Béthancourt, gouverneur du château de Caen. Il y est question, ajoute Cauvigny, d'une assemblée que les protestants ont tenu dans cette ville, vraisemblablement pour miner l'autorité du roi en Normandie.

— Montrez-moi cela ! répond Concini.

Cauvigny lui donne la lettre tout ouverte. Les gentilshommes d'escorte s'écartent par discrétion. Tout en marchant lentement, accompagné de

1. Encore une fois, Héroard est incrédible. Comment ce jeune garçon de quinze ans et demi peut-il montrer de la *gaieté* au réveil, vu ce qui s'est passé la veille et ce qui se prépare pour le jour même ? Le comédien le plus génial ne peut « composer » en s'éveillant, surtout devant un médecin qui l'a vu naître, ne l'a pas quitté d'un jour et pour qui sa physionomie n'a pas de secret !

2. On se demande d'ailleurs pourquoi un carrosse. La fuite est plus rapide pour des cavaliers émérites (comme Luynes et le roi). Le favori comptait-il emporter de l'or à profusion ? On ne sait.

3. François de Cauvigny, neveu de Malherbe. Il entrera à l'Académie française, fondée — comme chacun sait — par Richelieu en 1635.

Cauvigny, le maréchal lit la lettre. Il n'est plus qu'à une dizaine de pas du pont-levis [1].

C'est à ce moment que surgit Vitry, ayant sur ses talons ceux qui doivent lui prêter main forte. Dans sa précipitation, il croise Concini, le dépasse sans le voir. En quelques enjambées, Vitry atteint le pont tournant [2]. Dans le clair-obscur de la voûte, il aperçoit le groupe de l'escorte mais n'y distingue par celui qu'il cherche. Du Hallier le rejoint et lui dit à mi-voix :

— C'est lui... C'est lui !

— Où est-il ? fait Vitry anxieux.

— Là, derrière vous ! souffle Guichaumont.

Vitry se retourne. Et Colombière, le doigt tendu vers Concini répète :

— Devant vous... celui qui lit la lettre !

Concini, à cet instant, lève la tête, reconnaît Vitry, ne peut maîtriser un haut-le-corps.

Vitry se jette en avant, lui touche le bras, crie :

— Halte ! Le roi m'a ordonné de me saisir de votre personne !

— *A me* [3] ! dit Concini, reculant jusqu'à la barrière du pont.

— Oui, à vous ! s'exclame Vitry.

Concini porte la main à son épée. Est-ce pour la remettre, est-ce pour se défendre ? En tout cas ce geste suffit aux tueurs : cinq coups de pistolet ne font qu'une seule détonation. Concini est frappé de trois balles : entre les deux yeux, au cou, à la joue droite. Il tombe, tué raide, mais son corps reste plié à demi, soutenu par le garde-fou. Du pied, Vitry le renverse. Alors le sieur Sarrogue enfonce bravement son épée dans la poitrine du mort, vite imité par Taraud, Persan, Boyer et La Chesnaye. Le cadavre est tailladé, lardé par ces vaillants.

Le meurtre s'est accompli avec une rapidité extrême. Quelques gentilshommes du maréchal d'Ancre dégainent et marchent sur Vitry. Celui-ci les immobilise par un vigoureux : « Ordre du roi, messieurs, ordre du roi ! » sans réplique. Parmi les seconds de Vitry, c'est un concert d'exclamations joyeuses. Ils crachent sur le mort, ils l'insultent à l'envi, chacun d'eux se flatte d'avoir expédié Concini dans l'autre monde.

Au premier étage du palais, le roi, Luynes et Deageant sont dans l'expectative. Le bruit des coups de pistolet a été nettement perçu. Quelques moments après, un gentilhomme hors d'haleine vient annoncer que l'affaire est manquée et que le maréchal et les siens, en armes, montent le grand escalier. Le roi demande à son ancien mignon,

1. Une description détaillée de l'événement et de son décor se trouve dans une relation du chancelier Michel de Marillac publiée par Leyde en 1660, sous le titre *Histoire des plus illustres favoris, avec un journal de tout ce qui s'est passé à la mort du maréchal d'Ancre.* Voir aussi les plans de Quesnel (1609) et de Mérian (1615).

2. Qui a remplacé l'antique pont-levis.

3. Ce a me ! est sujet à différentes interprétations. C'est une question d'intonation. On prononce *a mé !*, ce qui peut vouloir dire *à moi !* dans le sens de « au secours », ou encore *à moi !* exprimant une surprise exclamative. Le mot *ahimè* se prononce exactement de la même façon mais signifie *hélas !*

Descluseaux[1] (soldat de ses gardes) de lui apporter sa grosse carabine (présent de Vitry !). En même temps, l'épée à la main, il se dirige par l'antichambre en direction des assaillants éventuels. Luynes est livide. Deageant se cramponne au billard.

C'est alors que M. d'Ornano[2] (colonel des Corses) fait irruption en s'écriant :

— Sire, c'est fait !

M. de Cauvigny qui a suivi, confirme : Concini est bien mort !

Tout à coup, jaillissant de toute part, une foule de gentilshommes se précipitent pour féliciter le roi. Du rez-de-chaussée, de l'extérieur, des rives du fleuve, du quai et de la rue monte une rumeur énorme qui s'enfle. M. d'Ornano ouvre une croisée, soulève son maître et, de la fenêtre, le montre à la multitude. Des hurlements de joie, d'espoir et d'amour fusent de toute part à l'apparition du jeune garçon qui crie :

— Grand merci ! Grand merci à vous ! A cette heure je suis roi !

Là-bas, à l'angle du pont dormant, le cadavre du superbe maréchal, en ses chausses de velours gris-brun et son pourpoint brodé, n'est qu'une épave livrée aux rapaces. Dubuisson s'approprie le gros diamant de six mille écus, Boyer l'écharpe de soie frangée d'or, Sarrogue la dague enrichie de pierreries, Taraud le manteau de velours. Tous veulent se partager les 1 million 975 900 livres d'effets[3] découverts au fond des poches, mais Vitry en roule un petit paquet à l'adresse du roi.

Quand plus rien ne reste, qui ait une valeur quelconque, le cadavre nu, noir de sang séché, le visage maculé par la poudre et la boue, est déposé dans la salle des portiers. On place la dépouille sur une table qu'on pousse dans un coin. Sur la poitrine du mort quelqu'un fixe une pancarte avec cette inscription hâtivement tracée : « Traître au Roi ! »

L'exécution a provoqué un tel tumulte, on mène si grand tapage dans les cours et les escaliers du palais, que l'une des servantes de la reine mère, la Catarina, s'en avise et court se renseigner. Effarée, elle rapporte aussitôt la nouvelle à sa maîtresse :

— Madame ! Madame... le maréchal d'Ancre est mort ! M. de Vitry l'a tué pour obéir au roi !

Marie de Médicis, pétrifiée, fixe sur Catarina un regard vide, offrant si bien l'apparence de l'hébétude que la servante répète la stupéfiante information. La reine mère, les cheveux épars, se met à courir entre les murs de son cabinet, elle pousse de petits cris, se tord les mains, bat les boiseries de ses poings, lève les bras au ciel en prononçant des mots

1. Pierre Chevallier.
2. Futur précepteur-gouverneur de Gaston d'Orléans, frère cadet du roi.
3. 2 millions de livres en ordres de payement, promesses des receveurs et autres effets à terme. Il est curieux de remarquer que, sur l'ordre de Louis XIV lors de son arrestation par d'Artagnan en septembre 1661, Nicolas Fouquet (dernier surintendant des Finances) aura presque la même somme dans ses poches (1 million 400 000 livres). C'étaient les rescriptions des Fermiers des aides.

incompréhensibles. Et comme La Place[1], essoufflé, pénètre dans la pièce et ose accorder une pensée charitable à Leonora (« comment lui annoncer la catastrophe ? »), la reine, soudain, s'immobilise et d'un coup montre à nu sa bassesse d'âme en déclarant : « Si on ne veut dire la nouvelle à la maréchale... qu'on la lui chante ! !... J'ai assez à faire moi-même !... Qu'on ne me parle plus de ces gens-là !... Je leur avais bien dit de repartir pour Florence[2]... »

Puis la reine recommence à s'agiter dans la chambre en marmonnant et geignant[3]... Et comme ses dames d'honneur[4] s'évertuent à la retenir, à la rassurer, elles se déplacent en même temps que la souveraine, s'accroupissent quand elle tombe à genoux, mêlent aux siens leurs gémissements et leurs larmes, on croirait assister à la scène maîtresse de quelque tragi-comédie dans le meilleur style transalpin.

Mais s'il y a de la bouffonnerie dans les transports de Marie, sa terreur est sincère et a de quoi l'être, car l'assassinat de son homme-lige, décidé et perpétré, à son insu, par des gens qui ont obéi à des ordres dans lesquels elle n'est pour rien, cela signifie clairement qu'on a cessé de lui reconnaître le droit de vouloir ! C'est cela qui la bouleverse ! Elle ne se lamente pas sur Concini mort, mais sur sa propre déchéance. Leonora ? A cet instant, elle se moque bien du devenir de sa tendre amie d'enfance (trente-trois années d'étroites relations quotidiennes !) La Médicis au cœur sec ne veut se souvenir de rien qui puisse compromettre son avenir à elle ! Rien d'autre ne la préoccupe !

Quand le même La Place, qui s'est rendu entre-temps auprès de la maréchale, revient, envoyé cette fois par Leonora qui fait demander à la reine si elle peut descendre auprès d'elle afin de se placer sous sa protection, le messager essuie les fureurs de la Médicis ! Comment ose-t-on lui parler de « cette femme » ! Alors que La Place remonte apprendre la mauvaise nouvelle à la malheureuse, Marie retombe dans de sombres cogitations : depuis longtemps, se dit-elle, elle était lasse des procédés insultants du maréchal d'Ancre, lasse des empiètements de Leonora. Elle avait soutenu, défendu la femme et le mari jusqu'au moment où, passant toute mesure, ils s'étaient cru assez puissants pour prétendre la tenir sous leur joug. Pour être débarrassée de Concini... (se raconte-t-elle), peut-être eût-elle accepté... une solution violente... Mais que la chose se fût faite en dehors d'elle, sur la seule injonction du roi, voilà qui la mettait en colère.

Présentement elle est folle de dépit d'avoir été considérée par son fils

1. Jean Desdiguière, dit « La Place » (l'un des plus fidèles serviteurs de Leonora).
2. Michel Le Vassor, *Histoire du règne de Louis XIII.*
3. Arnauld d'Andilly relatera la scène de façon plus modérée, moins palpitante, moins crédible.
4. Mmes de Guise, de Guercheville et la princesse de Conti.

comme quantité négligeable[1]. Sur cette réaction se greffe une réflexion plus sérieuse : Marie de Médicis réalise la maladresse de son comportement passé. Elle se reproche — comme une erreur, non comme un regret — ses sévérités inutiles, sa négligence et l'indifférence dont elle a fait preuve envers son fils aîné. Il n'est plus temps de remédier à quinze années d'absence de tendresse maternelle[2]...

Cinq coups de pistolet et tout a changé de face. La carcasse d'un aventurier florentin gît, abandonnée sur une table, une reine mère égocentrique et sotte pleure sur son propre sort, un jeune roi s'empare enfin du pouvoir, un favori venu de Provence s'apprête à gouverner. « Vive le roi ! Vive le roi ! » clament les gardes en chevauchant à travers la ville de Paris, délirante.

Juché sur un billard, au centre de la grande galerie où affluent ducs et prélats, ministres et officiers, dames de qualité et parlementaires en place, Louis XIII découvre à la fois ce que peuvent inspirer d'exaltant la victoire, la libération, la vengeance, la conquête du pouvoir, l'idolâtrie des foules[3]. Il pleure. Il rit. Il salut de la main. En peu de temps la galerie est bondée. Jamais le jeune homme n'a vu autant de fronts inclinés, autant de plumets balayant le sol, autant de sourires heureux à son adresse. Il parle, en bégayant un peu, mais l'assistance enivrée met cela sur le compte d'une émotion compréhensible et partagée.

— Pendant dix ans, dit-il, on m'a obligé à n'être qu'un enfant... Je saurai désormais être un roi !

Il poursuit et se répète, mais qu'importe. L'enthousiasme est général.

Luynes, auteur secret de ces belles phrases, caresse des yeux son élève et, cédant à un mouvement spontané (?) saisit la main du roi et la baise. On comprend sa joie ! Il a déjà supputé les avantages de la victoire et pris ses dispositions pour régenter l'Etat à la place de Concini...

Autour de Louis, les bustes se dressent, les bras s'agitent en mouvements frénétiques et désordonnés. On joue des hanches, on se bouscule, on crie sa joie, on se pousse, on s'approche au plus près. Chacun veut graver en soi l'image de cet adolescent enfin devenu roi. Chacun tient à pouvoir le décrire, à cet instant précis, afin d'être à même de se vanter, ensuite, d'avoir été là.

Cependant, on s'étonne de ne trouver en lui aucune ressemblance avec le Béarnais. Si ! peut-être... le nez fort des Bourbons ! Ce long jeune homme triste qui n'a pas seize ans, tout juste rescapé d'une enfance pénible, à peine sorti de l'âge ingrat, taraudé par ses incertitudes, présente un visage blême où se décèle comme une fatigue précoce. Son œil,

1. C'est ce qu'elle essaiera de lui remontrer dans quelques jours, en vain. C'est trop tard ! « La reine protestait qu'elle n'était pas marrie de la mort du maréchal d'Ancre, puisque le roi l'avait jugée utile pour son service ; mais bien se sentait-elle outrée de la défiance que Sa Majesté avait eue d'icelle en lui tenant secrète la résolution de le perdre. » (Scipion Dupleix, *Histoire générale de la France*.)

2. Voir chapitre : « Mère et fils », d'après Héroard.

3. Philippe Erlanger.

légèrement globuleux, est terne, éteint, d'un bleu délavé, sans éclat. Ce faciès qui ne sait pas sourire est marqué par le lourd menton prognathe des Habsbourg que lui a transmis sa mère, avec les yeux exorbités et la grosse bouche à la lèvre inférieure épaisse : lippe héréditaire des descendants de Charles Quint. Le front se couronne d'une tignasse sombre, désordonnée, que remplacera bientôt — pour des raisons controversées — une chevelure tombant jusqu'au col. Les nerfs, dominés avec peine, échappent parfois à son contrôle et font surgir sur ses traits des contractions fugitives.

Ceux qui le regardent avec une curiosité avide retrouvent dans sa physionomie la moue dédaigneuse qui caractérise les représentants de la maison d'Autriche et dont il a malencontreusement hérité, ainsi que l'air de défi affiché par certains Médicis.

Dans les jours à venir, ceux qui l'observent apprendront qu'il est doté d'un caractère bizarre, boudeur, renfrogné. On découvrira qu'il est ignorant et de surcroît paresseux ; qu'il est rancunier aussi, et ne sait pas laisser faner ses colères...

Vive le roi !

Roi chagrin, se torturant dans le dédale de ses doutes, entouré d'intrigues, mal élevé, capricieusement nourri, affaibli par les purges et les saignées continuelles, fouetté souvent dans ses jeunes années... Pauvre prince en vérité, cultivant une passion jalouse pour son père trop tôt disparu et qu'il ne sera jamais à même d'égaler. Souverain tout neuf, personnage malheureux à l'âme timide, qui ne sait pas au juste si les sentiments qu'il porte à son favori le rassérènent, l'agacent ou le torturent. Aucun remords ne l'habite puisqu'il se place au-dessus de tout jugement. Ce sont peut-être les regrets qui le rongent déjà et lui donnent cette mauvaise mine, bien qu'il ne sache pas avec exactitude la nature de ses regrets, précisément. Jusqu'à sa mort, il se battra contre lui-même, à la recherche vaine de sa véritable identité.

La gaieté des premières années auprès de Luynes n'a pas résisté à la dure veillée d'armes... Elle ne réapparaîtra pas. En revanche, au fil des jours, s'affirmera une sorte de majesté triste et altière qui courbera les plus audacieux devant cet indevinable, et contribuera à le masquer, décourageant ainsi bien des élans. Mais cela, ceux qui le dévisagent ne le savent pas encore. Ils scrutent leur monarque et manifestent à grand bruit leur étouffante admiration courtisane.

Décidément, la foule qui cerne le billard est trop dense. Vitry s'avise que « son » roi risque d'être submergé par la presse. Secondé par du Hallier et Persan, il dégage Louis XIII. Le roi lui parle bas. Vitry acquiesce. Ils quittent l'étage sous les acclamations qu'ils recueillent également dans le grand escalier qui mène à la cour.

Louis XIII, entouré de gardes qui le protège de la foule, se dirige vers la salle des portiers. Il veut voir le cadavre ! On pousse le battant. Le roi contemple les restes de son ennemi mortel durant quelques secondes, hoche la tête et déclare à l'instant même qu'il a l'intention de dîner sans plus tarder : il est midi [1] ! (L'assassinat a eu lieu il y a une heure...) Il faut croire que les émotions fortes lui ouvrent l'appétit : des pointes d'asperges, des crêtes de coq, du chapon bouilli, une aile de pigeon, deux tranches de gélinotte et de la gelée de figues.

C'est à ce moment qu'il donne l'ordre de faire abattre la passerelle de bois qui relie les appartements de sa mère à la maison de Concini...

La reine mère, aussitôt, dépêche à Louis XIII son écuyer, M. de Bressieux, pour lui faire savoir qu'elle désire lui parler. « Le roi lui répondit qu'il était trop empêché pour cette heure là, que ce serait pour une autre fois et qu'elle s'assurât qu'il l'honorerait toujours comme sa mère. » Bressieux transmet la réponse. Il est de retour une demi-heure après et réitère le souhait. Le roi répond que sa mère n'a qu'à rester dans sa chambre et ne plus s'occuper des affaires du royaume : il s'en charge. Il verra plus tard, dit-il, à lui assigner un lieu de retraite ! Bressieux exécute une nouvelle fois l'aller et retour.

Louis XIII, agacé, menace l'écuyer de l'expédier en prison s'il reparaît. Marie veut alors envoyer la princesse de Conti [2] laquelle suggère de s'adresser à Luynes. Celui-ci se rend auprès d'elle. Elle formule de nouveau la demande, en vain. A sa prière, le roi la reçoit à condition qu'on ne lui parle pas de sa mère. On n'en parle donc pas. La princesse se retire déconfite. Il est trois heures de l'après-midi.

Au-dehors, l'averse a repris. Par la grande galerie, Louis se rend aux Tuileries. Sur son passage, Mme de Guercheville [3] se jette à ses pieds et supplie le roi d'accorder une entrevue à sa mère. La dame d'honneur de Marie s'attire une réponse courtoise mais froide. La reine est bien sa mère, mais il est le roi ! Il ajoute : « qu'elle ne l'avait pas traité comme fils... mais que néanmoins, lui, la traiterait toujours en mère... » Quant à la voir... il n'en serait pas question avant d'avoir réglé les affaires les plus urgentes [4].

On peut imaginer l'angoisse de Marie de Médicis constatant ce sidérant revirement d'attitude, angoisse qui s'accroît lorsqu'on vient l'informer que douze gardes du corps du roi remplacent les siens [5]. Vitry qui les commande, a reçu l'ordre de ne laisser entrer personne. Lorsque l'ambassadeur d'Espagne, Monteleone, veut aller rendre visite à l'ex-régente, Vitry s'interpose : « Ce n'est pas par là qu'il faut aller maintenant, c'est au roi [6] ! » Le résident toscan, Matteo Bartolini, réussit à pénétrer jusqu'à elle par une porte secrète (condamnée une heure plus

1. *Journal* d'Héroard, p. 2458 : « Disné à midy. » Après l'énoncé du dîner, se trouve un nouveau blanc de la valeur d'environ quatorze lignes. Voir chapitre « Les silences d'Héroard ».

2. Louise-Marguerite de Lorraine (famille de Guise), veuve de François de Bourbon-Conti (mort en 1614).

3. Parente éloignée de l'évêque de Luçon, elle aida ce dernier à entrer dans les bonnes grâces de la régente. Voir chapitre sur Richelieu.

4. Pierre Chevallier.

5. N'est-ce pas Racine (avant l'heure) ? « Qu'on lui ôte sa garde et lui donne la mienne. » *Britannicus,* Néron - Agrippine.

6. Pontchartrain.

tard). Elle pleure et accuse Luynes de « *la vouloir tenir prisonnière.* » Puis elle convient que c'est son fils, l'auteur de son infortune. Elle sanglote, disant qu'elle préfère la mort à la prison [1]. Bartolini la laisse dans un état de grande excitation. Au lieu d'admettre la situation brusquement dépendante dans laquelle elle se trouve, et attendre, Marie s'entête, bêtement. A son retour des Tuileries, vers dix-sept heures, le roi apprend que son épouse demande l'autorisation d'aller consoler sa belle-mère. La comtesse de Soissons [2] — veuve et mère d'un prince du sang — formule la même requête. Louis XIII, excédé de toutes ces insistances, interdit à ses sœurs et à son frère de se rendre auprès de leur mère. Pour que la séquestration soit complète, ordre est donné de murer les portes qui font communiquer ses chambres avec le reste du palais. Seuls ses serviteurs auront accès aux appartements gardés par les archers écossais de la garde royale [3].

A dix-huit heures trente, Louis XIII commence à souper [4] ! « ... A six heures et demie, soupé... Amusé jusqu'à sept heures et demie. Fait ses affaires... Amusé jusqu'à neuf heures et demie. Bu de la tisane. Dévêtu... Prie Dieu. A dix heures, s'endort jusqu'à sept heures après minuit. » On demeure ahuri par ce libellé ! Le mot « amusé » qui revient à deux reprises ne peut correspondre à une réalité. Lorsqu'on songe aux nombreux événements dramatiques de cette journée, on est amené à conclure qu'Héroard a péché par excès de zèle. Louis ne peut « s'amuser » au soir du 24 avril 1617 ! Il y a eu l'homicide commis sur Concini, ses amis l'ont fait roi, il s'est libéré de la tutelle de sa mère que l'on tient prisonnière sur son ordre... Même pour la créature la plus endurcie, il n'y a pas là sujet à « s'amuser » !

Tandis que le roi « s'amuse », Marie de Médicis frissonne d'anxiété. Elle n'est pas la seule. Dans sa chambre du second étage, Leonora est retenue prisonnière. Apprenant la mort de Concini, la maréchale (comme on l'a vu) a cherché à se placer sous la protection de son amie d'enfance. La reine refuse. Leonora, affolée, veut fuir en emportant ses joyaux qui ne la quittaient jamais [5]. Elle n'en a pas le temps. Alors qu'elle s'apprête à quitter sa chambre, vers midi, des gardes commandés par un exempt, le capitaine Bourgogne, l'en empêchent, pénètrent chez elle et l'y retiennent après s'être emparés de force de ses bijoux !

Qui a donné cet ordre ? Le roi, Deageant, Vitry, Luynes [6] ?

1. Relation du résident toscan dans sa dépêche du 26 avril 1617 au grand duc.
2. Anne de Montafié, veuve du comte Charles de Soissons (1612), mère du comte Louis de Soissons, né en 1604.
3. Pierre Chevallier.
4. Entre « Disné à midy » (comme on l'a vu plus haut) et la reprise du libellé, se trouve un nouveau blanc de la valeur de quatorze lignes. Héroard pensait-il relater plus tard les nombreux (!) incidents de la journée ? Ou bien, encore une fois, est-ce sur ordre qu'il s'en est abstenu ?
5. Passion obsessionnelle qui la tient depuis l'enfance (voir chapitre sur Leonora).
6. Là-dessus, les *Mémoires* de Richelieu et d'Arnauld d'Andilly ne concordent pas. Nous opterons pour les premiers.

Une heure plus tard, alors que Louis XIII dîne, Vitry fait irruption chez Leonora dans le but de récupérer les pierreries, arrache les bagues de ses doigts, la force à se dévêtir pour s'assurer qu'elle n'en cache pas d'autres et se saisit des précieuses cassettes qu'il redescend pour les remettre à... Luynes. Leonora est menée sous les combles du palais pendant ce temps[1]. Le favori restituera au roi les parures dites « de la Couronne » (dont Anne d'Autriche bénéficiera), mais conservera pour lui toutes les autres pierres précieuses de la maréchale d'Ancre... après inventaire.

Leonora restera prisonnière dans une petite chambre pendant quatre jours. Le vendredi 28 avril[2], du Hallier (frère de Vitry) viendra la chercher pour la conduire à la Bastille dont son beau-frère Persan vient d'être nommé gouverneur... Vitry lui aurait dit que si on le nommait « gardien de prison », ce n'était pas pour garder des secrets, mais pour les livrer...

A dix heures du soir, à l'heure où le roi s'endort ce 24 avril 1617, on ensevelit à la hâte le cadavre de Concini[3] sous une dalle, près des orgues, derrière l'autel de Saint-Germain-l'Auxerrois. Louis XIII dort, tranquille, au soir de la mort du Florentin, il ne dormira pas le soir de la mort de Leonora...

Le lendemain (25 avril 1617)

Concini mort, Leonora prisonnière et Marie de Médicis séquestrée, l'influence florentine doit disparaître. Les ministres créés par « les maréchaux » seront écartés et remplacés sans attendre. Le roi, Deageant et Luynes en ont décidé ainsi, la veille. Louis XIII a déclaré qu'il destituait Mangot, Luçon et Barbin.

A neuf heures du matin, Claude Mangot est invité à aller chercher les Sceaux chez lui afin de les apporter à Luynes, lequel les remettra à du Vair. Claude Barbin, sur commandement du roi, doit suivre l'exempt des gardes, le capitaine Bourgogne, qui va le conduire chez lui, un

1. Dans la pièce où Condé, dit-on, aurait passé quelques heures après son arrestation (1er septembre 1616).

2. Marie de Médicis quittera le Louvre pour Blois cinq jours plus tard, le 3 mai. Les deux amies d'enfance ont pénétré dans ce palais le même jour : 5 février 1601 !

3. A-t-on remarqué une singulière coïncidence : les Concini étaient un rameau cadet des Alberti, patriciens de Florence, selon Moréri. Or, Charles d'*Albert* de Luynes se réclamait en haute origine des mêmes *Alberti*. (La Varende, *Anne d'Autriche*.) Voir généalogie Luynes en fin de volume.

instant, avant de le mener en prison[1]. Jeannin se chargera des Finances à sa place.

En apercevant l'évêque de Luçon, le roi lui lance :

— Eh bien, Luçon ! Enfin me voilà hors de votre tyrannie !

Et comme Richelieu veut répondre, il ajoute sèchement :

— Allez ! Allez ! Otez-vous d'ici !

Luynes, présent, rapporte discrètement au prince les offres de service et de fidélité de l'évêque, transmises par du Pont du Coudray antérieurement. Louis XIII s'adoucit et dit au prélat qu'en tant qu'évêque et conseiller d'Etat, il peut rester à son service, mais qu'il lui faut rendre ses papiers à M. de Villeroy, son successeur aux Affaires étrangères.

Là-dessus le roi pénètre dans la salle du Conseil qu'il va présider en toute autorité *pour la première fois.*

Se trouvent déjà sur place expédiant les affaires courantes, Villeroy, Jeannin, Châteauneuf, Pointcarré, Gesvres, et le chancelier de Sillery[2]. La plupart d'entre eux sont d'anciens ministres ou compagnons d'Henri IV. Disgraciés par Concini en 1616, la volonté de Louis XIII (et de Luynes) leur redonne leurs fonctions. Le roi se fait « bonne conscience » en rappelant les conseillers de son père et Luynes se félicite de n'avoir affaire qu'à des « Messieurs d'un certain âge... ».

Dans la galerie d'Apollon, Luynes s'attarde auprès de l'évêque de Luçon. Si le courage n'est pas la qualité dominante du Provençal, il sait l'art de ménager ceux qui peuvent lui être utiles. Il doit pressentir que le rôle de Richelieu n'est pas fini. Son influence sur Marie de Médicis lui est connue... Les deux hommes ne pourraient-ils mutuellement se servir ? Car le favori connaît les luttes intimes du roi. Il le sait fluctuant dans ses déterminations concernant sa mère. Les mesures extrêmes qu'il a prises contre elle ne sont-elles pas déjà des preuves de faiblesse ? A présent il la séquestre mais demain ne sera-t-il pas tenté de pardonner, oubliant le passé ? Or Luynes, qui veut ses coudées franches, ne tient pas à ce que la reine mère (même sans pouvoir) demeure trop près du roi. Sa liberté d'action se trouverait bridée par les incertitudes filiales du jeune homme de quinze ans et demi. Et puis, l'opinion publique ne comprendrait pas pourquoi la Florentine, intrigante dans l'âme, reste au Louvre après la chute des « maréchaux », ses créatures.

Le nouveau gouvernement, le règne (de qui au juste ?) risquerait de souffrir d'une présence aussi brouillonne qu'inexplicable. Pour Luynes — et pour d'autres — la seule solution pour se délivrer d'elle est de la contraindre à quitter la Cour. Mais... il serait prudent de s'assurer de la qualité des personnes qui l'accompagneront et qui seront amenées à conseiller (dans les intérêts du roi) cette femme inintelligente.

1. Après inventaire de ses papiers, il sera mené au Fort-l'Evêque, puis à la Bastille. Le 30 août 1618 il sera frappé d'une sentence de bannissement perpétuel et mourra en Franche-Comté, alors territoire espagnol. Richelieu restera en liaison avec lui afin d'obtenir renseignements et confidences. Lorsque l'exilé, dans la misère, fera à son tour appel au Cardinal, ce dernier fera la sourde oreille...

2. Sully, éloigné des Affaires en 1611, ne sera jamais rappelé par Louis XIII.

C'est ce à quoi songe le favori. Richelieu l'a-t-il deviné ? On ne sait.

Est-ce pour flatter l'orgueil du prélat que Luynes demande à M. de Vignoles d'accompagner ce dernier jusqu'à la salle du Conseil, où le roi *accepte* qu'il se rende, et de lui en faciliter l'entrée ? Possible ! L'évêque se montre à la porte de la salle au moment où Villeroy en sort. Ce dernier, qui a sur le cœur l'épithète de « barbon[1] » décochée naguère par l'ambitieux prélat, lui demande insolemment : « En quelle qualité vous présentez-vous ? » Richelieu ne répond pas. Il demeure un instant près de la porte et se retire doucement[2]

Serait-il entré sans la rencontre avec Villeroy ? On peut en douter. L'évêque de Luçon n'était pas homme à assister à une réunion de cette importance en tant qu'auditeur muet, n'ayant plus aucun titre pour intervenir. Sa disgrâce relative est toute récente et il préfère ménager l'avenir que de risquer d'indisposer le roi en paraissant vouloir s'incruster. Mais en quittant le Louvre, bien que blessé dans son orgueil, il est reconnaissant à Luynes de lui avoir procuré une sorte de satisfaction d'amour-propre, même si la démarche n'a pas abouti.

Quelques minutes plus tard, alors qu'il se rend chez le nonce, son cocher, voulant prendre par le Pont-Neuf, se trouve engagé dans la cohue. Il tente de tourner bride. Trop tard ! Le carrosse est encerclé par la populace, les chevaux ne peuvent plus bouger. Des visages hideux, des poings crasseux s'agitent aux portières, le tumulte est inexprimable. Richelieu se penche et demande ce qui se passe. On lui dit qu'il faut crier : « Vive le roi ! » sous peine d'être pris pour un allié du maréchal d'Ancre dont on est en train de maltraiter vilainement la dépouille !Sans sourciller ni protester l'évêque de Luçon s'exécute, crie comme on l'exige et passe sans plus se soucier du supplice posthume infligé à son ancien protecteur...

Il est surprenant d'être amené à constater que ce 25 avril 1617, à onze heures du matin, Richelieu, Luynes et les restes de Concini se trouvent physiquement réunis dans un périmètre de 2 500 m² environ (entre le palais du Louvre et le Pont-Neuf). Ainsi que nous l'avons déjà signalé au début de cet ouvrage, les trois hommes gouverneront successivement la France. Concini, l'aventurier, de 1610 à 1617. Luynes, l'opportuniste, de 1617 à 1621. Richelieu, l'ambitieux de génie, de 1624 à 1642. Le premier, sans s'en douter, prépare la réussite de ses successeurs. On peut se permettre de constater qu'entre Sully et Richelieu, le vaisseau « France » fut privé, non de gouvernail, mais de timonier à la main ferme...

En fait, l'infâme mascarade autour du corps de Concini a commencé

1. Villeroy avait 75 ans ! Il avait commencé à servir sous Charles IX. Il mourra le 12 novembre 1617. C'est Deageant, nommé intendant des Finances qui le secondera, comme il le fera, un temps, pour son fils et successeur au même poste, M. de Puisieux.

2. Richelieu, *Mémoires.*

à l'aube du 25 avril, par beau temps. A l'heure où Richelieu se trouve sur le Pont-Neuf, la fête macabre bat son plein. *Aura popularis*[1]... Tout permet de supposer que des instructions ont été données pour que la nouvelle de l'inhumation clandestine de la nuit précédente soit répandue et provoque l'indignation. Cette initiative est prise à l'insu du roi qui pourrait ne pas comprendre la nécessité d'une telle manipulation. Vitry non plus n'est pas tenu au courant. Sa nature sans finesse pourrait s'inquiéter de la sournoiserie, toute politique, du projet. Et puis il tient trop à son titre de maréchal-duc pour participer à une aventure dans laquelle on pourrait lui reprocher d'avoir trempé.

Pour Luynes et Deageant, une réaction populaire est indispensable et c'est à quoi s'emploient des satellites à leurs ordres. L'opinion publique abandonnée à elle-même gronde, gesticule, menace mais n'agit guère. Ils savent que les mouvements de foule spontanés sont rares. Il faut donc les provoquer. C'est un merveilleux allié, le peuple ! On se sert de lui et, après, on ne lui doit rien...

Deageant, précieux homme aux ressources multiples, enjoint à des mercenaires de se répandre dans les rues et d'y répéter sans répit les mêmes formules incitatrices tendant à exciter les Parisiens contre l'image diabolique de Concini. Il faut sans relâche dire et redire que le corps qui gît à Saint-Germain-l'Auxerrois a été l'incarnation du démon, que sa présence souille le saint lieu, que le sacrifice de la messe deviendra blasphématoire si cette impure dépouille demeure sur place. En quelques heures, les excitations à la vengeance, les semences de la révolte germent dans les esprits. L'exaltation monte avec le soleil. On parle de châtier le monstre, magicien manipulateur de sortilèges, créature infernale qui a vendu son âme à satan. Le peuple, bon croyant, laisse monter sa colère que les séides de Deageant s'empressent d'activer.

Bientôt s'ébranlent, par curiosité, par goût du désordre, tous les ordinaires batteurs de pavé, une centaine, dont la plupart, crocheteurs et autres gibiers de potence, ignorent au juste pourquoi ils se dirigent du côté de Saint-Germain-l'Auxerrois.

Ils pénètrent dans l'église. Ils se suivent l'un l'autre sans savoir qui les mène. Quelqu'un braille le nom de Concini. Aussitôt le troupeau se met à scander les syllabes honnies, exigeant que le corps du Florentin lui soit livré. On crie, on vocifère, on se met à courir, on se rue de chapelle en chapelle sans nul respect pour le sanctuaire. On bouscule les prêtres et les sacristains couvrant d'injures leurs protestations. Attirés par le bruit, d'autres gueux pénètrent sous les nefs. A présent ils sont deux cents peut-être à galoper autour du transept en hurlant des menaces obscènes qui résonnent sous les voûtes. Il leur faut le cadavre.

Quelqu'un reconnaît le fossoyeur. Des bras puissants l'agrippent. Pour sauver sa peau le malheureux indique l'emplacement de la dépouille. Faute d'outils, les jointures de la tombe sont grattées à coups d'ongles. La dalle, derrière l'autel, sous le buffet d'orgues, est vivement soulevée

1. Le souffle populaire.

par des forcenés. Les profanateurs braillent de joie en découvrant ce qu'ils cherchent, roulé dans une toile nouée aux quatre coins. Possédés par une indicible frénésie, quelques énergumènes empoignent le mort, le tirent hors du trou. Le corps racle les bords de l'étroite ouverture. La toile se déchire. La racaille gueule de plaisir. Elle tient sa proie, la piétine, la couvre de crachats, la traîne sur le pavage. On n'a pas assez de prise : on coupe la corde de la cloche. On lie le cadavre aux chevilles. Un cortège s'organise précédé du linceul ensanglanté, brandi au bout d'un bâton : ignoble bannière [1]

Maintenant, une multitude qui trépignait au-dehors envahit le sanctuaire, soûlardes et rôdeurs, toute la lie que vomissent les bas-fonds à la moindre chance d'émeute. La bande vociférante sort du porche de l'église. Attirés par le vacarme grandissant, des passants s'attroupent. Tout le quartier, soudain, semble en ébullition. Des ruelles voisines arrivent d'autres gueux, à la rescousse. La rage populaire est telle que le guet tente en vain de s'interposer et doit battre en retraite, houspillé, refoulé, dispersé par la horde houleuse.

La populace quitte le parvis, charriant le corps dont la tête saute et cogne sur les pavés inégaux. Autour de l'immonde cortège éclate une effroyable explosion de joie. La huée, immense, s'enfle et assourdit chacun. La foule sait où elle va : à l'entrée du Pont-Neuf où s'élève une des potences que Concini a fait dresser pour intimider Paris.

C'est là qu'on va le pendre par les pieds.

Bientôt le corps se balance, suspendu comme une volaille sur un marché. Une ronde insensée tourne, piaffe, chante et siffle, ivre d'une épouvantable jubilation.

Mais ce n'est pas assez de l'avoir pendu, il faut à la meute virulente des amusements plus corsés. On descend le cadavre. On lacère à coups de couteau ce qui reste des vêtements, on dénude et tranche les parties sexuelles. L'horrible trophée est brandi au-dessus des têtes. On hurle de joie ! On applaudit ! Une émulation infâme s'empare des assistants. Une harpie se précipite sur le mort, lui coupe le nez ! D'autres lui arrachent les oreilles, puis les yeux, enfonçant dans les orbites des doigts griffus. Ce sont des fauves qui grondent autour d'une charogne !

La foule, délirante, crie « Vive le roi ! » et quiconque — piéton, cavalier ou personne en carrosse — hésite à faire chorus, est injurié, risquant le pire. Aussi nul ne résiste. Les gens cèdent, tant le spectacle est impressionnant. On agite sous leurs narines des lambeaux innommables. Des dames, livides, s'exécutent d'une voix étranglée, puis vite, s'affalent sur les coussins de leur voiture pour vomir ou achever de s'évanouir, tandis que le carrosse qui les abrite se fraye avec difficulté un passage parmi cette cohorte folle qui s'agglutine et rugit au milieu des maisons du pont [2]

1. George Delamare.

2. Tout le long du Pont-Neuf, à droite et à gauche, des maisons étaient alors érigées (à l'image du Ponte Vecchio à Florence, tel qu'on peut le voir de nos jours).

Une incroyable démence possède cette masse hideuse et la pousse à commettre des actes monstrueux. Un homme au faciès de gargouille, armé d'un coutelas, oure le ventre du mort, y enfonce la main et la lèche... La populace compacte se meut lentement sur le pont, transportant ce qui reste d'un corps qu'on vient d'éviscérer en partie. Elle arrive sur le terre-plein du Pont-Neuf. Quelqu'un, tout à coup, lance l'idée de brûler les restes. Comme par magie de la paille et du bois sortent des maisons voisines, apportés par des malandrins aux faces bestiales.

Une sorte de bûcher est hâtivement dressé.

Des gamins, extasiés d'être à pareille fête, se bousculent autour du foyer et soufflent à qui mieux mieux sur le brasier. Et la flamme s'élève, monte, crépite, léchant les chairs blafardes de ce cadavre déchiré. Les boyaux pendouillent. Des mégères échevelées, dépoitraillées, lâchent des rires hystériques et tapent dans leurs mains. Une danse s'ébauche. Les glapissements redoublent.

Une odeur infecte se répand. La gouaille s'en délecte. Mais la chair brûle mal. Le feu ne parvient pas à la cuire. Un miséreux qui veut capter l'attention, tire à lui la dépouille affreuse, fouille la poitrine à l'aide d'une lame ébréchée, pousse sa pogne dans la plaie, fourrage, arrache le cœur et, l'ayant présenté à la flamme puis arrosé de vinaigre, le mange d'un air goulu en se caressant l'estomac.

Ce n'est pas suffisant. Les bandits n'ont pas encore leur compte de jouissance. Ils amassent les restes de la dépouille et, traînant cette chose de sang et de boue qui n'a plus ni forme ni nom, toujours riants, chantant et blasphémant, les triomphateurs du jour prennent le chemin de la place de Grève. Ils sont des milliers, à présent, qui se battent pour être plus près du haillon humain, pour mieux le voir afin d'en garder le nauséeux souvenir. Des enfants composent une fanfare. Ils mugissent dans des entonnoirs et frappent en cadence sur des chaudrons.

Un nain chauve au regard de dément a découvert une cage à oiseaux, où il exhibe avec fierté les organes sexuels du « fameux maréchal marquis », coyon pour les intimes... Un exalté armé d'un fouet de charretier, cingle à tour de bras le corps en lambeaux...

Le sinistre cortège arrive place de Grève.

Est-ce la fin ? La nuit descend. Les plus impitoyables sont las de vociférer, de piétiner, de jurer. Certains sont aphones. Et puis... il n'y a plus de quoi s'amuser. Il n'y a plus de cadavre... il ne reste qu'un amas d'ossements et de fange... Est-ce fini ?

Non ! Il reste à dépecer cela pour en tirer des débris, et les vendre ! « Il y en eut qui vendirent des rognons de mouton, à deux quarts d'écu, disant que c'étaient ceux du maréchal, tellement qu'il se fut trouvé qu'il en eût bien quarante, s'ils avaient tous été de lui [1] » *Ainsi, au soir du*

1. Récit tiré de Michel Le Vassor, Henri d'Almeras, George Delamare et de *La divine vengeance sur la mort du maréchal d'Ancre,* Paris, 1617.

25 avril 1617, il ne reste pas la moindre parcelle de son corps pour la sépulture[1]

En fin d'après-midi, à sept heures, après son souper, Louis XIII a reçu le chancelier Brûlard de Sillery[2] qu'il a convoqué (Héroard *dixit*). Ensuite, il a signé différents documents avant de se rendre chez la reine, sa femme. Vitry devient maréchal-duc, du Hallier, son frère, reprend sa charge de capitaine des gardes du Louvre et Persan, son beau-frère, devient officiellement gouverneur de la Bastille. Deageant est nommé, selon son désir, intendant aux Finances. Les autres participants au coup d'Etat bénéficient de gratifications diverses.

Et Luynes ? Luynes, déjà gouverneur d'Amboise et capitaine des Tuileries, reçoit la citadelle de Pont-de-l'Arche, le château de Lésigny-en-Brie, la charge (et le revenu) de premier gentilhomme de la chambre, s'appropriant ainsi, sans attendre, la place de Concini !

Le roi lui fait don de tous les biens du maréchal d'Ancre, meubles et immeubles. (C'est grâce à cette donation que la ville picarde d'Ancre, siège du marquisat de Concini, prendra désormais le nom d'Albert, qui est l'un des patronymes de Luynes[3]). Le favori reçoit aussi la lieutenance générale de Normandie dont l'énorme bénéfice appartenait *hier encore* au Florentin défunt. Il garde — en sus — une partie des fabuleux bijoux de Leonora ! De plus, Luynes est nommé conseiller d'Etat (ministre sans portefeuille).

C'est une époque où l'on ne perd pas de temps !

Louis est roi. *Aussitôt* après la mort de Concini, la prodigalité de cet avare est extravagante. C'est lui qui, dans un premier temps, impose à Luynes cadeaux, titres, honneurs et richesses. Richesses, surtout : de l'or ! Ce n'est pas par générosité qu'il agit, ni par reconnaissance, mais plutôt par faiblesse.

Il se protège — inconsciemment, peut-être. A quinze ans et demi, tout à coup souverain libre et absolu, l'adolescent se sent avide de puissance. Et pour en faire état, (étalage ?), il faut d'abord de l'argent, beaucoup d'argent et tout de suite pour donner confiance, mais tout d'abord pour avoir confiance en soi ! L'idée de l'opulence soudaine de Luynes le rassure.La jalousie que son favori va inspirer flatte déjà indirectement l'orgueil de cet égocentrique.

A la fin de cette journée cruciale, Louis XIII s'endort à dix heures et passera, d'après Héroard, une nuit tranquille...

1. Tallemant des Réaux.

2. Il va devenir chef du Conseil (titre porté par Marie de Médicis de 1614 à 1617). Son fils, M. de Puisieux, succèdera à Villeroy comme secrétaire d'Etat aux Affaires étrangères (novembre 1617). Villeroy avait lui-même repris son poste à Richelieu (25 avril 1617). Puisieux sera disgracié en même temps que son père (Sillery) au retour de Richelieu en 1624. (Quelle ronde !).

3. Pierre Chevallier. Il n'aura le titre de « marquis d'Albert » qu'en 1618.

LES SILENCES D'HÉROARD

Sur tous les aspects d'une période capitale de la vie de Louis XIII, Héroard, le témoin le plus assidu, le plus proche, s'est tu [1]. Les visites à Luynes, rarement consignées, sont notées avec brièveté. Rien ne permet de soupçonner de la part du roi une activité secrète. Héroard, par son application à transcrire l'information banale, ne se fait-il pas complice de la dissimulation et de la feinte du prince, sur lesquelles ont insisté les mémorialistes ?

On citera ici Pontchartrain : « Il faisait ces vils exercices et passe-temps. C'était parce qu'il méditait d'autres desseins. » Et aussi Deageant : « Il affecta des exercices et des divertissements éloignés de sa dignité et de son humeur pour dissimuler ce qu'il avait dans l'âme et il s'y conduisait si accortement que personne ne pouvait reconnaître sa feinte. »

Héroard, si fin psychologue pendant l'enfance du prince, aurait été *le seul* à ne point voir et percevoir tout cela ? Il se tait autant sur l'exécution des desseins de Louis XIII que sur leur préparation.

Le dimanche 23 avril 1617 — selon Chaulnes, frère cadet de Luynes — le roi marque une particulière inquiétude, et l'arrestation échoue. Héroard ne laisse *rien percer* de ces instants si graves : repas à l'heure habituelle, pluie qui empêche de sortir, visite aux reines. Le *Journal* n'a rien du pathétique de certains récits, celui de Chaulnes en particulier [2]

Le 24, la journée commence avec la ponctualité coutumière : éveil à sept heures et demie, examen clinique habituel, à huit heures et demie avec seulement de la gelée et du vin clairet fort trempé. » Puis c'est la secousse, exprimée *en quinze mots* seulement qui mentionnent et résument le drame du jour : *« Le maréchal d'Ancre tué sur le pont du Louvre, entre dix et onze heures du matin. »*

Mais l'examen du texte manuscrit montre que le silence a été *volontaire*, car il s'y inscrit en négatif. Entre huit heures, heure du déjeuner, et midi, Héroard laisse un blanc considérable : deux pages et demie, la valeur d'une centaine de lignes de l'écriture du médecin. Après la mention « disné à midy », de nouveau un blanc de dix lignes ; le texte reprend ensuite : « A six heures et demie soupé, amusé jusques à neuf heures et demie [...] beu de la ptisane, dévêtu, mis au liet [...] prie Dieu, à dix heures s'endort. »

Ainsi le médecin avait *réservé* un très large espace pour raconter ultérieurement et à tête reposée l'événement qu'il avait vu et vécu de si près, puis il a choisi *de se taire* et les pages n'ont jamais été remplies.

Même silence le mercredi 3 mai 1617, quand a lieu la dernière entrevue du roi et de sa mère. La première partie de la journée se déroule normalement, puis, « à deux heures, descend en l'antichambre de la reine

1. Madeleine Foisil, *Journal d'Héroard,* « Introduction générale », p. 315. Fayard.
2. Robert Arnauld d'Andilly, dans son *Journal*, note à cette période : « Le jeune roi n'avait pu trouver le sommeil depuis quatre jours. »

pour luy dire adieu. » En marge : « Adieu de la reine sa mère allant à Blois » ; suit un blanc de quatorze lignes *jamais rempli.*

Initiative prudente du médecin. Ordre du roi ? On ne le saura jamais, et nous sommes définitivement privés du témoignage le plus immédiat qui aurait pu être transcrit presque à chaud. Ces pages blanches sont révélatrices : dans ce *Journal* quasi officiel de la santé du roi, le récit historique ne peut être inclus sans risque d'indiscrétions, et doit donc être exclu.

C'est un Journal qui *note*, mais ne *narre* pour ainsi dire jamais. [1]

Le médecin s'est tu dans le *Journal*, mais ne serait-il pas l'auteur d'un *Discours particulier de la mort du duc et cardinal de Guyse tués à Blois le 23 décembre 1588* [2] ? Parmi les nombreux manuscrits conservés, l'un d'eux lui est attribué : « Par le sieur Héroard, premier médecin du roi.[3] »

Cette attribution n'est pas à exclure, même si la preuve absolue et irréfutable ne peut être apportée. Ce récit faussement attribué au médecin d'Henri III, Marc Miron, n'est pas de ce dernier, mais d'un autre médecin servant par « quartier près le roi », l'assistant dans ses indispositions (« malade d'une légère mais douloureuse indisposition où je me trouvai lorsque Sa Majesté [...] »), témoin de premier plan « pour en avoir ouï parler au roy même et à quelques uns des quarante cinq gentilshommes ordinaires » apte à la narration immédiate, à la vivacité du style et particulièrement du style dialogué où Jean Héroard excelle dans les premières années de son *Journal*.

C'est aussi un récit tardif, écrit longtemps après l'événement : « Autrefois, je vous ai fait entendre ce que j'en savais. » Enfin, il y a une *étrange similitude* entre deux affaires d'Etat dont Héroard, par sa fonction même, a été l'un des plus proches témoins [4]. C'est là une hypothèse plus qu'une certitude, mais il fallait la mentionner.

Le *Journal*, dans sa sécheresse, nous fait saisir un brutal changement dans l'activité politique du roi, le contraste entre les deux périodes, avant et après le coup d'Etat d'avril 1617 est des plus net. La conduite du prince change, ses actes se multiplient, mais là où Héroard le fait mieux

1. Pour Louis XIII (et Luynes), la période qui s'étend du 12 novembre 1616 au 8 juillet 1617, est décisive : rencontre cruciale avec Concini — exécution de Leonora Galigaï. Pour tenter de mieux comprendre ce qui a pu se passer, il est souhaitable de s'appuyer sur l'étude de Michel Flammand : *Comportement physique et moral de Louis XIII avant et après l'exécution du maréchal d'Ancre, d'après le Journal d'Héroard. Mémoire de maîtrise, 1983.*

2. Il y a plusieurs copies manuscrites de ce texte conservées dans le fonds des manuscrits français et dans le fonds Dupuy (480). Les titres, tous différents, sont d'une autre écriture que le texte. Un seul porte l'attribution à Héroard, *Ms. Fr.* 16806, fol. 75.

3. Jean Héroard (1551-1628). Voir repères biographiques en fin d'ouvrage.

4. Jean Héroard est né à Montpellier (et non en Normandie) en 1551. Il a donc 37 ans en 1588 et se trouve effectivement à Blois en décembre (en même temps que François de Richelieu, père du futur cardinal). Il a donc 66 ans en 1617. Il mourra en 1628, âgé de 77 ans, emportant bien des secrets avec lui.

mesurer et de manière inédite, c'est sur la place prépondérante tenue désormais par le Conseil, dans la vie du roi.

Il est permis de penser que dans la rédaction de son *Journal*, Héroard a strictement obéi aux ordres de Louis XIII : *relatez mes faits et gestes officiels, mais rien qui me soit personnel*[1] !

Il ne peut (à notre avis) en être autrement. Le roi a toujours cherché à dissimuler ses actes d'ordre privé. Cacher la vérité fait partie de son caractère. De nombreux témoignages et anecdotes tendent à prouver que Louis XIII aimait à attirer l'attention sur un point précis afin d'écarter les réflexions des autres d'un point qui le préoccupait davantage. De là à ordonner à Héroard d'occulter l'essentiel et de noyer sa relation quotidienne dans des banalités..

De plus nous ignorons si le roi n'exigeait pas que son médecin lui présentât ses rédactions...

JOLI MOIS DE MAI

Au lendemain de la mort de Concini les courtisans se conduisent à leur habitude : à les entendre, ils n'ont jamais connu le maréchal d'Ancre... Ils se demandent désormais vers qui il faut se tourner pour obtenir les grâces royales : Vitry ou Luynes ? L'un et l'autre — par des moyens différents — sont également les artisans de la mort du Florentin et de la « libération » du roi !

Très vite on s'aperçoit que Vitry n'est qu'un brutal prétentieux, relativement borné et d'un commerce difficile. Aussi vite on se rend compte de l'affabilité, de la courtoisie, de la « nature suave[2] » du Provençal et surtout de la faveur constante, intime et officielle, dont il jouit auprès du roi. Un mouvement d'opinion se manifeste aussitôt vers Luynes. Et puis... ne dit-on pas que Louis XIII veut le marier à sa demi-sœur[3] ?

Tandis que M. de Boneuil a la charge de prévenir les ambassadeurs et envoyés étrangers du changement de gouvernement, les courriers galopent sur les routes de France pour transmettre dépêches et proclamations (rédigées par Deageant avant le meurtre, on s'en souvient) avertissant les provinces de la mort de Concini.

Dans les jours qui suivent, Louis XIII se fait voir dans Paris accompagné de plusieurs centaines de cavaliers. Il caracole au milieu de son peuple en liesse qui l'acclame joyeusement en criant : « Vive le roi ! Vive

1. Exception faite, toutefois, de la relation de la fameuse nuit du 25 janvier 1619 (comme on le verra plus loin). Mais la dévirgination réelle d'Anne d'Autriche pouvait — *devait* — passer pour un « acte » des plus officiels.

2. Selon la définition du nonce Bentivoglio.

3. Matteo Bartolini. (Dépêche de l'envoyé florentin datée du 6 mai 1617.) Louis XIII demande à Mlle de Vendôme d'épouser Luynes : il le fera connétable ! Elle refuse la mésalliance. (Bertold Zeller.)

le roi ! » Il est aussi fort occupé par les audiences qu'il accorde au nonce et autres nobles représentants des cours étrangères.

Depuis le 25 avril, Luynes veille sur l'emploi du temps du roi qui, le matin, assiste ponctuellement au Conseil[1] va à la messe, rend visite à sa femme et dîne. L'après-midi, lorsque aucune réception n'est prévue, le favori l'engage à aller chasser, au bois de Vincennes le plus souvent. Il veut éviter que le prince, un instant désœuvré, éprouve soudain le désir de rencontrer sa mère... Afin de parer à d'éventuels attendrissements, il les a prévenus en obtenant du roi la permission d'adoucir les rigueurs de la réclusion de la Florentine. Ses filles, Chrétienne et Henriette-Marie[2] son écuyer M. de Bressieux, son secrétaire M. de Ville-Savin seront autorisés à lui rendre visite... ainsi que l'évêque de Luçon ! Les autres « permissions » n'étant que stratagèmes pour en arriver là... Connaissant l'antipathie profonde (jalousie ?) de Louis XIII pour Richelieu, Luynes a pris ses précautions pour obtenir ce qu'il cherche.

Le nonce Bentivoglio, le résident de Florence, Bartolini, Deageant et lui-même ont finalement réussi à convaincre le roi réticent : l'évêque de Luçon servira de « truchement » entre la reine mère et le souverain... à travers Luynes. Les « négociations » pour le départ de Marie de Médicis s'engagent aussitôt. Déchu de sa qualité de chef du Conseil, la présence de l'ex-régente ne peut être qu'un obstacle dans les rouages du nouveau gouvernement. Chacun en est convaincu.

Le 1er mai, le résultat des dialogues secrets Luynes — Luçon, sont soumis à l'approbation du roi qui accepte les « propositions » de sa mère : quitter Paris, être revêtue de l'autorité dans sa nouvelle résidence, garder tous ses revenus, connaître le nom des personnes autorisées à la suivre dans sa retraite et enfin avoir une entrevue avec le roi avant son départ de la Cour. Cette dernière condition est sans aucun doute celle que Luynes a discutée le plus âprement.

En relisant ces desiderata, on croit deviner, en fin de compte, que Luçon dicte ses volontés avec une adresse admirable. Elles laissent, en effet, une certaine liberté d'action car : la reine mère, sans surveillance, ne sera dépendante ni physiquement, ni financièrement, et, précaution subtile, l'évêque aura la permission du roi — qui ne l'aurait jamais accordée sans l'insistance de Luynes — de suivre Marie de Médicis pour être le *chef de son Conseil* et *avoir la manutention de ses affaires*[3]... (Dont celles concernant les bonnes relations à venir de la mère et du fils ne sont pas les moindres.) Ce qui revient à dire que Luçon et Luynes, représentant chacune des parties, auront à trouver *ensemble* des terrains d'entente, le cas échéant.

Ils seraient alors sur un pied d'égalité ? Nenni !

Luynes (en pleine faveur) a poussé Luçon (récent disgracié) à la place

1. Voir plus loin le chapitre sur le *Journal* d'Héroard : « Va au Conseil ».
2. Chrétienne deviendra Christine, duchesse de Savoie. Henriette sera reine d'Angleterre (voir tableau généalogique).
3. Pierre Chevallier.

souhaitée par eux deux. Leur connivence est constructive. Mais l'évêque reste l'obligé du favori et bien que leur alliance ménage les intérêts de tous, c'est Luynes qui conserve la carte majeure de ce jeu : l'oreille du roi !

Luçon devra jouer avec la plus grande attention son rôle de médiateur éventuel : pas d'initiatives malheureuses... M. du Plessis... sous peine de sanction !

L'évêque est très intelligent, mais le favori est rusé.

Luçon a trente-deux ans en 1617, Luynes quarante. Le prélat — génial, peut-être — est dévoré par une ambition démesurée ; le Provençal est un arriviste pragmatique et, en ce mois de mai, c'est lui qui, avec le sourire impose... la volonté du roi !

Et puis Luynes a le fond du caractère bon. Il souhaiterait sincèrement « être bien avec tout le monde ». Ce n'est pas précisément le cas du futur cardinal qui est prêt à tout sacrifier à sa seule passion : le pouvoir [1]. Alors que le futur connétable aimerait assez « régner » en paix.

Mais, pour le moment, ils se préoccupent du départ de Marie de Médicis.

Le lundi 1er mai au soir, après son souper, Louis XIII fait tirer un petit feu d'artifice auquel il assiste depuis la balustre de la galerie qui relie le Louvre aux Tuileries.

A cette heure, l'évêque de Luçon se présente chez la reine mère pour lui annoncer que toutes *ses* conditions sont acceptées... à une exception près : ses deux filles ne l'accompagneront pas. Le roi s'y oppose mais, en revanche, Sa Majesté accorde à sa mère le droit de mener avec elle une partie de sa garde personnelle jusqu'au château de Blois, sa nouvelle résidence [2].

L'ex-régente, furieuse de se voir contrainte à l'obéissance, décide brusquement de quitter Paris au plus vite. Des ordres sont donnés. Elle s'en ira le surlendemain après dîner. Que l'on arrange son entrevue avec son fils.

Le 3 mai, à deux heures et demie, Louis XIII, venant de l'appartement d'Anne d'Autriche, descend à l'antichambre de sa mère. Il est suivi de son frère Gaston, du prince de Joinville [3] de Bassompierre et de son cher Luynes. « Vêtu d'un pourpoint blanc et de chausses rouges, coiffé d'un feutre noir à plume blanche, botté, éperonné, il était, aux dires des envoyés vénitiens, intrépide et ne manifestant aucune émotion [4]. » En attendant l'arrivée de la reine mère (qui se plaît peut-être à faire attendre le roi) on laisse entrer dans la pièce une vingtaine de gentilshommes.

1. Se reporter au chapitre « Richelieu ».

2. On avait d'abord songé au château de Moulins (où était morte, en 1691, Louise de Lorraine, veuve de Henri III), mais les bâtiments n'étaient pas en état de la recevoir.

3. Charles de Lorraine, fils du Balafré, que nous retrouverons au siège de Montauban en 1621.

4. Pierre Chevallier.

Enfin Marie fait son entrée, la mine basse et la paupière larmoyante[1] Aussitôt, Louis se découvre et, le chapeau à la main, se dirige vers elle qui, sans attendre, commence à lire un assez long discours[2] par lequel elle dit « avoir fait de son mieux pour s'acquitter de la régence et, si le succès n'en avait pas été aussi heureux qu'elle l'eût désiré, elle en était fort marrie ; ce n'avait pas été faute de bonne volonté de sa part, mais plutôt parce que le roi n'avait pas fait connaître la sienne ; elle était bien aise qu'il eut pris la conduite de l'Etat et le priait d'être envers elle bon fils et bon roi. »

Louis répond : « Madame, je viens ici pour vous dire adieu et vous assure que j'aurai soin de vous comme de ma mère. »

Il n'a pas le temps de poursuivre. La reine ne pouvant (vrai ou faux ?) maîtriser son émotion, gagne l'encoignure d'une fenêtre où elle prend appui. Cette interruption n'a pas été prévue. Il y a un instant de battement. Puis Marie, laissant échapper ses larmes, supplie soudain le roi *de lui rendre l'ancien ministre Barbin*, ancien intendant de sa maison. Luçon n'est pas là. La reine parle-t-elle à son insu[3] ? Luynes et le roi sont aussi surpris l'un que l'autre par cette demande inattendue et des plus malvenue. Aussi Louis XIII garde-t-il le silence. La reine mère réitère sa prière à deux reprises en pleurant de plus belle, mais sans plus de succès.

Le roi s'émeut et dit d'une voix plus faible : « Madame, ... je veux vous dire adieu. C'est ma résolution de ne souffrir plus qu'autre que moi commande en mon royaume. Adieu Madame. Aimez-moi et je vous serai bon fils ! »

Marie éclate en sanglots, s'approche vivement du roi — elle qui ne l'a pas embrassé une fois depuis sept ans ! — et, sans le toucher, le baise sur la bouche. Quelques semaines auparavant, une telle caresse eût peut-être modifié bien des choses... Louis, à son tour, se retient de ne pas fondre en larmes. Emotion, souvenirs, regrets d'une enfance gâchée...

A peine la Florentine a-t-elle le temps de concevoir une espérance, que l'adolescent-roi se reprend.

Alors elle essaye de se raccrocher au favori : « Monsieur de Luynes, vous savez bien que je vous ai toujours aimé... tenez-moi dans les bonnes grâces du roi. »

Et puis, sottement, elle parle à nouveau de Barbin ! Luynes, bien que soucieux de la ménager, ne peut intervenir. La maladresse de cette femme est ahurissante. Cette réitération intempestive incite le roi à se détourner et à sortir après avoir esquissé une rapide révérence à l'intention de sa mère. Les assistants restent figés.

1. Ils ne se sont pas revus depuis le 23 avril, veille de l'assassinat de Concini.

2. L'entrevue a été minutieusement réglée à l'avance et le discours préparé. (Par Luçon ? : probablement.)

3. C'est probable ! Elle avait déjà trouvé Luçon « bien jeune » (on s'en souvient) en le nommant secrétaire d'Etat aux Armées l'année précédente. Ici, sa duplicité est flagrante. Sans que l'évêque (qui travaille pour elle) s'en doute, elle veut, sans le prévenir, lui substituer Barbin ! Elle est décidément brouillonne et sans cervelle.

C'est alors qu'on entend une voix impatiente, impérieuse :

— Luynes ! Luynes ! Luynes !

Par trois fois le roi réclame la présence immédiate de son favori qui s'empresse de le rejoindre après s'être incliné devant la reine mère, définitivement vaincue.

Elle tamponne ses paupières gonflées. Il ne lui reste plus qu'à quitter l'antichambre. Elle prononce le fameux : *Or su*[1] ! » avant de regagner son appartement en s'appuyant au bras de son écuyer, M. de Bressieux.

Une heure plus tard, son carrosse suivi par un cortège imposant quitte la cour du Louvre et emprunte le Pont-Neuf. Les voitures sont nombreuses, entourées de chevau-légers. Dans l'une d'elles, l'évêque de Luçon entend sans réagir les lazzi des Parisiens gouailleurs.

ANALYSE

D'une fenêtre de l'appartement d'Anne d'Autriche, Louis voit s'ébranler le cortège. Ensuite, il gagne la petite galerie *du bord de l'eau* et, depuis le balcon, regarde disparaître les voitures au-delà du pont « sans manifester aucune émotion[2]. » Après quoi, se décide à partir au bois de Vincennes. Les envoyés vénitiens écrivent que le jeune roi vit *con gusto particulare* (« avec un goût particulier ») s'éloigner le carrosse qui conduisait sa mère à Blois. On ne sait s'il faut croire tout de bon à cette relation de témoins oculaires.

Louis XIII est assez fourbe pour avoir voulu donner cette impression afin de tromper son monde. Il faut qu'il semble se réjouir d'une décision qu'il a prise et non s'en désoler. De quoi aurait-il l'air si on le voyait bouleversé, contempler l'exécution d'un ordre qu'il a donné ? Et pourquoi regarde-t-il *en public* s'éloigner sa mère sinon pour bien montrer qu'il est satisfait ?

Ce qu'il ressent ne peut être qu'à l'opposé de cette attitude. Toute une époque de sa vie se détache, se perd au loin en même temps que le cortège. Il a quinze ans et demi. Il a livré sa bataille avec lui-même. Il sort de l'épreuve triomphant, certes, quoique meurtri à jamais. Alors le *goût particulier* qu'il manifeste nous semble plus près de la grimace que du sourire.

Et puis, il est des détails troublants.

Tout d'abord, Héroard, dans son *Journal*, note : « A deux heures et demie descend en l'antichambre de la reine, sa mère, pour lui dire

1. *Or su !* (prononcer « Or Sou ! »), peut signifier : allons-y, ou bien : voilà donc ! (C'est une question d'intonation, comme pour le *A me !* de Concini, on s'en souvient.) Certains historiens écrivent : *Or sus !*, qui semble bien mal placé en cette circonstance. C'est un terme de guerre ou de chasse, et surtout une exclamation typiquement française. Et Marie de Médicis, dans l'émotion surtout, ne s'exprimait que dans sa langue maternelle.

2. Pierre Chevallier.

adieu. » Il ajoute dans la marge : « Dit adieu à la reine, sa mère allant à Blois. » Et puis, plus rien : le reste de la page est laissé en blanc [1] !

A la page suivante, Héroard reprend et se répète : « La reine sa mère part pour aller à Blois à deux heures et demie et le roi part de Paris pour aller au bois de Vincennes à quatre heures, y arrive à cinq heures et demie, en carrosse. Y met pied à terre et va jusque à la porte du parc du côté de Saint-Maur. A six heures trois quarts, soupé... Va au parc. Revient à huit heures. Prie Dieu, boit de la tisane. *Amusé* jusqu'à neuf heures et demie, prie Dieu ; s'endort jusqu'à sept heures après minuit. »

Lorsqu'il descend en l'antichambre de Marie de Médicis, il vient de chez Anne d'Autriche (14 heures 30). L'ex-régente arrive en regard (14 heures 45). L'entrevue, courte (comme on l'a vu), se termine vers 15 heures. La reine mère retourne chez elle et gagne son carrosse vers 15 heures 30. Peu après 16 heures, le cortège disparaît au-delà du Pont-Neuf.

Le roi part pour Vincennes. Mais il ne part pas pour la chasse. Or il fait beau temps [2]. Alors, pourquoi s'enfermer dans un carrosse ? Louis - XIII est un cavalier remarquable. A 17 heures 30, il met pied à terre et se promène. A 18 heures 45, soupé sur place ? Sans doute, puisque, ensuite, il retourne au parc (Saint-Maur) et ne revient au Louvre qu'à 20 heures. De plus, *il ne se rend pas* auprès d'Anne d'Autriche ce soir-là alors que chaque jour — d'après Héroard — il lui rend visite, deux, trois, quatre fois [3]...

Il est donc permis à celui qui cherche à comprendre de présenter au lecteur une version légèrement différente de celle défendue habituellement.

Vers 16 heures, après avoir joué son rôle en public, Louis XIII se précipite dans son carrosse et donne l'ordre d'aller à Vincennes. Il est seul. (Si la Cour, quelques gentilshommes, voire Luynes, l'avaient accompagné, Héroard l'aurait indiqué.) Supposons même que Luynes reste auprès de lui (c'est possible !), ce n'est pas la présence du favori — auquel il n'a rien à cacher — qui peut empêcher l'adolescent-roi de laisser éclater ses sanglots. Au contraire, l'épaule du Provençal — ce ne serait pas la première fois — ne peut lui être que secourable.

A 17 heures 30, le roi (avec ou sans Luynes) descend du carrosse et se promène (seul ou avec Luynes). A 18 heures 45, souper ! Il y a donc eu réflexion solitaire ou dialogue pendant *une heure un quart*. Le souper a dû être expédié rapidement (s'il a eu lieu) puisqu'il faut *une heure et demie* pour aller du Louvre à Vincennes (comme on l'a vu) et inversement. Or, d'après Héroard, Louis XIII est de retour au Louvre à 20 heures.

On peut admettre que — pour une fois — il se soit senti sans aucun appétit. Le jour de la mort de Concini, il a dîné de bon cœur, comme nous le savons, mais c'était la joie, la délivrance !

1. La valeur de douze lignes de son écriture.
2. S'il avait plu, Héroard l'aurait noté, comme il le fait chaque fois.
3. Toutefois moins qu'à sa mère. D'après Héroard, entre mai 1616 et le 24 avril 1617, il va la voir 321 fois.

Le soir du départ de sa mère, il n'a pas dû éprouver l'envie de souper. La tristesse l'accable alors, et l'angoisse l'étreint. Il vient de trancher son cordon ombilical pour la seconde fois et de sa propre volonté. Et puis... il va lui falloir régner, montrer et démontrer qu'il en est capable. Ce qui reste à prouver (à tous et à lui-même).

Mais... Luynes est là. Le 3 mai 1617, au soir, Louis XIII qui a déjà beaucoup donné, serait disposé à accorder à son ami intime tout ce que l'autre pourrait désirer encore tant l'adolescent-roi se sent désemparé. Il ne se rend pas comme chaque soir saluer sa femme avant d'aller dormir. Il est probable qu'il rentre dans sa chambre pour pleurer (avec ou sans Luynes) sur le sort malheureux des grands petits garçons mal aimés de leur mère...

MÈRE ET FILS

Il est certain que cette séparation est un véritable déchirement pour le jeune homme. La mésentente de la mère et du fils durera jusqu'à leur mort, à quelques mois d'intervalle [1]. Les rapports conflictuels et ambigus sont connus mais on en connaît mal les péripéties. En revanche on sait dans quelle sujétion quotidienne (depuis la tendre enfance) la mère tient le fils.

Dans ses premières années, elle le fait cruellement punir avec une sorte de rage mauvaise. Au moindre prétexte il est fouetté sur son ordre. Henri IV est toujours vivant, par conséquent jusqu'en 1610, il ne peut y avoir de sa part de sournoises arrière-pensées politiques.

Elle n'aime pas son fils aîné. C'est un fait. Mais pourquoi ne l'aime-t-elle pas ? L'analyste, ne trouvant pas de raisons valable à cette attitude agressive, doit prendre garde à ne pas se perdre dans d'extravagantes hypothèses.

Et pourtant ! Si l'on veut bien admettre un instant que Marie de Médicis a partagé la couche du roi (le seul homme qu'elle ait jamais « connu ») par devoir et sans plaisir, on est tenté de penser à Leonora ! Les relations intimes des deux femmes existent depuis Florence et n'ont pas de raison de cesser à Paris. Si Leonora a été amoureuse de son mari, un temps, et a donné deux enfants à Concini (son unique amant), elle a pu continuer à s'ébattre avec la reine. Cela est tout à fait *plausible* sinon certain [2]. On en vient à supposer que Marie de Médicis, qui n'éprouvait aucune attirance pour les hommes, ressentait une certaine répugnance pour tout ce qui était masculin.

Elle « adora » son fils cadet, Gaston, parce qu'il était doux, rieur et

1. Cologne 3 juillet 1642 pour elle. Saint-Germain-en-Laye 14 mai 1643 pour lui. (Jour anniversaire de la mort d'Henri IV : 14 mai 1610.)

2. Michel Le Vassor qui vécut à Paris en 1617 ne manque pas de rappeler que le peuple traitait la Galigaï comme « truie de la reine » ; on dirait : « La saleté n'aime pas les messieurs. »

qu'il avait l'air d'une fille[1]... Marie ne ménage pas sa tendresse pour ses autres enfants (ses filles). Elle les chérit tous. Sauf un ! Son premier né ! Pourquoi ? Il n'est pas difforme, ni laid, ni taré !

Lorsqu'elle devient régente, son comportement se durcit encore. Elle éloigne Louis de toute responsabilité et répand les bruits les plus méchants de la part d'une mère sur son incapacité à toute chose. Pour se donner raison, elle l'entoure (comme on l'a vu) de précepteurs ignares. Cette attitude délibérément destructrice frise la cruauté. Si la mère n'aime pas le fils, le fils ne supporte pas la mère. Il la subit. Mais il y a entre eux une assiduité des relations quotidiennes et une contrainte qui va au-delà de la simple convenance familiale et des obligations du cérémonial de Cour[2]. Jusqu'au 24 avril 1617, Louis XIII est obligé de rendre visite à sa mère jusqu'à cinq fois par jour !

Le duc de Chaulnes (frère de Luynes) écrira : « Outre le respect et la déférence qu'il portait à la reine sa mère, il avait encore naturellement une si grande crainte de la fâcher qu'il n'eût encore osé faire la moindre action qu'il eut cru devoir lui déplaire[3] »

Alors, jusqu'à l'heure de l'assassinat de Concini, Louis XIII (15 ans et demi) continue à jouer auprès de sa genitrice le rôle du petit garçon soumis qui craint d'être puni ! ? (Il était temps que Luynes poussât à ce meurtre libérateur !).

Le plus grave, sur le plan affectif, réside dans le fait que le malheureux adolescent aime passionnément sa mère.

Le cadavre de Concini est encore tiède lorsqu'il déclare : « A présent, je suis roi ! » Mais les tumultes enthousiastes apaisés, seul avec lui-même, Louis sait qu'il lui faut encore parcourir l'autre moitié du chemin pour se libérer tout à fait. Il doit — absolument — rompre avec celle dont la présence impérieuse et dominatrice ne lui permet pas de s'accomplir. Pendant une lourde semaine, il balance entre la méfiance qu'elle lui inspire, la menace qu'elle représente et les exigences de son culte filial.

Si la nécessité d'une rupture est politique, elle l'est bien davantage sur le plan affectif. Et Louis en souffre tant qu'il agit comme un enfant *qui a peur de ce qu'il ose faire*. Sa timidité lui ôte toute confiance en soi. La manière cassante, définitive dont il se comporte alors, montre bien sa faiblesse de caractère et son incertitude. Pendant neuf jours, malgré des instances réitérées venues de toute part, Louis se raidit et, à son *cœur* défendant, refuse une rencontre avec sa mère parce qu'il sait qu'elle pourrait lui être fatale.

Si Luynes n'était pas là pour veiller...

Alors, lorsque les envoyés vénitiens écrivent que le roi voit s'éloigner

1. Gaston, dans son jeune âge, était pomponné, frisotté, enrubanné comme une poupée. Il lui en restera quelque chose...

2. Madeleine Foisil.

3. Voir en fin de volume : « Biographie concernant plus précisément la soumission de Louis XIII à sa mère. »

sa mère *avec un goût particulier...* on serait tenté de dire qu'il s'agit d'un goût particulier, en effet, mais fait d'un déchirant mélange de regrets et d'amertume.

TROISIEME PARTIE

1617 — 1618

AGES DES PRINCIPAUX PERSONNAGES EN 1617

Louis de Bourbon (comte de Soissons) 1604-1640	13 ans
Louis XIII, 1601-1643	16 ans
Anne d'Autriche, 1601-1666	16 ans
Schomberg (Charles, duc d'Halluin) 1601-1651	16 ans
Marie de Rohan-Montbazon (épouse de Luynes) 1600-1679	17 ans
Alexandre (chevalier de Vendôme) 1598-1629	19 ans
Catherine-Henriette (duchesse d'Elbeuf) 1596-1663	21 ans
César (duc de Vendôme) 1594-1665	23 ans
Zamet (Sébastien) 1588-1655	29 ans
Condé (Henri de Bourbon, 3e prince de) 1588-1646	29 ans
Richelieu (Armand du Plessis, cardinal de) 1585-1642	32 ans
Vitry (Nicolas de l'Hospital, marquis puis duc de) 1581-1644	36 ans
Bassompierre (François de, maréchal de France) 1579-1646	38 ans
Entragues (Henriette d', marquise de Verneuil) 1579-1633	38 ans
Mayenne (Henri de Lorraine, duc de) 1578-1621	39 ans
Luynes (Charles d'Albert de) 1577-1621	40 ans
Concino Concini, 1575-1617	42 ans
Schomberg (Henri, comte de Nanteuil) 1574-1632	43 ans
Marie de Médecis, 1573-1642	44 ans
Guise (Charles de Lorraine, 4e duc de) 1571-1640	46 ans
Leonora Galigaï (née Dori) 1568-1617	49 ans
Bellegarde (Roger de Saint-Lary) 1565-1621	52 ans
Sully (Maximilien de Béthune, duc de) 1560-1641	57 ans
Vair (Guillaume du) 1556-1621	61 ans
Bouillon (Henri de la Tour d'Auvergne, duc de) 1555-1623	62 ans
Epernon (Jean-Louis de Nogaret de la Valette, duc d') 1554-1642	63 ans
Thémines (Pons de Lauzières, marquis de) 1552-1627	65 ans
Sillery (Nicolas Brûlart de, chancelier de France) 1544-1624	73 ans
Neufville (Nicolas de, seigneur de Villeroy) 1542-1617	75 ans
Jeannin (Pierre), 1540-1622	77 ans
Harlay (Achille de), 1536-1619	81 ans

NOUS AVONS TENU A METTRE ENCORE UNE FOIS EN ÉVIDENCE LES ÂGES RÉCIPROQUES, CAR ON COMPREND MIEUX LES PERSONNAGES MIS EN PRÉSENCE SI L'ON CONNAÎT LES ANNÉES QUI LES SÉPARENT.

1617-1618

RÉGNER ?

Au printemps 1617, Louis XIII déclare : « Je suis roi ! »

Mais s'il l'affirme si haut et si fort, n'est-ce pas pour se rassurer et s'en convaincre ? Ce timide (mythomane ?) ne se plaît-il pas à entendre ses propres affirmations ? Cela lui donne de l'assurance et il finit par croire à ce qu'il a dit !

Louis n'est pas un sot. La conscience de son incapacité le ronge et il craint par-dessus tout que l'on puisse la constater. Non seulement il ne peut laisser deviner son ignorance des « Affaires » mais se doit de faire croire le contraire.

C'est dans cet état d'esprit qu'il nomme ses nouveaux ministres, sans lesquels, dit-il, « il ne veut rien décider. » Quels conseillers mieux intentionnés que les anciens « amis de papa » Ils l'ont vu naître. Ils seront flattés d'être rappelés au gouvernement, donc tout acquis au jeune monarque, lequel pourra « s'exercer » auprès d'eux dans le maniement du pouvoir sans grand risque de passer pour ignorant. Ensuite... quand il aura fait des progrès... il avisera ! (avec Luynes).

Ainsi, pour se rassurer, Louis XIII fait appel à Villeroy, Sillery, du Vair et Jeannin. Leur âge canonique est le plus sûr garant de leur sagesse tranquille. Alors le roi se rend au Conseil avec une parfaite ponctualité [1]. Il n'ose pas parler, bégaiement mis à part. Il écoute. Il écoutera avec une patience étonnante [2]. Mais comme il est doué d'un instinct sûr (souvent infaillible) il se rend compte que ces « gérontes » ont perdu leur talent et méconnaissent les réalités d'une époque nouvelle. Louis XIII sent le danger d'un tel aréopage. Il ne peut s'appuyer sur ces témoins d'un temps révolu. Mais l'expérience en valait la peine. Il a pris quelques

1. Voir chapitre suivant, Héroard : « Va au Conseil ».

2. Il gardera toute sa vie cette attitude au Conseil. Il écoutera débattre sans influencer, et tranchera en fin de compte.

leçons de base et surtout, par son assiduité aux réunions (chaque matin), il a *montré* sa volonté de gouverner [1]. Chacun en témoigne : « Voilà le roi qui tient les rênes de son Etat... », dit Pontchartrain.

Les Vénitiens écrivent le 2 mai 1617 : « ... Dans un âge si tendre, le roi donne des signes qu'il commence à prendre goût au gouvernement de ses peuples... » Le 16 mai, les mêmes confirment en termes louangeurs. Fontenay-Mareuil constate : « Il donnait à ses affaires tout le temps qu'il fallait, de sorte qu'on l'a vu souvent revenir de la chasse [2], qui était son plus grand divertissement, lorsque l'heure qu'il avait prise pour le Conseil arrivait devant qu'elle fût achevée. » Il n'est pas de dépêches des « ministres », des princes où il ne soit question de Sa Majesté et du rôle qui est le sien [3]

Louis XIII est donc présent et attentif. Toutefois, certains soulignent que « ... de tempérament réservé [il] est plus enclin à écouter et à interroger qu'à parler. »

Quoi qu'il en soit, le chercheur, dans un premier temps, ne peut retenir son admiration. Le 23 avril, Louis balbutie encore devant sa mère, huit jours plus tard (dont un dimanche où on ne travaille pas) il est considéré par tous comme un véritable prince régnant et les ambassadeurs l'écrivent sans attendre. (Il aura mis seulement sept matinées pour réussir sa performance !). Il y a là un tour de force des plus spectaculaires et une preuve de la volonté acharnée de ce jeune homme de quinze ans et demi...

Dans un second temps, l'écrivant scrupuleux (et imaginatif) se demande s'il ne s'agit pas là d'une comédie « officielle » interprétée avec brio. Car si Louis — c'est évident — « fait le roi », libéré du joug de sa mère et, comme un enfant qui s'amuse, veut tout connaître de son nouveau terrain de jeu et tout superviser, il se lasse des contraintes du rôle et se méfie des erreurs qu'il peut commettre.

Peu sûr de lui, il fait appel à Luynes. Nous sommes au printemps 1617. Or, après la mort de Luynes, « libéré » de lui comme il l'a été de sa mère, Louis XIII s'essayera, à nouveau, à « jouer au roi » (de 1622 à 1624), mais par incertitude, ou lassitude, il laissera sa mère — de retour auprès de lui — lui imposer la présence et le gouvernement de Richelieu.

Ce qui tendrait à démontrer que Louis XIII, malgré ses efforts sincères, se trouvait dans l'incapacité de régner par lui-même.

Il est bon de se référer un instant aux précisions que fournit Héroard à ce sujet, ainsi qu'aux témoignages de quelques-uns de ses contemporains.

1. La volonté, il l'a, certes. C'est la capacité qui fait défaut, mais nul ne s'en est encore aperçu. Il va s'arranger de telle sorte que ce manque semblera comblé (partiellement) petit à petit.
2. Le vendredi 5 mai (Héroard).
3. Pierre Chevallier.

« Il [Louis XIII] se voyait éloigné et exclu de tous les conseils et de toutes affaires », écrit Pontchartrain. Marie de Médicis « ne prenait cognaissance des affaires qu'à l'instante prière et supplication de son fils [1] », affirme de son côté le *Mercure de France* en 1617. « Une fois il osa y venir et lui-même pour savoir ce que l'on discutait. La reine le pria de s'aller esbattre ailleurs », nous rapporte Louis Batiffol. Louis XIII était exclu du lieu même où il aurait dû être doublement présent : l'assistance au Conseil, c'était pour un jeune prince l'apprentissage du métier de roi.

Dès qu'il avait eu huit ans, Henri IV l'avait fait siéger à certaines séances, et Mazarin n'agira pas autrement avec Louis XIV ; *l'assistance au Conseil, c'était l'exercice même de la fonction royale.*

Pendant les mois (presque un an) qui précèdent la mémorable journée du 24 avril 1617, le roi n'assiste au Conseil que vingt-neuf fois : une seule fois en mai et juin 1616, deux fois en juillet. Arnauld d'Andilly en donne l'explication : « La reine, soucieuse de la révolte des habitants de Péronne et reconnaissant qu'il était nécessaire que le roi se mêlât de la conduite des affaires afin de conserver l'autorité royale qui s'affaiblissait journellement, elle lui en parla d'affection » ; de plus, le maréchal d'Ancre était absent.

Mais ces meilleures dispositions ne durèrent pas : en septembre le roi assista à trois conseils, en octobre à quatre, pas du tout en novembre et décembre [2] En 1617, deux fois en janvier, sept fois en février, une seule fois en mars et une seule fois aussi en avril. Le récit des mémorialistes est donc confirmé par les chiffres.

Le changement est radical dès le lendemain de la mort de Concini, et le roi montre bien que *l'exclusion du Conseil s'était faite malgré lui* : au matin même du 25 avril, son premier geste n'est-il pas de s'y rendre ?

Héroard consigne doublement l'importance de l'événement : « Va au Conseil où étaient ses secrétaires d'Etat, c'est la première fois. » Et en marge, il insiste sur la dimension et la nouveauté de l'événement : « Entre en son Conseil, seul. »

Désormais, le rythme change de fréquence : la présence est assidue de la fin avril à la fin de l'année 1617 ; en huit mois, le roi a assisté à cent seize séances. Dans la courte note « Au Conseil », indéfiniment reproduite, Héroard verbalise l'effet immédiat de la mort du florentin et de l'éloignement de Marie de Médicis sur le comportement politique du prince.

Le *Journal* d'Héroard, par son étroitesse, son application à être le

1. Peut-on en conclure que la reine mère, inapte à gouverner par elle-même, n'était en fait que le porte-parole de Concini ? A lire attentivement la phrase de Pontchartrain, on serait tenté de le croire.

2. C'est le moment des remaniements ministériels de Concini, et de sa fameuse lettre au roi qui provoque une grave dépression nerveuse, comme on l'a vu précédemment.

registre de la santé du roi, à faire silence, sans doute volontairement, sur l'événement public[1] est un texte qui ne peut aucunement se suffire à lui-même pour étudier la période. Mais il constitue le complément, l'indispensable éclairage structurel d'autres témoignages plus narratifs, plus événementiels et conjoncturels, plus riches dans leur expression. Car c'est un texte où rien de politique ne se passe, mais où se révèle un état psychique et physique[2]

QUIPROQUO

Tout porte à croire que ces premiers pas de néophyte ont été décidés en accord avec Luynes qui supputait l'heureuse issue de cet « examen de passage. » S'il a encouragé le rappel des « gérontes », c'est qu'il avait son idée. Il se doutait bien que le roi allait rapidement (une semaine !) connaître leurs faiblesses et leur inefficacité. Encore fallait-il que Louis le constatât par lui-même.

Si le favori avait prévenu l'échec (plus que probable) de la tentative, il aurait pu ne pas être écouté. Le roi passant outre la mise en garde, le résultat serait demeuré inchangé, à cette différence près que Louis lui en eût tenu rigueur. (Il connaît son caractère mieux que personne.) Alors qu'à présent le Provençal a les mains libres pour éclipser ces vénérables personnages et, le roi insistant, leur adjoindre des « dévouements » plus aptes à... conseiller Louis XIII, tout en laissant à ce dernier le soin d'interpréter le rôle de chef suprême. (Luynes est un courtisan rusé, dévoué au roi [corps et âme], mais circonspect jusqu'à la pusillanimité.) Il a parfaitement compris le vœu secret de Louis (qui le lui a confié, sans aucun doute).

Louis XIII désire être parfaitement informé des Affaires ; c'est là son premier souci. Le deuxième, qui correspond à une vision saine de ce qu'est la monarchie (en 1617), « est de tout renvoyer au Conseil et de ne résoudre rien sans avoir recueilli l'avis de ce corps qui est, après le souverain lui-même, le premier rouage de l'Etat[3]. » Le raisonnement (qui n'est pas neuf) est irréprochable et son application correspond tout à fait aux aspirations du roi : *que le Conseil étudie, qu'il présente l'analyse de son travail, qu'il fasse des propositions, Sa Majesté écoutera, jugera et tranchera en finalité.*

Autrement dit : « Messieurs les ministres, soyez responsables ! Si vos

1. Silence aussi sur la vie intime et sexuelle de l'adolescent et du roi, alors que l'enfance est détaillée à fond sur des sujets dont le scripteur fait volontairement (ou sur ordre ?) abstraction par la suite.
2. D'après Madeleine Foisil.
3. Pierre Chevallier.

idées sont valables, elles seront bien reçues, sinon vous paierez vos erreurs[1] Cher ! »

Si le schéma est bon, sa mise en pratique est plus ardue : le jeune roi remet en question ses propres aptitudes et amplifie démesurément son incapacité. Celui dont il est sûr, plus que de lui-même, c'est Luynes ! Luynes, Luynes saura suppléer à tout ! Luynes palliera les carences !

Mais — dans l'intimité — le Provençal fait honte au royal adolescent et blesse volontairement son orgueil (qu'il sait chatouilleux) en lui laissant entendre qu'il cherche ainsi à se dérober à son devoir. Louis cède. Il se fera violence et, à la façon dont Luynes le suggère... il gouvernera !

Le roi aimerait hisser son cher favori à ses côtés, au premier plan. Eperdu de reconnaissance (et d'affection), il veut que nul n'ignore, en sus, l'estime (passionnée) qu'il voue au Provençal. Non seulement il le couvre d'or et d'honneurs (comme on l'a vu), mais il souhaiterait que chacun connût la finesse politique qu'il *prête* à son « amant ». Pour peu que l'autre accepte, il le nommerait chef du Conseil ! Louis serait tellement plus tranquille... de ne pas y siéger seul !

Or Luynes ne tient pas à occuper le devant de la scène. Instruit par l'exemple de la chute de Concini, il aimerait pour sa part adopter une ligne de conduite effacée, gouverner en sous-main, conseiller dans l'ombre (comme il l'a fait jusqu'à présent). Il s'emploie donc à raisonner le jeune homme qui, une fois de plus, accepte la leçon et renonce.

Toutefois, Luynes s'engage à « aiguiller » l'incertain garçon et à l'éclairer sur les questions politiques épineuses. Une sorte de pacte secret est ainsi scellé entre eux. Curieux assemblage : un adolescent de quinze ans et demi qui voudrait, n'ose pas, mais tient à paraître, et un homme de quarante ans qui devrait oser, ne le veut pas et dans un premier temps répugne à paraître !

Deux têtes pour une couronne ? Hélas. Ni l'une ni l'autre ne sont préparées à régner !

« Pouvoir ce que l'on veut et vouloir ce qu'il faut. » Louis XIII aurait bien voulu être à même d'appliquer cette excellente maxime de saint Augustin (avant que Bossuet ne la prenne comme l'un des thèmes de son fameux sermon sur l'ambition). Malheureusement, Louis le bègue, dit le Juste, prince à l'esprit tourmenté, cherchera vainement à se hisser à la hauteur de cette pensée.

Louis XIII et Luynes, fondamentalement différents, pourraient se trouver complémentaires. Pour se rassurer l'un l'autre, *ils se racontent qu'ils le sont !* C'est qu'il faut gouverner : tâche ardue pour deux faibles compétences unies et alliées par des complicités de toutes sortes. Ces deux boiteux de la politique parviennent à créer l'illusion d'une démarche commune qui passe pour équilibrée aux yeux du profane. Pour bien

1. La plupart des rois absolus ont régné en ayant recours à ce procédé... commode. Luynes a dû s'inspirer du gouvernement d'Elisabeth d'Angleterre, morte seulement quinze ans auparavant (1603). Mais un adolescent malhabile peut-il se comporter comme l'une des souveraines les plus rouées de l'Histoire ?

aller, il faut obéir à une certaine cadence. Or leur cheminement est des plus hasardeux. Couple baroque ! Attelage mal assorti qui, protégé par le dais du pouvoir absolu, tire le char de l'Etat sur des chemins difficiles. Ces deux hésitants sont lestés de la même lacune tragique pour des dirigeants : l'incapacité.

Leurs incertitudes sont telles qu'ils ne décident pas sans se consulter plusieurs fois par jour[1] Louis, au début, par paresse intellectuelle et confiance excessive adopte, le plus souvent sans réfléchir, les points de vue de son favori, lequel se trompe parfois. Ce qui apporte bien des déconvenues : à Luynes, et à l'autre qui l'observe tout en couvrant leurs erreurs de sa royale autorité.

Ils se sont condamnés eux-mêmes aux rôles qu'ils se doivent d'assumer.

Le roi, soudain privé de Luynes, serait pris de panique.

Luynes privé du roi ne serait plus personne...

Cependant, le Provençal n'a pas l'âme serve et si, dans les dernières années de sa vie, ses détracteurs l'accusent d'afficher la suffisance du parvenu, ce n'est qu'apparence. La position qu'il occupe l'oblige à tenir un emploi de comédien à facettes multiples. Luynes, par nécessité, doit sans cesse modifier son comportement et changer de registre afin de se montrer à la hauteur des dialogues qu'il engage. Or le Provençal (auprès de qui et quand aurait-il fait un tel apprentissage ?) ne maîtrise pas tous les sujets, le sait et tente de donner le change autant qu'il le peut[2].

Cependant l'équilibriste, aurait-il du génie, n'est pas forcément trapéziste et dompteur de fauves dans le grand cirque diplomatico-administratif gouvernemental. Monsieur Loyal — c'est ce qu'il est, au fond — peut éprouver quelques distractions et fatigues à force de revêtir ce costume d'Arlequin dans lequel il n'est pas tout à fait à son aise. Luynes n'a d'ailleurs jamais prétendu à l'éclectisme intellectuel d'un Pic de La Mirandole.

Toutefois il est obligé de faire de constants efforts pour bien tenir sa partie dans l'orchestre (cacophonique ?) du pouvoir. Une fausse note peut coûter très cher. Juché par la force des circonstances, son opportunisme et la volonté royale au faîte de la pyramide décisionnaire, il est compréhensible que cet inexpérimenté se sente quelquefois pris de vertige devant l'énormité de ses responsabilités. Responsabilités auxquelles il n'avait pas sérieusement pesé avant d'avoir à les assumer.

N'est-il pas le principal artisan de la position qu'il occupe ? La réussite, la fortune, la puissance se payent ! L'amant du roi n'y a-t-il pas réfléchi ? A présent il est trop tard pour faire marche arrière. Les positions sont prises. Il ne fallait pas vouloir dominer. Il ne fallait pas se laisser aimer par un adolescent roi. A partir d'un certain moment, Luynes s'est condamné lui-même à la fuite en avant. *Il n'en réchappera pas !*

1. Héroard, *Journal.*

2. Si l'on compare son manque de formation à celle qu'a reçue Richelieu, on doit admettre que malgré ses manques, Luynes a su faire face, dans une certaine mesure, à certaines de ses responsabilités, non toutes, hélas.

« L'ANCRE » DU ROI

Ora egli sara l'ancre del re. (« Maintenant il sera l'ancre du roi »), ainsi s'exprime le nonce Bentivoglio en parlant de Luynes au printemps de 1617. (L'allusion à Concini est claire.) Il ajoute, jugeant le favori : « Bien qu'il soit de bonne et modeste nature, se contentera, peut-on penser, d'avoir la main dans la distribution des faveurs, mais non dans le gouvernement du royaume, dont il ne serait nullement capable. » L'analyse peut sembler juste mais c'est précisément la part croissante prise par le Provençal dans la direction des Affaires qui va marquer toute la période allant de mai 1617 à décembre 1621.

Le gouvernement monarchique consiste en la collaboration permanente du roi et de son Conseil. Ce qui vient des provinces aboutit au Conseil. Les diplomates savent que le roi et son Conseil ne sont pas séparables. Les ambassadeurs *doivent*, en premier, s'adresser au roi qui entame la négociation (celui qui manquerait à ce devoir commettrait une faute d'une gravité exceptionnelle). Ensuite, la négociation peut se poursuivre sans le roi qui a déjà donné son opinion. C'est le roi qui décidera en dernier ressort, après avoir consulté... les ministres compétents.

Les rouages de cette mécanique pourraient parfaitement s'enclencher et donner les meilleurs résultats si tous les personnages mis en présence *ne se trouvaient placés en porte à faux.* Les ministres de Louis XIII connaissent leur partie et seraient à même de défendre leurs idées devant le roi si le favori n'exigeait d'être tenu au courant de tout, par tous, en préalable. (Il lui faut justifier de sa position, *fausse elle aussi,* devant Louis XIII, qui l'a poussé là.) Luynes participe au Conseil et bien que n'ayant aucun poste attitré (il a refusé toute responsabilité déterminée), il assiste aux délibérations. Sa présence indéfinie gêne tous les participants. Ministres et secrétaires d'Etat (même les diplomates) sont conscients de la nécessité de ménager Luynes. Il a l'oreille du roi.

Or Louis XIII peut à sa guise nommer ou disgracier les membres de son Conseil... qui tiennent à leur place.

Ceux-ci s'étant rendu compte des inaptitudes de Luynes, remettent entre ses mains des affaires mineures (qu'ils disent majeures) et, flattant le favori, lui demandent instamment « d'étudier les dossiers » et de bien vouloir se faire, lui-même, le défenseur de leurs suggestions ou résolutions auprès de Sa Majesté. Si les ministres sont gênés dans leur travail, Luynes est « coincé » dans son faux statut ! Il fait semblant d'étudier les rapports et selon son humeur ou son instinct, les pousse ou les freine, les vante ou les combat auprès du roi.

Jeu dangereux car Louis XIII, lui, jouit d'un instinct sûr. Une fois de plus la question se pose : Louis est-il conscient ou non de l'incapacité intellectuelle de Luynes ?

Depuis le décès de Villeroy (fin 1617), M. de Puisieux occupe la charge de secrétaire d'Etat aux Affaires étrangères. Il connaît parfaitement sa partie. Son père, le chancelier de Sillery est chef du Conseil : « Le chancelier... est celui qui... gouverne tout, et de qui dépendent les autres ministres », écrit Contarini [1]. En fait, il dirige toute l'administration royale. A ses côtés, le président du Vair est garde des Sceaux et le président Jeannin surintendant des Finances. Le Conseil comporte encore trois secrétaires d'Etat [2]

Si Luynes avait eu le temps de monter au faîte en empruntant la pente douce, il aurait su s'y préparer. Mais pouvait-il imaginer qu'un jour il serait amené à gouverner la France ?

ET... LA GALIGAI ?

Un seul des grands se dérobe au mouvement d'enthousiasme qui rassemble le pays autour du trône. C'est un ancien compagnon d'Henri IV, Henri de La Tour d'Auvergne, devenu, grâce au Béarnais, duc de Bouillon, prince souverain de Sedan et, dès lors, le chef réel du parti huguenot. Il dit : « La taverne est toujours la même, le bouchon seul a changé [3] » Le mot vole de bouche en bouche en cette France toujours trop sensible aux images...

Ainsi que la plupart des formules à l'emporte-pièce, celle-là manque d'équité. La taverne n'est pas la même mais le jeune maître qui entend la gérer (à travers son favori) doit faire son apprentissage, le sait, mais s'en cache. Louis XIII, doublement aimant puisqu'il lui est redevable du pouvoir en quelque sorte, considère Luynes comme un grand homme et se conforte dans cette illusion qu'il transforme en certitude rassurante. Le Provençal est placé mieux que personne pour savoir qu'il y a erreur de jugement, mais il ne peut avouer son inexpérience en matière gouvernementale.

Luynes est loin d'être un incapable. Il a de la subtilité, de l'industrie, de l'application, de la bonne volonté, du charme, l'art de ménager, d'accommoder, de tourner les obstacles. Mais en ce début de règne ces qualités diplomatiques et courtisanes ne sont pas suffisantes pour tenir la barre d'un Etat. Il faut une main autrement ferme et virile pour éviter que le vaisseau ne soit entraîné au sein des pires tempêtes. Luynes est conscient de ses lacunes. N'étant pas apte à les combler, il va les dissimuler.

Mais avant de s'attaquer aux vastes questions politiques, il entend résoudre un problème qu'il estime primordial à plusieurs titres : le sort de Leonora. Luynes ne se fait aucune illusion, Concini foudroyé, reste la Galigaï. Restent la pensée active, l'infatigable volonté qui a su hisser au faîte l'aventurier florentin. Cette Leonora qui avait su faire d'un rodomont un politique, et d'un vantard, un vainqueur.

1. Dans sa dépêche du 24 juin 1619. (Pierre Chevallier.)
2. M. de Gondi, évêque de Paris (futur cardinal de Retz) sera parfois appelé « en consultation », ainsi que Schomberg et le prince de Condé, après 1619.
3. Philippe Erlanger.

Le Provençal s'inquiète : de quoi cette femme ne serait-elle pas capable, même après la mort de son époux, même après la disgrâce de la reine mère ? Il soupçonne le patient travail auquel Leonora s'est appliquée dans l'ombre, recueillant et entassant sur les hommes les plus en vue, documents, rapports, témoignages, voire calomnies. On le lui a assez dit.

Il ne tremble pas pour ses propres écrits. Il fait — et fera toujours — très attention au libellé de ses lettres, à l'inverse du futur cardinal de Richelieu qui se laisse — au début de sa carrière — emporter par une prose emphatique et outrancière dans la flatterie [1]. Luynes craint de voir sortir à un moment inopportun des papiers confondant tel ou tel personnage de la Cour auquel il peut être allié. C'est ce qu'il confie à Deageant. Le Grenoblois, là-dessus, se montre sceptique ; il dit au favori :

— Il y a dans la réputation de la maréchale d'Ancre une bonne partie de légende. Les trembleurs sont sans doute les meilleurs artisans de sa prétendue force menaçante.

Il est mieux placé que le Provençal pour en juger, ayant vécu, un temps, dans l'entourage de Marie de Médicis, donc de Leonora. Il a raison. La reine mère est à Blois, loin du pouvoir, et la Galigaï en prison. Leur règne est terminé. Les scandales, les opprobres d'hier ont beaucoup moins d'importance qu'on se plaît naïvement à le croire [2]. Oui... peut-être... Mais Luynes a-t-il dévoilé le fond de sa pensée ? On peut en douter. L'affaire est d'ailleurs aussi obscure que complexe.

UNE SOMBRE AFFAIRE

Jacqueline d'Escoman qui a hébergé Ravaillac lors de son premier séjour à Paris en 1608, est arrêtée une première fois avant l'assassinat d'Henri IV : parce que *quelqu'un* prend peur de ce qu'elle sait et qu'elle pourrait dire ? « Ceux qui donnèrent l'ordre [d'arrêter la d'Escoman] étaient donc bien appuyés de la reine, ou bien sûr que le roi mourrait avant que l'affaire vint à ses oreilles [3]. »

Henri IV meurt sous le couteau de Ravaillac le 14 mai 1610.

La d'Escoman est relâchée en janvier 1611. Elle demande à être reçue par Marguerite de Valois [4]. Elle lui parle longuement le 15 janvier, donne des dates, des faits précis, accusant le duc d'Epernon [5] et Henriette d'Entragues d'avoir organisé la mort du roi. La reine Marguerite lui demande de revenir le surlendemain. La d'Escoman reprend son récit le 17 janvier et développe son argumentation. Marguerite a prévenu Marie

1. Voir chapitre « La chute ». (Lettres de Luçon à Concini et à Leonora.)
2. George Delamare.
3. Michelet, *Histoire de France*. Paris. Jean de Bonnot, 1979.
4. (1553-1615.) Dernier enfant survivant du roi Henri II et de Catherine de Médicis, première femme d'Henri IV. Mariage annulé en 1599. Elle s'éteindra à Paris en 1615, âgée de 62 ans.
5. Comme on l'a vu dans le chapitre « Richelieu », Epernon était l'ennemi d'Henri IV depuis 1589.

de Médicis et le duc d'Epernon. Le duc est caché derrière une tenture *avec le président Jeannin* et quelques envoyés de la reine, pendant que la d'Escoman, sans se douter de leur présence, parle à Marguerite. Le duc d'Epernon, à la fin, bondit dans la pièce. La d'Escoman, nullement décontenancée, lui tient tête et réitère ses accusations. Arrêtée, elle est conduite à la Conciergerie et immédiatement interrogée.

Elle accuse Henriette d'Entragues et fournit de telles précisions que le président de Harlay — premier président du Parlement de Paris qui mène personnellement l'enquête, convoque Henriette d'Entragues. Le 30 janvier, il l'entend pendant cinq heures d'affilée... La reine lui fait demander son sentiment. « Vous direz à la reine que Dieu m'a réservé de vivre en ce siècle pour voir et entendre des choses étranges que je n'eusse jamais cru pouvoir voir, ni ouïr de mon vivant », répond-il à l'envoyé de Marie de Médicis.

Le duc d'Epernon lui rend visite. Il ne dissimule pas son inquiétude et, au nom de leur amitié, demande au président de Harlay des indications sur les charges *qui pourraient peser sur lui.* « Je n'ai rien à vous dire, je suis votre juge », lui répond froidement le magistrat. Le duc va se plaindre à la reine qui demande à M. de Harlay de le traiter avec plus de considération.

Tout le mois de février s'écoule en interrogatoires et en enquêtes. La d'Escoman parvient à prouver le bien-fondé de ses accusations. Le 5 mars, le Parlement de Paris décide d'ajourner l'affaire *vu la qualité des personnes* sur qui pèsent les accusations de la d'Escoman, qui est maintenue en prison en attendant que l'on ait statué sur son sort. Le 29 mars, le président de Harlay est mis à la retraite (!) et remplacé par le président de Verdun[1]. Quatre mois plus tard, un arrêt est enfin rendu en ce qui concerne la d'Escoman. « Malgré les pressions du duc d'Epernon qui voudrait la voir condamnée à mort pour faux témoignage », on la condamne à la prison perpétuelle[2] en juillet 1611.

Or, et c'est là où nous voulions en venir : *pourquoi Luynes, sitôt après la mort de Concini, fait-il transférer la d'Escoman de la Conciergerie au couvent des Filles repenties, où elle mourra au fond d'une loge, murée, à l'abri des regards*[3]*... et loin des oreilles ?* Luynes craint-il que Leonora et la d'Escoman s'entretiennent ? Est-ce pour cela que la Galigaï reste au Louvre sous bonne garde pendant quatre jours ? (Du 24 au 28 avril 1617.) On ne la mène à la Bastille que le vendredi 28 et de là à la Conciergerie seulement le 11 mai pour y être jugée.

La d'Escoman en est partie... Il faut ajouter qu'en 1618, les archives de « l'affaire d'Escoman » *disparaissent* dans un incendie qui ravage le Palais de Justice...

1. Se reporter au chapitre « Préparation d'un meurtre ». (Confidences de Louis XIII au président de Verdun.)

2. Michel Carmona, cité *in-extenso, Marie de Médicis,* Fayard 1983.

3. Philippe Erlanger, L'Etrange Mort d'Henri IV, Librairie académique Perrin, 1964.

En 1622, (juste après la mort de Luynes), Gabrielle-Angélique de Verneuil, *fille d'Henriette d'Entragues* et d'Henri IV, épouse Bernard de Nogaret, marquis de la Valette, *fils du duc d'Epernon,* dans la cathédrale de Lyon, en présence de *Marie de Médicis...* Les coïncidences sont troublantes et l'énigme demeure. Elle s'épaissit encore si l'on rappelle que Gabrielle-Angélique citée ci-dessus, devenue marquise de la Valette, meurt en 1626, assassinée (poison ?) par son époux. Craignait-on ses bavardages. Le fait est attesté par Françoise Langlois de Motteville, confidente d'Anne d'Autriche dans ses *Mémoires* [1]

La situation s'embrouille encore si l'on veut bien admettre une autre proposition.

Marguerite de Valois se réinstalle à Paris en juillet 1605. Elle rentre en grâce auprès d'Henri IV « pour avoir informé le roi de ce qu'elle savait de la conspiration des Entragues [2] », *(qui par conséquent existait déjà en 1605 !)* Le 17 janvier 1611 — comme on vient de le voir — elle entend certaines révélations impressionnantes qui l'éclairent (peut-être davantage sur le fond du véritable « caractère » de Marie de Médicis).

Or, la reine Margot éprouvait une grande affection pour le petit dauphin. Elle le voyait souvent. Il lui rendait visite. Il est certain que cette princesse, au passé sentimental plus que tumultueux, sans enfant, sans attaches, a éprouvé pour le fils aîné de son ex-mari Henri IV, une profonde tendresse dont le privait sa mère. Elle fera de lui — alors devenu Louis XIII — l'unique héritier de son immense fortune, en 1615 [3]. A la nouvelle de sa mort il éprouvera un dur chagrin et versera bien des larmes (le *Journal* d'Héroard en témoigne).

Louis aimait cette femme, l'appelait « Maman ma fille [4] ! ». Il l'avait rencontrée pour la première fois à Rueil, le 6 août 1605 et encore le lendemain alors qu'Henri IV se promenait seul en compagnie de son ancienne épouse (ce qui prouve l'excellence de leurs rapports d'alors, et les propos secrets qu'ils pouvaient échanger !) Apercevant le dauphin, « elle quitte le roi pour l'aller trouver » et après l'avoir embrassé, lui dit : « Mon Dieu... que vous êtes beau... ! Vous avez bien la mine royale pour commander comme vous le ferez un jour [5] ! » C'est là un propos de femme émue qui s'adresse à un enfant de quatre ans, donc sans idée de flatterie. Le dauphin séjournait chez elle, en son hôtel de la rue de

1. *Mémoires* de Mme de Motteville.
2. Pierre Chevallier, *Louis XIII*, Fayard. Elle poursuit un double but : être autorisée à revenir à la Cour du Béarnais, son ex-mari, et se venger du comte d'Auvergne (allié des Entragues) au profit duquel elle a été spoliée de la succession de sa mère, Catherine de Médicis (dont la mère était française).
3. Ce qu'elle possède encore ! Elle lui a déjà fait donation de tous ses biens en 1606.
4. A la demande de Marie de Médicis !
5. Pierre Chevallier.

Seine, lorsqu'il était amené de Saint-Germain-en-Laye [1] à Paris. Elle le couvrait de cadeaux coûteux [2].

Il est curieux que ce soit la première femme d'Henri IV, la reine Margot, qui ait tenu, en quelque sorte, la place laissée « vide » par la mère du dauphin... Alors ? Affection profonde de femme demeurée stérile et s'attachant à un petit garçon ? Jalousie de reines... Jalousie de femmes [3] plutôt... ou bien vengeance posthume ? Ou encore — et c'est le plus probable — (si on s'attache à l'hypothèse qui va suivre) : devoir d'avertir un tout jeune roi de France... *de certaines vérités ! ?*

On pourrait, en effet, se permettre de supposer que la reine Marguerite se soit laissée aller à livrer quelques informations au jeune Louis concernant la mort de son père... En 1615, elle a soixante-deux ans et Louis XIII, quatorze ans. Elle se sait à la fin de sa vie et lui est d'âge à entendre des secrets d'Etat et... de famille ! N'est-ce pas un devoir pour la reine Margot que d'éclairer le fils d'Henri IV ? Et ce, à un double titre : d'abord pour sa gouverne, ensuite en mémoire du Béarnais qui se méfiait de Marie de Médicis [4]

En admettant que Marguerite de Valois ait parlé, Luynes l'a su par le petit roi qui n'a certainement pas manqué de rapporter à son ami intime la teneur des confidences reçues... Cela pourrait expliquer une large part de l'intérêt que portait Luynes aux « papiers de Leonora ». Elle pouvait avoir pris des notes, conservé des documents ayant trait à l'événement et à sa préparation. Et puis, même si les Concini n'avaient pas été mêlés *directement* à l'élaboration du meurtre d'Henri IV [5], Marie de Médicis avait pu se confier à la Galigaï, son amie d'enfance. Luynes, en avril 1617, ne veut prendre aucun risque qui puisse faire surgir du passé des preuves encombrantes. On doit se demander aussi, si ce n'est pas Louis XIII lui-même qui lui a demandé d'y veiller ! Ce qui peut expliquer — peut-être — pourquoi Luynes demeure aussi *discret* auprès de Deageant... (pourtant son complice dans l'assassinat de Concini). Veut-il lui cacher ce qu'il craint de trouver ? Ou bien est-ce le Grenoblois qui lui déconseille de chercher... pour des raisons personnelles ?

PROCÈS LEONORA

Comme on le sait, Leonora est appréhendée le 24 avril et retenue dans une petite chambre du Louvre, sous les combles. Le 26 avril, Louis XIII désigne deux conseillers d'Etat et intendants des Finances, Gilles Maupeou

1. Depuis les Valois, les enfants royaux étaient « élevés » au château de Saint-Germain-en-Laye.

2. Entre autres : « Un Cupidon parsemé de diamants assis sur un dauphin. » (P. de l'Estoile.) Elle s'installa d'abord, à son retour en grâce, au château de Madrid autour duquel, plus tard, Louis XIII ira souvent chasser. (Pèlerinage sentimental ?).

3. Marie a quarante-deux ans en 1615, Marguerite vingt ans de plus !

4. Il s'en était ouvert à Sully en 1609 et 1610 (Philippe Erlanger).

5. Comme le laissera entendre prudemment Saint-Simon dans ses *Mémoires.*

et Isaac Arnauld, afin de procéder à l'inventaire des biens qu'elle tenait au palais[1]. Le 28 avril, elle est menée à la Bastille (par du Hallier). Le 29 avril, elle subit son premier interrogatoire. Le 8 mai, le procès-verbal de l'inventaire est achevé. Le 9 mai, Louis XIII signe les lettres patentes ordonnant l'ouverture du procès.

Le 14 mai, deux conseillers rapporteurs — Jean Courtin et Guillaume Deslandes-Payen, sont désignés pour procéder à l'instruction. Du 22 mai au 7 juillet, Leonora subira vingt-deux interrogatoires. La désignation des rapporteurs ne convient qu'à moitié à Luynes. Le premier, pour lui complaire, serait prêt à condamner père et mère ; le second est un homme probe, incapable de juger autrement que selon sa conviction. Le Parlement — par prudent équilibre ? — donne ainsi une chance à l'équité, une chance à l'arbitraire.

Il a été convenu que Louis XIII céderait à Luynes toute la fortune des Concini. Ceux-ci s'étaient mariés sous le régime de la séparation de biens et, des deux, Leonora était la plus riche : propriétaire du marquisat d'Ancre, de l'hôtel de la rue de Tournon, du domaine de Lésigny et de fonds très importants placés entre les mains de banquiers de Paris, Lyon, mais surtout Rome, Florence et Anvers. L'ambassadeur vénitien parle de quinze millions de livres[2]. « L'équivalent des trois quarts du budget annuel de la France », sans compter plus d'un million de livres en bijoux et argenterie.

Si le roi se préoccupe peu de cette fortune, Luynes s'y intéresse fort. Seulement, pour la « récupérer », il lui faut vaincre certains obstacles. Tout d'abord, Leonora est vivante. Ensuite, elle a un fils, son héritier légal. Par conséquent pour bénéficier de ses biens, il faut obtenir une condamnation *à mort* et une dépossession en règle de son fils à tous droits de succession. Luynes expose à Louis XIII les difficultés que « l'on » risque de rencontrer. Le roi, qui ne veut plus entendre parler des Concini, s'en remet à son favori pour mener l'affaire à... bon terme ! A la demande de Luynes il désigne un procureur, Pierre Mullard, « curateur à la mémoire du feu maréchal d'Ancre. » Les interrogatoires commencent le 29 avril. Les enquêtes sont rondement menées sous la pression du favori. Très vite il apparaît à Luynes — qui se fait tenir au courant chaque jour — que les éléments recueillis ne suffiront pas à justifier une condamnation à mort suivie de confiscation de biens. Si on retrouve la trace de nombreux trafics d'influence *où la reine mère est plus ou moins directement mise en cause*, on ne découvre rien qui puisse justifier une peine capitale.

Le favori aimerait mettre la main sur les papiers de l'inculpée, mais il ne le peut plus. Ils sont sous séquestre ! En voulant en finir au plus vite,

1. L'inventaire est achevé le 8 mai. On y relève, entre autres, 16 pièces de tapisserie ! Elle vivait donc dans un véritable appartement avant d'être transférée sous les combles ! En avril 1617, Luynes ne disposait que d'une seule chambre au-dessus de celle de Louis XIII.

2. Michel Carmona : soit 15 milliards (lourds !) de 1990 !

Luynes a manqué l'occasion de se saisir discrètement des documents dont il suppute l'existence. Il ne peut pas les subtiliser ni se les faire restituer. Etant donné sa position, on pourrait croire que c'est le roi qui entend les récupérer pour les détruire. Fâcheuse situation...

C'est alors que Luynes a une idée : faire juger Leonora pour sorcellerie. Ayant obtenu l'accord de Louis XIII, il en parle aux juges. Les magistrats se font tirer l'oreille. Cette inculpation leur déplaît, et puis la procédure est engagée ; alors... avant d'en venir là, ils préfèrent examiner les autres griefs... plus « classiques », c'est-à-dire : les manipulations financières, l'ingérence dans les affaires publiques... ou d'autres crimes plus facilement justiciables.

Luynes s'exhorte au calme.

Passant outre les « conseils » du favori, le tribunal porte le premier interrogatoire sur la mort d'Henri IV ! L'élévation de Concini avait suivi de si près le drame de la rue de la Ferronnerie que le Florentin et l'accusée devaient y avoir participé... peut-être indirectement ? N'a-t-on pas, par des incantations ou des maléfices, armé plus ou moins le bras de Ravaillac ? Leonora répond avec une adresse... admirable. Elle dit qu'il est odieux — sous prétexte que la reine et elle-même n'avaient pas de secrets l'une pour l'autre — *de vouloir diriger des soupçons contre la veuve d'un roi défunt et la mère du roi régnant.*

Aucun des juges n'insiste. Toute allusion à la complicité de la reine ne peut que créer de l'embarras. Ils le savent. Leonora aussi ! Et Luynes donc ! Tenu au courant le soir même de ce qui s'est passé au tribunal, il respire et apprécie la repartie de Leonora, mais n'est pas pour autant renseigné sur les participants occultes à l'assassinat du Béarnais... qu'elle connaît ? Marie de Médicis a dû... pour le moins, lui en parler...

Elle n'a rien dit ! N'est-ce pas le plus important ?

Très vite les magistrats questionnent sur les malversations financières. Les documents conservés par Leonora en montrent l'ampleur. Ils font ressortir, en même temps, la responsabilité de Marie de Médicis dans ces affaires. Il devient indéniable qu'elle les a couvertes de son autorité et... en a bénéficié elle-même... souvent ! Au sujet de ces profits énormes (et partagés), Leonora sait que l'inculpation ne peut aller bien loin... Parmi ceux qui lui reprochent violemment d'avoir vendu aux plus offrants les grâces royales, les lettres de noblesse, les privilèges et jusqu'aux grades militaires, se trouvent des juges (ceux qui siègent en sont scandalisés !) dont les sentences étaient proportionnées aux *épices* [1] versées par les plaideurs

L'un des magistrats, outré par ce qu'il découvre officiellement et sans doute pour défendre *l'honneur* de sa corporation, accuse Leonora d'avoir usé de *charmes* et de pouvoirs *surnaturels* pour abuser de la reine. Elle rétorque avec un aplomb magnifique : « Mon seul pouvoir était celui

1. George Delamare : c'est ainsi que l'on appelait en « Pots-de-vin ».

qu'une femme intelligente peut exercer sur une balourde[1] » ! Le mot lâché avec un certain mépris rabaisse le procès, la reine, la Cour qui siège, et grandit l'accusée.

Les juges ont, peut-être, un instant l'impression que la régence de Marie de Médicis a été une période de bêtises et de frivolités et que les Concini, en l'exploitant outre mesure, ont prouvé davantage l'insanité d'autrui que leur propre scélératesse... Prudemment les magistrats referment le dossier spécial ayant d'ailleurs le titre : *Promesse di dinari de Sua Majesta la Regina*[2]. !

Le deuxième chef d'accusation concerne l'ingérence des Concini dans les affaires publiques. Les juges, malgré leur désir de découvrir des documents probants, se voient réduits à constater que l'accusée s'est surtout préoccupée de ses affaires personnelles et guère des problèmes touchant au gouvernement proprement dit. C'est ce que montre notamment l'interrogatoire de Jean Desdiguière, dit La Place, l'un de ses plus fidèles serviteurs[3]. Voici quelques extraits du texte de sa déclaration : « ... A dit qu'elle envoyait quérir les sieurs Feydeau et Barbin avec lesquels elle parlait en particulier de ses affaires domestiques et quelquefois envoyait quérir le sieur Mangot, lors garde des Sceaux, qu'elle l'a envoyé quérir et vu par trois différentes fois depuis deux mois en ça, et a été demie heure chaque fois avec elle. Que le sieur de Luçon l'a vue deux fois depuis le dit temps. »

Mais tout cela — (comme le fait remarquer Michel Carmona) — ne montre pas pour autant que la maréchale d'Ancre se soit *occupée des affaires de l'Etat.* En prenant connaissance des comptes rendus quotidiens de ce procès qui n'avance pas assez vite à son gré — ni dans le sens qu'il souhaite — Luynes comprend mieux l'insistance de Marie de Médicis, le 3 mai dernier, lors de son départ pour Blois et *son désir réitéré d'emmener Barbin avec elle...* L'ancien ministre contrôleur des Finances royales (actuellement embastillé) doit connaître bien des choses, non seulement au sujet des prévarications de la reine mère et de la Galigaï, mais... n'a-t-il pas succédé au président Jeannin en 1616... ? Or le président Jeannin se trouvait — comme on l'a vu — très à même de parler à Barbin de l'affaire d'Escoman... N'est-ce pas là une raison supplémentaire pour que Marie de Médicis ait tant souhaité le « garder » auprès d'elle, cherchant ainsi à empêcher le roi son fils de recevoir des confidences trop claires au sujet de la mort de son père... ?

La Florentine n'est pas censée savoir que la reine Marguerite a parlé à Louis XIII en 1615, avant de mourir... De plus, par la même occasion, Luynes apprend avec précision que l'évêque de Luçon était décidément bien proche des Concini...

1. Le mot *balourd* s'appliquait alors à un naïf un peu niais, et n'avait pas la connotation péjorative actuelle.

2. Michel Carmona.

3. Celui-là même que nous avons vu le 24 avril si soucieux de la prévenir de la mort de son mari.

Le favori sait apprécier la valeur de ces renseignements... Il se promet d'en tirer profit, le moment venu. Il y a plus urgent. Ce procès dure trop. Il faut qu'on en finisse. Luynes veut que Leonora disparaisse. Il tient — pour différentes raisons déjà évoquées — à une condamnation à mort.

Il demande au duc de Bellegarde[1] (grand écuyer de France, premier gentilhomme de la chambre) de rendre visite à chacun des juges pour... *les rappeler à leur devoir !* Bellegarde est un homme de poids, âgé de cinquante-deux ans et qui connaît presque tous les magistrats de Paris... A l'issue de cette « tournée » incitatrice, la procédure reprend avec une vigueur nouvelle. Alors, il faut bien que le tribunal se résolve à examiner de près l'accusation de « sorcellerie » que Luynes a suggérée avant même l'ouverture du procès, et qui paraît, à présent, en effet, la seule sur laquelle « on puisse s'appuyer si l'on veut aboutir à la sentence[2]... souhaitée ! »

Leonora va avoir à se justifier à l'égard de deux griefs majeurs : la fréquentation de médecins juifs et le recours à des rites d'exorcisme. On abordera l'un après l'autre les deux chefs d'accusation. Les magistrats fixent leur attention particulière sur un juif portugais : Philothée Montaldo. (Les juges mélangent magie et médecine). On en vient à parler de certaines figurines de cire. Leonora répond — entre autres — qu'elle ne voit pas où est le mal, la reine mère, elle-même, connaissait leur existence... et on ne peut supposer... n'est-ce pas (?) ... que la mère du roi soit soupçonnée de complicité de sorcellerie... En effet, Montaldo était connu de Marie de Médicis. En 1604, elle le recommandait déjà à son oncle, le grand-duc de Toscane.

A l'évocation de la reine mère, les juges, prudents, font bifurquer les débats sur l'exorcisme.

C'est alors l'extravagante énumération des pratiques diaboliques auxquelles l'accusée se serait livrée. Les miroirs magiques, les flambeaux de cire, les cérémonies infâmes (un coq noir immolé en lieu d'hostie), les horoscopes, les maléfices, les rencontres avec des nécromants et autres théurgistes venus de pays idolâtres se mêlent à la lecture de la Kabbale des Juifs, aux sortilèges, à la magie démoniaque, aux vapeurs d'encens et au commerce avec le Malin...

Malgré les témoignages, les allusions hybrides et les exemples divers, les arguments présentés ne semblent pas convaincants. Le tribunal s'y perd. De plus, l'attitude calme de Leonora déconcerte les magistrats. Cette femme de cinquante ans leur en impose par sa lucidité. Tout cela n'étant pas confondant, les juges, exaspérés, se demandent anxieusement sur quelles allégations solides ils vont parvenir à confondre cette personne

1. Compagnon d'Henri IV (1565-1621), il trouvera la mort à Clairac-sur-Lot, près de Montauban, au cours du siège de la ville. Il a aidé Luynes à se faire une place à la Cour. (Voir chapitre « Le Provençal »).

2. Carmona.

intelligente qui se défend si bien... et *qui semble innocente de ce dont on voudrait tant qu'elle soit coupable.*

Nous sommes à la fin du mois de juin. Luynes veut en finir. En fait, il l'exige (au nom du roi ?). Il s'adresse au président du Parlement, le président *de Verdun*, et lui explique la situation exacte, — du moins en partie...

Le président de Verdun a été nommé — comme on s'en souvient — pour remplacer le président de Harlay [1] *obligé* de prendre sa retraite après *l'ajournement de l'affaire d'Escoman* [2]... Or, il est plus que probable que ces deux hauts magistrats ont eu quelques conversations. Le retraité n'a sans doute pas manqué de faire d'intéressantes confidences à son successeur... Secrets d'hommes de robe ? Secrets humains ? Secrets d'Etat ? Secrets à ne livrer sous aucun prétexte (en tout cas pas à n'importe qui) sous peine de prison... ou pire. Le président Jeannin [3] — témoin auditif et oculaire des accusations de la d'Escoman (on s'en souvient) a, lui aussi, fait quelques confidences à son successeur Barbin. Et Barbin est à la Bastille [4]...

Par conséquent, dans les derniers jours de juin (1617) le président de Verdun a *tout intérêt* à écouter attentivement ce que Luynes attend de lui... et à agir selon les volontés du favori. Le jeudi 6 juillet le tribunal se réunit en grand apparat sous la présidence effective de M. de Verdun qui va diriger les débats. Il attaque brutalement Leonora, l'adjurant de reconnaître qu'elle s'est rendu au sabbat du diable ! L'accusée, sans se démonter, proclame avec la dernière énergie qu'elle « jure devant Dieu qu'elle n'a jamais ouï parler de sorciers ou de sorcières », et elle ajoute, véhémente : « Et pourquoi serais-je venue en France pour accomplir ces méchancetés là ? »

L'attaque a échoué. Ni preuves, ni aveux ! Dans ces conditions, certains juges refusent de céder aux pressions de plus en plus fortes exercées par Luynes et ses amis. Ils resteront chez eux pour ne pas s'associer à une décision qu'ils estiment *inique* [5]. Le favori — dit-on [6] — aurait alors suggéré qu'on lui appliquât le supplice de « la question » (Ravaillac avait connu les atroces souffrances des brodequins de bois.) On fait remarquer au Provençal que l'on ne peut supplicier une femme noble [7] : la veuve d'un maréchal de France ! (Quels qu'aient été les crimes de ce dernier.)

1. Il mourra en 1619.
2. Mars 1611 (voir pages précédentes).
3. Il mourra en 1622.
4. Barbin est à la Bastille depuis le 25 avril 1617 (lendemain de la mort de Concini). En 1618, Louis XIII le bannira du royaume... au moment de l'incendie dans lequel disparaîtra le dossier d'Escoman...
5. Michel Carmona.
6. Cette anecdote relève probablement de la calomnie. Luynes ne pouvait aller jusque-là, nous semble-t-il.
7. Qui pourrait prétendre connaître les origines de Leonora ? A Paris, en 1617, on ne peut savoir que Leonora Dori est née dans un faubourg sordide de Florence, d'un père probablement juif. Si on avait su cela, le procès serait devenu tout autre, dérapant sur des questions religieuses dangereuses à soulever.

Quoi qu'il en soit, au soir du 6 juillet, le président de Verdun sait ce qui lui reste à faire. En fait, le sort de Leonora est scellé depuis le premier jour, mais... il est *indispensable* que le tribunal rende sa sentence inévitable : une condamnation à mort.

Le vendredi 7 juillet, on prononce le réquisitoire. Il conclut à la peine capitale. Les juges présents suivent les conclusions. Le samedi 8 juillet, le jugement est rendu. Le tribunal déclare : « Lesdits Concini et Galigaï sa veuve, criminels de lèse-majesté divine et humaine et, par réparation, a condamné et condamne la mémoire dudit Concini à perpétuité, et ladite Galigaï à avoir la tête tranchée sur un échafaud pour cet effet dressé en la Place de Grève de cette ville de Paris, son corps et tête brûlés et réduits en cendres. »

Pour l'opinion, Leonora était condamnée comme « sorcière ». La sentence lui est lue alors qu'elle est à genoux dans la chapelle de la Conciergerie : *Res judicata pro veritate habetur*[1] !

Elle va mourir avec une grande dignité.

La prophétie entendue jadis à Florence... Leonora Dori Galigaï s'en est-elle souvenue[2]... ?

Les cendres de Leonora sont dispersées aux quatre vents.

A huit heures du soir tout est consonné.

C'est l'heure à laquelle Louis XIII, *après avoir chassé tout le jour,* regagne son appartement à Saint-Germain-en-Laye. Il a quitté Paris le dimanche 2 juillet et n'y reviendra que le lundi 10. Le récit qu'on lui fera de la fin de la Galigaï l'empêchera de dormir. Il ne trouvera le sommeil que vers trois heures et demie du matin[3]... Se sent-il complice d'une iniquité ? [4]. Est-ce par haine qu'il a laissé tuer cette femme ? Est-ce seulement poussé par les tendres sentiments qui le lient à Luynes qu'il fait périr Leonora ? Il a bien dormi au soir du meurtre du maréchal d'Ancre, et reste insomniaque la nuit où meurt le véritable « cerveau » de ce couple qu'il a tant maudit. Ce ne peut être le remords qui le ronge (il a fait tuer le mari il n'y a pas trois mois !) Alors ? *Pour quelles raisons éprouve-t-il tant de difficultés à trouver le repos ?*

Luynes est resté à Paris. Il est permis de supposer que s'il ne s'endort pas *du sommeil du juste*, il se repose de l'angoisse qu'il a ressentie

1. *La chose jugée est tenue pour vérité !*
2. Voir chapitre « Leonora ».
3. Héroard, *Journal.*
4. On peut s'étonner qu'à une époque déjà éclairée et policée, des magistrats aient consenti à fonder leur opinion sur un grossier commerce diabolique. Henri d'Almeras écrit : « Ces préjugés absurdes, ces préjugés meurtriers, on les trouvait alors chez les hommes qui n'étaient dépourvus ni d'intelligence ni de culture. Une quinzaine d'années après le procès de Leonora Galigaï, un magistrat connu pour la vigueur de son esprit et la hauteur de son caractère, un président à la Cour des Aides de Clermont-Ferrand, s'adressait à une sorcière pour désenvoûter son fils, et ce fils était Blaise Pascal. Le procès d'Urbain Grandier eut lieu en 1634 ! Et il faudra attendre jusqu'en 1672 pour qu'une ordonnance de Louis XIV inspirée par Colbert, interdise enfin aux tribunaux d'admettre les simples accusations de sorcellerie. »

jusqu'à l'exécution de celle qu'il tenait tant à faire disparaître. A présent, non seulement la bouche de Leonora s'est tue à jamais, mais le voilà l'héritier de biens immenses... Dans l'arrêt du 8 juillet (Luynes a-t-il insisté pour que cela soit bien spécifié ?), il est stipulé que tous les avoirs du ménage Concini, en France comme à l'étranger, doivent revenir au roi, déshéritant et flétrissant expressément leur fils Henri, alors âgé de quinze ans [1] !

Louis XIII, le 12 août (1617) signe les lettres patentes par lesquelles il fait don à Luynes de tous les biens de Leonora. Une large majorité des conseillers à la Cour des comptes se permettent de demander à Louis XIII quelques précisions... Le jeune monarque supporte mal qu'on ose prétendre à des explications. Il adresse au président de la Cour des comptes (Lhuillier) une lettre comminatoire en date du 23 septembre par laquelle il le somme d'enregistrer les lettres patentes du 12 août, « sans y user d'aucune longueur, remise ou difficulté. N'y faites donc faute, car tel est notre plaisir ! »

La Cour des comptes s'incline. Le 14 octobre le Conseil d'Etat fait parvenir à Luynes les documents officiels qui lui permettent d'entrer en possession des biens de la maréchale d'Ancre... *Beati possidentes* [2].

Si la question est réglée pour les meubles, immeubles, bijoux et espèces [3], il est encore un sujet de tracas pour le favori : les papiers de la morte ! En dehors de ceux dont on s'est servi au cours du procès, il doit y en avoir d'autres... intéressants sans doute et fort instructifs. Luynes convoque les deux secrétaires des Concini : Vincent Ludovici et Antoine Montaubert. Il les interroge au sujet des correspondances qui leur sont passées entre les mains. Les deux hommes s'expriment avec franchise et disent ce qu'ils savent. Le favori prend note et renvoie les deux secrétaires après les avoir longuement « confessés ». Il leur promet qu'ils ne seront plus inquiétés [4].

Fort de ses listes et sous prétexte de « vérification dans l'intérêt du roi », Luynes se fait remettre les lettres et brouillons du couple Concini. (Bien des détails autorisent à croire que les choses ont dû se passer ainsi.) Parmi les documents, le favori trouve *forcément* (et entre autres écrits d'importance, *les deux lettres adressées par l'évêque de Luçon, l'une à Leonora le 25 novembre 1616, l'autre au maréchal d'Ancre, le 29 novembre* [5]. Il les garde précieusement.

1. Henri Concini, comte de la Penna (dont Marie de Médicis est la marraine : 8 juin 1602 — voir chapitre « Concini ») a un an de moins que Louis XIII. Il n'héritera d'aucun biens, sera prisonnier d'Etat jusqu'en 1622 (après la mort de Luynes) puis, exilé, il mourra à Florence en 1631, de la peste.

2. « Heureux ceux qui possèdent. »

3. En France ! A l'étranger, Luynes aura des difficultés a en récupérer une partie seulement.

4. Ils ont déjà témoigné au procès de Leonora et ne seront, effectivement, plus inquiétés. Luynes se servira pourtant de Ludovici en 1619, comme on le verra plus loin.

5. Voir chapitre « La chute ».

Saint Germain en Laye : le château vieux

C'est là précisément où nous voulions en venir pour présenter une hypothèse.

Ces deux libellés (cités dans un chapitre précédent) prouvent que le futur cardinal ne répugnait pas au maniement de la flatterie outrancière auprès de ceux qui — un temps — pouvaient le servir. Or ces lettres sont parvenues jusqu'à nous ! Par quel miracle ? Richelieu succédant à Luynes avait le pouvoir de les récupérer, *sauf si elles étaient inatteignables pour lui.*

A la disparition du favori, en décembre 1621, son fils nouveau-né hérite de ses biens. Avant lui, c'est sa mère, veuve du connétable qui a le droit de regard sur tout : y compris les papiers ! Or, Marie de Rohan-Montbazon, duchesse de Luynes, ne manque pas de *remarquer* les lettres de l'évêque de Luçon aux Concini ! Marie de Rohan épouse en seconde noces le duc de Chevreuse. Et l'on sait que cette amie intime de la reine Anne d'Autriche s'entendait au plus mal avec celui qui était devenu Richelieu. Alors pourquoi ce dernier, devenu tout-puissant à partir de 1624 ne *réussira-t-il jamais* à se débarrasser de cette encombrante Mme de Chevreuse ? Entre eux la tension était telle qu'elle ressemblait fort à une « guerre sourde » ! Ne peut-on se permettre d'imaginer qu'elle gardait en sa possession les fameuses lettres de novembre 1616 ? (Avec d'autres, peut-être, du même style ?) Richelieu avait la dent dure et la morsure souvent mortelle. Mme de Chevreuse avait peut-être une muselière...

De plus, « l'enquêteur » reste surpris de découvrir avec quelle mansuétude il parle de la Galigaï dans ses *Mémoires* : « La seule vérité m'oblige à faire cette remarque, et non aucun désir de favoriser cette femme aussi malheureuse qu'*innocente.* » Et plus loin : « Tous ceux qui assistèrent au triste spectacle de sa mort devinrent tout autres hommes, noyèrent leurs yeux de pitié [1]. »

Quel bel attendrissement de la part d'un personnage au cœur de silex ! Ne cherche-t-il pas, en dictant ces phrases, à justifier de la teneur des lettres, qu'il avait adressées, jadis, aux Concini... au cas où elles parviendraient à la connaissance de quelqu'un ? Et puis cette rage qu'il manifeste sans cesse à l'égard de Luynes et de ses actes, n'est-ce pas encore une précaution supplémentaire ? Le traitant au plus mal, avec injustice et un parti-pris flagrant de le dénigrer aux yeux de la postérité, ne tente-t-il pas de salir Luynes, sa veuve, sa famille et sa descendance... au cas où les fameuses lettres surgiraient de quelque tiroir secret ?

Or, malgré ses efforts, elles sont parvenues jusqu'à nous... et pas pour sa gloire. Elles incitent à réfléchir... En admettant que cette hypothèse s'avère (un jour ?) des plus fausses, on peut se permettre d'y avoir pensé. *Homo homini lupus* [2]...

L'oraison funèbre la plus méprisable vient sans doute de l'amie d'enfance de la condamnée. Marie de Médicis, apprenant la mort de

1. Richelieu, *Mémoires.*
2. « L'homme est un loup pour l'homme. »

Leonora « ... ressentit quelque déplaisir[1]... » Chagrin modeste à la mémoire de cette femme qui l'avait élevée[2]... Dans le privé, la « balourde » ira plus loin et s'exprimera avec une lâcheté ignoble. Leonora, dans la bouche de cette femme sans cœur deviendra... *cette boueuse de l'Arno... Ce dangereux rapace... Cette insatiable avaricieuse*[3] *...Elle s'est gâtée elle-même,* dira-t-elle. *Elle s'est servie sans retenue... souvent à mon insu... ! ... A présent elle a payé... Dieu l'a voulu... sans doute !*

On prête à Leonora une phrase admirable qu'elle aurait prononcée en découvrant la foule s'apprêtant à la regarder supplicier : « Que de monde pour voir mourir une femme triste. » Marie de Médicis aurait-elle seulement compris la beauté de cette déclaration ? Certainement pas !

Dès après la disparition de la Galigaï, les valets de l'actualité se remettent aussitôt à leur besogne. Comme après la mort de Concini en avril, surgit une production de pasquinades et de basses prosopopées qui peignent Leonora sous les traits d'une immonde Circé, tandis que s'élèvent sur le ton du dithyrambe la juste sévérité du roi et la sagesse de Luynes. Mais les fabricants d'outrages et de louanges, par leurs excès d'expressions, se démodent bien vite. Et puis... le nouveau règne ne vient que de commencer.

L'ÉNIGME DEAGEANT

Au printemps 1617, les Conseils se succèdent quotidiennement. A l'issue de chacun d'eux, le jeune roi vient consulter Luynes sur telle ou telle décision qu'il s'est engagé à communiquer le lendemain. Cette pratique devenant une habitude, le Provençal, qui ne cerne pas à fond toutes les questions, réserve parfois son avis, préférant consulter à son tour. Cela provoque beaucoup de dialogues et une perte de temps précieux. Peu à peu, à la Cour, on se rend compte de ce qui se passe. Cette façon de procéder n'est plus un secret pour personne. Il faut que cela cesse sous peine de susciter de toutes parts des commentaires ironiques sur ce type de gouvernement par ricochet.

Luynes, qui ne veut toujours pas se mettre en avant, propose à Louis XIII de former une sorte de « cabinet occulte » composé de personnes capables, susceptibles de fournir des opinions pertinentes. Le roi acquiesce d'autant mieux qu'il connaît ceux dont il est question. C'est ainsi que se retrouvent, autour du Provençal, quelques-uns des membres de la conspiration contre Concini : Deageant, Modène et d'Esplan. Ce dernier, bel homme d'origine avignonnaise, a pris peu de part au meurtre

1. Dépêche de l'envoyé florentin.
2. Voir chapitre « L'ambitieuse et la princesse ».
3. Avaricieux, en français, veut dire parcimonieux : celui qui lésine. En italien du XVIIe siècle, *avariciosa* lie la notion de vice à l'avarice.

du 24 avril, mais il plaît au roi[1] ! M. de Modèle, Savoyard, influence judicieusement son cousin germain, Luynes, et Louis XIII l'apprécie fort[2]. Mais c'est Deageant qui se montre la meilleure tête du quatuor. N'a-t-il pas été le vrai maître d'œuvre de l'assassinat du maréchal d'Ancre ?

D'ailleurs, l'évêque de Luçon ne s'y trompe pas. A peine installé à Blois auprès de Marie de Médicis, c'est à Deageant qu'il écrit, le 10 mai 1617 : « Je vous prie de continuer les assurances de mon affection au service du roi et de M. de Luynes, à qui je me lie, comme vous le savez. » Le favori lui répond dans le même style. C'est un jeu dans lequel les adversaires ne sont pas de la même force. Le Provençal, qui veut être l'ami de chacun, croit de bonne foi se concilier Luçon. Mais que peut le « bon vouloir » face au « savoir-faire » ? Que peut la diplomatie courtoise contre l'ambitieuse habileté ? Que peut la gentillesse humaine — non dénuée de calculs — opposée à une volonté glacée mise au service d'une intelligence hors normes, prête à toutes les duplicités ?

Comment Luynes ne perce-t-il pas le désir secret de l'autre ? Comment ne flaire-t-il pas le but que le futur cardinal poursuit déjà ? Aveuglé par sa propre réussite, par la position qu'il occupe, il ne pressent pas ce que veut l'évêque : tout simplement le remplacer en tant que favori politique ! Et en admettant même que Luynes y pense un instant, il ne s'arrête pas à ce soupçon.

Que peut Luçon ? Le roi lui est hostile (car le prélat est trop proche de sa mère) et les vieux ministres redoutent son esprit brillant et sa lucidité sans faille.

Luynes n'est-il pas son seul allié potentiel ? Et n'est-ce pas pour cette raison que Luçon s'adresse à lui ? Et puis, l'évêque n'est-il pas son obligé ? Dans quel exil aurait-il échoué si, le 24 avril, le Provençal ne l'avait pas défendu auprès du roi ?

Luynes raisonne comme Luynes. Il ne pensera pas que la forme ordinaire de la reconnaissance, c'est l'ingratitude[3] Il ne se doute pas de l'envergure de Luçon. Il le méjuge car il ne devine pas que les capacités de son cadet (de huit ans) sont cent fois supérieures aux siennes. Luynes est jaloux de ce qu'il a et veut garder. Luçon est jaloux de ce qu'il n'a pas et veut obtenir. Luynes pense « au quotidien ». Il agit en préservant l'acquis, cherchant à l'augmenter. Luçon a l'esprit habité par des visions de haute politique et guette le pouvoir pour les mettre en pratique. L'un est un bel homme courtois, au charme certain. L'autre un personnage au

1. Au point qu'après la mort de Luynes (décembre 1621), on crut à la Cour qu'il allait lui succéder dans le rôle de favori (d'après Pierre Chevallier). Il se trouvait sur place.

2. Il l'enverra auprès de Marie de Médicis à Blois (en octobre 1618) avec le père Arnoux, confesseur, pour lui faire signer un « engagement d'obéissance ».

3. Il faut lire la férocité avec laquelle Richelieu déchire Luynes dans ses *Mémoires* ! que l'on sait aujourd'hui apocryphes ! (D'après La Varende, *Anne d'Autriche*, p. 26.)

caractère ardent et passionné. Le Provençal ne vivra pas assez longtemps pour comprendre leurs différences fondamentales.

Mais revenons à Deageant qui, lui, ne brigue pas la place de Luynes. Il est cependant son allié le plus efficace et — à la demande du Provençal — le remplace souvent à l'étude des affaires. Si le favori, qui manque de résolution et d'énergie, trouve en Deageant son contraire, s'en accommode et s'en félicite, il laisse l'autre prendre trop d'empire sur lui. Le Dauphinois se montre si compétent dans les questions financières que ses talents, reconnus, dépassent bientôt le cadre restreint du « cabinet occulte ». Aussi Luynes le pousse-t-il à seconder activement le cacochyme président Jeannin, surintendant des Finances.

Deageant s'y emploie avec d'autant plus d'allant qu'il espère lui succéder. Louis XIII s'y oppose (ne voulant pas renvoyer si tôt un ami de son père). A l'automne 1617, il est question de créer une charge de secrétaire d'Etat supplémentaire à son intention, puis le projet est abandonné.

Deageant participe néanmoins aux séances du Conseil, parmi les ministres, en tant que simple intendant des Finances. Son rôle effectif devient considérable car, par Luynes, il est au courant de tous les projets puisque son avis est recherché, écouté, adopté le plus souvent. C'est un travailleur infatigable. Il écrira dans ses *Mémoires* qu'il « était au Louvre toute la journée, et ne quittait le palais qu'à la minuit [1]. » Deageant influence le favori sur maintes questions, le conduit à des prises de positions — excellentes mais dures — auxquelles le Provençal n'aurait pas pensé et qu'il fait siennes. Deageant a l'esprit clair, l'analyse juste et le raisonnement prompt. Mais il s'exprime avec une certaine violence pour mieux convaincre.

Luynes, en dialoguant avec certains envoyés étrangers, commet l'erreur de contrefaire le verbe net et incisif du Dauphinois. Or les expressions véhémentes du parler de l'un ne cadrent pas avec l'habituelle souplesse courtisane de l'autre. Le nonce Bentivoglio ne tarde pas à subodorer d'où vient l'ascendant, et s'en plaint.

Il arrive aussi à Deageant (qui croit bien faire) de se substituer à Luynes et, pour gagner du temps, d'expliciter en son nom, dépassant ainsi — de beaucoup — ses attributions. Voilà qui surprend les diplomates et leur déplaît. Les doléances remontent la filière hiérarchique et parviennent aux oreilles du roi qui demande à son favori des explications. De plus, les ministres s'en mêlent. Les respectables vieillards ne peuvent admettre de voir jouer un rôle occulte à ce parvenu grenoblois qui siège parmi eux, intervient, parle trop haut, et leur écrit au nom du roi de sa propre initiative.

Pontchartrain est catégorique : « M. Deageant... était venu de peu se voyait tout à coup en cet état, que toutes les affaires de France passaient par ses mains, et quasi par ses seuls avis. »

1. Pierre Chevallier.

Luynes est alors obligé de prendre des mesures. Il va perdre le meilleur cerveau de son « règne ». Et par sa faute[1] !

S'il avait été attentif, il aurait fait son profit des raisonnements de Deageant et, leçons prises, il serait devenu, au fil des jours, autre chose qu'un exécutant des pertinents conseils d'un homme à l'intelligence supérieure. Mais Luynes ne saura plus s'astreindre, se contraindre ou se montrer exigeant avec lui-même. Comment prétendre convaincre lorsqu'on est sans idées politiques personnelles, sans véritable courage et sans volonté définie ? Plus d'attention, de constance, de rigueur dans le travail, moins de mollesse, de compromis avec soi et surtout le souci constant de conserver son autorité sur celui-là même qui lui permettait de « paraître », et le Provençal se serait, peut-être, haussé à la hauteur de sa tâche gouvernementale, mais là se dresse une contradiction déplaisante : le doute de ses capacités.

En décembre 1618, Deageant « demande » à se retirer. Luynes s'empresse de donner à son frère Cadenet la charge d'intendant des Finances[2] tout en laissant espérer au Dauphinois la succession de Jeannin (de plus en plus gâteux) à la surintendance... C'est l'appât pour conserver les services du précieux personnage. Quelle figure ferait le favori si, d'un coup, il était privé des habituels conseils de Deageant ?

Celui-ci quitte le Conseil, peut-être le Louvre, mais ne s'éloigne pas de ces parages comme l'atteste le passage révélateur d'une dépêche de l'envoyé vénitien Contarini, datée du 9 janvier 1619 : « Bien qu'étant hors de charge, Deageant continue pourtant à se maintenir dans l'habituelle et très confiante familiarité de M. de Luynes. Celui-ci ne fait rien, que ce soit pour ses affaires privées ou pour les affaires publiques sans y faire participer Deageant et sans lui demander conseil. » Et le Vénitien précise que si Deageant est de basse naissance, il a beaucoup d'intelligence et de pénétration car il est : *grandissimo et acutissimo ingegio*, littéralement : « très grand et très aigu génie. »

On peut donc constater que les contemporains (diplomates ou mémorialistes) reconnaissent tous la valeur de cet homme. Or c'est précisément parce qu'il est trop intelligent et fait preuve d'un zèle excessif, que les médiocres, jaloux, vont s'unir afin d'obtenir son éloignement. Ne pouvant attaquer son indéniable habileté politique et financière, les gens de Cour évoqueront (entre autres) « l'insupportable » brusquerie de ses manières et la rusticité bourrue de ses expressions. (Piètres raisons en vérité, fruits du dépit, de l'envie et de la mesquinerie humaine.) Celui qui ne prend pas la précaution de voiler un talent trop vif, qui en use ouvertement et démontre qu'il est dans le vrai, s'attire la haine des incapables. Deageant

1. Il aurait pu être l'un des hommes d'Etat du règne. Richelieu l'a senti. C'est à lui qu'il écrit. Mais Deageant, s'il avait « l'art » n'avait pas la « manière ».

2. On se demande où, quand, et auprès de qui Cadenet a acquis les connaissances suffisantes pour assumer une telle responsabilité (surtout en succédant à Deageant, expert en cette matière). C'est surtout à l'épée qu'il est habile homme. Il sera bientôt maréchal de France (1619) avant d'être ambassadeur à Londres et duc de Chaulnes en 1621.

s'est comporté selon son caractère, croyant que Luynes le couvrirait puisqu'il agissait dans ses intérêts et ceux de l'Etat. Mais le Provençal le lâche, n'ayant pas le courage de le défendre. Luynes se souvient tout à coup (sa mémoire a des éclipses bien accommodantes) du passé trouble de ce coquin de Grenoblois, et malgré ses indéniables qualités d'organisateur, commence à prendre ses distances... officiellement.

Sans la protection du favori, Deageant ne peut demeurer. Mais c'est en août 1619 — seulement — que le Grenoblois quitte Paris. (Luynes a voulu profiter de ses conseils le plus longtemps possible !) A ce moment-là leur belle entente a disparu [1]

On serait tenté de croire (et après tout, c'est possible !) que Deageant, outré d'être « renvoyé » comme un subalterne, rappelle au Provençal leur étroite complicité dans l'élaboration du meurtre de Concini. Deageant *a pris des notes* ! ! Le récit détaillé de la mort du Florentin peut intéresser bien des gens... (Dans les milieux gouvernementaux, de tout temps, rien n'est impossible !) On imagine la réaction du Provençal qui comprend le message. Le silence de l'autre a son prix, mais lequel ? L'affaire est trop lourde pour ne pas en référer à Louis XIII qui s'y trouve étroitement mêlé. Le roi et Luynes prennent la décision qui s'impose : acheter la discrétion du Dauphinois !

Cette hypothèse s'appuie sur plusieurs faits. On sait que Deageant a été *forcé* de détruire sa relation exacte au meurtre de Concini telle qu'il l'avait notée dès après. On sait également qu'il n'aborda le sujet à nouveau dans ses *Mémoires* que des années plus tard (en ne disant pas tout ?). On sait aussi que Louis XIII fut extrêmement généreux dans le « dédommagement » qu'il octroya à Deageant.

Qu'on en juge : « Louis XIII le créa premier président de la Chambre des comptes du Dauphiné, lui consentit sa vie durant le maintien de ses appointements antérieurs et l'accrédita en quelque sorte auprès du gouverneur du Dauphiné, M. de Lesdiguières [2].. Compensations honorifiques et substantielles très convenables, dont Deageant eût la sagesse de se contenter [3]. »

On peut s'étonner de tant de largesses ! Comment... un simple intendant des Finances, sans nom, sans titre, sans famille puissante, maintenant sans appui à la Cour, à qui l'on verse une rente « substantielle »... à vie ! Est-ce ainsi que — raisonnablement — l'on remercie un bon et fidèle serviteur [4] ?Et pour quels services au juste ? Ceux rendus à l'Etat ? Oui, certes, dans une certaine mesure, mais c'est précisément parce qu'on s'y emploie, trop bien, qu'on est évincé... ! Services rendus à Luynes ?

1. Pierre Chevallier.
2. Que nous retrouverons en 1621 devant Montauban, avec Luynes.
3. Pierre Chevallier, cité ici *in-extenso*.
4. Par Brevet du 13 août 1619 : 1 200 livres par mois, appointements de premier président, plus 14 000 livres de pension annuelle versées sur la cassette du roi (!) et 1 000 livres de salaire mensuel en tant qu'ancien intendant des Finances, soit 4 millions (lourds : 1990) par année...

En lui fournissant des idées qu'il n'a pas ? Possible ! Service rendu au roi (et à Luynes) en ayant monté naguère « l'opération Concini » ?

Que paye Louis XIII exactement ? Le silence de Deageant ? Soit ! Mais que recèle donc ce silence qu'il faille l'acheter si cher ? Cela concerne-t-il les contemporains ou la postérité ? Quelle vérité faut-il cacher à ce prix ?

Nous ne le saurons jamais ! Deageant, de son propre aveu, a détruit ses papiers en 1619 ! Si certains témoins oculaires ont *parlé* (et ils l'ont fait, sinon comment les mémorialistes s'y seraient-ils pris ?) aucun d'eux n'a *écrit*[1] excepté Deageant, et encore, dans des *Mémoires re-rédigés* (de mémoire), longtemps après l'événement. Il rédige ces *Mémoires* en 1630, à l'intention de Richelieu, *et à sa demande* ! Le manuscrit (corrigé par le cardinal ?) ne sera publié[2] *qu'en 1668*, après la mort de Richelieu en 1642 et celle de Deageant en 1645. Donc, on ne peut tenir pour *certaines* les relations de cet assassinat parvenues jusqu'à nous.

Luynes s'est tu. Louis XIII (paranoïaque ?) a raconté *des choses* au président de Verdun[3]... et Richelieu a (pu ? dû ?) corriger les *Mémoires*. C'est tout ! Alors ? On s'interroge à nouveau : que Louis XIII paye-t-il à Deageant ? Déplaçons la question. A supposer qu'il n'achète rien, alors, pourquoi paye-t-il ? Il cède aux instances, à un caprice de son « cher favori » qui veut faire un geste de reconnaissance magnifique ? Hum... ! Maigre explication.

Il y en aurait d'autres : Deageant, comme on l'a vu, détient bien des secrets. *Le président Jeannin* n'est mort qu'en 1622. Le Grenoblois a parfaitement pu lui rendre visite. *Barbin* est à la Bastille depuis le printemps 1617, Deageant a pu aller le trouver. Les archives contenant le dossier de la d'Escoman n'ont brûlé qu'en 1618. *Deageant* ne quitte Paris qu'en décembre 1619. Le dossier « Leonora » lui était facile d'accès. (Il n'a touché à aucune des pièces principales — sinon comment seraient-elles parvenues jusqu'à nous ?) Mais il a très bien pu mettre la main sur un ou deux documents relatifs aux détournements de fonds de Marie de Médicis, et *les subtiliser*... à l'insu de tous ! Lcs papiers mis en lieu sûr (Deageant avait de puissants amis hors de France) lui auraient permis de faire pression sur Luynes, donc sur Louis XIII. Détenir la preuve que la mère du roi de France s'est livrée à... des indélicatesses financières... cela peut valoir « son pesant d'or » !

Et dans le dossier concernant l'affaire d'Escoman, il a parfaitement pu trouver quelques « indications » précieuses au sujet des organisateurs ou complices de l'assassinat d'Henri IV[4]... Et ces « détails »-là sont sans prix !

Ou bien... il y a un ou plusieurs autres secrets entre Luynes et Deageant

1. Les témoignages auraient disparu ou bien ils ne sont pas encore révélés (à notre connaissance).

2. Voir en fin d'ouvrage « Bibliographie » concernant plus précisément « la soumission de Louis XIII à sa mère ».

3. Voir plus haut « La chute » (de Concini).

4. Voir chapitre « Une sombre affaire ».

et pour faire taire ce dernier, le Provençal demande au roi de se montrer d'une générosité démesurée... C'est une des possibilités, mais... elle ne satisfait pas l'enquêteur. Il faut bien s'arrêter là car l'imagination se perd dans les hypothèses les plus fantaisistes.

La question reste donc en suspens. Saurons-nous jamais les raisons pour lesquelles Deageant, détenteur de secrets, quitta Paris et le pouvoir occulte en jouissant jusqu'à la fin de ses jours d'un traitement de faveur ultra-privilégié... ?

En août 1619 (Deageant ne quitte Paris qu'en décembre), Luynes sera au faîte de sa « gloire ». Au mois de novembre, il verra la terre de Maillé érigée en duché-pairie sous le nom de Luynes. A ce moment là, le roi (18 ans) est-il encore « très attaché » à son favori (42 ans) ? (amoureux ?) ou bien (en comblant Deageant) le remercie-t-il le Provençal de son « bon » gouvernement... (!) ou encore de l'avoir mené — dans ses bras — jusqu'au lit de sa femme, Anne d'Autriche, au mois de janvier précédent ? Mystère...

Vie privée

Depuis le printemps 1617, les chancelleries scrutent la vie privée du jeune roi de France. C'est là un « problème » qui occupe fort les diplomates, un sujet auquel leurs dépêches consacrent bon nombre de commentaires... Malgré les rapports officiels, on croit (ou on feint de croire) en général, à la virginité de l'adolescent et que la nuit de Bordeaux[1] « non seulement était demeurée sans effets, mais même lui avait laissé une impression désagréable. » Volontairement ou non, Louis s'applique à fortifier cette thèse.

La petite Espagnole[2] rayonne d'une beauté inutile. Il la considère comme une sorte de poupée symbolique chez laquelle le cérémonial l'amène en cortège deux fois par jour[3]. Importunes visites qui abrègent les chasses et l'obligent à subir ces créatures d'outre-Pyrénées dont les toilettes lui déplaisent, les parfums l'incommodent et les glapissement l'horripilent. L'idée ne l'effleure même que (en attendant mieux !) la délicieuse infante pourrait devenir une compagne, une amie. Non ! Il n'a besoin de personne puisqu'il a Luynes ! Luynes est sa famille, son confident, son conseiller, son « intimissime », sa joie ! Il est l'intermédiaire entre lui et un monde redoutable aux bègues[4].

Le Provençal (et ses deux frères, Brantes et Cadenet, également séduisants et opportunistes) poursuit une carrière qui promet d'éclipser

1. 25 novembre 1615.
2. En 1617 elle a seize ans : le même âge que le roi son époux.
3. Héroard, *Journal.*
4. Philippe Erlanger.

cette d'Epernon [1]. *Vous montez, Messieurs, tandis que nous descendons !* dira l'ancien « archimignon » en croisant le trio sur les degrés du Louvre. A voir Luynes et sa famille accumuler en peu de temps plus de charges, de titres et de pensions que les Concini pendant leur règne entier, l'opinion a beau jeu de gloser à sa guise et ne s'en prive pas.

Il est aisé, alors, de faire allusion aux goûts scandaleux qui auraient franchi les Alpes en même temps que les Florentins. On oublie donc que les pratiques homosexuelles ont existé de tout temps, partout, ou presque. L'Antiquité grecque et romaine (entre autres) s'en est accommodée tout naturellement. A Paris, antérieurement et postérieurement au XVIIe siècle, ces mœurs (que condamne l'Eglise chrétienne) sont notoirement répandues, à la Cour et à la ville. Si on en parle davantage à ce moment précis, c'est parce qu'un jeune roi et son favori sont directement concernés. Selon les auteurs contemporains ou à venir, cette indéniable liaison sensorielle (et pourquoi pas sensuelle) sera avidement relevée, rejetée avec indignation ou escamotée sous un voile pudique.

Que Luynes et ses successeurs n'aient jamais, par ailleurs, encouru de soupçons, ne signifie rien. Les mignons d'Henri III ont été passionnés de femmes comme le seront les favoris de Philippe d'Orléans. Arguer de la différence d'âge est un non-sens, tout particulièrement dans le cas qui nous intéresse. Le désir d'être guidé, protégé, rassuré, peut précisément pousser le garçon solitaire vers l'homme de trente-neuf ans auquel sa grâce vaut tant de prestige.

Luynes est apte à procréer puisqu'il aura des enfants [2]. Louis XIII l'est également : les nombreuses grossesses de la reine le prouveront et la naissance de ses deux fils. On peut douter en revanche de la fougue de son tempérament. Ce n'est pas une raison parce que les favoris céderont, nombreux, pour que les rapports puissent être qualifiés d'ardents [3].

On ne peut pas supposer non plus que toute sa vie il se contentera de demander à l'amour des plaisirs enfantins : promenades, frôlements (innocents ?), madrigaux, interminables conversations sur des sujets futiles. Il ne connaîtra qu'un sentiment violent : *la jalousie* [4]. Cette affirmation (d'un grand historien) laisse le chercheur perplexe. D'une part, Louis XIII, normalement constitué, n'honore la reine que par devoir [5]. Il n'apprécie pas le sexe féminin puisqu'elle *sera* l'unique [6] D'autre part, les favoris se succèdent au cours de son existence.

Si l'on veut absolument écarter toute idée de rapprochements physiques

1. Epernon a dépassé la soixantaine, les frères Luynes n'ont pas quarante ans ! (Voir repères biographiques.)
2. Une fille en mars 1619, un fils en décembre 1620. Sa femme est enceinte au moment de la mort de Luynes, mais... le duc de Chevreuse (son amant) ne serait-il pas l'artisan de cette grossesse ?
3. Se reporter au chapitre « Comportement sensuel ».
4. Philippe Erlanger.
5. Excepté la période de six mois qui succède à la révélation de sa virilité auprès de son épouse : 25 janvier 1619.
6. A partir du 25 janvier 1619 ! Pas avant !

homosexuels, on se demande comment le malheureux a trouvé l'occasion de s'épancher. Le mot « chasteté » est brandi par les pudibonds, mais il n'est pas imaginable que cet homme soit demeuré toute sa vie dans une réserve solitaire. Ou alors, il faudrait en conclure que ce prince s'employait lui-même à se satisfaire. Vision à la fois déplaisante et invraisemblable. Par conséquent, si l'on veut rester objectif, il faut bien admettre qu'il y a eu quelques échanges charnels avec les favoris [1].

M. Louis Vaunois [2] écrit : « Les habitudes qu'il aurait eues n'auraient pu être dissimulées tout au long de son règne et nous possèderions aujourd'hui autre chose que des hypothèses. » M. Vaunois écarte-t-il délibérément tous les témoignages ? Ils sont pourtant nombreux et émanent de sources des plus diverses. Il semble que leur assemblage devrait permettre de dépasser le stade de l'hypothèse. M. Vaunois écrit encore : « La seule cause des insinuations malveillantes fut l'envie unanime dont Luynes était entouré. »

Convient-il de souscrire à ce jugement et de conclure à la pure calomnie ? Ce n'est pas si simple. M. Vaunois ne fait-il pas allusion à la phrase prononcée par le duc de Rohan — alors chef du parti huguenot — lors d'une conversation qu'il aurait eue avec Luynes à Montauban en 1621 et rapportée dans ses *Mémoires*, par laquelle il déclare : « Vous êtes haï universellement parce que vous possédez seul ce que chacun désire. » Mais M. de Rohan fait allusion à la position politique de Luynes, non à sa vie privée. Sinon, bien qu'antagonistes, ils ont entre eux une familiarité de langage qui peut étonner [3].

Quoi qu'il en soit, s'il n'est pas douteux que les attirances du roi aient été des plus ambiguës, on est malgré tout privé de preuves irréfutables. On ne peut se permettre d'affirmer ou d'infirmer avec certitude. Toutefois, dans la famille de Bourbon, l'anomalie n'est pas rare. Elle touche les proches de Louis XIII. Son frère légitime, Gaston d'Orléans, sera suspecté. Son demi-frère César de Vendôme a désolé le Vert-Galant en trahissant des goûts que la belle rousse Angélique Paulet avait reçu la charge d'assainir (en vain). Son second fils, Philippe d'Orléans, ne prendra pas la peine de feindre [4]..

Il est difficile de croire Louis XIII indemne. Il faut, en vérité, beaucoup de bonne volonté pour trouver *naturelles* les amitiés du prince. Nous avons dit dans un autre chapitre [5] que les rapports intimes entre Luynes et Louis XIII ne pouvaient être envisagés, sous un certain angle, avec quelque sérieux qu'à cause de l'indéniable liaison physiquement amoureuse

1. Voir en fin d'ouvrage le chapitre « Vicissitudes de la vie affective de Louis XIII ».
2. Historien minutieux auquel M. Philippe Erlanger s'est parfois référé. (Louis XIII.)
3. Il est vrai qu'il est apparenté à sa femme. Mais tout de même... Rohan a des ancêtres que Luynes n'a pas !
4. Philippe Erlanger.
5. Chapitre « Comportement sensuel » et, en fin d'ouvrage : « Vicissitudes de la vie affective de Louis XIII » où les détails intimes rapportés par Tallemant des Réaux incitent à la réflexion.

du roi avec Cinq-Mars. Si ce dernier n'avait pas étroitement participé à la vie privée du prince (les preuves existent), on pourrait en effet douter d'une homosexualité latente chez Louis XIII.

Il ne faut pas oublier que — pour sa *tranquillité d'esprit* — le cardinal de Richelieu, obéissant à des lois morales très personnelles, lorsqu'il voudra donner à son maître un jouet capable de se transformer en espion, n'hésitera pas à choisir (à désigner pour cet office particulier ?) tantôt (et une seule fois) une demoiselle de Chémerault, mais plutôt de jolis garçons. Le placement est plus sûr ! Louis XIII — comme on le sait — ne touchera Mlle de Hautefort *qu'avec des pincettes*[1]. En revanche, Richelieu présentera au monarque de jeunes hommes susceptibles de « le distraire » et ce à deux reprises : le petit Saint-Simon[2] (père du futur mémorialiste, duc et pair de France) et Cinq-Mars[3]. Les deux « entreprises » du cardinal seront couronnées de succès. Louis XIII succombera physiquement aux charmes des deux garçons.

Si les preuves abondent en ce qui concerne Cinq-Mars, au sujet de Luynes, elles n'existent pas. Il est permis de se demander pourquoi Louis XIII aurait attendu les « cadeaux incitateurs » de Richelieu pour *satisfaire ses penchants... naturels.* Luynes réunit à lui seul des qualités apparentes plus attractives que celles de ses successeurs. (Louis, amoureux, lui en prête plus qu'il n'en a en réalité.) Toutes sortes de raisons — déjà évoquées — poussent l'adolescent dans les bras du beau Provençal. La plus forte raison, d'ailleurs, n'en est pas une : c'est l'instinct !

Il est encore un élément de réflexion qu'il ne faudrait pas laisser de côté : le caractère du roi. Dès que l'élu (de son cœur) est soupçonné d'infidélité (morale) ou d'un écart galant, Louis XIII laisse éclater sa colère jalouse. Il pleure au retard d'une lettre. Il boude. Il part. Il revient. Il passe brusquement de l'adoration au dégoût de « l'objet aimé[4] ». Ces manifestations ne portent point la marque d'une virilité bien solide.

Afin que cette étude ne soit pas jugée partisane, penchons-nous, un instant, sur ses liaisons féminines.

Auprès de Louise de La Fayette, il plane sur les hautes cimes de la spiritualité. Leurs rapports, souvent pathétiques, les entraînent sur les eaux bleues de la sentimentalité. Ils voguent entre les effusions et les épanchements d'une épaule à l'autre. Susceptibles, ils se brouillent et se réconcilient. Il lui raconte sans cesse les mêmes histoires de chiens et d'oiseaux. Elle parle du ciel. Il lui propose de « tout quitter » et d'aller vivre avec elle dans son ravissant petit château de Versailles... Ce sont là des projets d'amoureux transi. En se donnant mutuellement l'impression qu'ils prennent la chose au sérieux, ils se font peur. Pour ne pas

1. Voir chapitre « Vicissitudes de la vie affective de Louis XIII ».

2. Qu'il « place » auprès du roi (c'est aussi un privilège) pour lui manifester...aussi sa reconnaissance pour son intervention au cours de la fameuse journée des Dupes !

3. Manipulé par le cardinal pour perdre Marie de Médicis et Gaston d'Orléans dans l'esprit du roi. Ils complotent. Mais c'est Cinq-Mars qui aura le col tranché !

4. Voir plus loin le chapitre « La galopade vers Paris ».

commettre de péché, elle court s'enfermer à l'abri des murs d'un couvent. Il pleure[1].

L'histoire est jolie, mais ne savaient-ils pas l'un et l'autre, en vivant ces heures enchantées remplies de rêves utopiques, que leur aventure platonique le resterait et, d'une façon ou d'une autre, était vouée à l'échec ? Etrange duo que celui de cette Juliette avec un tardif Roméo. En ce qui concerne Mlle de La Fayette, on peut admettre son attitude. Celle du roi, en revanche, ne correspond pas à un comportement masculin. Un homme « normal » ne pousse pas si loin une affaire sentimentale s'il ne projette pas de conclure en réalisant concrètement ce sur quoi il disserte à longueur de jour.

Les rapports de Louis XIII et de Marie de Hautefort[2] sont très différents. Lorsqu'il la remarque, cette jeune personne de quatorze ans (!) appartient à la suite de Marie de Médicis. Or, Louis XIII (vingt-cinq ans !) va demander à sa mère *la permission* de devenir le chevalier servant de la jolie fille. La reine douairière autorise (ne serait-ce que pour agacer Anne d'Autriche). Le roi, au comble de la joie, se place alors sous l'hypnotique regard de cette blonde adolescente autoritaire « aux grands yeux bleus pleins de feu[3]. » Elle le gouverne. Elle lui impose sa domination impérieuse. Lui, accepte d'être traité ainsi. Il y prend un plaisir certain sinon les choses n'auraient pas duré.

Or, si Louis XIII trouve là quelque satisfaction, une part de sa nature ne réclame-t-elle pas en secret cette domination ? C'est pourquoi aussi ses choix « amicaux » se porteront (Luynes et Cinq-Mars exceptés) sur des hommes souvent grossiers qui ne seront pas remarqués (par le royal insatisfait) pour leurs qualités d'esprit ni leur valeur morale.

Alors ?

Se sentir subjugué par un être auquel on livre intarissablement les « mouvements de son cœur » aurait été l'unique volupté de Louis XIII ? Les scrupules de sa conscience, la pudeur de son corps l'auraient refoulé toute son existence loin du péché charnel ?

Nous laissons au lecteur le soin de décider de son choix en ajoutant, néanmoins, sans intention de l'influencer, les témoignages cités ci-après.

MAUVAISES LANGUES... MÉCHANTES PLUMES ?

Comme on le sait, depuis 1616, Luynes a sa chambre au Louvre, reliée à celle du roi par un escalier secret. Ce moyen « de ne pas se quitter » a

1. 19 mai 1637 : il a trente-six ans !

2. Courtisée par Barradat, favori de Louis XIII de 1624 à 1626, Richelieu profitera de cette intrigue pour faire disgracier le favori d'alors. En janvier 1638 (après la disgrâce de Saint-Simon, autre favori de 1626 à 1636), Louis XIII qui éprouve une jalousie aussi tenace qu'incompréhensible, oblige le père de la belle à renoncer au mariage de sa fille avec le marquis de Gesvres. Finalement celle-ci épousera en 1646 (après la mort du roi : 1643) Charles de Schomberg, duc d'Halluin, fils du célèbre maréchal décédé en 1632.

3. Mme de Motteville, *Mémoires.*

été créé pour s'en servir. Louis, s'il se couche chaque soir dans son lit (*Journal* d'Héroard) prend fréquemment ses repas chez son favori et passe le plus clair de son temps (libre) en compagnie de Luynes.

Il rend plus volontiers visite au Provençal qu'à sa femme. En voyage, le roi laisse le plus souvent son épouse à Paris, mais ne saurait se priver de la compagnie du beau fauconnier[1]. Comme on l'a vu plus haut, dès le printemps 1617, les ambassadeurs vénitiens ne manquent pas d'être frappés par « l'étroit attachement » qui unit le roi à son confident et favori... en titre[2]. Pesaro, Priuli et Contarini parlent dans leurs dépêches d'« amour extraordinaire », d'« affection extrême » et insistent encore en disant que Luynes est vraiment : « les délices et l'âme du roi. » Fontenay-Mareuil écrit : « Il n'y avait rien de bien fait que ce qu'il fait. » Dans un libelle de 1618, on peut lire que : « Luynes est un démon qui obsède le roi, le rend sourd, aveugle et muet. »

Marie de Médicis dira[3] en parlant de Luynes : « Si le roi a du goût pour lui, qu'il s'en serve ! » La mère du roi, les diplomates, les chroniqueurs, les libellistes, les mémorialistes et l'opinion publique contemporaine se posent des questions sur la nature des relations qui unissent les deux principaux personnages de l'Etat...

Le mariage de Luynes[4] ne provoque aucun changement d'opinion. (Et pour cause : *ceci n'a jamais empêché cela !*) L'équivoque demeure. Les personnes concernées ne s'en préoccupent nullement. Ces choses-là sont dans les mœurs du temps. La naissance des deux enfants de Luynes laisse toujours planer l'incertitude des curieux.

Si Louis XIII avait soupçonné son favori d'une aventure masculine — ce qui est exclu, Luynes n'étant pas homosexuel — il aurait peut-être montré sa jalousie (qu'il a féroce). En revanche, c'est le Provençal qui se montre jaloux de la... position qu'il occupe ! « Il craignait, certes, que la fortune cessât de lui être favorable et il redoutait aussi qu'un autre que lui vint à occuper la place qui était la sienne auprès de Louis XIII[5]. » Il en fit l'aveu un jour à Bassompierre auquel il n'hésita pas à dire : « qu'il était comme un homme qui craignait d'être cocu, lequel n'aimait pas voir un honnête homme courtiser sa femme. »

Cette confidence en dit long...

Si ce propos a bien été tenu il se passe de commentaires ! Nous produisons ci-après une sorte de « fiche signalétique » afin d'éclairer le lecteur sur *l'authenticité* de la phrase citée ci-dessus. François de

1. Pierre Chevallier.

2. Comme on l'a vu (chapitre « Tendances... enfantines »), Louis n'est peut-être pas d'une fidélité absolue.

3. En parlant de son nouveau gendre, le prince de Savoie, à Tours en septembre 1619 : *Si il re ha gusto di lui, che se lo Tenghi.* (Pierre Chevallier.)

4. Louis XIII souhaiterait que sa demi-sœur Vendôme accepte d'épouser son favori. La fille d'Henri IV et de Gabrielle d'Estrées repousse cette mésalliance avec indignation. Fi ! ce petit noble de Provence ! (Elle épousera le duc d'Elbeuf, fils du duc de Guise, en 1619.) Luynes épouse Marie de Rohan-Montbazon le 13 septembre 1617. Elle lui donnera une fille (mars 1619) et un fils (décembre 1620).

5. Pierre Chevallier.

Bassompierre est d'origine lorraine. Il est né au château d'Haroué en 1579[1]. Protégé par les puissantes familles de l'Est, il arrive à la cour d'Henri IV à peu près en même temps que Luynes. Ce dernier — comme on l'a vu — vient d'être présenté au roi par son père. François et Charles (Luynes) deviennent pages. Ils se croisent dans les galeries du Louvre et se lient d'amitié. Ils ont presque le même âge : le Provençal étant son aîné de deux ans. Bassompierre est un séducteur né. Il deviendra l'amant des plus jolies femmes de la Cour (dont la princesse de Conti[2]). Il « tourne » quelque temps autour de la ravissante Charlotte de Montmorency (futur épouse de Condé), mais s'écarte dès qu'il apprend la passion qu'Henri IV éprouve pour elle. Dès 1615, Luynes (trente-huit ans) déjà très en faveur auprès de Louis XIII (quatorze ans) s'aperçoit que le jeune garçon regarde d'un œil intéressé la belle prestance du noble et blond Lorrain de trente-six ans. Il cherche donc à l'écarter de l'entourage du prince. La soupçonneuse vigilance de Luynes explique l'absence de cet « ami de longue date » parmi les participants à la conjuration contre Concini (1617). Malgré les efforts du favori, Bassompierre reste un temps à la Cour, rejoint Marie de Médicis, puis revient. Il poursuit une carrière modeste de diplomate. Louis XIII remarque à nouveau ce bel homme de quarante-deux ans, en 1621. Luynes s'en débarrasse en le faisant partir pour l'Espagne, en mission officielle auprès de Philippe III (mars 1621), tout en restant lié à ce fidèle ami de jeunesse.

Richelieu fera enfermer Bassompierre à la Bastille où il restera *douze années*. Il mourra âgé de soixante-sept ans, en 1646, survivant ainsi à Luynes, Louis XIII, Marie de Médicis et Richelieu. Bassompierre emprisonné pendant douze ans a eu le temps d'écrire ses *Mémoires*. S'il avait quelque rancœur à formuler, il n'aurait pas manqué de se venger de Richelieu à qui il devait sa longue détention. Le cardinal était mort en 1642. Le scripteur n'avait donc plus rien à craindre de lui. Si Bassompierre parle de Luynes en rapportant ses propos, il n'a *aucun intérêt à salir sa mémoire*[3] !

C'est là où nous voulions en venir. Il faut se reporter au texte cité plus haut. La phrase étant rapportée par le scripteur *(Bassompierre)* comme ayant été dite par un tiers *(Luynes)*, si le lecteur veut bien la remettre dans la bouche de celui qui l'a dite, cela donne ceci : *Je suis comme un homme qui craint d'être cocu et n'aime pas voir un honnête homme courtiser sa femme.*

1. Il a quatre ans de moins que Concini (né en 1575). Ils se sont rencontrés à Florence en 1596-1597. (Le Lorrain avait dix-huit ans, le Florentin vingt-deux) —— Voir chapitre « Concini ». On pourrait se demander si Bassompierre (qui connaît bien Concini) ne met pas à Luynes « le pied à l'étrier » (si l'on peut dire) au début de sa carrière, en le recommandant à la faveur du Florentin et de Leonora.

2. Louise-Marguerite de Guise, sœur du duc de Chevreuse qui épousera la veuve de Luynes. Veuve du prince de Conti, Louise-Marguerite épousera en secondes noces Charles de Bassompierre. (mariage secret ?)

3. Rappelons que Bassompierre (comme on l'a vu) a donné certaines excuses à Concini dans ses Mémoires — souvent cités dans cet ouvrage. Or le Lorrain n'avait aucune raison, là non plus, de ménager la mémoire du maréchal d'Ancre.

Cette déclaration devient *très précise* quand on sait que ce sont deux amis de jeunesse qui dialoguent. Le mot *honnête* n'aurait rien à faire ici si Luynes ne prononçait pas un avertissement direct à l'intention de Bassompierre. Par conséquent, et pour toutes les raisons exposées plus haut, *la phrase devrait être retenue comme authentique.*

Fontenay-Mareuil écrit à propos du Lorrain : « Ce bel homme de quarante ans avait fort l'oreille du roi... ! » Emploie-t-il cette expression par euphémisme... ?

Reste à savoir si Louis XIII ressentait un penchant véritable pour le beau François. Amoureux (ou simplement taquin) il a peut-être voulu mettre Luynes à l'épreuve : *tester* sa jalousie en quelque sorte. Ce sondage d'attachement n'aurait pas été le premier...

Peu après le mariage de Luynes, Louis tourne ses regards vers une jolie fille d'honneur de la reine sa femme (qui est toujours vierge) : Mlle de Maugiron [1]. Stupeur à la Cour. La belle ne paraît pas farouche. L'émoi de Luynes n'est pas moins vif que le dépit d'Anne d'Autriche. On se dépêche de marier la donzelle, de l'expédier loin de la Cour, sans d'ailleurs provoquer aucune protestation de l'apprenti galant. La reine se reprend à espérer. Le favori respire. Il tremblait de voir poindre l'étoile d'une nouvelle Diane de Poitiers... Luynes ne souhaite pas que le roi découvre trop tôt les charmes du sexe féminin. Il ne se soucie guère, *à ce moment-là*, de hâter le rapprochement conjugal que l'ambassadeur d'Espagne, appuyé du nonce, réclame comme il réclamerait l'exécution d'un traité. Le Provençal tient à conserver sa place. Il est prêt à la défendre contre tout, tous et... toutes. Mais il ne croit pas le roi susceptible de désirer sauter le pas avec une dame...

Si la position du favori est privilégiée, elle est instable et menacée par de possibles rivaux qu'il convient d'éloigner. Luynes, attentif, monte la garde autour du roi dont il écarte serviteurs ou compagnons trop appréciés par Sa Majesté. C'est ainsi qu'après et avant d'autres, il oblige M. de la Curée, capitaine des chevau-légers de la garde royale, à abandonner sa charge... au profit de son frère Brantes [2] (1er mai 1619). Ce capitaine « plaisait », en effet, à Louis XIII [3]... qui ne se départira jamais d'une attirance marquée pour les militaires.

Le Vénitien Contarini écrit : « Après M. de Luynes, M. de Montpouillan a la première place dans l'amour du roi. » Montpouillan, huguenot, est fils du duc de la Force, lui-même gouverneur du Béarn, qui résiste alors à l'autorité du roi (1621). Louis XIII refuse d'abord de l'exécuter, mais son confesseur jésuite, le père Arnoux, le presse. Comme la rébellion huguenote en Béarn s'aggrave, le roi cède [4]. Montpouillan est-il sacrifié

1. Philippe Erlanger.
2. Il a donné à son autre frère (Cadenet) la charge d'intendant des Finances laissée vacante par le départ de Deageant (décembre 1618).
3. Pierre Chevallier.
4. Pierre Chevallier.

au nom de la politique religieuse, ou bien à la jalousie de Luynes[1] ? L'époque est féroce... ! Lorsque le condamné vient faire ses adieux à Louis XIII, celui-ci s'attendrit et verse des larmes... On n'ose pas se demander si Luynes est présent...

Ajoutons que le père Arnoux est également le confesseur de Luynes[2]...

COMPLEXES ?

Au cours de l'une de ses innombrables rêveries, Louis le complexé s'est-il jamais dit que les Bourbon[3] étaient de moins bonne race, ou plutôt de moins pure descendance que les Lorraine, les Rohan, les Habsbourg, les Wittelsbach ? De plus, cet écorché vif a-t-il senti d'instinct que sa mère lui a donné à la fois la vie et la *tache* Médicis : celle de l'apothicaire florentin[4]. En a-t-il éprouvé de la honte, face aux Montmorency par exemple ? Est-ce au hasard des circonstances ou par esprit de vengeance (subconsciente ?) que ce rancunier fera trancher le col à deux d'entre eux[5] ? Cet intuitif a-t-il été marqué — lors de son mariage avec l'infante — par le regard dédaigneux des rigides Castillans vêtus de noir toisant « la marchande », régente de France, et sa Cour trop chamarrée ?

Cette ultra-simplicité vestimentaire que Louis XIII affichera avec ostentation ne vient-elle pas d'un désir inconscient d'identification à cette élégance sobre des aristocrates espagnols qu'il admire et déteste parce qu'il les jalouse ? Elle l'a frappé à Bordeaux, puisque le jour du départ de sa sœur vers Madrid (21 octobre 1615), il dessine des silhouettes masculines[6]. Lesquelles sinon les leurs ? Envieux de leur prestance innée, il se croit incapable de leur ressembler — parce qu'il s'en persuade. Alors, s'interdisant de les imiter, il affectera de les mépriser.

Plus tard, l'idée que la noblesse du duc d'Albe est plus pure que la sienne, blessera cet inguérissable orgueilleux qui voudrait tant s'identifier à la France.

Par sa grand-mère maternelle[7]. Louis XIII s'apparente à Charles Quint. Avec quelle fierté n'aimerait-il pas s'en vanter s'il s'y autorisait... Mais...

1. Qui craint la concurrence du personnage depuis « la préparation du meurtre » de Concini, comme on l'a vu dans le chapitre en question.

2. Cette anecdote renforce la véracité de la phrase de Bassompierre, citée plus haut. Luynes fait très attention.

3. Ces « cadets chanceux », écrit La Varende et le rappelle Paul Morand dans son ouvrage sur Fouquet.

4. Après le règne de Louis XIII, faute des quartiers de noblesse requis, les « Filles de France » — par exemple — n'avaient pas accès au chapitre des chanoinesses de Remiremont. (Paul Morand.) Elles seront religieuses à Fontevrault ou au Carmel (Melle Louise, fille de Louix XV par exemple.)

5. Montmorency-Bouteville (pour duel), Henri de Montmorency (pour complot).

6. Héroard, *Journal.*

7. L'archiduchesse Jeanne d'Autriche, mère de Marie de Médicis, nièce de Charles Quint, sœur de l'empereur Maximilien II.

il n'ose pas, bloqué par une idée fixe : le sang Médicis est venu *tarer* celui des Albret, des Valois-Angoulême qui coule dans ses veines.

Cette pensée l'obsède. S'il aime sa mère comme un fils très affectionné, il la méprise pour la « boutique » dont elle est issue. D'où le comportement double, hésitant, malheureux, qui sera le sien jusqu'à leur séparation définitive en 1631. Son amour-haine pour sa mère viendrait-il de là... aussi ? Son aversion pour les Habsbourg de Vienne ou de Madrid trouve-t-elle sa source à l'heure des mariages espagnols [1] de Bordeaux Sur tout cela se greffe une détestable réalité : l'humiliant souvenir.

L'HUMILIANT SOUVENIR

On sait ce qui s'est passé — ou plutôt ce qui n'a pas eu lieu au soir du 25 novembre 1615, à Bordeaux. En 1618, la situation n'a pas évolué. Anne d'Autriche est toujours vierge. A Madrid, on se montre très irrité. A Rome, on s'inquiète. A Paris on attend...

Le nonce Bentivoglio, à l'insistance du pape, presse le confesseur du roi d'intervenir. Le père Arnoux s'exécute. Louis finit par avouer l'échec de la tentative de Bordeaux, ajoutant que cette fameuse nuit lui a laissé d'insurmontables répugnances... Le jésuite tente de vaincre les réticences de son royal interlocuteur. Il parle de devoir, de la nécessité de donner bientôt un dauphin à la France...

Peine perdue. Louis tient bon. Il dit gravement au père Arnoux qu'« il ne veut pas nuire à sa santé en manifestant une précipitation peu en rapport avec son âge... ». Il craint de « s'échauffer », dit-il, de rencontrer « des difficultés au-dessus de ses forces... » (Piètres excuses en vérité. Il a dix-sept ans à présent !)

Le confesseur communique ces réponses au nonce qui avertit Rome qui avertit Madrid... Une véritable coalition se forme pour avoir raison de la « vertu » de Louis le réfractaire qui ne semble pas disposé à changer les habitudes prises avec son favori. Il semble que dans le premier temps de sa faveur (politique) le Provençal ait eu des raisons de redouter la consommation du mariage. Il est possible, par conséquent, que les lenteurs de 1617 et les délais mis en avant au début de 1618 doivent lui être attribués. C'est dans le cours de l'année 1618 qu'il change d'avis [2].

Luynes, devenu l'un des plus importants personnages du royaume, gouverne maintenant de plus en plus ouvertement. Se posant en champion du catholicisme, il se doit de dissiper les nuages entre le Louvre et l'Escorial. Mais... sa position n'est pas facile. Leurs rapports étant

1. *A contrario*, son fils, Louis XIV, se vantera du sang espagnol de sa mère (Anne d'Autriche) et lorsqu'il épousera l'infante Marie-Thérèse d'Autriche (1660) dans l'île des Faisans, il sera si impressionné par la grandeur hautaine et les façons des nobles castillans, qu'il n'aura de cesse de s'entourer de personnages à leur image, imposant à la cour de France une étiquette copiée sur celle de l'Escorial.

2. D'après Pierre Chevallier.

toujours aussi étroits, il craint de heurter Louis en attaquant le sujet de front. Une brouille avec le roi pourrait avoir, pour lui, de graves répercussions. Aussi s'empresse-t-il de demander à... sa femme de tenter la conquête de Louis XIII.

Marie de Rohan-Montbazon (dix-sept ans elle aussi) est une ravissante blonde, séductrice née. Elle accepte en riant cette mission de confiance qui l'amuse. Elle s'y essaye. La reine, offusquée, pleure. Paris brocarde. Madrid s'indigne. Rome s'émeut : vaines alarmes. Le roi, vantard, déclare à Mme de Luynes qu'il aime ses « maîtresses » de la ceinture au haut. « Elles se ceindront donc comme Gros-Guillaume, au milieu des cuisses », réplique l'audacieuse [1]. Mais le coquebin ne saute point le pas. Le favori — très ennuyé — implore le soutien des Muses qui s'expriment par la plume de Malherbe :

« Réservez le repos à ces vieilles années
Par qui le sang est refroidi.
Tout le plaisir des jours est en leurs matinées.
La nuit est déjà proche à qui passe midi. »

Cette poétique incitation ne recueille aucun écho de la part du récepteur qui se veut aveugle et sourd. Le nonce Bentivoglio [2], soucieux de mettre un terme à cette froideur insultante qui ravit le frère cadet du roi, les princes et les protestants, va jusqu'à envisager d'offrir une maîtresse au timide pour le déniaiser.

L'ambassadeur d'Espagne à Paris, le duc de Monteleone, propose froidement à Louis XIII de faire apprendre à la jeune reine les moyens nécessaires à le séduire... Il essuie (on s'en serait douté) un refus outragé de la part de... l'intéressé, qui ne l'est pas le moins du monde (17 janvier 1618).

Monteleone ne veut pas renoncer. Opiniâtre, il convainc les femmes espagnoles de la maison de la reine que leur devoir est d'intervenir. Celles-ci, heureuses de secouer leur ennui en obéissant à des commandements si affriolants, se réjouissent à l'avance.

Lors d'une visite protocolaire du roi à Anne, en fin de soirée, elles se déchaînent pour le persuader de rester auprès de leur maîtresse. La blonde infante espère... Mais plus elles insistent, plus il persiste dans son refus. Elles insistent encore, passent les bornes du respect, si bien que Louis, offusqué, s'éloigne en proférant des paroles blessantes à leur intention... et se précipite chez Luynes ! L'aventure est rapportée au nonce qui note : « Les Espagnoles qui sont chaudes se désespèrent et disent que le roi ne vaut rien [3]. »

Il est tout de même étonnant de voir le nonce du pape prendre la direction d'une opération de cet ordre. Il agit en accord avec l'ambassadeur

1. Philippe Erlanger et la plupart des historiens.
2. Bentivoglio, *Ti voglio ben* veut dire « Je t'aime » !
3. Pierre Chevallier.

d'Espagne, use du père Arnoux comme porte-parole intermédiaire, et entretient d'excellentes relations complices avec Luynes, l'amant du roi, lequel demeure le seul bénéficiaire de l'affection princière...

Au cours du premier trimestre de 1618, ses dépêches successives font état de « l'absence de résolution du roi »... A la mi-avril, il écrit, rapportant une fois de plus les confidences du confesseur : « Il est vrai — il me l'a assuré — [Arnoux] que le roi, jusqu'à présent a plus de pudeur que de tempérament. Il ne ressent aucune stimulation charnelle susceptible de lui faire perdre la honte [1]. »

Le temps s'écoule et le nonce ne sait plus à quel saint se vouer. Ses prières étant sans plus d'effets que les pieuses exhortations du père Arnoux, Bentivoglio se tourne une nouvelle fois vers Luynes et le persuade d'acquérir la gloire de cette grande œuvre... Le favori promet de « prendre le taureau par les cornes » (si l'on peut dire) et d'agir en sorte que le prince complexé se fasse violence et... saute le pas.

Mme de Luynes est devenue l'amie intime d'Anne. Celle-ci a oublié l'infructueuse tentative de séduction de l'entreprenante Marie auprès de Louis. Les deux très jeunes et jolies blondes ne se quittent plus (dix-sept ans !). L'infante délaissée par un époux qu'elle laisse de glace, ne résiste pas à l'impétueuse gaieté de sa compagne qui transfigure son existence. Ses appartements, au Louvre, résonnent à présent d'éclats de rire et d'espiègleries.

Ces bruits joyeux, ces petits cris aigus et féminins ne sont pas précisément ce qui peut attirer Louis, ni le retenir. Sitôt sa visite protocolaire achevée, il continue à aller chercher refuge chez Luynes. Il y bougonne et exprime son antipathie pour tout ce qui est étranger. Il a suffisamment supporté les zézaiements italiens où les « s » et les « z » font gazouiller les voyelles pour ne pas avoir à endurer maintenant l'âpreté des mots, la sécheresse du ton de ces dames ibériques qui s'expriment par saccades.

Luynes connaît depuis longtemps l'aversion profonde de Louis XIII pour tout ce qui est espagnol. La clique madrilène qui entoure la reine, la couve, ne facilite pas les choses. Le roi n'apprécie pas que l'on veuille recopier les façons de l'Escorial dans ses palais de France. La morgue des Castillanes l'insupporte, dit-il.

Cette détestation manifeste donne une idée à Luynes.

Au mois d'août, la Cour séjourne dans le château du favori, près de Paris : Lésigny-en-Brie [2]. La chaleur est accablante, Louis XIII de méchante humeur. Les courtisans ayant pour habitude de calquer leur attitude sur celle du souverain, l'atmosphère de Lésigny s'en ressent. Luynes, en hôte attentif, cherche à rendre le séjour agréable à tous et, un matin, se permet — la qualité de leurs relations l'y autorise — de

1. Dépêche du nonce (14 avril 1618).

2. « Héritage » de Leonora Galigaï... (il est amusant de signaler que Marie de Rohan, alors veuve de Luynes, ira faire des galipettes avec son second mari, le duc de Chevreuse, dans le lit de Leonora).

prier le roi de faire meilleure figure aux Espagnoles et à la reine en particulier. Il s'attire cette réponse : « Non, je ne puis plus me contraindre ni voir ces Espagnoles ; ce sont toutes des... » (Le résident de Savoie qui surprend la réplique n'a pas osé finir la phrase[1]..)

Le nonce — toujours aux aguets — confirme un peu plus tard : « Le roi a une aversion peu imaginable envers ces dames espagnoles qui sont auprès de la reine ; il ne peut supporter la vue de leur vêtement, surtout... de celles qui sont veuves et habillées comme elles sont... ressemblent à des nonnes. »

Luynes va se servir de cette exécration royale pour arriver à ses fins. Il s'entretient avec l'ambassadeur d'Espagne, Monteleone, et lui confie son projet : avec le départ des dames espagnoles on pourrait obtenir du roi l'engagement de devenir le mari de la reine ! Monteleone se fait tirer l'oreille. C'est que... dans l'entourage d'Anne d'Autriche, il tient de bons agents de renseignements... Le favori se déclare disposé à signaler à Philippe III la mauvaise volonté de son représentant. Ne voulant pas être considéré comme responsable de la non-consommation du mariage, Monteleone cède.

De retour à Paris, à l'automne, Louis XIII décide du renvoi définitif des dames espagnoles[2]... Luynes n'a encore obtenu que de vagues promesses de la part de son royal ami. Les semaines passent. Les courriers se succèdent. Sa Majesté Catholique change d'ambassadeur et Anne d'Autriche attend toujours.

C'est alors qu'on apprend à Paris que la cour de Madrid, en guise de représailles, inflige contrariétés et vexations à la princesse des Asturies. On sait l'affection que Louis XIII porte à sa sœur Elisabeth. Ces nouvelles enveniment les choses. Le roi ne décolère pas. Luynes à beau jeu de le presser de faire appliquer la décision prise en octobre. Effectivement le moment est bien choisi. Louis XIII déclare à tous les échos que décidément il ne peut plus souffrir la colonie castillane qui s'étale sous son toit et fourmille d'espions.

Dans les premiers jours de décembre, dames et filles d'honneur, aumôniers, médecins et caméristes sont renvoyés en bloc au-delà des Pyrénées. Mme de Luynes devient officiellement surintendante de la maison de la reine. Le nouvel ambassadeur d'Espagne, Don Fernando de Gyron, se voit fermer la porte au nez par Louis XIII. Fureur de Philippe III. Gyron veut regagner Madrid.

Luynes calme le fier Hidalgo et l'assure que, bientôt (?), puisque les dames espagnoles sont parties, le roi fera lit commun avec la reine. Afin d'apaiser tout à fait son beau-père, Louis XIII se résout à promettre formellement qu'il remplira ses devoirs. Il promet, certes, mais il ne dit pas *quand* il a l'intention de s'exécuter. Mais... il a donné sa parole et un prince ne peut revenir sur un engagement pris.

Philippe III se réjouit. Luynes respire. Au Louvre on attend la suite...

1. Pierre Chevallier. (Dépêche du résident de Savoie.)
2. 24 octobre 1618.

Le nonce (toujours Bentivoglio) atteste dans une dépêche de fin d'année : « La reine passe très bien son temps sans les dames espagnoles, et elle est toujours dans l'attente de cette bienheureuse nuit que le roi devra passer avec elle, nuit qui ne finit point d'arriver. »

L'année 1618 se termine dans un froid rigoureux.

Le temps est sec, le ciel clair : belle saison pour la chasse.

Louis XIII, à travers les futaies du bois de Boulogne poursuit les cerfs autour du château de Madrid...

QUATRIEME PARTIE

1619

1619

La leçon particulière

Doit-on considérer le passage d'une comète comme un heureux présage ? Toujours est-il qu'en ce début d'année une atmosphère d'hyménée plane sur Paris. Une sœur et une demie sœur de Louis se marient : Chrétienne [1] de France (qui deviendra Christine) épouse le prince de Piémont, héritier du duc de Savoie, et Catherine-Henriette de Vendôme, le duc d'Elbeuf. Mme de Luynes porte allégrement sa première grossesse [2] qui ne l'empêche pas de faire régner un climat de turbulente gaieté autour d'Anne d'Autriche, privée depuis peu de son entourage espagnol [3].

L'obstacle de la camarilla n'existant plus et le roi étant lié par sa promesse de remplir son devoir conjugal après le départ des duègnes, la reine se prépare maintenant, chaque soir, à... être heureusement surprise. Louis XIII — très discrètement — ne laisse-t-il pas prévoir que l'événement tant désiré est sur le point de se produire ? Philippe III, Luynes et la première intéressée, attendent.

Louis XIII aussi... attend ! On ne sait quoi !

Le nonce (toujours lui) et le père Arnoux reprennent leurs conciliabules. Le confesseur, lassé de manœuvrer sur un terrain aussi délicat que particulier, déclare à Bentivoglio qu'il est à bout d'arguments. Le nonce se lamente : ne parviendra-t-on pas à la « perfection [4] » du mariage royal ? Dans une dépêche qu'il adresse à Rome à la mi-janvier, il note les plaintes réitérées de Gyron, l'ambassadeur d'Espagne, et fait état de son intervention personnelle.

Au cours d'une audience que lui accorde Louis XIII, le nonce tente

1. Elle a treize ans !
2. Elle accouchera d'une fille, en mars.
3. A l'exception d'un confesseur, d'un médecin et d'une vieille femme de chambre : Stephanilla.
4. Elégante expression de Pierre Chevallier.

(une fois de plus) d'obtenir de Sa Majesté Très Chrétienne quelques éclaircissements sur ses intentions (qu'il veut croire bien arrêtées) au sujet de la reine dont il vante — au passage — les mérites et les beautés. Peine perdue. Louis reste coi et détourne son regard. Bentivoglio, alors, s'enhardit. Venant à parler du tout prochain mariage de sa demi-sœur Vendôme[1] il n'hésite pas à s'adresser au roi en disant : « Sire, je ne crois pas que vous voudrez recevoir cette honte que votre sœur ait un fils avant que Votre Majesté ait un Dauphin. » Le roi devient fort rouge et « preuve de sa pudeur » — poursuit le nonce — répond que « véritablement il ne compte pas avoir cette honte. »

Le 19 janvier, Louis signe au contrat de mariage de Mlle de Vendôme avec le duc d'Elbeuf. Le lendemain on célèbre les noces à la chapelle de la tour[2]. Le roi y assiste et le même jour se rend chez la reine à trois reprises. Après son dîner, à cinq heures et après son souper : visites toutes protocolaires. Ensuite, il se rend « chez Mlle de Vendôme pour lui faire la guerre. Revient à onze heures[3]. »

L'expression employée par Héroard est d'une pudeur exquise et mettrait le lecteur de son *Journal* sur une fausse route si d'autres témoignages ne venaient nous « éclairer » sur « l'emploi » du temps du visiteur. (Il reste... tout de même *trois heures de suite* dans la chambre de sa demi-sœur !) On préfère supposer que l'expression « *fait la guerre* » n'implique pas une forme d'agressivité... active car, dans ce cas, Louis XIII aurait été « participant » au récit rapporté ci-après.

Voici le texte de la dépêche de l'ambassadeur vénitien Angelo Contarini en date du 23 janvier 1619 : « ... le mercredi avant que le duc d'Elbeuf dormit avec son épouse Mlle de Vendôme, le roi a voulu être présent une bonne partie de la nuit sur le propre lit des deux époux pour voir consommer le mariage, ce qui fut répété plus d'une fois, à quoi le roi applaudit grandement et en manifestant un plaisir particulier... » *(sic)* « ... on pense que cet exemple a eu une grande vertu pour inciter Sa Majesté à faire de même, et l'on dit encore que sa sœur naturelle, Mlle de Vendôme, l'a invité à l'action... *(sic)* par les paroles suivantes : "Sire, faites la même chose avec la reine et bien vous ferez". » Catherine-Henriette, gaie luronne, s'exprime en digne fille du Vert-Galant !

Au lendemain de cette nuit mémorable où il a bien peu dormi (couché vers minuit, levé à six heures et demie), Louis ne se rend pas chez la reine de toute la journée ni de la soirée. Ce qui est rare. Il est vrai qu'après son dîner, il la rencontre. Anne est venue assister à la chasse en compagnie des deux sœurs du roi, Christine et Henriette, et du cardinal de Savoie[4] Est-ce l'insomnie qui donne à Louis ces traits tirés et ces yeux battus ? Quoi qu'il en soit, il a pris sa « leçon particulière ». Instruit

1. La fille d'Henri IV et de Gabrielle d'Estrées a vingt-trois ans (née en 1596).
2. Héroard. (La grosse tour du Louvre, probablement au rez-de-chaussée, aménagée en chapelle.)
3. Héroard, *Journal*.
4. Oncle du prince de Piémont qui doit épouser Christine le 6 février prochain.

de ces choses comme il l'est à présent, il n'a plus d'excuse pour différer davantage la démonstration de ses exploits virils... tant attendus.

Or, les jours suivants, Louis rend visite à la reine, comme il l'a toujours fait depuis son mariage, mais rien n'indique la moindre intention d'intimité nocturne dans les regards froids qu'il lui adresse. Le roi va chez Luynes, le soir, et rentre sagement se coucher dans sa chambre.

Il est vrai qu'ils répètent un ballet [1]... Il est certain qu'entre deux pas de danse, le favori parle à son royal ami d'une tout autre gigue, mais ces trémoussements-là ne semblent pas attirer Louis, qui remet au lendemain... la découverte du sexe féminin. L'agacement de Luynes s'aiguise soir après soir. La formulation de son monologue persuasif est difficile à articuler. Les rapports étroits, familiers, ultra-privilégiés qu'il entretient avec Louis depuis quelques années devraient l'y aider. Mais c'est précisément leur extrême intimité constante qui l'oblige à se montrer particulièrement délicat dans le choix de ses arguments.

Sa position est des plus baroques... Le jeudi 24 janvier, le roi rend visite à la reine après son dîner, puis se rend chez Luynes pour répéter... leur ballet ! Après son souper, il remonte chez Luynes. Ils assistent ensemble à une comédie... Louis vient se coucher à minuit [2].

Il faut croire que, ce soir-là, le Provençal, exaspéré par l'entêtement négatif du roi, s'adresse à lui avec une grande fermeté (il a quarante-deux ans, Louis dix-sept). Il parle au jeune homme avec le sérieux qui convient à un gouvernant responsable. Il le place en face de ses responsabilités : l'honneur du souverain, sa dynastie, ses alliances menacées... Louis écoute, le visage illisible, et ne répond pas. Luynes domine sa colère.

Le roi le quitte pour gagner sa chambre. C'en est trop. Le favori, furieux mais résolu, se décide à agir par lui-même.

Il sait que dans certaines circonstances, le roi est incapable de lui résister. *Natura non facit saltus* [3].

Anne d'Autriche

Grâce au ciel, la fille de Philippe III ne ressemble pas à son frère, héritier du trône d'Espagne : ce prince au teint jaune, maigre, prognathe comme toute la postérité de Charles Quint, pâle, décavé, dont Vélasquez laissera deviner les tares intimes. Elle est encore adorable l'infante blonde, rose, à la chair laiteuse, aux yeux verts légèrement bridés, aux mains admirables. Sa bouche en forme de fraise mûre est attirante et douce. On peut admirer ses pieds menus, sa taille ravissante et la précoce majesté de son maintien. Elle a dix-sept ans et sort d'une Cour où les infants sont tellement sacrés qu'on hésiterait, dans une circonstance accidentelle,

1. Héroard, *Journal.*
2. Héroard.
3. « La nature ne fait pas de saut. »

à leur porter secours ; s'ils tombent à l'eau, ils peuvent se noyer en paix : « Il n'appartient qu'à Dieu d'aider les rois ! », a mystiquement formulé un ambassadeur d'Espagne, quand on lui posait un cas de conscience de cette sorte[1].

A Paris, leur tire-t-on seulement le chapeau, le fameux chapeau castillan ? Anne d'Autriche a été très choquée de voir le maréchal d'Ancre, en 1616, recoiffer ostensiblement son feutre devant Louis XIII. Elle est fière, la descendante des Habsbourg, presque hautaine, mais si charmante quand elle sourit. Elle sait qu'elle n'émeut pas son époux, s'en chagrine, mais, toujours vierge, l'indifférence du roi la blesse davantage dans son orgueil de princesse délaissée que dans son corps de jeune fille insatisfaite. Nul n'a osé lui dire qu'elle devait bien malgré elle intimider Louis, le velléitaire. Si, Mme de Luynes, peut-être, depuis que l'audacieuse Marie de Rohan reste auprès d'elle.

De plus, Anne est parfaitement au courant des relations intimes que son époux entretient avec Luynes. On l'avait prévenue discrètement à Madrid de ce qu'elle a pu supposer à Bordeaux et constater à Paris. Malgré le mariage « blanc », elle n'a manifesté ni aigreur ni jalousie et, en 1616, agissant avec finesse, elle a fait alliance avec le favori. Dès le premier jour Luynes lui a marqué son estime respectueuse. Elle y a été sensible. En échange, elle lui a fait bonne figure et s'est comportée de telle sorte qu'une entente tacite s'est installée entre eux. N'étaient-ils pas alors liés par les mêmes intérêts ? S'ils voulaient régner l'un et l'autre — chacun dans son domaine — il fallait que le roi régnât... Anne d'Autriche savait ce qui se tramait contre Concini au printemps 1617, et sans être complice[2]... (Il y aura bientôt deux ans de cela.) A présent Le roi règne, avec Luynes. Elle est reine, certes, mais pas encore femme. Luynes — et elle lui fait confiance — a tout avantage, pour de multiples raisons, à lui faire perdre « royalement » sa virginité. Anne devenue femme peut devenir mère, ce qui affirmerait définitivement leurs positions respectives à la cour de France.

La femme du roi

La journée du vendredi 25 janvier se déroule selon le programme prévu : le roi déjeune, va à la chapelle, au Conseil, dîne, va chez la reine, aux Tuileries, au Conseil, monte chez Luynes... où il « recorde » son ballet, revient, soupe, va chez la reine, revient à dix heures, boit de la tisane, se met au lit, prie Dieu. Louis se prépare tranquillement au sommeil.

C'est alors que l'imprévu surgit en la personne de Luynes. Il est onze heures du soir. Voici, dans son entière crudité le passage approprié du

1. La Varende.

2. Elle l'était puisque, pour aider Luynes, elle retarda d'un jour son départ pour Amboise. (La Varende)

Journal d'Héroard : « ... A onze heures environ, sans qu'il y pensât, M. de Luynes vient pour le persuader à coucher... etc... Il résiste fort et ferme, par effort, jusques aux larmes. Y est emporté, couché, s'efforce deux fois comme l'on dit, *haec omnia me inscio* [1]. A deux heures revient, dévêtu, mis au lit, s'endort jusqu'à neuf heures après minuit. »

Voilà pour l'irréfutable témoignage... de seconde main (si l'on peut dire) car, comme on va le voir, c'est Mme du Bellier, première femme de chambre de la reine qui rapporta au médecin ce qu'il n'avait ni vu ni entendu : elle, si !

Donc, Sa Majesté, ses prières achevées, est au moment de s'endormir. Onze heures sonnent à la pendule de la chambre, les gens de service se retirent, Héroard range ses herbes et ses tisanes, la lueur des bougies tremble parmi les caissons dorés du plafond. Il fait froid. Dans la cheminée un feu crépite. M. de Beringhen, premier valet de chambre, s'apprête à souffler sur les cires des candélabres.

Soudain Luynes apparaît Héroard et Beringhen suspendent leurs gestes. Le roi — qui ne se doute de rien — marque sa surprise. Luynes avance dans la pièce, s'approche du lit et entame une énergique homélie : « C'est assez jouer aux yeux du monde ce rôle de personnage pitoyable ! Il est temps de se comporter en homme ! » Louis, épouvanté, se cache sous les couvertures. Luynes les rejette. Louis les reprend. Le favori attrape le poignet du roi qui se débat en criant. Héroard et Beringhen contemplent la scène, bouche bée.

Luynes oblige Louis à se lever. Pauvre prince ! Tout le monde le trahit donc... même son ami ? Il fond en larmes (cherche-t-il à attendrir celui qu'il traite mentalement de Judas ?) Le roi sanglote. Luynes, impitoyable, le saisit à bras-le-corps, l'entraîne. Louis geint. Héroard fait un pas en avant. D'un regard Luynes l'immobilise et d'un geste désigne à Beringhen un flambeau. Par les corridors du Louvre la burlesque expédition se dirige vers l'appartement de la reine [2].

Voilà enfin le roi auprès de son épouse ! Point de tête-à-tête ! Luynes fait sortir Stephanilla, la vieille camériste espagnole, mais exige que Mme du Bellier demeure pour que, cette fois, il n'y ait point de doute [3]. C'est que... il lui faut un témoin ! Lui-même ne serait pas crédible. Il a trop intérêt à ce que « la chose » s'accomplisse. Et puis... il ne peut décemment rester sur place, par respect pour la reine tout d'abord, mais aussi afin de ne pas gêner son royal ami intime. Sa présence dans la chambre à un tel moment pourrait empêcher ce qui doit s'y produire.

La suite du récit nous est fournie par l'envoyé vénitien Angelo Contarini, et extrait d'une dépêche adressée au Sénat le 27 janvier : « ... On dit que la cause principale de cette union *(questa copula)* a été

1. « On m'a dit tout cela » (traduction approximative). Dans son Journal, Héroard note curieusement dans la marge, neuf fois de suite ceci : « N.a » qui devrait vouloir dire : « Nota », et prouverait l'importance qu'il accorde à l'événement.

2. Cette « promenade » est rapportée par Arnauld d'Andilly, qui doit la tenir de Beringhen.

3. Philippe Erlanger.

Luynes ; qui, ayant accompagné Sa Majesté qui était toute déshabillée ce soir-là, jusqu'au voisinage du lit de la reine et voyant que le roi restait encore irrésolu, sur le point de savoir s'il devait ou non dormir avec la reine, lui enleva ce que Sa Majesté avait encore autour d'Elle, prit le roi dans ses bras, le mit dans le lit de la reine, sortit de la chambre et en ferma la porte [1]. »

Si les témoignages n'existaient pas, on serait tenté de ne pas prêter crédit à l'aventure. Car enfin... imaginons le spectacle : Louis XIII pleurnichant, paniqué, quitte sa chambre dans les bras de son amant précédé de Beringhen qui éclaire la marche en tenant un candélabre à bout de bras, l'arrivée chez la reine, l'hésitation tremblante du roi, Luynes qui lui ôte sa chemise de nuit avant de le placer, nu, dans le lit de sa femme, le départ de la camériste espagnole, tandis que, dans la pièce fermée à clé par Luynes, qui vient de s'éclipser, Mme du Bellier demeure aux aguets, épie et, sur ordre, tend l'oreille [2]...

A deux heures du matin la victoire est acquise. Louis regagne sa chambre, s'endort sur ses lauriers, et la nouvelle entame une course triomphale... *Fama volat* [3]...

Au matin du 26 janvier, certains membres du corps diplomatique viennent féliciter... Luynes ! M. de Puisieux, secrétaire d'Etat aux Affaires étrangères, reçoit sa part de congratulations. Le nonce Bentivoglio, radieux, proclame : « Les huguenots et les malintentionnés en demeureront tout étourdis ! »

Le miracle est complet, car son exploit a transformé le timide qui se comporte en authentique amoureux et montrerait du plaisir à reitérer si les médecins ne lui interdisaient de pratiquer le corps-à-corps aussi souvent qu'il semble le désirer. Contarini confirme dans sa dépêche du 5 février : « On dit que le roi [et lui-même s'en glorifie] a été un valeureux champion en la matière... [...] Il a fait de grandes promesses d'amour et de fidélité à la reine au cours de cette nuit. [...] et qu'il voudrait de toute façon lui "faire des enfants". »

Luynes peut être content. A Paris, Rome et Madrid, la satisfaction est vive. On remercie — très discrètement — le favori de la part décisive qu'il a prise à la « perfection du mariage royal ». Chacun se doute que sans son autoritaire intervention, Louis XIII, laissé seul à lui-même, ne se serait pas déterminé à accomplir l'acte décisif.

Le jeune roi s'étonne de ne pas être chaudement complimenté par les ambassadeurs... Luynes lui explique : l'union charnelle *est censée avoir été couronnée à Bordeaux*... en 1615. Louis, heureux, hausse les épaules et va retrouver sa femme : il vient de découvrir un monde !... dit-il. Toutefois, au dire d'Héroard, la consommation du mariage n'avait pas été aussi parfaite qu'on pouvait le croire.Dans son *Journal* on trouve mentionnées les dates des rapprochements nocturnes qui se succèdent,

1. Relations des ambassadeurs vénitiens (1619).
2. Sans son rapport fidèle (?)... nous n'aurions pas connu ces détails.
3. « La renommée s'envole... »

fréquents, entre le 25 janvier et le 18 mars. (Donc Louis [amoureux ?] n'a pas respecté les délais de quinzaine qu'Héroard voulait lui imposer [1] !). Ce dernier note scrupuleusement le nombre d'heures où le roi reste auprès de sa femme, et ne fait aucun commentaire.

Pourtant en date du dimanche 10 février, il signale : « ... à dix heures conduit Mme Chrétienne [2] en sa chambre, y est tant que le prince fut couché, et quelque temps après, puis revient à onze heures trois quart... bu de la tisane. A minuit va chez la reine. Prie Dieu. S'endort jusqu'à huit heures... » (Louis XIII trouverait-il délectable la contemplation d'un couple qui s'ébat ? Ce spectacle le stimulerait-il ? Chercherait-il à *resentir* l'excitation éprouvée (le 19 janvier) en regardant sa sœur Vendôme prendre du plaisir sous les assauts réitérés de M. d'Elbeuf ?). On serait tenté de le croire.

Le 10 février, il assiste pendant près de deux heures à la dévirgination de sa sœur Chrétienne (treize ans) et à la suite... (le prince de Piémont est un chaud Savoyard !). Après quoi il se précipite dans sa chambre, boit de la tisane et va retrouver sa femme... ! Pour recopier les gestes et les mouvements du prince de Piémont alors que son esprit est encore habité par des images toutes fraîches ? Il n'est pas du tout impossible que le jeune roi se soit « aidé » lui-même en ayant recours à ce procédé de « voyeur ». Il est certain qu'à partir du 25 janvier il éprouve pour Anne une tendre attirance, qu'il passe plusieurs heures et parfois la nuit auprès d'elle, mais le *Journal* d'Héroard nous amènerait à croire que la consommation complète de leur union charnelle n'a eu lieu, en fait, que le lundi 18 mars.

Qu'on en juge : « ... Soupé... Va chez la reine. A sept heures trois quarts revient. Dévêtu. Mis au lit... Prie Dieu. Entretenu jusqu'à dix heures et demie. Levé, vêtu de sa robe ; va chez la reine 1. *Cum sua [...] Voluptate, nihil exit utriusque.* Revient à deux heures et demie après minuit, s'endort »... etc. Héroard ajoute (phrase latine) que tout s'est déroulé avec plaisir [3]. De plus il marque en marge de son texte, deux fois trois traits verticaux, ce qui pourrait signifier que Louis XIII a honoré jusqu'à six fois son épouse [4].

C'est à cette date précise qu'Héroard nous apprend qu'il n'y a plus aucun doute sur « la consommation » et — espérons-le — la satisfaction des *deux* partenaires... Cette nuit-là, si les deux jeunes époux n'ont point connu l'amour et sa prise désespérée, ce ne dut pas être la faute d'Anne. La belle santé, la volonté et le tempérament vigoureux de la belle Espagnole ont dû, avec patience et gracieuse animalité, vaincre les dernières pudeurs du mélancolique velléitaire. Finalement c'est peut-être

1. Noté par Pierre Chevallier.

2. Sa sœur Chrétienne a épousé le prince de Piémont le 6 février (mariage civil), le 10, mariage religieux.

3. Traduction très édulcorée.

4. Pierre Chevallier.

l'infante qui a vaincu le prince, mais c'est le prince qui a dû se vanter de l'avoir vaincue. A chacun son rôle. *Ad augusta per augusta*[1] !

Ainsi Louis XIII a définitivement sauté le pas et surmonté ses craintes et ses répugnances... grâce à l'intervention de Luynes et la bonne volonté de sa femme. De janvier 1619 à décembre 1621 (mort de Luynes) l'entente entre les deux époux sera presque sans faille. Parallèlement, les rapports intimes entre le roi et son favori, sans se modifier, s'espaceront, avant de cesser tout à fait. Sans l'acte d'autorité de Luynes, Anne serait probablement restée vierge. Sans la généreuse gratitude de la reine de France, Luynes aurait peut-être été disgracié...
Nil admirari[2] *!*

Blois

Comme nous l'avons déjà constaté, au début du mois de juin (1617) Louis XIII semble soulagé, consolé du départ de sa mère. Luynes, méfiant, se demande ce qui se prépare du côté de Blois. Il connaît trop le caractère têtu de Marie de Médicis pour imaginer qu'elle puisse rester tranquille un long temps. Deageant ajoute à son inquiétude en lui confiant sa pensée. A l'entendre, la Florentine va tout tenter pour retrouver une partie de son pouvoir perdu. Ne se sent-elle pas soutenu par Madrid, Rome et Florence ? Ces trois puissances alliées souhaitent sans doute voir l'ex-régente reprendre sa place au Conseil du roi et y faire entendre une voix — peut-être la seule — favorable aux Espagnols, au Saint-Siège et aux ultramontains.

Le Grenoblois insiste sur le danger d'une telle éventualité. Le roi, affectionné à sa mère, n'est-il pas susceptible de se laisser fléchir ? Sur ce point, Luynes le détrompe. Le danger ne viendra pas de ce côté. Louis ne se laissera pas attendrir. Deageant en est beaucoup moins sûr. Il ajoute que la reine mère livrée à elle-même ne serait pas capable de manœuvrer, mais... auprès d'elle, sachant l'influencer, demeure le plus intelligent des intrigants : Luçon ! C'est une chance si celui-ci travaille pour le roi et non pour lui seul ! N'est-ce pas le but de cet ambitieux que de revenir à la Cour ? Pourquoi pas en se servant de Marie de Médicis ?

Luynes est ébranlé par l'argument. Ses relations avec l'évêque sont bonnes... Mais jusqu'à quel point peut-on se fier à un tel homme ?

Le favori, toujours prudent, quête adroitement les dispositions d'esprit de certains membres du Conseil sur ce point. Les avis sont unanimes : éloigner Luçon de la reine mère ! D'ailleurs, les ministres ne sont pas seuls à critiquer la prétentieuse attitude du prélat. (Deageant, lui,

1. « A des résultats grandioses par des voies étroites... »
2. « Ne s'émouvoir de rien ! »

Château de Blois. La cour intérieure au XVIIe siècle

l'admire.) Le nonce Bentivoglio note et regrette que celui-ci se rende « odieux parce qu'il a trop de mérite », ce qui le fait haïr de ceux qui l'ont vu quitter Paris avec joie, jalousant son grand talent.

Dans les jours qui suivent, Luynes parle au roi, expose ses craintes, agite l'épouvantail espagnol... Il n'en faut pas davantage pour obtenir l'acquiescement de Louis XIII : on écartera Luçon de Blois ! Le roi déteste le personnage et cultive une véritable phobie pour tout ce qui touche de près ou de loin à l'Espagne[1]. Assuré de la volonté royale, mais avant d'en faire part officiellement, Luynes qui préfère ménager l'évêque (en politique les alliances fluctuent) demande à M. de Châteauneuf[2], à l'issue d'un conseil, de commettre une *indiscrétion calculée*. Le marquis Henri de Richelieu, frère aîné de Luçon, est averti de ce qui se prépare. Celui-ci s'empresse d'informer l'évêque. Ce dernier, cherchant à prévenir la disgrâce, obtient de Marie de Médicis un congé de huit jours « pour se rendre dans son prieuré de Coussay ». Il quitte Blois le 12 juin (1617). Luynes l'apprend. Il en profite pour faire signer à Louis XIII une lettre par laquelle M. de Luçon est assigné à demeure à Coussay.

La reine mère réagit, écrit à Luynes, au roi : en vain.

Des lettres s'échangent quotidiennement entre Blois et Coussay. A Paris, cette façon de contourner la séparation agace. Au cours de l'été, le prélat rend visite à la reine mère qui continue à adresser lettres sur lettres à son fils et à Luynes pour réclamer la présence de son cher conseiller auprès d'elle.

A Paris, cette obstination exaspère. Le 26 octobre, Louis XIII intime à l'évêque l'ordre de se rendre sans tarder dans son diocèse de Luçon et d'y rester jusqu'à nouvel ordre. Le prélat obéit et s'éloigne.

On se souvient de Barbin, ministre, surintendant des Finances disgracié par Louis XIII en avril (1617) et aussitôt embastillé. Luynes, méfiant et habile avait laissé Barbin correspondre avec la reine mère, en prenant le soin de se faire communiquer les lettres avant de les adresser à leur destinataire[3]. C'est ainsi qu'il est à même de présenter au roi des copies qui ne laissent aucun doute sur l'influence que Luçon conserve sur Marie de Médicis, laquelle écrit sans circonspection. A cela s'ajoute une information énervante. L'évêque et la reine mère se sont rencontrés en mars 1618 lors d'un pèlerinage aux environs de Blois.

Luynes est autorisé à prendre des mesures interrompant toute communication entre Luçon et la mère du roi. Le 7 avril 1618, Louis XIII ordonne

1. On pourrait se demander si ce n'est pas pour les Habsbourg en général que Louis XIII éprouve une profonde aversion. Marie de Médicis est à demi Habsbourg d'Autriche par sa mère l'archiduchesse Jeanne, sa femme, Anne est une Habsbourg d'Espagne et sa sœur Elisabeth qu'il a beaucoup aimée n'a-t-elle pas épousé, à l'âge de treize ans (1615) l'héritier du trône de Madrid (futur Philippe IV) et ne vit-elle pas cloîtrée dans l'Escorial où, devenue à demi folle, elle lâche des serpents dans les salles de théâtre afin de s'amuser de la panique qu'elle provoque ainsi ? Nous sommes ici en 1617 non en 1619. Anne d'Autriche est toujours vierge.

2. Dans dix ans, Luçon devenu Richelieu, le nommera ambassadeur à Londres.

3. Mais les nombreuses lettres que Barbin écrit à Luçon (et auxquelles ce dernier se garde bien de répondre) échappent aux espions de Luynes.

aux deux Richelieu, le marquis et l'évêque, de s'exiler en Avignon[1], en compagnie de leur beau-frère, du Pont de Courlay. Ils partent[2]. A Blois, Marie de Médicis se sent bien seule. Impuissante, elle oscille entre la colère et l'abattement.En la privant du seul conseiller susceptible de lui prêcher la patience et la résignation, Luynes commet une erreur. Il laisse une femme assez sotte livrée à elle-même, c'est-à-dire au premier beau parleur venu.

En janvier 1618, Louis XIII veut faire parvenir un cadeau à sa mère à l'occasion de la nouvelle année : un bijou. Luynes charge son frère Cadenet de la mission. Le favori désire être renseigné sur l'atmosphère qui règne à Blois.

A son retour, Cadenet informe : la reine mère supporte mal son éloignement de la Cour et s'agite, dans le vide pour l'instant. Elle se cherche des alliés capables de la sortir de sa stagnation. Auprès d'elle se trouve un certain abbé Ruccellaï[3], intrigant transalpin disposé à toutes sortes de besognes, que les *ennemis* de Luçon ont poussé jusque-là. Luynes ne s'inquiète pas encore mais reste attentif. La reine mère manœuvre mais elle a affaire à des tièdes qui, s'ils ne cachent pas leur jalousie pour les « Luynes », demeurent irrésolus dans leurs desseins.

Et puis soudain, quelqu'un se manifeste : le duc d'Epernon ! Gouverneur de Metz, de l'Aunis et de la Saintonge, colonel général de l'infanterie française, ce vieil ami[4] (complice ?) de Marie de Médicis, est un personnage assez puissant pour organiser et prendre la tête d'une rébellion contre ce Luynes *qui empêche une mère de retourner auprès de son fils...* L'argument est adroit car on sait l'inclination naturelle des Français qui, profondément chrétiens et fidèles à leur piété ancestrale, jugent alors sévèrement la mésintelligence entre le roi et sa mère.

Louis XIII n'a, alors, nulle envie de voir l'ex-régente se réinstaller au Louvre. Mais elle le souhaite vivement. Il faut bien un prétexte... pour se rapprocher du pouvoir. Marie de Médicis expédie le douteux abbé Ruccellaï vers le duc d'Epernon qui se trouve à Metz depuis la fin mai.Luynes veille. A son passage à Paris, le transalpin est appréhendé et assigné à résidence dans une abbaye dont il est titulaire.

L'abbé a eu le temps de remettre une lettre de la reine mère pour Epernon à... l'un des anciens secrétaires de Concini, Vincentio Ludovici[5] ! (Le monde est petit !) Ce dernier se rend à Metz en juillet, rencontre Epernon qui le réexpédie à Blois avec quelques demandes d'éclaircissements. Fin août, Ludovici est de retour à Metz avec la promesse de participation à « l'affaire » du duc de Bouillon (Sedan) et d'autres princes un peu moins résolus. Il est surtout porteur d'une lettre capitale de Marie

1. Territoire pontifical.
2. Ils n'arriveront que le 12 mai.
3. Natif de Florence !
4. Cet ancien mignon de Henri III est mêlé à bien des événements... (Voir chapitre « Une sombre affaire ».) Soixante-cinq ans, forte figure de guerrier, grand seigneur, batailleur, particulièrement aimé des soldats.
5. Voir chapitre « Et... la Galigaï ? »

de Médicis par laquelle celle-ci « conjure » Epernon de lui venir en aide au nom du... « feu roi Henri IV [1]. » Elle énumère les raisons justifiant de son entrée en rébellion. Ludovici, reconnu, est arrêté à Troyes-en-Champagne par les agents de Luynes qui le fouillent et ne trouvent pas la lettre... Ludovici, libéré, poursuit son voyage jusqu'à Metz. En septembre, Epernon commence à « monter » l'opération [2]

Luynes se demande ce qui se trame entre Metz et Blois. Inquiet, il envoie M. de Roissy à la tête de nombreux cavaliers respirer un peu l'air des bords de la Loire avec pour mission de surveiller de près les mouvements de l'ex-régente. M. de Roissy, pour couper court aux allées et venues nocturnes dans le palais, se permet de faire murer quelques portes. Marie de Médicis ne peut plus recevoir discrètement les visiteurs chargés de messages qu'elle attend. Elle s'irrite, tempête et manifeste son intention de fuir. Pour la calmer, Louis XIII envoie à sa mère M. de Modène (cousin de Luynes) porteur de présents et... d'une lettre qu'elle devra signer et par laquelle elle promet de se montrer « loyale et obéissante » envers le roi son fils. Marie de Médicis, ulcérée, hésitera trois jours avant de signer le document (novembre 1618) tout en se promettant de ne pas respecter cet engagement.

En décembre, le marquis de Richelieu subitement veuf [3], demande à regagner le territoire français avec son beau-frère du Pont de Coudray. Louis XIII accorde l'autorisation mais rejette la même requête de la part de M. de Luçon. Ce dernier restera en Avignon, terre pontificale, jusqu'à... on ne sait quand ! L'évêque, isolé, sans appui, ne sait vers qui se tourner pour faire cesser sa disgrâce.

M. de Modène de retour à Paris avertit Luynes que la reine mère a signé de très mauvaise grâce... Le favori se prend à regretter l'absence de Luçon. Si seulement cet intelligent prélat se trouvait auprès de cette femme insupportable, un dialogue sérieux pourrait s'engager. Mais il n'est pas question de revenir sur l'assignation à résidence avignonnaise... Aussi Luynes propose-t-il à Louis XIII de se rendre à Blois afin d'aller chercher sa mère pour la mener à Amboise (dont il est gouverneur). Là, dans le château haut perché, à l'abri des murailles, Marie de Médicis serait tenue sous bonne garde. Ne peut-on prendre prétexte des fêtes de l'an nouveau (1619) pour cette réunion familiale ? Le roi donne son

1. Est-ce un mot de passe ? Car ils sont plus ou moins complices de la mort du Béarnais. (Voir chapitre « Une sombre affaire ».)

2. L'affaire est plus rocambolesque encore : messages surpris, lettres vendues, documents détournés. (C'est du Dumas !) Une certitude : Luynes n'était au courant de rien !

3. Le marquis avait laissé sa femme au château de Richelieu. Elle attendait un enfant. Elle mourut dans l'isolement le 15 octobre en donnant le jour à un fils. Le marquis implora la grâce de son retour pour sauver le nouveau-né. Il reçut la permission du roi le jour même où il apprenait la mort de l'enfant. Frère et beau-frère quittèrent Avignon sur ces tristes nouvelles, laissant l'évêque de Luçon seul, en proie aux plus sombres pensées. (Burckhardt.)

accord de principe mais on ne descendra vers la Loire qu'après la représentation du « ballet » qu'il prépare [1] ! (Royal caprice...)

A Metz, le duc d'Epernon, ce haut seigneur barbu de soixante-cinq ans, se préoccupe d'une tout autre musique. Il demande à Sa Majesté la permission de gagner Angoulême sans passer par Paris. N'est-il pas gouverneur d'Aunis et de Saintonge ? Luynes sentant que ce déplacement cache une manœuvre préfère savoir cet orgueilleux batailleur dans ses terres de l'Est. Le roi écrit le 11 janvier et lui ordonne de rester à Metz.

Epernon répond le 17 qu'il laisse à son fils, le marquis de La Valette, le soin de garder sa bonne ville où règne le calme. Sans attendre la réaction royale (prévisible) Epernon le hardi se met en route le 22 janvier, escorté de gens en armes. Le 7 février, avant de passer l'Allier au pont de Vichy, il adresse à Louis XIII une lettre fort respectueuse par laquelle il assure que le service du roi exige sa présence en Angoumois plutôt qu'à l'est du royaume. Le même jour, il envoie un messager à Blois pour avertir Marie de Médicis qu'il l'attend à Loches...

A Paris, Louis XIII assiste à une répétition de son ballet et applaudit une comédie donnée chez Luynes [2].

Dans la nuit du 21 au 22 février 1619, Marie de Médicis s'échappe du château de Blois en se faisant descendre le long du mur d'enceinte par une échelle de corde [3]. Elle traverse la Loire à pied flanquée de son écuyer le comte de Brenne et de l'envoyé d'Epernon. Serrant contre son opulente poitrine ses précieux coffres à bijoux, elle monte dans son carrosse, gagne Loches, y retrouve Epernon [4] qui l'attend. Ensemble ils se dirigent vers Angoulême où se trouvent de nombreux soldats dévoués.

L'évasion a réussi. M. de Roissy dès qu'il s'en avise expédie un messager vers Paris. Le roi est à Saint-Germain-en-Laye. Le détour fait perdre du temps au chevaucheur. Ce samedi 23 février le roi est parti pour la chasse vers midi, accompagné par les trois princes de Savoie [5]. Il n'est de retour que vers cinq heures.

Alors Luynes, consterné, lui apprend la nouvelle.

1. Héroard, *Journal.*
2. Héroard, *Journal.*
3. L'aventure a été contée cent fois. (Le dessin ci-après représente la partie du château par laquelle s'exécuta l'acrobatique évasion.)
4. Ruccellaï est également là.
5. Il s'agit du prince de Piémont, de son frère cadet le prince Thomas de Carignan et de leur oncle le cardinal de Savoie. Selon le vœu exprimé par Henri IV à la fin de 1609, Louis XIII (et Luynes) marient (les 6 et 10 février) la sœur du roi, Chrétienne (qui deviendra Christine) au prince de Piémont qui deviendra Victor-Amédée Ier, duc de Savoie. Marie de Médicis n'a pas même été consultée...

ANGOULÊME

(ou l'affrontement moucheté)

Louis XIII vient d'éprouver les effets de sa virilité sur son épouse. Il y a un mois, presque jour pour jour, Anne d'Autriche est devenue, physiquement, reine de France. Cette... performance réussie transforme le comportement du roi. Chez ce jeune prince encore tout étonné d'avoir fait preuve de sa mâle puissance auprès d'une femme, la sienne, les hésitations ont, tout à coup, disparu. La métamorphose est spectaculaire. Elle influence le caractère du jeune homme qui, soudain, veut imposer sur tout et tous une autorité forte, presque tyrannique. La réaction est compréhensible : il a dix-huit ans ! *Hoc volo, sic judeo, sit pro ratione voluntas*[1] !

Le roi a quitté Saint-Germain-en-Laye le dimanche 24 février à sept heures et demie du matin. A dix heures il est au Louvre[2]. Après midi il préside son Conseil réuni d'urgence. Louis déclare qu'il veut en découdre. Il entend courir « sus » à Epernon et le châtier en personne ! Le roi devenu homme saute sur l'occasion de se montrer roi chevalier, en guerroyant ! Il faut punir ! Louis XIII se montre fougueusement résolu. Son œil étincelle.

On commence par dénoncer les coupables (chacun évite de prononcer le nom de la mère du roi). Après Epernon, on cite l'abbé Ruccellaï. Les autres, écuyers et secrétaires, sont des comparses dont on s'occupera plus tard. Epernon, déclaré responsable de l'évasion de Blois, est déchu de tous ses emplois, charges et gouvernements. Ruccellaï se trouve auprès de la Reine mère. On le fera payer cher pour avoir soufflé de méchantes idées dans l'esprit de Marie de Médicis... lorsque l'on aura amené ces rebelles à la raison.

Il faut se préparer à la guerre. Le roi est formel ! Il l'exige... sans bafouiller ! Tous les membres du Conseil n'affichent pas une égale détermination. Jeannin, Sillery, Puisieux, se permettent d'inciter le jeune souverain à la prudence. Louis XIII accepte mal cette tiédeur. Contrarié, il quitte la salle du Conseil en disant qu'il va réfléchir.

Sa réflexion, c'est Luynes. Au cours d'un entretien privé le favori se déclare lui aussi partisan de la manière douce. Pourquoi ne pas négocier... le pardon des rebelles ? Louis XIII se cabre ! Il ne peut se permettre de revenir sur les intentions belliqueuses qu'il a manifestées au Conseil. Luynes l'admet. Mais... une prise de position n'en interdit pas une autre... parallèle ! Le roi se radoucit et demande des éclaircissements. Le favori prononce de nom de Luçon... intermédiaire tout indiqué. Louis réagit mal. Luynes lui explique. Le roi cède... mais il veut que ses armées soient constituées !

1. Juvenal : « Je le veux, je l'ordonne, que ma volonté tienne lieu de raison. » !
2. Héroard, *Journal.*

Château de Blois (côté de l'évasion)

Au Conseil du lendemain (24 février) on prend des dispositions doubles : on négociera... en se préparant à la guerre. Sillery et Jeannin se demandent ce qui sera le moins onéreux... Pour armer trente mille hommes à pied et six mille cavaliers il va en coûter près de 4 millions de livres[1]. Quant aux sommes à verser en négociant... on n'en a aucune idée. Quel prix exigeront les rebelles pour faire amende... honorable ?

Louis XIII, résolu, passe outre les aléas financiers. Que l'on rétablisse certains impôts ! Le roi veut la paix mais sans se priver du plaisir (certain) de marcher à la tête de ses soldats. (Supputation instinctive ?)

Quels sont ses alliés ? Les ducs de Guise, de Mayenne, de Longueville et Vendôme (son demi-frère César). On va constituer trois armées : l'une en Champagne pour tenir en respect le duc de Bouillon (Sedan), le prince Charles de Lorraine (Nancy) et le marquis de La Valette (Metz). Une deuxième en Guyenne. La troisième sera confiée au maréchal de Schomberg. C'est à la tête de cette armée-là que Louis XIII compte se placer. Luynes l'en dissuade. M. de Schomberg est l'un des rares militaires de valeur du royaume. Il pourrait se sentir paralysé par la présence du souverain et hésiter dans ses décisions... C'est une mauvaise raison. Luynes le sait mais n'en a pas d'autre à soumettre à Louis. Il ne peut, certes pas, lui rappeler qu'il n'a que dix-huit ans et aucune expérience de la guerre. Le prince, par bravade, serait capable de se mettre en campagne.

Luynes parvient à convaincre. Le roi renonce... momentanément (dit-il). Le favori l'entreprend alors sur la partie diplomatique de l'aventure.

Marie de Médicis adresse une lettre à son fils datée de Loches, le 26 février. Elle dit s'être libérée pour être mieux à même de s'entretenir avec lui des choses la concernant... et du gouvernement de l'Etat laissé trop longtemps aux mains de personnes mal inspirées. Luynes est directement visé. Le roi est furieux. Le favori est de plus en plus décidé à faire appel à Luçon, seul capable de rétablir des relations neutres entre la mère et le fils. *Major e longinquo reverentia*[2].

L'automne de 1618 est cruel pour l'évêque en exil. Son inaction lui pèse douloureusement. La reine mère est retenue à Blois, le Louvre lui est hostile, il étouffe dans sa résidence forcée d'Avignon.

Le chemin qui mène au pouvoir lui étant fermé, il se tourne vers l'Eglise. Rome devient son dernier appui. Le pape (Paul V[3]) intervient pour soutenir l'évêque et plaide sa cause auprès de l'ambassadeur de France (frère du chancelier Sillery). Celui-ci ayant transmis à Paris les doléances du souverain pontife s'attire cette réponse de Louis XIII : « Si cet évêque s'était acquitté des devoirs de sa charge, au lieu de finasser et de se mêler de ce qui ne le regardait pas, il ne lui serait rien arrivé. » Luçon informé de la réaction du roi écrit à Deageant afin que l'on sache

1. Michel Carmona. Près de 400 millions lourds (1990).

2. Tacite : « L'éloignement augmente le prestige. »

3. Voir chapitre « Richelieu ». (Les rapports privilégiés entre Paul V et le tout nouvel évêque de Luçon à Rome : avril 1607.)

bien à Paris qu'il se tient *avant tout* au service du roi et non d'abord à celui de la reine mère.

Cette « offre de service » indirecte pourrait servir d'arme à Luynes dans un sens nuisible à l'évêque qui, aux yeux du roi, passe pour un personnage infidèle, versatile et jouant double jeu. Or le favori, qui veut se servir de Luçon, va rendre la proposition constructive pour l'exilé. Ce dernier est fort mal en point et passe un hiver (1618) détestable entre le désespoir et la dépression. Le 13 février 1619, il rédige son testament.

Et puis, soudain, il apprend ce qui vient de se passer à Blois : la fuite de Marie de Médicis. Aussitôt il sent le parti qu'il peut tirer d'une telle situation. Au lieu de s'adresser à Luynes (trop proche du roi qui le déteste), il écrit à Deageant et fait porter ses missives par l'abbé Bouthillier de la Cochère et un capucin diplomate, François Le Clerc du Tremblay, appelé le père Joseph.

Les deux abbés arrivent à Paris, voient Deageant, le persuadent sans peine. Le Dauphinois parle à Luynes qui en parle au roi. Le 7 mars (1619), le frère du capucin, M. du Tremblay, remet à l'évêque de Luçon, en Avignon, l'ordre du roi de gagner Angoulême sans retard.Luçon se met en route le jour même [1]. (Lui qui s'apprêtait à mourir !) Le 12 mars, accompagné de Bérulle [2] (fondateur de l'Oratoire), le marquis de Béthune (frère de Sully) est dépêché vers Angoulême porteur d'une lettre *apaisante* que Louis XIII adresse à sa mère. Apaisante, mais ferme. Luynes n'a pas réussi à empêcher le roi de terminer sa dépêche en écrivant : « Quant à l'administration de mes affaires dont, sans sujet, vous avez été pressée de vous plaindre, je ferai connaître à ceux qui l'ont entrepris que c'est moi qui gouverne mon royaume et qui agis en tous conseils [3]. » (Décidément, le roi ne supporte pas que l'on critique son favori.)

> *Celui qui cherche à comprendre demeure parfois perplexe dans son étude. Imagine-t-on qu'au moment où la reine s'est enfuie de Blois, le roi puisse lui écrire : « Madame... j'ai résolu de prendre les armes pour vous mettre en possession de la liberté que vos amis vous ont ôtée [4]. » A moins qu'il transparaisse ici un « humour » de haut style ?...*
> *Bien possible : il reste un fond indécantable de gaieté dans la race.*

Pendant ce temps, ayant investi Blois, Schomberg et son armée se dirigent par petites étapes vers le Poitou et la Saintonge. A Angoulême, l'abbé Ruccellaï, optimiste excessif, prêche pour l'affrontement, évoque

1. Mais il n'arrivera que le 27 mars. (Vingt jours de voyage !) La neige et le froid ne sont pas seuls responsables de ce retard : il est retenu sur sa route par les autorités provinciales non informées de son retour en grâce.

2. Bérulle est très lié avec l'évêque de Luçon. (Voir chapitre : « Richelieu ».)

3. Marie de Médicis avait fait répandre pamphlets et libelles contre la désastreuse influence de Luynes et de sa famille sur le gouvernement du royaume.

4. La Varende, avant nous, a sourcillé, là aussi.

de fausses certitudes, pérore, s'agite et commence à lasser les oreilles de la reine mère, étourdie par les élucubrations de ce curieux ecclésiastique.

En revanche, Epernon réfléchit. Il a fidèlement servi Henri III, se souvient de la Ligue, et connaît, par expérience, la profondeur du sentiment de loyalisme monarchique qui inspire le peuple de France. Marie de Médicis (étrangère), rebelle à son fils, roi couronné, risque de perdre à plus ou moins brève échéance tout crédit dans l'opinion publique qui ne manquera pas de rappeler qu'elle est d'origine florentine, comme les Concini. Alors ? Ne vaudrait-il pas mieux, *pour eux tous*, traiter « à l'amiable » avec le pouvoir légitime ?

Epernon est persuadé que Louis XIII se trouvant dans l'obligation de pardonner à sa mère ne poursuivra pas d'une haine vengeresse ceux qui l'ont « aidée » à réaliser un projet... somme toute compréhensible de la part d'une femme privée de liberté. Il y va de son intérêt. Et puis l'armée royale est autrement redoutable que la garnison d'Angoulême. Oui ! Finalement, le duc d'Epernon (qui vient d'avoir soixante-cinq ans) conseille à Marie de Médicis de traiter.

Celle-ci — incapable de s'arrêter à une résolution — ergote, discute, affirme et se contredit. Elle exaspère M. de Béthune par ses incessants revirements. Par chance l'évêque de Luçon arrive à Angoulême le 27 mars[1]. Connaissant (par Deageant) les intentions de Luynes et par là de Louis XIII, l'élégant prélat (trente-quatre ans) se range aussitôt aux raisons de M. d'Epernon en faveur de la paix.

La présence de son cher Luçon pousse l'indécise Florentine (quarante-six ans) à traiter. L'abbé Ruccellaï tempête et suggère que la reine ne s'abaisse pas en renonçant. Les raisons qu'il avance pour la résistance au roi sont plus farfelues les unes que les autres, voire dangereuses[2]. Face à l'évêque, l'abbé n'existe plus. Le froid pragmatique a vite fait de remettre le loufoque à sa place de déplaisant excentrique. Luçon montre un certain mépris. Ruccellaï se vengera cruellement de l'affront.

Luynes (inquiet) et Louis XIII (froissé) par les silences d'Angoulême, y envoient le cardinal de La Rochefoucauld réjoindre Bérulle et M. de Béthune, le 8 avril.

La reine mère étudie les « propositions » du roi son fils. Elle tergiverse encore mais on la sent prête à céder. L'évêque de Luçon qui tient par-dessus tout à contenter le pouvoir en place et réussir sa mission de conciliateur fait comprendre à la Florentine que ce qui lui est offert — après ce qui s'est passé — est... très généreux de la part du roi. Marie de Médicis (qui veut toujours plus), répond à l'évêque qu'elle accepte... en principe... mais rien ne presse...

Pendant que la reine mère joue les coquettes — alors qu'il n'y a

1. Son frère aîné, le marquis Henri de Richelieu, l'accompagne. Il est amusant de se souvenir que François de Richelieu, leur père, et le duc d'Epernon s'étaient connus à la cour d'Henri III. (Voir chapitre : « Richelieu ».)

2. Il proposait à Marie de Médicis de fuir Angoulême et de livrer Epernon au roi. Il envisageait aussi de passer en Angleterre où la reine mère aurait épousé le roi Jacques Ier. (Michel Carmona.)

vraiment pas de quoi — Schomberg qui s'est emparé d'Uzerche, déboule sur Angoulême et manque de peu d'enlever la citadelle. La Florentine s'empresse de déclarer bien fort qu'elle accepte les offres du roi !

Le 30 avril elle signe les conditions du traité d'Angoulême par lesquelles son gouvernement de Normandie lui est retiré. En échange elle reçoit celui de l'Anjou avec les places fortes d'Angers, Chinon et des Ponts-de-Cé. Elle conserve toutes ses charges, dignités et revenus. De plus, le roi lui paiera ses dettes : 1 800 000 livres [1] ! (La moitié de la somme dépensée pour lever l'armée royale !) Luçon se réjouit [2]. Louis XIII est satisfait, Luynes content d'avoir retrouvé la paix, Sillery et Jeannin s'effarent du prix à payer, Epernon estime s'en sortir à bon compte, Marie de Médicis redresse le buste et, en juin (1619), Ruccellaï se venge.

Des ragots propagés par ce détestable abbé amènent un gentilhomme de l'entourage de la reine mère, M. de Thémines, à provoquer en duel le frère aîné de Luçon, Henri de Richelieu. Celui-ci est tué [3] ! Ruccellaï est chassé sur l'heure du service de la reine et s'enfuit [4]. Thémines aussi.

L'évêque a perdu son frère mais gagne le titre de *chancelier* que lui confère Marie de Médicis en remerciement de son grand talent de négociateur [5]. Elle lui accorde en même temps sa confiance, sans réserve... *Quousque tandem* [6] ? Se rend-elle compte à quel sorte d'homme elle se confie ?

> *Cette belle entente va durer onze ans. Il se servira d'elle jusqu'au jour (11 novembre 1630) où elle osera se dresser contre lui. Louis XIII devant choisir entre le cardinal et sa mère, laissera partir celle-ci pour un exil définitif.*

La journée des Dupes ne commence-t-elle pas à Angoulême par ce bel été de 1619 ?

COUZIÈRES

(ou les retrouvailles)

En juillet 1619, Louis XIII est un jeune roi heureux. Il a dix-huit ans, se croit amoureux de sa femme qu'il honore de temps à autre depuis six mois. (Ce sont là des joutes agréables qu'il considère comme des passe-

1. 2 millions de livres = 200 millions de francs lourds (1990).

2. Mézeray a écrit : « Ce traité fit beaucoup d'honneur à l'évêque de Luçon ; d'autres prirent la chose autrement et l'accusèrent d'avoir trahi les intérêts de la reine pour se bien remettre en cour. »

3. Le 8 juin. Le marquis de Richelieu — que Marie de Médicis vient de nommer gouverneur d'Angers — est tué par le fils du maréchal de Thémines qui a procédé à l'arrestation de Condé (1er septembre 1616) à l'instigation de l'évêque de Luçon...

4. Ruccellaï se retrouvera au chevet de Luynes au moment de sa mort (décembre 1621).

5. N'a-t-elle pas retrouvé, grâce à lui, une partie de ses pouvoirs perdus en 1617 ?

6. Cicéron : « Jusques à quand ? »

temps plaisants, certes, mais l'attachement affectif n'y a pas sa place.) Son amant favori ne le quitte pas (comme à l'accoutumée), de plus il vient de vaincre une sorte de rébellion et s'apprête — sincèrement — à se réconcilier avec sa mère ; le plus torturant amour de sa vie !

D'Amboise, le 17 juillet il lui adresse une lettre où toute une tendresse refoulée remonte du plus profond : « ... Une des choses du monde que je passionne davantage est de nous voir remis en une si parfaite amitié... [...] ...je ne demande pas seulement une bonne intelligence avec vous, mais je désire que vous veniez avec une entière confiance reprendre votre place en ma cour aussi bien que vous l'avez dans mon cœur... [...] Acheminez-vous par-deça, je vous supplie au plus tôt, et me donnez ce contentement que nous retournions ensemble à Paris... »

On est loin du ton royal, autoritaire que le roi employait le 12 mars... Louis redevient-il soudain le petit garçon timide et craintif qui mendie l'amour maternel toujours refusé ? Le 17 juillet 1619, il n'est pas douteux que le jeune homme a cédé à un irrésistible élan d'affection.

Luçon qui lit la lettre à Angoulême, le ressent ainsi, et pousse la reine mère, qui hésite, à se déplacer pour aller vers son fils qui la réclame. L'évêque chancelier, s'il cherche à passer aux yeux de tous pour le principal artisan de la paix, a la ferme intention de se faire connaître comme le seul, l'unique organisateur responsable de la réconciliation offerte. Nul ne doit être à même de profiter (à sa place) des bonnes dispositions de Louis XIII à l'égard de sa mère. Il serait fâcheux que Luynes lui « volât » ce rôle...

Luçon s'emploie à convaincre la Florentine d'accepter de rencontrer le roi. Il parvient non sans efforts à vaincre l'entêtement stérile de la vaniteuse personne qui consent à abandonner (enfin) ses attitudes de mère outragée. Richelieu raconte dans ses *Mémoires* : « La reine m'envoya à Tours pour préparer son entrevue avec le roi. Elle n'eut pas peu de peine à se résoudre à ce voyage ; le traitement qu'elle avait reçu, la continuation qu'il lui semblait voir de mauvaise volonté envers elle, la crainte de s'en aller mettre en la puissance de *ses ennemis*, la tenaient en une grande irrésolution si elle devait aller voir le roi. »

Ses ennemis : c'est Luynes. Ils ne se sont d'ailleurs pas épargnés l'un l'autre à travers pamphlets et publications : lutte sournoise qu'ils ne peuvent avouer à cause de Louis XIII... Ils se musèlent mutuellement et se neutralisent. Une hostilité déclarée entraînerait un perdant. Or ni l'un ni l'autre ne veulent engager la partie... ouvertement. Le risque est trop grand. Si Louis XIII se trouvait placé soudain devant un choix définitif, vers quel amour irait sa préférence ? La mère ou l'amant ?

Dans le doute, les forces antagonistes se ménagent et vont être amenées à se sourire. Chacun sait que sa fortune à venir dépend de la volonté du roi... Luçon n'est pas assez haut placé pour s'attaquer de front à Luynes que Louis XIII écoute. Il n'est *que* le « chancelier » conseiller de la reine mère et, s'il a été rappelé de son exil avignonnais, c'est grâce à Luynes, par Deageant interposé. Sa position est précaire car, s'il a rendu le service que l'on attendait de lui en faisant signer le traité d'Angoulême, on peut aisément le renvoyer dans son diocèse si l'on estime qu'il n'est plus utile.

Il lui faut donc profiter sans attendre de l'avantage acquis. C'est pourquoi il veut passer pour *l'organisateur* de la réconciliation. Le roi tend la main, c'est à lui de pousser la reine mère à saisir l'occasion. Louis XIII lui en sera reconnaissant. Luçon sait que le favori n'a nulle envie de voir Marie de Médicis revenir à la Cour, mais si le roi le veut, Luynes sera bien obligé de s'incliner.

L'évêque se réjouit déjà à la pensée de revoir les boiseries du Louvre dans le sillage de la reine douairière... Le 31 août (1619) Luçon est à Tours. Il organise... avec Luynes... les retrouvailles de la mère et du fils. L'entrevue aura lieu au château de Couzières, qui appartient au duc Hercule de Montbazon, beau-père du favori [1].

Marie de Médicis arrive sur les lieux le mercredi 4 septembre. Luynes l'y attend. Il se précipite, s'agenouille devant elle et l'assure de son entier dévouement. Un certain nombre de personnages attentifs les entoure. Les deux ennemis se dévisagent mais échangent des mots de miel. La reine lui donne acte de sa déclaration : « ... Laissez donc les belles paroles et donnez m'en de bonnes, car de toute façon je sais que vous avez été toujours un homme de bien et que le roi mon fils n'a jamais été en meilleures mains ; c'est pourquoi il a raison de vous aimer et je vous aime aussi de bon cœur. Je ne veux plus me souvenir de tout ce qui s'est passé, comme si je n'avais jamais été éloignée de mon fils [2]. » La reine embrasse Luynes qui la remercie et la quitte bientôt pour aller à Tours rendre compte à Louis XIII.

Le roi gagne Couzières dans la matinée du lendemain au moment où sa mère sort de la chapelle du château. Elle vient d'entendre la messe en compagnie de ses femmes et des gentilshommes de sa suite. On vient la prévenir de l'approche du roi. Une foule considérable a envahi le jardin. La rencontre est prévue dans une belle allée bordée d'arbres sur les branches desquelles des curieux sont agrippés.Marie de Médicis s'avance d'un pas majestueux, les mains appuyées sur l'avant-bras du comte de Brenne et sur M. de Béthune. Derrière eux, le nouveau chancelier, marche à la tête de toute sa maison. Le duc de Montbazon, comme il se doit, est allé accueillir le roi qu'il a mené dans l'allée en compagnie de sa sœur Chrétienne et de son mari le prince de Piémont.

Louis XIII attend, immobile, entouré d'écuyers, de seigneurs, de dames de qualité et d'officiers de cour. Parvenue tout près de son fils, la reine mère se penche et l'embrasse par trois fois sur la bouche d'abord, puis sur les joues : « Que vous avez grandi ! », profère-t-elle après deux ans de séparation... « Soyez la bienvenue, ma mère, j'ai déplaisir de ne pas vous avoir vue plus tôt, car je vous ai toujours attendue. » Disant cela, le roi est très ému. Marie ne cache pas ses larmes. Les vivats jaillissent de partout.

1. Luynes a épousé le 13 septembre 1617, Marie de Rohan-Montbazon, une beauté !
2. Dépêche d'Angelo Contarini, datée du 20 septembre.

Tandis que le roi entraîne sa mère vers un buffet dressé où les attend une collation, Luynes et Luçon échangent un long regard, s'inclinent l'un vers l'autre. Ils se saluent en bons courtisans avant d'aller rejoindre les deux personnages couronnés dont, respectivement, ils dépendent mais dont ils sont un peu les maîtres...

Dans l'après-midi de ce beau jour, le roi, au milieu de quelques-uns de ses intimes, dit à sa mère : « Madame, j'ai déplaisir des événements qui sont survenus... [...] Pour l'avenir, nous devons continuer à nous tenir dans une constante amitié et union. Quant à Luynes, je vous assure qu'il sera toujours votre bon serviteur et qu'il vous manifestera le respect qui vous est dû ainsi que l'obéissance et la sincérité nécessaires [1]. » D'après celui qui la rapporte, cette déclaration aurait été faite sans la moindre trace d'affectation ou d'hypocrisie.

Un peu plus tard, Louis XIII monte dans le carrosse de sa mère pour la mener lui-même jusqu'à la résidence tourangelle qu'il a fait préparer dans la ville à son intention. En cours de route, poussé sans doute par l'heureuse émotion provoquée par leurs retrouvailles, Louis XIII avise sa mère de sa résolution de libérer le prince de Condé (arrêté, comme on s'en souvient, le 1er septembre 1616 [2]). Il ajoute que le royaume étant, maintenant, dans une période de calme, sa décision ne peut revêtir de signification politique. Il dit encore que les choses seront présentées à l'intéressé et à l'opinion de telle sorte que la reine mère en aura tout le bénéfice. En somme, le prince de Condé devra sa libération à l'intercession de Marie de Médicis auprès du roi [3].

Sur le moment, la Florentine, distraite, laisse passer l'information sans y attacher une importance particulière. Ce qui l'intéresse — et uniquement cela — c'est de savoir si son fils va la prier de *siéger à nouveau au Conseil !* Elle ne peut lui en parler présentement. Ils ne sont pas seuls dans ce carrosse et puis il faut répondre aux acclamations populaires en se penchant à la portière... Parmi les cavaliers de l'escorte du roi, la Florentine croit voir un fantôme... Non. C'est Vitry ! Le meurtrier de Concini ! A présent, il est maréchal de France.

Tours

(ou la mauvaise humeur)

Après Couzières, Louis XIII manifeste le désir de rester quelques jours encore en Touraine. Cette fin d'été est brûlante et les bois des bords de Loire sont si beaux pour y chasser entre Amboise, Tours et les plaines de Saint-Avertin.

1. Compte rendu d'Angelo Contarini.
2. Voir chapitre « Le vertige ».
3. Michel Carmona.

Marie de Médicis, installée à Tours en l'hôtel de Bordesière[1] ronge son frein. Luçon l'exhorte à la patience. Le roi n'a-t-il pas fait chanter une grand-messe dans la cathédrale pour fêter leurs retrouvailles ?... et la foule n'a-t-elle pas applaudi au spectacle de la mère et du fils réunis ?

Piètres consolations... La reine mère est de mauvaise humeur. Elle trouve tout détestable : choses et gens. Le roi, certes, l'entoure de prévenances mais on dirait qu'il la fuit. Il lui rend visite, il la reçoit, mais jamais ils ne sont seuls ! Elle enrage de ne pouvoir l'entretenir en tête à tête. C'est que... elle connaît ses armes. Louis XIII aussi.

Et Luynes donc... Le favori veille et la fait surveiller. Elle le sent et s'exaspère. Luçon n'est pas satisfait non plus mais, lui, raisonne : il est inutile de déclencher un orage alors qu'il n'y a pas de sujet pour tempêter. Il faut attendre que le roi précise ses intentions. Or Louis XIII laisse entendre à chacun qu'il *espère bien* que sa mère reviendra avec lui à Paris... A Tours, on ne sait plus ce qu'il faut en croire.

Marie de Médicis s'est trouvé un autre sujet de contrariété. Depuis la fameuse nuit du 25 janvier (1619), le roi et Anne d'Autriche vivent (enfin) en pleine lune de miel. La blonde Espagnole (dix-huit ans) qui a souffert pendant deux ans[2] l'écrasante autorité de sa belle-mère au Louvre, rend à cette dernière la monnaie de sa pièce. Elle arbore à présent un air triomphal en permanence, et use de toutes les ressources du protocole pour prendre systématiquement le pas sur la vieille reine[3] ! Ce qui a pour effet d'ulcérer la Florentine, jalouse à en être malade dès qu'il s'agit de préséances et de respect. Il faut savoir que la toute fraîche reine de France est « conseillée » par la plus espiègle, la plus jolie, la plus turbulente des nobles créatures : Mme de Luynes, épouse du favori (depuis deux ans), est sur le point d'être nommée surintendante de sa maison et « chef de son conseil ». Elle a dix-neuf ans[4] !

Marie de Rohan-Montbazon est de très haute race. On connaît leur devise : « Roi ne puis, Duc ne daigne, Rohan suis ! » Par sa mère elle est Lénoncour : « Les grands chevaux de Lorraine. » Elle a accepté d'épouser Luynes, ce petit gentilhomme heureux, parce qu'il l'amuse et lui plaît... d'avoir réussi, mais elle le juge (qui ne juge-t-elle pas ?). L'aime-t-elle ? L'a-t-elle aimé ? Oui, peut-être, un temps, au début de leur union.

Marie a du cœur, de la fidélité, de la verve et plus que tout, de la fantaisie. Elle est de traits réguliers, éclairés par des yeux trop grands qui pourraient faire paraître le visage court, visage d'un ovale rond comme une pomme mais qui sourit tout entier. Le nez est aquilin, les joues roses, la bouche menue et mobile, le front élevé : intelligent. Elle a le regard bleu, vif et beau, des cheveux châtains crespelés. Le cou, assez

1. Héroard, *Journal.*
2. 1615-1617.
3. Michel Carmona.
4. Marie de Luynes (future duchesse de Chevreuse !) a été nommée surintendante de la maison de la reine et « chef de son conseil » en 1618. Nous en reparlerons.

fort, promène la tête dans un port d'oiseau. « Tête petite et vivement tournée[1] ». Marie excelle à faire rire avec rien. Elle a le don de rendre comiques les propos les plus mornes. Elle bouffonne sans arrêt.

Anne d'Autriche, subjuguée, est saisie, empoignée par l'entrain de cette trépidante amie dont elle épouse les querelles et partage les farces. (La reine mère en fait souvent les frais.) Les deux toutes jeunes femmes s'entendent au point de devenir inséparables. Puisque leurs maris se plaisent à ne pas se quitter, elles s'aimeront. Mais elles s'aimeront en se divertissant bruyamment. Luynes, en bon méridional serait assez tenté de partager leurs rires. Louis XIII, en revanche, n'aime pas s'amuser (il ne sait pas) et n'aime pas non plus, qu'on s'amuse sans lui. Il grogne et souhaiterait que ces manifestations juvéniles fussent moins tapageuses.

Il a pourtant le même âge que ces deux gamines dissipées qui laissent exploser leur joie de vivre. Le roi aimerait que tant d'agitation puérile cessât. Et si Luynes intervenait ? Mais Luynes s'y refuse. Il n'ose pas tenter de modérer ces charmants éclats de gaieté. Il ne peut se permettre de dire à son épouse, et encore moins à la jeune reine de France : « Soyez donc plus tranquilles... ces choses-là ne se font pas ! » Il imagine avec quelle hauteur l'Infante d'Espagne et Marie de Rohan le remettraient à sa place... de petit gentilhomme parvenu... on sait au prix de quelle faveur... Alors Luynes se tait, Louis ronchonne et les deux impétueuses laissent libre cours à leur joyeuse exubérance.

Quant à Marie de Médicis, les deux malicieuses amies se demandent si elle a jamais ri... Elles ne savent qu'inventer d'espiègle pour taquiner cette grincheuse qu'elles n'aiment pas et qui le leur rend bien. La reine douairière ne veut plus supporter tous ces « jeunes » qui dirigent tout et semblent la narguer. Elle enrage d'autant plus qu'elle ne peut se plaindre auprès de personne. Aucune humiliation ne lui est épargnée. François de Sales[2], qui se trouvait alors à Tours, rapporte : « ... qu'à la Cour, l'avidité, les intrigues empoisonnées, l'ambition, la vanité de ceux qui y circulaient lui faisaient penser à un essaim de guêpes sur une bête morte. » Et puis, ce Vitry, ce valet, ce gaillard fruste, cet assassin du maréchal d'Ancre qui se pavane et la salue exagérément d'un air goguenard...

Décidément elle ne peut plus demeurer dans un tel climat. Aussi lorsque Louis XIII (dix-huit ans) lui demande si elle est disposée à l'accompagner à Paris lui répond-elle qu'au préalable elle tient à prendre possession de son gouvernement d'Anjou ! Le roi surpris (vraiment ?) accorde son acquiescement. Il va donner des instructions, dit-il, pour que la ville d'Angers honore sa mère en lui réservant une entrée officielle des plus fastueuses. Ils s'embrassent... devant témoins ! Luynes s'incline très bas pour saluer celle qui part...

Le 26 septembre, Louis XIII et sa cour arrivent à Chartres en remontant vers Paris, tandis que la reine mère se dirige vers Chinon avant de gagner Angers par petites étapes.

1. La Varende.
2. Alors évêque titulaire de Genève.

Vaniteuse en colère, confite dans l'aigreur, elle boude et bougonne dans son carrosse. Luçon l'accompagne, assez soucieux. Comme Marie de Médicis, avec la même fièvre d'anxiété, il a attendu jusqu'au dernier moment que le roi prononce les mots tant espérés depuis l'entrevue de Couzières et desquels dépendent leur avenir immédiat. Mais Louis XIII n'a rien laissé entendre qui puisse faire croire... Il n'a pas dit à sa mère *qu'elle était re-admise à son Conseil* ! Pour l'ex-régente et pour l'évêque cet échec est catastrophique. L'un et l'autre (à des degrés divers) poursuivent la même idée fixe : *être au pouvoir* ! Or, on les en éloigne. Ils connaissent le responsable de leur infortune commune : Luynes !

Ils sont dans le vrai. Si le favori est tout disposé à encourager une réconciliation d'ordre familial, il n'entend pas risquer de compromettre sa propre position en permettant à la reine mère de siéger au Conseil. Ce n'est pas elle qui l'inquiète (il connaît bien son esprit borné), c'est l'évêque ! Ce Luçon est un personnage redoutable qu'elle imposera d'une façon ou d'une autre en revenant au Louvre. Luynes sent qu'il faut prendre garde, plus que jamais, à cet étonnant prélat.

Il ne peut se permettre de le faire exiler à nouveau alors qu'on l'a vu, en avril, à Angoulême, imposer ses brillantes qualités de médiateur. On ne peut pas non plus disgracier présentement un homme aussi en vue qui, par ses soins attentifs, a su éviter une guerre civile. Et puis n'est-il pas adroit de maintenir auprès de la reine mère un interlocuteur dangereux, certes, mais valable parce qu'intelligent ? Si besoin est, on lui fera comprendre qu'il est préférable pour lui de servir les intérêts du roi à Angers que de dire des messes dans son diocèse...

LUYNES AU QUOTIDIEN

A Paris, autour du roi et du favori, la vertigineuse vie de cour reprend.

On se demande comment l'incessante courtoisie volontaire ne détraque pas l'immense et quotidien carrousel qui tournoie sous la chevelure cendrée de M. de Luynes. Il suffit d'imaginer ses matinées : consultations privées avec les ministres, secrétaires d'Etat et autres personnages attachés au gouvernement, lecture des courriers, directives pour les réponses, préparation (officieuse) du Conseil, réception discrète des envoyés étrangers, des gouverneurs ou de leurs représentants...

En marge des activités semi-officielles : cabales à déjouer, pensions à distribuer, charges à créer pour ses amis, audiences aux quémandeurs, surveillance à exercer auprès des indélicats, rapport des agents... secrets, renseignements à trier d'heure en heure, apportés par des écuyers venus des capitales de province...

A cela s'ajoutent (entre deux visites du roi) : les rendez-vous familiaux, les ballets à répéter, les promenades obligées, les chasses (auxquelles il ne peut échapper toujours), les réceptions, les achats de meubles ou objets précieux, les visites d'architectes (pour enjoliver Lésigny ?), les essayages vestimentaires... Les journées s'écoulent à un rythme fou : vie de salon, vie d'antichambre, vie de voyage aussi, à Fontainebleau, à Amboise, ailleurs, plus loin, chevauchées fréquentes sur des routes parfois militaires, inspections aux camps retranchés, consultations encore (entre deux visites du roi), promesses aux uns, sourires aux autres...

Les soirées, elles aussi, sont chargées : bals, spectacles, comédies, soupers en compagnie du roi, d'ambassadeurs, de notables... Luynes apprécie-t-il encore les plaisirs de la table, les hasards du jeu ou de plus secrets agréments ?

Par là-dessus, il y a Louis XIII à rasséréner, à conseiller, à désénerver, la reine mère qu'il faut ménager, un Parlement très susceptible à traiter avec circonspection, une jeune reine de France (très espagnole) qu'il faut flatter et distraire : Mme de Luynes s'y emploie... sous directives maritales ! Le roi, depuis quelques mois, semble avoir pris goût aux charmes de sa femme, ce qui laisse à Luynes un peu de répit, le soir, très tard.

Il ne lui reste que la nuit pour se concentrer dans le silence et réfléchir aux moyens de faire durer une chandelle qui brûle par les deux bouts...

Les semaines flambent. Les journées s'évaporent. Les heures sont dévorées par les règles de civilité, immolées aux bienséances, sacrifiées au décousu des amitiés, des brigues, des conjurations de corridor...

S'il n'y avait qu'à juguler celles-là...

L'image de l'évêque de Luçon le rend, parfois, insomniaque.

M. de Luynes ne se sent-il pas quelque peu étourdi ?

ANGERS

(ou l'apaisement ?)

Non erat his locus[1]. Est-ce Louis XIII ou Luynes, ou eux deux en plein accord qui ont veillé à ce que l'entrée de la reine mère à Angers soit somptueuse et triomphale ? Le mercredi 16 octobre (1619) le carrosse de la mère du roi avance lentement sous les arcs de triomphe et les banderoles, fendant la foule qui s'égosille en acclamations joyeuses. Plus de cinq cents gentilshommes l'ont accueilli aux Ponts-de-Cé et lui font escorte jusqu'au beau palais meublé de neuf que la ville lui offre.

Est-ce le roi ou son favori (ou eux deux) qui ont donné l'ordre de vider les magasins de la citadelle d'Angers de toutes les armes et munitions avant l'arrivée de la Florentine ?

La confiance règne... Luçon est là, constate le fait, et fronce les sourcils. Ainsi, à Paris, on se méfie d'Angers ? Que peut donc craindre Luynes ? Ou bien que prépare-t-il ? Il ne va pas tarder à le savoir.

Le 17 octobre, le Conseil du roi approuve la mise en liberté de Condé.

1. Horace : « Ce n'en était pas la place. »

La ville d'Angers au XVIIe siècle

Le même jour Louis XIII écrit à sa mère pour lui faire part de la décision intervenue et lui rappeler que le principe en a été arrêté d'un commun accord... (Mais si... voyons... entre Couzières et Tours... le 5 septembre dernier...) On se demande pourquoi Louis XIII éprouve soudain le besoin de prévenir sa mère, lui-même, si vite. On dirait qu'il veut se justifier.

Le dimanche 20 octobre, le prince et la princesse de Condé[1] étant sortis de Vincennes, viennent présenter leurs remerciements au roi, vers trois heures de l'après-midi, au Louvre. C'est Luynes qui est allé les chercher[2]... Louis XIII, aussitôt, adresse une nouvelle lettre à sa mère pour lui donner les détails de l'entrevue. Quel empressement ! Ne dirait-on pas que c'est à nouveau le « petit garçon » qui rapporte une prouesse (ou une sottise ?) à sa mère ?

Luynes, alors, commet deux erreurs. A moins que...

A Condé[3] (trente et un ans) il fait croire que la reine mère *s'est opposée* jusqu'au bout à sa mise en liberté. Il lui présente son retour en grâce comme un désaveu formel à la politique menée par l'ex-régente[4] !

La « ficelle » est un peu grosse. Cependant, tout à la joie d'être libre, Condé veut bien ne pas réagir. Luynes insiste volontairement et persiste dans son invention. Il persuade Louis XIII de la nécessité de faire une déclaration publique à l'occasion de la libération du prince et *rédige lui-même le texte* qui, publié le 9 novembre 1619, ne pouvait que blesser Marie de Médicis. Il y était dit que Condé avait été reconnu innocent, et que *sa détention était le seul fait de personnes qui, sous couvert de l'autorité royale, avaient poursuivi des desseins propres* ; Louis XIII s'étant informé des charges qui pesaient sur le prince, en reconnaissait l'inanité et lavait Condé de tout soupçon.

A Angers, Marie de Médicis reçoit l'information comme un soufflet. Luçon devine d'où vient le coup : Luynes ! (et Deageant)[5]. Le favori s'emploie à brouiller Condé et la reine mère et veut rendre cette dernière responsable de la « bavure[6] » de 1616, la discréditant ainsi aux yeux de l'opinion publique.

L'évêque, au lieu de réagir avec force, sans attendre, se laisse gagner

1. La fameuse Charlotte de Montmorency, dernière passion (inavouée) de Henri IV qui croyait « tout arranger » en lui faisant épouser son cousin Condé, homosexuel notoire. La prison de Vincennes l'aurait-elle converti ? Son épouse, charmante, a su se trouver enceinte de ses œuvres, assurant ainsi sa descendance.

2. Héroard, *Journal*.

3. Henri II de Bourbon Condé (1588-1646), héritera des biens (immenses) de son beau-père, Henri II, dernier duc de Montmorency, exécuté à Toulouse en 1632 sur l'ordre de Richelieu (et Louis XIII). C'est Schomberg qui le fit prisonnier.

4. Michel Carmona.

5. On peut en douter. Dans ses *Mémoires*, Richelieu encense Deageant et éreinte Luynes.

6. Or cette « bavure » n'en était pas une le 1er septembre 1616 et — comme on s'en souvient — c'est l'évêque de Luçon qui en est l'instigateur. (Voir chapitre : « Vertiges ».)

par l'écœurement[1]. La mort de son frère l'a frappé au plus sensible. Ils étaient extrêmement proches[2]. M. de Luçon subit une sorte de dépression nerveuse et demande à Marie de Médicis la permission de se retirer quelque temps dans son diocèse. Se souvient-il de ce que lui a dit François de Sales quelques jours auparavant : « *Rentre dans ton diocèse, tourne le dos à tout cela*[3]. » N'est-ce pas à ce conseil du grand Savoyard qu'il obéit ? Toujours est-il qu'il se montre dans un tel état que Marie de Médicis, bien que fort ennuyée de se priver de ses conseils, laisse partir son chancelier[4].

Le 13 novembre, Louis XIII se rend au Parlement pour faire enregistrer les lettres patentes accordant à Luynes le titre de duc et la dignité de pair de France[5]. Le 26 novembre, le roi écrit à sa mère pour lui demander une nouvelle fois de revenir auprès de lui. Le 7 décembre, la reine douairière répond que même si elle le désirait, elle ne pourrait se rendre à Paris. Elle n'a pas d'argent ! Suit une longue liste de récriminations... En respect des accords d'Angoulême, en contrepartie de la libération de Condé (?), on a accordé celle de son cher Barbin, mais à peine sorti de la Bastille, on l'a expulsé de France[6] (Luynes tient à éviter tout rapprochement entre eux !). On a donné sans la consulter un nouveau gouverneur à son bien-aimé fils cadet, Gaston (onze ans) en la personne de M. d'Ornano[7] (Corse obligé de Luynes depuis l'assassinat de Concini). On refuse au marquis de La Valette, fils d'Epernon, la possession de la ville de Metz dont son père lui transmet le gouvernement. Et puis on n'a pas payé ses dettes comme on s'y était engagé par le traité d'Angoulême... Et puis... et puis surtout, la reine mère estime injurieuse la publication du texte du 9 novembre relatif à la libération de Condé. On l'y implique indirectement. On veut la rendre responsable de l'arrestation de 1616. Elle ne peut accepter cela !

Le 24 décembre, Louis XIII adresse à sa mère une lettre embarrassée où, sous les termes alambiqués s'expriment... des excuses : « Si je me fusse seulement imaginé qu'il y eût eu quelques termes douteux et capables de porter les esprits les plus subtils à une interprétation qui pût

1. Et la déception : il a été pris de court. Il aurait souhaité agir de telle sorte qu'on lui attribuât la libération de Condé par Marie de Médicis interposée. Luynes l'a devancé.

2. Il écrira : « Le chagrin de cette mort m'abat au point que je ne puis parler ni écrire. » Il dira dans ses Mémoires : « Il m'est impossible de décrire l'état où m'a mis ce malheur. Le désespoir total qui m'a alors saisi fut si fort que je fus sur le point de tout abandonner. » On peut tenir cet aveu pour sincère (ce qui est rare de sa part !).

3. Carl J. Burckhardt, *Richelieu.*

4. N'est-il pas désireux de lire (voire relire attentivement) les lettres que Barbin lui a adressées personnellement, ainsi que celles adressées à Marie de Médicis et qui dorment dans les coffres à serrures multiples des sous-sols de l'évêché de Luçon ?

5. Héroard, qui accompagne le roi au Parlement. (Voir *Journal.*)

6. Son « élargissement » avait été prévu dans les clauses du traité d'Angoulême. Luçon y avait veillé. Luynes a-t-il attendu cette « occasion » pour s'exécuter ?

7. Il sera exécuté en même temps que Chalais, de Thou, Montmorency et Cinq-Mars en 1642.

vous être préjudiciable, j'eusse plutôt dénié absolument ce que mon cousin [c'est-à-dire Condé] requérait de moi à cet égard, que de le lui accorder en vous laissant quelque sinistre soupçon ainsi qu'il semble que vous ayez reçu. Vous n'êtes nullement intéressée à ladite déclaration. »

L'évêque de Luçon est de retour à Angers. Au prix d'efforts douloureux, il a étouffé sa peine de l'irréparable perte fraternelle. Il a aussi beaucoup réfléchi. Ce n'est plus le modérateur, le conciliateur qui réapparaît auprès de l'ex-régente, c'est un homme résolu à se venger, à abattre Luynes, définitivement. Il a eu le temps durant de longues nuits d'insomnie d'analyser les causes de la libération de Condé avant d'en imaginer les conséquences possibles : celles souhaitées par Luynes et celles que, lui, peut provoquer. Dans les derniers jours de 1619, c'est une lutte mortelle qui s'engage entre les deux hommes à travers têtes couronnées interposées. Tout d'abord, Luçon estime à juste raison que la déclaration du 9 novembre n'est pas à porter à l'honneur de Louis XIII. Comment ? Ce jeune roi (ou plutôt Luynes) a pris personnellement le pouvoir le 24 avril 1617 et il lui a fallu *trente mois* pour décider la libération de Condé ? De deux choses l'une : ou bien le roi a péché par légèreté, ou bien l'innocence de Condé n'est pas aussi évidente qu'on veut l'affirmer ! Luçon veut croire que Louis XIII est de bonne foi... Dans ce cas il n'a pas saisi la portée de ce que Luynes lui a fait faire. A moins qu'ils ne soient complices. Ce qui pourrait expliquer la lettre embarrassée du 24 décembre... Quoi qu'il en soit, l'évêque en conclut que le jeune roi demeure sous la complète influence de son favori. Ensuite, il estime que Luynes le vise directement par la déclaration du 9 novembre sur l'innocence de Condé. Nul n'a oublié à la Cour que c'est lui, Luçon, alors ministre (grâce aux Concini) qui, en 1616, a provoqué la détention du cousin du roi ! En agissant comme il le fait, le favori, ce n'est pas douteux, cherche à perdre la réputation de l'évêque en ternissant celle de la reine mère. Le roi embrasse Condé, souhaite le retour de sa mère auprès de lui... tout devrait-il s'arranger en famille ? Mais à lui, Luçon, le favori ne lui prépare-t-il pas sournoisement le rôle de bouc émissaire en faisant surgir du passé le souvenir d'un moment où il a effectivement été *le principal incitateur* à l'incarcération de Condé ?

La manœuvre est adroite. L'évêque se dit que s'il retourne à Paris en tant que chancelier de la reine mère, il se retrouvera bientôt embastillée à son tour... juste retour des choses (en politique !). Pourquoi Condé lui pardonnerait-il deux ans et demi de prison ?

Alors Luçon se résout à se servir de la mère du roi pour abattre le favori du roi !

D'autres raisons plus obscures s'ajoutent aux précitées. Deageant ne vient-il pas d'être disgracié et réexpédié d'où il est venu jadis : Grenoble[1] ? Luynes ne l'éloigne-t-il pas sciemment pour priver son rival d'un allié ? (Car il sait combien le Dauphinois apprécie l'évêque !) *Et puis...* ce

1. Voir chapitre : « L'énigme Deageant ».

Thémines qui a tué son frère, n'est-il pas le fils de celui qui a procédé à l'arrestation de Condé ?

Et puis... cet abbé Ruccellaï... qui s'est arrangé pour provoquer le duel fatal, n'a-t-il pas été envoyé à Angoulême par Luynes pour conseiller la reine mère (alors sans appui) en dépit du bon sens, afin de la perdre plus facilement [1] ?

Et puis... Luçon ne peut s'empêcher de penser aux lettres qu'il a adressées à Leonora et à Concini, les 25 et 29 novembre 1616... Ces compromettants écrits sont, sans doute, entre les mains de Luynes... Le favori pourrait les produire pour tenter de confondre son ennemi, alors affidé aux « maréchaux d'Ancre », traîtres au royaume, traîtres au roi... et exécutés depuis.

Et puis il y a le cas Barbin. Luçon avait tenté (par une clause du traité d'Angoulême) de *récupérer* le personnage détenteur de nombreux secrets appréciables et susceptibles de servir de « monnaie d'échange » en cas de nécessité. Or, dans cette affaire, Luynes s'était joué de lui. Il a désembastillé Barbin pour le faire conduire vers Bruxelles le jour même.

Barbin a beaucoup écrit, certes, et ses confidences (avouables) se trouvent confinées dans les caves de l'évêché de Luçon. Mais ces lettres n'attestent qu'une faible partie de la masse de renseignements qu'il pouvait donner sans être assez sot pour les écrire. Barbin a été mis au courant des situations les plus ambiguës et des difficultés les plus variées qu'ont connues, à un certain moment, Marie de Médicis, Leonora, Concini et quelques autres... Il a reçu les confidences du président Jeannin... qui en sait long sur la mort de Henri IV [2]. Barbin pourrait *parler* pour ou contre la reine mère selon ses dispositions d'esprit.

Or le futur cardinal de Richelieu se trompe. Il juge Barbin à son image. Il le croit tortueux et capable d'agir comme lui-même agirait à sa place, possédant tant d'armes cachées. Barbin est un homme habile, énergique et courageux, certes, mais c'est aussi un homme intègre. Il ne trahira jamais personne. Cela, l'évêque de Luçon l'ignore alors qu'il se trouve à Angers, soupçonnant l'exilé de Bruxelles de toutes les tractations profitables à ses intérêts [3].

Mais Barbin n'inquiète pas outre mesure le chancelier de la reine mère. Il aurait souhaité accrocher cette arme menaçante en supplément à la panoplie qu'il va confectionner pour désarçonner le favori.

L'évêque de Luçon ayant retrouvé toutes ses facultés encore aiguisées par la haine, va tenter de provoquer la perte de ce Luynes dont « la bouche ne s'ouvrait jamais à faire quelque promesse que sa volonté ne

1. Il est troublant de retrouver Ruccellaï au chevet de Luynes, à Monheur, au moment de sa mort, en décembre 1621. (D'après C. J. Burckhardt.)

2. Voir chapitre : « Une sombre affaire ».

3. Lorsque Barbin, toujours exilé mais dans la gêne financière, fera appel à Richelieu, celui-ci fera la sourde oreille et n'enverra par un écu à cet homme honorable qui se tait par honnêteté morale, qui a été son ancien chef (au temps des Concini), son ami et son allié désintéressé. Plus tard, le cardinal, au faîte de la puissance, ne cherchera ni à le rappeler ni à lui venir en aide.

fût résolue à ne pas l'observer et que son esprit ne méditât le moyen de n'en rien faire[1]. »

Dans les derniers jours de cette année 1619, une sourde mais puissante hostilité s'installe entre la cour du Louvre et celle d'Angers. Les deux ennemis mortels vont chercher à se détruire réciproquement au travers de toutes les hypocrisies.

Anne d'Autriche fait une fausse couche.

Le roi en est très chagriné.

Marie de Médicis, qui se souvient de son séjour tourangeau, n'écrit pas son fils et encore moins à sa belle-fille...

1. Richelieu, *Mémoires*.

CINQUIÈME PARTIE

1620

1620

UN SURPRENANT ÉVÊQUE

En ce début de l'an 1620, Luynes accumule-t-il les bévues par inattention ? Il semblerait. Lui-même, duc et pair de France (patenté) depuis novembre, a fait remettre à son frère Cadenet le bâton de maréchal le 8 décembre 1619 (on se demande en vertu de quelle action militaire !).

Le 13 janvier Louis XIII assiste aux fiançailles du maréchal de Cadenet avec Mlle de Piquigny, présidées par M. le cardinal de la Rochefoucauld [1].

Mme la duchesse de Luynes est officiellement nommée surintendante de la maison de la reine régnante (avec les revenus correspondant à la charge...) et, de surcroît, chef de son Conseil (!). Elle a vingt ans !

A la demande de son époux, Marie de Luynes prend connaissance avant Anne d'Autriche les lettres qui viennent d'Espagne et la « conseille » dans les réponse que la reine adresse à son père : le roi Philippe III !

Le 25 février, ce sont, d'une part, les accordailles du fils *aîné* de M. de Guise avec Mlle de Bourbon, fille aînée du prince de Condé, et d'autre part, celles du fils *puîné* de M. de Guise avec la fille... de M. de Luynes [2] ! (Belle alliance en vérité pour l'enfant de l'ancien fauconnier.)

De plus, une invasion de cousins pauvres arrive de Provence par familles entières. Les parents des parents, ainsi que leurs alliés, amis et clients sont pourvus, couvrant les villes et les provinces d'un grand nombre de propriétaires fonciers, de hauts dignitaires civils et militaires.

Les médisants (?) parlent d'épidémie luynesque...

A Angers, l'évêque de Luçon est renseigné sur ce qui se passe à la Cour. Si, en lui, le lutteur se réjouit des fautes de son ennemi, le monarchiste qu'il est s'indigne. Il note : « Il n'y a pas une place en France que Luynes et ses partisans ne cherchent à acheter et, quand ils

1. Héroard, *Journal.* Voir chapitre sur la famille de Luynes.
2. Héroard, *Journal.* Accordailles d'enfants qui moururent jeunes, semble-t-il. La seule fille survivante du prince de Condé sera la fameuse duchesse de Longueville.

ne peuvent l'acquérir, ils s'emploient à l'enlever de force. Ils se sont ainsi approprié jusqu'à dix-huit des meilleures fortifications [1], ils envoient des troupes dans toutes les directions : régiments dans les provinces, soldats dans le bois de Vincennes ; ils ont gagné les régiments de la garde compagnie par compagnie, et les chevau-légers du roi sont déjà pour eux. *En fin de compte, si la France entière était à vendre, ils l'achèteraient, aux frais de la France elle-même* [2].»

Mais ce mouvement de colère n'est rien en comparaison de l'inquiétude amère qu'il éprouve en apprenant que Luynes appuie les Habsbourg contre les protestants de Bohême et d'Allemagne du Nord. Une contre-réforme menée en terre d'Empire par une union germano-espagnole signifierait pour le royaume de France la plus terrible des menaces. Sur le plan intérieur, les démêlés avec les huguenots n'arrangent pas les choses. Voilà plus de deux années [3] que l'on tente (en vain) d'imposer au Béarn l'exécution de l'édit ordonnant de restituer à l'Eglise catholique les biens dont elle a été spoliée. Le Conseil souverain de Pau s'y refuse. Luynes autorise soudain les Jésuites à rouvrir leur maison de Paris : le collège de Clermont. Aussitôt se dressent contre lui et sa politique, les Parlements, les universités et les huguenots, lesquels par précaution accumulent les armements et mettent en défense les villes fortes qu'ils détiennent.

Si Louis XIII supporte mal que l'on bafoue son autorité royale, il n'est pas disposé à accepter la campagne de rumeurs qui se répand et s'amplifie au sujet des appétits de son cher Luynes. N'ose-t-on pas comparer ses « gourmandises » à celles de Concini ? Le roi ne veut rien voir ni entendre et menace des plus rudes punitions ceux qui voudraient persévérer dans leurs erreurs de jugement sur son favori. Ce qui laisse à penser que « toucher » à Luynes pourrait être considéré comme un crime... de lèse-majesté ?

L'expression « le roi Luynes » vient d'être inventée ! Mais... elle est suivie d'effets. La noblesse, comme au temps du maréchal d'Ancre, va chercher à écraser ce nouvel arriviste insatiable. Elle commence par s'écarter de lui. Le comte de Soissons [4] (seize ans) et sa mère donnent le signal, en quelque sorte. Ils créent l'isolement autour du favori, attitude qui préfigure une résistance plus active.

Louis XIII sent qu'une tension négative s'installe autour de Luynes. Celui-ci est persuadé que tout ce mal vient d'Angers... et le dit. Le favori pense à Luçon ; le roi à sa mère ! Louis n'a cessé de lui écrire depuis le début de l'année pour demander quels sont les griefs qu'elle garde contre lui. L'évêque chancelier conseille à Marie de Médicis de faire attendre sa réponse. Elle l'écoute. Elle l'écoute aussi lorsqu'il lui fait signer certaines

1. Places fortes.
2. Si le temps a passé, on se demande si les hommes qui gouvernent on beaucoup changé... depuis !
3. Par un arrêt du Conseil du roi en date du 2 juin 1617.
4. Le comte de Soissons, né en 1604, est le cousin germain de Condé.

lettres (plus ou moins codées) envoyées aux Soissons, Mayenne, Vendôme, Epernon et autres...

Luçon regroupe l'opposition. Il souhaiterait qu'elle s'armât ! Le moment est propice. L'opinion publique se tourne contre Luynes. L'évêque exècre le favori à un point tel (jalousie ?) qu'il se pardonne par avance toutes ses démarches cauteleuses, ses mensonges plus ou moins honorables, ses calculs glacés. Si la haine pouvait tuer, Luynes serait déjà mort [1] (le futur cardinal de Richelieu est un être passionné). A Angers, Luçon tisse sa toile et poursuit son ambition personnelle à travers les actions qu'il pousse les autres à entreprendre... sous couvert d'une reine mère incitatrice.

L'évêque prépare la révolte contre le roi. En même temps, il cherche un alibi, de manière à pouvoir se reprendre... au besoin. Le clergé, à sa demande, travaille à l'apaisement entre la mère et le fils. Il écrit aux prélats et préconise... le rapprochement [2]. Avec les nobles et les protestants, il tient un autre langage, parle davantage, écrit beaucoup moins. Vis-à-vis de Luynes, il affiche une entière franchise, mais si, au début, sa correspondance avec le favori est encore teintée de politesses, on peut, petit à petit, y lire entre les lignes et voir monter comme dans une éprouvette, une haine implacable.

En mars, Louis XIII écrit de nouveau à sa mère pour la presser de revenir à Paris. Marie de Médicis décline l'offre, une fois de plus, sans donner de raisons. Le 11 avril, impatienté par ces refus réitérés, le roi se rend à Orléans avec l'intention de pousser jusqu'à Angers. On devine sous quelle influence la reine mère fait savoir à son fils qu'elle considérerait ce déplacement comme *une menace à sa sécurité.* Le roi, très contrarié, quitte Orléans le 13 avril et regagne Fontainebleau le 15. Anne d'Autriche l'y attend. (Luynes n'était pas du voyage... Il ne tenait pas — le cas échéant — à rencontrer Luçon !)

Le 25 avril, Louis XIII est à Paris. Désireux de désamorcer la crise, il envoie vers Angers la fine fleur de son entourage dans l'espoir de convaincre sa mère de revenir au Louvre. MM. de Blainville, Bellegarde, le président Jeannin, l'archevêque de Sens jouent tour à tour leur rôle de médiateur et reviennent, ayant échoué. Ils ont peu vu M. de Luçon tout occupé à écrire... au clergé ? La reine mère s'est montrée... fort indécise.

Luynes — est-il inconscient de ce qui se prépare ? — semble ne vouloir manifester aucune inquiétude. En mai, la fille de sa sœur Marie, Anne de Combalet, ayant épousé le comte de Canaples, est reçue au Louvre par le roi qui va border le couple dans le lit de la marquise de Montlaur [3].

1. C. J. Burckhardt.

2. On sait quels sont les rapports privilégiés qu'il entretient toujours avec Rome. (Voir chapitre : « Richelieu ».) Paul V ne le tient-il pas en haute estime ?

3. Héroard, *Journal.* Il écrit une phrase que l'on ne sait comment interpréter au juste : « Après leur avoir fait beaucoup de mal *(sic)*, s'en revient à onze heures trois quarts. » ... ! ? Louis XIII joue-t-il une fois encore le rôle de « voyeur » ? On n'ose penser à une... participation active... A l'occasion de la consommation du mariage de sa sœur Vendôme (comme on l'a vu), Héroard emploie l'expression : « Leur avoir fait la guerre. »

Tandis que Luçon poursuit son travail de regroupement des forces contraires à Luynes, au Louvre les habitudes se poursuivent comme s'il ne se passait rien. Le 8 juin, on baptise Mlle de Bourbon (fille de Condé). La reine étant sa marraine, on la prénomme Anne [1], Luynes est son parrain...

Sur ces entrefaites, pour une vague question de préséance, les deux cousins, Condé et Soissons, se brouillent. Les Soissons mère et fils quittent la Cour. La comtesse, femme hardie [2], s'acharne à dresser une dangereuse opposition contre Condé et son allié du moment... Luynes ! Elle parvient à décider les ducs du Maine et de Longueville à préparer une rébellion armée [3] (Vendôme se joint à eux). Cette femme courageuse engage sous la bannière de la révolte des personnages déjà résolus à y participer.

Il y a plusieurs semaines que l'évêque de Luçon s'emploie aux préparatifs militaires contre le roi. Tel un marionnettiste, il tient en main tous les fils de l'intrigue et les bouge avec des précautions admirables.

Henri de Rohan [4] conseille à la Reine mère de quitter sa tête de pont sur la Loire et de se réfugier dans le sud du royaume. L'évêque l'en dissuade ! En vérité... il ne tient pas à trop de sécurité pour elle. Il veut seulement — mais à cela, il tient avant tout — que de graves difficultés tombent sur Luynes et l'écrasent. Marie de Médicis dans le sud de la France ? Cela signifierait l'organisation d'un second Etat dans l'Etat. La reine mère, entourée de petits potentats risquerait alors de lui échapper en tombant sous d'autres influences. Le repli vers les régions huguenotes (Montauban, La Rochelle) pourrait passer pour une rébellion *ouverte* contre le roi. Et cela, Luçon ne le veut à aucun prix.

En revanche, en restant à Angers, on peut espérer que Louis XIII se décidera à attaquer les rebelles et pour peu que ceux-ci soient battus, on pourra tenter de faire apparaître la reine mère comme une victime malencontreusement placée entre deux feux...

De là à invoquer la responsabilité de Luynes dans cette fausse vraie guerre civile... il n'y a qu'un pas. l'esprit imaginatif de l'évêque le franchit aisément. C'est pourquoi, mettant son plan à exécution, le chancelier de la reine mère choisit Michel de Marillac, officier inexpérimenté, pour commander les troupes réunies à Angers. En juin, M. de Luçon est prêt. Il souhaite que « l'ennemi » attaque. La résistance est organisée sur une vaste étendue...

En Normandie, le duc de Longueville tient Caen, Rouen, l'accès à la mer. Villars tient Le Havre, les Vendôme la Bretagne. Le maréchal de Boisdauphin les villes fortes de la Sarthe, la comtesse de Soissons le Perche, le duc de la Trémoille le Poitou, le duc d'Epernon la Saintonge

1. Il s'agit de la future duchesse de Longueville qui, sous la Fronde...
2. Anne de Montafé qui s'est déjà dressée contre l'autorité royale en 1616 (comme on l'a vu).
3. Luçon, comme on le sait, a « préparé » le terrain.
4. Gendre de Sully (cousin de la femme de Luynes) et tête du parti protestant.

et l'Aunis, le duc de Mayenne la Guyenne, M. de Rohan les places huguenotes. Le duc de Montmorency est prêt à soulever le Languedoc... et la reine mère gouverne l'Anjou... C'est tout le Midi, l'Ouest et le Sud-Ouest qui se préparent au soulèvement : Bordeaux, l'Aquitaine, les Bouches de la Gironde et celles de la Dordogne n'attendent qu'un signal.

L'Est aussi se prépare : Metz, où le fils du duc d'Epernon, le marquis de la Valette, ouvre ses portes aux contingents allemands, Sedan où le duc de Bouillon fourbit ses armes, le Dauphiné où Lesdiguières pour la première fois de sa vie est tenté d'être infidèle à la Couronne. En Savoie, à Genève et dans les cantons suisses, le duc de Nemours s'apprête à lever des mercenaires. D'Angers, Marie de Médicis reste en contact avec le roi d'Espagne[1] et les protestants d'Allemagne. Madrid qui se croit revenu au temps de la Ligue, promet toute l'aide nécessaire et voit déjà les troupes espagnoles tenir garnison dans Paris. Les Allemands de la religion réformée s'agitent et veulent marcher contre Luynes, cet exécrable ami des Jésuites...

M. de Luçon a bien mené son affaire. Son complot est solidement étayé. Ce n'est pas la première fois qu'il élabore des plans de guerre. N'a-t-il pas mené à bien la campagne de 1616 contre les princes alors qu'il était secrétaire d'Etat aux Armées... grâce à Leonora, Concini et... Marie de Médicis ? Mais la situation n'est plus la même. Ses ennemis d'hier sont ses alliés d'aujourd'hui (Bouillon, Longueville [qui a grandi[2]], Mayenne et quelques autres). Et puis, à l'époque, M. de Luçon se devait d'être vainqueur alors qu'à présent il souhaite être vaincu... afin de pouvoir défendre les intérêts de la reine mère... à son propre avantage, ainsi qu'il a été dit plus haut.

A Paris, Luynes ne peut plus ignorer ce qui se prépare et le menace. Chaque jour d'inquiétantes informations lui parviennent : « Une filière de provinces de près de deux cents lieues de long se déclarerait du parti de la Reine mère, parti qui, sans se presser de prendre ou d'assiéger des villes, devrait, avec une grande armée, aller droit à Paris pour réformer les abus qu'on disait être dans l'Etat[3]. » Le favori se rend compte (enfin) de l'importance du danger et s'efforce de rétablir un contact apaisant avec Angers. Il dépêche le père Arnoux (confesseur du roi), le père Bérulle, le cardinal du Perron et le père Joseph auprès de... l'évêque de Luçon.

Les « Missionnaires de Monseigneur le Duc de Luynes » sont courtoisement reçus par l'évêque, chancelier de la reine mère qui les écoute attentivement et *paraît*... très sensible à leurs arguments. « Il est évident qu'ils sont dans le vrai... Il partage leur avis. N'a-t-il pas déjà, lui-même, écrit dans ce sens, depuis des semaines, à certains membres du clergé ?

1. C'est-à-dire le duc de Lerma, favori qui dirige Philippe III. (Mais c'est Luçon qui dicte les lettres.)

2. Voir chapitre sur Concini.

3. *Le Mercure de France*, cité par M. Henri Carré (*La Jeunesse et la Marche au pouvoir de Richelieu*.)

Oui... Bien entendu il faut agir... au plus vite et essayer d'empêcher la rupture entre la mère et le fils ! Il espère seulement — leur dit-il — qu'il n'est pas trop tard pour endiguer ce flot de révoltés [1]. »

Alors le surprenant évêque va se livrer à l'une des plus extraordinaires comédies de son existence. Lui qui, avec maestria, a « monté » toute l'opération de rébellion dans le plus grand mystère, embouche les trompettes de la réconciliation. Il s'entremet auprès des grands, écrit très officiellement aux princes dans un style si outrancier que ceux-ci ne peuvent croire à la sincérité de ce qu'ils lisent. Luçon pousse encore plus loin : il rédige nombre de déclarations et de manifestes qu'il fait placarder et publier au nom de Marie de Médicis [2]. La Reine mère — *qu'on s'en persuade* — ne veut que la paix ! Qui est dupe ? Le peuple ?

Il n'y a rien de pire qu'un royaume divisé : on n'y reconnaît même pas ses ennemis...

Initiation aux armes

Quoi que puisse en penser M. de Luçon (trente-cinq ans), le prince de Condé (trente-deux ans) ne le tient pas pour le véritable responsable de son arrestation (novembre 1616). Le cousin de Louis XIII voit en Marie de Médicis (quarante-sept ans) la vraie coupable. Il veut se venger et désire en finir avec sa vieille ennemie. Il confie à l'ambassadeur de Venise : « Je serai protestant si elle est catholique, du parti du roi si elle est parmi les rebelles, avec Luynes si elle le combat. » On ne peut être plus net.

Le samedi 4 juillet, le roi préside son Conseil qui se trouve confronté à un choix définitif : l'action armée ou la négociation ? Luynes (quarante-trois ans), à présent très alarmé par les renseignements qu'on lui a fournis, pousse à la négociation. Les ministres, ses aînés, opinent dans ce sens : plutôt qu'entreprendre une guerre hasardeuse, il faut préserver la paix... quoi qu'il en coûte. Seul Condé préconise l'entrée en campagne immédiate. Il prévoit que ce sera une sorte de promenade militaire. Il dit encore : « Le roi ne connaît pas sa force. S'il marche, s'il se montre seulement dans une province rebelle, tout pliera devant lui. » Louis XIII écoute, l'œil brillant, mais ne se prononce pas encore. Condé insiste. La Normandie est à portée d'une action rapide. En quelques jours le roi peut s'en emparer et amener à merci le duc de Longueville, en révolte ouverte.

Luynes, principal responsable de la grande marée de mécontentement, veut négocier. Les ministres l'appuient, énumérant les aléas d'une entrée en campagne : quitter Paris (ville fortifiée), exposer la personne du roi entourée de troupes insuffisantes, mal préparées, c'est courir au désastre !

1. Un double « double jeu » ! Le père Arnoux excepté, Bérulle, du Perron, le père Joseph sont des amis de l'évêque ! (Se reporter au chapitre : « Richelieu ».)

2. Rome et Madrid financent plus ou moins cette campagne de « propagande ».

Attaquer la Normandie ? Folie ! Sa Majesté risque de ne pouvoir s'en rendre maître et pendant ce temps le duc de Mayenne et l'armée d'Angers ne manqueront pas de foncer sur Paris, sans défense, vidé de ses troupes.

Louis XIII — il faut en tenir compte absolument — a vaincu ses fantasmes dans la nuit du 25 janvier 1619 en « connaissant » (dans le sens biblique du terme) son épouse Anne d'Autriche. Dès après il s'est senti « homme ». A présent l'occasion lui est donnée de se montrer « roi ». Il ne va pas la laisser passer. Ainsi, faisant fi — pour la première fois peut-être — des conseils de son favori, il se décide contre l'opinion de Luynes et les avis de l'ensemble des membres de son Conseil. Il opte avec fermeté et une certaine excitation pour la proposition de son cousin et exprime sa résolution : « Parmi tant de hasards qui se présentent, il faut marcher au plus grand et au plus proche, et c'est la Normandie. J'y veux aller tout droit, et n'attendre pas, à Paris, de voir mon royaume en proie à la rébellion et mes fidèles sujets opprimés. J'ai un grand espoir dans l'innocence de mes armes[1]. Ma conscience ne me reproche aucun manque de piété à l'égard de la reine ma mère ni de justice à l'égard de mon peuple, ni de bienfaits à l'égard des Grands que j'ai comblés. Par conséquent, j'en ai décidé. Allons ! »

Curieux personnage que ce prince : il aura dix-neuf ans dans trois mois. Une part de lui-même vient de s'émanciper. Se sent-il affranchi de la tutelle de Luynes ? Peut-être pas tout à fait mais à cet instant, il pressent qu'il va prouver à tous qu'il est brave comme son père[2]. Dans trois jours, le 7 juillet, il va partir « pour la guerre » et faire bien des choses pour *la première fois de sa vie*, mettant « son corps en aventure » comme l'écrit Joinville[3] parlant de Louis IX partant pour la croisade.

En suivant la relation quotidienne du Journal d'Héroard concernant cet épisode, le lecteur éprouve une sorte de tendresse admirative pour ce jeune homme courageux qui part sans crainte (?) vers des combats dont il n'a qu'une idée vague. Mais l'orgueil royal n'est-il pas l'épine dorsale de ce prince qui se fait la plus haute idée de ce qu'il représente même si, en lui, l'être humain cède à certaines faiblesses ? Louis XIII ressentira de la peur en entendant claquer les mousqueteries et gronder les canons, mais au lieu de céder à sa réaction, il s'en enivrera.

Luynes ne sait pas se comporter de la sorte.

Le 7 juillet, le roi dort à Pontoise, le 10 il est à Rouen. Le 14, de Pont-Audemer il gagne Honfleur, va au Havre, dort à Dives. Le 15, il est devant Caen où il retrouve Condé et Luynes. Il a revêtu sa cuirasse[4]

1. Certains historiens citent : « innocence de ma cause. »
2. La « bravoure » d'Henri IV a souvent été contestée. Certains contemporains laissent entendre qu'il pâlissait de peur avant chaque bataille.
3. Joinville est le chroniqueur que Louis XIII relit sans cesse. La relation de la vie de saint Louis l'a toujours passionné.
4. Haussecol.

pour la première fois et dort au camp *pour la première fois*. Le 16, le château de Caen se rend. Le 30 il est au Mans. Le 3 août il gagne La Suze. Le 4, il fait arborer sa cornette[1] blanche *pour la première fois*. A une lieue de La Flèche, aux landes du Grand-Châtaignier, il monte *pour la première fois* son cheval de guerre, « l'Armenille » : c'est un genêt d'Espagne. A treize heures trente il voit son armée *pour la première fois*. Le 6 il dîne avec Schomberg[2] et dort au Verger. Le vendredi 7, éveillé à quatre heures et demie, il se fait armer (double collet de buffle doublé de satin et cuirasse), monte à cheval, rejoint ses soldats à Trélassay, partage leur repas près de la rivière dans une prairie. Chaleur excessive. A treize heures, revêt sa cuirasse en entier *pour la première fois*, et commande que chaque soldat se prépare. A treize heures quarante-cinq, monte à cheval et gagne les barricades et faubourgs des Ponts-de-Cé. Il charge à la tête de ses régiments des gardes de Picardie et *pour la première fois*, fait l'admiration de tous. S'en revient à vingt heures quarante-cinq, à Brin. Souper. Grande chaleur.

C'était son premier combat. Le 8 août il se rend au pont de Cé, passe la rivière, va au château. Luynes est là. Le 12, il pleut. Orage. Il se rend à Brissac, lieu prévu pour sa rencontre avec Marie de Médicis. Le 13, la re-union (?) aura lieu.

La « promenade militaire » dont parlait Condé au Conseil du 4 juillet vaut d'être relatée sous l'angle stratégique. Une lourde pluie d'orage s'abat sur l'Ile-de-France lorsque le roi quitte Paris le 7 juillet en compagnie de son frère Gaston (douze ans) et du prince de Condé. Schomberg, qui commande une fraction de l'armée, est parti de son côté vers la Loire. Le roi, à la tête d'un petit détachement, marche sur Rouen. Il y arrive le 10 juillet. Contrairement aux prévisions de Luynes et des pessimistes, le respect inconditionnel à l'égard de la Couronne, prévu par Condé, se manifeste aussitôt.

En présence du roi de France, la ville ouvre ses portes. Le duc de Longueville est en fuite. Le 11 juillet, le roi tient un lit de justice : M. de Longueville est interdit de gouvernement. Enhardi par ce succès, Louis XIII passe outre les recommandations de son Conseil et décide de marcher sur Caen qui résiste depuis trois jours aux assauts commandés par Luynes. Le 15, le roi est aux pieds des murs de la ville. Le lendemain, la forteresse capitule devant le monarque sans la moindre résistance. Luynes et Condé échangent des regards peu amènes...

Pendant ce temps, le maréchal de Créqui à la tête d'une forte unité, se dirige vers la Loire, sur le centre des rebelles[3].

Marillac (nommé par Luçon, on s'en souvient) et Vendôme (demi-frère bâtard du roi), qui occupent avec leurs troupes la rive droite du fleuve,

1. Etendard royal de cavalerie.
2. Son meilleur « général ».
3. C. J. Burckhardt.

doivent se retirer au plus vite devant Créqui et gagnent la tête des Ponts-de-Cé qui commande les liaisons avec Epernon vers le Poitou et Mayenne vers Angers. Entre Amboise et Nantes, il n'y a, alors, aucun autre passage de la Loire. Angers, où se trouve Marie de Médicis et Luçon, se situe plus au nord, à vingt lieues du fleuve, au confluent de la Mayenne et de la Sarthe.

Les Ponts-de-Cé sont munis de fortifications si légères que l'on peut s'en rendre maître aisément et, par conséquent, couper le passage. Le roi, Condé et leurs soldats ont fait leur jonction avec l'armée de Créqui. Ils descendent ensemble vers le sud et s'installent dans un angle formé par la Loire, la Mayenne et une petite rivière : l'Authion. Angers se trouve sur leur droite, les ponts sur la gauche. Devant eux s'étend la route plate menant d'Angers aux deux ponts. Ceux-ci, appuyés sur une île relient les deux rives de la Loire [1].

Le 6 août, à sept heures du matin, on tient un conseil de guerre à La Flèche. Les militaires établissent leurs plans. Le roi donne son accord. L'attaque des ponts est pour demain.

A midi, Louis XIII dîne à Duretal avec Schomberg. A quatre heures arrive au Verger. A six heures, il prend son souper et... s'en va à la chasse au ramier et... il tue une cane d'un coup d'arquebuse [2] (ce qui tendrait à prouver qu'il ne ressentait aucune anxiété).

Le 7 août, comme on l'a vu, le roi prend part à l'action, d'un bout à l'autre, toujours en tête et à cheval. Son armée compte cinq mille fantassins (environ), six cents cavaliers et deux pièces d'artillerie. En face, les troupes adverses regroupent à peu près trois mille hommes assez peu aguerris, quatre cents cavaliers et trois bombardes commandés par MM. de Retz, de Vendôme et de Saint-Aignan.

La route qui mène aux Ponts-de-Cé est garnie de tranchées basses encore inachevées qui courent sur une lieue environ. A l'annonce de l'approche du roi, Retz et Saint-Aignan font demander à la reine quels sont ses ordres. Luçon, qui tient avant tout à faire passer la mère comme la victime de l'agression du fils, lui conseille de répondre qu'il faut défendre la position mais *ne pas attaquer le roi* [3] ! Cette attitude déplaît à M. de Retz [4] qui déclare ne pas être venu pour seulement défendre la place. Il préfère se retirer avant la bataille avec son millier d'hommes et ses trois cents cavaliers. (Luçon ne cherche pas à l'en dissuader.)

Seul Saint-Aignan cherche à se tenir ferme sur ses positions. Après un combat de trois heures, les troupes royales traquent ses malheureux soldats qui se bousculent, tombent en reculant sur le sol des ponts trop étroits ou sont projetés par-dessus bord dans le lit de la Loire, à sec par endroits. Les uns se cassent les reins, les autres se noient.

A sept heures du soir l'île et les ponts sont aux mains des régiments

1. D'Après J.C. Burckhardt.
2. Héroard, *Journal.*
3. Pierre Chevallier.
4. Frère du cardinal de Retz, famille des Gondi, d'origine florentine.

royaux. M. de Retz a disparu vers le sud, M. de Vendôme s'est enfui... à la nage, M. de Saint-Aignan se retrouve prisonnier. On décompte sept cents morts !

A la nouvelle de la défaite, Marie de Médicis jouant les éplorées, dépêche un écuyer vers le roi pour lui demander s'il trouve bon qu'elle envoie vers lui... l'évêque de Luçon ! Louis XIII ayant acquiescé, l'intéressé prend soin de dissimuler son sourire[1] ... Autour de lui, on se demande si... Luynes voudra négocier. Luçon reste calme et ne livre pas le fond de sa pensée. Il est persuadé (au contraire) que le favori (vainqueur, vaincu ?) va entrer en pourparlers avec beaucoup d'empressement, sachant dans quel sens on peut conseiller la reine mère. En effet, si celle-ci se retire vers le sud, à quelque distance, pour rassembler ses troupes et attendre... en serait-on réduit à reprendre les dialogues avec les prêtres négociateurs ? Luynes ne peut se permettre d'atermoyer, se dit l'évêque. Il est certainement disposé à en finir sans tarder car il se trouve dans une situation difficile. N'a-t-il pas cherché à empêcher Louis XIII d'entreprendre l'expédition en Normandie ? Mauvais conseil, qui passe pour celui d'un pleutre maintenant que le roi a réussi à récupérer la belle province... pacifiquement. Quant à l'affaire de « la drôlerie des Ponts-de-Cé[2] », M. de Luynes n'y est pour rien.

Après le jeune monarque, celui qui fait figure de vainqueur (à plus d'un titre), c'est Condé ! Désormais, dans le cœur du roi, le prince va peut-être passer avant le favori qui n'était pas à ses côtés alors qu'il respirait l'odeur de la poudre pour la première fois. Maintenant qu'il se sent homme et souverain guerrier, Louis XIII songe... peut-être (?) à se détourner du tendre confident de son enfance, du guide, de l'amant de ses jeunes années... ? Condé est à même de l'y aider. Il déteste le favori, souhaite le mettre à l'écart et... prendre (politiquement) sa place !

C'est aussi le but de l'évêque qui caresse, un instant, l'idée de s'allier au prince pour se débarrasser de Luynes au plus vite. Une action concertée ne vaut-elle pas mieux que deux actions parallèles ? Mais... toute réflexion faite, Condé tient trop à se venger de la Reine mère, et l'intérêt de Luçon, dans l'immédiat, est d'assurer sa position en faisant cesser la méfiance entre la mère et le fils : pas décisif pour se rapprocher du pouvoir royal. M. de Luçon n'en démordra pas... et raisonne pour aboutir à long terme. Il sait ce qu'il en coûte à vouloir se précipiter.

Si les pourparlers se déroulent comme il l'entend, l'évêque croit connaître le moyen d'abattre le favori : en lui tendant un piège dans lequel l'autre, même s'il s'en rend compte, ne pourra pas éviter de tomber. Il manquerait alors à un devoir d'Etat et aux obligations contractées par d'autres, avant lui, auprès du Saint-Siège...

1. Bassompierre se trouve en visite auprès de Marie de Médicis. Devine-t-il alors les arrière-pensées de Luçon ? Ce dernier, devenu Richelieu, craignant la mémoire des autres, le fera enfermer à la Bastille. Il y restera des années. Le comte de Soissons et sa mère sont également aux côtés de Marie de Médicis. Luçon leur conseillera de se tenir tranquilles...
2. C'est ainsi que l'appelleront les gazettes.

Le 8 août, Louis XIII passe la Loire et s'installe dans le château près des Ponts-de-Cé. Les 9, 10 et 11, il rend visite à Luynes plusieurs fois par jour, assiste aux Conseils, mais ne rencontre pas les « envoyés » de sa mère. Il va à la chasse ou se baigner [1]. Il a dit qu'il fallait négocier sans « ennuyer » sa mère.

Dès le lendemain de la bataille, M. le duc de Luynes reçoit l'évêque de Luçon avec tous les égards dus à... l'ambassadeur de la reine mère, en quelque sorte. Ils sont tout sourire, résolus l'un et l'autre à traiter rapidement. Luçon a le beau rôle, le sait mais, avec sagesse, n'en abuse pas. Il parvient néanmoins à présenter les choses de telle façon que ses interlocuteurs finissent par admettre que Marie de Médicis a été la... prisonnière des rebelles et non leur chef ! (Prouesse diplomatique et duplicité réciproque !)

Cela étant admis, les discussions sont rapides et aboutissent à un traité par lequel les rebelles sont pardonnés et retrouvent tous leurs offices et emplois, la reine mère reçoit (au comptant) 300 000 livres [2] pour payer ses dettes, et l'assurance d'un égal versement chaque année [3]. Par ce traité qui lui est entièrement favorable, Marie ne s'engage à rien de plus qu'à vivre en bonnes relations avec son fils.

Non : *avec la Cour* ! Luynes a bien insisté !

Tandis que l'on rédige les documents, Luçon et Luynes s'en vont faire quelques pas sous les arbres. La chaleur est si forte... L'évêque s'est renseigné. La faveur de Luynes demeure intacte. Par conséquent il faut le ménager... pour l'endormir. De quoi peuvent-ils parler, seuls, marchant à l'ombre de ce dur soleil d'août ? Surtout pas de Condé : sujet brûlant ! Pas de l'avenir : ils n'en sont que partiellement responsables. Du présent ? Allons... laissons cela aux dialogues officiels devant témoins.

Du passé, alors ? Mais duquel ? Concini, Barbin [4], la Galigaï [5] ? Ils ont bien connu, l'un et l'autre, ces gens-là... Certains sont morts... on sait comment. N'insistons pas. Barbin, lui, est encore en vie. Il est à Bruxelles, en exil ! Il a beaucoup écrit à la reine mère. Oui, les lettres sont en lieu sûr ! (D'autres encore ? Oui !... en lieu sûr elles aussi.) La correspondance adressée aux Concini également ? Ah... bon !

L'évêque et le favori se dévisagent en silence. Et puis... ils se sourient. Entre grands félins on se comprend toujours. Le soleil est moins fort. Allons ! Il faut retourner relire les clauses de ce traité avant que le roi y appose sa signature et que M. de Créqui monte à cheval pour galoper vers Angers en porter le texte à Marie de Médicis [6]Chemin faisant, Luynes

1. Héroard, *Journal.*
2. 10 millions de francs 1990, soit 1 milliard d'anciens francs !
3. Michel Carmona.
4. Se reporter au chapitre « Angers... ou l'apaisement ».
5. Voir chapitre : « Et... la Galigaï ? »
6. Pierre Chevallier.

apprend à Luçon que le roi a bien voulu accéder à la demande... *accessoire* de sa mère concernant certaine élévation à la dignité de cardinal. L'évêque dissimule sa joie et se tait [1].

Le favori ajoute que Sa Majesté vient d'adresser une lettre au pape [2] dans ce sens et que l'ambassadeur de France à Rome a reçu des instructions conformes [3]. Pour ne pas être en reste, Luçon répond que la reine mère ne manquera pas de manifester ses amitiés au meilleur conseiller de son fils... dès que l'occasion se présentera [4]. Luynes, alors, va plus loin et propose de marier son neveu Combalet (fils de sa sœur Marie) à Mlle Vignerod, nièce de Luçon... qui, après s'être fait prier, pour la forme, finit par acquiescer. Luynes qui n'apprécie pas cette hésitation à l'honneur qu'il croit faire à la famille de l'évêque [5] en l'alliant à la sienne, décoche à ce dernier la flèche du Parthe en lui laissant entendre que s'il obtient le chapeau de cardinal c'est parce qu'il n'a pas « vendu » trop cher l'armée des rebelles [6]...

Après cet échange de « bons procédés », les deux fauves ne peuvent, encore une fois, que se sourire, en attendant que l'un se débarrasse définitivement de l'autre.

Le 10 août, le traité d'Angers est signé. Reste à renouveler la cérémonie de Couzières et sceller par une entrevue officielle la deuxième réconciliation de la mère et du fils, prévue au château de Brissac, à quatre lieues d'Angers, pour le jeudi 13 août.

M. de Brantes [7], second frère de Luynes (duc de Piney-Luxembourg depuis le 10 juillet 1620 !) se dirige à la rencontre de la reine mère qui vient d'Angers en litière. Louis XIII monte à cheval à seize heures trente, va au-devant de sa mère, et à un demi-quart de lieue [8], s'arrête, descend de cheval et l'attend. Elle arrive à dix-huit heures, met pied à terre à quarante pas du roi et se démasque [9]. Louis XIII s'avance lentement, donne un seul baiser à sa mère qui embrasse son autre fils Gaston par dcux fois, puis Condé, puis... Luyncs.

1. Il va s'empresserd'ajouter cette clause au traité : il va faire de la proposition une condition *sine qua non* de la signature de Marie de Médicis au traité d'Angers.

2. Affirmation prématurée. Louis XIII n'adressera sa lettre au pape Paul V que le 22 août.

3. C. J. Burckhardt : il s'agit de M. de Sillery, frère du chancelier, père de Puisieux.

4. Le 6 septembre, à Poitiers, la reine mère arrivée la veille (Héroard, *Journal*) se rendra au chevet de M. de Luynes qui souffre alors d'une affection à la gorge ! Cette démarche courtoise stupéfia tout le monde.

5. Car le père de Luçon n'était-il pas un assassin ? (Voir chapitre : « Richelieu ».)

6. En réalité, c'est le nonce Bentivoglio qui prétendra que Louis XIII lui aurait dit avoir acheté la paix contre la promotion de Luçon-Richelieu.

7. Léon d'Albert de Luynes a épousé le 6 juillet (!) l'unique héritière d'un nom et... d'une fortune. (Voir chapitre sur la famille de Luynes.)

8. Héroard, *Journal*. Une lieue équivaut à quatre kilomètres environ. Un demi quart de lieue correspond à cinq cents mètres...

9. Les dames de qualité se masquaient à l'extérieur de chez elles (en ville et aux champs).

Malgré la température ambiante, l'atmosphère est glaciale. La cérémonie ne dure pas. La voyageuse reprend place dans sa litière, le roi remonte à cheval, prend les devants, et va attendre sa mère à l'entrée du château de Brissac. Il la conduit à sa chambre, redescend souper à dix-neuf heures trente, remonte la voir, revient à vingt et une heures trente, se couche et s'endort.

Anne d'Autriche est là, elle aussi. Reine régnante, elle ne se dérange pas pour accueillir sa belle-mère... Celle-ci grommelle en italien des injures à l'adresse de sa bru. Personne n'écoute cette matrone que la jeunesse a fui en même temps que le moindre reflet d'innocence. En abordant la cinquantaine, âge critique alors, Marie de Médicis éprouve le poids du temps. La luxuriante Cérès a fait place à une grosse femelle croulante que des alternatives de veuleries et d'agitation privent de sa dignité : les énormes joues pendent, empourprées ou blafardes, les yeux saillants, le museau Médicis donnent au visage quelque chose de trouble et de bestial.

Le prestige de la souveraine n'a pas survécu à la beauté de la femme, mais un feu intérieur continue de brûler ses chairs affaissées. La volonté de régner demeure vivace en cet esprit dont les ambassadeurs italiens ont dénoncé volontiers l'indigence. De plus elle est d'une autre époque et résolument anachronique.

BRISSAC

En marge des rapports officiels, il est intéressant de se pencher encore sur le *Journal* d'Héroard. Ce qu'il rapporte du court séjour de Brissac — ce qu'il en sait — incite l'enquêteur à se poser des questions.

Le vendredi 14 août, Louis XIII préside deux Conseils et visite Marie de Médicis par trois fois dans la journée. Il ne voit pas sa femme et ne se rend pas auprès de Luynes dans sa chambre. Le favori est-il absent du château ou tient-il, à l'écart, quelques conciliabules avec Luçon ? Condé ? Le nonce du pape ? (ce qui est bien possible : nous y reviendrons).

Le samedi 15 août, le roi assiste à un Conseil, voit sa mère et sa femme deux fois chacune et séparément. Après son souper, va chez Luynes. Le dimanche 16 août : « A onze heures et demie diné... Va chez M. de Luynes. Va chez la reine sa mère. Va à la chasse, revient à quatre heures. Va au Conseil. Va chez M. de Luynes, à sept heures souper. Va chez M. de Luynes. Va chez la reine sa mère, prend congé d'elle à neuf heures. Va en sa chambre, dévêtu. La reine sa mère descend en sa chambre ; y est jusqu'à dix heures et demie, lui dit adieu. S'endort à dix heures trois quart jusqu'à cinq heures après minuit. »

Tout d'abord, comme on peut le constater, les relations amoureuses (voire amicales) entre Louis XIII et Anne d'Autriche se sont considérablement refroidies. A cause de la présence de Marie de Médicis sous le même toit ? Douteux !

Ensuite, que peut-on penser de ces incessants apartés tenus en marge des réunions du Conseil ? Louis XIII joue-t-il un rôle d'intermédiaire ? Transmet-il des messages officieux de Luynes à sa mère et réciproquement ? Tient-il Marie de Médicis au courant de ce qui s'est dit au Conseil dont *il lui interdit l'accès* ?

Car enfin la relation chronologique horaire de la journée du 16 août est assez troublante. Que d'allées et venues de la part d'un jeune souverain qui vient de prouver à tous (et à lui-même) qu'il est un valeureux guerrier ! Il est le maître ! La part irrésolue de son caractère ne peut avoir supplanté d'un coup la volonté, voire la témérité, dont il a fait montre. Pourquoi rend-il visite à Luynes dans sa chambre ? Est-ce pour des échanges privés ou des conseils de comportement ? Pourquoi se rend-il auprès de sa mère aussi fréquemment ? Ce n'est certes pas pour la consulter sur le plan politique. Ses visites ne sont pas non plus d'ordre sentimental. On a vu avec quelle froideur il l'a accueillie l'avant-veille sur la route d'Angers. Ce n'est plus — depuis longtemps — le fils soumis qui visite sa mère (encore moins depuis les ponts de Cé). C'est le roi qui s'entretient avec la reine douairière. Alors ? De quoi parlent-ils ?

Lorsqu'on imagine leurs différents sujets de préoccupation, on se refuse à croire qu'ils ont disserté seulement sur la couleur du temps ! Ces quelques jours d'août sont trop cruciaux pour que chacun ne soit pas sur ses gardes. La preuve est faite qu'ils sont en droit de se défier l'un de l'autre. Dans leur for intérieur, se méfient-ils d'eux-mêmes, de ce qu'ils pourraient dire et qu'il faut taire ? Sont-ils seulement les porte-parole de leurs conseillers respectifs ? Si Luynes reçoit le roi, sa mère peut aussi bien recevoir Luçon ! Les deux « conseillers » continuent-ils à se battre par leurs bouches royales ?

Et puis, pour égarer tout à fait celui qui lit attentivement Héroard, il y a cette visite nocturne de Marie de Médicis qui descend de sa chambre dans celle du roi et reste seule avec lui durant *plus d'une heure* (voire une heure et demie). Même une mère attentionnée (attendrie ?) ne prendrait pas autant de temps pour *embrasser* ou dire *au revoir* à son fils alors que celui-ci a pris congé d'elle quelques minutes auparavant ! On ne peut raisonnablement s'arrêter à l'application de l'une des clauses du traité d'Angers, par laquelle « La Reine mère aura libre accès auprès de son fils. » Il est invraisemblable d'imaginer que Marie de Médicis ait tenu à s'assurer du juste respect de cette clause : une heure, et plus, pour contrôler ?

En revanche, il est une hypothèse qui pourrait justifier cette visite tardive. La reine peut avoir agi de sa propre initiative ou à la suggestion de Luçon : *elle est capable d'être venue supplier le roi de la laisser entrer au Conseil.* Devant l'émotion manifestée par sa mère, Louis XIII aurait pris le temps de la calmer avant de réitérer son refus [1] et de l'inviter à se retirer.

La raison invoquée n'est-elle pas plausible ? Elle le devient du fait qu'on n'en trouve pas d'autre. Nous ne saurons probablement jamais la vérité sur « les entretiens secrets de Brissac. »

Mais le *Journal* d'Héroard existe, bien réel, et nous invite à y penser.

> *Pour déboussoler le chercheur (qui pêche par excès d'imagination ?), on peut relever une phrase dans le* Journal *Héroard sur la journée du 13 août. Alors que le roi, la reine mère et les princes se retrouvent sur la route d'Angers et qu'ils se parlent, le médecin* — qui se trouve à quarante pas, au moins [2] — *précise dans son* Journal : « Les paroles qui furent dites, je ne les sais pas. » *On ne trouve nulle part ailleurs une annotation semblable dans les pages d'Héroard. Peut-on se permettre alors de supposer qu'il a écouté bien d'autres choses à Brissac, dans la chambre du roi et qu'il ne prend pas la peine d'indiquer* qu'il n'a rien entendu ? Ou bien a-t-il reçu l'ordre (une fois de plus) de ne pas noter [3] ? *Si cette petite phrase n'existait pas, on ne se poserait pas la question.*

Les 14, 15 et 16 août, c'est une véritable partie d'échecs qui s'engage à l'abri des tours du château de Brissac : un roi, deux reines, des cavaliers, des soldats... Il ne manque que des fous... Et encore, sait-on jamais ? (Certains personnages sont capables de diagonales fulgurantes !) Un prince du sang, un favori, un évêque et le nonce du pape (entre autres) s'observent et s'apprêtent à jouer leur propre jeu, poussant leurs pions.

D'après Héroard, le 14 août, le roi n'a pas vu le favori en privé : seulement au Conseil. Luçon a peut-être rencontré Luynes ce jour-là. Et pourquoi pas le nonce Bentivoglio à un autre moment ? Condé ? C'est peu probable. Les « retrouvailles » en tête à tête pouvaient s'avérer difficiles.

Si elles ont eu lieu, ces consultations débouchent sur la confirmation d'une décision déjà prise pour la satisfaction de la plupart et la contrariété d'un seul. Chacun sait que Louis XIII veut poursuivre la lutte. Si le nonce, Condé et Luçon s'en félicitent, Luynes désapprouve. On sait sa répugnance pour les entreprises militaires. Mais il se trouve en position de faiblesse, étant seul à souhaiter que le roi se contente des victoires détenues et s'en tienne là pour le moment.

Condé, fort de la soumission de la Normandie et de la capitulation de la principale armée de la reine mère, engage vivement son royal cousin à

1. Le roi, d'ailleurs, par la suite ne cédera pas. Dans une lettre que Marillac adresse à Richelieu (non encore au pouvoir) datée du 29 décembre 1621 (et qui se trouve aux archives des Affaires étrangères), il l'informe que le cardinal de Retz ayant posé la question à Louis XIII sur l'éventuelle entrée de sa mère au Conseil, ce dernier aurait répondu avec une certaine brusquerie : « *Point de Conseil !* » Et elle n'y entra plus.
2. Dans l'escorte du roi.
3. Voir le chapitre : « Les silences d'Héroard ».

attaquer les autres rebelles sans tarder. Luçon qui sait la faveur actuelle de Condé veut éviter que celui-ci aille cueillir de nouveaux lauriers en compagnie du roi. Le nonce confie-t-il à l'évêque qu'il garde en réserve l'argument susceptible de faire cesser les éventuelles hésitations de Louis XIII, au cas où les idées du favori prévaudraient ? Possible !

Si Luçon rencontre Luynes le 14 août, c'est surtout pour obtenir l'autorisation de s'exprimer au Conseil du roi. A présent que la paix est signée entre la mère et le fils, n'est-il pas logique que deux chefs de parti adverse (ils l'étaient encore hier) se consultent, tentent de se mettre en accord sur la façon de présenter un plan d'avenir cohérent devant les conseillers du roi, voire le roi lui-même ? C'est probablement ainsi que l'adroit évêque engage le dialogue. Il manifeste son désir de ne plus rester dans l'ombre et de se faire entendre à nouveau [1]. N'est-il pas en position de l'exiger ? N'est-il pas le *père* du traité d'Angers ?

Le favori est-il en mesure de lui refuser ce qu'il demande ? Luynes souhaiterait lui barrer la route car il se méfie des subtilités de ce brillant esprit. Mais... maintenant, il est trop tard ! Il sait ce que l'autre détient dans sa manche... épiscopale. Luçon a derrière lui la reine mère qui voit en lui un magicien, le haut clergé, la noblesse de robe et aussi les rebelles, anciens alliés de Condé (en 1616) qui, à cette heure, considèrent le cousin du roi comme un traître et doivent à l'habile négociateur leur récente amnistie. Cela représente un certain nombre d'atouts entre les mains d'un adversaire redoutable. Luynes ne peut plus se débarrasser de l'encombrant prélat sous peine de se compliquer l'existence. Forcé, contraint, inquiet, il cède : l'autre exposera ses vues au Conseil.

Il n'est pas douteux que certaines décisions prises les 15 et 16 août émanent de l'évêque : elles complaisent à la fois au roi et au nonce, déplaisent au prince de Condé — que Luçon s'est résolu à ne plus ménager — et placent le favori en porte à faux. Mais ce ne sont pas là les seuls buts recherchés par celui qui les a suscités. Il se trouve que la conjoncture politique va amener Louis XIII à prendre une position précise qui, adoptée dans l'intérêt majeur de l'Etat, n'en sert pas moins — à long terme — les desseins du futur cardinal.

Lors de la réunion du Conseil, les avis sont d'abord divergents. Condé préconise de poursuivre les révoltés au-delà de la Loire. Luynes croit plus sage de rentrer à Paris. Le roi ne se prononce pas. Luçon attend le bon moment. Le nonce, alors, intervient. Il rappelle respectueusement à Sa Majesté que le pape Clément VIII a accordé l'absolution au roi Henri IV son père (longtemps huguenot) à la condition expresse que la religion catholique soit rétablie dans le Béarn.

Or... depuis près de trente années...

Le nonce Bentivoglio se permet de faire allusion à cette clause au cas où l'on serait tenté de l'oublier... Louis XIII, susceptible, serait tenté de

1. Il a dû quitter le Conseil en avril 1617. (Comme on l'a vu.)

Le Château de Brissac

répondre sèchement au nonce, mais il se contient et déclare qu'il s'en souvient parfaitement (Luynes aussi.)

Le 2 juin 1617, par un arrêt de son Conseil, il avait ordonné la restitution au clergé des biens de l'Eglise confisqués par les huguenots en Béarn. N'ayant pas été obéi, il avait confirmé l'ordre le 7 septembre 1617 [1]. Bientôt — mais l'envoyé de Rome ne l'a peut-être pas compris ? — il a la ferme intention, dit-il, de descendre jusqu'au Béarn afin d'y faire respecter la pratique de la religion catholique. Il imposera sa volonté par les armes s'il le faut [2]. Cependant, auparavant, il se doit de mettre de l'ordre dans son royaume afin de ne pas laisser derrière lui des noyaux d'insoumis.

C'est alors que Luçon prend la parole et invoque un argument qui va s'avérer décisif. Le tout récent traité d'Angers n'a-t-il pas été signé pour mettre fin à une *guerre fratricide* ? Si, de part et d'autre, on remettait dès à présent l'épée au fourreau on pourrait peut-être *s'unir* pour attaquer les huguenots... Condé fait la grimace.

Si le roi l'ordonne, poursuit l'évêque, les princes catholiques de France ne pourront refuser de se ranger sous sa bannière pour marcher contre ceux de la religion réformée... encore dispersés. Le nonce manifeste son approbation. Louis XIII semble tenté quoique hésitant. Condé se rembrunit.

Luynes — qui veut toujours ménager tout le monde — dit que les caisses du Trésor sont vides. Peut-être qu'au printemps...

Bentivoglio lui coupe la parole :

— Si on n'agit pas dès cet automne, on ne fera jamais rien !

Luçon qui veut damer le pion à Luynes, ajoute que les soldats des rebelles d'hier, payés par eux, constitueraient des renforts non négligeables sans qu'il en *coûtât rien* aux caisses de l'Etat. Les rebelles en question n'ont-ils pas contracté une dette envers Sa Majesté qui vient de les absoudre ?

L'argument tombe à point. Le nonce, enchanté, adresse un salut discret à Luçon. Condé, muselé, se renfrogne. S'avisant qu'il n'obtiendra pas de délai, Luynes s'empresse de déclarer qu'il combattra les huguenots en employant toutes ses forces.

Louis XIII lève la séance en annonçant qu'il part pour Poitiers. Il y attendra ses armées. *Si vis pacem, para bellum* [3] ! Tandis que le nonce et l'évêque regardent le visage figé de Luynes, Condé quitte la salle bruyamment, de fort mauvaise humeur.

A l'issue de ces importantes journées de Brissac, l'évêque de Luçon peut s'estimer satisfait. A sa réputation d'habile négociateur va s'ajouter l'agréable appellation de pacificateur. Il a fait preuve de finesse politique, a consolidé sa situation à l'égard du haut clergé, a placé Condé dans une

1. C. J. Burckhardt.
2. A Saumur, en 1619, les huguenots réunis avaient déjà refusé d'obéir.
3. Végèce : « Si tu veux la paix, prépare la guerre ! »

position délicate et poussé Luynes à une guerre de répression que le favori n'est pas à même de maîtriser sans le concours de personnages capables de mener à bien des expéditions militaires. Or — le roi excepté — Luynes est unanimement détesté, jalousé ou méprisé par tous. Si le plan de l'évêque est bien construit, il n'est pas sans failles, et Luynes n'est pas homme à se laisser abattre facilement.

Toutefois le Provençal se laisse dépasser par son propre rôle — qu'il gonfle. Il affirme, blâme, tranche et se vante à l'excès. Après la victoire des armées du roi aux Ponts-de-Cé — pour laquelle il n'a rien fait — il donne libre cours à sa jactance méridionale et déclare avec emphase à Contarini : « ... La Reine mère, le comte et la comtesse de Soissons sont, pour ainsi dire, en mon pouvoir comme s'ils étaient tous en cette chambre [1]. » Divaguant, il dit encore au Vénitien qu'il songe à faire prisonnier les princes du sang, à ruiner la reine mère, le duc de Mayenne [2]... Détestable fanfaronnade ! On dirait tout à coup que Luynes cherche à imiter Concini... Mauvais chemin !

Errare humanum est... Perseverare diabolicum [3] !

POITIERS

Louis XIII quitte Brissac à cheval le 17 août à l'aube et se dirige vers Poitiers où il arrivera le 20 août. Il laisse derrière lui sa mère et sa femme. Elles le rejoindront... séparement dans quelques jours.

Le roi chevauche en compagnie de Luynes. Chemin faisant, ils chassent les perdreaux [4]... entre deux séances du Conseil (restreint) réuni dès le 18 août à Loudun où se tient une assemblée de calvinistes. Ceux-ci n'hésitent pas à réclamer pour la seconde fois [5] la révocation de l'arrêt qui restituait *leurs* biens au clergé du Béarn. Louis XIII, furieux, veut faire arrêter les insolents. Luynes calme le roi.

On demande aux huguenots de présenter une liste de six noms nécessaires pour désigner les deux députés de la Religion Prétendue Réformée. Ils se « font tirer l'oreille ». Luynes doit faire appel à des médiateurs : le marquis de Châtillon, le duc de Plessy-Mornay et le maréchal de Lesdiguières interviennent. Les protestants se résignent, présentent la liste et, avant de se séparer, insistent sur le maintien du *statu quo* en Béarn.

Louis XIII juge cette attitude provocatrice et ordonne à Luynes

1. Dépêche de Contarini (août 1620).
2. Pierre Chevallier.
3. « Il est de la nature de l'homme de se tromper... persévérer est diabolique ! »
4. Héroard, *Journal*.
5. A Saumur en 1619. (Louis XIII, en 1623, pensera à en faire raser les murs. Richelieu le fera en 1624).

d'activer les préparatifs militaires. Le 21 août[1] le roi signe de mauvaise grâce la fameuse lettre au pape concernant l'élévation au cardinalat de M. de Luçon. Il quitte Poitiers le lendemain à l'aube.

En son absence, Luynes reçoit le nonce Bentivoglio, lequel lui dit grand bien de l'évêque dont l'intervention à Brissac a été remarquable parce que décisive. Il n'est pas douteux, dit-il, que Sa Sainteté lui accordera le chapeau. Il l'a mérité. Et puisque le roi de France le demande par écrit... Luynes répond au nonce que Sa Majesté *serait heureuse* de voir M. de Luçon devenir cardinal... mais *encore plus heureuse* s'il ne le devenait pas[2]. Bentivoglio, quelque peu surpris (on le serait à moins) est trop bon diplomate pour s'étonner ouvertement et poser des questions. Luynes suggère un autre nom... car puisque le Saint-Siège est résolu à accorder la robe rouge à un prélat de France... Le nonce attend. Le favori laisse entendre que le roi doit incessamment rencontrer le duc d'Epernon dont la soumission... éventuelle a été évoquée à Brissac. Il serait peut-être souhaitable... pour s'assurer du concours militaire de ce puissant seigneur contre les huguenots, de lui apprendre que son fils puîné, M. de La Valette, archevêque de Toulouse...

La vengeance du favori sera satisfaite[3]. Le dimanche 23 août, Louis - XIII dîne à Montbazon, reçu par la famille de l'épouse de Luynes (qui n'est pas là). Dans l'après-midi il retrouve sa femme à Plessis-les-Tours. Anne d'Autriche est arrivée la veille. Le roi soupe chez Luynes, revient à sa chambre, se met au lit à huit heures, se relève à dix heures, va chez la reine, revient à onze heures trois quarts, se recouche et s'endort[4].

Faut-il voir là un regain d'attirance sensuelle ? C'est probable. Anne d'Autriche a embelli. Elle aura vingt ans dans un mois. Elle est tout épanouie et tiède, très blanche aussi sous ses boucles aux reflets de paille d'avoine et de lin soyeux. Ses yeux verts, attentifs, lancent des regards vifs. En fait, elle est plus bourguignonne qu'espagnole. Dans leur superbe carnation, ses traits rappellent son trisaïeul Philippe le Beau bien plus que ceux de son arrière-grand-père Charles Quint.

Anne est expansive, accorte, allègre et saine. Elle paraît complètement dégagée des sombres inquiétudes qui hantent ses parents de l'Escorial. De ceux-là elle a gardé l'orgueil et la fierté aussi, dans l'attitude. Mais elle est bien trop vivante pour être susceptible. Du couple, c'est le roi Louis XIII qui semble le plus « Habsbourg » ! Délicieusement féminine, Anne fait montre d'un optimisme aimable et preuve d'un sens pratique étonnant. Elle sait paraître à la fois sérieuse, charmante et reine. De plus, elle est équilibrée : voilà bien des qualités réunies.

1. Le document est daté du 22 août, par Luynes. Louis XIII est parti ce matin là à cinq heures un quart — via Châtellerault — pour aller voir sa femme qui vient d'arriver à Tours. (Héroard.)

2. L'anecdote a été rapportée par tous les historiens.

3. M. de La Valette est nommé à la place de Luçon ! Ce dernier ne deviendra cardinal de Richelieu que le 5 septembre 1622 par décision du pape Grégoire XV, successeur de Paul V (mort en 1621).

4. Héroard, *Journal.*

Il en résulte que Louis XIII lui confie très officiellement *la régence* du royaume pour la durée de son voyage en Béarn. (Fureur jalouse de la vénéneuse Marie de Médicis.) Est-ce Luynes qui pousse à cette décision ? On se souvient que son épouse est surintendante de la maison d'Anne d'Autriche, chef de son Conseil privé et... ne quitte pas sa royale amie...

Le 31 août, la reine arrive à Poitiers. Le 3 septembre, Louis XIII présente à sa femme les dix mille hommes d'infanterie réunis dans la plaine de Cuéville[1]. Le 5 septembre Marie de Médicis arrive à son tour. Le lendemain, dimanche, à la stupéfaction générale, la reine mère rend visite à Luynes qui souffre d'une affection de la gorge.

Le 7 septembre, le duc de Mayenne vient présenter, à genoux, sa soumission au roi et implorer son pardon, qui lui est accordé. Le 9 septembre, Louis XIII et Luynes quittent Poitiers et se dirigent vers Saint-Jean-d'Angély. Les soldats suivent. Le vendredi 11 septembre, à Chizé, M. d'Epernon vient à son tour demander son pardon, à genoux. Le roi le satisfait et lui ordonne de reprendre à l'instant sa charge — effective — de colonel général de l'infanterie. L'intéressé se plie de grand cœur aux exigences royales, d'autant mieux qu'il a eu un entretien préalable avec Luynes qui lui a parlé d'un projet concernant son fils cadet... qui pourrait peut-être devenir cardinal.

A Rome, le marquis de Cœuvres, nouvel ambassadeur de France (que Luynes n'a pas prévenu à temps), insiste auprès du pape pour que la candidature de l'évêque de Luçon soit retenue. Le souverain pontife lui exhibe alors une lettre autographe de Louis XIII. Le roi prie Sa Sainteté de ne tenir aucun compte des demandes de protection officielles...

Nos épaisses cervelles de croquants s'habituent mal *à ces nécessités* de dissimulation[2]...

Le 12 septembre le roi est à Saint-Jean-d'Angély où on lui présente une partie de sa cavalerie. Le 15, il est à Saintes où il reçoit les députés d'Aquitaine. Le 19, Louis XIII se rend à Bordeaux par bateau et, amusante coïncidence, entre dans la ville par la porte du... « Chapeau-Rouge[3] » !

Durant les jours qui suivent, les réunions du Conseil se succèdent. Il faut se rendre à l'évidence, les magistrats béarnais persistent dans leur refus. Louis XIII se borne à déclarer : « Il faut aller à eux ! » Ce qui signifie la soumission par les armes. Le duc du Maine (à l'instigation de Luynes ?) renouvelle toute sorte d'objections. Ce qui lui attire une ferme réplique du roi : « Je ne me mets point en peine du temps ni des chemins ; je ne crains point ceux de la Religion, et, quant au passage de la rivière que vous dites que mon armée ne saurait faire en douze jours, j'ai le moyen de la faire passer en huit[4]. » Louis XIII se montre si

1. Héroard, *Journal.*
2. La Varende.
3. Héroard, *Journal.*
4. Bassompierre, Mémoires.

déterminé qu'on le sent prêt à passer outre toutes les réticences et à foudroyer les hésitants. Luynes se tient coi.

Le 28 septembre, le roi se laisse offrir à dîner par le duc de Mayenne qui fête ainsi la dix-neuvième année de la naissance du roi. Le 29, il quitte Bordeaux, arrive à Cadillac[1] et accepte le repas que lui offre M. d'Epernon dans sa « maison ». Le 30, Louis XIII se dirige résolument vers le Béarn. Personne ne tente de le retenir, pas même Luynes qui pourtant l'accompagne jusqu'à Casenove. Le roi se rendra seul à Pau : le favori s'en retourne à Bordeaux.

Dans quel état d'esprit ?

L'AIMÉ... ADMIRABLE ?

Entre le roi et son favori, les habitudes créées avant le 24 avril 1617 vont continuer jusqu'en 1621, ou presque. (Extrême intimité mise à part.) Il est certain que Louis a trouvé chez Luynes cette chaude affection dont on sait combien elle avait existé entre son père et lui-même, comme nous l'avons vu[2]. Louis, dauphin, a admiré et aimé son père.

Aimant Luynes, il l'admire... naturellement. Chez Louis, ces deux sentiments sont indissociables. L'adolescent ne cherche pas plus loin. Pour lui, il est évident que son cher favori est admirable en tout ! Or Luynes n'est pas « admirable », mais « aimable » dans tous les sens du mot.

Au cours de leur existence commune, le jeune roi lui a donné, lui donne et lui donnera toutes les possibilités et occasions politiques et militaires de se rendre « admirable » à ses yeux. En vain ! Sur le plan gouvernemental, le Provençal, qui connaît ses limites, se garde d'occuper un poste ministériel, *a fortiori* celui de premier ministre en titre que Louis XIII (assez lâchement au fond) ne demanderait qu'à lui accorder. Luynes préfère « participer » au Conseil sans responsabilités définies[3]. N'ayant pas d'esprit de suite ni de continuité dans la pensée politique, il peut, sans risque, donner un avis contraire du jour au lendemain.

Si on fait allusion au « gouvernement de Luynes », on parle de quelque chose qui n'existe pas. Le favori se contente (souvent à tort et à travers) d'influencer les titulaires des principaux rouages ministériels qui, tout en composant avec lui, n'en assurent pas moins la véritable permanence de l'Etat. Au lieu de simplifier, il complique et embrouille.

Et puis... il ne se donne pas à fond à ses entreprises. Il s'y prête ; aussi n'aura-t-il pas la taille de son destin.

1. Château restauré par Epernon en souvenir de sa femme, Marguerite de Foix-Candale, héritière de la famille de Foix, décédée après lui avoir donné trois fils.
2. Voir chapitre : « Comportement sensuel ».
3. Le roi peut « inviter » qui il veut à son Conseil.

Luynes ne puise pas dans les caisses de l'Etat autant que ses détracteurs tendent à le faire croire. Ce n'est pas nécessaire. Le roi lui donne plus qu'il n'aurait prétendu obtenir, et ce qu'il demande lui est accordé sur-le-champ.

Le Provençal est devenu riche, honnêtement en quelque sorte, alors que l'improbité de Marie de Médicis était extravagante et l'audace des soustractions de Leonora Galigaï, époustouflante.

Quant aux exactions de Concini, elles touchent au sublime par leur étendue.

En revanche, Luynes est avare de son bien, de ses biens et de ceux de sa famille. A cela, il ne faut pas toucher ! Et si le roi veut encore se montrer généreux, les gratifications de tous ordres sont les bienvenues et s'ajoutent à une liste vite imposante.

Mais la soudaineté de la fortune est redoutable à ceux qui ne sont pas préparés à l'ampleur des présents qu'ils reçoivent. La progression presque illimitée communique un vertige au bénéficiaire qui en peu de temps se trouve fasciné, enivré par des vapeurs d'or qui tourbillonnent autour de lui, à sa portée. Alors, l'intégrité du favori s'émousse, et cette réaction est assez compréhensible.

En 1618, favori du roi, bel homme dans la force de l'âge, marié depuis quelques mois à l'héritière de l'un des plus nobles noms de France (Rohan), Luynes pourrait se considérer comme le plus heureux des mortels. Il l'est. Ou plutôt il le serait s'il ne lui fallait s'occuper sans arrêt des affaires du royaume. Louis XIII y compte bien. N'a-t-il pas payé, acheté le temps de son favori afin que celui-ci gouverne ?

Alors, Luynes, dont la belle tête blonde « est incapable de contenir tout le soin de l'Etat », se laisse gagner par la facilité. Ses carences sont vite décelées. Si son charme, ses silences, ses sourires, ses pirouettes félines ne suffisent pas à lui obtenir ce qu'il cherche, il a recours aux pots-de-vin (comme ses prédécesseurs et successeurs dans le rôle de gouvernant). Auprès du roi, il ne se cache pas d'employer de tels procédés. Louis XIII, qui tient à sa liberté de mouvement (la chasse), ferme les yeux, dit que tout est bien, félicite s'il le faut (sans toujours bien comprendre) et signe au bas des parchemins, content que son cher Luynes travaille si bien à sa place... Alors le favori n'hésite plus et achète tout et tous : les idées, les amis, les ennemis, les collaborateurs, les espions... C'est beaucoup plus commode. Aux yeux du roi il passe pour ce qu'il n'est pas : un remarquable homme d'Etat.

Luynes aimerait profiter des appréciables bienfaits de la fortune. L'autre furieux du pouvoir absolu ne lui en laisse pas le temps. Le Provençal, personnage au naturel enjoué, souhaiterait jouir des agréments de l'existence, se détendre parfois et se distraire. Louis l'en empêche et le contraint à des efforts constants pour lesquels le Provençal n'éprouve pas la même passion que son royal ami. Si Luynes s'écoutait, il irait à la chasse avec le roi, comme naguère. Il ne le peut pas puisque Louis XIII demeure persuadé qu'il « gouverne ». C'est bien le moins de faire semblant...

Sur le plan militaire, le favori ne réussit pas mieux. Lorsque Louis XIII lui confère la dignité de connétable (2 avril 1621), c'est-à-dire chef des armées royales, Luynes *accepte le titre mais répugne à la fonction*. Le Vénitien Contarini (qui aime l'euphémisme) écrira : « Il s'entend peu à ces exercices ! » M. Pierre Chevallier (dans son remarquable ouvrage sur Louis XIII) rapporte que « pendant le siège de Montauban, le chirurgien de celui qui était devenu connétable écrivait à sa femme sans la moindre malice, qu'elle n'avait à avoir aucune inquiétude car il [Luynes] le retenait auprès de sa personne et, par conséquent, loin de tout danger. » Il ne paraît pas nécessaire de citer d'autres allusions au courage militaire de Luynes. En revanche, nous reviendrons plus loin sur les appréciations des diplomates au sujet de ses capacités de négociateur, hélas tout aussi peu probantes.

Reste à savoir si Louis XIII a conscience que son « amant » est un être délicieux, sans doute, mais quelque peu superficiel. Peut-être ? Dans ce cas, il faut croire le jeune homme fidèle à sa passion jusqu'à la mort de son favori.

S'il est inconscient, la passion demeure, plus forte encore, puisque aveugle !

Etrange assemblage que celui d'un prince, brave au combat, courageux (voire téméraire) seulement devant le danger militaire qu'il souhaite rencontrer, et d'un favori qui redoute la guerre, s'ingénie à fuir la bataille et s'efforce de dissuader le roi de tout projet belliqueux !

Décidément, il est des attachements durables qui échappent à une compréhension objective. Si cette liaison est admise, on saisit moins bien les raisons de sa duré tant les personnages sont différents. Alors ? Le mot « amour » n'explique pas tout ! Surtout lorsqu'il est question de gouverner... Cela ne s'apprend pas dans une volière...

Les anecdotes citées ci-après ne sont pas à la gloire de Luynes. Bien que la plupart d'entre elles soient peu vraisemblables, nous faisons semblant d'y croire un instant. Ne pas les rapporter eût pu laisser croire que le chercheur les passait volontairement sous silence et manquait ainsi à son désir de rester objectif dans cette étude.

Hélas, le Provençal — homme le mieux intentionné qui soit — est un irrésolu qui (en politique comme en toute chose) manque d'audace. Faut-il voir là un trait de ce caractère « à la douceur presque féminine » dont parlent les ambassadeurs ? Le favori, à force de s'entendre dire et répéter par l'adolescent royal qu'il est tout pour lui et qu'il peut tout, Luynes finit par oublier ses propres lacunes et se persuade de ses aptitudes à gouverner. Et puis... on ne laisse pas tiédir la véhémente préférence d'un roi ! En faisant tenir au Parlement les lettres patentes par lesquelles la terre de Maillé est érigée en duché-pairie de Luynes, Louis se laisse aller à faire un éloge excessif de son favori : « Puisque les services que le

Le Château de Luynes

sieur de Luynes m'a rendus sont d'une éternelle mémoire, je veux aussi que les récompenses soient durables à la postérité [1]. »

Nous sommes alors le 14 novembre 1619 (Deageant vient de partir). La Cour, les diplomates, l'opinion publique estiment depuis quelque temps déjà que l'accumulation des honneurs, charges et dignités sur ce « fauconnier » n'est pas proportionnée à ses mérites. Mais que peut-on contre un engouement royal qui se manifeste si ardemment de façon officielle ? Cette position — en première ligne — que Louis XIII impose en quelque sorte à son favori va obliger ce dernier à se mêler de très près au maniement des Affaires. Et là, les réactions négatives vont se multiplier.

Le nonce Corsini [2] l'estime « tout aussi incapable que son prédécesseur [Concini] de diriger les Affaires. » Dans les dépêches, les mêmes mots reviennent souvent. On le juge : *imprudent* (dans ses dires), *sans consistance, sans compétence...* L'appréciation la plus dure (la plus juste ?) est portée par le Vénitien Contarini qui écrit en juin 1619 : « Il est nécessaire de documenter et d'instruire de Luynes, car il est sans aucune maxime du gouvernement de l'Etat. » Il ajoute : « Je pense que je n'ai pas fait d'erreur en l'entretenant avec la liberté que j'ai prise, d'autant plus qu'il est d'une très singulière naïveté et qu'il accepte tout en bonne part [3]. » Ce n'est pas là le portrait d'un homme d'Etat [4].

Dans les libelles et opuscules de l'année 1620, on relève les mêmes griefs à l'adresse du favori : *Incapacité, ambition, cupidité, ingratitude, égoïsme, déloyauté, lâcheté...* C'est beaucoup pour un seul homme en qui le jeune Louis XIII a remis toute sa confiance.

Le roi agit-il ainsi — sentiment mis à part — pour avoir le temps d'aller à la chasse ? Parce qu'il répugne à « travailler », qu'il se sait souvent incompétent, et croit-il de bonne foi que Luynes est parfaitement apte à tout régler à sa place ? Il souhaiterait — peut-être — le voir trancher sur des questions mineures. Or Luynes ne tranche pas. Il *atermoie* et les affaires stagnent. En réalité, il ne connaît pas, ou mal, les sujets sur lesquels il lui faudrait prendre position. Alors il repousse de jour en jour les rencontres, évite les dialogues et espère peut-être que le temps va travailler pour lui, faire des miracles et apporter par « l'opération du Saint-Esprit » la solution du problème en suspens. On peut employer ici une formule moderne qui s'adapte assez bien à son comportement : « Il est urgent de perdre du temps. » Il est fâcheux pour lui que les jours filent et ne lui apportent pas les solutions rêvées...

Certains diplomates se demandent alors si le favori, pour donner, enfin, une réponse, n'attend pas des... cadeaux. Ainsi Contarini écrit au Sénat de Venise : « Certains disent qu'il faudrait lui faire des présents,

1. Pierre Chevallier.
2. Successeur du nonce Bentivoglio.
3. Pierre Chevallier.
4. Comme le juge avec pertinence le dernier grand historiographe de Louis XIII (1982), M. Pierre Chevallier.

car il est avare... (mais sur ce point je n'insiste pas car c'est un oiseau qui a beaucoup d'appétit). » Dix fois déjà, dans d'autres dépêches, il a fait allusion à l'avarice de Luynes. (Il n'est pas le seul !) Alors, à ses autres défauts, s'ajouterait la vénalité ? (Pourquoi pas, malgré son immense fortune.) *Mais ceci n'interdit pas cela !*

Le 24 juin 1619, Contarini écrit encore : « Dans cette cour, j'ai à traiter avec trois sortes de gens, avec des jeunes gens, des gens corrompus, des gens peu expérimentés pour ne pas dire ignorants. De Luynes est peu compétent... » Le diplomate anglais Herbert of Chestbury est effaré de son ignorance en matière de politique étrangère, et l'écrit. De 1619 à 1621, les témoignages des ambassadeurs concordent sur l'insuffisance des connaissances diplomatiques du Provençal et de l'impossibilité d'obtenir de lui des réponses précises et une ligne de conduite suivie. On peut difficilement récuser une telle unanimité...

M. Pierre Chevallier, auquel nous nous référons souvent, rapporte une anecdote significative : le Vénitien Priuli entretient le favori d'une ligue qui vient d'être conclue entre les Grisons et le gouverneur de Milan, et il lui demande l'appui du roi pour faire échec à cette alliance. Luynes avoue lui-même sa totale ignorance du sujet : « Je ne sais rien à dire vrai sur cette affaire d'alliance, j'en parlerai au roi et à mes amis ; laissez-moi m'occuper seul de cette affaire, et de grâce n'en parlez à personne d'autre. » Priuli ne peut s'empêcher d'indiquer au Sénat que M. de Puisieux est, tout au contraire, au courant de la question et qu'il a même le texte du traité conclu entre les Grisons et l'Espagne [1]... Luynes a l'art de se placer en fâcheuse posture !

L'anecdote qui suit est révélatrice. Le favori, *absent du Conseil ce jour-là,* ignore la résolution prise en cours de réunion. Puisieux, dont c'est le rôle, met en forme la réponse qu'il fait aussitôt parvenir à l'ambassadeur concerné. Luynes se rend auprès de l'ambassadeur en question et lui rapporte « approximativement » ce qui a été décidé en Conseil. Or, le diplomate a déjà en main la réponse officielle qu'il a d'ailleurs expédiée à son gouvernement [2]... Luynes arrive un peu tard... La démarche, superflue, le rend ridicule... Ce type de « gaffe » n'est pas isolé. Il en commet d'autres du même style. Son comportement au sujet de la Valteline [3] est plus troublant. Il était vital pour la France d'empêcher l'Espagne de s'arroger le contrôle absolu de cette vallée supérieure de l'Adda par laquelle pouvait passer une armée de Milan (alors aux Habsbourg d'Espagne) en Allemagne ou en Autriche (Habsbourg encore) et ce, en quelques jours. Le chancelier (Sillery) rassurait les Vénitiens (juin 1619) en déclarant que le but de Sa Majesté « était d'assurer la liberté des Grisons et de tenir les Espagnols éloignés de leur pays », mais que la France n'était pas en mesure de mener une guerre victorieuse

1. L'Espagne était alors maîtresse du Milanais.
2. Il s'agit de Vienne et du comte de Furstemberg, ambassadeur impérial.
3. Cette question existait avant Luynes et ne verra sa conclusion qu'en 1631 par le traité de Cherasco négocié par Richelieu.

contre le roi d'Espagne. Ce qui revient à dire : nous allons tout mettre en œuvre pour empêcher l'Espagne de bouger. Si elle bouge, nous aviserons.

C'est là un dialogue entre diplomates et ministres. Luynes — qui n'entend rien à la politique extérieure — n'a pas à s'en mêler. Or, en novembre 1620, il dit aux Vénitiens que Louis XIII veut l'évacuation de la Valteline et qu'il mettra toute sa volonté à ne pas laisser ce passage alpin aux Espagnols [1]. Surprise heureuse des Vénitiens ! Ils se renseignent auprès de Sillery et Puisieux qui disent ne pas être au courant de cette prise de position... agressive. Les choses restent en l'état.

En mai 1621 — est-ce parce qu'il est connétable (c'est-à-dire chef des armées) depuis le mois d'avril ? — que Luynes persiste dans ses déclarations guerrières. Il il apprend aux Vénitiens (Priuli et Contarini) « que si les Espagnols ne veulent pas restituer la Valteline, le roi mettra la main à l'épée et agira de façon convenable à sa réputation. » Tout étonnés, les diplomates, une heure après, obtiennent une audience du roi qui ne confirme pas les dires du favori !

Alors, que faut-il penser de cet étrange concerto cacophonique à deux voix ? Luynes prend-il la liberté d'affirmer ce qui n'est pas, à plusieurs reprises, pendant six mois, et ce de son propre chef ? Attitude bizarre puisque ce qu'il fait connaître est sans fondement et qu'il le sait ! Il sait aussi que les ministres vont le contredire. Alors ? Est-ce un jeu pour paraître le seul détenteur d'un secret royal ? Enfantin ! Puisque, s'il y a mensonge inventif, il est vite éventé ! Ou bien est-ce un jeu, effectivement, convenu entre Louis XIII et son favori ? Luynes *ferait croire* à l'entrée en guerre possible et le roi, en même temps, *nierait* qu'il en soit question... ?

Il est tout de même surprenant d'être amené à penser à deux comportements volontairement contradictoires ! Se seraient-ils concertés pour agir ainsi ? Cela est d'autant moins compréhensible que chacun sait depuis longtemps (c'est même de notoriété publique), la répugnance de M. le Connétable pour tout ce qui touche, de près ou de loin, aux armes. Fontenay-Mareuil écrit : « M. de Luynes ne voulait point la guerre. » En mars 1619, le cardinal de La Rochefoucauld lui reprochait « de se refuser à armer un seul soldat quand il s'agit de faire la guerre contre les huguenots. »

S'il y a connivence entre le roi et Luynes, on s'étonne (vu la réputation de ce dernier) que ce soit précisément le Provençal que Louis XIII choisisse pour emboucher les trompettes d'Arès. S'il n'y a pas connivence, on se demande par quelle distraction (ou excès de mansuétude) le roi n'ordonne pas à son favori de cesser ses déclarations fausses, réitérées durant six mois ! Il y a là quelque chose qui reste obscur [2].

1. Ce territoire dépendait « officiellement » des Etats pontificaux.

2. A moins que les Vénitiens aient voulu comprendre qu'il faisait allusion à la Valteline, alors que dans l'esprit de Luynes il était question des huguenots !

En revanche le chercheur découvre avec netteté l'évolution puis le changement qui s'opère dans le caractère du prince à dater du 4 juillet 1620 (entrée à Rouen) et qui se confirme le 15 octobre 1620 (entrée à Pau), comme nous le verrons plus loin.

A partir de cette période, Louis XIII (il a dix-neuf ans à peine) devient réellement roi ! Roi guerrier !... et avec quelle audace ! (Il aurait tant voulu que ce fût Luynes qui en eût !) Jusqu'à sa première campagne militaire victorieuse, Louis ne connaît pas son courage. Ce n'est pas l'héroïsme de l'homme qui se défend, mais la hardiesse de celui qui attaque. Il découvre sa vaillance en allant au danger. Là, il se comporte avec une bravoure telle qu'il arrache des cris d'admiration à tous ses compagnons. C'est d'une oreille nouvelle qu'il entend les : « Vive le roi ! »

Ce soir-là, Louis n'est plus tout à fait le même. Un bouleversement s'est produit qui va modifier son comportement à venir. Sans le savoir peut-être, il vient d'échapper un peu à l'emprise de Luynes. Une sorte de *faille morale* date-t-elle de cette année-là, même s'ils ne le savent pas encore ?

Il y a une « bouderie » symptomatique ! Luynes est opposé à la campagne de Béarn de 1620. Tandis que le favori, *de sa propre initiative*, cherche un « accommodement » avec le duc de la Force[1], huguenot, gouverneur de ladite province, Louis XIII part seul avec ses soldats imposer son autorité à Pau. Il réussit. Luynes est à Bordeaux... et y reste[2] ! Du 12 octobre au 25 octobre, le Provençal et le roi sont séparés *pendant treize jours*[3]. Or, depuis plus de cinq ans ils ne se sont pas quittés d'un jour ! Et Luynes mourra l'année suivante...

Dans un certain sens, le récit de cette liaison est assez triste. Quelle qu'ait été sa valeur, Luynes s'est trouvé placé face à des difficultés politiques qu'il n'était pas à même de surmonter. Parce qu'il n'était pas préparé à gouverner ? Peut-être ! Peut-être aussi parce que l'heure n'était pas venue de régler ces questions (Valteline et huguenots). Elles le seront, au temps de Richelieu[4]. Celui-ci soutiendra dans ses *Mémoires* — ô combien partiales — que Luynes était au bord de la disgrâce au moment

1. Père de Montpouillan, disgracié par le roi sur l'insistance de Luynes, jaloux, comme on l'a vu.

2. En réalité, à Casenove. Ils se retrouveront à Bordeaux.

3. Le Journal d'Héroard rend compte des visites (diurnes) quotidiennes du roi à son favori. Entre le 12 et le 25 octobre : rien !

4. M. Victor Cousin, en 1861 et 1863, puis M. Bertold Zeller, dans *Le Connétable de Luynes, Montauban et la Valteline*, publié en 1879 (ouvrage qui nous a été obligeamment prêté par le comte Thomas de Luynes) soutiennent que Luynes a tracé la voie dans laquelle Richelieu n'a eu qu'à s'engager par la suite. M. Louis Batiffol, dans *Le Roi Louis XIII à vingt ans*, publié en 1912, soutient le contraire.

de sa mort. (Ce qui est loin d'être prouvé.) Il dira de son ennemi : « Luynes, alors, pouvait être comparé à un homme qui, parvenu seul au haut d'une tour, n'a plus qu'un pas à faire pour se jeter dans le vide. »

Phrase cruelle, d'une ironie volontairement blessante. Le scripteur cherche sans cesse tout ce qu'il peut dénicher dans les méandres de sa mémoire pour salir l'image de Luynes. Le parti pris dont fait preuve Richelieu est aussi détestable qu'ahurissant et prouve à quel point cet homme redoutable était d'une jalousie féroce à l'égard de ceux qui, un temps, avaient retardé son ascension.

Luynes n'était pas sans défauts, certes ! Et Richelieu donc ! Luynes ne sut pas se montrer fin politique ? Possible ! Richelieu sut se montrer inhumain ! C'est certain. *Oderint, dum metuant ?*[1]

Néanmoins, après ces pages qui auraient tendance à abaisser la réputation du favori, il serait injuste de ne pas énumérer ici quelques côtés extrêmement positifs du personnage.

Tout d'abord, il a été d'un secours affectif vital pour le petit garçon solitaire et neurasthénique qu'était Louis au moment de leur rencontre. Sa présence attentive, chaleureuse permit au jeune prince de ne pas sombrer dans une dangereuse névrose.

Si tant est que les rapports (physiques) homosexuels aient existé, Luynes (purement hétérosexuel) s'est alors fait violence pour le plaisir de l'adolescent (forme de consolation). Il est douteux que Luynes ait été amené aux actes uniquement poussé par l'idée d'une fortune à venir. On serait plutôt tenté de croire à un élan de tendresse devant tant de solitude et de manque total d'affection (depuis la mort d'Henri IV). En consolant, peu importe la manière, l'homme fait libère l'adolescent d'une première inhibition.

Ensuite, c'est Luynes qui, dans l'esprit, prépare l'éviction de Concini et pousse Louis à secouer la tutelle de sa mère et à l'éloigner. Il le libère donc encore, sur deux plans différents. C'est Luynes, et nul autre, qui le délivre de son complexe envers son épouse en l'amenant lui-même dans le lit d'Anne d'Autriche, le forçant ainsi à découvrir ses propres capacités masculines (auprès d'une femme) : nouvelle libération.

Luynes ne fut ni un homme d'Etat, ni un guerrier, soit. Mais sur le plan humain sa valeur est indéniable et sans sa présence constante (quotidienne) on peut se demander si Louis XIII serait devenu aussi facilement un père en puissance et un roi guerrier. Il est l'un et l'autre, alors qu'il n'a pas vingt ans, et que Luynes disparaît.

Alors son passage dans l'existence de Louis XIII doit, semble-t-il (et malgré tout) être considéré comme positif et, d'un certain point de vue, mérite des éloges. Non omnia possumus omnes[2]*...*

1. Cicéron : « Qu'ils me haïssent, pourvu qu'ils me craignent. »
2. Virgile : « Tout le monde n'a pas toutes les aptitudes... »

Le château de Pau

En Béarn, on vit alors dans un optimisme tout provincial. On s'imagine que le gouvernement royal trop occupé par ailleurs — l'Espagne, l'Angleterre — n'entreprendra rien contre la région. Celui qui prétend que le roi sera bientôt là, avec son armée, passe pour un mauvais Béarnais, un traître, un papiste.

La défense de cette contrée protestante est bien organisée, et militairement forte. On y vit sans soucis derrière l'étroit horizon de ce pays écarté et l'on croit, jusqu'au dernier moment, que le roi ne viendra pas. Parmi les gaves et les collines, les Béarnais se croient tranquilles. Et cependant, les avertissements s'accumulent. Ils sont réputés faux : des fables pour effrayer les enfants [1].

Et pourtant Louis XIII s'avance. Parti de Casenove le 12 octobre, il passe par Capsieux, Roquehort et, ayant traversé la rivière (le gave) par le pont de Castarets, il arrive à Grenade le mardi 13 octobre en passant par Pujols.

Le lendemain il entre à Arsac. Non seulement il ne rencontre aucune résistance sur sa route, mais il prend tout son temps pour chasser, à cheval, le gibier à plumes, avec son arquebuse [2].

Et voici que, soudain, le jeudi 15 octobre, Louis XIII est là, pénétrant dans la cour du château de Pau à la suite de son régiment des gardes. Peu après, les magistrats du parlement de Béarn, réunis à la hâte, viennent dans leurs belles robes rouges, présenter leur soumission et demander pardon d'avoir refusé la vérification de l'arrêt de restitution des biens ecclésiastiques... et leurs revenus ! La réponse du roi est brève : « Servez-moi mieux à l'avenir et j'oublierai le passé ! » Dans l'après-midi, il préside un Conseil. Ensuite donne audience au clergé, puis aux ministres [3].

Le vendredi 16, il fait dire la messe [4] dans la grande salle du château. Entre midi et quatre heures, il se promène, seul, dans les jardins et le parc [5]. Cherche-t-il l'ombre de sa grand-mère, cette fameuse Jeanne d'Albret qu'il n'a pas connue, ou s'imagine-t-il voir son père, petit garçon turbulent, en train de courir entre les arbres en compagnie d'autres enfants du pays ? Ces heures durant lesquelles il musarde, ne peuvent être que nostalgiques. Luynes n'est pas là pour les partager...

Le lendemain il arrive à Navarrenx, visite la ville, ses tours et ses remparts (datant du XVe siècle) et fait investir l'ensemble par plusieurs compagnies armées. La milice est dissoute. La garnison huguenote doit quitter les lieux tandis que l'on proclame les édits royaux.

1. C. J. Burckhardt.
2. Héroard, *Journal.*
3. On n'a aucune indication sur les membres du Conseil et les ministres présents à Pau.
4. Catholique. Les protestants assistent à « l'office », au culte, non à la messe.
5. Héroard, *Journal.*

Le gouverneur, M. de Sales, nommé par la reine Jeanne (en 1569) est prié de quitter son poste et la citadelle. Le dimanche 18, le roi est de retour à Pau où se tient un Conseil.

Le 19 octobre, dans la grande salle haute du château, en sa qualité de prince souverain du Béarn, il prête serment de respecter les privilèges de la province devant les états convoqués à cet effet, qui, de leur côté, lui jurent fidélité. Par la même occasion, Louis XIII décide de rendre effective la réunion du Béarn et de la Navarre à la couronne de France, réunion restée jusque-là théorique malgré la décision d'Henri IV en 1607. *L'édit de Nantes, inappliqué jusqu'alors, va recevoir force de loi.*

On se demande qui conseille Louis XIII durant ces journées béarnaises. Les décisions prises et appliquées ont-elles été prévues auparavant, à Bordeaux ? Par qui ? Ni Luynes ni le roi n'ont pu trouver de telles solutions. L'idée de la *centralisation du pouvoir royal*, ruinant tout particularisme local, n'est pas née dans l'esprit de Louis XIII ou celui de son favori. C'est Luçon (devenu Richelieu) qui appliquera, plus tard, ce principe [1]. Or, en octobre 1620, il n'est pas auprès de Louis XIII. Seul le chancelier de Sillery (soixante-seize ans) est capable de concevoir l'articulation du nouveau statut du Béarn. Il est sur place ; sinon en Béarn, du moins en Aquitaine. Quoi qu'il en soit, le Conseil souverain de Pau et celui de Navarre, disparaissent. A l'image des autres cours du royaume, Louis XIII crée le parlement de Pau [2].

Le 20 octobre, à neuf heures du matin, Sa Majesté prend part à une procession générale et assiste à la messe en l'église devant le château, rétablissant ainsi, très officiellement, le culte catholique.

Le lendemain, le roi quitte Pau, couche à Arsac et, par étapes, tout en chassant à cheval, prend la direction de Bordeaux où il arrive le dimanche 25 octobre par voie fluviale [3], à trois heures après midi. A six heures et demie, le roi soupe et, ensuite « va chez M. de Luynes » d'où il revient à huit heures pour se coucher [4]. Le roi ne reste *pas plus d'une demi-heure* auprès de son favori qu'il n'a pas revu depuis le 11 octobre au soir, à Casenove (quatorze jours sans se voir). Sentimentalement ou politiquement parlant, *ont-ils si peu de choses à se dire ?*

Si l'on fait abstraction du côté affectif des retrouvailles, il reste le côté gouvernemental.

Louis XIII a terminé *en cinq jours* toutes les affaires du Béarn et de la Navarre. Même si les conseils émanent de Sillery, cette prouesse — car c'en est une — vaut tout de même quelques chaudes félicitations de la part de l'ami de longue date. Or, il n'en est nulle part fait mention. De plus, les 27 et 28 octobre, Luynes et le roi ne se verront qu'un instant,

1. En fait, c'est son successeur, Mazarin, qui parviendra à l'imposer préparant ainsi le règne « Absolu » de Louis XIV.

2. M. Forissier, *Histoire de la Réforme en Béarn,* 1952.

3. Les ponts étaient encore rares à cette époque.

4. Héroard, *Journal.*

au Conseil, bien que se trouvant dans la même ville et dormant dans le même édifice à Blaye [1].

La brouille, entre eux, serait-elle réelle ?

Certains historiens — peut-être de parti pris ? — prétendent que Louis XIII commençait à croire son armée *invincible* pourvu que sa personne sacrée fût présente parmi les soldats... Luynes aurait-il fait une réflexion désobligeante à ce sujet au retour du vainqueur, le 25 octobre ? Connaissant l'orgueil de Louis XIII et sa susceptibilité maladive, on pourrait y penser...

La galopade vers Paris... et ses mystères

Le jeudi 29 octobre, Luynes et le roi, botte à botte, abandonnent Blaye : réconciliés ? Il faut croire...

Le retour vers Paris va s'effectuer à une rapidité si effrénée que l'on est en droit de se poser un certain nombre de questions. Pour quelles raisons Louis XIII et son favori sont-ils si pressés de regagner la capitale ? Après la fulgurante campagne de Béarn, aucune entrée triomphale n'est prévue, aucune fête. Et pour cause : le royaume est loin d'être pacifié. Le roi est-il si amoureux qu'il désire retrouver sa femme sans tarder ? Cela est peu probable. Il ne s'agit pas non plus de régler de façon urgente des problèmes de politique intérieure ou extérieure car, comme nous allons le voir, les ministres ne semblent pas pressés de remonter à Paris. Le roi va attendre près d'un mois avant de présider son Conseil !

Un autre point reste obscur. Il serait d'une importance mineure si l'on ne savait l'influence de Luynes sur l'esprit et l'humeur de Louis XIII. Or, bien des détails amènent à penser que depuis la descente vers le Béarn, les relations du roi et de son favori subissent des fluctuations qui comportent peu d'accalmies. On peut même se demander si leur *première mésentente sérieuse* ne date pas de cette période.

Les brouilles se succèdent. Le roi semble hésiter. Il fuit, revient, repart et boude, comme on va le voir.

Revenons à ce jeudi 29 octobre où Luynes et le roi abandonnent Blaye, apparemment réconciliés. Le 3 novembre, quittant Saintes, ils s'arrêtent à Melle (petite ville), en direction de Châtellerault. Après son souper, Louis XIII se rend auprès de Luynes (entre dix-huit et vingt heures). Que se disent-ils ? Leur entretien débouche-t-il sur une nouvelle dispute ? Toujours est-il que le *Journal* d'Héroard ne fait plus aucune allusion à

1. Le 27 octobre, le roi va à la chasse aux canards, revient souper à six heures, se couche à huit heures et s'endort jusqu'au lendemain sept heures trois quarts. Cela ressemble fort au comportement d'un jeune homme qui boude. Le 28 octobre, il passe la journée en compagnie de M. de Luxembourg, dîne et soupe en sa compagnie (fait rare, signalé par Héroard). Luxembourg, c'est Brantes, frère de Luynes ! Le roi, contrarié, veut-il épancher sa rancœur dans l'oreille du frère de son favori ?

leurs rencontres dans les jours qui suivent, et ce, jusqu'au samedi 7 novembre, jour où Louis XIII rentre dans Paris.

Alors ? Le favori a-t-il continué de son côté sa remontée vers la capitale ? Probablement. Si c'est le cas, il y arrive le premier (comme nous le verrons plus loin). S'ils se sont séparés le 3 novembre au soir, ce n'est pas dans un climat de bonne entente. On ne peut imaginer que Luynes soit parti préparer les relais de poste pour le roi et sur son ordre. Ce n'est pas son rôle. On a sans doute envoyé quelques écuyers. S'il est parti sans le roi, c'est pour une autre raison. Une mission ? Laquelle ? Auprès de qui ? Et, encore une fois, pourquoi sont-ils si pressés ? Le retour vers Paris est une cavalcade endiablée.

Louis XIII passe par Poitiers où *il prend la poste pour la première fois*[1] le 4 novembre, et couche à Châtellerault. Le lendemain matin... « ... levé à quatre heures, sans avoir bu ni mangé, il monte à cheval et gagne Amboise. Sur le chemin il est pris de malaise *(inanition ?)*. Il met sa monture au pas, il a envie de vomir. Il vomit beaucoup d'écume *(bile ?)* avec beaucoup d'émotion et douleur de tête. Se plaint. Il a froid. Gagne Escures *(petite ville)*. Va à la cuisine, apprête le souper pour les autres. La bouche échauffée. Soupé... Dévêtu... s'endort jusqu'à quatre heures après minuit[2]. » C'est M. Philippe, chirurgien ordinaire du roi qui nous fournit ces informations (retranscrites plus tard par Héroard), ce qui expliquerait l'absence — inhabituelle — de précisions... horaires.

On peut s'interroger sur la nature de ce malaise soudain et ses origines. La fatigue ? Depuis quand la lassitude physique provoque-t-elle des vomissements de bile et des douleurs crâniennes ? L'estomac ? Un individu pris de nausées ne se hâte pas de préparer le souper des autres et n'a pas envie d'avaler le sien ! Un empoisonnement par une main malveillante ? Exclu ! Par l'absorption de nourriture avariée ? Possible mais improbable[3]. C'est pourquoi on a quelque réticence à croire à une indigestion (qui se guérit en quelques heures, pas après *deux* jours !).

Cette indisposition peut être d'ordre psychologique. On peut se permettre de croire à un malaise provoqué par une violente contrariété : une orageuse discussion avec Luynes qui tourne mal ? *C'est la conclusion à laquelle on est tenté de s'arrêter.*

Pour quelle raison Luynes quitte-t-il le roi brusquement entre Saintes et Châtellerault ? Il y a eu dispute et brouille à n'en pas douter, le 3 novembre au soir, à Melle. Le 5 novembre, mal en point, le roi continue sa route et couche à Escures (petite ville). Le 6 novembre, il quitte Escures à cheval, passe à Blois, Orléans, et vient dormir à Thoury

1. C'est-à-dire qu'il change de monture à chaque relais. Il ne s'agit pas d'un carrosse de voyage !

2. Héroard, *Journal*.

3. Le menu du souper à Châtellerault ne comporte pas de nourriture susceptible de nuire (voir Journal d'Héroard, p. 2722) : chapon, ramier, tourterelle, brochet et vin clairet. Les mets sont présentés au roi. Cela ne signifie pas qu'il goûte à tout !

(quatorze relais de poste en neuf heures [1]). *Aucune note ne signale la présence de Luynes.*

Encore une fois, deux questions se posent : pourquoi le roi est-il si pressé de regagner Paris ? Et pourquoi *Luynes, s'il l'accompagne, ne vient-il pas* prendre des nouvelles du prince souffrant, qui vomit sans arrêt, se couche, se relève, se recouche ? Le *Journal* d'Héroard ne fait aucune allusion à une visite de Luynes. Alors qu'il ne manque pas une seule fois de la signaler lorsqu'elle a lieu... Par conséquent, on peut supposer que le favori n'est pas là. Dans le cas contraire, il paraît peu vraisemblable qu'il ne soit pas venu s'enquérir lui-même de l'état de santé de Louis XIII, le 5 au soir à Escures, et le 6 à Thoury. On a peine à croire à une attitude aussi froide de la part de Luynes qui n'est ni méchant ni sadique.

Ou bien faut-il penser que, la brouille continuant, le favori ne se déplace pas et le roi, bouleversé, en est « malade » ? Car la fin de la soirée du 6, à Thoury, est particulièrement pénible : « ... arrive, dit qu'il est fort las. Va à la cuisine, aide à apprêter les viandes. Se trouve mal et las. Le pouls un peu ému, la bouche un peu échauffée. Vomit et jette quantité d'eaux. Se plaint, se couche sur le lit où il est demi-heure. Levé, remis sur le lit, remis sur le lit *(sic)* une heure. Puis va prendre l'air. Revient. Mange un œuf à la coque avec du pain, boit un bon coup de vin clairet fort trempé. Dévêtu, mis au lit. S'endort jusqu'à deux heures après minuit. »

Un homme qui souffre d'une crise hépatique, stomacale ou intestinale n'a pas l'idée (alors que rien ne l'y oblige) d'aller à la cuisine pour apprêter les viandes... Au contraire, il aurait tendance à fuir les odeurs de victuailles. La seconde partie de la soirée ferait croire davantage à un malaise d'ordre *psychique* plutôt *qu'organique.* N'est-ce pas son plexus solaire qui se manifeste ? Et le mental ? S'il avait un dérangement gastrique, il vomirait encore et Héroard (ou M. Philippe) l'aurait noté. Le comportement de Louis XIII au soir de Thoury semble plus d'origine nerveuse que digestive [2]. Si Luynes est dans les parages, il n'est pas *pensable* qu'il ne se rende pas au chevet du roi. Chaque fois que l'un d'eux est souffrant, l'autre accourt à son chevet. Héroard en fait part à chaque occasion. *Donc, le favori ne doit pas être là.*

Le samedi 7 novembre, le roi quitte Thoury et, par Etampes (où il mange un grain de raisin et une noix confite), gagne Paris où il arrive *fort gai* à midi, au Louvre ! Fort gai ! Cette notation est rare chez Héroard. Fort gai ! Pourquoi ? Louis XIII est heureux de retrouver Paris, le Louvre, sa mère, sa femme... ou Luynes ? Son réveil ce matin-là, dénote une nervosité fébrile. Qu'on en juge : « ... éveillé à deux heures après minuit... [...] demande à un valet de chambre quelle heure il est. Se rendort jusqu'à quatre heures. Levé, vêtu, va éveiller tout le monde. Va à la cuisine, aide à apprêter le déjeuner. S'y présente avec les

1. Héroard, *Journal.*
2. Il se lève, se recouche, se relève... etc.

autres. Ne peut manger. Va à la messe. Au sortir, monte à cheval et part de Thoury. »

Donc, il se lève avant tous après une nuit courte et agitée, aide à préparer un repas auquel il ne touche pas : de toute évidence, il est pressé de partir. *Encore une fois on se demande ce qui l'attire si fort à Paris...*

Arrivé au Louvre à *midi*, il va saluer sa mère, puis sa femme, et *va chez M. de Luynes à deux heures* où il avale *un peu de potage au lait...* Ensuite — ce qui est surprenant — Héroard ne nous rapporte pas les faits et gestes du roi au cours de la journée. Il reprend : « ... sur le soir, un peu ému *(de quoi ?)* la bouche échauffée *(par quoi ? il n'a bu que du lait !)* jette des eaux par la bouche. *(Il vomit, donc : spasme nerveux puisque l'estomac est vide !)* Souper. Ne peut souper. Mange seulement une tourte au coing et un quartier de pomme. Dévêtu. Levé. *(donc il était au lit ?)* Va chez la reine, revient à une heure après minuit. »

Curieux rapport chronologique qui permet toutes sortes de suppositions. Si Luynes a fait partie du voyage, Louis XIII n'a aucune raison d'écourter ses visites à sa mère et à sa femme[1] pour aller retrouver son favori. Et pourtant c'est ce qu'il fait. *Donc, Luynes ne devait pas être du voyage puisque le roi se précipite chez lui et y reste peut-être tout l'après-midi.* Se réconcilient-ils alors, s'ils se sont effectivement quittés fâchés le 3 novembre à Melle, comme nous l'avons suggéré plus haut ? Si réconciliation il y a, elle n'est pas bien solide puisque le roi, non rasséréné, regagne sa chambre pour y vomir et se met au lit sans souper. Mais il se relève pour aller honorer sa femme une bonne partie de la nuit.

Il est difficile de tenter de conclure. Il est certain que le dérangement du roi ne peut être, seulement, d'origine organique : en aucun cas. Il est typiquement psychosomatique[2]. Donc il s'est passé quelque chose entre Luynes et le roi, sans que l'on puisse deviner le sujet de leur différend. Louis XIII n'est pas sans force puisqu'il va retrouver son épouse. Mais ce n'est pas pour elle qu'il était si pressé de retrouver Paris. Au cours de ce mois de novembre, il ne l'honorera que quatre fois : les 7, 24, 26 et 28. Et — étrange coïncidence — il ne se rendra auprès d'elle que lorsqu'il aura rencontré Luynes dans la journée... Peut-on se permettre de penser à des relations de cause à effet ? La chronologie du *Journal* d'Héroard autorise cette surprenante supposition durant cette période.

Le dimanche 8 novembre, le roi (qui a dormi quatre heures) quitte Paris pour Saint-Germain-en-Laye. Il part sans la reine et sans Luynes. (On dirait une fuite.). Il ne regagne Paris que le 21 à dix-sept heures, *ne va saluer personne*, soupe et se couche à neuf heures. Le lendemain

1. Il ne les a pas revues depuis Poitiers, le 6 septembre. Alors que Luynes est resté auprès de lui presque tout le temps.

2. On ne peut s'empêcher de faire un rapprochement avec ce qu'il a éprouvé (et montré) au moment où il se séparait de sa sœur Elisabeth, à Bordeaux, le 21 octobre 1615. (Voir chapitre : « Les mariages espagnols ».) Et encore en octobre 1616. (Chapitre : « Un état dépressif ».)

dimanche 22, il s'éveille à cinq heures du matin (le *Journal* d'Héroard est ici d'un laconisme troublant) : déjeuner six heures, dîner dix heures, souper dix-huit heures, couché vingt et une heures, relevé vingt-trois heures, recouché vingt-trois heures trente, dort jusqu'à six heures et demie du matin. Louis XIII ne reçoit personne ce jour là et ne rend aucune visite. Il n'est pourtant pas souffrant ! *Cet isolement a une cause que nous ignorons.*

Le jour suivant, 23 novembre, il va saluer sa femme *dans l'après-midi*[1], entre dix-huit heures et dix-neuf heures, revient se coucher à vingt heures et s'endort jusqu'à six heures et demie. *Il n'a vu ni sa mère ni Luynes ce jour là.* En revanche, le lendemain 24, il va chez Luynes, revient se mettre au lit à vingt heures, se relève à vingt-deux heures, va chez la reine et revient se coucher à vingt-trois heures. Le 25, levé à cinq heures et demie du matin, il chasse tout le jour et assiste chez Luynes à une comédie qui se termine à vingt-deux heures. Trop fatigué pour aller chez la reine, il se couche et s'endort. Le 26 novembre : Conseil[2] de treize heures à seize heures trente. Ensuite le roi rend visite successivement à sa mère, à Luynes, à sa femme, à Luynes après son souper et reste auprès de lui de dix-huit heures trente à vingt-deux heures. Il regagne sa chambre, se dévêt, et sans plus attendre va chez la reine *d'où il ne revient qu'à quatre heures du matin.*

Le fait d'avoir passé presque toute la journée avec Luynes (de treize heures à vingt-deux heures) y est-il pour quelque chose ? L'hypothèse est hasardeuse, mais non négligeable.

Quoi qu'il en soit, l'analyste doit pouvoir se permettre de présenter au lecteur une opinion risquée. Une étude de caractères ne peut exclure le comportement des personnages traités et si l'enquêteur n'ose pas faire part de ce qui lui semble seulement plausible, il passe, nous semble-t-il, à côté de son travail de recherche. Il se doit donc de présenter différentes hypothèses. Toutefois, pour montrer le sérieux de cette analyse et son impartialité, nous présentons ci-après, une relation des faits vue sous un autre angle.

Le 10 novembre, l'ambassadeur de Venise, Contarini, adresse au Sénat une dépêche dont nous citons ci-après la teneur presque *in extenso* car elle présente une version admissible de la chronologie avec laquelle le chercheur ne tombe pas en complet accord. « ... arrivé en cette ville *(Paris)* samedi dernier *(7 novembre)* vers midi, le roi a fait route *depuis Amboise en courant la poste... car il aime le mouvement, les occupations*

1. Il est exclu que des rapports intimes entre Louis et Anne puissent avoir lieu à cette heure là. La reine n'est jamais seule durant le jour. On imagine mal Louis XIII ordonnant aux dames d'honneur de quitter la pièce pour honorer sa femme en paix.

2. Le précédent Conseil s'est tenu à Mirambeau, le 30 octobre ! Il y a un mois !

et se donner à lui-même sans relâche. (sic) Au Louvre, Sa Majesté est allée voir d'abord la Reine mère qui habite dans les chambres de l'étage inférieur. Il l'a embrassée et caressée avec beaucoup de familiarité et d'affection. *De Luynes s'est agenouillé jusqu'à terre (sic)* devant la reine qui lui a donné la main pour le faire se relever, faveur inhabituelle à la Cour et tout à fait étonnante. Le roi s'est rendu ensuite chez la reine son épouse où il n'est pas resté longtemps, parce *qu'il est allé ensuite dîner avec de Luynes* dans l'appartement de celui-ci. Tout ceux qui ont couru la poste avec le roi sont allés se coucher aussitôt dîner, ce qu'a fait aussi M. de Luynes. Tous étaient épuisés de la violente agitation du voyage, mais le roi n'aspirait pas au repos. Il s'est mis au lit à son heure habituelle, à neuf heures, a dormi avec la reine cette nuit, s'est levé une heure avant le jour et est *reparti le matin même pour Saint-Germain où il restera... en attendant le retour de ses gardes, de ses bagages et des ministres* qui sont restés en arrière et n'arriveront qu'à la fin de la semaine, car Sa Majesté ne veut pas venir à Paris pour voir les ambassadeurs avant que ses gardes et le Conseil n'y soient [1]. »

Cela doit être considéré comme une relation très officielle qui cite les faits tels qu'ils ont été rapportés à Contarini. De toute évidence, l'envoyé de Venise n'était pas du voyage. Il aurait *fait allusion* à l'indisposition du roi en cours de route tel qu'Héroard le raconte dans son *Journal*.

Tout d'abord, le roi ne « court pas la poste depuis Amboise », mais depuis Poitiers (4 novembre [2]). Contarini reprend : « ... car il aime le mouvement, les occupations et se donne à lui-même sans relâche. » La phrase en elle-même n'est pas très claire. De plus, on se demande comment un homme malade, qui vomit plusieurs fois, les 4 et 5 novembre, peut avoir envie de *mouvement*. Affaibli par ces rejets de bile, il doit plutôt songer à se reposer ! Plus loin, le Vénitien reprend, alors que le roi est arrivé au Louvre : « ... De Luynes s'est agenouillé... » etc. *Cela ne prouve pas que le favori soit entré dans Paris en même temps que le roi.* S'il a quitté Louis XIII à Melle, le 3 novembre, comme nous le suggérons dans les pages qui précèdent, il a pu *entendre* le roi arriver au Louvre le 7 novembre à midi. Il a pu tout aussi bien se joindre à lui pour aller saluer la reine mère, s'agenouiller... etc. Ne lui doit-il pas des remerciements pour sa visite courtoise de Poitiers, le 6 septembre, alors qu'il était souffrant ?

En revanche, il est déconcertant que Contarini ne signale pas que Luynes a accompagné le roi chez sa femme. Si le favori est de retour en même temps que Louis XIII, il manque à tous ses devoirs en n'allant pas présenter ses hommages à Anne d'Autriche ! Impensable ! De plus, l'épouse de Luynes, de par ses fonctions de surintendante, se trouve nécessairement auprès de la reine régnante. Luynes entrant au Louvre au même instant que le roi aurait été saluer Marie de Médicis mais *ni la reine ni sa femme* ? Ce n'est pas sérieux d'y penser. Donc : il les

1. Texte cité par Pierre Chevallier.
2. Héroard, *Journal,* tenu ce jour là par M. Philippe, chirurgien du roi.

a rencontrées précédemment. *Donc Luynes a bien quitté le roi le 3 novembre.*

Cette déduction découle d'une logique toute simple, parfaitement applicable aux faits, semble-t-il. Si l'on calcule les heures et les distances, Luynes *qui n'a pas été souffrant, qui* ne va pas systématiquement à la messe chaque matin lorsqu'il n'est pas avec le roi, *qui* — ancien fauconnier — est un cavalier remarquable, a pu très facilement atteindre Paris le 5 novembre au soir ou le 6 au matin. Poitiers n'est qu'à quatre-vingt-cinq lieues de Paris [1]. Dans sa dépêche, Contarini dit encore : « ... il est allé ensuite dîner avec de Luynes... » etc.

S'ils sont tous (Luynes inclus, mais le roi excepté) épuisés par le voyage, comme le soutient l'ambassadeur, pourquoi Louis XIII éprouve-t-il le désir d'aller avaler un peu « de potage au lait » chez son favori ? La fatigue générale n'autorisait-elle pas chacun à se retirer chez soi pour s'y délasser ? Pourquoi le roi quitte-t-il sa femme assez brusquement pour aller déguster son breuvage chez Luynes s'ils ont chevauché ensemble sans arrêt ? On est plutôt amené à penser que c'est parce *qu'ils ne se sont pas vus depuis trois jours* que le roi agit de cette façon. Quoi qu'il en soit, les documents compulsés ne fournissent pas de réponse satisfaisante à cette question, somme toute subsidiaire, mais non sans intérêt pour celui qui cherche à comprendre.

Il y a plus. La fin de la dépêche de Contarini trouble davantage encore les idées de l'analyste : « ... reparti pour Saint-Germain où il restera... en attendant le retour de ses gardes, de ses bagages, de ses ministres... » etc. Il est évident que le chancelier de Sillery (soixante-seize ans) n'était pas en état de galoper aussi longtemps auprès du roi. Il est normal qu'il ait préféré rentrer par petites étapes, probablement en compagnie des autres membres du Conseil, du moins les plus âgés, emmitouflés dans leurs fourrures.

Là se pose une importante question : *avec qui Héroard a-t-il voyagé ?* (Il a soixante-neuf ans en 1620 [2] !) S'il accompagne le roi, on peut se fier (toutes proportions gardées) à la relation de son *Journal*. Si le chirurgien de Louis XIII, M. Philippe, a noté à sa place à partir du 4 novembre et ce jusqu'à Paris, il est possible que cet homme ait omis de rapporter dans ses notes les visites éventuelles de Luynes. Auquel cas, la théorie de l'absence du favori s'effondre. (Notre souci de rester objectif nous oblige à citer cette possibilité à laquelle nous ne croyons pas : Héroard était solide et courageux.)

Sur un autre plan, quelque chose encore surprend le chercheur. Comme nous l'avons déjà dit, un Conseil se tient à Mirambeau, le 30 octobre. Les ministres remontent du Midi par petites étapes et le Conseil qui se tient à nouveau n'est réuni que le 26 novembre à Paris. Tout un mois

1. 340 kilomètres.

2. Lesdiguières (1543-1626), maréchal de France, a soixante-dix-sept ans en 1620 et fera merveille au siège de Montauban en novembre 1621. Donc, l'âge ne compte pas pour certains.

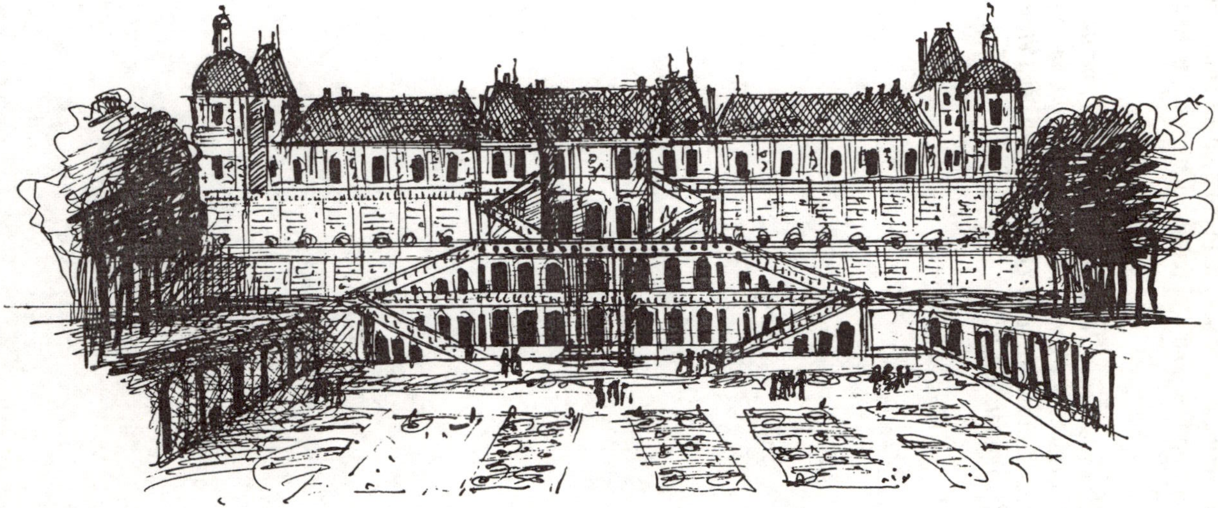

Saint Germain en Laye : le château neuf

sans consultations politiques ? Cela paraît un bien long temps alors que le royaume est menacé de rébellion huguenote. On peut également s'étonner des activités de Louis XIII entre le 8 et le 26 novembre. Il ne semble pas s'intéresser « aux Affaires ». Il chasse ! Il se promène à cheval de Saint-Germain à Noisy, à Fresnes, à Lésigny [1] et ne rentre à Paris que le 21 novembre pour s'enfermer dans ses appartements [2].

Au cours de cette année 1620, probablement l'une des plus riche en événements divers — c'est la raison pour laquelle le chercheur s'y est attardé — Louis XIII apprend beaucoup. et l'étoile de Luynes, semble-t-il, commence à pâlir.

1. Propriété de Luynes (héritage Concini). Héroard ne parle pas de la présence du favori à Lésigny entre le 15 et le 21 novembre, alors que le roi y réside et que le médecin ne le quitte pas.
2. Voir plus haut.

SIXIEME PARTIE

1621 - 1622

AURI SACRA FAMES[1] !

Au début de leur entente — et surtout après la mort de Concini — en admettant même que l'idée lui ait un instant traversé l'esprit (ce qui est tout à fait improbable), Luynes ne pouvait refuser les cadeaux du roi. Non seulement le jeune homme très épris, aveuglé par son affection, désireux de combler son favori, n'aurait pas compris cette forme de délicatesse, cette preuve de modestie étrangère aux coutumes de l'époque, mais de toute façon le Provençal n'est pas homme à laisser passer la roue de la fortune sans s'y agripper. C'est pourquoi il accepte toutes les « grâces » matérielles et honorifiques dont Louis XIII le gratifie.

En dehors de son instabilité, la position du favori peut devenir dangereuse de la faute même de celui qui en bénéficie. Accablé de titres et d'honneurs, Luynes va tomber dans son propre piège : la démesure ! Très vite il ne va plus se contenter d'accepter : il va demander, réclamer, prétendre. Il obtiendra tout du roi qui (conscient ou non ?) agit à son égard avec une libéralité sans bornes.

Une réussite rapide, insolente, phénoménale n'est pas sans péril. Celui qui en jouit à l'excès risque de se griser et finit par considérer que tout ce qu'il accumule lui est dû. C'est ce qui va advenir à Luynes. Et l'on peut se permettre de supposer (de supposer seulement !) que la mort, qui efface beaucoup, sinon tout, lui évita la disgrâce[2]. Son comportement inadmissible et provocant aurait, croit-on, à plus ou moins brève échéance, provoqué sa chute. C'est la thèse que défendent la plupart des historiens... sans pouvoir se montrer formels.

En 1617, comme on l'a vu[3] Luynes est déjà gouverneur d'Amboise et capitaine des Tuileries. Après la mort de Concini, Louis XIII s'empresse de doter son favori à profusion[4]. L'ensemble représente une fortune colossale ! En novembre 1618, Luynes est nommé gouverneur de Picardie, énorme « séquelle » de l'héritage de Concini.

La ville d'Ancre[5] et le marquisat changent de nom : Luynes devient marquis d'Albert, l'un de ses patronymes. (Il est amusant de constater que Concini [en 1616], et Luynes [en 1620], auront le même réflexe à un

1. Virgile : « Exécrable faim de l'or ! »
2. Pierre Chevallier.
3. Chapitre : le 25 avril 1617.
4. Tous les biens du maréchal d'Ancre (meubles et immeubles), dont l'hôtel de la rue de Tournon et le château de Lésigny-en-Brie, et aussi les bijoux fabuleux de Leonora. La lieutenance générale de Normandie et la citadelle de Pont-de-l'Arche. Il est nommé premier gentilhomme de la chambre et conseiller d'Etat. (Voir chapitre « 25 avril 1617 ».)
5. Si la ville d'Ancre est rebaptisée Albert, la rivière Ancre coule toujours sous le même nom.

certain moment, celui de songer sérieusement à se réfugier dans une même ville : Amiens !)

En 1619, comme on l'a vu, sa terre de Maillé est érigée en duché-pairie. A cette occasion, celui qui se fait appeler à présent « Monsieur le duc », estime qu'il est digne d'être compté au nombre des chevaliers du Saint-Esprit [1]. Louis XIII acquiesce et nomme — à la demande de Luynes et en même temps que lui — cinquante-neuf autres chevaliers... qui sont tous des amis du favori. Dans sa dépêche au Sénat, Contarini, rendant compte de la réception des nouveaux porteurs du Cordon bleu, rapporte que : « Luynes se tenait dans une pièce proche de la chapelle où les nouveaux promus venaient un par un lui faire leur remerciement et presque lui rendre hommage, et il semblait que ce n'était pas au roi, mais à lui qu'ils étaient redevables de leur nomination. » Il faut que Louis XIII — si jaloux du respect qui est dû à sa personne sacrée — soit *encore* très affectionné au Provençal pour supporter ce type de spectacle...

Sur le plan financier, les chiffres sont vertigineux. Les titres, places fortes, pensions, charges, gouvernorats, lieutenance générale, etc. apportent des revenus susceptibles de pourvoir à l'entretien de plusieurs provinces. On ne peut les citer tous. Il ne faut pourtant pas trop s'étonner. Il est de règle qu'un favori devienne impopulaire car la haine du vizir forme en quelque sorte le complément de l'idolâtrie vouée au souverain. Dès que le favori accumule les excès, il devient l'objet de toutes les jalousies et de la médisance débridée. Il est de règle également qu'il cherche à bâtir sa propre fortune. Sous les Capétiens, les Valois et les Bourbons, aucun personnage dépositaire de la puissance royale, n'y manque. Richelieu et Mazarin feront sans doute atteindre des points culminants à ces pyramides.

En ce qui concerne Luynes, l'ensemble de sa fortune excédera largement les résultats du pillage systématique du couple Concini... Messieurs Carmona et Chevalier rapportent un « détail » intéressant qui éclaire à la fois la cupidité excessive du Provençal et la « gentillesse » du roi. Luynes reçoit — comme on l'a vu [2] — l'hôtel de Tournon (14 octobre 1617). Le 27 août 1621 [3] il le *recède* au roi pour la somme de 40 000 écus [4] ! Le favori touche — annuellement — du Trésor, 70 000 livres de pension. Il perçoit, d'autres sources, 40 000 livres de rente par an. Ces sommes ajoutées à ce qui lui parvient des régions [5]...

1. L'ordre du Saint-Esprit a été créé par Henri III.

2. Chapitre : « Et... la Galigaï ? »

3. 27 août 1621 : le siège de Montauban où il se trouve, est commencé depuis dix jours !

4. Soit 120 000 livres or, soit 12 millions de francs lourds (1990) : 1 milliard 200 millions de centimes ! (Leonora a acheté l'hôtel en 1606 pour 14 000 écus à Charles de Plessis, seigneur de Liancourt.) L'hôtel deviendra celui des ambassadeurs extraordinaires qui y logeront lors de leur passage à Paris.

5. D'après l'ambassadeur vénitien, la fortune de Leonora (seule) s'élevait à 15 millions de livres (l'équivalent des trois quarts du budget annuel de la France), sans compter les bijoux : 1 million de livres — d'après Michel Carmona. La fortune de Luynes se serait montée à plus du double... Luynes aura des difficultés à récupérer les sommes placées chez les banquiers de Rome, Florence et Anvers. Celles de Rome, placées au mont-de-piété, seront abandonnées au profit de la basilique Saint-Pierre.

Le favori n'attend pas de se voir connétable (avril 1621) pour être atteint par l'ivresse que lui procure sa « grandeur ». Il « accepte » qu'on l'appelle « Monseigneur ». Le Vénitien Contarini écrit en 1620 : « ... Ce n'est plus un favori mais une espèce de roi. » Le nonce Corsini déclare : « Il veut tout faire par lui-même et embrasse le tout. » A partir de ce moment, Luynes ne se contrôle plus, semble-t-il.

Il veut ! Il exige ! Il exagère...

Les huguenots

A la fin de novembre (1620), par une déclaration enregistrée au Parlement, Louis XIII fait défendre à ses sujets de la Religion Prétendue Réformée de s'assembler, et à tous, gouverneurs, lieutenants, maires et échevins des villes, de les recevoir et admettre, déclarant criminels de lèse-majesté tous ceux qui y contreviendraient. Bravant l'interdiction royale, les huguenots décident de se réunir à La Rochelle le 24 décembre, et demandent l'appui de Jacques Ier, roi d'Angleterre [1].

Luynes réagit sans attendre et envoie son frère Cadenet à Londres. L'ambassadeur, afin de faire avorter le projet, remplit sa mission avec succès [2] (en janvier 1621). Pendant ce temps, de La Rochelle, les huguenots prélevaient sur les terres et les villes de sûreté du parti protestant des taxes et impositions nécessaires pour financer les opérations militaires. C'est en vain que le Parlement de Paris les rappelle à l'ordre, déclarant coupables de lèse-majesté les responsables et les exécutants de ces décisions. Le 14 décembre le roi et Luynes quittent Paris et se dirigent vers la Picardie et le Nord. Ils chassent d'Ecouen à Bapaume, s'arrêtent à Piquigny où Cadenet les reçoit sur ses terres. Ils partent ensemble vers Calais où ils arrivent le 26 décembre. (Cadenet s'embarque pour Douvres.) Le lendemain, à Calais, se tient un Conseil.

Louis XIII et Luynes ne seront de retour à Paris que le 12 janvier [3]. Mais le Conseil se tiendra à l'endroit que le roi aura désigné [4]. Qu'importe la ville, pourvu qu'il ait le temps de chasser entre deux réunions. Le roi donne ses audiences à cinq heures du matin, afin d'aller courre le cerf [5] avec Luynes, qui préférerait peut-être que l'on courût moins maintenant qu'il a d'autres fonctions que cynégétiques [6].

Le chercheur de la fin du XXe siècle s'étonne quelque peu de la façon dont Louis XIII et Luynes gouvernent. En 1624, Richelieu, en arrivant

1. Fils de Marie Stuart, premier roi d'Angleterre et d'Ecosse.
2. A son retour (janvier 1621), sa terre de Chaulnes sera érigée en duché-pairie.
3. 1621. (Héroard, *Journal.)*
4. Rappelons ici la phrase fameuse de Philippe le Bel : « N'oubliez pas que le roi convoque à son Conseil qui il veut, quand et où il le veut ! » Louis XIII a dû vouloir agir de même.
5. Arnauld d'Andilly.
6. La Varende.

au pouvoir, imposera petit à petit une organisation moins hybride, que Mazarin accentuera et que Colbert et Louvois, plus tard, imposeront. Les ministres, alors, se déplaceront à Versailles où se tiendra le pouvoir centralisé en la personne de Louis XIV. Louis XIII ne fait qu'appliquer les habitudes prises par son père et, avant Henri IV, par tous les rois Valois.

Toutefois, on ne peut s'empêcher d'être surpris par l'apparente légèreté avec laquelle on traite, dans les premiers mois de 1621, par exemple, les affaires de l'Etat. Si l'on reprend le *Journal* d'héroard, on s'aperçoit qu'avant toute chose, le roi *veut aller à la chasse et ne s'en prive pas un seul jour.* Luynes y participe de moins en moins mais se déplace en même temps que le souverain. Ils vont de Boulogne à Chantilly, de Calais à Amiens. La reine ne suit pas toujours. En revanche, les membres du Conseil — qui se réunissent presque quotidiennement — sont tenus de se trouver là où ils sont convoqués. On imagine les ministres, secrétaires *et leurs archives* essayant d'être à l'heure au lieu décidé par le roi...

Lorsque Louis XIII est à Paris, Luynes s'y trouve, mais en dehors des séances du Conseil — deux heures de réunion quasi journalières —, on ne semble se préoccuper que de soupers, de Comédie italienne et de répétitions de ballets. Ainsi Louis XIII, les 18 et 21 février *danse lui-même le ballet d'Apollon* qu'il a composé et qu'il fait répéter chaque jour depuis une semaine.

Pendant ce temps, les huguenots s'emparent par surprise de la ville de Privas, en Ardèche.

Les ducs de Montmorency et de Ventadour échouent dans leur tentative de reprendre la ville défendue par le marquis de Châtillon [1]. Louis XIII (on s'en doute) se sent disposé à marcher contre les protestants à la tête d'une armée. Luynes et les membres du Conseil le calment. A les entendre, il serait préférable de recourir à la médiation avant de se résoudre à une campagne en règle. Luynes fait suggérer aux huguenots une solution de compromis : le roi abolirait la déclaration de lèse-majesté portée contre l'assemblée de La Rochelle, le jour où celle-ci accepterait de se dissoudre.

Les réformés répliquent qu'en vertu du traite de Loudun (1616), leur assemblée est licite ! *Ce qui est faux !* Ils *exigent* le retrait des garnisons catholiques nouvellement installées, et l'admission de nouvelles requêtes. Au Conseil, le chancelier de Sillery s'angoisse, Luynes hésite, et Louis XIII ronge son frein. Les protestants se croient très forts. Ils parlent d'appeler aux armes toutes les provinces huguenotes. (De fait, elles commençaient à s'armer partout.)

Les huguenots créent, à Niort, un comité composé des grands du parti de la Réforme et de six députés de l'assemblée de La Rochelle. Ce comité divise le royaume en sept provinces. Chacune recevra son chef, son

1. Famille de Coligny.

conseil, ses premiers officiers... On devra se tenir à la disposition des généraux, mais l'ensemble de l'armée obéira à un commandement unique qui aura seul le pouvoir de conduire la guerre et de conclure la paix.

L'audace des plans que l'on forme alors dans le camp huguenot atteste que les réformés se croient en péril de mort. Ne parlent-ils pas de séparatisme ? Ils rêvent d'obtenir une organisation gouvernementale modelée sur celle des Provinces-Unies, aux Pays-Bas [1]...

A Paris, on se rend compte que les projets huguenots peuvent s'avérer d'une efficacité redoutable s'ils parviennent au stade de la réalisation. Luynes cherche encore, éperdument, une solution pacifique. Il va avoir la même idée que les protestants...

Ceux-ci, après délibérations, désignent le maréchal duc de Lesdiguières, chef des huguenots du Dauphiné, en tant que commandant suprême de leurs forces. Ce choix dénote chez les protestants l'ignorance des réalités. Lesdiguières (soixante-dix-huit ans), homme respectable et respecté, ami des arts et de la puissance, est alors hostile au zèle des prédicants. Il s'est depuis longtemps rapproché de la religion catholique d'Etat.

Alors que l'assemblée des huguenots le désigne comme chef suprême, il reçoit de Luynes [2] — au nom du roi — mission de conduire l'armée qui doit combattre ses propres coreligionnaires. Voulant rester fidèle à la personne sacrée du roi et à l'idée qu'il se fait de la monarchie, Lesdiguières repousse l'offre des réformés et, se rapprochant du parti royal, envisage sérieusement sa conversion au catholicisme et le déclare. Le 31 mars — comme on le verra plus loin — Luynes est élevé à la dignité de connétable et Lesdiguières au grade de maréchal de camp [3]

Les huguenots se tournent alors vers les ducs de Bouillon et de La Trémoille, puis vers le marquis de Châtillon. Bouillon refuse. La Trémoille se déclare pour le roi. Châtillon ne veut pas dépendre de l'assemblée des protestants. Le duc de La Force, pressenti, doit se désister sous la pression de la noblesse du Béarn qui lui reproche les origines (non locales) de sa famille.

C'est alors que, Henri de Rohan [4] (quarante et un ans) et son frère Soubise [5] (trente-sept ans), prennent le commandement des protestataires. Les huguenots, incapables de s'unir et dont chaque démarche souligne la division, prennent ainsi position contre l'autorité légitime, en un temps où les catholiques de la contre-Réforme progressent victorieusement dans

1. La guerre d'indépendance des Provinces-Unies contre l'Espagne s'était terminée par une trêve de douze ans, signée en 1609 et devant expirer en 1621. Philippe III (père d'Anne d'Autriche) reconnut la République des Provinces-Unies, mais à sa mort (avril 1621), son fils et successeur, Philippe IV, s'empressa de l'attaquer.

2. Qu'il a connu lors de l'arrivée du jeune Provençal à Paris. (Voir chapitre « Le Provençal ».)

3. Il sera connétable en 1622 (après la mort de Luynes), et mourra en 1626 à 83 ans !

4. Gendre de Sully, frère de la femme de Luynes !

5. Benjamin de Rohan, seigneur de Soubise.

toute l'Europe et où le pouvoir royal, seul, peut les protéger, eux et leurs libertés.

Cujus regio, ejus religio[1].

Quelque temps auparavant, croyant le moment propice, M. de Luynes — qui décidément ne doute de rien — s'était permis de rappeler à Louis XIII un « vieux projet » : En mai 1617 (on s'en souvient), le jeune roi avait effectivement envisagé (et non pas Luynes) de marier son favori à Mlle de Vendôme (sa demi-sœur). La fille d'Henri IV et de Gabrielle d'Estrées ayant refusé net de se mésallier, le roi, espérant la fléchir, avait envisagé d'octroyer à Luynes la charge de connétable. Mais cette prestigieuse perspective ne changea rien au veto de la demoiselle et les projets parallèles furent abandonnés[2]. Cependant, en janvier 1621, le Provençal, qui cherche à « couronner » en quelque sorte sa fulgurante ascension, remet le titre de connétable à l'ordre du jour et en parle au roi.

Celui-ci accède à la demande. A sa grande surprise, Sa Majesté constate une levée de boucliers unanime de la part de ses ministres qui lui font respectueusement remarquer que seul Lesdiguières[3], huguenot, gouverneur du Dauphiné, est digne d'être revêtu de la charge suprême de l'armée.

Louis XIII, qui a promis à son favori, ne peut se rétracter[4]. Pour rétablir l'équilibre, il les nommera l'un et l'autre... à une nuance près : Luynes aura son épée de connétable qu'il lui remet en grande cérémonie au Louvre le 2 avril 1621 et, le même jour, Lesdiguières (qui a refusé jusque-là d'abjurer sa religion) est élevé au grade de maréchal général de camp... et devient catholique.

En agissant ainsi le roi fait preuve d'une grande finesse de jugement. (Quelqu'un l'aurait-il conseillé ?) Il donne au Provençal le titre de *chef suprême des armées* (alors qu'il connaît son incapacité militaire) et remet à Lesdiguières le commandement réel[5].

Luynes, satisfait d'accrocher ce nouveau titre (immérité) à sa panoplie, étale son contentement avec une outrecuidance insensée. Au cours d'un dîner à Fontainebleau le 30 avril, ou 1er mai 1621[6] un des envoyés vénitiens rapporte : « ... le seigneur connétable avait derrière son siège une foule de grands seigneurs [...] auxquels il prêtait l'oreille et, tout en mangeant, il expédiait toutes leurs affaires [...] et si rapidement que

1. « Telle la religion du prince, telle celle du pays. »

2. 24 Luynes épousera Marie de Rohan-Montbazon le 13 septembre 1617. Mlle de Vendôme, le duc d'Elbeuf, le 20 janvier 1619 (fils du duc de Guise), comme on a pu le voir dans les chapitres précédents.

3. Dont il a été question plusieurs fois déjà dans ce récit, notamment en 1619 et en 1592 à l'arrivée de Luynes à Paris. Il a 78 ans en 1621 mais il est resté très vert et, lui, est un homme de guerre qui a fait ses preuves.

4. Promesse de roi faite le 6 mai 1617, juste après la mort de Concini ! (Matteo Bartolini.)

5. Le roi a quitté Fontainebleau le 28 avril et Luynes le retrouve à Orléans, au Conseil, le 2 mai.

6. Cet incident ne peut avoir eu lieu qu'en l'absence du roi.

c'était chose merveilleuse et incroyable si l'on n'eût pas été témoin, si bien qu'à la fin du repas, plusieurs affaires se trouvèrent ainsi réglées. »

C'est là se comporter avec trop de désinvolture. Et comme le fait remarquer M. Pierre Chevallier, « traiter des affaires, fussent-elles mineures, au cours d'un repas en public, était faire montre de son pouvoir et de sa satisfaction de l'exercer. » Devrait-on être amené à supposer que M. de Luynes se livrait à la boisson... ? Comment ne pas y penser en citant le mémorable : « Tout beau, sire ! » qu'il *aurait* lancé à l'adresse du roi dans un moment d'énervement ? Apostropher un prince régnant comme on parle à son chien... même si le roi est votre ami intime.. !

Il est intéressant de noter la correspondance Luynes-Bassompierre à ce moment précis. Le tout nouveau connétable écrit au Lorrain, alors à Madrid, le 4 avril 1621 : « Je suis en l'état où vous m'avez souhaité être il y a longtemps, j'avoue que vous êtes des premiers qui m'avez désiré cet honneur, et qui m'y avez le plus sollicité. Cela est, Dieu l'a voulu, notre roi me l'a concédé, et mis l'épée en la main. »
Bassompierre, non encore au courant de la cérémonie solennelle de la remise d'épée du 2 avril 1621 au Louvre, écrit ce jour-là à de Puisieux : « Je me réjouis extrêmement du digne choix que Sa Majesté a fait du duc de Luynes, pour lui mettre l'épée de Connétable en main. J'espère qu'il l'emploiera dignement à la gloire de son maître et à la sienne particulière. Pour le maréchal d'Esdiguières je ne vous dis rien ; car ses actions parlent pour lui. »
Toujours de Madrid, Bassompierre, le 17 avril, adresse une lettre à Louis XIII : « Sire, vous avez fait un si digne choix en la personne de M. de Luynes, en lui donnant l'épée de connétable, que je n'ai pas moins de sujet d'admirer la prudence et la sagesse de Votre Majesté en cette action, que d'estimer la fortune de M. le connétable, d'autant qu'il aura le moyen de rendre tant de grands et signalés services à un maître si reconnaissant. Il sera très bien secondé de M. le maréchal de l'Esdiguières en la charge, dont Votre Majesté l'a aussi honoré, car c'est un de nos plus grands et renommés capitaines de ce temps. »
Si l'on veut bien lire entre les lignes, on se rend compte du degré d'amitié des trois personnages. Il faut aussi signaler que Lesdiguières reçu 2 000 écus par mois à dater de sa nomination, soit 300 000 francs (lourds, 1990) par mois ! Le chiffre est cité par l'ambassadeur vénitien dans sa dépêche du 13 avril 1621. Les écus ont-ils compté dans la balance ?

Le 3 avril, Louis XIII fait enregistrer un édit augmentant la gabelle. Le produit de cet impôt est destiné à servir de gage à un emprunt de deux millions de livres qui servira à financer les opérations. Le roi impose ainsi sa volonté, passant outre les conseils de ses ministres favorables à la négociation et n'écoute pas Luynes qui, comme toujours, est partisan de la paix. Le favori se doute que l'influence belliqueuse du prince de Condé n'est pas étrangère à la décision royale. Aussi, sous prétexte de tenir en main les provinces du Centre contre les huguenots, Luynes propose-t-il au roi d'envoyer son cousin sur ses terres du Bourbonnais.

Louis XIII acquiesce. Condé s'en va, furieux contre Luynes.

Malgré l'insistance toujours plus forte des Vénitiens, la France ne peut se préoccuper de la Valteline et des Grisons en priorité. Le feu menaçant le royaume, il serait bon de neutraliser l'Espagne. Afin de s'assurer des intentions pacifiques de son beau-père, Louis XIII, en mars, mandate vers Philippe III un envoyé spécial : Bassompierre. (C'est Luynes qui a suggéré cette désignation pour des raisons... personnelles [1].) Le 6 avril, le roi et la Cour s'installent à Fontainebleau. Le 13, on y apprend la mort du roi d'Espagne. Anne d'Autriche est effondrée. Louis XIII la couvre d'attentions... entre deux parties de chasse...

Le 17, Marie de Médicis et sa suite arrivent de Paris. Officiellement, elle vient « assister sa bru dans sa douleur » (alors que les deux femmes se détestent) ; officieusement elle vient demander à son fils ce que Luynes semble vouloir lui refuser : rester à Paris en l'absence du roi. Effectivement, le favori — qui se méfie — préférerait voir la reine mère suivre l'armée. Luçon, pour des raisons diamétralement opposées, partage cette opinion : lui, pense à se trouver près de l'autorité royale, le favori craint qu'en l'absence de Louis XIII sa mère recommence à comploter... Et, le cas échéant... comment y faire front ?

Le roi cède aux instances de sa mère. Celle-ci jubile, se vante et cherche à démontrer à chacun qu'elle peut, à présent, obtenir ce qu'elle veut malgré l'influence néfaste du favori et de ses amis. Luynes, prudent, fait donner par le roi le commandement de Paris et de l'Ile-de-France à son beau-père, le duc de Montbazon. Sur son ordre, le duc de Luxembourg (son frère Brantes) restera, lui aussi, à Paris.

Le 25 avril, un courrier dépêché de Madrid par Bassompierre apporte au roi une trêve signée par Philippe III [2]. Grâce à Bassompierre qui a bien rempli sa mission. Le 28 avril, Louis XIII abandonne Fontainebleau. Anne d'Autriche, les membres du Conseil et leur suite sont du voyage. Luynes ne quitte pas le roi qui entend gagner Saint-Jean-d'Angély où M. de Soubise, qui refuse de se soumettre, vient de s'établir avec trois mille fantassins et quelque trois cents cavaliers.

Commandée par Lesdiguières, l'armée royale précède Louis XIII qui descend vers le sud-ouest par la vallée de la Loire. Le roi fait dire à Soubise « qu'il vient le saluer avec vingt canons et qu'après la première volée il ne faudrait plus espérer d'accommodement ».

Le 7 mai, à Amboise, le comte de Soissons revient à la Cour [3]. Le 11,

1. Voir chapitres consacrés à Luynes. (Deuxième Partie.)

2. Son fils et successeur, Philippe IV, est d'un tempérament plus belliqueux mais... la trêve a été signée par son défunt père...

3. Son cousin Condé en est absent (leur brouille continue).

Fontainebleau : le château en 1615

le roi venant de Tours par voie fluviale, arrive à Saumur. Le 14, la reine mère (qui s'est rendue compte qu'on la surveille au Louvre) vient rendre visite à son fils et s'en retourner coucher à Bourgueil. Le 17, Louis XIII quitte Saumur et parvient à Niort le 25. Le 29, il passe en revue son artillerie à Briou, et fait tirer douze canons pour les faire entendre à ceux de Saint-Jean-d'Angély[1]. Le lundi 31, Sa Majesté prend un repas avec M. le maréchal général de camp Lesdiguières et M. le connétable de Luynes, avant d'aller inspecter les abords de la ville de Saint-Jean. Le 2 juin, Soubise est sommé de rendre la place. Il fait répondre respectueusement qu'il ne le peut, celle-ci lui ayant été confiée par son frère, le duc de Rohan.

Ces échanges gardent un reflet du Moyen Age. Ce sont les trompettes des hérauts d'armes à cheval qui précèdent les proclamations.

Le 3, alors que le roi se rend à Aulnaye retrouver Anne d'Autriche, un boulet de canon tombe à dix pas de lui, qui ne bronche pas. Le 18 juin, Louis XIII pardonne aux prisonniers rochellais, leur fait remettre de l'argent, une épée à chacun et une escorte : qu'ils s'en retournent chez eux et disent qu'on se soumette ! Le 19 juin, la reine mère, logée à Mata[2] (?) vient voir son fils... et repart. Le 23 juin, Anne d'Autriche fait son apparition, venant de Brisembourg. (Décidément, les deux femmes s'évitent.) Le roi lui fait visiter ses tentes de campement. Les canons tirent depuis six heures du matin. Au soir la ville est prête à se rendre.

Le jeudi 24 juin, au Conseil, on prépare le texte du traité de Saint-Jean. Le 25, les conditions du roi sont reçues par les assiégées... et acceptées ! Traité de grâce par lequel Sa Majesté laisse la liberté de conscience aux révoltés, moyennant une demande de pardon et une promesse de fidélité pour l'avenir. Dans l'après-midi, Soubise vient voir le roi, demande son pardon, l'obtient... froidement. Luynes engage ce Rohan (ne sont-ils pas un peu parents ?) à gagner La Rochelle pour y rendre compte de ses actions à ses frères en religion...

Le 1er juillet, Marie de Médicis quitte la région et remonte vers Angers. Le 5, le roi part de Cognac. Le 8, il est à Coutras. Le lendemain, les habitants de Bergerac viennent lui demander son pardon. Le 13, Louis XIII entre à Bergerac. Luynes est auprès de lui. Le 20, le roi est à Tonens. La reine y arrive le jour suivant. Le vendredi 23, Louis XIII assiste à un combat d'approche entre ceux de Clairac-sur-Lot et M. de Lesdiguières.

Les nouvelles qui lui parviennent sont excellentes. A Pons, Castillon et Sainte-Foy déjà soumis, s'ajoute la reddition de Nérac, obtenue par le duc du Maine qui oblige le duc de La Force à abandonner Caumont. Toulouse, ville catholique, offre au roi de l'or et des armes. A la séance du Conseil du 29 juillet, il est décidé que l'on bloquera La Rochelle en même temps par terre et par mer.

1. Héroard, *Journal.*
2. Mata (Héroard). Il s'agit de Blaye.

Le soin de conduire le siège est confié au duc d'Epernon : rude tâche que le grand maître de l'artillerie ne peut mener à bien. Avec un minimum de troupes, il doit faire face à une nouvelle expédition en Béarn pour remettre cette province dans l'obéissance. Il ne peut poursuivre efficacement le siège de La Rochelle.

Pendant ce temps, les ducs de La Force et de Rohan, prévoyant qu'après la place forte de l'Atlantique, les armées royales mettront le siège devant l'autre plus importante citadelle huguenote, s'empressent de consolider les défenses de la ville fortifiée de Montauban.

Avant de s'en prendre à Montauban, Lesdiguières propose de réduire la petite ville de Clairac-sur-Lot. Louis XIII accède à sa demande [1].

Pendant que le Dauphinois se bat, le président du Vair meurt subitement le 4 août. Le favori ne peut décemment faire nommer l'un de ses frères garde des Sceaux mais, craignant que ces hautes responsabilités échoient à un personnage qui ne lui soit pas dévoué, il demande au roi de lui permettre d'exercer lui-même cette charge... à titre provisoire.

Louis XIII cède une fois de plus au désir du Provençal, et le samedi 7 août, à Tonens, près de Nérac, lui remet ostensiblement les Sceaux en présence de plusieurs gentilshommes et des maîtres de requêtes [2].

(Mais la nomination n'est pas scellée ! !).

Le prince de Condé (de loin) ne peut s'empêcher de déclarer [3] (paraît-il) à cette occasion en parlant de Luynes : « Que si l'on voulait distinguer les temps, il était propre à toutes les charges ; bon garde des Sceaux en temps de guerre, et connétable en temps de paix ! » L'ironie est mordante mais justifiée.

Luynes va trop loin dans sa boulimie de titres et de charges.

L'opinion publique, persuadée que le Provençal est le maître et conduit les Affaires, se croit revenue à l'époque du maréchal d'Ancre. A Paris, pamphlets et libelles circulent, abondent, envahissent la Cour et la ville (Marie de Médicis et Luçon s'en chargent). Si l'on glose sur « le double costume » de M. de Luynes, on ricane en soulignant que son frère Cadenet, intendant des Finances, est aussi maréchal de France [4]... Les membres de cette famille sont décidément très doués... Leur suffit-il d'occuper un poste pour en avoir les capacités [5] ?

Luynes accumule impairs et erreurs. Son comportement aberrant fait songer à une mécanique devenue folle qui s'emballe sans qu'on puisse l'arrêter.

A l'automne 1621, il court vers l'abîme. Le pressent-il ? Devine-t-il que le temps, désormais, lui est refusé ? Possible ! Ses amis s'écartent, les ministres l'évitent, les courtisans le saluent moins, les soldats lui font

1. Siège victorieux (23 juillet - 4 août). Le duc de Bellegarde y trouve la mort.
2. Héroard, *Journal.*
3. Richelieu, *Mémoires.*
4. Depuis 1619 : duc de Chaulnes, pair de France depuis janvier 1621.
5. Mais à l'époque, les titres ne correspondaient pas aux capacités. Henri de Montmorency était amiral à douze ans ! Certains, héritant, devenaient « évêques » à leur naissance...

grise mine et, à Paris, le peuple ronchonne. Ces signes ne trompent pas. Ils sont avant-coureurs d'une chute inévitable. D'une disgrâce ?

L'atmosphère rappelle étrangement celle qui précéda la fin de Concini.- Luynes serait-il atteint du même délire autodestructeur ? Probablement pas, car si les deux « carrières » s'apparentent, le caractère des deux hommes n'a aucun point commun. Et pourtant... Les attitudes du Provençal semblent recopier, parfois, celles du Florentin.

Ainsi, d'après Bassompierre, Louis XIII apercevant son favori dans une galerie du Louvre (mars 1621) entouré de nombreux gentilshommes, lui aurait dit : « Voyez, Bassompierre, c'est le roi qui entre ! » Si l'anecdote est exacte (elle doit l'être), on peut imaginer la réaction du roi se souvenant d'un cortège semblable escortant Concini !

De la tristesse à l'amertume, il y a deux pas qui peuvent mener à l'aversion. Ce sentiment *peut* naître soudain, irrémédiable alors, dans l'esprit de Louis XIII dont on connaît le caractère susceptible et jaloux. Plusieurs chroniqueurs rapportent qu'à partir de janvier 1621, lorsque Sa Majesté parlait du Provençal, Elle l'appelait : « Le roi Luynes » ! Mais il s'agit, peut-être, d'une boutade « de salon » lâchée pour « grincer ». Louis XIII aimait assez la médisance et... tromper son monde. Non dénué de cynisme, son esprit le poussait souvent à exprimer la dérision, de façon mordante.

Quoi qu'il en soit — c'est une évidence — les rapports (de tous ordres) des deux personnages ne sont plus ce qu'ils étaient naguère. Quelque chose s'est brisé. S'agit-il d'une éclipse d'affection ou d'une cassure plus grave ? On se perd en supputations.

Toujours est-il que le 5 août, Clairac se rend. Le 7 (comme on l'a vu), Luynes est nommé *virtuellement* garde des Sceaux. Le 9, le roi et Luynes quittent Tonens et, par Agen, gagnent Moissac. Le 13 août, Anne d'Autriche les y rejoint. (Ce jour-là, au Conseil, Louis XIII manipule les Sceaux lui-même.) Le mardi 17 août, le roi s'installe au château de Piquecos qui appartient au marquis de Montpezat et se trouve à une lieue [1] de Montauban, au-delà de la rivière Lauariou. Après le Conseil, Louis XIII va inspecter (sans Luynes) les approches de la ville.

Le siège effectif commence ce jour-là.

> *Dans ses* « Mémoires », *Bassompierre rapporte une phrase que Louis XIII lui aurait dite en parlant de Luynes :* « Vous ne le connaissez pas. Il croit que je lui en dois de reste et veut faire le roi ; mais je l'empêcherai bien, tant que je serai en vie. » *Nous citons la phrase pour information sans croire tout à fait à son authenticité. Si le comportement de Luynes devenait — c'est certain — insupportable, à la fin de sa vie, on ne voit pas pourquoi Louis XIII (de bonne foi ?) aurait dit :* « Tant que je serai en vie. » *Fait-il allusion à un boulet de canon meurtrier ? Si le roi disparaît de mort naturelle, par voie de conséquence Luynes est écarté de la*

1. Quatre kilomètres environ.

scène publique. Il est impossible de croire que Louis XIII laisse entendre que Luynes envisageait d'attenter à ses jours. Cela ne correspond à rien ! Mais la phrase existe. M. Pierre Chevallier la cite.

Le Sphinx

« Voici un siècle d'apparence ; on y va masqué toute sa vie [1]. »

Le fond du caractère de Louis XIII est difficile à définir. Bloqué par ses complexes, muré en lui-même de peur de se laisser deviner, il y a dans le personnage quelque chose de cadenassé. Mais l'homme ne peut demeurer sans cesse hermétique. Ce grand timide éprouve un intense besoin de se dépenser. Alors il s'adonne à la chasse et s'étourdit dans des cavalcades éperdues.

Ce prince pudique et contraint se refuse tout, ou presque.

Si, jeune adolescent, il éclate en sanglots (pourquoi pas ?) sur l'épaule de Luynes, il faut voir dans cet élan l'expression du désespoir d'un enfant solitaire. Que leurs relations prennent par la suite une autre forme de consolation, est une tout autre affaire. (S'il y eut entre eux des échanges physiques — et ils durent se produire, sans doute [2] — ils cessèrent aussi naturellement qu'ils étaient nés : progressivement.)

La conquête charnelle d'Anne d'Autriche — provoquée par Luynes — si elle est une révélation de puissance virile, ne révèle pas en lui un penchant durable pour l'hétérosexualité. Il ne « connaîtra » jamais d'autres femmes.

La colère est un révélateur unique. Louis XIII, enfant, entrait dans des rages folles (voir Héroard). Ensuite, la crainte d'être puni à coups de fouet l'incita à plus de réserve. Plus tard, l'horreur du scandale le poussera à dissimuler ses réactions, à travestir ses expressions et puis à se taire avant d'employer un moyen de défense sournois : piéger les autres. Le cardinal de Retz, dans ses *Mémoires*, emploie souvent l'expression : « Là, il y a un piège. » Or Louis XIII tente de s'imposer en faisant trébucher ses amis d'hier ou ses ennemis potentiels. Quelle joie intime et malsaine pour ce bègue que d'entendre ses interlocuteurs bafouiller...

Louis XIII est toujours sur ses gardes. Il ne dit pas ce qu'il pense. Il ne se livre pas. Prisonnier de lui-même, il ne sait comment se délivrer, se libérer. Lorsque sa résistance est à bout, il perd le contrôle de soi. L'explosion alors est effrayante. S'il ne pleut pas et s'il peut calmer ses nerfs malades en allant à la chasse, la crise peut être de peu de conséquence. En revanche, s'il doit rester enfermé au Louvre ou ailleurs,

1. Guarani.
2. Voir en fin d'ouvrage le chapitre « Vicissitudes de la vie affective de Louis XIII ».

et pour peu qu'il y ait quelqu'un à punir éventuellement, malheur à celui-là sur qui va tomber le courroux du névrosé. Lancé avec éclat, en phrases courtes et sèches, l'arrêt sera souvent démesuré, disproportionné par rapport à la faute et décrété sans appel.

Il faut toute la diplomatie de Luynes pour lui faire atténuer la rigueur de ses décisions. Parfois l'intervention du favori s'avère infructueuse. La personne royale refuse de revenir sur la position prise. Louis enfant a été puni cruellement (parfois arbitrairement) pour avoir désobéi. Il a payé physiquement et moralement la faute qu'on lui a imputée. Roi, il agit de la même façon envers autrui.

Enfant, il ne pouvait échapper à la brimade, n'ayant auprès de lui personne pour le défendre, il subissait. Eh bien... qu'il en soit de même pour les autres à présent !

Il y a là-dedans de la lâcheté, de la vengeance, du sadisme, et une certaine méchanceté. L'enfance ! Source de toutes les actions futures...

Alors que dans son for intérieur il méprise les timorés trop respectueux de ses propres ordonnances contre le duel (on le sait : il l'a laissé entendre), il se montrera cruel en 1617, par exemple, envers le baron de Guémadeuc, condamné à mort en vertu des récents édits contre le duel, précisément. Malgré les supplications de la mère du malheureux, et de combien d'autres, il reste inflexible et répond, glacial : « Je dois la justice à mes sujets et, en cet endroit, je dois préférer la justice à la miséricorde. » Vraie phrase historique ? On se demanderait presque si ce bègue, par moments, ne s'écoute pas parler avec délice, en énonçant l'irrévocable ! Enfant, ne rectifiait-il pas son gouverneur qui lui enseignait à « aimer la justice » en lui répliquant : « Non ! il faut *faire* la justice ! »

On doit remonter à Louis XI pour trouver un règne aussi rempli d'échafauds, de potences, de répressions, de tragédies judiciaires[1]. Si cette terreur ne marque pas la société du temps, pleine de vitalité, pèse-t-elle sur celui qui l'impose ? Le roi ne paraît pas accablé d'avoir à répandre des flots de sang. Il ne manifeste aucun regret en consentant aux sacrifices des vies. Au contraire, on pourrait croire qu'il y prend un plaisir secret, qu'il assouvit quelque obscure vengeance. Il n'épargne ni Montmorency (son ami d'enfance), ni Cinq-Mars (qu'il a trop aimé), ni les vaillants gentilshommes, ni les fidèles serviteurs un moment égarés, ni les généraux vaincus. Lorsqu'il ne leur fait pas trancher le col, il les laisse vieillir ou pourrir en prison : Alexandre de Vendôme[2] son demi-frère, y meurt à l'âge de trente et un ans. Bassompierre, qui l'a pourtant bien servi — mais que Richelieu n'aimait pas — restera douze années à la Bastille[3]. C'est beaucoup.

Louis « le juste » se serait-il forgé un cœur inhumain ?

1. Après 1624, lorsque Richelieu est au pouvoir.
2. Grand prieur de Malte (1598-1629).
3. Bassompierre (1579-1646) sera incarcéré de 1631 à 1643. La mort du roi et celle de Richelieu (1642) le libèreront.

Non ! puisqu'il pleure après l'exécution de Montmorency qu'il a fermement ordonnée malgré les exhortations de ses proches à la clémence. Alors ? Il prend sa décision avec une sorte de joie confuse (qu'il déguise en devoir) et se lamente, ensuite, sur le fatal dénouement. Une *jalousie* « très particulière » ne doit-elle pas être prise en considération dans cet exemple précis ? Le futur décapité de 1632, lors de sa capture à la bataille de Castelnaudary, ne porte-t-il pas sur lui une miniature représentant Anne d'Autriche enchâssée dans un bracelet de diamants ? Or le roi ne partage plus la couche de son épouse depuis 1622, ou très rarement et par devoir de « faire un dauphin » qui ne naîtra qu'en 1638. Et encore, Louis XIII se réjouira fort en apprenant la mort du duc de Bellegarde qui se bat pour lui devant Clairac-sur-Lot en avril 1621 : cet homme de soixante ans avait osé, longtemps auparavant, se déclarer trop vivement « l'admirateur platonique » de la reine...

Ce prince sait aussi se montrer d'une cruauté absolue. (Ce que Richelieu appellera — doux euphémisme — « ses élans modérateurs » !) Ainsi, en 1626, lorsque Henry de Talleyrand, comte de Chalais — son ami d'enfance depuis l'âge de sept ans — est condamné à mort (montage inique manigancé par Richelieu), Louis XIII adoucit la sentence[1] par « Lettres patentes de modération ». Le condamné aura la tête tranchée mais son corps *ne sera pas coupé* en quatre morceaux... au préalable...

En lui, le personnage du « roi » serait-il fabriqué de toutes pièces ? On serait tenté de le croire puisqu'il souffre de se forcer à être inexorable... Eprouve-t-il autant de plaisir à sa cruauté qu'à ses larmes[2] ?

Le 24 août 1613, à Saint-Germain, il chasse : « Il monte à cheval, courre un cerf, le premier qu'il a tué, lui ayant donné un coup d'épée dans le cœur. » Il a douze ans et montre une joie cruelle qui sidère. A la même époque, il pleurera pendant des heures la mort de son chien Patelot...

Concentré, taciturne, embarrassé dans ses propos, guindé dans ses mouvements, il apparaît toujours terne au milieu des assemblées éclatantes. Il semble mal à l'aise et ne s'exprime pas. Pourtant, jusqu'à l'âge de vingt deux ans, il prendra des leçons de danse !

Comment définir ce timide, sujet à des violences terrifiantes ; ce despote ombrageux, jaloux, méfiant qui *abdiquera* entre les mains d'un ministre (Richelieu) et *gémira* de la mauvaise humeur d'un favori (Cinq-Mars) ; cet hésitant qu'on ne parvient pas à ébranler ; ce puritain (d'emprunt ?) passionné de divertissements puérils ; cette âme blessée qui

1. Nicolas Fouquet (père du fameux surintendant des Finances (le dernier) que Louis XIV persécuta à l'incitation de Colbert) fut l'un des juges — à la solde de Richelieu — qui rendit la sentence cruelle contre Chalais sur l'ordre du cardinal... Mais Louis XIII la signa. Ajoutons que le petit-fils du connétable de Luynes épousera la fille de Colbert...

2. Richelieu écrira : « Les rois doivent être sévères et exacts à faire punir ceux qui troublent la police de leur royaume, mais ils ne doivent pas y prendre plaisir. » Cette phrase étonnante, Louis XIII (s'il en a eu connaissance) n'a pas voulu en tenir compte.

est celle d'un justicier implacable ; ce mélange d'angoisse et de certitude, de fierté et d'effacement, d'énergie et de docilité ?

Il n'aime pas *agir de lui-même* et ne souffre pas qu'une décision soit prise sans son aveu. Il a un *esprit d'amusement et de distraction* et personne n'est plus méticuleux. Il est imbu de sa grandeur et pousse l'avarice jusqu'au sordide. Il élèvera la fortune des Luynes bien au-dessus de celle des Concini et refuse des libéralités dérisoires.

On se demande où est passé le plus économe des monarques lorsque la grande salle de réception du Louvre est décorée avec une munificence que nos millions ne sauraient reconstituer. Là, une multitude se côtoie, s'amuse et danse sous des déguisements rutilants d'or et de pierreries, au milieu de machineries extraordinaires présentant des spectacles comiques. Les divinités mythologiques s'ébattent avec des nains, des chevaliers, des Turcs, des funambules.

Quel est (souvent) l'auteur de l'argument, des couplets, de la musique ? Qui a réglé les pas de danse et dessiné les costumes ? Qui se cache sous les oripeaux de cette vieille femme qui danse (mal) et s'agite depuis près d'une heure ? C'est Louis le sombre, l'austère roi de France, chez lequel une plaisanterie trop grasse peut valoir la disgrâce de son auteur.

Lorsque le désir de « gasconner » le saisit, il cherche à imiter son père en jouant au « bon compagnon », mais l'excès de ses drôleries ne fait rire personne. Le cœur et l'accent n'y sont pas ! Alors, malgré les sourires de commande qu'il récolte, poussant plus loin ses *taquineries*, il insiste en faisant des crocs-en-jambe aux danseurs, qui s'esclaffent en tombant pour le flatter. Est-il leur dupe ? Pas même !

Il continue cependant, enivré par sa propre excitation. Lamentables récréations auxquelles succèdent parfois des moments de profond abattement. Regrette-t-il de s'être diverti un instant au point de se punir ? Neurasthénie ? peut-être. Mélancolie foncière, certainement ! Ce potentat digne de faire un cénobite découvre en sa mortification une source d'amers délices.

Alors qu'il n'a qu'à exprimer son désir, il se défend de céder *trop fréquemment* à ses penchants naturels qu'il estime être des joies interdites. Il se refuse à abandonner trop vite à cet exutoire qu'il apprécie pourtant. Il savoure son chagrin, s'en délecte, passe la mesure et devient ainsi son propre bourreau. Goût de la mortification ?

Il compose des musiques légères, des ballets, des chansons, mais aussi un *De Profundis* qu'on exécutera à sa mort. En campagne, pour rire (?) il s'amuse à couper la barbe ou les chevelures de ses officiers. Après une bataille, il s'ingénie à imiter les grimaces des mourants... Attitude stupéfiante !

Que de contrastes, que de contradictions chez un être qui n'est ni complètement malade, ni complètement sain.

C'est un écorché à vif. Tout l'atteint. Tout le blesse ou le bouleverse, les événements graves comme les épisodes futiles. Cette émotivité explique les variations foudroyantes de ses sentiments. Son esprit lui inspire des enthousiasmes violents, il s'emballe, fonce sans réfléchir, exagère, puis, à la première déception il s'étonne, s'effraye, se cabre et saute à l'extrême opposé [1]. Richelieu notera : « Il fallait être dans sa haine ou dans sa confiance et on ne tombait pas dans ses bonnes grâces par degrés, mais par précipices [2]. »

Si quelqu'un l'a déçu, trompé (ou tente de le faire), il lui garde une rancune tenace et d'autant plus redoutable que rien ne la trahie jusqu'au moment où elle se manifeste d'une façon aussi soudaine que terrifiante. Dans le mécanisme de ses pensées y aurait-il des déclics florentins ? Se complairait-il à se venger de la contrainte subie dans sa prime jeunesse ? Depuis Louis XI (la comparaison s'impose encore), aucun prince n'a mieux dissimulé. S'il a « fait l'enfant » très longtemps afin de passer pour « idiot », c'était pour sa propre sauvegarde. Adulte, il se joue des autres avec une certaine perversité, peut-être même une jouissance intime.

Dans le personnage, il y a aussi du comédien. Tel un artiste soucieux d'être apprécié pour son adresse rare, il sait l'art de fourvoyer son monde et aime à en apprécier les effets sur le visage du témoin oculaire. Il use de subtilités gratuites qui dénotent une méchanceté raffinée. Ainsi,projetant d'emprisonner ses demi-frères Vendôme, il persuade le cadet, Alexandre, de mener lui-même son frère César au traquenard [3], disant : « Je vous donne ma parole qu'on ne lui fera pas plus de mal qu'à vous. » Puis il échange un regard ironique, satisfait (?) avec la personne présente, au courant de ce qu'il médite, comme s'il cherchait à être applaudi d'avoir tenu de façon admirable ce rôle qu'il s'est donné. Et encore — autre forme de duplicité qui l'enchante sans doute — il complimente longuement celui qu'il aura le plaisir de faire arrêter le lendemain, à l'improviste : le marquis de La Vieuville.

Aurait-il un penchant pour la traîtrise ? Pour la lâcheté aussi, puisqu'il agit impunément, à son gré. Sadisme ? Louis XIII a l'esprit tortueux. Sa nature tourmentée en fait une arme féroce dont il use et abuse pour mieux se torturer.

Masochisme ? Avec une certaine volupté il jettera des cris de haine à l'adresse de ceux qu'il a vaincus et avec volupté encore il ira pleurer sur le sort qu'il leur a imposé [4].

Avant de mourir il dira : « *Les rois sont bien malheureux.* » Qui est le vrai Louis XIII ?

Son cas relève de la psychopathologie !

L'un des travers (très féminin) de son caractère est sans conteste la médisance. Louis XIII se plaît au jeu pervers des affirmations incontrôlables, surtout lorsqu'elles concernent des personnes disparues qui ne peuvent contredire ses confidences mensongères (on a vu les phrases allusives lâchées à l'oreille du président de Verdun). Comme il est sournois

1. Philippe Erlanger.
2. Richelieu, *Mémoires*.
3. César ne tombera pas dans le piège.
4. Maupouillan, par exemple. (Pierre Chevallier).

et veut être cru, il part d'un fait précis, connu, et dénature une vérité en l'amplifiant à l'excès.

Ainsi, en avril 1622, venant à parler du défunt connétable, il « *contait bien des choses qu'il* [Luynes] *lui demandait et entre autres qu'il lui dit qu'il fallait qu'il lui donnât quatre millions d'or*[1], qu'il [le roi] *n'avait jamais vu tant de parents ; qu'ils arrivaient à bâtelées à la cour ; qu'il n'en y avait pas un habillé de soie*[2]. »

Le chiffre est si extravagant qu'il ne peut correspondre à la réalité. Quatre millions de livres or de l'époque équivaudraient à la somme de quatre milliards (lourds) de 1990... (Soit quatre cents milliards de centimes !)

L'invraisemblance est éclatante.

Plus tard (1640), lorsque Cinq-Mars sera en lutte ouverte contre Richelieu (qui l'a placé dans le lit du roi à dessein), Louis XIII trouvera un plaisir délectable à jouer double jeu en se plaignant du favori auprès du ministre et du ministre auprès du favori. Il dira à Cinq-Mars que le cardinal le tyrannise, et à Richelieu que le favori le fait souffrir. Et, poussant plus loin ce jeu malsain, il répétera (déformant et exagérant) les propos que l'un *aurait* tenu sur l'autre. Ce goût du maniement de la médisance hypocrite et cette joie de brouiller les intéressés alors qu'il est jaloux de l'un et de l'autre (à différents titres) et entend profiter longtemps encore de ce que chacun d'eux (dans son domaine) lui apporte ne sont pas la marque d'une grande droiture.

Après la reddition de La Rochelle, pénétrant dans la ville affamée par le long siège, il ordonne aussitôt qu'on distribue des vivres aux courageux habitants. Rend-il hommage à leur bravoure ? Veut-il secourir leur détresse ? Alors que les malheureux s'agenouillent à son approche pour le remercier humblement, il passe à cheval sans leur accorder un regard, muré dans un mutisme hautain.

Craindrait-il de recevoir le fruit de sa généreuse pitié ? Pudeur ou fierté ? Veut-il laisser chacun libre de conclure ? Etonnant monarque qui s'avance sur le terrain conquis, pardonne aux rebelles, les gratifie, et s'éloigne en s'entourant de mystère.

Timide et orgueilleux, il l'est, c'est incontestable : mais non toujours. Quand il marchande la marée aux pêcheurs, ou rend visite aux fermiers de Versailles, il ne s'abaisse pas. Il leur donne l'impression de parler d'égal à égal, sans gêne ni comédie. Lorsque, au hasard d'une chasse, il entre chez les paysans et cuisine de ses mains un repas simple qu'il partage avec eux, il n'impose rien. Il se comporte avec naturel et une grande bonhomie.

Il aime le peuple. Il en est aimé. Il le sait, le sent. C'est la certitude de cet amour partagé (le seul ?) qui le consolera de... tout le reste. Un jour,

1. Voir tableau des équivalences monétaires.
2. Pierre Chevallier.

du haut d'un balcon, à Saumur, il aura ce cri magnifique : « Vive mon peuple[1] ! »

Louis XIII, roi sans panache mais non sans grandeur.

Il y a aussi Louis « l'hypocrite », celui qui laissera mourir de tristesse Théophile de Viau à l'âge de trente-six ans après l'avoir successivement « découvert », exilé en juin 1619 pour « libertinage », rappelé au printemps 1620, condamné à être brûlé avec ses œuvres en 1623 (il en réchappe : on ne le brûle qu'en effigie !). Incarcéré en août de la même année à la Conciergerie (dans le cachot de Ravaillac), il ne « reverra le soleil » que le 1er septembre 1624. Après avoir tenté de survivre entre l'île de Ré, le Berry, Chantilly — chez le duc de Montmorency qui l'accueille et apprécie son talent —, il s'éteint, désabusé, assisté d'un autre « libertin », son ami le docteur de La Brosse qui lui donne une pilule narcotique... libératrice.

Qu'a-t-il fait de si criminel, ce poète, ami de Guez de Balzac ? Ami. Ami véritable. Peut-être amant ? Ils s'étaient connus à Angoulême et ensemble ils avaient pris la route des Pays-Bas pour tenter d'y vivre libres. (Inséparables, ces voyage et liaison pourraient évoquer l'aventure de Verlaine et Rimbaud en Belgique[2].)

Est-ce pour cause d'homosexualité que Louis XIII persécute le charmant poète qui a osé dire, écrire et publier : « *Ici mon désir est ma loi !* » ? De plus Théophile était huguenot à l'époque où ce n'était point à la mode. Sa famille bordelaise l'a renié parce qu'il aimait trop les filles et les garçons des tavernes et du port. (Son père, avocat, ne supportait pas les rires !). Et surtout — attitude abominable ! — il vivait en se croyant libre d'exprimer en de ravissants vers son amour de la vie, des filles, des hommes et du bon vin. Cette liberté-là était-elle donc impardonnable pour Louis de Bourbon qui se laissait (et se laissera) pourtant aller à bien des écarts de conduite ?

Certaines situations révèlent aussi un être cynique.

Richelieu, qui courtisa en vain Anne d'Autriche, eut pour maîtresses quelques dames nobles — peu — dont Mme de Fruges. (Il trouvait d'autres conquêtes « à un étage inférieur[3] ».) Son aventure avec Marie Delon (plus connue sous le nom de Marion de Lorme) ne dura qu'un jour. Sa liaison avec sa propre nièce, Mlle de Combalet (devenue duchesse d'Aiguillon) scandalisa la Cour. Il obtint les faveurs de Mme de Chaulnes, épouse du frère cadet de feu M. de Luynes. Lorsque Louis XIII apprit la chose, il éclata d'un rire hystérique et méchant. Le cardinal poursuivait-il sa vengeance contre celui qui fut, un temps, son ennemi mortel, Luynes, en cocufiant le frère du grand favori défunt ? Louis XIII s'amusa fort à cette idée et ne le cacha nullement...

1. Philippe Erlanger.
2. Jean-Marc Varant, *Poètes en prison*, Perrin, 1989.
3. Philippe Erlanger, *Cinq-Mars.*

Et n'y aurait-il pas en lui du mythomane ?

Que le roi ait foi en Dieu, c'est certain. Il craint Dieu, le dit, le montre. Toutefois, il aime à le servir avec une telle ostentation que l'on pourrait se demander si cette piété ne tient pas davantage de la superstition que de la vraie croyance. Ne cherche-t-il pas à démontrer à tous (et à lui-même) qu'il incarne l'image de « Sa Majesté Très Chrétienne » ?

Pendant les offices solennels, il manifeste une dévotion si intense que son outrance la rend suspecte. Il s'abîme dans ses prières, se frappe la poitrine, reste à genoux jusqu'à l'évanouissement [1]. Le miroitement des ors, l'odeur des cires chaudes et les volutes d'encens ne l'étourdissent-ils pas ? Eprouve-t-il une sorte de griserie en se plongeant dans un état second ?

Se prend-il alors, réellement, pour l'Oint du Seigneur, *Lieutenant de Dieu sur la terre* ? Lorsqu'il mêle sa voix à celles des chantres dans l'intention louable de montrer qu'il est l'humble serviteur du Très-Haut, ne cherche-t-il pas surtout « secrètement » à se convaincre qu'il est le plus fervent, le meilleur des chrétiens puisqu'il est leur roi ? Roi, certes ! Mais aussi... « *Vice-Dieu* » ! L'autosuggestion poussée à l'extrême en présence du Saint-Sacrement ? Pourquoi pas ?

Sans vouloir exagérer (et espérant ne pas passer pour sacrilège), on pourrait penser que la religion et sa pratique lui sont un secours, un refuge, certes, mais aussi une sorte de drogue qui le calme et l'exalte tout à la fois. Il est atteint, à n'en pas douter, d'un déséquilibre psychique. Pourquoi ne céderait-il pas à une tendance à la fabulation mystique ? N'y a-t-il pas de la mythomanie dans l'esprit de celui qui veut croire à ses inventions, à ses propres mensonges ? On sait, d'autre part, qu'il prend un plaisir certain à la simulation... Cependant, pour mieux accréditer ses attitudes, prouver sa croyance absolue et créer un lien tangible entre le ciel et lui, il bâtit des chapelles et, à deux reprises, voue son royaume à la Sainte Vierge. Croit-il tout de bon qu'il place ainsi ses états et sa personne sous la protection céleste ? C'est l'homme, en lui, qui cherche à se rasséréner.

Mais le monarque qu'il est aussi ne se réfugie pas derrière une foi aveugle, héroïque. Il veut bien être le fils obéissant de l'Eglise et passer pour un saint, mais il tient par-dessus tout à montrer qu'il est roi ! N'a-t-il pas le devoir (sacré !) de défendre ce qu'il estime être dans l'intérêt de ses peuples ? Dieu est un maître spirituel et, sur la terre, il lui rend grâce avec éclat, mais de là à se soumettre aux exigences temporelles du Saint-Siège, il y a une *douve* que Louis XIII ne franchira pas. Au besoin, il tiendra tête au pape, s'alliera aux hérétiques et, sans remords, transgressera l'un ou l'autre des dix commandements.

Subtiles accommodations qui n'aident à vivre ni l'homme ni le roi. Il est en lutte permanente avec lui-même : duel intérieur dont il doit souffrir terriblement.

1. « *La vertu n'irait pas si loin si la vanité ne lui tenait compagnie.* » Cette maxime de La Rochefoucauld, son contemporain, ne s'inspire-t-elle pas de cette attitude ?

Louis XIII, marqué sans doute par les heureux résultats obtenus en présidant ses premiers Conseils, conservera toute son existence ce premier comportement (d'emprunt) qui lui convient. Il ne s'en départira plus. Il se recopie lui-même, plutôt que de prendre le risque de commettre une erreur en innovant.

Les années, les événements, l'expérience enfin acquise ne lui feront pas modifier son attitude au Conseil. (Si tant est que l'expérience lui servît jamais de leçon !) Jusqu'à la fin de sa vie, il restera prudent, réservé au point de paraître incertain, indevinable pour mieux inquiéter, jusqu'au moment où tombera, comme un couperet, sa décision souveraine.

N'est-ce pas, là encore, le fait du timide, du précautionneux qui n'ose pas exposer le premier une idée claire de peur de se tromper ? Il préfère entendre débattre devant lui sur un sujet qu'il cerne moins à fond que ceux qui en dissertent, et se faire une opinion personnelle, dès après. C'est une preuve de son intelligence. De plus, il juge sainement les choses et les gens (lorsqu'il n'est pas aveuglé par un parti pris !). Son intuition, rarement en défaut, supplée aux manques.

Mais le personnage est retors. Il fera semblant de réfléchir avant de s'engager car il n'ignore pas que *le silence désarçonne autrui.* S'il est hésitant (et il l'est, comme chaque être humain l'est parfois), il ne supporte pas que l'un de ses ministres le soit. Malheur à celui qui connaît mal sa partie. Le roi le poussera à bout pour lui arracher l'expression du fond de sa pensée. Si l'autre se trouble ou se tait, le roi est capable — tout en étant convaincu du contraire — de l'accuser d'incapacité, de le menacer de disgrâce.

Le roi admet l'erreur... chez les autres. N'est-il pas là pour la rectifier ? Mais il n'admet pas le mutisme qu'il prend pour de la dissimulation (domaine où il est passé maître). *A contrario*, celui qui défend son point de vue avec trop de conviction se voit suspecté de partialité et se trouve obligé de fournir des explications sans fin. Si le roi rabroue ou se met en colère contre le courageux qui a dévoilé ce en quoi il croit, Louis XIII est capable de faire savoir, le lendemain, à celui qui s'attend au pire, qu'en définitive il se range à son opinion. Et pour faire bonne mesure, l'homme au franc-parler reçoit... une caisse de confitures.

Mais il n'en demeure pas moins exact que les rapports avec Louis XIII sont des plus difficiles. Ses sentiments profonds sont « ensevelis » sous une froideur et une impassibilité gênantes. Il n'est pas possible, au plus attentif, de prévoir ses réactions, encore moins de deviner sa pensée. Il le sait et se plaît à se montrer indéchiffrable.

Ce personnage est une sorte de labyrinthe. A l'étudier, on s'égare, on a peur de se perdre... et l'analyste *s'y perd*.

Qui nescit dissimulare, nescit regnare [1]

1. Maxime favorite de Louis XI : « Celui qui ne sait pas dissimuler ne sait pas régner. »

Prince malheureux au caractère cornélien, aux attitudes stoïciennes. Personnage craintif et coléreux, autoritaire et maladroit. Homme au courage physique indomptable devant la mitraille, la maladie, la mort. Homme de volonté qui supporte la douleur, le malheur, les privations, avec les apparences de l'indifférence. Individu sournois, cruel, médisant aussi, doté d'un esprit à demi féminin et d'un masque impénétrable. Enfant chétif et mal aimé, adolescent ingrat, adulte tourmenté, solitaire et toujours aussi mal aimé, Louis XIII aura exercé son métier de roi *par devoir, sans joie aucune.*

On se demande quel symbole aurait pu être attribué à Louis XIII. On connaît la chouette de Minerve, la cigogne de Persée, le rabot de Jean sans Peur, le porc-épic de Louis XI, la salamandre de François 1er, l'écureuil de Nicolas Fouquet et aussi le soleil de Louis XIV. Pour ce prince insondable, déchiré entre ses complexes, ses appétits et ses tendances, c'est l'image du *sphinx* qui vient à l'esprit. Encore faudrait-il en définir la matière : pierre, marbre... ou stuc ?

MONTAUBAN

Fugit irreparabile tempus [1]

La place de Montauban est naturellement bien défendue par sa position dominant *la rive droite* du Tarn. Les faubourgs avancés sont savamment fortifiés. Sur *la rive gauche*, à l'ouest, se trouve celui de « ville Bourbon », véritable double fortin qui interdit l'accès de l'unique pont qui enjambe le fleuve par-dessus l'îlette de la Pissotte et conduit au château Régnault, devant le château royal. Au sud, sur la rive droite, le faubourg de Moustier est défendu par une haute porte coiffée de créneaux. Plus loin, au Nord, du même côté du Tarn, des tours imposantes protègent le faubourg de la « ville neuve ». Toutes les portes sont de véritables donjons : porte de Montmirat, de Saint-Antoine, du Griffon, des Carmes ou des Frères mineurs.

Du château de Piquecos, situé sur une hauteur, au nord, Louis XIII à l'aide d'une longue-vue peut se rendre compte de ce qui se passe sans ses régiments. En vérité, on se demande qui commande, en fait.

Luynes, connétable, a le titre de chef suprême des armées royales, mais pas les capacités. Le maréchal de Lesdiguières a les capacités mais, hiérarchiquement, doit obéir aux ordre du favori ou à ceux du roi (qui n'est pas un stratège, lui non plus). Au quartier du connétable commandent les maréchaux de Praslin et de Chaulnes [2]. Au quartier du duc de Mayenne,

1. « Le temps fuit, irréparable. »
2. Frère cadet de Luynes.

Montauban : ville fortifiée

c'est le maréchal de Thémines [1] qui tient le commandement. Autour d'eux gravitent un certain nombre d'hommes de bonne volonté, à la bravoure certaine, mais de faibles compétences. Le duc du Maine [2], trop audacieux, le maréchal de Praslin ami de la prudence, le prince de Joinville [3] qui rêve aux exploits de son père, et quelques autres gentilshommes dont M. d'Esplan [4].

On attend l'arrivée de Shcomberg flanqué de Bassompierre [5]. Le duc de Montmorency fait annoncer sa venue prochaine.

Le 1er septembre, les batteries ayant été disposées la veille, les canons bombardent les fortifications sur les trois faubourgs cités plus haut, dès sept heures du matin. Le lendemain, les assiégés ripostent [6]. Luynes (mais est-ce bien lui ?) désigne à chacun son secteur d'attaque : *celui de l'ouest* à Maine, *celui du sud* à Joinville, le connétable se réservant *celui du nord*. Par une erreur regrettable, nul n'est désigné pour *le secteur est*, malgré le conseil de Lesdiguières qui préconise d'abriter les corps de l'armée royale par des retranchements élevés du côté de la campagne. Le vieux soldat n'est pas écouté.

Le 6 septembre, Anne d'Autriche arrive à Moissac. Le roi s'y rend, passe la nuit auprès d'elle et revient le lendemain à Piquecos. Le 15, à l'issue d'une séance du Conseil, Louis XIII se rend au camp et y apprend la mort du duc du Maine, tué à trois heures d'un coup de mousquet dans l'œil. Sa perte est vivement ressentie par les soldats dont il avait l'estime [7]. En outre, dès que la nouvelle est sue à Paris, elle provoque une émeute contre les protestants de la capitale. Leur temple de Charenton est incendié. Le mardi 21 septembre, la reine rend visite à son époux, dîne avec Luynes et le roi et repart aussitôt après pour Moissac.

Le 27, un gentilhomme cévenol, M. de Beaufort, grâce à l'incurie d'un officier, M. de Vich, réussit à faire entrer dans Montauban une partie de l'armée de secours par *le côté... est* ! (ventre mou de la ligne d'attaque). L'incident servant de preuve, Lesdiguières se garde de tout commentaire, d'autant plus que Louis XIII, par son silence, semble couvrir la sottise de Luynes... Dans le but de réparer sa faute, le favori veut tenter

1. Qui a obtenu son bâton en arrêtant Condé (on s'en souvient : septembre 1616), et dont le fils (on s'en souvient aussi) a tué (en duel ?) le marquis Henri de Richelieu, frère aîné de l'évêque de Luçon, à Angoulême (juin 1619).

2. Henri de Lorraine, gouverneur de Guyenne, fils du duc de Mayenne, et cousin de Joinville !

3. Tous les Guise ont le titre de « prince de Joinville ». (Voir *Marie Stuart*, chez le même éditeur.) Il s'agit ici de Charles de Lorraine, fils du « Balafré ».

4. Dans l'entourage du roi et de Luynes depuis 1617, comme on l'a vu dans un chapitre précédent.

5. Les historiens citent Bassompierre à Montauban : Héroard, non. Mais le médecin ne sait pas toujours qui rencontre Louis XIII hors de sa chambre. Et puis il y a toujours ce doute en ce qui concerne ses écrits : a-t-il reçu ou non l'ordre de taire certaines choses ?

6. M. de Combalet, beau-frère de Luynes, y trouvera la mort auprès du duc de Fronsac, apparenté à Richelieu.

7. Le duc de Montmorency (que Louis XIII fera décapiter plus tard) remplace le duc du Maine à son poste de commandement.

d'obtenir la reddition de Montauban par la négociation. Il souhaite un accord *particulier* concernant la ville. Les huguenots, au contraire, veulent des accords *généralisés*.

Les assiégés font alors savoir au camp du roi qu'il sont disposés à se soumettre si le duc de Rohan y consent. Luynes envoie d'Esplan négocier... à sa place. Au cours de l'entrevue, Rohan, qui a reçu des incitations pacifistes de la part des assemblées huguenotes de France, se dit prêt à limiter l'accord des protestants aux seules places fortes du Languedoc. D'Esplan, n'ayant le pouvoir de traiter que pour la seule ville de Montauban, se retire.

Cette occasion perdue ne se retrouvera pas. Le 30 septembre, séance du Conseil. On y prend un certain nombre de décisions. C'est le seul jour où Luynes sera autorisé à se servir du sceau royal sous la surveillance attentive de Louis XIII qui l'observe[1]... Brimade ou suspicion ? Quoi qu'il en soit, les relations des deux hommes se sont bien dégradées... Le 4 octobre, la reine vient visiter le roi, dîne en compagnie de Luynes et repart pour Moissac dès après.

Les chemins deviennent fangeux. Il pleut. L'automne s'installe. Autour de la ville assiégée, les soldats mal abrités, mal ravitaillés, commencent à se plaindre. Certains désertent. Faute de médecins, d'autres tombent sérieusement malades. Rien n'est prévu pour leurs soins ou leur évacuation... Dans le camp, dans la région, en France, à Paris, chacun veut rendre le duc de Luynes responsable de tous les maux. Les pamphlets circulent. On accuse le « connétable » d'avoir détourné les fonds destinés à l'entretien de trente mille soldats alors qu'il s'en trouve à peine douze mille sous les murs de Montauban[2].

Le « mauvais succès » du siège et les méchants bruits qui courent sur son favori n'empêchent nullement Louis XIII de continuer à vivre selon son bon plaisir. Il monte à cheval chaque jour — comme à l'accoutumée — va entendre la messe et se rend au Conseil. La majeure partie de son temps est réservée à la chasse au faucon, au pistolet, à l'arquebuse. Il chevauche des heures poursuivant corneilles ou perdreaux. D'après le *Journal* d'Héroard, il rend si souvent visite à Luynes — chez lui — qu'on se demande quand celui-ci se trouve à son poste face aux faubourgs de la « ville nouvelle »...

Le 12 octobre, Luynes part à quatre heures du matin en direction de Réniers pour y rencontrer Rohan. L'entretien est orageux. Les huguenots se montrent encore plus intransigeants. Luynes cherche désespérément un terrain d'entente qui ne coûte pas trop au Trésor royal et qui lui permette de présenter à Louis XIII une justification constructive à cette mission *dont il s'est investi lui-même* ! Peine perdue, Rohan se déclare

1. D'après Héroard. Le sceau royal sera manipulé par le roi lui-même (devant Luynes) au cours des séances des 2, 15 et 25 septembre, du 28 octobre, des 9, 13 et 16 décembre. Luynes meurt le 15. Le 16, M. Merri de Vic est nommé garde des Sceaux et succède officiellement à du Vair. (Cette nomination là est scellée, séance tenante.)

2. Dépêche de l'ambassadeur de Venise.

résolu à soutenir les assiégés de tout son pouvoir. Ils se séparent aussi insatisfaits l'un que l'autre.

A son retour Luynes apprend à Louis XIII le fâcheux résultat de sa malheureuse initiative. Le roi, exaspéré par ces échecs diplomatiques et militaires, manifeste une humeur coléreuse. A dire vrai, on ne sait au juste comment elle se manifeste, en privé, auprès du favori. En revanche plusieurs témoignages laissent entendre que le roi déclare volontiers que la responsabilité de « mauvais succès » de cette campagne *incombe à Luynes qui a mal agi de toutes les façons*[1]. Le Vénitien Priuli, de passage au camp, écrira qu'il trouve « le roi plein de courage et de résolution... mais le connétable fatigué et plein de doutes. » L'atmosphère est loin d'être au beau fixe autour de Montauban.

Le 15 octobre, les assiégés au cours d'une « sortie » du côté de Moustier, au sud, s'emparent des tranchées et font sauter les réserves de poudre de M. de Joinville. Le 17, Louis XIII fait porter ses propres armes au quartier de M. de Montmorency et y dîne en compagnie de Luynes et de Ruccellaï[2] ! (La présence soudaine de cet étrange abbé permet toutes les suppositions en ce qui concerne ses rapports politiques avec le favori.)

Le lundi 18 octobre, le roi donne audience à Mgr l'évêque de Nantes qui s'exprime au nom du clergé et apporte — finalement — à Sa Majesté ce qu'elle demande depuis juin pour subvenir aux frais de la campagne contre les huguenots hérétiques : 1 million d'or (300 millions de livres[3] !). Ragaillardi par cette heureuse nouvelle, Louis XIII quitte Piquecos le jour même et va trouver sa femme à Moissac. Le lendemain il est de retour. Le 28, il reçoit l'ambassadeur extraordinaire du roi d'Angleterre, Mylord Haye. Celui-ci offre la médiation de son maître... Il est aimablement éconduit.

Louis XIII ronge son frein. Il se sent blessé dans son orgueil par la démarche anglaise. Ne le croit-on pas assez fort, à Londres, pour régler lui-même les questions concernant son royaume ? Ce blocus de Montauban où l'on s'enlise sans résultats l'exaspère. Ses régiments lassés, mal payés, mal nourris, mal soignés, se débandent. Les désertions se multiplient. Les épidémies se répandent. Il pleut. Luynes a beau fanfaronner, le roi le sent à bout, lui aussi.

De plus, pour ajouter encore quelques inquiétudes et déplaisirs à leur situation vainement stagnante, il leur parvient de Paris des rumeurs alarmistes au sujet du comportement de Marie de Médicis. La reine mère s'agite et provoque dans la capitale toutes sortes de manifestations

1. Luynes voulait ce blocus. Lesdiguières l'avait déconseillé.

2. *Journal* d'Héroard. On se souvient de cet abbé qui a fait tant de bruit à Blois. (Voir chapitre : « Blois ».)

3. L'évêque de Rennes (Pierre Cornulier) avait fait son possible pour refuser ou retarder ce don « gratuit ». De Paris, Poitiers, puis Bordeaux, l'assemblée des Evêques de France avait atermoyé, escomptant que cette guerre se terminerait heureusement sans leur secours financier. Finalement...

publiques *à sa dévotion*. Le comte de Soissons, jaloux de Condé [1], a rejoint l'ex-régente et l'aide à répandre les bruits les plus fâcheux sur Luynes, sa famille, ses alliés, et surtout son désastreux gouvernement. Le « bon peuple » de Paris, toujours disposé à l'émeute à condition d'être astucieusement provoqué, est tout prêt à passer au stade de la rébellion ouverte contre le favori exécré, et sa famille honnie. Des bandes de gueux défilent et jettent des pierres contre les façades des hôtels de Chaulnes et de Luxembourg. On placarde dans les rues des insultes contre Luynes et ses deux frères...

Serait-on revenu à l'époque des Concini ?

Ce ne sont pas ces mouvements ostensibles de mauvaise humeur qui inquiètent le roi et Luynes sous les murs de Montauban. Ils craignent de voir se former un tiers-parti ayant pour programme un changement de gouvernement et surtout l'éviction définitive du favori et de ses amis.

Luçon pourrait-il être l'instigateur de la manœuvre ? Les renseignements qui parviennent aux rives du Tarn sont contradictoires, imprécis, peu fiables. Et puis, il y a cet écrit (sujet à caution !). Richelieu, perfide, veut, dans ses *Mémoires*, que le Provençal en soit l'auteur en décembre 1621. Luynes aurait osé rédiger : « Je ne crains ni cette femme ni ses brigues, car l'homme me craint tellement qu'il ne saurait rien faire que je ne sache. Après la prise de Monheur, je ferai la paix et m'accommoderai si bien que je ne craindrai plus rien. » D'après les *Mémoires* de Richelieu, la « femme » aurait été la reine mère, et l'« homme », le roi [2] !

On se demande à qui Luynes pourrait adresser un tel billet, et surtout ce qu'il signifie. Sa teneur semble plutôt vouloir rassurer qu'inquiéter. Si ces lignes sont réellement de lui, il peut les avoir écrites ou dictées à l'intention d'un homme d'affaires, d'un intendant, voire d'un juriste, pour tranquilliser sur la bonne fin de quelque différend. Car si l'on substitue les deux mots dans le texte, il devient tout à fait incompréhensible.

Mais les *Mémoires* du cardinal pêchent souvent par l'extravagance des allégations qu'il professe dès qu'il est question de M. de Luynes. Il va jusqu'à laisser entendre que le favori souhaitait devenir « prince d'Orange » ou encore transformer « les trois évêchés [3] » (Metz, Toul et Verdun) en une espèce de royaume d'Austrasie... L'outrance de la prétention la rend difficile à admettre et jette le doute sur les autres affirmations de Richelieu concernant Luynes qu'il poursuit d'une haine posthume implacable.

Dans la région de Montauban, il pleut sans arrêt.

Louis XIII penche alors pour un retour vers la capitale. Luynes insiste

1. Qui se trouve toujours dans le Bourbonnais.
2. Cité par Pierre Chevallier.
3. Richelieu projette là, semble-t-il, l'un de ses rêves politiques. Le gouvernement indépendant des trois évêchés, conquis par Henri II en 1552 sur Charles Quint, ne sera reconnu comme appartenant à la France qu'en 1648, six après la mort du cardinal ! Ce sera l'œuvre de Mazarin.

pour que le siège se poursuive. Le roi, hésitant, se rend à Moissac le 30 octobre et ordonne à la reine Anne de rentrer à Paris. Il revient à Piquecos le lendemain.

Brusquement, le 6 novembre, lassé par la pluie et l'inactivité, il décide de partir pour Nérac, laissant Luynes sur place. Le 14, de la ville de Castelnau, il se résout à donner l'ordre à ses généraux d'abandonner le siège. Le 15, il est à Tholose où Luynes le rejoint le 21. Ils partent pour Grenade et arrivent à Nérac le 26. C'est en vain que le favori s'acharne pour que l'ordre de retraite des troupes soit rapporté.

Louis XIII ne reviendra pas sur sa décision formelle. Dans sa dépêche du 15 novembre, Priuli fait part à Venise du changement survenu dans les dispositions du roi : « J'ai trouvé ici l'aspect de la scène changé du tout au tout. Le roi a pris la résolution de lever le siège de Montauban. Les principaux chefs ont pris le chemin de Paris et M. de Lesguidières est parti pour le Dauphiné. » Le prince de Joinville remonte vers le Nord et Montmorency descend vers Toulouse.

Bien que le sauve-qui-peut soit à peu près général, Luynes parvient à convaincre Louis XIII de demeurer encore quelques jours. Il veut, dit-il, assurer une victoire au roi afin de lui faire regagner la capitale en triomphateur. En réalité, c'est à lui qu'il pense. Il lui faut un succès, si mince soit-il, afin de faire bonne figure pour être à même de rentrer dans Paris sans risque : une victoire ou la mort !

Le ciel va décider pour lui...

Le 28 novembre, Louis XIII arrivant de Nérac avec Luynes, installe à Longuetille son quartier général. Il pleut à verse ! Cède-t-il à son favori parce qu'il apprend l'arrivée de M. de Schomberg [1], lequel n'était pas là pour recevoir l'ordre de retraite ? Possible ! Luynes est décidé à investir la place de Monheur [2]. Le 30 novembre, le favori se rend devant la petite ville bien fortifiée afin d'inspecter les dispositions prises pour le siège. A son côté, M. d'Esplan (toujours le même) manque de se faire tuer d'un coup d'arquebuse.

Le 1er décembre, il pleut toujours. Entre deux ondées, le roi chasse et va voir Luynes à plusieurs reprises. Le 2 décembre, se tient un Conseil. Luynes est présent mais c'est le roi *qui manie le sceau* [3]. Au-dehors, le tonnerre se mêle au vent violent qui accompagne les rafales de pluie.

On apprend que la veille quelques soldats ont déserté les murs de Monheur. On apprend aussi qu'une grave épidémie de fièvre pourpre [4] sévit parmi les régiments.

Il pleut sans cesse depuis une semaine. Le roi enrage de ne pouvoir sortir pour tirer du gibier. Les chemins ne sont plus carrossables. La mauvaise humeur est partout. Chacun domine ses nerfs comme il le peut.

1. Henri de Schomberg, comte de Nanteuil (1575-1632) finira maréchal de France. Son fils, Charles, en 1646, épousera Mlle de Hautefort que Louis XIII aima (?).
2. Qui se rendra le 12 décembre.
3. Depuis le 2 septembre, date de la nomination de Luynes ! (Héroard.)
4. Scarlatine.

Luynes accuse tout le monde, sauf lui-même. Il s'en prend une fois encore à la reine mère (cherchant ainsi à atteindre Luçon). Il écrit aussi au prince de Condé sur un ton acerbe. En fait, il est surmené, à bout [1]. Finalement, il tombe malade et s'alite dans un cantonnement médiocre. Il aurait alors confié à son ami M. de Contades [2] : « Voici : Montauban nous échappe, nous ne pouvons prendre Monheur et les faibles protestants résistent au grand roi [3]. » A Contades qui s'efforçait de l'apaiser en invoquant la mauvaise saison, la maladie, les pluies, il aurait répondu, épuisé : « Non, mon ami, c'est autre chose que je ne puis exprimer [4]. »

Le vendredi 3 décembre, il pleut moins. Louis XIII sort pour chasser à pied malgré le sol détrempé. Il rend visite à Luynes, fiévreux. Le favori se sent mal depuis le matin. Le 4, le roi va voir Schomberg et rend deux visites à Luynes. Le 5, il pleut de nouveau. Visite à Luynes. Visite à Schomberg, au camp. Courte nouvelle visite à Luynes. Le 6, le roi va voir Schomberg chez lui puis se rend au chevet de Luynes, malade. Il retourne le voir à seize heures trente, reste auprès de lui une demi-heure et revient prendre son souper. Le 7, Louis XIII voit Schomberg et se rend ensuite à pied à la rivière inspecter les bateaux couverts pour le siège de Monheur [5].

Le 8, Louis XIII voit Schomberg. Le 9 il lui rend visite au camp où celui-ci a pris la direction des opérations, Luynes étant empêché par sa fièvre. Le 10, le roi inspecte le camp devant Monheur. Le 11, la réunion du Conseil du roi se tient chez M. de Schomberg. Visite au camp.

Le dimanche 12 décembre, Louis XIII se rend chez Schomberg de bonne heure. A dix heures, va voir ceux de Monheur qui se sont rendus et sortent de la ville. Il donne l'ordre que l'on veille à ce que les soldats vainqueurs ne passent pas au fil de l'épée les vaincus qui demandent merci... Le 13, le roi voit Schomberg matin, midi, après-midi au Conseil et le soir encore.

Le mardi 14 décembre, Héroard écrit dans son journal cette phrase *étonnante* (vu les circonstances) : « Monte à cheval... Va à la volerie, laquelle il quitte *GAIEMENT* disant : "Je m'en vais chez M. le comte de Schomberg" » Luynes agonise. Il ne l'a pas revu depuis le 6 décembre. Il ne quitte plus Schomberg ! En date de ce 14 décembre, Héroard note encore : « S'amuse à jouer aux poules pour tromper les déplaisirs qu'il avait de la maladie de M. le connétable. » *(On finit par se poser des*

1. On est surpris de trouver, une fois de plus, une similitude de comportement avec Concini à la fin de sa vie : même conduite déraisonnable, mêmes attitudes excessives, même dépression morale, et peut-être aussi même réflexe suicidaire !... (Se reporter au chapitre sur Concini.)

2. Administrateur des biens de Luynes.

3. C. J. Burckhardt (historien diplomate de langue germanique), ambassadeur de Suisse à Paris de 1945 à 1950, auteur d'une remarquable étude sur Richelieu).

4. Richelieu, *Mémoires*, qui ajoute avec perfidie : « Le connétable avait certainement senti que Dieu n'était plus avec lui ! » Venant de Luçon, la phrase est significative. Son aversion pour Luynes est inguérissable. Mais, mêler Dieu à sa vengeance posthume alors que lui-même a fait pire...

5. Héroard, *Journal*...

questions sur la fiabilité du texte d'Héroard. On se demande parfois si certaines phrases allusives ne sont pas glissées là à dessein... et d'autres réactions du roi passées volontairement sous silence...).

Le 15 décembre (lui conseille-t-on de fuir la contagion ?), le roi quitte Longuetille pour aller à Damasan. Il y arrive à midi. A treize heures se rend au logis de Monsieur (son frère). Il préside son Conseil : « Revient à quatre heures et demie... A cinq heures et demie soupé... *amusé* diversement jusqu'à neuf heures... prie Dieu. A neuf heures et demie, s'endort jusqu'à cinq heures et demie après minuit. »

Luynes est mort à quatorze heures[1].

Le roi ne peut ignorer ce décès qui... tout de même... doit le frapper. Or, si l'on en croit Héroard, il soupe et « s'amuse » ce soir-là...

Mais... jusqu'à quel point doit-on se fier au *Journal* d'Héroard ? C'est l'une des principales questions qui s'est posée à l'analyste tout au long de cette étude et à laquelle il est incapable — honnêtement — de répondre de façon précise : il y a de telles « éclipses » dans cette éphéméride, tant de faits historiques ou incidents d'ordre privé *indéniables* dont il n'est pas fait mention...

Les historiens, en général, restent assez laconiques au sujet des derniers jours du duc de Luynes. M. Carl J. Burckhardt résume ce que semble en penser la plupart d'entre eux... et Héroard. Il écrit : « Luynes fut en proie à une forte fièvre. Par crainte de la contagion, personne ne vint le soigner. Les médecins diagnostiquèrent la scarlatine. Ruccellaï fut le seul à s'occuper de lui. Il l'assista jusqu'à sa mort. [...] Monheur était tombé. Le château fut rasé au sol. Sans escorte, péniblement, d'étape en étape, à travers une campagne à demi inondée, le cercueil fut conduit jusqu'au duché de Luynes. *Fontenay-Mareuil vit passer le cortège funèbre !* Des palefreniers, rapporte-t-il, venaient de faire halte, et, tandis que les chevaux pâturaient *[en décembre ?]* les hommes jouaient aux cartes sur le cercueil. La belle Montbazon, veuve de Luynes, épousa trois mois après la mort de son mari, le duc de Chevreuse, de la maison de Lorraine. Le favori mourut au moment précis où sombrait sa faveur et Louis XIII ressentit un grand vide, un désenchantement profond, ne laissant en lui qu'angoisse et méfiance. »

Cette « oraison funèbre » semble bien succincte mais son auteur l'a insérée dans une étude consacrée à Richelieu. Toutefois, elle reflète l'opinion de bien des biographes du XVIIe siècle. Dans cet ouvrage, nous voudrions tenter d'aller un peu plus à fond en essayant d'analyser les écrits d'Héroard et de présenter au lecteur deux interprétations possibles de ce fameux journal au moment de la mort de M. de Luynes.

1. D'après C. J. Burckhardt., Ruccellaï aurait été le seul à l'assister dans ses derniers moments et à le veiller la nuit de sa mort.

1622

« Je l'ai aimé... »

« Je l'ai aimé... parce qu'il m'aimait ! » Dans sa dépêche datée du 18 décembre (1621), l'ambassadeur de Florence note que « le roi versa des larmes. » *Ce dont Héroard se gardera bien de parler !* Trois jours plus tard, le nonce rapportera les aveux de Louis XIII : « J'éprouve en vérité une grande douleur. Je l'ai aimé *[malgré ses défauts]* parce qu'il m'aimait [1]. » Alors ? Le roi pleure devant l'envoyé florentin et non devant son fidèle médecin qui l'éveille et le borde matin et soir depuis vingt ans ? Difficile à croire !

Devrait-on penser, dans ce cas, que Louis XIII, totalement insensible, joue l'affligé pour le Florentin et prononce à l'intention de Rome des phrases qui ne reflètent pas sa pensée ? Etrange comédie...

La seconde et dernière note allusive d'Héroard se trouve au réveil du 15 décembre (avant la mort de Luynes) : « ... éveillé à cinq heures. Triste. Affligé pour l'extrémité de la maladie où était M. le connétable. A dix heures il monte à cheval et part de Longuetille vers Damasan. »

Pourquoi part-il si tôt ? On dirait qu'il s'enfuit, sachant Luynes agonisant. Louis XIII veut-il éviter de contempler le visage de son « amant » mort, de peur d'un garder l'image en mémoire ?

Le *Journal* reprend : « ... à cinq heures et demie, soupé. Amusé diversement jusqu'à neuf heures. Prie Dieu. A neuf heures et demie s'endort. » On ne sait comment interpréter cet « amusé diversement » qui couvre un laps de temps de plusieurs heures. On se demande surtout ce qui se cache derrière ces deux mots. Car enfin, comment et à quoi peut-on « s'amuser » au soir de la mort d'un être qu'on a chéri depuis l'enfance, ou presque ?

Le fait qu'Héroard ne fasse que deux allusions à l'affliction du roi au cours de cette période précise, ne prouve rien en ce qui concerne le

1. Dépêche de l'ambassadeur de Venise datée du 24 décembre 1621.

chagrin du prince (voire son désespoir). Le médecin a peut-être — là encore — reçu l'ordre de taire ce qu'il a vu, entendu, observé ? (Comme pour l'affaire Concini, entre autres.) N'est-il pas surprenant que Louis XIII qui pleure sur Montpouillan (qu'il a condamné), au départ de Louise de La Fayette (liaison platonique) ne verse pas une larme devant son médecin intime au soir du décès de celui qu'il a aimé *indubitablement* pendant toutes les années de son adolescence et de sa prime jeunesse ? (Peu importe comment s'est exprimé ou satisfait cet amour indéniable.)

Il est un détail qui pourrait laisser supposer une certaine forme de sentimentalité chez ce roi au caractère complexe. Si Héroard ne nous parle pas de sa peine, ne nous informe-t-il pas sans le vouloir ? Durant la maladie du favori (du 2 au 15 décembre), le médecin note que, chaque jour, Louis XIII s'occupe de ses oiseaux. En dehors du Conseil, de la messe, de ses repas et de ses visites biquotidiennes à Luynes, on dirait même qu'il ne s'occupe *que* de ses oiseaux. L'éphéméride est remplie de : « Se rend au cabinet des oiseaux, s'amuse avec ses oiseaux, va à la volerie »... Le 7 décembre : « ... prend un oiseau sur le poing et va à pied à la chasse. » Le 8 décembre : « ... s'amuse à faire dresser un cabinet contre sa chambre pour mettre ses oiseaux. »

Ne serait-ce pas la marque d'une profonde nostalgie ? Louis sait que Luynes va mourir et, en se rapprochant de ses petites bêtes ailées, ne renoue-t-il pas ainsi avec des souvenirs qui lui sont chers ?

Même s'il était question de disgrâce — et rien ne le certifie —, il n'est pas imaginable qu'il ne subsiste rien, en un jour, des liens affectifs persistants qui unissaient les deux hommes. La pérennité de leur liaison empêche de se prononcer dans ce sens... semble-t-il. Un sentiment profond les liait, renforcé par l'accoutumance. Pourquoi ne pas vouloir penser à « l'amour », tout simplement ? Certains historiens ont parlé « d'envoûtement sensuel », d'autres de « sortilège » ou encore de « charme magnétique ». Ceux-là appuient peut-être leur hypothèse sur le fait que Louis XIII, sitôt son favori mort, manifesta ouvertement sa satisfaction de se retrouver « libre » en quelque sorte.

Quel autre comportement aurait-il pu montrer ? Il se devait de dissimuler sa peine. Un prince orgueilleux ne doit pas se permettre de susciter la pitié de son entourage en affichant trop d'affliction. Il lui fallait oublier Luynes et s'apprendre à régner seul ! Tâche double et dure pour une âme sensible et un esprit incertain de sa compétence.

Il vient d'avoir vingt ans ! Effacer les souvenirs et se mettre aux Affaires avec courage alors que l'on doute (encore) de ses capacités dans ces domaines, n'est pas chose facile, même au plus résolu.

Il ne faut pas oublier — et nous insistons encore là-dessus — que leur existence fut à la fois parallèle et commune pendant des années. En dehors des circonstances officielles et des rencontres obligées, Louis XIII rendait visite à Luynes plusieurs fois par jour — où qu'ils soient — le *Journal* d'Héroard l'atteste. Or il ne le recherchait pas uniquement pour des « retrouvailles » intimes, c'est évident. (Cette possibilité bestiale biquotidienne est à exclure.) Leurs échanges physiques ont dû cesser (probablement) au début de l'année 1619 au moment où Louis XIII a découvert l'hétérosexualité auprès de sa femme. Ils parlaient donc des « affaires » en cours, essayant de définir ensemble les attitudes que le roi devait adopter. Leurs deux incompétences unies dans la recherche d'une solution pouvaient déboucher, après discussion, sur des prises de positions sensées.

A la disparition de Luynes, Louis XIII se trouve tout à coup privé de ces échanges de vues constructifs. Le goût de cette viduité doit être amer... et effrayant.

Pour surmonter ce silence soudain qui s'abat sur lui, le roi se jette, à cœur et corps perdus, dans une activité fébrile. N'est-ce pas là une réaction humaine bien compréhensible ? Lorsqu'un amant — *qui ne l'a pas quitté d'un jour* — perd une vieille maîtresse aimée (ou inversement), ne cherche-t-il pas à *s'étourdir* dans l'action pour tenter d'écarter l'obsession d'une absence définitive ? Or, c'est ce à quoi s'applique Louis XIII... peut-être ? Il travaille comme un forcené. Il cherche à apprendre son métier de roi tout en l'exerçant. Mais il n'est pas sûr de lui et ne craint qu'une chose : *qu'on le remarque.*

Il a peur de commettre des erreurs aussi, comme il manque de confiance en lui et de savoir-faire, il se méfie de tous (surtout de lui-même) et traite ses ministres avec une réserve si marquée qu'elle ressemble à de la défiance. Louis XIII dissimule son inexpérience mais regarde chacun avec suspicion comme si on cherchait à le tromper en abusant de son ignorance.

Avec le temps, ce timide agressif, torturé par ses propres doutes, se corrigera. Jamais tout à fait.

Un autre point attire notre attention.

Dès après la mort de Luynes, le roi affirme à qui veut l'entendre qu'il n'aura plus jamais de favori [1] ! Certains historiens veulent voir dans cette déclaration d'intention l'expression d'une délivrance, dans le sens : *Je ne veux plus vivre de telles heures ! Je veux oublier ces moments pénibles !*

Pourquoi ne pas imaginer l'inverse, c'est-à-dire : *Je sais que je ne revivrai jamais de telles heures ! Personne ne saura* le *remplacer ! D'ailleurs je ne le veux pas !*

Si l'on y réfléchit bien, les deux interprétations seraient possibles.

Autre détail significatif : Luynes mort, l'amant disparu à jamais, le roi pense immédiatement à son autre amour, inguérissable celui-là.

Il écrit à sa mère pour l'assurer de son affection... Il est normal qu'un garçon de vingt ans qui vient de perdre l'objet de sa passion physique et sentimentale se tourne vers celle à qui, *malgré tout*, il voue une autre

1. Louis XIII fut partiellement fidèle à cette résolution. Luynes seul cumula les fonctions de favori à titre personnel comme à titre politique. Richelieu seul pourra être considéré comme favori politique (de 1624 à 1642), alors que pendant dix-huit ans se succéderont les favoris à titre personnel. Barradat, Saint-Simon, Cinq-Mars. (Voir chapitre : « Les vicissitudes de la vie affective de Louis XIII ».)

sorte d'amour, non partagé, hélas, et qui le fera souffrir tout au long de son existence.

Bien qu'il soit sans illusion, sa solitude d'alors le pousse d'instinct à rechercher un peu de chaleur du côté où, naturellement, il devrait en trouver. Désolé, il souhaiterait pouvoir épancher la plus grande douleur de sa vie sur l'épaule maternelle, mais il ne peut se laisser aller à se montrer tendre car derrière l'image de la mère, se dresse l'autre image, celle de la politicienne ambitieuse et bornée qui ne songe qu'au pouvoir.

Louis XIII refoule son sentiment.

Marie de Médicis, pour ses étrennes, recevra de la part de son fils des pendants d'oreilles d'une valeur de 45 000 livres[1]... Ce malheureux exprime son attachement à sa mère en lui donnant ce qu'elle aime le plus (après le pouvoir) : des bijoux fabuleux. Il sait lui procurer ainsi un plaisir certain (dont il *sait* aussi qu'elle ne lui en sera nullement reconnaissante). Il a agi de la même façon envers Luynes. Il l'a traité avec munificence. A cette différence près : Luynes l'aimait !

LUYNES POST-MORTEM

Après cette présentation sentimentale (romantique ?) assez peu vraisemblable, il faut bien l'avouer, nous revenons à la relation chronologique d'Héroard qui se rapproche davantage, sans doute (hélas !) de la réalité. Tempus edax rerum[2]*...*

Comme il arrive parfois (souvent ?) en pareil cas à un être doté d'une sensibilité normale — mais nous avons affaire ici à un personnage hors normes —, celui qui survit à une longue liaison (*a fortiori* s'il est le cadet d'un couple affectif) éprouve une sensation de vide et des regrets. Or, si Louis XIII, tout à coup privé du compagnon fidèle, de l'homme aimant et dévoué à qui il doit beaucoup, en a de la peine, il ressent en même temps une sorte de contentement, de soulagement à ne plus avoir à le consulter pour la direction des affaires publiques.

De nombreux témoignages obligent à constater que la seconde réaction supplante la première. L'ambassadeur florentin ne note-t-il pas : « ... Ce prince n'avait jamais pris bien à cœur les accidents qui arrivaient... » M. Bertold Zeller[3] commente : « ... il en fut assurément de même pour la mort si imprévue du duc de Luynes ; le roi ne s'arrêta pas longtemps au regret. [...] Quant à l'impression qu'il éprouva sur le coup, *ajoute M. Zeller*, de nombreux témoins tendraient à faire croire qu'elle fut de la pure indifférence. » Bassompierre souligne : « ... Il ne fut guère plaint du roi. » Le nonce écrit : « ... Le roi est parti de Longuetille sans donner

1. Michel Carmona. Plus de 4 millions de francs lourds (1990).
2. Ovide : Le temps qui détruit tout...
3. Dans son ouvrage sur le connétable de Luynes (1879).

aucun signe de chagrin. » Nous avons déjà évoqué les propos rapportés par le Vénitien Pesaro : « ... J'éprouve une grande douleur. Je l'ai aimé parce qu'il m'aimait, bien qu'il eût quelques défauts. »

Devant qui cette « douleur » s'exprime-t-elle ? Devant Pesaro, certes, mais chez le frère du défunt (Brantes), duc de Luxembourg, à qui Louis XIII rend visite le 16 décembre, au lendemain de la mort de Luynes... Il n'est pas douteux que le roi n'éprouve alors l'impression d'être affranchi d'une sorte de sujétion [1]. Le 17 décembre, Louis XIII décide de partir vers Bordeaux. Il fait étape à Casteljaloux où le même Pesaro note : « Le roi a montré qu'il avait plaisir d'être libre de parler et de donner ordre à beaucoup d'affaires, et l'on pense que la perte du connétable ne pèsera pas à Sa Majesté. [...] Le roi le respectait en raison de son éducation. Il l'avait d'abord aimé pour la chasse, il l'estima ensuite à cause de la mort de Concini, comme si par ce coup il avait reçu des mains de M. de Luynes la couronne et le royaume. Tels étaient l'autorité et le pouvoir du connétable qu'il était véritablement roi par les effets, car Sa Majesté ne parlait et ne commandait que sur un signe de lui. »

Le 21 décembre, le roi est à Bordeaux. Le lendemain il reçoit le Parlement. Le 23, il préside son Conseil au cours duquel M. Merri de Vic [2], conseiller d'Etat *manie les Sceaux*. Le 24 décembre, le même Pesaro confirme au Sénat de Venise : « Le roi n'est nullement attristé de cet accident *[la mort de Luynes]* mais très satisfait, il semble qu'il ait secoué le joug, qu'il est hors de tutelle, sans gouverneur et en liberté. »

Le 30, le roi quitte Bordeaux, passe la Dordogne à Libourne et assiste le 5 janvier (1622) à un festin que M. de Schomberg donne en son honneur à Barbezieux, la veille de la fête des Rois [3]... Le lendemain, Louis XIII arrive à Châteauneuf-sur-Charente. Le prince de Condé est venu à sa rencontre. Le samedi 8 janvier, les deux cousins chevauchent botte à botte, chassent le héron et la pie avant d'atteindre Aigre où ils souperont ensemble et feront ensuite de la musique... Le 13, ils atteindront Poitiers, galopant et, aux arrêts, jouant avec des arquebuses. (Le soir, Condé... chante en musique, pour le plaisir du roi [4] !) Le 16 : Châtellerault. Le 18, ils sont à Tours.

Louis XIII n'a pu faire moins que d'adresser au beau-père du défunt, M. de Montbazon, dont il va frôler les terres, quelques lignes de condoléances des plus conventionnelles... L'épître se termine par : « ... cet accident, venant de la main de Dieu, doit être reçu avec résignation. » (Quelle sécheresse ! Il y a deux années [septembre 1619], le duc de Montbazon, sa fille et son gendre [Luynes] ne fêtaient-ils pas, en leur château de Couzières les retrouvailles de la Reine mère et de son fils... ?.)

1. Pierre Chevallier.
2. Il a été nommé garde des Sceaux le 16 décembre. Cette nomination a été scellée !
3. Héroard, à cette date, laisse un blanc de six lignes. (Luynes est mort il y a vingt jours !)
4. Héroard, *Journal* : le 10 janvier au soir.

Le 19 janvier, un grand souper est donné en l'honneur du roi au château d'Amboise par le nouveau gouverneur, M. le duc de Chaulnes (Cadenet)... frère de Luynes ! Pesaro qui se trouve parmi l'escorte note encore : « Sa Majesté se reconnaît toujours plus libre et plus satisfaite de la mort de M. le connétable, à l'instar de tous qui jubilent ouvertement. [...] Le roi écoute volontiers, toutes oreilles ouvertes, les nombreuses plaintes que font une infinité de gens contre le connétable. » Non seulement le roi écoute et reçoit les plaintes qu'on lui adresse, mais, à son tour, *il condamne le disparu de ses actions...*

Le 20 janvier le roi et Condé sont à Blois. Le lundi 24, ils entrent dans Orléans où le comte de Soissons est venu à la rencontre de ses cousins[1]... Il n'est pas le seul émissaire de la reine mère. A ses côtés, venant présenter ses respects au roi, apparaît... l'évêque de Luçon ! Le geste élégant et la bouche pleine d'onction, l'envoyé de Marie de Médicis fait sa cour au monarque... Il écrira dans ses *Mémoires* : « Elle m'envoya le rencontrer à Orléans, le remercier de tant de démonstrations de bon naturel. »

Par Toury, Etampes et Linas, Louis XIII avance vers Paris où se prépare son entrée solennelle. Il quitte Bourg-la-Reine à deux heures après midi escorté de « ... sept mille quatre cents hommes, habitants de Paris, sortis en armes au-devant de lui... et à cheval entre à Paris. Va à Notre-Dame, à six heures au Louvre. A sept heures, soupé, dévêtu... mis au lit... relevé... va chez la reine... etc[2]. »

La reine mère a bien préparé le retour de son fils. Luçon a bien travaillé. Il a endormi Condé et Soissons sous de belles promesses et s'avance doucement vers le pouvoir en se servant de Marie de Médicis.

A présent que Luynes est mort... *Labor omnia vincit impro bus*[3]...

Cette « remontée » vers Paris est fort instructive à différents points de vue. Louis XIII n'attend pas pour nommer un *véritable* garde des trois Sceaux (France, Navarre, Dauphiné). En a-t-il assez de « jouer » avec ceux-ci ? Veut-il un responsable qui ne soit pas lui-même ? Accepter le festin donné par Schomberg et y participer longuement dénote une étonnante facilité à se consoler... Mais ce qui paraît le plus symptomatique d'une sécheresse de cœur (officielle ?) reste le souper donné à Amboise par le propre frère du défunt. L'absence de chagrin est décidément générale... Quant au cynisme royal, il est véritablement sans limites... Louis XIII a pourtant reçu quasiment des mains de Luynes son sceptre et son royaume. Quant au duc de Chaulnes, sa reconnaissance est inexistante. Son frère, de qui il détient tout, titres, honneurs et fortune, vivait encore il y a un mois...

Mais le plus extraordinaire de ces journées demeure la magistrale orchestration du retour de Louis XIII dans sa capitale. L'affaire a été

1. Décidément, la mort de Luynes est prétexte à réconciliation générale !
2. Héroard, *Journal.*
3. Virgile : « Un travail opiniâtre vient à bout de tout ! »

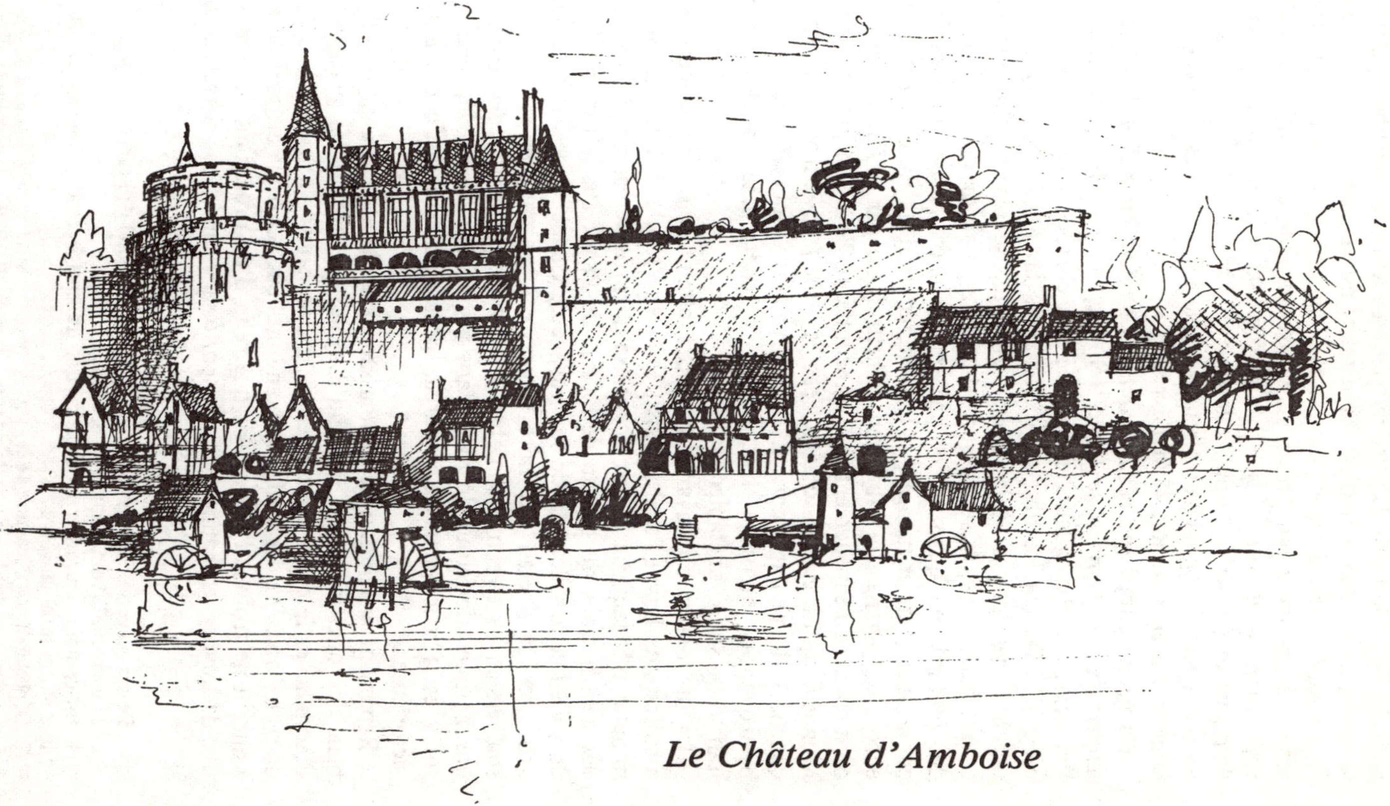

Le Château d'Amboise

montée de façon admirable... par Luçon. Alors que nul ne s'y attend, la nouvelle de la mort de Luynes parvient à Paris (21 décembre). L'évêque se rend compte que cette disparition subite est la chance de la reine mère. Il fait aussitôt dépêcher M. de Marillac[1] auprès du roi avec une lettre... tendre de sa mère qui écrit : « *Je l'accompagne de mon cœur que je vous donne tout entier...* ». Il s'agit d'un saint Louis en or, enrichi de diamants et de perles (d'une valeur de 30 000 mille livres) que la mère envoie à son fils pour ses étrennes... Ne lui a-t-il pas fait cadeau de boucles d'oreilles valant 45 000 livres...

En même temps *(procédant comme l'on fait Luynes et Deageant au lendemain de la mort de Concini*[2]), Luçon provoque l'allégresse des Parisiens. L'ambassadeur de Florence écrit dans sa dépêche du 23 décembre : « ... Devant les hôtels appartenant à la famille *[de Luynes]* on a fait hier des feux de joie publiquement et, en outre, cette nuit on a trouvé par les rues et sur la porte même du palais du duc de Chaulnes[3], des placards en quantité, et une image ignominieuse représentant le connétable mort et mangé par les vers, et ses deux frères pendus. On a encore pu juger de la jubilation de cette foule par le fait suivant : hier on a chanté solennellement à la cathédrale un Te Deum pour la prise de Monheur, qui a été pris d'assaut et mis à sac *(sic)* et il y eut un énorme concours de peuple ; car on pensait, comme l'ont répandu quelques beaux esprits, qu'on le chantait afin de rendre grâces à Dieu pour la mort du susdit connétable. »

La manœuvre est savante et Luçon atteint son but : la détestation manifeste de Luynes et des siens ! Pour être tout à fait convaincu de la minutie avec laquelle Luçon s'organise, il suffit de parcourir les registres des délibérations du bureau de la ville de Paris sous le titre : « Retour du roi en cette ville. [...] de son voyage de Guyenne, de Béarn et autres provinces où il était allé faire la guerre à ses ennemis et qui se sont soulevés en armes contre son obéissance. » Les préparatifs des cérémonies qui marquent le retour du roi à Paris y sont longuement détaillées... Le roi y est fêté comme un valeureux prince au retour d'une campagne victorieuse...

Reprenant la relation de l'ambassadeur de Venise[4], l'analyste se pose bien des questions. « ... Quand Luynes eut expiré, les bateliers qui descendaient le corps du connétable à Bordeaux[5] s'acharnèrent à coups de pierre après sa dépouille, et quand on l'eut débarqué au port dit de la Lune, il ne trouva d'autre logis que celui d'un protestant. Le corps du duc de Luynes, embaumé, fut transporté sans suite, sans cierges, jusqu'à

1. Déjà à Angers et aux Ponts-de-Cé. Il finira maréchal de France... lui aussi !
2. 25 avril 1617 (voir chapitre sur Concini).
3. Est-ce pour « arranger les choses » que Cadenet se rend à Amboise et offre un souper au roi le 19 janvier ?
4. Dépêche du 24 décembre 1621.
5. Le corps se trouve-t-il à Bordeaux entre le 21 et le 30 décembre, alors que Louis XIII y séjourne ? Héroard n'en dit rien !

Blaye, d'où on l'achemina, par des voies détournées, vers Amboise, où devait lui être élevé une chapelle. »

> *On se demande alors — avec une sorte d'angoisse — si la dépouille du connétable ne se trouve pas déjà à Tours ou aux environs (pourquoi pas au château de Luynes même ?) au moment précis où le roi passe par là (18, 19 janvier) et partage allégrement son souper en compagnie du frère du défunt, à Amboise... Rien, à notre connaissance, ne vient confirmer ou infirmer cette supposition.*

Dans sa dépêche du 29 décembre, le même scripteur reprend : « ... un nouvel outrage attendait encore sa dépouille dans ce dernier voyage. Les chanoines du chapitre de Tours firent difficulté de laisser reposer dans leur cathédrale le corps du duc de Luynes à son passage. Le roi ne put contenir son indignation et entra, contre ces prêtres inhospitaliers, dans la plus violente colère. » Pour la galerie ? Aux événements cités par les ambassadeurs de Florence et de Venise, Héroard ne fait pas la moindre allusion ! Agit-il sur ordre ?

Ainsi pouvons-nous dire, comme M. de La Varende à propos de Charles d'Albert de Luynes : « Il finit dans un de ces hideux abandons qui font douter des hommes. »

Non satisfait d'étaler partout les marques de son émancipation, Louis XIII veut passer aussi pour un honorable justicier. Victime du rôle qu'il se donne, il se voit assailli de tous côtés par les jaloux, les aigris qui, par vengeance ou intérêt, réclament ce qu'ils ont perdu durant le règne de Luynes, ou ce qu'ils n'ont pas encore reçu et qu'ils espèrent obtenir. Les rancunes veulent être satisfaites, les appétits rassasiés. Certains, cupides et effrontés, osent faire allusion aux largesses consenties par le roi à son favori défunt et à sa nombreuse famille. Louis XIII ne peut éviter de faire dresser un inventaire détaillé du patrimoine de Luynes. Injonction est faite à M. de Contades[1] de le faire établir afin de le communiquer au plus tôt. Simultanément, le roi fait traduire devant le Parlement un certain Monsigot — homme d'affaires, secrétaire du connétable — dans le vain espoir de découvrir secrets ou malversations imputables au disparu.

La manœuvre est dictée par les envieux, certes, mais on ne peut s'empêcher de trouver dans cette action — peu glorieuse — une similitude frappante avec le comportement de Luynes faisant arrêter les deux secrétaires de Concini et de la Galigaï en 1617. Louis XIII cherche-t-il à imiter le défunt en agissant ainsi ?

Inventaires, enquêtes, interrogatoires ne débouchent sur rien... que de très honorable et juste. La fortune de Luynes est immense mais... le roi, n'en déplaise aux esprits chagrins, ne peut s'en prendre qu'à lui-même

1. Administrateur des biens de Luynes.

des largesses octroyées. Le Vénitien Pesaro, lui-même, semble déçu que l'on ne puisse rien imputer de malhonnête aux agissements privés de feu Monsieur le duc de Luynes.

Louis XIII, alors — et on reconnaît bien là son caractère versatile —, s'empresse de se comporter en prince généreux. Ainsi qu'il s'y est engagé auprès du moribond, il maintient le fils [1] dans la plupart des charges, titres et dignités du père (exception faite de la connétablie [2]). Le duc de Chaulnes, oncle de l'enfant mineur, exercera le gouvernement de la Picardie au nom du jeune héritier qui sera fait comte de Tours.

Chaulnes (ex-Cadenet), son frère le duc de Piney-Luxembourg (ex-Brantes) et l'une de leurs sœurs, doivent quitter leur logement des Tuileries. Les deux cadets de Luynes sont priés de ne plus assister au Conseil (janvier 1622), mais leur présence sera tolérée à la Cour. Tous les membres de la famille du favori s'inclinent sans mot dire, s'estimant privilégiés de s'en tirer à si bon compte, fortune faite... et conservée. Leur attitude sera parfaite. Ils auront la sagesse de se tenir à l'écart de tous mouvements et intrigues politiques.

Il en va tout autrement de la veuve du connétable. Marie de Rohan-Montbazon, duchesse de Luynes, exerce toujours — et Anne d'Autriche tient à sa compagnie — les fonctions de surintendante de la maison de la reine. Louis XIII aimerait l'éloigner, mais pour ménager l'humeur de son épouse...

Et puis, Mme de Luynes attend un enfant... de Luynes (?). On ne peut chasser du Louvre une femme en état de grossesse... Le roi cède : elle restera, assignée à résidence dans un appartement éloigné de celui de la reine... jusqu'à son accouchement. Ensuite...

La veuve est jeune, jolie, intelligente.

Elle met au monde (discrètement) une fille et se fait épouser par son amant (du vivant de Luynes), le duc de Chevreuse, très proche du roi.

Or, la duchesse de Chevreuse (intrigante exceptionnelle) créera bien des difficultés politiques à Louis XIII et au cardinal de Richelieu... jusqu'à leur mort et au-delà : Mazarin en fera l'expérience. Toutefois, cette « égérie tutélaire de toutes les oppositions à Richelieu [3] », aura le courage, malgré sa situation physique « avantageuse » (et officiellement désastreuse) de présider les obsèques de Charles d'Albert duc de Luynes et connétable de France en la cathédrale de Tours. Louis XIII, non seulement ne paraîtra pas, n'enverra personne le représenter à cette cérémonie, mais n'aura pas l'idée de se manifester [4] auprès de la veuve de celui qui lui apporta beaucoup...

Heureux les princes sans mémoire !

1. Ce fils n'a qu'un an !

2. Louis XIII supprimera la dignité de connétable en 1626, après la mort de Lesdiguières. Elle ne sera rétablie que par... Napoléon 1er !

3. Denis Tillinac, *L'Ange du désordre*, éd. Robert Laffont, 1985.

4. Il existe toutefois une lettre « consolatoire » du roi adressée à : « Madame la connétable ». Elle est à la Bibliothèque nationale.

Louis XIII quittera le monde à l'âge de quarante-deux ans [1]. Il partira probablement sans regrets, étant resté, au cours de son existence, étranger à tout ce qui n'était pas lui-même...

Dans les deux chapitres qui précèdent, le chercheur a tenté de mettre en lumière certaines contradictions en essayant de se montrer impartial.
Les appréciations et déductions de son cru devraient permettre au lecteur d'établir sa synthèse. Il dispose d'assez d'éléments — nous semble-il — pour tirer ses propres conclusions.

1. Il mourra le 14 mai 1642, jour anniversaire de la mort de son père Henri IV (14 mai 1610) !

Épilogue

Luynes disparu, il reste peu d'obstacles entre Luçon et le pouvoir. Avec de la patience et en se servant de la reine mère... L'année 1622 est celle de la reconquête de Louis XIII par sa mère.

Sitôt que son fils est près d'elle, la Florentine exerce à nouveau son pouvoir castrateur. Il suffit de consulter Héroard. Comme on a pu lire naguère les : « Va chez M. de Luynes », on lit alors : « Va chez la reine sa mère », et ce à la même fréquence sinon davantage encore.

Dans ses *Mémoires*, Luçon devenu Richelieu, ne se privera pas de le souligner avec un plaisir de maître d'œuvre : « Le roi ayant accoutumé à voir la reine tous les jours... cinq ou six fois... ». Des pressions s'exercent sur Louis XIII pour que Marie de Médicis *retrouve sa place au Conseil.* Luçon est un agent zélé... Il fait interroger Puisieux[1] sur les intentions du roi à l'égard de sa mère. L'autre répond par la négative. Louis XIII lui donne raison. Du coup, la reine se hâte d'envoyer à son fils un billet de félicitations sur sa résolution de « vouloir régner » et le complimenter pour le choix de ses ministres...

L'emploi de l'adroite flatterie indirecte n'est pas faite pour rebuter Luçon ! Le désordre des provinces appelle le roi à un nouveau grand voyage de guerre et de pacification. Luçon engage vivement la reine mère à le suivre, et il écrit à ce sujet : « Elle prévoit bien que si elle en était éloignée [...] si on se passait d'elle dix mois on s'accoutumerait à s'en passer toujours... » Astucieux évêque manipulant cette lourde génitrice qui sait que son empire réside dans sa présence physique...

Le roi arrive à Blois le 28 mars ; elle est là : « Va chez la reine, sa mère... » Il est à Nantes le 10 avril, elle est toujours là : « Va chez la reine, sa mère. » Marie de Médicis, soudain souffrante doit renoncer à la suite du voyage : « Son mal fut si long et si fâcheux qu'il lui fut impossible, à son regret, de penser à un autre voyage qu'à celui des eaux

1. Fils du chancelier Brûlard de Sillery, ministre lui-même.

de Pougues... » C'est encore l'évêque qui écrit cela. A travers les mots on devine sa rage face à ce *fâcheux* contretemps.

Pendant huit mois Louis XIII peut enfin être lui-même. Mais à son arrivée à Lyon, le 16 décembre (1622), la reine douairière est à nouveau là qui l'attend [1] et il reprend avec assiduité ses visites auprès de cette mère étouffante.

Le 5 septembre 1622, l'évêque de Luçon est devenu Son Eminence le cardinal de Richelieu. La promesse faite à Angers deux ans plus tôt a été tenue.

A la fin de l'année 1622, Anne d'Autriche est en demi-disgrâce... une nouvelle fausse couche.

Marie de Médicis se voit comblée d'attentions et de prévenances. Elle entretient librement son fils des affaires d'Italie, de la Valteline, de la Hollande. Richelieu, dans l'ombre, prodigue ses conseils. Demain, la reine mère, pleinement associée au gouvernement du royaume, connaîtra à nouveau la griserie du pouvoir.

Et Richelieu donc !

Disgracié sept ans plus tôt, *presque jour pour jour*, au lendemain de l'assassinat de Concini (24 avril 1617), il siégera très officiellement à nouveau le 24 avril 1624. Au Conseil, sans titre défini, bientôt il dirigera tout ...

Ensuite... Il régnera *sous* Louis XIII et *sur* la France.

Mais c'est une tout autre histoire.

1. D'après Madeleine Foisil.

Conclusion

Avant de s'attaquer à cet ouvrage, l'auteur croyait connaître approximativement les grands traits de caractère des personnages. Or, l'étude approfondie de chacun d'eux a modifié considérablement l'idée première. Cette enquête historique analytique a fait apparaître des profils déconcertants parce que insoupçonnés.

Tout au long de ce récit — et jusqu'à son terme —, afin de ne pas passer pour partisan, le chercheur a tenté (en vain !) de trouver à Luynes des défauts autant et plus (!) que ses contemporains lui en ont prêtés (Richelieu en tête). Si cet ouvrage a été travaillé dans ce sens, c'était dans l'espoir de pouvoir mettre en valeur les qualités humaines de Louis XIII. Nous étions disposé à excuser ce prince de ses écarts de jugement, de ses erreurs, de ses faiblesses, voulant imputer l'ensemble aux lourdes conséquences d'une enfance malheureuse.

Malgré nos efforts, nous terminons cet « essai » en nous trouvant dans la nécessité de pencher pour une conclusion qui n'est pas généreuse pour le fils d'Henri IV. La phrase déjà citée : « Je l'ai aimé... parce qu'il m'aimait », prend une tout autre signification si on veut bien y voir la marque d'un égoïsme démesuré. Si Luynes a mérité (ce que rien ne prouve) le sobriquet de « Cœur de cire », dont l'a « généreusement » affublé Richelieu, Louis XIII devrait avoir droit à celui de « Cœur de pierre ».

On aurait aimé prêter de la sensibilité à ce prince. On ne trouve que des accès de sensiblerie. Triste sire que ce roi-là ! Pauvre jeune homme, épineux, sans éclat, agissant à jeu couvert et dénué de mémoire affective...

En ce qui concerne Luynes, ce fidèle « amant du roi », nous espérons que le lecteur voudra bien accorder à sa mémoire la sympathie et l'estime que ce gentilhomme venu de Provence semble mériter à plus d'un titre.

Paris, novembre 1987
novembre 1990

ANNEXES

Les Vicissitudes de la vie affective de Louis XIII

C'est volontairement que ce chapitre particulier est placé hors du récit. Cette étude étant surtout consacrée à Charles d'Albert de Luynes, l'« amant du roi », le lecteur aurait pu être amené à croire que l'auteur cherchait à présenter des preuves pour justifier, étayer ses hypothèses. De plus, les précisions apportées ci-après ne concernent pas directement M. de Luynes. Elles ne sont citées que pour conforter notre thèse. A savoir : on peut difficilement douter de l'homosexualité *effective* de Louis XIII.

Notre intention n'est pas de nous subtiliser à un sexologue expert et de disserter sur la bisexualité, voire l'« ambisexualité » sur laquelle Freud (en psychanalyste) s'est longuement expliqué [1] de façon partisane en adaptant à sa façon le *Discours d'Aristophane* rapporté par Platon dans *le Banquet* [2] Nous en citons ci-après un extrait tiré de l'ouvrage de M. Dominique Fernandez [3], où il expose et décompose clairement le mythe platonicien qui, non seulement explique l'attraction mutuelle entre les sexes, mais fonde — en quelque sorte — la théorie psychanalytique de la bisexualité. « Toutes les femmes qui sont un fragment de femme ne tournent pas du tout leur pensée vers les hommes mais sont plutôt tournées vers des femmes ; et c'est de ce genre que viennent les tribades *(lesbiennes)*. Par ailleurs, tous les mâles qui sont un fragment de mâle poursuivent des mâles. »

Voilà les paroles que *Platon* met dans la bouche d'*Aristophane* et que *Freud* — s'il avait été de bonne foi — aurait dû citer. Le cours de la psychanalyse en eût été changé.

1. La fameuse théorie selon laquelle chaque être humain fluctue dans sa propre ambisexualité (classée de 1 à 6) selon les différentes périodes de l'existence de chacun.
2. Socrate.
3. *Le Rapt de Ganymède,* Grasset, 1989.

Platon avait donné, d'emblée, à l'homosexualité un statut mythique. Elle existait, de droit divin, au même titre que l'hétérosexualité. Les efforts de *Freud* et de ses disciples pour « expliquer » l'homosexualité, tirer au clair ses « causes » apparaissent inutiles et dérisoires, après les pages magnifiques du *Banquet*.

Toutefois, cette étude n'ayant pas pour but principal la remise en question des théories freudiennes (fort discutables), nous ne nous en écarterons pas afin de ne pas entraîner le lecteur dans des digressions n'ayant pas ici leur place. Le chercheur de la fin du XXe siècle tient simplement à présenter au lecteur le fruit de l'ensemble d'une étude moderne qui comprend un sujet délicat que les historiens ont (en général) évité de trop approfondir. *Scribitur ad narrandum, non ad probandum* [1].

Le premier ouvrage sérieux sur l'homosexualité grecque est paru en Angleterre en 1978 sous la signature de sir Kenneth Dover, président du Corpus Christi College d'Oxford. (Traduction française en 1982 : *La Pensée sauvage.*) Il y est dit : « La relation homosexuelle unissait un aîné, l'*éraste*, et un cadet, l'*éromène* [2]. »

Selon le rituel crétois (celui sur lequel on est le mieux renseigné), *l'éraste* emmenait son *éromène* dans la montagne pendant une durée de deux mois. C'était la période d'initiation à la chasse et aux autres secrets de la vie, et en même temps la période de soumission sexuelle. Il était admis que l'*éraste* ne dominait sexuellement l'*éromène* que pour faire d'un androgyne encore pétri de féminité un homme pleinement viril. Après quoi, le jeune garçon devait songer au mariage, voie où l'aurait précédé son maître. (Le terme « son amant », avec les connotations modernes du mot, serait tout à fait déplacé.) M. Dominique Fernandez ajoute : « Le jeune garçon ne se soumettait passivement à l'*éraste* que pendant une période très brève, le temps d'exorciser sa féminité et d'accéder au statut d'adulte et de citoyen. »

Cet « extrait » ne s'adapte-t-il pas aux relations intimes de Luynes et de Louis XIII ?

Louis XIII eut un certain nombre de favoris. Cela est indéniable. Parmi ceux-ci, deux personnages marquent la vie du prince qui éprouva pour chacun d'eux un attachement différent mais passionné. Il s'agit de Luynes et de Cinq-Mars.

Le jeune roi aima le premier au seuil de son adolescence, et le second juste avant sa propre fin. Le fauconnier avait quarante ans et Louis quatorze au moment de leur rapprochement, alors que Cinq-Mars était

1. Quintilien : « On écrit pour raconter, non pour prouver. »

2. On était *éromène* de douze à vingt ans, éraste de vingt à trente ans. L'éromène devenait éraste à vingt ans. L'éraste se mariait à trente. L'éromène qui continuait dans son rôle après vingt ans tombait au rang de *cinède* (tante) et encourait (en Grèce) la réprobation.

âgé de dix-huit ans et que le roi se trouvait dans sa trente-neuvième année lorsqu'ils se connurent.

Ces deux favoris n'ont qu'un point commun : *ni l'un ni l'autre n'était homosexuel.* Si le premier se laissa séduire avec facilité par le tout jeune prince, le second ne céda aux désirs du roi que contraint par Richelieu et non sans une certaine répugnance. Mais il s'exécuta, malgré tout, poussé par son ambition et surtout pour obéir aux ordres du Cardinal, qu'il craignait. On comprend aisément qu'un jeune garçon noble, à la beauté remarquable, aimant les femmes et étant apprécié par elles, ait hésité à partager les étreintes d'un monarque quadragénaire au physique peu avenant, vieilli avant l'âge.

On sait la place centrale occupée dans la théorie de Freud par le complexe d'Œdipe. Celui-ci tua son père Laïos et coucha avec sa mère Jocaste, destin qui nous montre, selon Freud, *l'accomplissement de nos vœux d'enfant.* Mais Freud *ne mentionne pas* un épisode qui aurait dû l'intriguer. Laïos, avant d'épouser Jocaste, avait enlevé le jeune Chrysippe, fils du roi Pélops, dont il était tombé éperdument amoureux. Rapt si retentissant que son auteur passait pour avoir introduit la pédérastie en Grèce. Pélops, dans sa fureur, lança contre Laïos la malédiction, et lui annonça qu'il serait tué par son propre fils, lequel coucherait ensuite avec sa femme. Selon une version plus tardive, Zeus envoya Œdipe tuer Laïos pour le châtier de l'enlèvement de Chrysippe.

Pourquoi Freud n'a-t-il tenu aucun compte de l'élément « père homosexuel » dans le complexe d'Œdipe ? Craignait-il — comme le fait remarquer M. Dominique Fernandez [1] — de réveiller chez ses lecteurs un autre *de nos vœux d'enfant* ?

Cela ne se rapporte-t-il pas à l'un des « complexes » de Louis XIII évoqué précédemment ? Au début de cet ouvrage, nous avons consacré un chapitre aux « tendances enfantines » du prince et un autre à son « comportement sensuel » éventuel avec Luynes. Nous n'y reviendrons pas. Toutefois, il faut signaler que durant la longue liaison entre le Provençal et Louis XIII, ce dernier ne s'abstint pas de jeter des regards sans équivoque sur un certain nombre d'hommes que Luynes s'empressa d'éloigner des approches possibles du roi : M. de La Curée (lieutenant de chevau-légers), l'aimable Bassompierre, le séduisant Maupouillan... Il dut exister d'autres personnages qui échappèrent à l'attention du Provençal.

On sait qu'après la mort de ce dernier, Louis XIII resta sans favori *déclaré* pendant deux années environ. En octobre 1624, le Vénitien

1. *Le Rapt de Ganymède,* Grasset, 1989.

Morosini, désigne M. de Toiras[1] comme un favori potentiel. Le roi, qui lui a donné le commandement d'un fort devant La Rochelle, le rappelle à la Cour en novembre[2]. C'est alors qu'apparaît François de Barradat qui a servi M. de Schomberg en tant que premier page de la petite écurie. Ce jeune garçon de dix-neuf ans plaît au roi qui, à la surprise générale, reste quinze jours au Louvre en sa compagnie *sans aller à la chasse* ! Nous sommes alors au printemps 1625. Richelieu est tout-puissant. Il profite de la faveur dont semble jouir le nouvel élu pour éloigner Toiras (moins manipulable). Morosini, sans illusions sur le rôle de Barradat, écrit au Sénat de Venise que le nouveau venu est en place *Non gia per li affari di stato, ma per le caccie et per le inclinationi particulari del Re*[3]. Voilà qui paraît clair.

Barradat, pour services rendus, sans doute, se voit gratifié par Louis XIII de titres, de terres et de rentes substantielles. Comme il montre trop de suffisance et peu d'obéissance, la reine mère (elle est toujours là en 1626) et Richelieu provoquent sa disgrâce. Louis XIII la lui signifie le 2 décembre 1626. *Exit* Barradat[4].

Claude de Saint-Simon le remplace presque aussitôt dans les faveurs royales. Il a dix-huit ans, n'est ni beau ni bien fait, mais s'y connaît en équitation et, d'après Tallemant des Réaux, « sait souffler dans un cor de chasse sans baver... » Il restera favori du roi pendant *dix ans*. Il avait compris que pour « durer » il était préférable de se placer sous l'aile protectrice du Cardinal, auquel il rendit quelques services au cours de la fameuse journée des Dupes, entre autres[5]. Ayant commis une grave sottise (indiscrétion politique), il dut quitter la Cour en 1636.

Il est à remarquer que Saint-Simon, comme Barradat, s'occupent l'un et l'autre des chevaux... et sentent l'écurie[6]. *Ils sont hétérosexuels et provoquent la jalousie du roi parce qu'ils ont « commerce avec des garces » et sont avec elles « en perpétuelles picoteries*[7]. »

Afin de ne pas laisser le souverain « trop seul » et au lieu de lui abandonner le soin de désigner lui-même ses favoris, le Cardinal se résout à les choisir... à sa place. C'est Richelieu qui invente et provoque de façon délibérée l'évolution d'Henri Coiffier de Ruzé d'Effiat, marquis

1. Toiras (1585-1636) a 40 ans en 1625. Il se bat dans les armées du roi aux Ponts-de-Ce, à Saint-Jean d'Angely, à Montauban. Il mourra *célibataire* et Maréchal de France. Mme de Sévigné soutiendra que « seule la mort empêcha "ce héros" d'épouser sa mère, Marie de Coulanges. » (François Bluche - dictionnaire du grand siècle, Fayard 1990.).

2. Pierre Chevallier.

3. « Non là pour les Affaires de l'Etat, mais pour les chasses et les inclinaisons particulières du roi. »

4. Il est amusant de signaler qu'il se lie d'amitié avec Tronson (voir chapitre « Elaboration d'un attentat ») [1617], avec Marsillac (voir chapitre « Angers, 1619 ») et Sauveterre (voir chapitre « Elévation »).

5. Pierre Chevallier.

6. Voir chapitre « Comportement sensuel ».

7. Pierre Chevallier. Lettre de Louis XIII à Richelieu de Château-Thierry, 3 juin 1635.

de Cinq-Mars, dans la faveur royale. Mais avant que les choses se concrétisent, le Cardinal va enseigner au prochain *élu* ce qu'il faut faire pour lui plaire... à lui, sur le plan de la politique de cour.

Cinq-Mars est jeune (18 ans), très beau, noble et fort attiré par les dames. (Lui, ne sent pas l'écurie). Il est ambitieux (sa mère l'est davantage), ce qui va faciliter la tâche du Cardinal, mais ses goûts sont complètement à l'opposé de ceux de Louis XIII (ce qui va compliquer le « travail » de l'Eminentissime). A force de persévérance, Richelieu parvient à convaincre le candidat au favoritisme de... passer à l'action (ou de céder à... l'inaction auprès de Louis XIII, à présent très désireux de le « connaître »).

L'éducation de Cinq-Mars a commencé en 1635. En mars 1638, Richelieu obtient la charge de grand écuyer et celle de grand maître de... la garde-robe, à cet Adonis. Au cours de l'été de 1639, lors d'un séjour de la Cour à Abbeville, le dernier favori de Louis XIII commençait sa carrière. Elle durera jusqu'en septembre 1642, où le roi lui laissera trancher le col pour complot contre l'Etat.

Richelieu poussera à cette extrémité. Le Cardinal n'aimait pas que l'on se rebellât contre l'autorité royale. Il n'appréciait pas que l'on s'émancipât de sa tutelle protectrice. Cinq-Mars périra pour avoir conspiré, certes, mais aussi pour crime de « lèse-éminence », pour avoir trop aimé les femmes et moins chéri le roi [1].

Si l'on est assuré que la passion du roi pour Marie de Hautefort et Louise de La Fayette n'a été que platonique — c'est indiscutable —, il n'en a *peut-être* pas été de même pour les favoris de Louis XIII. On pourrait aller jusqu'à dire que le contraire est *plus que probable*, n'en déplaise aux esprits pudibonds.

M. Louis Battifol écrit [2] : « Louis XIII, dont la conduite morale fut irréprochable, a compensé les passions dont il se privait par des amitiés masculines vives. » Ah ! qu'en termes galants...

Il poursuit : « Louis XIII portait en lui une tendance qui, se développant d'une certaine manière, devient morbide et, dépassant certaines bornes, devient coupable. Ni ses confesseurs, ni le cardinal de Richelieu, ni sa famille ou ses entours n'ont soupçonné dans ses amitiés le moindre danger de scandale. Leur point de départ n'en était pas moins un instinct déformé, pour ne pas dire perverti. »

N'est-ce pas là une analyse des plus ambiguës ? Qu'est-ce que M. Battifol veut faire comprendre au juste ? En termes modernes, on pourrait être amené à penser que l'auteur de ces lignes entend nous persuader que Louis XIII n'eut que « des copains » en la personne de ses favoris ? Etrange prise de position et combien partisane.

1. Il était l'amant déclaré de Marion de Lorme et avait rêvé d'épouser Marie de Gonzague, duchesse de Mantoue (fille d'Eléonore de Médicis, sœur aînée de la mère de Louis XIII).

2. *Le Roi Louis XIII à vingt ans,* publié en 1912.

Il faut admettre qu'au début de notre siècle, il était difficile d'aborder de tels sujets. Il n'aurait pas été de bon ton de lever trop haut le coin du voile. La pudeur exigeait que l'on ne parlât de « ces choses » qu'avec une extrême précaution de crainte de passer pour volontairement scandaleux, voire provocant. Etre trop clair en la matière pouvait — à l'époque (1912) — ruiner une carrière d'historien ou d'écrivain, même de romancier.

M. Pierre de Vaissière, en 1928, écrit[1] : « Fils du célèbre Vert Galant, Louis XIII est un chaste. Et pour ce qui concerne ses favoris, il paraît difficile d'attribuer la violente passion qu'il leur a portée à autre chose qu'à son désir maladif d'entière et étroite intimité. Il n'y a pas dans l'histoire de Cinq-Mars de quoi infirmer ce dire. »

Pour Cinq-Mars, passe encore, mais pour Luynes... M. de Vaissière se place lui aussi dans la catégorie des « reporters » de l'Histoire qui répugnent à présenter des thèses trop osées. De son temps, cette restriction qu'il manifeste à éclairer davantage certains coins obscurs d'une biographie est assez compréhensible.

De nos jours il est permis — en se basant sur les documents historiques du XVIIe siècle — de parler très ouvertement de certains sujets rarement traités jusqu'ici parce que considérés comme tabous. Beaucoup d'historiens — et non des moindres — se sont plu à laisser croire — sans écrire le mot — que *l'homosexualité* était une sorte de maladie contractable et non pas une tendance dont les origines sont difficiles à définir avec justesse.

De plus, M. de Vaissière nie absolument l'authenticité des anecdotes rapportées par Tallemant des Réaux. Il s'interdit de les rapporter et précise : « Si significatives qu'elles aient pu paraître à quelques-uns, de l'avis même des savants éditeurs des " Historiettes ", elles manquent trop de précision, sont trop en contradiction avec ce que nous savons d'autres sources *(lesquelles ?)* pour que l'on puisse, d'après elles, incriminer formellement les mœurs de Louis XIII. » Allons bon !

M. Antoine Adam, dernier éditeur de Tallemant des Réaux[2], n'est pas de cet avis. Il écrit dans l'introduction de l'édition de La Pléiade : « Lorsque Tallemant nous rapporte sur l'amitié de Louis XIII et de Cinq-Mars des révélations qui ne laissent guère de doute sur les goûts du roi, certains s'indignent. On se demande pourquoi puisque Tallemant nomme son informateur. C'est M. de Nyert, premier valet de chambre du roi, l'homme qui pouvait le mieux savoir dans quel attirail galant le favori était obligé d'attendre le prince, et quelles caresses passionnées il lui fallait bien malgré lui subir. » Voilà qui paraît clair.

Cependant — dans le but de rester objectif —, il faut rappeler que les affirmations de Tallemant ne sont confirmées par aucun autre témoignage de cette époque. Néanmoins, on pourrait se demander dans quel but l'auteur des *Historiettes* se serait plu à rapporter des détails croustillants

1. La Conjuration de Cinq-Mars.
2. Gédéon Tallemant des Réaux, mémorialiste français né à La Rochelle (1619-1690), auteur des *Historiettes*, témoignage savoureux de son époque. (Larousse.)

sur la vie intime de Louis XIII si ceux-ci étaient inventés. Il est peu probable qu'un auteur, même doté d'une imagination féconde, puisse parler des rapports sexuels d'un monarque avec autant de précisions et citer ses sources d'information (en l'occurrence Pierre de Nyert) s'il n'y a pas *du vrai* dans ce qui est raconté.

Ce qui tendrait à nous faire *croire* à la véracité des dires de Tallemant, c'est le fait qu'il ne parle que des dernières relations amoureuses du roi : François de Barradat et surtout Cinq-Mars. Il ne peut pas faire allusion aux rapports Louis XIII-Luynes pour la simple raison qu'il n'avait que *deux ans* au moment de la mort de ce grand favori !

Héroard aurait pu nous éclairer. Son *Journal*, tenu quotidiennement jusqu'à sa mort en 1628, devrait, à lui seul, balayer les doutes qui pourraient subsister sur les « tendances » de Louis XIII... et leurs réalisations, bien qu'à l'en croire, il n'en aurait jamais été le témoin auditif ou oculaire. Ce qui est tout à fait admissible. Héroard était médecin, attaché à la personne du roi depuis sa naissance et non son valet de chambre.

On sait aussi que le *Journal* est muet (ou presque) sur les journées cruciales de la vie du prince. Reçut-il, aussi, l'interdiction d'écrire sur les rapports intimes autres qu'hétérosexuels [1] ? Ou bien faut-il *tenter de se persuader* que ceux-ci n'ont jamais existé ?

Revenons aux anecdotes rapportées par Tallemant (en nous faisant l'avocat du diable afin de ne pas passer pour partisan). Tout d'abord, à propos de François de Barradat, l'auteur des *Historiettes* dit, en parlant du roi : « qu'on l'accusait de faire cent ordures avec lui [2]. » Cette phrase, à la fois dure, insolente et provocatrice, doit-elle être retenue pour conforme à la vérité ? Que Tallemant l'ait citée, c'est certain, mais là, l'auteur ne livre pas ses sources d'information. Le *on* est un peu vague et la phrase méchante par trop lapidaire. Ne la retenons donc pas.

En revanche, les passages concernant Cinq-Mars sont des plus explicites. Qu'on en juge : « Fontrailles dit qu'étant brusquement entré une fois, à Saint-Germain, dans la chambre de Monsieur le Grand [3], il le surprit comme il se faisait frotter depuis les pieds jusqu'à la tête d'huile de jasmin, et, se mettant au lit, il lui dit d'une voix peu assurée : "Cela est plus propre." Un moment après, on heurte : c'est le roi. Il y a apparence comme le dit le fils de feu l'Huilier, à qui on contait cela, qu'il s'huilait pour le combat. »

Cette première anecdote est sujette à caution. Fontrailles [4] étant attaché

1. Voir chapitre « Les silences d'Héroard ».

2. Rapporté par Pierre Chevallier.

3. On appelait Cinq-Mars, Grand écuyer du roi, Monsieur le Grand, pour être plus bref.

4. Fontrailles, on le sait, fut à la base de la conjuration de Cinq-Mars. Il n'aimait pas le roi. Il s'enfuit lors de l'arrestation de son maître et ne revint en France qu'après la mort de Louis XIII. Claude de Saint-Simon, lui, ne revint à la Cour qu'après la mort de Richelieu.

à la fortune de Cinq-Mars, il était fatalement, déjà, l'ennemi du roi. Voyons maintenant la deuxième anecdote.

C'est Tallemant des Réaux qui s'exprime : « On m'a dit aussi qu'en je ne sais quel voyage, le roi se mit au lit dès sept heures. Il était fort négligé ; à peine avait-il une coiffe à son bonnet. Deux grands chiens sautent aussitôt sur le lit, le gâtent tout en se mettant à baiser Sa Majesté. Il envoya déshabiller M. le Grand qui revint paré comme une épousée : "Couche-toi, couche-toi", lui dit-il d'impatience. Il se contenta de chasser les chiens sans refaire le lit, et ce mignon n'était pas encore dedans qu'il lui baisait déjà les mains. Dans cette grande ardeur, comme il ne trouvait pas que M. le Grand correspondît trop, car il avait le cœur ailleurs, il lui disait : "Mais cher ami, qu'as-tu ? Que veux-tu ? Tu es tout triste. De Nyert, demande-lui ce qui le fâche ; dis-moi, as-tu jamais vu une telle froideur ?". »

Cette deuxième anecdote peut — elle aussi — être sujette à caution. D'abord le fait que Nyert soit présent et son nom cité dans le texte n'implique pas qu'il ait été forcément l'informateur de Tallemant comme l'affirme M. Antoine Adam dans l'*Introduction* de son édition : première constatation.

Ensuite, la froideur de Cinq-Mars que le roi remarque puisqu'il en fait état, n'incite pas à présumer — au contraire — de l'heureuse continuation du « dialogue » engagé menant à une conclusion sensuelle : deuxième constatation.

Et puis le « on m'a dit aussi » est vraiment trop facile et, là encore, n'indique nullement la source d'information. Elle laisse supposer que c'est de Nyert qui a parlé mais ne le précise pas [1].

De plus, si Tallemant écrit dans l'intention de nuire à la réputation du monarque, il est permis de s'étonner qu'il ait prêté à Cinq-Mars le rôle féminin du couple en disant : « ... *parée comme une jeune épousée.* » Il eût été plus méchant encore de la part de l'auteur de prêter ce rôle passif au roi, si tant est qu'il ait eu l'intention de nuire à la réputation masculine du prince.

Alors ?

Alors quand bien même il faudrait tenir ces informations pour des exagérations calomnieuses, on ne peut raisonnablement les supposer totalement inventées. Il n'y a pas de fumée sans feu...

Si les choses ne se sont pas passées ainsi ce jour là, *de Nyert en étant témoin ou non*, elles se sont produites une autre fois dans des conditions similaires.

Deux hommes ne se retrouvent pas dans une chambre, le corps savamment huilé, pour jouer aux échecs ! Le naïf serait peut-être tenté de conclure que le roi et Cinq-Mars se retrouvent, *huilés*, pour se faire mutuellement... des massages musculaires. Ce naïf n'a, peut-être, pas... tout à fait tort.

La question n'est pas là et notre intention n'est pas de traiter

1. Monmerqué et Paris, dans leur édition des *Historiettes*, réfutent l'exactitude des anecdotes en question, comme MM. Battifol et Vaissières.

vulgairement ce singulier sujet d'étude. En admettant même qu'il faille tenir pour nulles les anecdotes de Tallemant, il n'en demeure pas moins vrai que Louis XIII était indubitablement attiré par les hommes et rebuté par le sexe féminin. Le *Journal* d'Héroard fait état de cette attitude à chaque occasion. Il indique l'éloignement, l'aversion de l'enfant, puis de l'adolescent, à l'égard des femmes.

Adulte, le roi garde le même comportement. N'écrit-il pas à Richelieu le 19 août 1638 — il va avoir trente-sept ans : « ... pourvu que je sois hors de toutes ces femmes, il ne m'importe où. » Non seulement leurs babillages l'agacent (à présent comme toujours), mais il les trouve impertinentes et sans intérêt. Si les deux « aventures » sentimentales et platoniques n'avaient pas été — la brune Louise de La Fayette et la blonde Marie de Hautefort — on se demande comment les historiens prudes seraient parvenus à expliquer le comportement sensoriel de Louis XIII.

Pour la bonne cause, il est heureux que ces deux femmes aient existé. Ce qui a permis d'accoler au nom du fils d'Henri IV le mot « chaste ». Louis le chaste, Louis le juste, fort bien ! On pourrait aussi, nous semble-t-il, dire Louis le Mal-Aimé, Louis le *perverti occasionnel* et peut-être, au fond, bien malheureux de l'être.

Sans chercher à nous étendre avec complaisance sur ce sujet, il est cependant amusant de noter que si l'homosexualité n'est pas héréditaire, elle s'est manifestée comme un penchant naturel chez certains descendants d'Henri IV (à commencer par Gaston, frère de Louis XIII, et Philippe, frère de Louis XIV). Toutefois, c'est chez l'un des petits-fils de César de Vendôme (bâtard d'Henri IV) que l'on retrouve les « attirances » que connut Louis XIII.

Nous citons ici M. Maurice Lever dans un extrait de son intéressant ouvrage *Les Bûchers de Sodome*[1] : « ... Vendôme fut le héros le plus populaire du royaume, porté littéralement en triomphe partout où il passait, fort applaudi du menu peuple auquel, de son côté, l'attachait la rudesse de ses manières et sa passion pour les rustres aux puissantes odeurs. » Louis XIII et ce maréchal-duc de Vendôme avaient-ils *la même sensibilité olfactive ?*

Ajoutons, pour conclure, que le frère de ce Vendôme-là, Philippe, partageait ses goûts. Ils ne se privaient pas de les mettre en pratique, sans gêne aucune, pour la plus grande contrariété du Roi Soleil, leur lointain cousin, et de sa sévère Mme de Maintenon.

RÉPULSIONS ROYALES

Louis XIII éprouvait-il une sorte de répulsion à la vue des poitrines féminines ? Fut-il dégoûté par la forme, le manque de fermeté, l'odeur

1. Fayard, 1985.

des seins de l'une de ses nourrices ? Conserva-t-il un désagréable souvenir d'un grain de peau, d'un téton, alors qu'on l'allaitait ?

Toujours est-il qu'il nous est permis d'être bien renseigné sur cette répugnance certaine qu'il ressentait à l'égard des appas féminins. Plusieurs anecdotes en font foi. Tallemant des Réaux rapporte une « historiette » caractéristique qui aurait eu lieu à Dijon.

A l'occasion d'un repas public présidé par le roi, une jeune et séduisante personne eut l'audace de se placer juste en face de lui. Or la personne présentait un décolleté très ouvert et des plus aguichants. Durant tout le repas le roi évita de porter les yeux de ce côté, prenant le soin d'abaisser le rebord de son chapeau... pour plus de sécurité. (La vision de cette poitrine offerte à ses regards risquait-elle de lui couper l'appétit ?) Toujours est-il qu'après avoir bu une dernière fois, Louis XIII *cracha* son vin avec force sur la gorge découverte de la provocante péronnelle qui, honteuse, s'enfuit en pleurant, saluée par les rires des courtisans.

Tallemant nous dit clairement que cette aversion qu'éprouvait Louis - XIII pour les seins féminins était connue de tous.

Il rapporte que : « La veille de cet incident, une dame ayant demandé au capitaine des gardes l'autorisation d'approcher le roi, l'officier, s'avisant qu'elle était décolletée, lui dit : "Couvrez-vous, madame, ou bien retirez-vous. Le roi ne vous regardera pas d'un bon œil. Vous devez savoir que pareilles nudités lui déplaisent [1]". »

On peut rapprocher ce rapport de Tallemant de l'épisode fort connu dit : « des pincettes. » (cette phrase a été placée par erreur page 611).

La scène a lieu en octobre 1631. Louis XIII a trente ans. Sont en présence du roi Anne d'Autriche, son épouse, et Marie de Hautefort qui jouit alors d'un regain de faveur [2]. Celle-ci, âgée de vingt-cinq ans, s'est fait remarquer à nouveau au mois d'avril précédent, à Troyes, lors d'un séjour de la Cour dans cette ville champenoise. La demoiselle était toujours jolie : « ... son teint avait le blanc et l'incarnat nécessaires à une beauté blonde [3]. » Le roi qui lui a fait une cour assidue autant qu'étherée en 1626, semble encore une fois séduit par les charmes de l'ancienne jouvencelle (toujours aussi autoritaire) et recherche sa compagnie pour lui parler encore de ses chiens, de ses oiseaux, de ses chasses... (sujets de conversation inchangés qui lassent la donzelle). Ce qui fait dire à Tallemant : « ... Les amours du roi étaient d'étranges amours. Il n'avait d'un amoureux *(des dames)* que la jalousie... »

Or, précisément, un certain jour de l'automne 1631, Marie de Hautefort vient de lire un billet (doux ?). Louis XIII pénétrant dans la pièce demande à le lire. Marie s'y refuse et, pour plus de sûreté, glisse le papier dans son corsage. La reine s'empare des mains de la demoiselle et

1. C'est : « Cachez ce sein que je ne saurais voir » avant l'heure du Tartufe de Molière.

2. Née à Hautefort (Périgord) le 15 avril 1606. Le roi se déclara amoureux d'elle en 1626. Mais Claude de Saint-Simon survint (poussé par Richelieu) pour une aventure moins platonique.

3. Mme de Motteville, *Mémoires*.

engage le roi à « aller chercher le billet ». Louis XIII hésite, puis, attrapant une paire de pincettes en argent, la plonge entre les seins de Marie de Hautefort dans l'intention de récupérer le billet [1]. Réalisant soudain le ridicule de son geste, il retire les pincettes, sans pour autant récupérer le papier.

On ne sait comment la scène se termina.

Peu importe : elle est symptomatique !

Tallemant raconte encore qu'un jour le roi demande qu'on lui écrive un texte pour une musique qu'il a composée. L'abbé de Bois-Robert [2], en bon courtisan, prend pour thème le penchant du roi pour Mlle de Hautefort. Louis XIII ayant lu les vers, déclare : « Ils vont bien mais il faudrait ôter le mot "désir", car je ne désire rien. »

Bois-Robert, après avoir pris conseil auprès de... Richelieu (mais oui !) modifie son texte. Il le truffe de noms de mousquetaires et de soldats. Ce qui a pour effet (on s'en doute) de transformer complètement la chanson. L'écoutant : « Le roi la trouva admirable », Tallemant *dixit !*

Cette anecdote est assez troublante. On se demande, en vérité, dans quels replis singuliers de l'esprit se cachent les fantasmes d'un monarque aux idées si particulières... Il ne s'agit pas là des hésitations d'un jeune adolescent encore mal éclairé sur ses tendances sexuelles, ni des réactions d'un vieillard impotent qui se ragaillardit à l'évocation de souvenirs plaisants. Louis XIII est alors dans la force de l'âge et laisse deviner ainsi — assez clairement — où vont ses préférences..

On les connaissait depuis longtemps...

1. Ecrit par René de Vassé, seigneur d'Esguilly ou par François de Barradat ? Ce dernier, disgracié en 1626, venait de réapparaître à la Cour et se déclarait prêt à succomber aux charmes de la jolie blonde. Or Saint-Simon était alors, depuis près de cinq ans (en 1631) le favori « en place ». Richelieu ne voulait pas voir revenir Barradat dans l'entourage du roi sous couvert d'une idylle féminine. Saint-Simon servait le Cardinal : Barradat n'y était pas disposé. Richelieu (c'est assez comique) expliqua à Louis XIII que « ce serait fort mal de sa part de renouer avec Barradat en l'absence du favori en titre... (Saint-Simon se trouvait alors chargé de mission par le Cardinal.) L'anecdote est rapportée par Pierre Chevallier.

2. Voir chapitre « L'Hôtel de Rambouillet ». Bois-Robert s'acquit une telle réputation d'homosexuel qu'on le surnomma « le Bourgmestre de Sodome ». (Maurice Lever, les Bûchers de Sodome, Fayard, 1985.)

Note de conclusion

Le lecteur s'est rendu compte que le but de cette étude n'était pas de traiter particulièrement de l'homosexualité sans toutefois chercher à éviter, voire contourner ce sujet crucial pour le roi Louis XIII.

Il aurait été aisé, pour étayer nos exemples, de nous référer plus souvent à l'étonnant recueil de M. Dominique Fernandez : *Le Rapt de Ganymède* [1].

Nous aurions pu citer Eschine, dans « les conduites qui obéissent aux nécessités de la nature », Xénophon, Aristophane, Euripide, Aristote et quelques autres dont Socrate qui, dans *Le Banquet* — ouvrage majeur de sa maturité — ne trahit aucun soupçon sur la légitimité de l'homosexualité.

Plutarque, le moraliste, était citable, lui aussi, et, plus près de nous, André Gide qui, alors que les naturalistes établissaient que les animaux pratiquaient des accouplements homosexuels, et profitaient de cette observation pour abaisser ces échanges au rang d'une activité bestiale, utilisa dans *Corydon* la même observation pour aboutir à la conclusion opposée : si l'homosexualité est répandue chez les animaux, *c'est qu'elle est naturelle ;* voilà donc la meilleure justification de l'homosexualité humaine...

Qu'il soit permis à celui qui écrit ici de terminer cette courte note par une citation de M. Jean Delay concernant Gide dans la publication récente [2] de la *Correspondance avec sa mère*, rapportée par M. Dominique Fernandez et qui s'adapte parfaitement, semble-t-il, aux rapports de Marie de Médicis et de son fils aîné [3] : « ... On l'identifiait [...] à la mère virile et castratrice, celle qui avait donné à son fils *(précoce orphelin de père)* l'horreur de l'autorité, le dégoût de la "vertu", et, par voie de

1. Grasset, 1989.
2. Gallimard, 1988.
3. A cette différence près que Gide n'est pas devenu homosexuel par réaction contre sa mère, mais, tout simplement, parce que la nature avait mis en lui un tel goût. (D. Fernandez.)

conséquence, l'horreur et le dégoût des femmes, les femmes ne signifiant pour lui que loi, devoir et ennui, et tout ce qui est plaisant, libre et joyeux se trouvant symbolisé par les garçons. »

Marie de Médicis doit-elle être considérée comme étant la grande responsable de l'orientation sexuelle de Louis XIII ?

On serait tenté de le croire.

Le lecteur est à même, nous semble-t-il, de se faire une opinion personnelle à ce sujet.

Sapiens nihil affirmat quod non probet ?
Le sage n'affirme rien qu'il ne prouve ! »

LUYNES

Origines familiales

FABIANO

Seigneur de Catenaïa (Val d'Arno), né à la fin du Xe siècle. Ancêtre de **Rustico de Catenaïa**. Installé à Florence vers la fin du XIIe siècle y devient un puissant jurisconsulte.

Son fils aîné, **Alberto**, donne le nom d'**Alberti** à sa descendance : **Alberti del Giudice** (*Giudice* veut dire « juge ».) Dans les dialectes transalpins, lorsque le masculin singulier se termine en *o*, il se transforme en *i* au pluriel. Donc, **Albert(o)** — le descendant du juge — devient **Albert(i)** — les descendants du juge. (Dans ce cas précis, cet **Alberto** changea lui-même son nom alors que les **Catenaïa**, sa propre famille, étaient divisés par la guerre civile : précision obligeamment donnée par le comte Thomas de Luynes.)

Il s'agit de l'une des plus importantes familles patriciennes de Florence (noble et possédant des fiefs de l'Empire dès le XIe siècle). Elle a donné onze gonfaloniers de justice, quarante-neuf prieurs de la liberté, prélats, militaires, diplomates. Elle a fait construire à Florence (entre autres) le chœur de la basilique Santa-Croce, orné de fresques de Gaddi.

1400. Albizzi, ennemi des Alberti, fait voter contre eux un édit de proscription. Les quatre fils de l'ambassadeur Tommaso (Thomas) Alberti (mort en 1374), petit-fils du prieur de la liberté Caroccio Alberti (mort en 1347), s'exilent : Giovanni (Jean) et Antonio (Antoine) pour Venise, Luigi (Louis) et Filippo (Philippe) dans le comtat venaissin.

18 avril 1423, requête des quatre frères aux prieurs de Florence pour la levée du décret de 1412, interdisant aux Florentins de commercer avec eux. Levée du décret obtenue le 26 avril suivant.

Le fils de Luigi Alberti et d'Alexandrine Picci, **Tommaso Alberti** (ou Thomas d'Albert) est déjà installé en France quand l'exil est levé (février 1428).

THOMAS D'ALBERT

« Viguier (gouverneur) de Pont-Saint-Esprit pour le roi », nommé par lettres du duc de Berry, gouverneur du Languedoc, met son épée au service du Dauphin Charles (futur Charles VII).

En 1418, il se distingue à la défense de Beaucaire.

24 avril 1420, il est nommé Viguier de Bagnols.

1421. Il commande une compagnie d'Ecuyers pour la moitié composée d'Italiens.

1429. Il devient Pannetier du roi.

1434. Il est seigneur de Boussagnes.

17 mai 1446, il est Bailli d'épée (juridiction sur les nobles) du Vivarais et du valentinois.

Marié trois fois, père de seize enfants, il s'éteint à Pont-Saint-Esprit le 28 août 1455 où il fit son testament le 10 mars 1454.

HUGUES D'ALBERT

Fils de Thomas et de Rainaude de Félix, épouse Catherine de Malingris au château de Gaujac, le 10 décembre 1451.

Il est choisi par Louis XI comme l'un des négociateurs du mariage du comte de Longueville avec Agnès de Savoie.

JACQUES D'ALBERT

Fils du précédent. Epouse Doulce de Sarrats au château de Fontarèche, le 21 octobre 1492.

(Sarrats : famille ancienne originaire d'Alba, Italie.)

LÉON D'ALBERT

Capitaine [1], épouse le 21 septembre 1535 Jeanne de Ségur, Dame de Luynes. (Aux termes du contrat de mariage, il est spécifié que noms et armes seront unis dans leur descendance.) Le capitaine meurt en 1544 à la bataille de Cérisoles, en Piémont, qui donne le Montferrat à la France.

HONORÉ D'ALBERT DE LUYNES

Célèbre capitaine, (père du connétable qui nous intéresse dans cet ouvrage).

Il est seigneur de Luynes, de Cadenet, de Brantes et de Mornas, chevalier de l'ordre du Roi, conseiller et chambellan de François de Valois [2], duc d'Alençon (puis duc d'Anjou), capitaine d'une compagnie

1. Capitaine : qualité prisée par les personnes de haut rang dans la noblesse d'épée depuis que Louis XII, voulant remettre sur un bon pied l'infanterie française, engagea la noblesse du royaume à y servir. Sous Louis XIII, les titres de lieutenant général et de maréchal de camp commencèrent à remplacer celui de capitaine. (Voir Brantôme dans son livre des Colonels, le P. Daniel au tome II de son *Histoire de la milice française* et au tome X de son *Histoire de France*, et le Laboureur dans ses additions aux *Mémoires* de Castelnau ; et le président Hinault dans son *Abrégé chronologique de l'Histoire de France*, année 1574.)

2. Quatrième fils de Henri II et de Catherine de Médicis. Mort en 1584.

de gens de pieds, colonel des bandes françaises et surintendant général de l'artillerie en Languedoc et en Provence, gouverneur des villes et châteaux de Beaucaire, Château-Dauphin, Pont-Saint-Louis, Bourg-Saint-Andéol, Lourgnes et autres lieux.

Il se rend célèbre dans les guerres du temps sous le nom de « capitaine Luines ». Il se distingue notamment aux batailles de Jarnac[1] et de Moncontour[2] (1569) après lesquelles le duc de Montpensier lui remet (ordre militaire) le collier de l'ordre du Roi (Charles IX[3]).

Plus tard, il se bat en duel contre le capitaine Panier, (exempt de la compagnie écossaise des Gardes du corps), en champ clos, au bois de Vincennes, en présence de Henri III et de toute la Cour.

Ce puissant seigneur a épousé Anne de Rodulph (très ancienne famille d'origine transalpine mais depuis longtemps établie en Provence[4]). Belles alliances : parenté avec les Montmorency-Fosseux, avec les Dampierre en Flandre.

Pierre — ancêtre d'Anne —, baron de Rodulph, avait été gouverneur d'Hyères pour le fameux « roi René ».

Anne de Rodulph donne huit enfants au capitaine de Luynes avant de s'éteindre le 7 mai 1584 :

FRANÇOIS, mort jeune, avant 1592.

CHARLES, connétable, premier **duc de Luynes.**

HONORÉ, seigneur de Cadenet **(premier duc de Chaulnes).**

LÉON, seigneur de Brantes **(premier duc de Piney-Luxembourg).**

MARIE, future **duchesse de Créquy.**

ANTOINETTE, future **duchesse de Bouillon.**

LOUISE, future **marquise de Mons.**

ANNE, future **religieuse.**

1. 13 mars 1569. A l'issue de la bataille, le prince de Condé (branche cadette des Bourbons) est assassiné. (Sur l'ordre du duc Henri d'Anjou ?)

2. Catherine de Médicis lui adressa une lettre manuscrite à cette occasion (conservée aux Archives).

3. Frère aîné du vainqueur de Jarnac et Moncontour Henri, (alors duc d'Anjou), futur roi de France, Henri III : dernier Valois, prédécesseur du premier Bourbon : Henri IV. L'ordre du Saint-Esprit n'existait pas encore. C'est Henri III précisément qui le créa. Ce n'était pas, d'ailleurs, un ordre militaire.

4. Il faut rappeler que sous l'Ancien Régime l'orthographe des noms variait beaucoup. Ainsi écrivait-on parfois « Luynes » avec un « i ». Ainsi, le « capitaine de Luines », (d'après M. Pierre Chevallier) aurait remplacé le « i » par un « y » à l'occasion de son mariage. M. Thomas de Luynes, descendant vivant du personnage en question ne tient pas ce renseignement pour certain. En revanche, il est amusant de noter — sans impertinence ni ironie — que le mot Aluine, dans la vieille langue française, signifiait « absinthe ». Or, en 1622, après la mort du connétable-favori, Malherbe, qui ne l'aimait pas, le désignait ainsi dans une épigramme : « Cette Absinthe au nez de barbet, je le voudrais voir au gibet. »

Le capitaine de Luynes, très estimé par Henri IV qui, devenu roi de France l'appela au pays Messin pour l'opposer aux forces de Charles II, duc de Lorraine (famille de Guise : derniers ligueurs).

A la fin de l'année 1591, il se rend à la Cour pour présenter au Béarnais son fils aîné, Charles.

En février 1592, en regagnant son château de Mornas, dans le Gard, le capitaine Honoré de Luynes trouve la mort à Melun.

Famille de LUYNES
Descendance

I : Première génération
II : Deuxième génération
III : Troisième génération
IV : Quatrième génération

I **CHARLES D'ALBERT DE LUYNES**
Né le 5 avril 1577 à Mornas, et non à Pont-Saint-Esprit.
Après la mort de son père et celle de son frère aîné, François, ses deux cadets, Honoré et Léon lui laissent porter seul le nom de Luynes.
Il épouse le 1er septembre 1617 Marie de Rohan, fille aînée d'Hercule de Rohan, duc de Montbazon, et de Madeleine de Lénoncourt (de haute noblesse lorraine). Ils ont **trois** enfants.

II **Anne-Marie** (1618-1646), morte sans alliance.

II **Louis-Charles d'Albert,** deuxième duc de Luynes[1], né le 25 décembre 1620. Il meurt le 10 octobre 1690.
Il a épousé le 23 septembre 1641, Louise-Marie Séguier, fille de Pierre Séguier, marquis d'O.

II **N...,** née en 1621, meurt le 10 mai 1630 sans alliance.
De sa première épouse, Louise-Marie Séguier, Louis-Charles aura **neuf** enfants. Les trois premiers mourront en bas âge.

III **X...**

III **Y...**

III **Hercule-Louis,** mort en 1645, en bas âge.

III **Charles-Honoré,** né le 7 octobre 1646, mort en 1712. Il épousera la fille aînée de Colbert et sera le premier duc de Chevreuse.

1. Nommé comte de Tours par Louis XIII. (Voir Lettres de la main de Louis XIII, éditées par Eugène Griselle [1re partie], Paris, pour la société des Bibliophiles français : 1914.)

Nota. (Le comte Thomas de Luynes qui nous a aimablement communiqué ces précisions, descend en ligne directe de cette union).

III **Marie-Louise** (sœur du précédent), religieuse à Jouarre, puis prieure du couvent de Torcy-en-Brie. Elle s'éteint le 13 février 1728, à l'âge de quatre-vingt-deux ans et demi.

III **Marie-Henriette-Thérèse,** religieuse à Jouarre puis à Torcy, s'éteint le 4 février 1699.

III **Françoise-Paule-Charlotte,** épouse le 3 février 1667 Henri-Charles de Beaumanoir, marquis de Lavardin.

III **Félix-Paul et Thérèse :** Jumeaux morts à leur naissance le 13 septembre 1651.

Louis-Charles **(fils du connétable)** épouse en deuxième noces Anne de Rohan, demi-sœur de sa mère [1]. De cette union naîtront **sept** enfants.

III **Louis-Joseph,** prince de Grimberghen et du Saint-Empire. Il épouse le 17 mai 1715 la princesse Charlotte de Berg.

III **Charles-Hercule,** né le 8 mai 1674, chevalier de Luynes, puis chevalier d'Albert, chef d'escadre (amiral), meurt sans alliance le 31 janvier 1734.

III **Marie-Anne,** épouse le 1er février 1678, Charles de Rohan, prince de Guéménée puis duc de Montbazon. Elle s'éteint le 20 août 1679.

III **Charlotte-Victoire,** née le 6 octobre 1667, épouse le 20 août 1682, Alexandre, prince de Bournonville, comte de Hénin. De cette union naîtront **quatre** enfants. Elle s'éteindra le 22 mai 1701.

III **Catherine-Angélique,** née le 9 novembre 1668, épouse le 23 novembre 1694, Charles-Antoine de Gouffier, marquis d'Heilly. De cette union naîtront **cinq** enfants. Elle s'éteindra le 12 septembre 1746.

III **Jeanne-Baptiste,** née le 18 janvier 1670, épouse le 25 août 1683, Gérôme Scaglia, comte de Verrue (Piémontais). Elle s'éteindra le 18 novembre 1736 laissant **deux** fils et **deux** filles.

Nota. Elle aura deux enfants naturels — légitimés — du duc régnant de Savoie, dont descend la famille royale d'Italie.

III **Jeanne-Thérèse,** née le 8 octobre 1675, épouse le 15 mars 1698, Louis de Guilhern, marquis de Caissac. Elle s'éteindra le 14 janvier 1746 sans laisser d'enfant.

Louis-Charles (fils du connétable et père des précités) épousera en troisième noces Mlle d'Aligre, dont il n'aura pas d'enfant.

I **HONORÉ D'ALBERT**

Premier frère cadet du *connétable.* Auteur de la première branche des ducs de **Chaulnes.**

1. Elle était fille d'Hercule de Montbazon (père de Marie de Rohan, épouse du connétable) et de Marie d'Avaujour de Bretagne, ex-comtesse de Vertus.

Seigneur de **Cadenet**, né à Mornas en 1581, baptisé à Mornas le 24 octobre 1593 — gentilhomme de la chambre du dauphin (comme son frère aîné, Charles, dès avant 1612), puis gentilhomme ordinaire de la chambre du roi.

Capitaine des cent hommes d'armes des ordonnances du roi. Plus tard maréchal de France, duc de Chaulnes, pair de France, vidame d'Amiens, gouverneur de Picardie et d'Auvergne. Maréchal depuis le 8 décembre 1619. Alors appelé M. le maréchal de Cadenet.

Il épouse le 3 janvier 1620, Charlotte-Eugénie d'Ailly, comtesse de Chaulnes (ménine de l'archiduchesse gouvernante des Pays-Bas), fille de Philibert-Emmanuel d'Ailly, baron de Picquigny et unique héritière de Louise d'Ongnies.

Janvier 1621 : Chaulnes érigé en duché pairie.

Eté 1621 : il est nommé ambassadeur d'Angleterre [1]. Par la suite, après la mort du connétable, son frère — décembre 1621 — il commande l'armée de Picardie avec le maréchal de La Force (1625-1626, fameux siège et prise d'Arras [2]).

Père, de **huit** enfants, il meurt à Paris le 30 octobre 1649.

II **Henri-Louis d'Albert d'Ailly,** deuxième duc de Chaulnes, gouverneur de la Haute et Basse Auvergne, né en 1621.

Il épouse le 2 mai 1646, Françoise de Neuville — veuve de Just-Louis, comte de Tournon — fille de Nicolas de Neuville, duc de Villeroy, maréchal de France, « gouverneur de la personne du Roi », et de Madeleine de Créquy.

Il s'éteint en 1653 laissant **trois** enfants.

III **N...,** qui meurt en bas âge, le 10 février 1649.

III **Catherine,** qui meurt jeune, sans alliance, en 1662.

III **Madeleine-Charlotte,** qui épouse le 6 janvier 1664 Jean-Baptiste-Gaston de Foix de Candale, duc de Randan. Elle meurt en couches le 3 août 1665.

II **Charles,** le deuxième fils d'Honoré ; dit le marquis de Raineval, est tué au service du roi en 1647.

II **Charles,** chevalier de Malte, puis duc de Chaulnes (19 mars 1625-4 septembre 1698), épouse le 11 avril 1655 Elisabeth Le Féron, veuve de Jacques de Stuert-de Caussade, marquis de Saint-Maigrin.

II **Armand** (né en 1635), dit l'abbé de Chaulnes, pourvu en 1652 de l'Abbaye du Gard, meurt à 21 ans le 21 avril 1656.

II **Anne** (1625-1672), abbesse de Saint-Pierre de Lyon.

II **Marie-Madeleine-Urbaine-Thérèse,** coadjutrice puis abbesse de l'Abbaye-aux-Bois de Paris. Elle meurt le 14 février 1687.

II **Charlotte,** prieure au Monastère royal de Saint-Louis de Poissy (1669), meurt en 1707, âgée de 82 ans.

II **Antoinette,** abbesse de Saint-Pierre de Lyon après la mort de sa

1. Sous le nom d'Honoré d'Albert d'Ailly, duc de Chaulnes (décembre 1620).
2. Sujet du IVe acte de *Cyrano de Bergerac, d'Edmond Rostand.*

sœur aînée en 1672. Elle-même s'éteint en 1708.

I **LÉON D'ALBERT**

Second frère cadet du **connétable** (auteur de la branche du duc de Piney-Luxembourg). Seigneur de **Brantes** puis duc de **Piney-Luxembourg**, prince de Tringry.

Né à Mornas en 1582, baptisé le même jour que son frère Honoré, le 24 octobre 1593, à Mornas.

Il épouse le 6 juillet 1620 Marguerite-Charlotte, duchesse de Luxembourg et de Piney, fille d'Henri de Luxembourg, duc de Piney, pair de France (mort en 1616) et de Madeleine de Montmorency.

Léon d'Albert est fait duc et pair par Louis XIII, le 10 juillet 1620, après avoir participé à la campagne contre les Huguenots et plus tard, en 1629, à l'expédition que Louis XIII entreprit pour soutenir la légitimité des droits du duc de Nevers sur le Montferrat.

Il meurt à Paris le 25 novembre 1630.

Sa veuve se remarie avec Charles-Henri de Clermont-Tonnerre et meurt en novembre 1680.

Elle a eu **deux** enfants de son premier mariage.

II **Henri-Léon** (1630-1697) duc de Luxembourg et de Piney, dit l'Abbé de Luxembourg. Il cède son duché et ses biens à sa sœur utérine, Madeleine-Charlotte-Bonne de Clermont-Tonnerre, en considération de son mariage avec Henri de Montmorency.

II Sa sœur, **Marie-Louise-Claire** (1623-1706) princesse de Tringry, dame du palais de la reine Marie-Thérèse (épouse de Louis XIV), meurt sans alliance.

I **MARIE**

Sœur du **connétable**, épouse à Mornas, le 12 juillet 1599, Claude de Grimoard de Beauvoir, comte de Roure, seigneur de Bonneval et de Combalet.

II Leur fille, Anne, épouse en mai 1620, Charles de Créquy, comte de Canaples.

Ils ont **trois** enfants :

III **Charles,** duc de Créquy, prince de Poix, lieutenant général des armées du roi (Louis XIV) en 1653, il meurt à Paris le 13 février 1687, âgé de 63 ans.

Son épouse, Armande de Saint-Gelais, s'éteint le 11 août 1709.

Ils laissent une fille unique :

IV **Madeleine,** qui épouse en avril 1675, Charles Belgique-Hollande de la Trémoille, prince de Tarente et Talmont, duc de Thouars (1655-1709).

III **Alphonse** (frère de Charles) comte de Canaples, duc de Lesdiguières, pair de France, meurt à Paris le 5 août 1711 à l'âge de 85 ans, sans postérité.

Il a épousé Gabrielle-Victoire de Rochechouart (morte le 23 avril 1740), fille de Louis, duc de Vivonne et Mortemart et d'Antoinette de Mesmes.

III **François** (frère du précédent) sire de Créquy, marquis de Marines, maréchal de France, mort à Paris en 1687.
Il a épousé Catherine de Rougé (morte le 5 avril 1713).
Ils ont eu **deux** enfants :

IV **François-Joseph,** marquis de Créquy, qui meurt en 1702. Il a épousé Anne-Charlotte d'Aumont.

IV **Nicolas-Charles** (frère du précédent), marquis de Blanchefort, comte du Passage et Baron de Dommont. Il meurt à 27 ans en mars 1696, sans alliance.

I **ANTOINETTE**
(sœur du **connétable**).
Epouse à Mornas, le 12 juin 1605 le seigneur Barthélémy de Vernet.
Veuve, elle se remarie le 14 avril 1628, avec Henri-Robert de La Tour d'Auvergne, seigneur de la Marck, prince de Sedan, duc de Bouillon [1], et comte de Braine.
Elle mourra en 1644 sans descendance.

I **LOUISE**
(sœur de la précédente), baptisée à Mornas en 1578, épouse le 21 juillet 1616 Antoine de Villeneuve, seigneur puis marquis de Mons.
Elle s'éteint en 1635.

I **ANNE** (sœur de la précédente). Supérieure du monastère des Ursulines de Pont-Saint-Esprit.
Elle s'éteint le 27 décembre 1623.

1. Il s'agit du frère aîné du célèbre Turenne.

CHARLES D'ALBERT DE LUYNES
Une illustre maison

A l'époque, le blason[1] du Connétable de Luynes portait au 1 et 4 « d'or au lion de gueules armé et lampassé de même, couronné d'or » (qui est d'Albert), au 2 et 3 « d'azur à deux louves ravissantes affrontées d'argent » (qui est de Ségur de Luynes), et sur le tout « de gueules à la masse d'armes d'or, clouée d'argent, posée en pal au chef d'argent chargé d'un gonfanon à trois penchants de gueules » (qui est de Sarrats).

Le blason de la famille a évolué au cours des siècles (sans parler des ajouts). De ce fait, selon le contrat de mariage entre Honoré d'Albert et Charlotte-Eugénie d'Ailly, comtesse de Chaulnes, baronne de Picquigny, les noms et armes des maisons d'Albert et d'Ailly devaient être unis dans leur descendance. Il y eut ainsi une branche « Albert d'Ailly ». (De même les enfants de Léon, duc de Piney-Luxembourg, se nommaient « Albert de Luxembourg ».) On retrouve la trace des ancêtres du connétable de Luynes jusqu'en 947 (Ascendance prouvée par acte authentique jusqu'à Fabiano, seigneur de Caténaïa.)

La fortune de cette illustre maison commença avec Charles d'Albert (1577-1621), seigneur de Luynes, favori du roi Louis XIII. Rarement carrière fut aussi rapide et brillante : marquis d'Albert en 1618, connétable de France le 2 avril 1621, il exerça la charge de garde des Sceaux le 3 août 1621 et mourut le 15 décembre 1621 au siège de Monheur. Duc de Luynes et pair de France par lettres d'août 1619, enregistrées en novembre 1619, par érection de la terre de Maillé, près Tours, sous le nom de Luynes. Sa femme, Marie de Rohan, convola, en 1622, avec Claude de Lorraine, duc de Chevreuse. Le titre de duc de Chevreuse confirmé par lettres de décembre 1667, enregistrées le 16 mars 1668, fut

1. Ces précisions ont été supervisées par le comte Thomas de Luynes, descendant direct du connétable de Luynes.

transféré au comté de Montfort-l'Amaury en 1692. Tous les Luynes descendent d'Honoré d'Albert, capitaine de Luynes, mort en 1592.

Léon d'Albert, frère du connétable, fut créé duc de Luxembourg par lettres du 10 juillet 1620, enregistrées le 8 février 1621 et, lorsque la branche s'éteignit en 1697, le titre passa à la maison de Montmorency. Une autre branche, toujours issue d'Honoré, reçut le titre de duc de Chaulnes et de Picquigny, créé par lettres de janvier 1621, enregistrées le 6 mars suivant et s'éteignit en 1744 ; le titre de duc de Chaulnes et de Picquigny fut relevé une deuxième fois en 1869 par Paul d'Albert de Luynes en vertu des lettres patentes du roi Louis XV, de mars 1773, mais il n'y eut pas de confirmation (titre donc certains contestent encore la régularité). Emmanuel d'Albert de Luynes d'Ailly, mort à Paris le 16 novembre 1908, portait le titre de dixième duc de Chaulnes et de Picquigny.

Par héritage (en 1710) de la princesse de Neufchâtel, les Luynes sont princes de Neufchâtel et de Vallengin. Pair de France héréditaire, le 4 juin 1814. Duc-pair héréditaire le 31 août 1817. Philippe d'Albert, XIe duc de Luynes et de Chevreuse est le chef de la maison d'armes. Il est né à Dampierre le 12 août 1905, et a épousé à Paris, le 5 juillet 1934, Juana-Maria Diaz Unzue, née à Buenos Aires, le 10 juin 1914.

Un grand nom, des alliances brillantes, des maréchaux de France et le célèbre connétable, les illustrations de cette maison enrichissent l'Histoire après l'avoir faite.

TABLEAUX GÉNÉALOGIQUES

Maison de Médicis

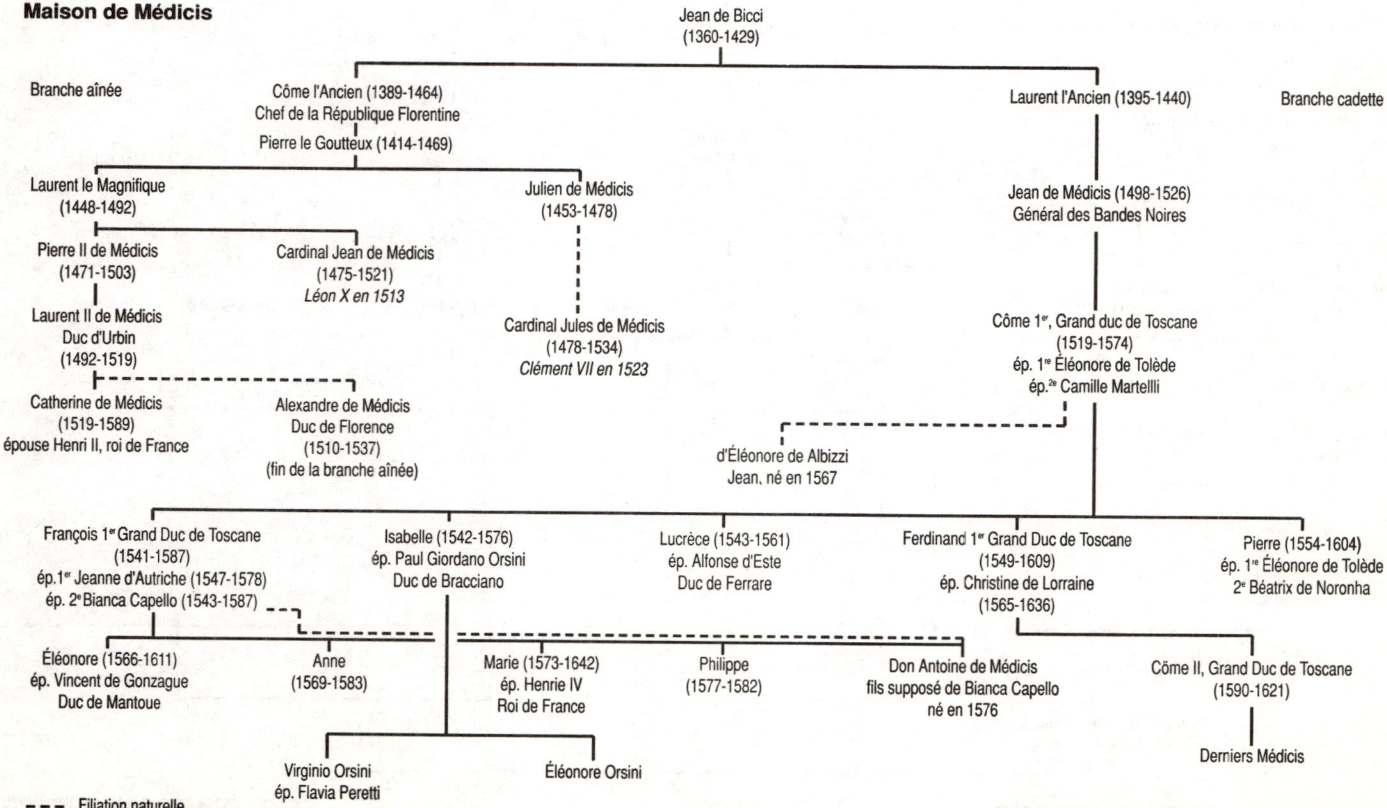

" La Galigai" Eve de Castro Olivier Orban Dépôt légal Mars 1990

Capétiens, Valois et Bourbons

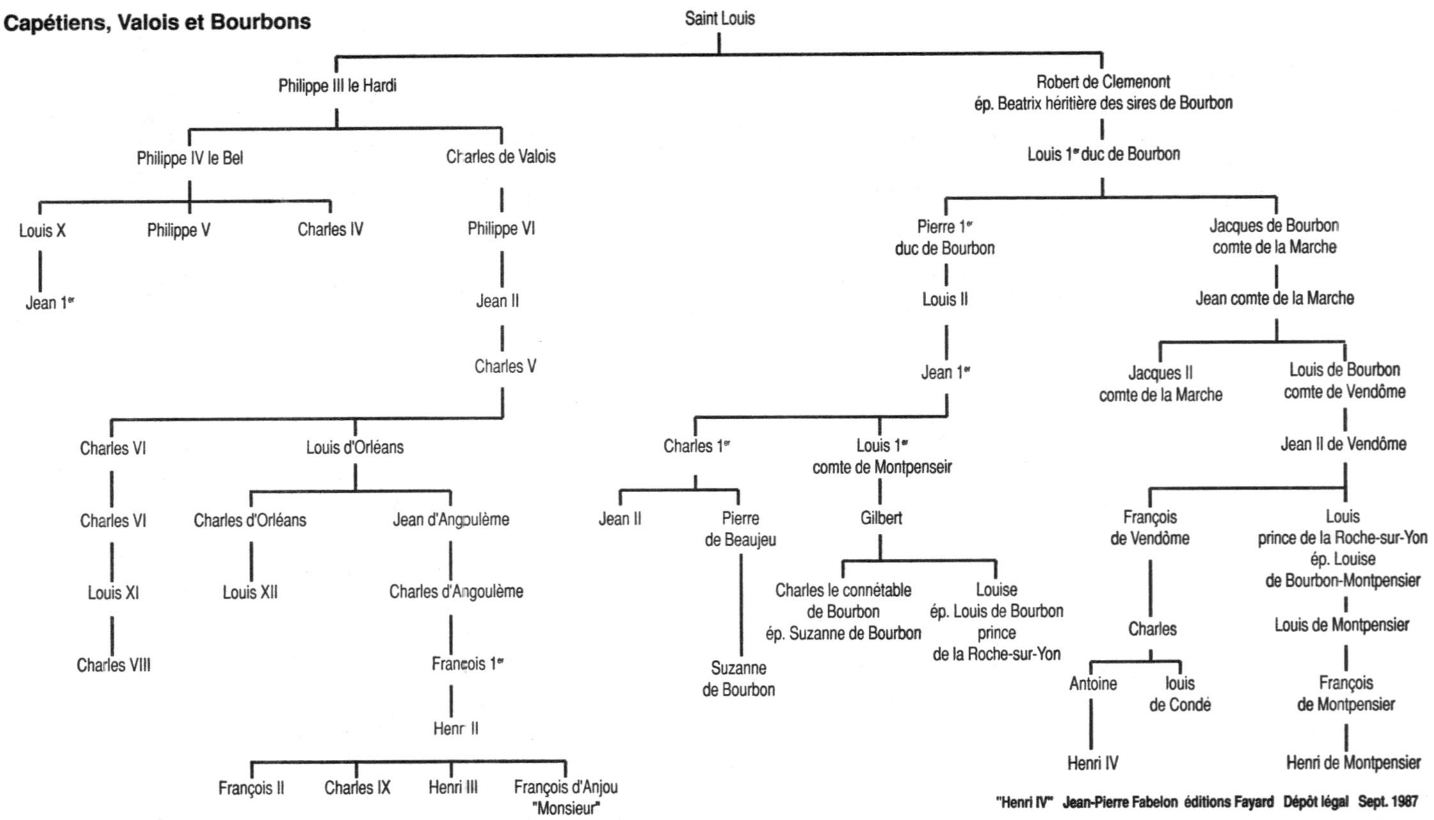

"Henri IV" Jean-Pierre Fabelon éditions Fayard Dépôt légal Sept. 1987

Ascendance et Descendance de Henri IV

- **François de Bourbon**, comte de Vendôme, ép. Marie, fille de Pierre II de Luxembourg - Saint Paul
  - **Charles de Bourbon**, duc de Vendôme, ép. Françoise d'Alençon
    - **Antoine de Bourbon**, duc de Vendôme (1518-1562), ép. Jeanne d'Albret
      - Henri, duc de Beaumont (1551-1553)
      - **Henri IV**, roi de France et de Navarre (1553-1610), ép. 1° 1572 Marguerite de Valois, 2° 1600 Marie de Médicis
        - tous du 2e lit
          - Louis XIII (1601-1643), ép. Anne d'Autriche fille de Philippe III d'Espagne
          - Élisabeth (1602-1644), ép. Infant Philippe futur Philippe IV d'Espagne
          - Christine (1606-1663), ép. Victor-Amédée prince de Piémont futur duc de Savoie
          - Nicolas duc d'Orléans (1607-1611)
          - Gaston-Jean-Baptiste duc d'Anjou puis d'Orléans (1608-1660), ép. 1° Marie de Montpensier, 2° Marguerite de Lorraine
          - Henriette-Marie (1609-1669), ép. Charles prince de Galle futur Charles 1er d'Angleterre
      - Louis-Charles, comte de Marie (1555-1557)
      - Madeleine (1556-1556)
      - Catherine (1559-1604), ép. 1599 Henri marquis de Pont-à-Mousson puis duc de Bar plus tard duc de Lorraine
      - Fils naturel né de Louise de la Béraudière : Charles de Bourbon archevêque de Rouen (1555-1610)
    - François, comte d'Enghien (1519-1546)
    - Charles cardinal de Bourbon (1523-1590), le Charles X de la Ligue
    - Jean, Comte de Soissons (1528-1557)
    - Louis, prince de Condé (1530-1569), ép. 1° éléonore de Roye, 2° Françoise de Longueville
      - du 1er lit :
        - Henri 1er prince de Condé (1552-1588), ép. 1° Marie de Clèves, 2° Charlotte-Catherine de la Trémoille
          - du 1er lit : Catherine (1574-1595)
          - éléonore (1587-1595), ép. Philippe Guillsaume d'Orange-Nassau
          - du 2e lit : Henri II prince de Condé (1588-1646), ép. Charlotte-Margueritte de Montmorency — Postérité
        - François prince de Conti (1558-1614), ép. 1° Jeanne de Bonnestable, 2° Louise-Marguerite de Lorraine-Guise, sans postérité
        - Charles cardinal de Vendôme puis de Bourbon (1562-1594)
      - du 2e lit :
        - Charles comte de Soissons (1566-1612), ép. Anne de Montalité — Postérité
    - Madeleine, Catherine, Renée, Éléonore, ...abbesses...
    - Marguerite (1516-1589), ép. François de Clèves duc de Nevers
      - François II duc de Nevers (mort en(1562)
      - Jacques d'Isles duc de Nevers (mort en 1564)
      - Henriette ép. Louis de Gonzague duc de Nevers
      - Catherine ép. 1° le prince de Porcien, 2° Henri de Guise
      - Marie ép. Henri prince de Condé
  - **François de Bourbon**, duc d'Estouteville
  - **Louis**, cardinal de Bourbon
  - **Louis**, abbesse
  - **Antoinette**, ép. Claude de Lorraine duc de Guise
    - François duc de Guise

Enfants naturels légitimés de Henri IV :

- de Gabrielle d'Estrées
  - César duc de Vendôme (1594-1665), ép. Françoise de Lorraine-Mercoeur
  - Catherine-Henriette (1596-1663), ép. Charles de Lorraine duc d'Elbeuf
  - Alexandre chevalier de Vendôme Grand Prieur de Malte (1598-1629)
- d'Henriette d'Entragues
  - Gaston-Henri duc de Verneuil évêque de Metz (1601-1682), ép. Charlotte Séguier
  - Gabrielle-Angélique (1602-1627), ép. Bernard duc d'Épernon
- de Jacqueline de Bueil
  - Antoine comte de Moret (1607-1632)
- de Charlotte des Essarts
  - Jeanne-Baptiste abbesse de Fontevrault (1608-1670)
  - non légitimée : Marie-Henriette abbese de Chelles (1609-1629)

"Henri IV" Jean-Pierre Fabelon Éditions Fayard Dépôt Sept. 1987

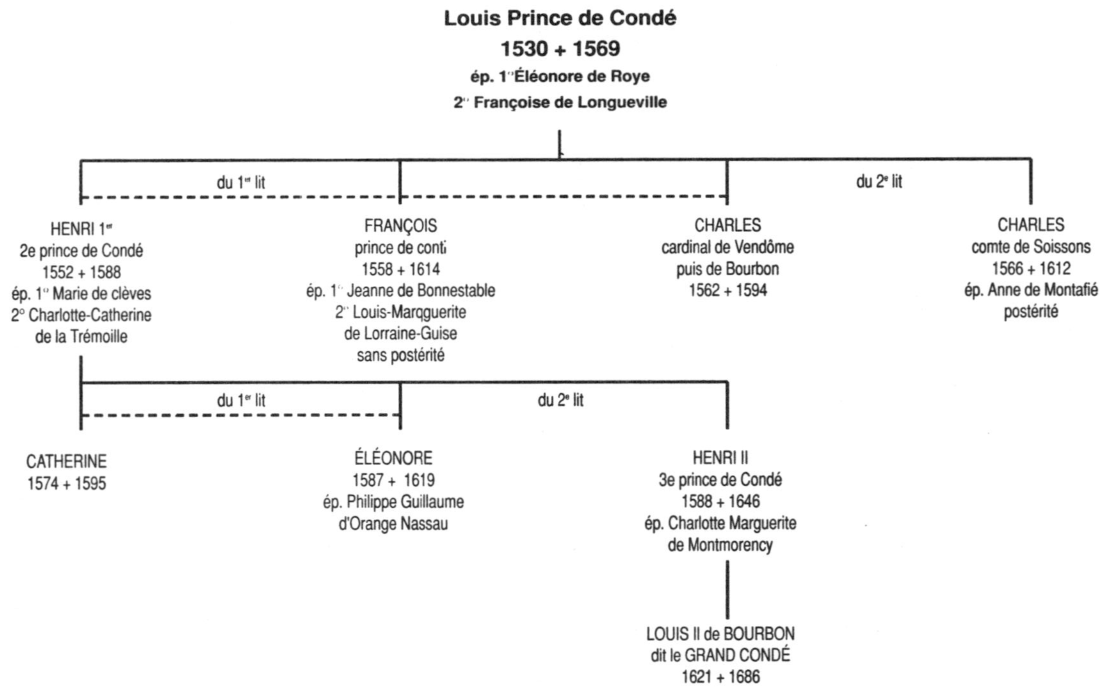
Louis Prince de Condé
1530 + 1569
ép. 1° Éléonore de Roye
2° Françoise de Longueville
du 1er lit
du 2e lit
HENRI 1er
2e prince de Condé
1552 + 1588
ép. 1° Marie de clèves
2° Charlotte-Catherine
de la Trémoille
FRANÇOIS
prince de conti
1558 + 1614
ép. 1° Jeanne de Bonnestable
2° Louis-Marqguerite
de Lorraine-Guise
sans postérité
CHARLES
cardinal de Vendôme
puis de Bourbon
1562 + 1594
CHARLES
comte de Soissons
1566 + 1612
ép. Anne de Montafié
postérité
du 1er lit
du 2e lit
CATHERINE
1574 + 1595
ÉLÉONORE
1587 + 1619
ép. Philippe Guillaume
d'Orange Nassau
HENRI II
3e prince de Condé
1588 + 1646
ép. Charlotte Marguerite
de Montmorency
LOUIS II de BOURBON
dit le GRAND CONDÉ
1621 + 1686

La Famille de Lorraine et les Guise

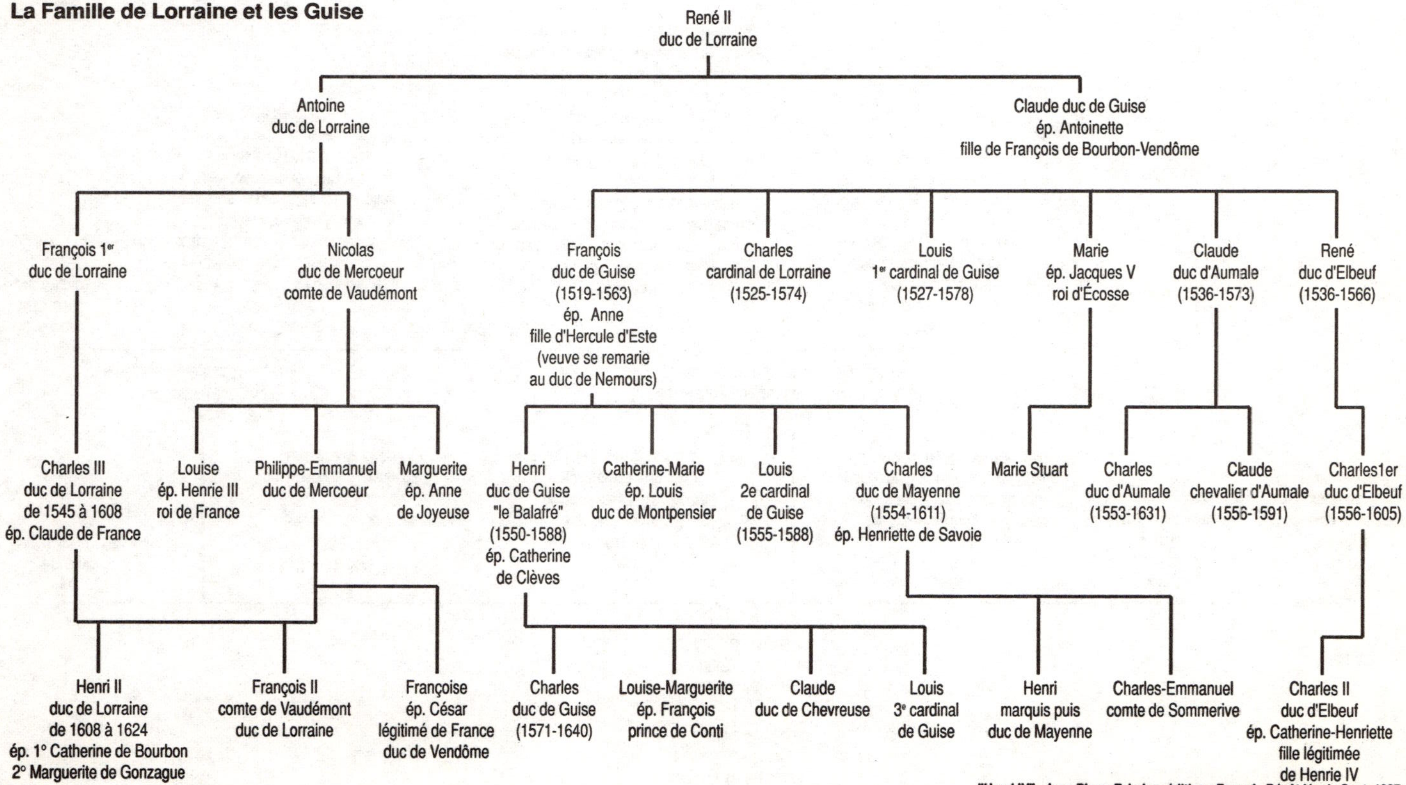

"Henri IV" Jean-Pierre Fabelon éditions Fayard Dépôt légal Sept. 1987

Léon d'Albert
Seigneur de Luynes
ép. Jeanne de Ségur

- Honoré
  1536 + 1592
  ép. Anne de Rodulph
  - François
    meurt avant 1592
  - Charles
    1577-1649
    ép. Marie de Rohan-Montbazon
    - Anne-Marie
      1619-1646
      sans alliance
    - Louis-Charles
      1620 + 1690
      ép. 1° Louise-Marie Séguier,
      fille de Pierre Séguier,
      marquis d'O, et nièce du chancelier Séguier
      2° Mademoiselle de Rohan
      (1/2 soeur de sa mère, Marie de Rohan)
      3° Mademoiselle d'Aligre
      il aura 16 enfants
      9 de sa 1re épouse
      7 de la seconde
    - + 1621 + 1630
  - Honoré
    1581 - 1649
    Seigneur de Cadenet,
    duc de Chaulnes
    ép. Charlotte Eugénie d'Ailly
    comtesse de Chaulnes
  - Léon
    1582 + 1630
    Seigneur de Brantes
    duc de Piney-Luxembourg
    ép. Marguerite-Charlotte
    duchesse de Luxembourg et de Piney
  - Marie
    ép. Claude Grimoard de Beauvoir de Roure
    seigneur de Bonneval et de Combalet
    - Anne
      ép. Charles de Créquy
      comte de Canaples
      (elle sera la mère des duc
      de Créqui et de Lesdiquieres
  - Antoinette
    + 1644
    ép. 1° Barthélémy de Vernet
    2° Henri Robert de la Marck,
    prince de Sedan, comte de Braine,
    (frère aîné del'illustre Turenne)
  - Louise
    + 1635
    ép. Antoine de Villeneuve
    Seigneur de Mons
  - Anne
    + 1623
    supérieure au monastère
    des Ursulines de Pont-
    st-Esprist

Chevreuse
(Charles d'Honoré d'Albert
duc de Luynes, de Chaulnes et de Chevreuse
gouverneur de Guynne, l'un des esprits
les plus distingués de son temps
1646-1712
il était le gendre de Colbert
et grand ami de Fénélon,
petit-fils du Connetable
le Comte Thomas de Luynes,
grâce à qui nous devons tous
les renseignements concernant sa famille
descend du précité, 1er duc de Chevreuse

Repères biographiques

AUTRICHE (Jeanne d') 1547-1578.

Nièce de Charles Quint, fille de l'empereur Ferdinand Ier, son frère sera l'empereur Maximilien II. Elle épouse en 1565 à Florence, François de Médicis et réside avec lui au Palazzo Vecchio. A sa mort elle laisse trois filles, dont Marie de Médicis, et un fils, Philippe, qui lui survivra peu.

BARBIN (Claude)

Procureur du roi à Melun sous le règne d'Henri IV, puis courtier du banquier Filippo Gondi, il est introduit par Leonora Galigaï auprès de Marie de Médicis qui le fait son intendant. Pendant la régence, Barbin se pose en conciliateur entre la reine et les princes révoltés. En 1616, il remplace Jeannin comme contrôleur général des Finances. Mais Louis - XIII le fait embastiller après la mort de Concini et le bannit du royaume en 1618.

BELLEGARDE (Roger de Saint-Lary, baron des Thermes) 1565-1621.

Fidèle partisan d'Henri IV, il combat à ses côtés à la bataille d'Arques, aux sièges de Dreux, de la Fère et d'Amiens. Henri IV le nomme après 1601 premier écuyer de la Grande Ecurie. En 1616, il est premier gentilhomme de la chambre, puis grand écuyer de France. Il meurt au siège de Calais.

BOUILLON (Henri de la Tour d'Auvergne, duc de, vicomte de Turenne) 1555-1623.

Filleul de Henri II. Après s'être converti au protestantisme, il rejoint en 1576 Henri de Navarre et lutte avec lui contre la ligue. En 1582, Henri IV le fait maréchal de France et lieutenant général de Champagne. Hostile à la conversion du roi, il complote avec Biron et quitte la France en 1602. Pendant la régence, il s'agite avec les princes sans parvenir à satisfaire ses ambitions. Il sera le père du fameux Turenne des guerres de Louis XIV.

BASSOMPIERRE (François de, maréchal de France) 1579-1646.

Né en Lorraine, séjourne en Bavière et en Italie jusqu'en 1598. A Florence, il rencontre Concini. Admis à la Cour, devient le compagnon favori d'Henri IV. Militaire de valeur, colonel des cent-suisses en 1614, il aide Marie de Médicis à calmer l'agitation des princes. Grand maître de l'artillerie en 1617. En 1620 il est auprès de Richelieu et de la reine mère aux Ponts-de-Cé. Louis XIII lui confiera de nombreux commandements, plusieurs ambassades extraordinaires, en Espagne (1621), en Suisse (1625), puis en Angleterre (1626).

Il fut nommé maréchal de France en 1622. Richelieu, l'accusant de complot, le fit enfermer à la Bastille en 1631 à la suite de son mariage secret avec la princesse de Conti. Il en sortit en 1643 après avoir écrit ses *Mémoires*.

Il mourra à Provins en 1646.

CONDÉ (Henri II de Bourbon, troisième prince de) Saint-Jean-d'Angély 1588-Paris 1646.

Premier prince du sang, héritier présomptif d'Henri IV jusqu'à la naissance du Dauphin, il reçoit dès 1590 le gouvernement de Guyenne. Il épouse en 1609 Charlotte de Montmorency dont le roi est épris. Aussi s'enfuit-il avec elle à Bruxelles peu avant l'assassinat d'Henri IV. Membre du Conseil de régence, Condé, en dépit des largesses de Marie de Médicis, complote l'éviction du maréchal d'Ancre. Après la paix de Loudun en 1616, il est arrêté et conduit à Vincennes. Libéré en 1619, il servira loyalement Louis XIII. Gouverneur de Bourgogne en 1631. Grand maître de France en 1643, avec lui le domaine de Chantilly entre dans le patrimoine des Condé.

Il est le père de Louis II de Condé, le Grand Condé.

ÉPERNON (Jean-Louis de Nogaret de La Valette, duc d') 1554-1642.

Attaché à Henri III en 1578, sa faveur éclipse rapidement celle des principaux mignons. Colonel général de l'infanterie, duc et pair, grand amiral, pourvu de gouvernements importants, sa puissance balance celle des Guise.

Rallié à Henri IV, il l'aide à pacifier le royaume. Tout puissant dans les premiers mois de la régence, il doit s'effacer peu à peu devant Concini. En 1619, il favorise l'évasion de Blois de Marie de Médicis et prend la tête de ses troupes. En 1638, après l'avoir ménagé par intérêt, Richelieu obtient sa disgrâce définitive.

ENTRAGUES (Henriette d', marquise de Verneuil) 1579-1633.

Fille de Marie Touchet, l'ancienne maîtresse de Charles IX, elle succéda à Gabrielle d'Estrées comme favorite d'Henri IV, dont elle obtient une promesse de mariage. Elle eut du roi deux enfants légitimés, Henri, duc de Verneuil, et Gabrielle-Angélique, future duchesse d'Epernon. Compromise dans une conspiration fomentée par son père et son frère, elle fut disgraciée en 1606. Marie de Médicis la rappela à la Cour après la mort d'Henri IV.

Nota. Le lundi 12 décembre 1622, en la cathédrale de Lyon, en présence de Marie de médicis revenue de son exil de Blois, réintégrée dans le Conseil d'Etat grâce à son conseiller Armand du Plessis de Richelieu, qu'elle fera nommer cardinal, et en présence de toute la Cour, Gabrielle-Angélique, fille bâtarde de Henri IV et de Henriette d'Entraygues marquise de Verneuil, épousait Bernard de Nogaret, marquis de La Valette, fils du duc d'Epernon. Elle devait mourir quatre ans plus tard, en 1626, assassinée par son époux. Le fait est attesté par Françoise Langlois de Motteville, confidente intime d'Anne d'Autriche, en ses Mémoires. (Robert Ambelain, *Drames et secrets de l'Histoire*, Éd. Robert Laffont.)

ESTRÉES (Gabrielle d') 1571-1599.

Favorite d'Henri IV à partir de 1590, mais défrayant déjà la chronique galante sous le règne précédent. Le cardinal Juin, le financier Zamet, Longueville, Bellegarde, Henri III lui-même, se partagèrent ses faveurs. Marquise de Monceaux en 1595, puis duchesse de Beaufort, sa mort subite en 1599 l'empêche de devenir peut-être reine de France. Les enfants qu'elle eut du roi sont légitimés : Catherine-Henriette, duchesse d'Elbeuf, César et Alexandre de Vendôme.

GUISE (Charles de Lorraine, quatrième duc de) 1571-1640.

Fils aîné d'Henri le Balafré assassiné à Blois par les quarante-cinq en 1588, il se soumet à Henri IV dès 1594 et fait rentrer Marseille sous l'autorité royale. Fidèle à la régente Marie de Médicis, il est grand maître de la France, amiral, gouverneur de Champagne et de Provence. Il épouse en 1611 Henriette-Catherine de Joyeuse, veuve du duc de Montpensier.

HARLAY (Achille de) 1536-1619.

D'une illustre famille de robe, il succède en 1572 à son père comme président à mortier au Parlement et conseiller d'Etat. Il se distingue par sa résistance aux entreprises de la Ligue en 1588, puis par sa fidélité à l'égard d'Henri IV qui le nomme premier président du Parlement de Paris en 1582. Au moment de l'affaire d'Escoman, il est mis poliment à la retraite.

HÉROARD (Jean) 1551-1628.

Né à Montpellier en 1551, il a 37 ans en 1588 et se trouve effectivement à Blois en décembre (en même temps que François de Richelieu, père du futur cardinal). Il a donc 66 ans en 1617. Il mourra en 1628 à 77 ans, emportant bien des secrets avec lui.

JEANNIN (Pierre) 1540-1622.

Avocat en 1569, il devient président du parlement de Dijon en 1581. Conseiller du duc de Mayenne, il lui prêche la soumission à Henri III, le respect de l'intégrité du royaume. Sous Henri IV, auquel il s'est rallié, Jeannin participe à la préparation de l'édit de Nantes et négocie en 1609 la trêve de douze ans aux Pays-Bas. Nommé intendant des Finances en 1602, il sera contrôleur général des Finances pendant la régence de Marie de Médicis.

LESDIGUIERES (François de Bonne, duc de) 1543-1626.

Chef des huguenots du Dauphiné — ami d'Henri IV — il combattit les catholiques puis le duc de Savoie. Créé maréchal de France en 1609, duc en 1611, il sera nommé maréchal général de camp le 2 avril 1621, le jour même où Luynes devient connétable, puis à son tour connétable en 1622 après la mort de Luynes. Ils se retrouveront côte à côte au siège de Montauban (automne 1621). Il aura 78 ans, Luynes 44.

MAYENNE (Henri de Lorraine, duc de) 1578-1621.

Connu d'abord sous le nom de duc d'Aiguillon, il devient duc de Mayenne à la mort de son père en 1611. Gouverneur de l'Ile-de-France et grand chambellan sous la régence, il soutient Marie de Médicis en opposition à Condé. Mais en 1614 il rejoint le camp des princes, pour de nouveau se retourner vers la Cour en 1618. Il échange son gouvernement de l'Ile-de-France contre celui de Guyenne. Brouillé avec Luynes, il contribue aux troubles de 1620.

MÉDICIS (Côme Ier, duc puis grand-duc de Toscane) 1519-1574.

Arrière petit-neveu de Côme l'Ancien, il prend le pouvoir à Florence après l'assassinat du duc Alexandre par Lorenzino de Médicis. Sa politique habile donne de grands résultats, Florence est débarrassé des factions, son territoire agrandi et Côme se fait couronner grand-duc par le pape en 1569.

MÉDICIS (Eléonore de, duchesse de Mantoue) 1566-1611.

Fille aînée du grand-duc François et de Jeanne d'Autriche, elle est élevée avec sa sœur Marie au Palais Pitti. En 1583 elle épouse Vincent Ier de Gonzague, duc de Mantoue, dont l'union avec Marguerite Farnèse vient d'être annulée. Elle en aura cinq enfants : François, Ferdinand et Vincent, tous les trois ducs de Mantoue, Marguerite, duchesse de Lorraine et enfin Eléonore qui épousera l'empereur Ferdinand II.

MÉDICIS (Ferdinand de, grand-duc de Toscane) 1549-1609.

Second fils de Côme Ier et d'Eléonore de Tolède. Cardinal diacre à l'âge de 14 ans, Ferdinand de Médicis fixe son séjour à Rome et par animosité pour Bianca Capello se tient éloigné de Florence. Il succède à son frère François en 1587, cède son chapeau de cardinal pour épouser en 1589 Christine de Lorraine, petite-fille de Catherine de Médicis. Sa diplomatie hostile à l'Espagne, favorise les intérêts français. Ferdinand Ier subventionne Henri IV, obtient du Saint-Siège la levée de l'excommunication qui frappe le roi et négocie son mariage avec sa nièce Marie de Médicis.

MÉDICIS (François Ier de, grand-duc de Toscane) 1541-1587.

Fils aîné de Côme Ier et d'Eléonore de Tolède, il est investi très jeune de la direction des Affaires. Après la mort de son père il parvient à monnayer avec la cour impériale la reconnaissance de son titre de grand-duc. Dès son remariage avec Bianca Capello, il se désintéresse du gouvernement et mène loin de la Cour une existence principalement consacrée aux belles-lettres et à l'étude des sciences.

NEUFVILLE (Nicolas de, seigneur de Villeroy) 1542-1617.

Déjà secrétaire d'Etat sous Charles IX, en 1588 Henri III l'exile pour ses sympathies ouvertes à l'égard de la Ligue. Devenu membre du conseil du duc de Mayenne, il négocie son ralliement à Henri IV, qui lui rend sa charge de secrétaire d'Etat en 1594. Partisan de l'alliance espagnole, sa politique triomphe sous la régence. Concini le fait disgracier en 1616. Rappelé l'année suivante par Louis XIII, Villeroy meurt peu après.

RICHELIEU (Armand du Plessis, cardinal de) 1585-1642.

Destiné à une carrière militaire, il entre dans les ordres et devient en 1606 évêque de Luçon. Député du clergé aux États généraux de 1614, il s'y fait remarquer par sa belle éloquence, tandis que la Galigaï le pousse auprès de Marie de Médicis. Celle-ci le fait nommer aumônier de la reine Anne d'Autriche en 1615. Secrétaire d'Etat à la Guerre et aux Affaires étrangères en 1616, il est disgracié après l'assassinat de Concini. Il s'entremet avec succès dans les brouilles de la mère et du fils, et retrouve le chemin du pouvoir. Cardinal en 1621, Richelieu prendra en main les destinées de la France en 1624.

ROHAN (Henri, duc de) 1579-1638.

Chef du parti protestant, il soutient trois guerres contre Louis XIII et fit échec aux armées du roi lors du siège de Montauban (1621). Rallié, il combattit à la Valteline, puis servit sous Bernard de Saxe-Weimar.

SILLERY (Nicolas Brûlart de, chancelier de France) 1544-1624.

Conseiller au Parlement en 1573, puis maître des requêtes. En 1585, Henri III le charge de négocier l'alliance avec le roi de Navarre. Henri IV lui confie de nombreuses missions diplomatiques (paix de Vervins, dissolution de son mariage avec Marguerite de Valois). Garde des Sceaux en 1604, il conserve sa faveur jusqu'à ce qu'en 1616 Concini l'évince du Conseil. Rappelé en 1617. Il se heurtera bientôt à Richelieu, qui le fera renvoyer en 1624 à son retour au pouvoir.

SOISSONS (Charles de Bourbon, comte de) 1566-1612.

Fils de Louis Ier, prince de Condé et cousin d'Henri IV. (Père de Louis de Bourbon, comte de Soissons, 1604-1640.)

Il devient grand maître de France et gouverneur du Dauphiné en 1602. Il s'oppose à la régente Marie de Médicis et contribue à la disgrâce de Sully. Il avait épousé Anne de Montafié.

SCHOMBERG (Henri, comte de Nanteuil) 1574-1632.

SCHOMBERG (Charles, duc d'Halluin) 1601-1656.

Il épouse en 1646 Mlle de Hautefort.

SULLY (Maximilien de Béthune, baron de Rosny) 1560-1641.

Dès sa jeunesse Sully participe aux guerres de religion aux côtés d'Henri de Navarre, mais il est de ceux qui lui conseillent d'abjurer pour le protestantisme. Nommé en 1594 conseiller d'Etat, il devient en 1599 grand maître de l'artillerie et surintendant des Finances. Il est fait duc et pair en 1606. Sully quitte le Conseil après la mort d'Henri IV mais conserve ses charges principales. Présents aux États généraux en 1614, il contribue à la paix de Loudun. Louis XIII le fait maréchal de France en 1634.

TALLEMANT DES RÉAUX (Gédéon)

Mémorialiste français : La Rochelle 1619-Paris 1692.

Il fréquenta le salon de Mme de Rambouillet qui l'encouragea à écrire ses *Historiettes*, mémoires et anecdotes piquantes recueillis à la Cour comme à la ville et concernant les règnes d'Henri IV et de Louis XIII. Elles composent une peinture réaliste des mœurs du XVIIe siècle. Tallemant des Réaux manifeste un réel talent de conteur, plein de verve et de malice pour tenir « registre de drôleries et de gaietés ». (Sainte Beuve.)

THÉMINES (Pons de Lauzières, marquis de). Gascon. 1552-1627.

Maréchal de France. Il prit part aux guerres de religion. Il soumit le Quercy, puis il participa aux campagnes de Louis XIII contre les protestants (sièges de La Rochelle, de Montauban). Il fut ensuite gouverneur de Bretagne.

VAIR (Guillaume du) 1556-1621.

Issu d'une famille de robe, il devient en 1584 conseiller au Parlement. Du Vair ne partage pas l'esprit de révolte de ce corps contre l'autorité royale. Méfiant à l'égard de la Ligue, il préconise la réconciliation nationale. Maître des requêtes en 1594, il devient président du parlement d'Aix après 1596. En 1616, il remplace comme garde des Sceaux le chancelier de Sillery, disgracié. Il sera évêque de Lisieux en 1618. Cet humaniste écrivit notamment un *Traité de l'éloquence française* (1594) qui influença Malherbe. Modéré, il se rangea dans le parti des « Politiques » favorables à Henri IV, avec son *Discours pour le maintien de la loi salique* (1593).

VITRY (Nicolas de l'Hospital, marquis puis duc de) 1581-1644.

Capitaine des gardes en survivance de son père, Louis XIII le charge en 1617 de l'exécution du maréchal d'Ancre et lui donne en récompense le bâton de maréchal. En 1627, s'étant pris de querelle avec le cardinal de Sourdis, il est enfermé à la Bastille sur l'ordre de Richelieu, et n'en sort qu'en 1643. Il est fait duc et pair l'année même de sa mort.

ZAMET (Sébastiano) 1549-1614.

Financier français d'origine italienne. Venu à Paris comme simple cordonnier à la suite de Marie de Médicis, il fit une fortune rapide et devint l'un des plus riches banquiers. Il obtint la faveur de Henri IV et devint capitaine du château de Fontainebleau et surintendant de la maison de la reine.

ZAMET (Sébastien) 1588-1655.

Fils de Sébastiano Zamet. Evêque de Langres. Il devint en 1625 directeur de l'abbaye de Port-Royal.

Sources et références bibliographiques

ALMERAS (Henri d') : *Concini, maréchal d'Ancre.*

ARNAULD D'ANDILLY : *Mémoires — Journal inédit (1614-1620)*, Paris, 1857.

BABELON (Jean-Pierre) : *Henri IV*, Fayard, 1987.

BASCHET (Armand) : *Le roi chez la reine, ou Histoire secrète du mariage de Louis XIII et d'Anne d'Autriche*, Plon, 1866.

BASSOMPIERRE : *Mémoires*, Éd. S.H.F. pour le marquis de Chanterac, Paris, 1870-1877.

BATTIFOL (Louis) : *Au temps de Louis XIII*, Paris, 1903. *Le Roi Louis XIII à vingt ans*, Calmann-Lévy, 1910.

BENTIVOGLIO (Guido, le nonce) : *Lettere*, Éd. Stefani, Firenze, 1863-1867.

BORDONOVE (Georges) : *Les rois qui ont fait la France*, t.1, *Henri IV*, Éd. Pygmalion-Gérard Watelet, 1981.

BURCKHARDT (Carl J.) : *Richelieu*, Robert Laffont, Paris, 1970.

CARMONA (Michel) : *Marie de Médicis*, Fayard, 1983.

CASTRO (Eve de) : *La Galigaï*, Olivier Orban, 1990.

CHEVALIER (Pierre) : *Louis XIII*, Fayard, 1982.

DEAGEANT, *Mémoires*, Grenoble, 1668.

DELAMARE (George) : *Concino Concini*, Denoel, 1946.

DUPLEIX (Scipion) : *Histoire générale de la France.*

ERLANGER (Philippe) : *Louis XIII*, Gallimard, 1946. *La Vie quotidienne sous Henri IV*, Hachette, 1958.

FLAMMAND (Michel) : Mémoire de maîtrise, 1983, d'après le *Journal* d'Héroard.

FONTENAY-MAREUIL : *Mémoires (1609-1647)*, Paris, 1826.

FONTRAILLES (vicomte de) : *Relation des choses particulières de la Cour pendant la faveur de M. le Grand*, Éd. Michaud et Poujoulat, Paris, 1836-1839.

FORISSIER (M.) : *Histoire de la Réforme en Béarn*, 1952.

FRANKLIN (A.) : *La Cour de France et l'assassinat du maréchal d'Ancre*, Paris, 1913.

HANOTAUX (Gabriel) : *Histoire du cardinal de Richelieu.*
HAYEM (F.) : *Le maréchal d'Ancre et Leonora Galigaï*, Paris, 1910.
HÉROARD (Jean) : *Journal.* Sous la direction de Madeleine Foisil, Fayard 1989.
L'ESTOILE (Pierre de) : *Journal pour le règne de Henri IV et le début du règne de Louis XIII, 1601-1611*, Éd. André Martin, 1960.
LA PORTE (Pierre de) : *Mémoires contenant plusieurs particularités des règnes de Louis XIII*, Éd. Michaud et Poujoulat, paris, 1836-1839.
LA VARENDE, *Anne d'Autriche*, Les Livres merveilleux, Monaco, 1938.
LE MERCURE FRANÇAIS. Cité par M. Henri Carré : *La jeunesse et la marche au pouvoir de Richelieu.*
LE VASSOR (Michel) : *Histoire du règne de Louis XIII.* (Michel Le Vassor vécut à Paris en 1617.)
LEVER (Maurice) : *Les Bûchers de Sodome*, Fayard, 1985.
MAGNE (Emile) : *La Vie quotidienne au temps de Louis XIII*, d'après des documents inédits, Hachette, 1942.
MARILLAC (Michel de) : Relation de l'*Histoire des plus illustres favoris, avec un journal de tout ce qui s'est passé à la mort du maréchal d'Ancre.* Leyde, 1660.
MASSILLON
MATTHIEU (Pierre) : *La Conjuration de Conchine.*
MICHELET : *Histoire de France*, Jean de Bonnot, Paris, 1979.
MONGREDIEN (Georges) : *Leonora Galigaï. Un procès de sorcellerie sous Louis XIII.* Hachette, 1968.
MONTAIGNE (Michel Eyquem de) : *Essais*, publiés en 1580.
MOTTEVILLE (Mme de) : *Mémoires*, Éd. F. Riaux, Paris, 1886.
PONTCHARTRAIN, *Mémoires de la régence de Marie de Médicis.*
PURE (abbé Michel de) : *Vita Eminentissimi Cardinales.*
RICHELIEU, *Mémoires.*
SAINT-SIMON (Louis de) : *Parallèle des trois rois Bourbons*, Éd. Faugère, Paris 1880.
SLOCOMBE (G.) : *Henri IV, 1553-1610*, Payot, 1980.
TALLEMANT DES RÉAUX (Gédéon) : *Historiettes*, Éd. Adam, Bibliothèque de la Pléiade, Paris, 1960.
TILLINAC (Denis) : *L'Ange du désordre*, Robert Laffont, 1985.
VAISSIERE (Pierre de) : *L'Affaire du maréchal de Marillac, 1630-1632*, Librairie Académique Perrin, 1924.
VALOIS (Marguerite de) : *Mémoires*, Éd. Lalande, Paris, 1858.
VAUNOIS (Louis) : *Le Roman de Louis XIII*, Paris, 1932.
ZELLER (Bertold) : *Le Connétable de Luynes (Montauban et la Valteline, d'après les archives d'Italie)*, Paris, Librairie académique Didier et C°, Libraires éditeurs, 1879. *La Minorité de Louis XIII*, Hachette, 1892 et 1897.

Éléments bibliographiques concernant plus précisément la soumission de Louis XIII à sa mère [1]

ANDILLY (Robert Arnauld d') : *Journal inédit, 1614-1620*, publié par Achille Halphen en 1857. Ce document, écrit au jour le jour, est fondamental à utiliser par rapport au *Journal* d'Héroard. Il permet de connaître de manière suivie la trame des événements politiques sur lesquels le médecin fait un silence total.

BASSOMPIERRE : *Mémoires*.

BATTIFOL (Louis) : *Le Coup d'Etat du 24 avril 1617*, Revue historique 1907-1908, appuyée sur l'utilisation et l'analyse de toute une série de documents contemporains : *Relation exacte de tout ce qui s'est passé à la mort du maréchal d'Ancre*, Éd. Michaud et Poujoulat. Récit très précis et bien informé qui a été attribué à Michel de Marillac. Mais, par une démonstration savante et documentée, Louis Battifol a pu l'attribuer au frère du connétable de Luynes, Cadenet, futur duc de Chaulnes.

CARMONA (Michel) : *Marie de Médicis*, 1983.

CHEVALIER (Pierre) : *Louis XIII, roi cornélien*, 1979.

DEAGEANT (Claude Guichard) : *Mémoires*, Grenoble 1668. Ce personnage né en 1574 et mort en 1645, a été le principal artisan du complot contre Concini. « Client de Richelieu, c'est, écrit-il, pour lui qu'il a rédigé ses souvenirs » : Mémoires faits pour Son Eminence. En semi-disgrâce en 1619, selon son propre témoignage, il détruisit tous les papiers qu'il avait gardés, « qui pouvaient me servir à conserver la mémoire de ce que j'avais vu et manié. » C'est donc uniquement de mémoire qu'il a rédigé sa relation à l'intention de Richelieu. Courte, circonstanciée, elle est irremplaçable. Quant à sa complète fiabilité...

FONTENAY-MAREUIL : *Mémoires*.

PONTCHARTRAIN (Phélypeaux de) : *Mémoires*, journal de ce qui se passa durant les années 1616 et 1617.

1. Madeleine Foisil (*Journal* d'Héroard, p. 309), Fayard, 1989.

TABLE DES MATIÈRES

TABLE DES ILLUSTRATIONS

Cet ouvrage a été réalisé par la
SOCIÉTÉ NOUVELLE FIRMIN-DIDOT
Mesnil-sur-l'Estrée
pour le compte des Éditions du Rocher
en juin 1992

Imprimé en France
Dépôt légal : mai 1991
N° d'édition : CNE section commerce et industrie Monaco : 19023
N° d'impression : 21131